Linux embarqué

Linux embarqué

4e édition

Nouvelle étude de cas – Traite d'OpenEmbedded

Pierre Ficheux

Éric Bénard

EYROLLES

ÉDITIONS EYROLLES
61, bd Saint-Germain
75240 Paris Cedex 05
www.editions-eyrolles.com

Préface

L'informatique prend une part grandissante dans notre vie, et tout le monde est en train de prendre conscience de la très forte dépendance que nous avons développée sur Internet, le Web, les moteurs de recherche et les réseaux sociaux, qui étaient pourtant inconnus du grand public il y a seulement quinze ans.

Mais pour un observateur averti, ceci n'est que l'une des facettes de l'impact de l'informatique sur notre monde : enfouis profondément dans des objets de tous les jours, on retrouve du logiciel pratiquement partout. Il y a évidemment les téléphones portables, qui se rapprochent chaque jour des ordinateurs portables, pour puissance et fonctionnalités, mais il y a aussi du logiciel très sophistiqué dans les voitures, les avions, les systèmes de contrôle commande, les machines industrielles, les lecteurs multimédias, les différentes « box » qui nous permettent de nous connecter à Internet, les téléviseurs, les appareils ménagers, les caisses des supermarchés, les guichets automatiques, etc.

Ces logiciels, qu'on appelle *logiciels embarqués,* ne sont pas tous soumis aux mêmes contraintes : s'il existe bien une obligation de tout faire pour prévenir et éviter les erreurs dans le système de commande d'un avion, il n'est par contre pas rare d'être obligé de redémarrer un téléphone, ce qui était inimaginable il y a quinze ans, et on sait qu'un pourcentage significatif des pannes immobilisantes des voitures modernes sont d'origine logicielle.

Dans ce contexte, la généralisation de l'usage de briques logicielles *libres*, et en particulier de noyaux de systèmes d'exploitation comme Linux, peut contribuer à améliorer la qualité des logiciels embarqués : il devient possible de développer des pilotes adaptés pour des périphériques spécifiques, d'apporter des modifications fines à des composants du noyau, de mutualiser une connaissance poussée entre développeurs d'entreprises différents, d'examiner le code du système, sans les entraves posées par les logiciels propriétaires.

Cet ouvrage est une excellente introduction à ce domaine pour ceux qui s'intéressent à l'utilisation de Linux pour construire un système embarqué, en particulier pour l'intégrer à un équipement industriel dédié : il présente de manière simple et pragmatique les concepts essentiels et donne de très nombreux exemples concrets qui permettent de se former en mettant « la main à la pâte ».

Roberto Di Cosmo,
directeur du laboratoire de l'IRILL
(Initiative de Recherche et d'Innovation pour le Logiciel libre),
professeur en Informatique à l'Université Paris Diderot – Paris 7

Août 2010

Table des matières

CHAPITRE 9
Mémoire de masse et système de fichiers **221**

TROISIÈME PARTIE
Techniques avancées **259**

CHAPITRE 10
Utiliser Buildroot **261**

Avant-propos

Cet ouvrage a pour but de présenter les différentes techniques disponibles pour la création de systèmes embarqués sous Linux.

De nombreux exemples de fichiers de configuration Linux, de codes source en C et de scripts bash *(Bourne Again Shell)* agrémentent le tout. S'il faut choisir des qualificatifs pour cet ouvrage, les mots « concret » et « pragmatique » arrivent largement en tête !

> PRÉCISION **Linux ou GNU/Linux ?**
>
> Comme nous le verrons plus loin, les travaux originaux de Linus Torvalds se limitent à la partie noyau. La partie espace utilisateur est constituée en majorité de composants issus du projet GNU. Le terme correct pour le système d'exploitation basé sur le noyau Linux est donc GNU/Linux. Afin de rester dans la continuité et de simplifier l'expression, le terme « Linux » a cependant été conservé dans cette nouvelle version de l'ouvrage.

L'ouvrage se veut aussi indépendant que possible des produits commerciaux, même si certains peuvent objecter une préférence pour la distribution Fedora – liée à l'éditeur Red Hat Software – citée systématiquement en référence dans cet ouvrage. Lorsque c'est nécessaire, nous fournirons également un exemple d'utilisation sur Debian ou Ubuntu.

Dans tous les cas, les concepts exprimés dans cet ouvrage sont valables quelle que soit la distribution utilisée, ce qui est logique puisque nous utilisons systématiquement le noyau Linux officiel disponible sur http://www.kernel.org ainsi que des composants construits systématiquement à partir de leurs sources.

À qui s'adresse ce livre ?

Ce livre s'adresse à un public qui désire se familiariser avec l'utilisation de Linux comme système embarqué, et dans le but de l'intégrer à un équipement industriel dédié. Il pourra intéresser, dans sa première partie, cadres et décideurs de départements techniques souhaitant évaluer l'état de l'art dans ce domaine ainsi que les produits commerciaux disponibles.

Une lecture plus poussée de l'ouvrage, dans ses parties subséquentes, permettra aux développeurs de réaliser de façon pratique l'intégration d'un système Linux embarqué à partir de composants standards.

La lecture complète de l'ouvrage nécessite des notions de programmation en langage C et en langage de scripts shell Unix, ainsi que quelques connaissances générales en informatique industrielle.

> RESSOURCES EN LIGNE **Code source téléchargeable et compléments**
>
> Les sources complètes des exemples présentés sont disponibles en téléchargement sur le site des éditions Eyrolles.
>
> ▸ http://www.editions-eyrolles.com/Livre/9782212124521/linux-embarque
>
> Puisque c'est dans l'air du temps, nous avons également dédié une page à cet ouvrage sur le réseau social Facebook (chercher « linux embarqué v3 »), ce qui permettra d'avoir un dialogue avec les lecteurs, des suggestions, des remarques, voire des correctifs pour les prochaines versions.
>
> ▸ http://www.editions-eyrolles.com/Livre/9782212134827/linux-embarque

Structure de l'ouvrage

L'ouvrage est divisé en trois parties, plus une étude de cas. La première partie traitera des systèmes embarqués en général, de leur champ d'application ainsi que des avantages et inconvénients de l'utilisation de Linux pour ce type de système. Un chapitre décrira ensuite le matériel pouvant être utilisé pour un système Linux embarqué. Cette première partie est relativement accessible d'un point de vue technique et ne demande pas de connaissances informatiques avancées. Par rapport aux précédentes éditions de l'ouvrage, elle a été légèrement écourtée, sachant qu'il y a toujours plus de sujets à évoquer dans les techniques de développement.

La deuxième partie aborde les méthodes de réalisation d'un système Linux embarqué à partir de composants standards comme le noyau Linux. Après une description de la structure de Linux, tant au niveau du noyau que de la répartition des fichiers système, les différentes phases de la création d'un système réduit sont abordées, en particulier la compréhension de la structure et du fonctionnement de Linux, l'optimisation de l'empreinte mémoire utilisée ou bien la création de scripts de démarrage. On s'attachera ensuite à enrichir ce système minimal par une description détaillée des composants liés aux réseaux, à l'authentification des utilisateurs, au choix d'un chargeur de démarrage *(bootloader)* ou bien à l'installation du système sur des périphériques spéciaux comme les mémoires flash.

Dans la troisième partie, nous détaillerons certaines mises en œuvre particulières, notamment pour les systèmes temps réel, et l'on montrera comment concevoir des interfaces graphiques embarquées, locales ou distantes. Cette partie contient également un chapitre consacré aux outils de mise au point ainsi qu'à Buildroot et OpenEmbedded, qui sont parmi les outils de production les plus utilisés pour la génération d'une distribution embarquée à base de Linux.

En fin d'ouvrage, une étude de cas décrira la mise en place d'un environnement complet pour une carte ARM.

Précisions concernant les troisième et quatrième éditions

Sept ans déjà ont passé depuis la sortie de la deuxième édition de l'ouvrage *Linux embarqué*. Ce dernier était épuisé depuis des mois. Au sens propre, puisque la version imprimée n'était plus disponible, mais également au sens figuré, puisque les concepts décrits à l'époque – très orientés x86 – n'étaient plus en phase avec le monde de l'embarqué d'aujourd'hui, pour lequel d'autres architectures, comme ARM, sont présentes dans la majorité des projets. Durant ces mois, j'ai résisté non sans scrupules aux nombreuses pressions des développeurs, étudiants et lecteurs qui me demandaient de plus en plus fréquemment quand cette troisième édition verrait enfin le jour.

La décision fut longue, car contrairement à la deuxième édition, je savais qu'une troisième version nécessiterait une réécriture à peu près intégrale de l'ouvrage, donc un volume de travail sans commune mesure avec celui de 2005. J'avais besoin de temps pour trouver l'énergie nécessaire, ce qui n'arriva hélas que début 2010. Cet apport d'énergie fut le bienvenu puisque, mis à part les trois premiers chapitres d'introduction, les dix chapitres techniques (4 à 13) furent presque entièrement écrits pour cette troisième version, certains sujets ayant été à peine effleurés dans la deuxième édition. Concernant cette quatrième édition, elle nous a permis de traiter des sujets omis lors de la troisième par manque de temps, comme OpenEmbedded, Ftrace, Barebox ou bien l'adaptation du noyau Linux sur une carte ARM. Cette version constitue une « simple » mise à jour par rapport à la troisième mais les quelques sujets ajoutés sont, me semble-t-il, importants pour les développeurs, sachant qu'en plus, le stock de la troisième édition est désormais épuisé.

Cette nouvelle édition fut également l'occasion d'accueillir, en tant que coauteur officiel, Éric Bénard de la société Eukréa, qui avait déjà collaboré de manière anonyme aux éditions précédentes.

Comme je l'exprimais en 2005, ces différents ouvrages auront, je l'espère, contribué à la promotion de Linux embarqué dans le monde francophone. Je reçois toujours de nombreux courriers de soutien et de suggestions, dont certains de pays éloignés dits « émergents », qui voient dans le logiciel libre l'opportunité du développement d'une industrie qui ne passe pas par le travers – inacceptable – du piratage. Plusieurs étudiants du continent africain (Maroc, Sénégal, Tunisie, etc.) ont réalisé des mémoires sur le sujet et m'ont posé des questions auxquelles j'ai tenté de répondre dans la limite de mon emploi du temps. Certains sont restés des inconnus derrière une adresse électronique ou la validation d'un mémoire. Pour d'autres, ce fut l'occasion de rencontres professionnelles qui ont orienté leur vie différemment, ainsi que la mienne.

Ce livre est resté ce à quoi il était destiné, un support concret à la découverte des technologies Linux dans le monde industriel. Outre les nombreuses formations dispensées sur le sujet, mon cercle d'auditeurs s'est enrichi de plusieurs écoles d'ingénieurs prestigieuses dans lesquelles le logiciel libre a acquis une place de choix dans les programmes de spécialisation. Je citerai ici l'ENSEIRB-MATMECA (Bordeaux) et l'EPITA (Paris), que je remercie encore une fois pour leur confiance et le plaisir que l'on ressent à enseigner ces sujets passionnants dans de si bonnes conditions.

Je profite de cette nouvelle édition pour remercier les professionnels qui ont contribué de près ou de loin à la diffusion de mes ouvrages. Je remercie de nouveau l'équipe d'Open Wide dont l'intérêt pour Linux embarqué ne faiblit pas. Le monde du travail étant en permanente évolution, les mouvements me permettent de remercier aujourd'hui des collaborateurs ou développeurs désormais proches que je ne connaissais pas il y a sept ans, citons Alexandre Lahaye, Frédéric Ferrandis, Thomas Monjalon, Gregory Thiémonge, Zakaria ElQotbi, Albin Kaufmann, Benoit Mauduit et Julien Aubé. Remercions également Nicolas Royer, membre de l'équipe d'Eukréa, qui a apporté des remarques judicieuses lors de la relecture de la première version des nouvaux chapitres sur OpenEmbedded.

Je remercie encore et toujours *Linux Magazine France* – et particulièrement Denis Bodor et Arnaud Metzler – qui m'offre régulièrement la possibilité de m'exprimer sur le sujet et donc d'entretenir ma plume. Merci encore à Patrice Kadionik de l'ENSEIRB-MATMECA qui a contribué à la rédaction de certaines parties du chapitre 12.

Je terminerai en remerciant une nouvelle fois Muriel Shan Sei Fan, des éditions Eyrolles, avec laquelle je collabore depuis plus de dix ans et qui sait toujours trouver les mots pour rendre la rédaction de ces ouvrages agréable et prioritaire malgré un emploi du temps chargé !

## PREMIÈRE PARTIE

Introduction à Linux et aux systèmes embarqués

1

Les logiciels embarqués et leurs domaines d'application

Qu'est-ce qu'un logiciel embarqué ?

Un logiciel embarqué (ou *embedded software*) est un programme utilisé dans un équipement industriel ou un bien de consommation. La différence essentielle avec un logiciel classique tient à la complète intégration du logiciel embarqué dans cet équipement, le logiciel n'ayant pas de raison d'être en dehors de l'équipement pour lequel il a été conçu. On parle également de logiciel « intégré » ou « dédié ». Historiquement, cette notion est antérieure à l'idée même du logiciel tel qu'il est communément défini aujourd'hui. Le programmateur du lave-linge ou de l'arrosage automatique fait partie des logiciels dédiés, et personne n'achète un tel équipement pour son logiciel lui-même, mais bien évidemment pour la qualité des services que remplit l'équipement.

Cette logique a perduré et doit être prise en compte par les concepteurs des logiciels embarqués, l'équipement est valorisé uniquement par son aspect « fonctionnel », et un bon logiciel intégré le sera à un tel point qu'on finira par l'oublier ! Dans le cas de logiciels de très petite taille destinés à des tâches très spécifiques, on parle d'ailleurs en anglais de *deeply embedded software*, ce qui peut se traduire par « logiciel profondément enfoui ».

Caractéristiques des logiciels embarqués

Tous les logiciels embarqués partagent un certain nombre de caractéristiques communes que nous allons décrire ici.

Tout d'abord le domaine d'action est « limité » aux fonctions pour lesquelles il a été créé. C'est une différence notoire avec l'approche utilisée dans l'informatique traditionnelle, où les tâches réalisées sont généralistes.

Le logiciel nécessite une grande « fiabilité », car il est destiné à un fonctionnement totalement autonome. Lorsqu'un piéton traverse la route, il n'est pas de bon ton que le logiciel de gestion de l'ABS (pour antiblocage de sécurité) de votre véhicule s'excuse de ne pouvoir fonctionner car « une erreur fatale est survenue et a interrompu le fonctionnement du programme ». Cette contrainte en dit long sur le fossé qui existe avec les logiciels grand public.

Dans la majorité des domaines industriels, et à la différence du logiciel grand public, la durée de vie des produits est longue, car des obligations légales obligent l'industriel à maintenir le produit pendant une dizaine d'années dans le cas de l'industrie automobile. Dans le cas d'industries plus sensibles comme l'aéronautique, le militaire ou le spatial, cette durée peut être doublée voire atteindre 40 ou 50 ans. Il est donc indispensable que le logiciel embarqué soit « maintenable » durant toute la durée de vie du produit, en cas de découverte d'un problème de fonctionnement, ou lorsque l'ajout de fonctionnalités s'impose.

L'interface de dialogue avec l'utilisateur (IHM, Interface homme-machine) pour un logiciel embarqué est souvent particulière. Dans la majorité des cas, un tel logiciel n'utilise pas les interfaces classiques clavier/souris propres à la micro-informatique. S'ils existent, les périphériques d'affichage sont souvent limités à des afficheurs de petite taille de type LCD, et les périphériques d'entrée à quelques boutons ou autres composants inhabituels dans l'informatique traditionnelle. L'évolution technique fait que les IHM évoluent de plus en plus vers des écrans tactiles, mais là aussi, les bibliothèques graphiques utilisées (comme *Qt Embedded* de Nokia) sont optimisées pour cela (voir chapitre 14).

Toutes ces raisons combinées aux contraintes d'optimisation citées précédemment nécessitent une approche très « matérielle », proche de l'électronique. Les concepteurs de logiciels embarqués sont rarement des informaticiens purs, plus souvent des êtres hybrides dotés de neurones d'électroniciens. De ce fait, ils sont habitués à des environnements de travail parfois spartiates, pour ne pas dire arides, ce qui accentue encore le fossé avec le développeur classique, habitué à un confort presque indécent.

Le plus souvent, même si ce n'est pas obligatoire, ce logiciel est de petite taille si on le compare aux volumes démesurés atteints par les logiciels multi-usages comme en bureautique. La raison en est double :

- La nécessité de fiabilité citée précédemment cohabite mal avec un volume démesuré : plus on écrit de lignes de code, plus on a de chances que celles-ci contiennent des bogues.
- Le logiciel est souvent embarqué dans des équipements produits à grande échelle, sur lesquels le moindre écart de coût dû à un embonpoint imprévu du logiciel peut avoir de fortes répercussions.

L'optimisation est également importante au niveau du temps de réponse. Le consommateur verra d'un très mauvais œil une soi-disant évolution technologique qui ralentit le fonctionnement de l'équipement. Outre l'exemple évident du freinage cité précédemment, un autre exemple marquant est celui des *smart phones*. Le cas de l'iPhone est très significatif, car son IHM est très éloignée de celle d'un micro-ordinateur, tout simplement parce que l'homme moderne pressé est agacé d'attendre le déroulement au stylet d'une succession de menus *Démarrer* sur un écran de taille modeste.

Alors que la micro-informatique a débuté avec **un** kilo-octet de mémoire vive et un système sur huit kilo-octets de mémoire morte (le ZX-81 de Sinclair), il n'est pas rare aujourd'hui de voir des adolescents pester contre la carte graphique de l'année précédente qui n'affiche pas assez vite les formes plantureuses des héroïnes de jeux vidéo, alors que de nombreux développeurs de systèmes embarqués conservent leur environnement de développement pendant plusieurs années. Hélas, cette banalisation des performances entraîne quelques effets pervers :

- Elle masque les imperfections et la faible optimisation (voire les bogues) de certains produits, car comme l'a dit un célèbre développeur : « *Software becomes slower faster than hardware becomes faster* », ce qui peut se traduire par : « Les logiciels deviennent plus lents avant que le matériel ne soit plus rapide », mais cela sonne mieux en anglais.
- Elle incite à une consommation effrénée de *hardware*, ce qui annule malheureusement la baisse des coûts de celui-ci.
- Elle donne des mauvaises habitudes au programmeur qui, fort de ses plusieurs gigaoctets de RAM, 200 gigaoctets de disque et processeur multicoeur cadencé à plusieurs gigahertz, ne comprend pas pourquoi la classe Java `'Hello World!'` prend tellement de temps à s'exécuter, alors qu'il a suffi de cliquer sur le bouton *Generate code*.
- Elle masque le fonctionnement réel du système, ce qui fait que l'on ne sait plus trop, parmi les centaines de bibliothèques et de paquets opaques, lesquels sont vraiment utiles pour l'utilisation courante de la machine. En revanche, en cas de mise à jour automatique desdits paquets, on se rend compte qu'ils sont bien là, et que ces quatre cafés ingurgités en attendant étaient très bons.

Lorsque l'on évoque cette course à la consommation, on pense bien entendu aux moutures successives du système Microsoft Windows et les applications associées pour lesquelles chaque version est systématiquement accompagnée d'une augmentation de taille, compensée bien sûr par l'achat de quelques gigaoctets de disque dur ou d'une barrette de mémoire supplémentaire. Pour être totalement de bonne foi, cette logique a de nos jours atteint le logiciel libre, dont la majorité des distributions Linux.

Logiciel embarqué ou système embarqué ?

Nous avons pour l'instant parlé de *logiciel* embarqué alors qu'il est fréquent d'entendre la terminologie de *système* embarqué. Cette terminologie désigne le plus souvent un système d'exploitation, version complexe et multi-usage du concept de logiciel.

> TERMINOLOGIE **Une autre signification de « système embarqué »**
>
> Le terme sera parfois utilisé pour décrire la notion de système en tant qu'association matérielle et logicielle pour remplir une tâche donnée. Dans ce cas-là, le logiciel embarqué n'inclut pas forcément un système d'exploitation.

Si nous revenons à la notion de système d'exploitation telle qu'elle est communément admise, référence est alors faite à un ensemble de programmes permettant :

1 de gérer les ressources de l'installation matérielle en assurant leur partage entre un ensemble plus ou moins grand d'utilisateurs ;

2 d'assurer un ensemble de services, en présentant aux utilisateurs une interface mieux adaptée à leurs besoins que celle de la machine physique.

La première réaction, légitime, est de considérer qu'un système d'exploitation est a priori beaucoup trop complexe et surdimensionné pour remplir les tâches décrites dans la section précédente. C'est vrai dans certains cas de spécificité extrême du logiciel à embarquer ou dans le cas de fortes contraintes matérielles, mais il est également vrai que l'amélioration des performances du matériel permet, bien souvent, d'utiliser un système d'exploitation adapté au lieu d'un simple logiciel dédié, ce qui offre un certain nombre d'avantages.

En effet, comme dans le cas du développement de logiciels classiques, le système d'exploitation affranchit le développeur de l'applicatif embarqué d'un travail d'adaptation très proche du matériel, ce qui permet de diminuer le temps de développement et donc les coûts. L'écriture du support de standards du marché comme les bus PCI ou USB est extrêmement lourde en cas de non-utilisation d'un tel système. Dans une approche logique, ce travail est réalisé par une autre équipe spécialisée ou un fournisseur externe.

Si le système d'exploitation utilisé est suffisamment répandu, il permet aux applications industrielles et embarquées de bénéficier des mêmes avancées technologiques que les applications classiques. C'est ainsi qu'il est aujourd'hui possible – et nécessaire – d'utiliser dans des systèmes réduits des protocoles de communication hérités de l'informatique classique et du multimédia. Nous pouvons citer en exemple l'utilisation généralisée du protocole TCP/IP et de ses dérivés comme HTTP (pour *HyperText Transfer Protocol*) ou FTP (pour *File Transfer Protocol*) dans des procédures de communication entre des systèmes classiques et des microsystèmes dédiés. La complexité des protocoles de communication et donc le temps de mise au point d'une version spécifiquement adaptée à un logiciel embarqué rendent ce choix techniquement et économiquement très hasardeux. L'utilisation d'un système d'exploitation qui inclut un support natif et largement débogué de ces protocoles est alors un bien meilleur choix, car le support d'un protocole se réduira le plus souvent à l'ajout d'un module ou d'un programme externe déjà testé, comparé aux nombreuses heures de mise au point nécessaires à la mise en place d'une version maison.

En conclusion, le principal – et seul – inconvénient de l'utilisation d'un véritable système d'exploitation est la consommation en ressources matérielles, dont l' « empreinte mémoire » qui désigne la taille du système installé. Il est bien évident que, si l'espace disponible est réduit à quelques dizaines de kilo-octets pour accomplir une tâche rudimentaire, un système d'exploitation complexe ne sera pas envisageable.

Les champs d'application

Comme nous l'avons précisé au début de ce chapitre, le champ d'application des systèmes embarqués est très vaste. Le fait est que ce champ d'action s'étend de plus en plus, car de nombreuses fonctions autrefois réalisées par des systèmes analogiques sont aujourd'hui remplacées par des composants logiciels.

Au niveau applicatif, les systèmes embarqués se retrouvent historiquement dans quelques domaines cités ci-après :

- contrôle de processus industriels ;
- commandes numériques, machines-outils ;
- télécommunications : centraux téléphoniques, téléphones mobiles, relais ;
- réseaux informatiques : routeurs, switchs, équipements de supervision ;
- périphériques informatiques : imprimantes, photocopieurs ;
- industries aéronautique, ferroviaire et automobile et transports en général ;

- systèmes médicaux ;
- multimédia.

D'un point de vue technique, ces systèmes devront ou non respecter des contraintes de sûreté de fonctionnement et de déterminisme. Ce point est fondamental, car il déterminera le choix des composants logiciels à utiliser. Dans le cas d'un système non contraint, on pourra envisager l'utilisation d'un système d'exploitation directement adapté d'une version standard d'un système comme Linux. L'adaptation se situera au niveau du développement de pilotes de périphériques et de l'optimisation du système en taille ou en performances. Dans le cas de systèmes contraints, on devra utiliser des composants spécialisés et un système d'exploitation dit *temps réel* ou RTOS (pour *Real Time Operating System*). L'utilisation de Linux en tant que RTOS sera décrite en détail au chapitre 13.

NORMES DE SÉCURITÉ **Le cas de la certification**

Dans le cas d'applications soumises à de fortes contraintes de sûreté de fonctionnement, les logiciels embarqués doivent respecter des normes internationales strictes. Dans le cas du transport aérien civil, on peut citer la certification DO178 B ou C. On utilise alors des systèmes d'exploitation dédiés répondant à des standards comme ARINC 653, qui assure un partitionnement spatial et temporel des différentes tâches exécutées. Les différentes tâches s'exécutent dans des espaces de mémoire étanches et sont ordonnancées en suivant des priorités fixes. Le site suivant décrit des outils basés sur des logiciels libres et utilisés dans le cas de telles contraintes de certification.

▸ http://www.open-do.org

Le domaine de l'équipement grand public a longtemps échappé aux systèmes embarqués, tout d'abord pour des raisons de coût du matériel. De plus, ces équipements fonctionnaient de manière isolée et n'avaient jusqu'ici aucun lien avec les réseaux informatiques. Le développement des services sur Internet a incité les industriels à intégrer des produits initialement peu communicants dans des environnements en réseau. Cette intégration nécessite l'utilisation de protocoles de communication hérités de l'informatique grand public, et donc d'intégrer des couches logicielles supportant ces protocoles. Le cas peut se révéler semblable pour des automates programmables que l'on doit interfacer avec le réseau informatique d'une entreprise.

HISTOIRE **Déjà en 1995...**

Avec la notion de communication généralisée, nous rejoignons ici le concept des *milliards de nœuds* d'Internet prédit par le chercheur français Christian Huitema dans son ouvrage de vulgarisation *Et Dieu créa l'Internet* (éditions Eyrolles, 1995) : « Il y a déjà des microprocesseurs, en fait de tout petits ordinateurs dans bien d'autres endroits [...]. D'ici quelques années, le développement et les progrès de l'électronique aidant, ces microprocesseurs deviendront sans doute de vrais ordinateurs élaborés et il sera tout à fait raisonnable de les connecter à Internet. »

Tour d'horizon des systèmes existants

Nous allons terminer ce chapitre en effectuant un rapide tour d'horizon des principaux systèmes d'exploitation utilisés dans les environnements embarqués. Ce tour d'horizon n'inclut pas les systèmes à base de Linux, qui seront décrits au chapitre suivant.

VxWorks

À tout seigneur tout honneur, VxWorks est aujourd'hui le noyau temps réel le plus utilisé dans l'industrie (en nombre de licences installées). Il est développé par la société Wind River (http://www.windriver.com) qui détient également les droits du noyau temps réel pSOS+, un peu ancien, mais également largement utilisé. VxWorks inclut en natif un support TCP/IP et une interface de programmation POSIX. VxWorks est très fréquemment utilisé dans le cas de systèmes embarqués contraints, car certaines versions sont conformes à la norme ARINC 653 déjà citée. A contrario, il est peu utilisé dans les systèmes grand public, car peu adapté au multimédia. Depuis quelques années, l'éditeur Wind River a cependant entrepris un virage vers le logiciel libre. Les outils de développement comme *Workbench* sont désormais utilisables pour VxWorks. La version maison de Linux est nommée *Wind River Linux*.

QNX

Développé par la société canadienne QNX Software (http://www.qnx.com), QNX est un noyau temps réel de type Unix très intéressant. Il est conforme à POSIX, permet de développer directement sur la plate-forme cible et intègre l'environnement graphique *Photon*, proche de X Window System. Conscient de la percée de Linux dans le monde de l'embarqué, QNX Software s'en est rapproché en mettant à disposition la majorité des outils GNU sur la plate-forme QNX. Autre avantage non négligeable, QNX peut être utilisé gratuitement pour des applications non commerciales et pour l'éducation. Très modulaire, il peut occuper une très faible empreinte mémoire, et de ce fait, peut être utilisé dans des environnements peu coûteux en matériel.

µC/OS (micro-C OS) et µC/OS II

Développé par le Canadien Jean J. Labrosse, µC/OS II est destiné à des environnements de très petite taille comme des microcontrôleurs. Il est maintenant disponible sur un grand nombre de processeurs et peut intégrer des protocoles standards comme TCP/IP (µC/IP). Il est utilisable gratuitement pour l'enseignement, et de nombreuses informations sont disponibles sur http://www.ucos-ii.com.

Windows

Microsoft est présent sur de nombreux domaines du logiciel embarqué grâce à plusieurs versions compactes de Windows. Sans être des spécialistes du domaine, nous pouvons citer Windows CE, très utilisé dans des équipements tels que les navigateurs GPS. Microsoft a également investi dans la téléphonie mobile avec la sortie de plusieurs produits, dont le dernier en date est *Windows Phone*, chargé de concurrencer le système iPhoneOS (iOS) de l'iPhone, Blackberry OS de la société RIM et autres Google Android. Le lecteur intéressé par le sujet pourra contacter des spécialistes reconnus comme la société parisienne Theoris (http://www.theoris.fr).

LynxOS

LynxOS est développé par la société LynuxWorks (http://www.lynuxworks.com), qui a modifié son nom il y a quelques années en raison de son virage vers Linux et le développement de BlueCat. LynxOS est un système temps réel conforme à la norme POSIX.

Nucleus

Nucleus est développé par la société Mentor Graphics (http://www.mentor.com). C'est un noyau temps réel qui inclut une couche TCP/IP, une interface graphique (Graphix), un navigateur Web (WebBrowse), ainsi qu'un serveur HTTP (WebServ). Il est livré avec les sources et il n'y pas de *royalties* à payer pour la redistribution. Nucleus est fréquemment utilisé dans les terminaux bancaires de paiement électronique (TPE). Notons que Nucleus n'a rien à voir avec le noyau temps réel du même nom fourni dans l'extension Xenomai du noyau Linux évoquée au chapitre 13.

VRTX

Ce système assez ancien est connu pour équiper le télescope spatial Hubble. Il permet de gérer des processus contraints en mettant en place un système de partitionnement spatial (rien à voir avec Hubble !) et temporel.

eCos

Acronyme pour *Embeddable Configurable Operating System*, eCos fut initialement développé par la société Cygnus *(Cygnus, Your GNU Support)*, figure emblématique et précurseur de l'open source professionnel, acquise ensuite par la société Red Hat Software. C'est un système d'exploitation temps réel bien adapté aux solutions à très faible empreinte mémoire et profondément enfouies. Son environnement de développement est basé sur Linux, et la chaîne de compilation GNU est conforme au standard POSIX. Argument non négligeable, il est diffusé sous une licence proche de la GPL et disponible avec ses sources sur http://ecos.sourceware.org. La société eCos-Centric, fondée en 2002 par des membres du projet eCos, fournit des versions professionnelles ainsi que du support, voir http://www.ecoscentric.com.

Le système eCos est utilisé dans l'industrie automobile, dans certaines imprimantes laser ou des produits multimédias. Il est disponible pour un grand nombre de processeurs comme les x86, PowerPC, SHx ou ARM.

Conclusion

Ce chapitre nous a permis de rappeler brièvement quelles étaient les applications et les contraintes liées aux systèmes embarqués. Dans le chapitre suivant, nous aborderons l'utilisation de Linux et du logiciel libre en général pour ces applications.

2

Linux comme système embarqué

Le chapitre précédent a décrit les caractéristiques d'un système embarqué, les différents types de systèmes ainsi que leurs applications. Le présent chapitre va s'attacher à détailler les nombreux avantages – mais aussi les quelques contraintes – inhérents au choix de Linux comme système embarqué.

Contraintes des systèmes embarqués propriétaires

Les systèmes embarqués propriétaires souffrent de quelques défauts forts contraignants pour les concepteurs d'équipement.

Tout d'abord, ils sont souvent réalisés par des sociétés de taille moyenne qui ont du mal à suivre l'évolution technologique. Le matériel évolue très vite, et il en est de même des standards logiciels, alors que de plus en plus d'équipements nécessitent l'intégration de composants que l'on doit importer du monde des systèmes informatiques grand public. De ce fait, les coûts de licence et les droits de redistribution des systèmes sont parfois très élevés, car l'éditeur travaille sur un segment de marché très spécialisé, une « niche » dans laquelle les produits commercialisés le sont pour leur fonction finale et non pour la valeur du logiciel lui-même. Contrairement au monde de la bureautique, où la pression commerciale peut inciter l'utilisateur à faire évoluer son logiciel fréquemment – et donc à payer un complément de licence –, le logiciel embarqué est considéré comme un mal nécessaire, souvent destiné à durer plusieurs années, en conservant une compatibilité avec du matériel et des processeurs devenus obsolètes.

L'industriel qui utilise un système propriétaire prend donc le risque de voir disparaître le produit voire l'éditeur ainsi que le support technique qui va avec. Pour éviter au maximum ce genre de situation dramatique, les industriels paient parfois des sommes conséquentes afin de disposer de tout ou partie des sources du système. Si tel n'est pas le cas, ils devront utiliser des méthodes hasardeuses comme l'ingénierie inverse (ou *rétro-ingénierie*), qui consiste à tenter de comprendre le fonctionnement d'un logiciel sans disposer des sources, et ce en effectuant un « désassemblage » des programmes.

Le coût de développement d'applications autour de systèmes propriétaires est souvent plus élevé, car les outils de développement disponibles sur le marché du travail sont mal connus de la majorité des développeurs, car peu étudiés à l'université. Il est donc nécessaire de recruter du personnel très spécialisé, donc rare et cher. Les formations autour de ces outils sont également onéreuses, car l'éditeur doit pratiquer des coûts élevés pour compenser le manque d'effet de masse. Tout cela implique un ensemble de spécificités contraignantes pour la gestion globale des outils informatiques de l'entreprise.

Les avantages de l'open source

Le concept d'open source a été introduit dans l'avant-propos. Les trois points suivants de la définition du logiciel open source sont fondamentaux dans le cas du logiciel embarqué :

- redistribution sans royalties ;
- disponibilité du code source ;
- possibilité de réaliser un développement dérivé de ce code source.

Le premier point règle le problème économique des droits de redistribution ou royalties, très contraignant dans le cas d'un système distribué à grande échelle. La disponibilité du code source est encore plus fondamentale, car elle est la base de la conception d'un logiciel de qualité et surtout maintenable sur une longue période. Si un bogue est détecté dans le système sur lequel sont développées les applications, la disponibilité du code source permettra à coup sûr de corriger le problème, à supposer que l'on dispose de la compétence adéquate. Sur ce point, le fait d'utiliser des logiciels largement répandus comme Linux augmente les chances de pouvoir trouver assez facilement cette compétence.

Si le système doit vivre durant plusieurs années, il est toujours possible, grâce à l'open source, d'en réaliser une image complète contenant tous les outils de développement associés, de manière à pouvoir générer à tout moment un nouveau système cible sur une plate-forme compatible. Ce critère de pérennité est extrêmement important dans un processus industriel.

> Pérennité **La limite concerne le matériel**
>
> S'il est possible d'archiver les sources liées à un projet, il est plus difficile de disposer durant des années de plates-formes de test ou de développement en bon état. Cette limitation peut désormais être levée en utilisant des techniques de virtualisation du matériel, c'est-à-dire en émulant – par logiciel – un matériel obsolète dans un matériel récent.

La disponibilité du code source facilite la compréhension du système et augmente ainsi la qualité et la stabilité des applications développées. La documentation des logiciels open source largement répandus comme Linux est souvent de très bonne qualité, car elle a pu bénéficier d'un gros travail collaboratif. Même si – tradition et statistiques obligent – elle est souvent plus à jour en langue anglaise, la diffusion publique de l'information permet également de disposer de versions internationales. Le projet LDP (pour *Linux Documentation Project*) disponible à partir de l'adresse http://www.tldp.org en est un excellent exemple.

Même s'il est faux d'affirmer qu'un logiciel open source est toujours de meilleure qualité qu'un logiciel propriétaire, il est important de noter que le fait de diffuser les sources oblige le développeur à soigner ce code car il va ainsi être jugé par ses pairs. Tout vrai développeur de logiciel a un côté artiste et créatif qui provoque chez lui un sentiment d'excitation et de fierté lorsqu'un affichage graphique est plus harmonieux ou un algorithme de calcul plus optimisé. L'approche open source est donc une bonne garantie de qualité, sans oublier que la publication des sources facilite d'autant l'amélioration rapide du code, qui sera visible par des milliers d'autres développeurs.

Nous avons déjà évoqué dans l'introduction la différence entre le logiciel purement gratuit *(freeware)* et le logiciel libre et open source. Il existe de nombreux logiciels gratuits disponibles sur Internet, dont les sources ne sont pas disponibles. Il peut aussi arriver que les sources d'un logiciel gratuit soient disponibles pendant un certain temps, mais les licences de ces logiciels, souvent peu précises, ne garantissent pas en général leur disponibilité, ce qui est un risque majeur dans un processus industriel.

La plupart des logiciels open source sont, eux, régis par des licences très structurées, dont la plus célèbre est la GPL détaillée dans l'introduction. Cette licence est statistiquement la plus utilisée dans l'environnement Linux, car elle permet de garantir le mieux possible la disponibilité permanente des sources d'un logiciel libre. Contrairement à certaines légendes, l'utilisation de la GPL ou de la LGPL *(Lesser GPL)* est parfaitement compatible avec l'approche industrielle. Si tel n'était pas le cas, il ne serait pas possible de diffuser des versions Linux d'applications commerciales autres qu'open source. La LGPL permet la diffusion de code propriétaire – donc sans les sources – lié à des bibliothèques comme la Glibc *(GNU C Library)*. Même si cette possibilité ne satisfait pas les puristes du logiciel libre, elle a l'avantage d'avoir permis l'introduction progressive de Linux dans l'industrie, chose qui n'aurait pas été possible si l'on avait uniquement proposé aux industriels de remplacer leurs applications favorites par des équivalents, certes open source, mais à l'époque parfaitement inconnus et parfois moins avancés techniquement.

La GPL et la LGPL ne sont cependant pas les seules licences communément utilisées dans le monde du logiciel libre, car elles sont parfois considérées par certains comme trop contraignantes. Les licences BSD et MIT *(Massachusetts Institute of Technology)* sont également largement utilisées, en particulier pour l'interface graphique *X Window System* (X11) qui utilise la licence MIT/X11. La différence principale avec la GPL est la non-obligation de rediffusion systématique des sources des applications dérivées de sources sous licence BSD ou MIT/X11.

EXEMPLE **La licence MIT / X11**

Copyright (c) <year> <copyright holders>
Permission is hereby granted, free of charge, to any person obtaining a copy of this software and associated documentation files (the "Software"), to deal in the Software without restriction, including without limitation the rights to use, copy, modify, merge, publish, distribute, sublicense, and/or sell copies of the Software, and to permit persons to whom the Software is furnished to do so, subject to the following conditions:
The above copyright notice and this permission notice shall be included in copies or substantial portions of the Software.
THE SOFTWARE IS PROVIDED "AS IS", WITHOUT WARRANTY OF ANY KIND, EXPRESS OR IMPLIED, INCLUDING BUT NOT LIMITED TO THE WARRANTIES OF MERCHANTABILITY, FITNESS FOR A PARTICULAR PURPOSE AND NONINFRINGEMENT. IN NO EVENT SHALL THE AUTHORS OR COPYRIGHT HOLDERS BE LIABLE FOR ANY CLAIM, DAMAGES OR OTHER LIABILITY, WHETHER IN AN ACTION OF CONTRACT, TORT OR OTHERWISE, ARISING FROM, OUT OF OR IN CONNECTION WITH THE SOFTWARE OR THE USE OR OTHER DEALINGS IN THE SOFTWARE.

La liste des licences compatibles avec les critères de l'open source est disponible sur le site http://www.opensource.org/licenses.

Les inconvénients

Même si la situation a bien évolué depuis la dernière édition de l'ouvrage, l'utilisation de Linux et des logiciels libres peut cependant entraîner quelques contraintes dans un environnement industriel. Nous allons ici en citer quelques-unes.

La crédibilité de l'open source

En premier lieu se pose le problème de la crédibilité de l'open source par rapport aux éditeurs de logiciels propriétaires. Le problème ne vient pas des ingénieurs, qui sont la plupart du temps les premiers à valider la supériorité technique des solutions open source. L'open source a plutôt une approche communautaire qui peut provoquer la méfiance des décideurs, pour lesquels ce mot a une connotation « anti-libérale », et peut être interprété comme « anti-profit ». L'ingénieur ou l'équipe technique qui choisira un logiciel libre par rapport à une solution propriétaire pourra être en opposition avec sa hiérarchie, ce qui est rarement agréable. On ne licenciera jamais un directeur informatique pour avoir fait le choix d'un produit commercial qui a pignon sur rue, même si le logiciel connaît des problèmes d'installation ou de fonctionnement. Le choix d'une solution open source peut être beaucoup plus risqué politiquement, car à la première difficulté, les détracteurs ne manqueront pas de ricaner en disant : « Le logiciel est gratuit, donc il n'est pas fiable. »

La rumeur et la méconnaissance des licences sont bien entendu entretenues par des éditeurs pour lesquels l'open source constitue une menace. Certains membres de la presse spécialisée, pour lesquels les éditeurs de solutions propriétaires constituent la principale clientèle d'annonceurs, furent dans le passé souvent peu enclins à démontrer la supériorité des solutions open source. Désormais, les choses ont évolué, puisqu'il y a un véritable marché autour de l'open source, et que ce dernier est reconnu même par les grandes entreprises.

Le support technique

Se pose ensuite le problème important du support technique, qui est fortement ancré dans les esprits. Par essence, le logiciel libre est livré « en l'état » (*as is*), et ce sans aucune garantie de bon fonctionnement ni de réponse des développeurs aux questions posées. Si l'utilisateur désire de l'assistance, il devra utiliser les canaux traditionnels des documentations, des FAQ (foires aux questions) et des groupes de discussion *(newsgroups)* disponibles sur Internet, et le cas échéant les courriers électroniques échangés directement avec les auteurs. Ces méthodes sont techniquement très efficaces, car un problème fréquent sur un logiciel libre est forcément référencé quelque part sur Internet, surtout depuis l'avènement de Google. Durant ma longue expérience du logiciel libre, je ne peux pas citer un seul problème non résolu par la source d'information directe que constitue le support des communautés open source. Cette logique est cependant une approche d'ingénieur, et celle d'un juriste ou d'un chef d'entreprise sera différente, car ces derniers chercheront en cas de problème une responsabilité légale, même si le support est peu réactif.

CRÉDIBILITÉ **Les temps changent**

Cette situation a bien évolué depuis la deuxième édition de l'ouvrage, car un grand nombre de sociétés importantes on largement investi dans le développement et l'utilisation du logiciel libre. Citons IBM, Amazon, Google ou bien les opérateurs de communication comme Orange, Free, SFR ou Bouygues Telecom. On est loin de l'époque où les juristes d'IBM rechignaient à intégrer Apache dans la solution WebSphere car il ne souhaitaient pas « signer un contrat avec un site web ». Le point crucial du support est la pierre angulaire du modèle économique des sociétés gravitant autour du logiciel libre. Puisqu'elles ne peuvent pas faire de profit sur la vente de licences, le profit sera réalisé sur le support associé au produit. Les gros éditeurs de distributions Linux comme Red Hat Software suivent ce modèle : la distribution est disponible sur Internet ou bien sur des CD-Rom gratuits qui contiennent les mêmes paquets logiciels qu'une version payante, mais pour lesquels l'éditeur ne délivre ni support technique, ni documentation imprimée. La valeur ajoutée de la version payante sera constituée du support officiel apporté aux utilisateurs.

Cependant, le volume de support n'est pas toujours suffisant pour faire vivre une entreprise employant majoritairement des ingénieurs, donc avec une importante masse salariale. De nombreuses entreprises citées dans la deuxième édition ont malheureusement disparu, et l'apport d'une véritable valeur ajoutée est une condition de survie. De ce fait, la plupart des éditeurs de logiciels libres sont également des fournisseurs de services. Cette approche apporte une plus grande souplesse dans le choix des composants open source, car cela permet de puiser les composants dans diverses distributions, voire dans des projets non édités. Cette démarche est plus difficile pour un éditeur de distributions, qui aura la contrainte d'utiliser exclusivement ses produits, du moins dans certains domaines. Même si l'existence de ces sociétés est un grand pas en avant, leur jeunesse et leur assise financière parfois précaire peuvent gêner les industriels. À la différence des solutions propriétaires, une solution open source n'est cependant jamais définitivement perdue, même si la société qui la supporte n'existe plus. La disponibilité des sources est la meilleure garantie de pérennité.

REMARQUE **Le modèle économique de la double licence**

La recherche d'un modèle économique viable est un problème récurrent du monde du logiciel libre. Certains éditeurs utilisent le principe de la « double licence » afin de générer des revenus dans le cas de l'utilisation commerciale de leur produit. Pour le cas fréquent d'une bibliothèque de développement, il est possible de diffuser une version GPL (et non LGPL), limitant l'utilisation du produit à un environnement de diffusion exclusivement GPL. En cas de diffusion du produit final sous licence propriétaire, il est nécessaire d'acquérir le même produit sous licence payante. Ce principe fut longtemps utilisé par la société Trolltech pour sa bibliothèque Qt, évoquée au chapitre 14. Depuis l'acquisition de Qt par Nokia, la licence est désormais LGPL.

La complexité des licences

Parmi les contraintes existantes, il faut mentionner la complexité et la multiplicité des licences open source. Celles-ci sont en nombre relativement important, soit environ 60 licences courantes répertoriées à l'heure actuelle sur http://www.opensource.org, avec des approches potentiellement déroutantes pour les juristes habitués aux licences classiques. La licence GPLv2 s'étale sur près de dix-sept pages, et il faut être un tant soit peu initié pour en saisir toutes les subtilités. La GPLv3 est encore plus verbeuse. De plus, ces licences s'inspirent souvent du droit anglo-saxon, assez différent du droit français.

La compatibilité ascendante

Une dernière contrainte concerne les problèmes de compatibilité ascendante. Pour des raisons commerciales, les éditeurs sont souvent tenus de respecter la compatibilité de leur version courante avec des versions très anciennes. Le cas le plus célèbre est la compatibilité des systèmes Microsoft Windows avec l'ancien système MS-DOS, conservée jusqu'à la version Windows 98. Les développeurs de projets open source n'ont pas cette contrainte, et la compatibilité ascendante du produit n'est pas garantie. Il faut cependant ajouter un bémol à ce dernier point. La disponibilité des sources complètes du système permet à tout moment de travailler sur un produit, même très ancien, et d'y ajouter certains composants actuels en effectuant un rétro-portage (ou *backport*), d'autant que Linux est souvent beaucoup mieux structuré que d'autres systèmes.

ATTENTION **Évolution des API du noyau Linux**

Un des problèmes de compatibilité ascendante est l'évolution des API du noyau. D'une version à l'autre, il sera parfois nécessaire d'effectuer des modifications pour assurer le fonctionnement d'un pilote Linux développé pour une version plus ancienne, même à l'intérieur de la même série de noyau 2.6.

Pourquoi Linux est-il adapté à l'embarqué ?

Sauf dans le cas de l'utilisation d'une version commerciale, il est difficile d'obtenir des chiffres précis concernant l'utilisation de Linux, vu qu'il est possible de l'utiliser et de le dupliquer sans s'acquitter de licence. La majorité des statistiques sont réalisées sous forme de sondages auprès des utilisateurs. Le site *Linux for Devices* (http://www.linuxfordevices.com) a plusieurs fois publié des statistiques intéressantes basées sur le vote des utilisateurs, voir http://www.linuxfordevices.com/c/a/Linux-For-Devices-Articles/Snapshot-of-the-embedded-Linux-market-April-2007.

De même, une étude menée par *Embedded Market Forecaster* (EMF sur http://www.embeddedforecast.com) en 2007 et mise à jour en 2009 annonce des résultats très prometteurs sur l'avenir de Linux pour les applications embarquées. Le schéma ci-dessous compare trois critères entre Linux embarqué et les RTOS commerciaux. Le document complet est disponible sur http://www.mvista.com/download/fetchdoc.php?docid=420.

Figure 2–1
Comparaison Linux/RTOS
commerciaux (source EMF)

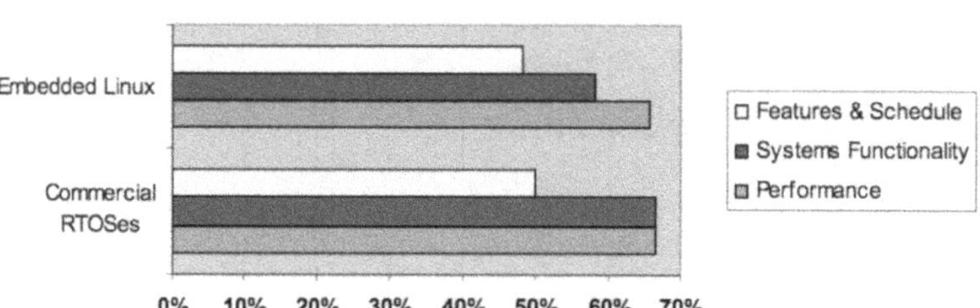

Le graphique montre que les RTOS commerciaux ont une part à peine plus importante que Linux. Le deuxième graphique compare les mêmes critères entre plusieurs distributions Linux spécialisées et une conception interne de la distribution. Les distributions commerciales devancent légèrement les distributions internes, ce qui prouve à la fois que le marché est présent, mais également qu'il n'est pas obligatoirement nécessaire d'utiliser une distribution commerciale pour mener à bien un projet.

Figure 2–2
Comparaison des distributions
commerciales/internes
(source EMF)

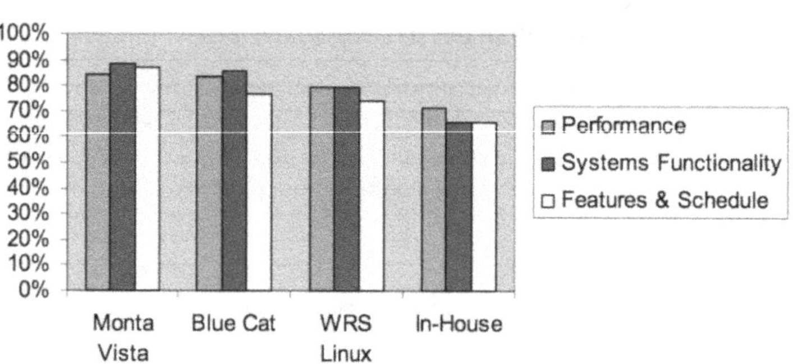

Outre les chiffres, le système Linux dispose de nombreux atouts importants dans le cadre d'une utilisation industrielle, nous en citons quelques-uns ci-après.

La fiabilité

Linux est réputé pour sa fiabilité, et l'on peut affirmer que cette réputation n'est pas usurpée. En dix-huit ans d'utilisation de Linux, je peux compter sur les doigts de la main les cas de « plantage » inexpliqués. Le fameux `kernel panic` (erreur fatale du noyau) tant redouté par les développeurs est un animal rare, presque autant que le Yéti ou le monstre du Loch Ness. Une telle erreur s'explique toujours par un problème matériel ou un bogue de programmation dans un pilote de périphérique. Ces derniers travaillant dans un espace privilégié du noyau, ils sont les seuls à pouvoir provoquer de tels problèmes. Les autres applications travaillent dans l'espace utilisateur. En cas de problème, l'application sera arrêtée par le noyau sans impacter le fonctionnement global de l'ensemble.

La fiabilité de Linux est démontrable au moyen de la commande `uptime`, qui permet d'afficher la durée d'activité du système depuis le dernier redémarrage. Cela donne lieu à des concours, et des valeurs de plusieurs mois, voire plusieurs années sont monnaie courante. La couche TCP/IP de Linux, au cœur de nombreuses applications embarquées communicantes, est également d'une grande fiabilité.

Le faible coût

La contrainte économique est bien évidemment très importante dans le cas du développement d'un système embarqué. Linux est non seulement exempt de royalties, mais les outils de développement sont également disponibles sous licence libre. L'effort financier nécessaire à l'adoption de Linux se situe sur la formation – souvent indispensable – et le support technique, mais cet effort peut être non négligeable.

> ATTENTION **Linux n'est pas « gratuit »**
>
> Nous ne saurions trop mettre en garde le lecteur contre la tentation du « tout gratuit ». Le fait de recourir à des prestations externes pour la formation et l'assistance au développement d'un projet Linux embarqué peut faire gagner un temps précieux et permettre un transfert technologique efficace en vue des projets suivants. Plus généralement, cette approche du « tout gratuit » peut mettre en péril l'industrie du logiciel libre, souvent basée sur le service et le support. Le fait de profiter des énormes avantages de l'open source implique une certaine déontologie, qui se révèle être un bon investissement à moyen et long terme.

Les performances

Les performances de Linux ne sont plus à prouver. De nombreux tests comparatifs entre Linux et des systèmes propriétaires concurrents on démontré sa supériorité. Des résultats de tests sont disponibles sur le site du Linux Test Project (http://ltp.sourceforge.net). Cependant, ces tests ne sont pas forcément le meilleur critère, car ils sont souvent réalisés dans des conditions particulières, parfois éloignées des situations réelles. Pour se rendre compte des capacités de Linux, le mieux est encore de le tester soi-même pour l'environnement du projet. Détail intéressant pour les applications embarquées, c'est dans des situations de faibles performances matérielles que Linux se révèle le plus efficace par comparaison à d'autres systèmes équivalents. Cependant, Linux reste un système complexe réservé à des applications avancées et évolutives. L'empreinte mémoire nécessaire (plusieurs mégaoctets) est sans commune mesure avec les ressources utilisées par les RTOS classiques, mais le domaine d'application n'est pas le même.

La portabilité et l'adaptabilité

La portabilité est également un des points forts de Linux. Même si le premier courrier de Linus Torvalds en 1991 annonçait modestement que le noyau Linux ne tournerait jamais sur autre chose que les processeurs x86, le fait est qu'il s'est pour une fois lourdement trompé. Le noyau Linux est aujourd'hui porté sur un très grand nombre de processeurs et d'architectures matérielles, y compris des processeurs de faible puissance, comme le démontre le projet µClinux (http://www.uclinux.org). Même si le processeur ou l'architecture que vous désirez utiliser ne figurent pas dans la liste des portages actuels – ce qui a très peu de chances d'arriver – l'énorme base de connaissances disponibles facilitera le travail, et vous pourrez souvent vous inspirer de travaux déjà réalisés. De même, sachant que Linux est de plus en plus introduit dans les universités et les organismes d'éducation en tout genre, les compétences seront beaucoup plus faciles à trouver que sur d'autres systèmes à la réputation plus confidentielle.

La structure modulaire de Linux, héritée de l'architecture Unix, est également un de ses gros avantages. La structure du système est stricte et clairement définie, et il est aisé de le configurer de manière à trouver une correspondance exacte avec les besoins dans les limites des contraintes matérielles, quitte à ajouter des composants ultérieurement. Si l'on souhaite bénéficier du support d'un protocole réseau, il suffira d'ajouter au système le module noyau ainsi que les utilitaires associés, ces derniers étant validés depuis longtemps sur les versions complètes du système. Il ne faut jamais oublier que les développements Linux ne sont pas limités à ceux d'un système embarqué, ce qui est un gros avantage, tant en termes de rapidité, de disponibilité, que de qualité des composants.

L'ouverture

De par sa conception open source, Linux est ouvert. Ce concept d'ouverture se situe à deux niveaux.

Le premier niveau concerne l'interopérabilité de Linux avec d'autres systèmes d'exploitation. Certains systèmes comme les différentes versions de Windows ont une approche hégémonique de l'informatique, c'est-à-dire qu'ils considèrent par défaut qu'ils sont les seuls acteurs d'une configuration informatique complète. C'est bien entendu absurde, et l'utilisateur en fait les frais. Nous citerons en exemple la procédure d'installation de Windows, qui écrase invariablement le contenu du secteur de démarrage du disque, même si un autre système comme Linux est déjà installé. Il y a pire, lorsque la même procédure d'installation s'alloue autoritairement l'intégralité de l'espace disque, si l'utilisateur n'a pas pris la précaution d'estampiller la première partition comme étant de type FAT32 ou NTFS, qui sont les formats de systèmes de fichiers de Windows.

Au contraire, Linux a une approche collaborative, ce qui signifie qu'il va s'insérer dans un environnement existant de manière à optimiser les performances globales du système informatique en proposant un « double démarrage », et donc faciliter la vie de l'utilisateur. Les exemples en sont nombreux, et l'on peut en citer quelques-uns :

- Linux permet depuis le début de lire et écrire les données présentes sur une partition Windows (FAT, FAT32, NTFS) ou Mac OS X (HFS+). Le contraire n'est possible qu'après installation de logiciels tiers.
- Linux peut s'installer sur n'importe quelle partition de n'importe quel disque du système. Cela n'est pas possible pour certaines versions grand public de Windows, qui ne fonctionnent qu'à partir de la première partition du premier disque.
- Linux inclut des programmes de démarrage comme GRUB (voir chapitre 8), qui permettent de démarrer alternativement sur l'un des systèmes présents sur la machine. Cela n'est possible que sur certaines versions de Windows.
- Linux supporte depuis le début le protocole réseau de Windows appelé SMB ou CIFS. Il suffit pour cela d'installer le logiciel open source Samba (http://www.samba.org). Le support du protocole NFS, équivalent Unix de SMB, n'est disponible qu'en ajoutant à Windows un logiciel tiers.

Le second niveau d'ouverture concerne l'adoption dans Linux des nouvelles technologies, pour peu que celles-ci constituent des standards ouverts. Le fait que le noyau Linux soit totalement open source facilite l'adaptation et le test de nouveaux protocoles, car tous les secrets du système sont à portée de main, du moins si l'on sait où les chercher. La plate-forme Linux constitue donc un choix avantageux pour les développeurs et les scientifiques, sachant que les expériences de développement sont souvent partagées sur Internet.

Dans quels cas Linux peut-il être inadapté ?

Il peut exister des cas dans lesquels Linux est inadapté. Si le système à embarquer nécessite uniquement des fonctions de base n'incluant pas de support réseau ni de multitâche et si cet équipement n'est pas destiné à évoluer, il n'est pas forcément intéressant d'utiliser un système aussi riche que Linux. En effet, un noyau Linux 2.6 occupera au minimum 1 Mo en version compressée, et il sera difficile de tomber en dessous de quelques mégaoctets pour un système Linux minimal fonctionnel. Concernant la mémoire vive, il ne faut pas espérer faire fonctionner correctement le noyau 2.6 dans moins de 8 Mo.

Si vos contraintes matérielles ne sont pas compatibles, oubliez Linux et rabattez-vous sur d'autres systèmes comme eCos ou µC/OS cités dans le chapitre précédent, ou au pire sur un logiciel dédié développé par vos soins. Soyez cependant attentif à ne pas développer le système à trop court terme ; un système Linux est très évolutif et pourra suivre les évolutions technologiques de votre produit pendant longtemps. L'ajout d'un nouveau protocole à un système « maison » est souvent une tâche longue et difficile.

L'utilisation de la GPL/LGPL peut également se révéler contraignante et heurter la sensibilité de votre hiérarchie – ou la vôtre. Dans ce cas, il se peut que vous soyez contraint d'utiliser une solution propriétaire, ou bien une autre solution open source basée sur un autre type de licence, par exemple la licence BSD. Des industriels utilisent FreeBSD (http://www.freebsd.org) comme système embarqué, entre autres pour des raisons d'incompatibilité d'humeur avec la GPL. FreeBSD est un excellent système, au moins aussi performant que Linux, mais qui dispose d'une moins grande notoriété en dépit de son plus grand âge. Méfiez-vous cependant de contraintes liées à la disponibilité des pilotes de périphériques, ou alors armez-vous de patience et de bons collaborateurs !

La conformité par rapport à certains standards industriels (comme les standards de l'aéronautique ou du transport déjà évoqués au chapitre précédent) peut être difficile voire impossible à assurer. La question n'est pas technique, mais du fait de la diversité des sources d'information et de diffusion des composants Linux, il est difficile de trouver une société qui puisse décider de financer seule une étude de conformité (il y a cependant des exceptions, voir http://www.windriver.com/news/press/pr.html?ID=8383). Si la conformité intéresse un faible nombre d'applications, les modifications nécessaires auront peu de chances d'être intégrées à l'arborescence officielle appelée *main line*. Si ces modifications sont finalement réalisées par une société ou un groupe d'individus, il y aura perte de compatibilité des sources par rapport à la version officielle du noyau.

Indépendamment des applications embarquées, la multiplication des sources d'information et des « standards », est à la fois un avantage et un inconvénient de Linux. Il n'y a pas de vérité unique, il existe toujours des partisans de GNOME, de KDE ou d'autres bureaux graphiques moins connus, donc des utilisateurs de GTK+ ou de Qt, les bibliothèques à la base de ces deux bureaux. Il s'ensuit une grande liberté, mais aussi un sentiment de cafouillage pour les non-initiés – un peu à l'image du « bazar » qui se tient face à la cathédrale, riche de créativité mais parfois difficile à intégrer (voir http://www.linux-france.org/article/these/cathedrale-bazar/cathedrale-bazar.html).

Les systèmes embarqués basés sur le noyau Linux

Il existe d'ores et déjà plusieurs distributions et composants embarqués basés sur Linux. Nous allons ici donner une liste non exhaustive des principales distributions commerciales. Par rapport à la deuxième édition de l'ouvrage, certains éditeurs ont disparu, et le marché des distributions commerciales est dominé par MontaVista et Wind River. Dans le cas de projets totalement open source, on parle plutôt d'outils de production de distribution (Buildroot, OpenEmbedded, OpenWrt…) et ceux-ci seront abordés aux chapitres 10 et 11.

Wind River Linux

La distribution Linux éditée par le leader mondial des solutions embarquées (désormais filiale d'Intel) est également leader dans le domaine Linux, avec 30 % de parts de marché, selon les statistiques. Wind River Linux existe depuis 2004. Depuis 2007, Wind River Linux intègre l'extension temps réel RTLinux, développée par FSMLabs (voir chapitre 13).

MontaVista Linux

Développée par la société MontaVista (http://www.mvista.com), cette distribution fut longtemps le leader des solutions Linux embarqué commerciales, mais elle semble aujourd'hui être détrônée par Wind River. MontaVista est à l'origine des modifications du noyau Linux visant à améliorer la préemption de ce dernier et donc les fonctionnalités de temps réel « mou » que nous évoquerons au chapitre 13. De nos jours, MontaVista met plutôt en avant la liste très fournie des processeurs supportés et la convivialité de ses outils de développement (voir http://www.mvista.com).

BlueCat Linux

Ce produit est édité par LynuxWorks, créateur et éditeur du système temps réel LynxOS. BlueCat Linux est basée sur le noyau 2.6 et profite donc de la fonction de noyau « préemptif » de ce dernier. LynuxWorks annonce également que les exécutables développés sous BlueCat sont compatibles binaires avec le système temps réel dur propriétaire LynxOS (voir http://www.lynuxworks.com/embedded-linux/embedded-linux.php).

ELDK

Le projet ELDK (pour *Embedded Linux Development Toolkit*) est maintenu par la société allemande DENX Software (http://www.denx.de). Ce produit d'excellente qualité permet le développement du logiciel en développement croisé depuis un PC Linux x86 vers les architectures PowerPC, ARM ou MIPS. ELDK fournit également une distribution embarquée complète. ELDK est disponible gratuitement sous licence GPL sur le site de DENX. La société peut également fournir du support officiel payant. Le compilateur croisé, fourni dans ELDK-4.2 pour cible ARM, sera largement utilisé dans cet ouvrage.

Android

On ne présente plus Android, le système d'exploitation vedette développé par Google. Il est basé sur un noyau Linux, mais la programmation des applications se fait presque uniquement en langage Java, le système étant équipé d'une machine virtuelle optimisée nommée *Dalvik*. Un nouveau SDK basé sur C/C++ est cependant disponible depuis peu de temps (voir http://developer.android.com/sdk/ndk/index.html). Android grignote peu à peu des parts de marché et contribue à l'éviction des systèmes d'exploitation Microsoft du monde de la téléphonie. Outre la téléphonie, Android démarre une percée dans le monde industriel. D'autres systèmes orientés téléphonie comme Bada (http://www.bada.com) et WebOS (http://developer.palm.com) sont également présents sur le marché des *smart phones*, même si leurs parts restent faibles.

Tableau 2–1 Récapitulatifs des systèmes embarqués

Nom	Éditeur	Open source	Temps réel	URL	Remarques
VxWorks	WindRiver	Non	Oui	http://www.windriver.com	Leader du marché
pSOS	WindRiver	Non	Oui	http://www.windriver.com	Ancien, mais très répandu
QNX	QNX	Non	Oui	http://www.qnx.com	Basé sur Unix, quelques composants open source
µC/OS II	Micrium	Non	Oui	http://www.ucos-ii.com	Pour les microcontrôleurs
Windows CE	Microsoft	Non	Oui	http://www.microsoft.com/windows/embedded	No comment
LynxOS	LynuxWorks	Non	Oui	http://www.lynuxworks.com	Édite également BlueCat, basé sur Linux

Tableau 2–1 Récapitulatifs des systèmes embarqués (suite)

Nom	Éditeur	Open source	Temps réel	URL	Remarques
VRTX	Mentor Graphics	Non	Oui	http://www.mentor.com	Utilisé dans Hubble
Nucleus	Mentor Graphics	Oui	Oui	http://www.mentor.com	Pas de royalties
eCos	Red Hat	Oui	Oui	http://ecos.sourceware.org	Utilisable pour de très faibles empreintes mémoire, environnement de développement croisé sous Linux disponible
MontaVista Linux	Monta Vista	Oui	Oui	http://www.mvista.com	Fondé sur des patches « préemptifs » du noyau Linux, temps réel dur assuré par RTLinux
WR Linux	Wind River	Oui	Oui (RTLinux)	http://www.windriver.com/products/linux/	Actuellement leader sur le marché Linux
ELDK	DENX Sofware	Oui	Xenomai Solo	http://www.denx.de	Environnement de développement croisé x86 vers PowerPC, ARM, MIPS
Android	Google	Partiellement	Non	http://www.android.com	Orienté téléphonie, mais évolue vers le monde industriel

Conclusion

Les systèmes embarqués propriétaires apportent certaines contraintes comme les difficultés à suivre l'évolution technologique. Les logiciels open source ont de nombreux avantages, notamment en matière de disponibilité des sources, d'absence de royalties et de développement de code dérivé.

L'utilisation de l'open source pour les systèmes embarqués nécessite quelques précautions, surtout au niveau du support technique. De par des qualités reconnues, Linux est souvent très bien adapté aux applications embarquées. Il sera cependant inadapté si l'empreinte mémoire disponible est trop réduite. De nombreuses distributions Linux adaptées à l'embarqué existent déjà, soit sous forme de projets open source, soit sous forme de produits commerciaux partiellement open source.

Dans le chapitre suivant, nous évoquerons le matériel utilisable dans un environnement embarqué sous Linux.

3

Choix du matériel

Le chapitre précédent nous a permis de démontrer que Linux est souvent un très bon choix pour un système embarqué. Le présent chapitre est consacré à la description des choix matériels les mieux adaptés à cet environnement.

Choix d'une architecture, PC/x86 ou non ?

Le monde de l'informatique est dominé par l'architecture PC/x86, héritée des systèmes personnels initialement développés par IBM au début des années 1980. En dépit des nombreux détracteurs et autres analystes qui prévoient toujours sa fin proche, l'architecture PC/x86 a su s'adapter à l'évolution technologique, en balayant sur son passage bon nombre de concurrents pourtant présentés comme révolutionnaires. Dans la dernière édition de l'ouvrage, nous citions Apple comme seule exception à l'utilisation massive du x86. Ce n'est plus le cas aujourd'hui, tous les ordinateurs Apple (à l'exception des produits mobiles) étant désormais fournis avec un processeur Intel. Les anciennes versions PowerPC ne sont plus compatibles avec la nouvelle mouture de Mac OS X *(Snow Leopard)*.

Le PC/x86 est depuis le début une architecture *ouverte*, ce qui a permis très rapidement de développer des machines compatibles à bas prix, et donc d'imposer l'architecture sur un grand nombre de marchés, du très bas de gamme aux systèmes professionnels. Par opposition, d'autres concurrents ont jalousement gardé leurs secrets et interdit la réalisation de clones, ce qui a limité la diffusion à des marchés plutôt haut de gamme. Ce qui est vrai pour l'architecture de base (la carte mère) l'est encore plus pour les périphériques comme les cartes d'extension, vendues souvent à des prix prohibitifs sur les architectures non dérivées des standards x86. Toutes les architectures ont désormais adopté des standards du monde x86, comme le bus PCI (pour *Peripheral Component Interconnect*), permettant la disponibilité de périphériques très compétitifs.

Le PC/x86 a longtemps été associé – exclusivement ou presque – aux systèmes d'exploitation de Microsoft. Ces derniers sont depuis longtemps les plus répandus, et ils existent presque exclusivement sur architecture x86 (sauf pour les systèmes embarqués comme Windows CE). De même, les systèmes d'exploitation libres comme Linux ont également comme référence l'architecture x86.

Enfin, le PC est depuis toujours associé au processeur Intel ou compatible. Intel s'est longtemps comporté en « Microsoft du processeur », agissant en quasi-hégémonie sur ce marché. Il est aujourd'hui talonné par d'autres fondeurs comme AMD, mais ces derniers se doivent de fournir des processeurs les plus compatibles possibles tout en restant plus performants que ceux d'Intel. Désormais, on peut considérer que la messe est dite et qu'Intel a pour longtemps gagné la bataille, surtout avec l'arrivée du processeur Atom équipant les NetPC qui, dès la première année, avait grignoté près de 15 % du marché des PC.

Le problème est différent dans le monde de l'embarqué, pour lequel l'architecture PC/x86 n'a jamais eu – ou n'a pas encore – la position hégémonique qu'elle connaît dans le monde de l'informatique classique. Une des raisons tient au processeur, car Intel s'est fortement concentré sur le marché du PC classique, et ses produits ne remplissent pas toujours les contraintes de performance, consommation et dissipation thermique nécessaires à certains environnements embarqués. Cela n'est d'ailleurs plus vrai avec le processeur Atom, qui équipe désormais un nombre croissant de cartes industrielles.

En ce qui concerne des architectures de même niveau de complexité, la gamme PowerPC codéveloppée par IBM et Motorola est encore très utilisée dans le monde industriel, en raison de son très bon rapport consommation/performances et de la relative simplicité de son architecture par rapport au x86. En effet, quasiment toutes les cartes industrielles utilisées dans les transports (aéronautique, ferroviaire) sont basées sur l'architecture PowerPC.

L'autre raison a trait à l'architecture elle-même. Le principal intérêt du PC est le côté interchangeable et banalisé de ses composants. Le développeur qui utilise sa machine dans un environnement stable et sécurisé (pas de contrainte d'humidité, de vibration ou de température) pourra aisément remplacer une carte mère par une autre, équivalente, et ce à très bon prix. Le plus souvent, les systèmes sont effectivement peu sollicités, car utilisés seulement quelques heures par jour. Les systèmes plus sollicités comme les serveurs sont placés dans des conditions de fonctionnement encore plus idéales, souvent dans des salles climatisées, et choyés par des administrateurs système attentionnés.

Il en va autrement pour nombre de systèmes embarqués, contraints de fonctionner 24 heures sur 24, dans des environnements parfois beaucoup plus agressifs. Ce dernier point peut conduire à l'utilisation de composants de meilleure qualité (on parle de « PC industriel »), donc plus onéreux. Le mythe du PC à bon marché, banalisé et multi-usage, que l'on peut acheter au revendeur du coin ou pour trois fois rien en prend un coup, même si cela déçoit profondément votre patron ou votre responsable des achats.

Quelle que soit l'issue du développement d'un projet de système embarqué, il est un domaine sur lequel le x86 reste imbattable, celui du maquettage. Même si le système final utilise un processeur PowerPC ou un ARM sur une carte dédiée, il y a gros à parier que les premières évaluations de l'application seront testées sur x86. De même, sur de petites séries ou des systèmes fonctionnant dans des conditions extérieures raisonnables, le choix d'une architecture x86 reste économique et très viable d'un point de vue technique, car simple à installer. En résumé, les règles d'or à respecter sont les suivantes pour bon nombre de projets.

- On peut utiliser une architecture x86 pour la phase de pré-étude. Il est toujours plus facile et moins onéreux de montrer une maquette tournant dans un PC portable sous Linux que sur un prototype qui refusera de fonctionner à plus d'un kilomètre de votre bureau d'étude. Désormais, il est également possible d'émuler une carte basée sur ARM – à l'aide d'outils comme l'émulateur QEMU (http://www.qemu.org) que nous utiliserons tout au long de l'ouvrage. QEMU tourne le plus souvent sur PC/x86 sous Linux, et il est décrit en détail au chapitre 5.

- Linux est certainement le système disponible sur le plus grand nombre nombre d'architectures. Désormais, aucun fournisseur de carte ne se risquera à commercialiser un produit qui ne soit pas utilisable avec le noyau Linux. Mis à part le problème des pilotes matériels, l'adaptation vers une autre architecture ne posera pas trop de problèmes en procédant à la compilation « croisée » de votre logiciel (voir chapitre 5).

- Limitez une étude matérielle dédiée à une production importante ou bien prenez de sérieuses garanties sur le prix de revient. Il existe aujourd'hui sur le marché un grand nombre de cartes (x86 ou non) compatibles avec Linux et intégrant des interfaces industrielles comme le bus CAN, le SPI ou bien des écrans tactiles couleur de petite taille. Nous citerons quelques exemples dans ce chapitre.

La notion de MMU

Le noyau Linux a été initialement développé sur la base du mécanisme de protection de mémoire du processeur Intel 386/486. Ce mécanisme repose sur un composant matériel appelé MMU (pour *Memory Management Unit*, c'est-à-dire unité de gestion mémoire) et permet à un processus de ne jamais écraser l'espace mémoire d'un autre processus. La MMU autorise la conversion entre les adresses physiques – adresses effectivement utilisées dans la machine – et les adresses virtuelles – adresses vues par le processus et allouées par le système d'exploitation. Si un processus tente de sortir par erreur de l'espace mémoire qui lui est accordé, la MMU détecte l'erreur et stoppe le programme en générant une erreur de « violation de segmentation » (le fameux *segmentation violation* associé au signal `SIGSEGV`). De ce fait, un programme tournant sous Linux dans l'espace dit « utilisateur » – par opposition à l'espace « noyau » – ne peut jamais « planter » le système.

Les versions courantes du noyau Linux sont prévues pour fonctionner sur des processeurs avec MMU, ce qui concerne la majorité des processeurs utilisés dans l'informatique classique, et aussi dans un bon nombre d'applications embarquées. En revanche, ces processeurs sont en général plus onéreux et plus gourmands en ressources matérielles, et certaines applications dites « profondément enfouies » (ou *deeply embedded*) ne pourront utiliser que des processeurs dépourvus de MMU.

Il existe des systèmes d'exploitation dédiés à ces microcontrôleurs – µC/OS en est un très bon exemple –, mais ceux-ci sont en général bien plus limités que Linux au niveau des protocoles standards et de l'interopérabilité avec le monde extérieur. Autre point, la gestion de la MMU est complexe, et de ce fait la majorité des RTOS propriétaires comme VxWorks ne l'utilisent pas par défaut pour des raisons de performances. De même, la mise au point d'un système est plus simple dans le cas où les programmes et le noyau se partagent le même espace de mémoire.

> MISE EN GARDE **L'absence de MMU peut poser des problèmes de sûreté de fonctionnement**
>
> En effet, une tâche peut alors empiéter sur la mémoire allouée par le noyau et provoquer un crash. Pour éviter cela, les systèmes « sûrs » fonctionnant sans MMU utilisent la notion de « partitionnement spatial » que nous avons déjà évoquée au chapitre 1 (norme ARINC 653). Cependant, la notion de partitionnement reste également valable, et utilisée, pour des processeurs avec MMU.

uClinux : un noyau Linux sans MMU

Un portage du noyau Linux est disponible pour les processeurs dépourvus de MMU. Il se nomme µClinux ou uClinux pour Micro-C Linux (Linux pour microcontrôleurs) à prononcer *You see Linux* (http://www.uclinux.org). Le premier portage fut réalisé sur la version 2.0.38 du noyau Linux et l'architecture Motorola 68k. Désormais, les principales modifications du noyau uClinux sont intégrées au noyau standard 2.6.

L'API d'utilisation et de programmation du système est identique à celle du véritable noyau Linux bien que uClinux utilise une libc – nommée uClibc (http://www.uclibc.org) – différente de la Glibc standard. La motivation est toujours la même, le gain d'espace, lorsqu'on sait que les versions récentes de la Glibc ont une taille largement supérieure au mégaoctet.

> REMARQUE **Utilisation de uClibc**
>
> Désormais, la bibliothèque uClibc est devenue une référence pour le développement embarqué, car elle est également utilisable sur des processeurs avec MMU. En effet, c'est la bibliothèque libc utilisée par défaut dans des outils comme Buildroot que nous décrirons au chapitre 10.

La principale limitation de uClinux par rapport à Linux est l'absence de protection de mémoire, et de ce fait, une application erronée pourra parfois planter le système. Dans cette nouvelle version de l'ouvrage, nous ne consacrerons pas de chapitre à uClinux, comme nous l'avions fait pour les deux premières versions. En effet, la mise en place n'a rien d'exceptionnel par rapport à une distribution fonctionnant sur un processeur avec MMU, et les outils utilisés sont de plus en plus banalisés. Autre point, le coût des processeurs avec MMU et l'augmentation des performances fait que l'utilisation d'un microcontrôleur sans MMU est désormais réservée à des cas très particuliers comme la mise en place de solutions basées sur des processeurs *soft-core* ou SoC/SoPC basés sur des FPGA (pour *Field Programmable Gate Array*, autrement dit un *réseau de portes programmables*). Les produits de chez Altera (processeurs NIOS II et FPGA Stratix) ou bien Xilinx (processeur Microblaze et FPGA Spartan) sont les plus fréquemment utilisés.

> EN SAVOIR PLUS **Page dédiée aux SoC/SoPC**
>
> Patrice Kadionik de l'ENSEIRB-MATMECA maintient une page très bien documentée sur les SoC/SoPC à l'adresse :
>
> ▸ http://uuu.enseirb.fr/~kadionik/SoC/soc.html

Les processeurs compatibles x86

Dans le cas des processeurs avec MMU, et outre les classiques Pentium et autres Celeron fournis par Intel, d'autres architectures compatibles comme Geode ou VIA sont utilisables. Le processeur VIA est à l'origine d'une gamme de cartes mères nommées Mini-ITX ou Micro-ITX (http://www.mini-itx.com). Cependant, l'arrivée du processeur Atom de chez Intel laisse présager un grand nombre de cartes utilisant cette architecture. Des cartes de ce type sont déjà disponibles sur de nombreux sites comme http://www.eurotech-inc.com/embedded-Atom-single-board-computer.asp ou bien http://www.portwell.com.tw/AD/Atom.

ATTENTION **Compatibilité avec les extensions temps réel**

Certaines architectures compatibles x86 ne disposent pas toujours des caractéristiques nécessaires au fonctionnement des extensions temps réel du noyau Linux (voir chapitre 13). Il faudra donc vérifier le bon fonctionnement du système avant de sélectionner un type de processeur pour une production. Encore une fois, le choix d'un processeur Intel de type Atom assure une bonne compatibilité.

Les autres architectures

L'architecture x86 n'est pas forcément la meilleure pour toutes les applications, loin s'en faut. Dans le cas de la production d'une série de cartes mères assez importante (plusieurs milliers d'exemplaires) ou d'un besoin particulier (faible consommation, intégration), d'autres processeurs sont plus avantageux et moins complexes à mettre en œuvre.

Actuellement, l'architecture ARM est la plus utilisée pour les applications embarquées, suivie par x86 et PowerPC. D'autres architectures comme MIPS ou SH4 ont des utilisations plus dédiées et sont souvent intégrées dans des *chipsets* fournissant d'autres fonctions matérielles. Citons en exemple les produits Broadcom (http://www.broadcom.com), spécialisés dans les applications de communication (IAD pour *Internet Access Device*), ou STMicroelectronics (http://www.st.com), qui fournit des solutions pour les *set-top boxes* basées sur des processeurs SH4. L'offre de STMicroelectronics est cependant en cours d'évolution vers ARM.

ATTENTION **Différence majeure avec x86**

Dans le cas de l'architecture x86, toutes les cartes sont « compatibles ». Le choix d'un type de processeur x86 correct dans la configuration du noyau (menu *Processor type and features*) est donc suffisant. Ce n'est pas le cas des autres architectures, et particulièrement de l'ARM, pour lequel on doit spécifier non seulement le type de processeur, mais également le fabricant de la carte mère. L'adaptation du noyau Linux à une nouvelle carte est donc largement plus complexe qu'en x86.

Les processeurs ARM ont un bon niveau d'intégration et une faible consommation et permettent donc la conception de cartes mères plus simples et moins coûteuses que les x86. L'architecture se décline en ARM7 (sans MMU), ARM9, ARM11,

Cortex A8 et plus récemment Cortex A5, A9 et A15. L'architecture ARM9 est peu coûteuse et très utilisée sous diverses marques. Citons :

- les produits de chez Atmel (http://www.atmel.com/products/microcontrollers/arm/default.aspx) ;
- les produits i.MX de chez Freescale (http://www.freescale.com/webapp/sps/site/home-page.jsp?code=IMX_HOME), également fournisseur de processeurs PowerPC ;
- les produits SITARA de chez Texas Instruments (http://www.ti.com/lsds/ti/dsp/platform/sitara/overview.page).

CONFIGURATION **Support dans le noyau Linux**

Les architectures évoquées dans ce paragraphe sont toutes supportées par le noyau Linux. La partie dépendante du processeur est située dans le répertoire `arch/nom_architecture` des sources du noyau, exemple `arch/x86`, `arch/arm` ou `arch/powerpc`.

Il est parfois nécessaire d'appliquer des patches au noyau standard pour assurer un fonctionnement correct. Suivant les cas, ces patches sont disponibles auprès des constructeurs (Freescale, TI, etc.) ou bien sur des sites communautaires, dont les mainteneurs sont parfois des salariés du constructeur. Nous pouvons citer le site http://www.at91.com/linux4sam/bin/view/Linux4SAM pour les processeurs AT91 développés par Atmel. Citons également la société allemande Pengutronix (http://www.pengutronix.de), qui héberge le dépôt de développement Git du noyau Linux pour les processeurs de la gamme i.MX de Freescale.

Dans la suite de l'ouvrage, à partir du chapitre 6, nous utiliserons une carte de référence basée sur un processeur ARM9 (ARM926EJ-S). Cette carte nommée Versatile PB est produite par ARM Ltd (http://www.arm.com). Elle ne nécessite pas de patches supplémentaires pour le noyau Linux. Autre gros avantage, elle est très bien supportée par l'émulateur QEMU, ce qui nous permettra de réaliser les tests sur un PC Linux sans matériel supplémentaire. Bien sûr, l'émulateur ne remplace pas tous les tests sur une carte réelle, mais dans le cas d'un ouvrage comme celui-ci, cela permet de tester les exemples sans frais supplémentaires.

La mémoire de masse

La mémoire de masse est utilisée pour stocker l'image du système d'exploitation et les données lues ou écrites au cours du fonctionnement de ce système. Les systèmes de micro-informatique classiques utilisent des disques durs compatibles avec les standards de bus IDE (pour *Integrated Drive Electronics*) ou SCSI (pour *Small Computer System Interface*), et plus récemment SATA (pour *Serial Advanced Technology Attachment*).

La problématique des systèmes embarqués est différente, car ils utilisent en général un faible espace de stockage, du moins pour le système d'exploitation. La ou les distributions Linux classiques occupent plusieurs gigaoctets sur des disques dont le moins volumineux accepte plus d'une centaine de gigaoctets, certaines distributions embarquées occupent quelques dizaines de mégaoctets, et les périphériques de stockage sont de ce fait très différents. D'autres facteurs peuvent également être déterminants :

- la fragilité des disques durs lorsqu'ils sont utilisés dans des environnements mobiles ou hostiles ;
- la consommation d'énergie et la dissipation thermique ;
- le bruit généré par les disques classiques.

Les systèmes embarqués utilisent dans la plupart des cas des mémoires permanentes appelées « mémoires flash » *(flash memory)*. L'utilisation de la mémoire *flash* ainsi que des autres supports de stockage est décrite en détail au chapitre 9.

Les bus d'extension et de communication

Les bus d'extension ISA et PCI

L'architecture Intel (entre autres) fournit différents bus d'extension et de communication. L'ancien bus ISA (pour *Industry Standard Architecture*) a aujourd'hui presque totalement disparu, même sur les cartes mères dites « industrielles ». Le bus PCI est beaucoup plus facile à manipuler, car la plupart des initialisations matérielles – comme l'affectation des niveaux d'interruption – se font automatiquement. Si cela est nécessaire, le développement d'un pilote de carte PCI sous Linux est relativement aisé, car l'API du noyau propose un grand nombre de fonctions de haut niveau. Pour des informations plus complètes concernant le développement de tels pilotes, nous vous renvoyons à l'excellent ouvrage d'Alessandro Rubini, *Linux Device Drivers version 3 (LDD3)*, disponible en ligne à l'adresse http://lwn.net/Kernel/LDD3.

Les ports série

Les ports série RS-232 sont encore très utilisés dans les systèmes embarqués de par leur fiabilité, leur faible coût et leur facilité de mise en œuvre. Pour la même raison que le bus ISA, ils ont disparu du matériel grand public au profit de bus plus modernes comme l'USB. La plupart des cartes mères industrielles proposent encore au moins un port série, et il est aisé d'ajouter des cartes d'extensions au format PCI. Ces cartes peuvent être équipées de contrôleurs classiques de type 16550A, et le noyau Linux pourra les piloter sans aucune modification à partir du moment où le support du port série standard est activé dans la configuration du noyau. La détection des ports peut être vérifiée au moyen des commandes suivantes.

Détection du port série

```
# dmesg | grep tty
ttyS0 at 0x03f8 (irq = 4) is a 16550A
```

La commande `setserial` permet également de manipuler les ports série détectés.

Utilisation de setserial

```
# setserial /dev/ttyS0
/dev/ttyS0, UART: 16550A, Port: 0x03f8, IRQ: 4
```

Le noyau Linux intègre également le support d'un grand nombre de cartes série dites « multivoies » et permettant d'ajouter un plus grand nombre de ports série sur une seule carte d'extension. Dans ce cas, les options adéquates doivent être validées dans la configuration du noyau à la rubrique *Device drivers>Character devices*.

MATÉRIEL **Type de contrôleur série**

Si l'on utilise une autre architecture que x86, il est fréquent que le contrôleur série ne soit pas un 16550A, car de nombreux processeurs (ARM) disposent en interne de plusieurs interfaces RS-232. Le nom du fichier spécial associé peut ne pas être `/dev/ttyS0`, mais plutôt `/dev/ttyAMA0`, `/dev/ttyACM0`, etc.

Le bus USB

Le bus USB (pour *Universal Standard Bus*), présente un certain nombre d'avantages, tant au niveau de la possibilité de connecter des périphériques « à chaud » que du débit disponible. Actuellement, les normes en cours sont USB 1.1 et 2, mais la nouvelle norme USB 3 – dix fois plus rapide que l'USB 2 – est déjà disponible sur certains matériels au moment de l'écriture de ces lignes.

Le bus USB est très répandu dans les systèmes grand public sous Windows ou Mac OS X. Le support de l'USB sur Linux n'est officiel que depuis la version 2.4, et tous les périphériques n'étaient pas supportés à l'époque – loin s'en faut – car cela nécessite le développement d'un pilote, et donc de disposer des spécifications matérielles du périphérique. La situation a bien évolué avec le noyau 2.6. La couche USB du noyau Linux est désormais robuste, et de plus en plus de périphériques sont supportés en standard, comme on peut le voir dans le menu *Device drivers>USB* de la configuration du noyau. La liste des périphériques supportés est disponible sur le site http://www.linux-usb.org. En cas d'absence de support direct dans le noyau Linux, il est également possible d'obtenir un pilote auprès du constructeur, ce bus étant de plus en plus utilisé pour des applications professionnelles.

Si le pilote n'est pas disponible, on pourra obtenir les spécifications du dialogue auprès du constructeur et développer un pilote Linux en utilisant la documentation disponible sur Internet, comme l'ouvrage LDD3 que nous avons déjà cité.

> ATTENTION **USB n'est pas temps réel !**
>
> Il est fortement déconseillé d'utiliser un périphérique USB dans le cas d'une application en temps réel « dur ». En effet, la couche USB du noyau Linux n'est pas déterministe, et le fonctionnement du bus ne se prête pas au temps réel.

Les autres bus : I2C, SPI, FireWire

De nombreux autres supports de bus et protocoles associés sont disponibles d'ores et déjà dans l'arborescence officielle des sources du noyau Linux. Même si le support de certains bus est éprouvé (I2C, SPI), la réalisation d'un projet intégrant un bus de ce type devra passer par la validation du niveau de fonctionnalités en consultant la page web associée au projet. Les pointeurs sont en général disponibles dans le répertoire `Documentation` des sources du noyau Linux. Là encore, les cartes du commerce assurent une bonne compatibilité, car les pilotes Linux sont souvent fournis par le constructeur.

Quelques exemples de cartes mères

Nous allons citer ici quelques exemples de cartes mères ARM ou x86. Les cartes présentées offrent une alternative intéressante à la conception d'une carte dédiée, sachant que certaines cartes ARM peuvent être déclinées sous forme de modules beaucoup moins onéreux, que l'on peut installer sur une carte dédiée comportant uniquement la connectique nécessaire. Bien entendu, les cartes citées sont livrées avec un SDK *(Software Development Kit)* Linux.

Le projet Armadeus

Le projet Armadeus est un exemple de réussite d'une communauté libre, puisqu'il fut initialement un projet visant à permettre au plus grand nombre d'utiliser des cartes embarquées intégrant des fonctionnalités avancées telles qu'un FPGA. Armadeus est désormais une société commerciale qui conçoit des cartes de très bonne qualité à base de processeurs Freescale. Le wiki du projet est localisé sur http://www.armadeus.com/wiki/index.php?title=Main_Page, et la page de la société sur http://www.armadeus.com.

Figure 3–1
Carte Armadeus APF27

Les cartes Eukréa

La société bordelaise Eukréa (http://www.eukrea.com) conçoit depuis plusieurs années des cartes mères et des modules d'excellente qualité. La société se concentre désormais sur les processeurs i.MX de chez Freescale. Eukréa est également un bureau d'études renommé pour la conception de cartes spécifiques. De par leur excellent niveau de connaissances Linux, les développeurs d'Eukrea ont pu intégrer le support de leurs produits au noyau Linux *main line*, ce qui constitue une garantie de pérennité pour le client. La carte ci-dessous est présentée au chapitre 14 comme démonstrateur de la bibliothèque graphique Qt/Embedded.

Figure 3–2
Kit de développement
Eukréa i.MX25

Les cartes FOX (ACME Systems)

La société italienne ACME Systems distribue des cartes fonctionnant sous Linux et désormais basées sur des processeurs Atmel, voir http://foxg20.acmesystems.it/doku.php. Ces cartes sont plutôt destinées à des évaluations, et ACME Systems n'offre pas, à notre connaissance, le niveau de support disponible chez Eukréa.

Figure 3–3
Carte FOX G20 ACME System

Les cartes Pragmatec

La société française Pragmatec (http://www.pragmatec.net) distribue des cartes à base de
processeurs ARM7 et ARM9. Les processeurs ARM9 sont des S3C24xx fabriqués
par SAMSUNG. Pragmatec est également un bureau d'études pouvant réaliser des
cartes adaptées basées sur des modules.

Figure 3–4
Module Pragmatec S3C2440

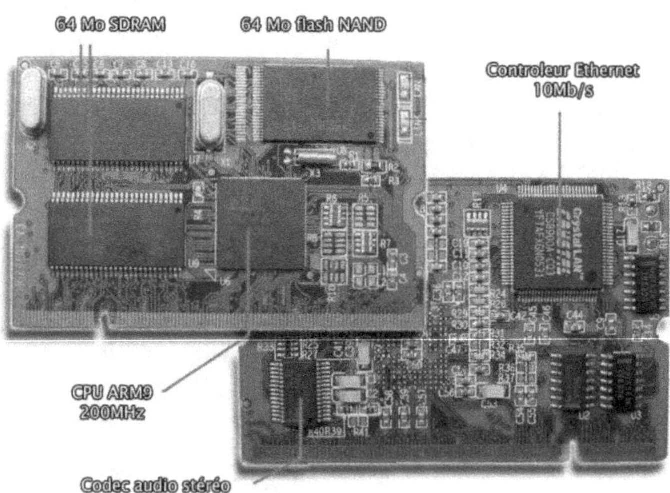

Récupération de cartes existantes

Il est également possible d'utiliser un produit existant à des fins d'expérimentation.
De nombreux projets s'attachent au portage du noyau Linux sur des produits à large
diffusion, donc bon marché (quelques dizaines d'euros). À titre d'exemple, nous pouvons citer le projet OpenWrt (http://www.openwrt.org), qui fut au départ une distribution

Linux adaptée au routeur Linksys WRT54G, en remplacement de la distribution Linux partiellement libre fournie par Linksys.

De même, le routeur Fonera de la société FON (http://www.fon.com) peut constituer une excellente base de test pour Linux embarqué, puisqu'il fonctionne sous OpenWrt. Bien entendu, il est possible d'installer une nouvelle distribution, différente de celle fournie par FON. Pour plus d'information, nous conseillons la lecture du site de Denis Bodor sur http://www.lefinnois.net/wp/index.php/2008/10/26/openwrt-kamikaze-svn-sur-la-fonera-20.

Figure 3–5
La Fonera de FON

Les formats Mini-ITX et Micro-ITX

Ce format très proche du PC/x86 classique est réservé à des applications proches du monde Intel, produites à un faible nombre d'exemplaires et n'ayant pas de trop fortes contraintes de consommation. De nombreux produits sont disponibles sur le site http://www.mini-itx.com.

Figure 3–6
Exemple de carte Mini-ITX

Le standard PC/104 (x86)

Le format PC/104 est apparu en 1992 ; c'est en fait une version compacte du format PC classique. Le principe du PC/104 est de fournir des modules de petite taille que l'on peut empiler les uns sur les autres. L'encombrement d'une carte PC/104 est comparable à celui d'une disquette 3,5 pouces (90 sur 96 mm), ce qui permet de construire des systèmes peu volumineux. Le PC/104 utilisait initialement le bus ISA ; cependant, il existe une évolution du format, appelée PC/104-Plus, qui permet de disposer en plus des connecteurs ISA d'un connecteur PCI. Le nom du format a pour origine la somme du nombre de broches disponibles sur le bus ISA de la carte PC/104, soit 40 plus 64.

Actuellement, cette architecture est en perte de vitesse, du fait du niveau d'intégration atteint par d'autres solutions comme les modules ARM. Le schéma ci-après donne un exemple d'empilage de trois cartes PC/104.

Figure 3–7
Configuration PC/104
à 3 cartes

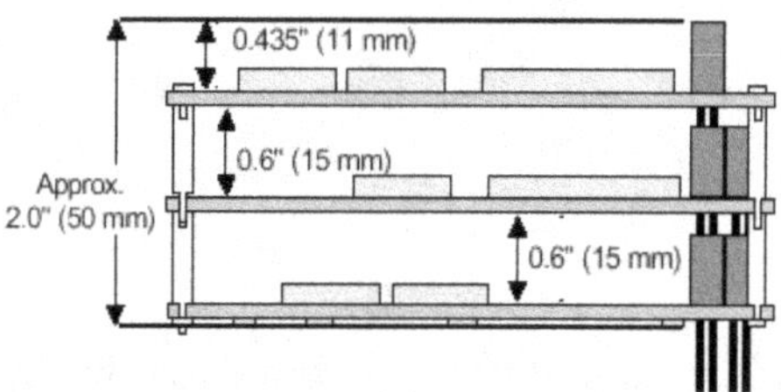

Le schéma ci-après indique la géométrie d'une carte PC/104-Plus avec connecteur PCI (J3), ainsi que les deux connecteurs ISA du format PC/104 classique (J1 et J2).

Figure 3–8
Carte PC/104-Plus

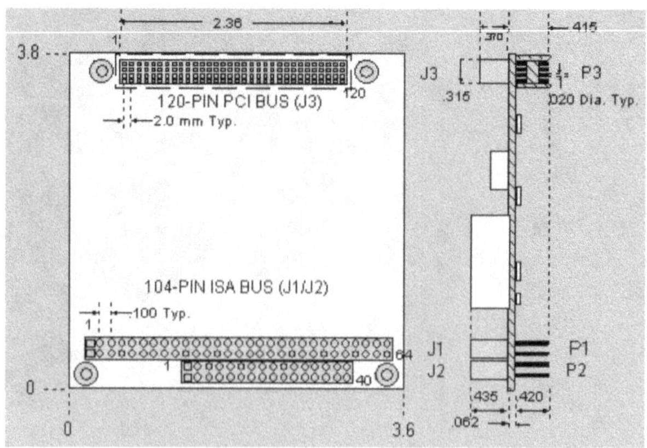

Le principal avantage du format PC/104 est sa forte similitude avec l'architecture PC standard. Des cartes mères intégrées disposent de toutes les interfaces classiques (disque dur IDE 2,5 pouces, CompactFlash IDE, lecteur de disquettes, contrôleur Ethernet, USB, port série et port parallèle, connecteurs VGA, clavier et souris), ce qui permet de migrer très facilement d'un environnement de développement vers l'environnement embarqué définitif. De par sa forte intégration, ce type de carte est cependant relativement onéreux.

La société Advantech (http://www.advantech.com) est leader sur le marché des cartes processeurs PC/104. La carte PCM-3362 ci-après est basée sur un processeur Intel Atom N450 cadencé à 1,66 Ghz et dispose de 2 Go de RAM DDR2 et 2 Go de mémoire flash SSD (http://www.advantech.com/products/PCM-3362/mod_1-DWE9TQ.aspx).

Figure 3–9
Carte Advantech PCM-3362

La page du consortium PC/104 contenant la liste des fabricants est disponible sur http://www.pc104.org.

Conclusion

L'architecture PC/x86 est aujourd'hui un choix intéressant pour un système Linux embarqué, surtout pour la phase de maquettage. Une plus grande série sur un système plus enfoui ou à faible consommation justifie l'utilisation d'architectures telles que l'ARM. La conception complète d'une carte n'est plus nécessaire, car il existe de nombreux modules disponibles sur le marché, intégrables sur une carte mère adaptée mais plus simples à concevoir.

Le portage uClinux peut fonctionner sur des processeurs sans MMU (en général, des micro-contrôleurs). Ces processeurs génèrent des coûts de mise en œuvre inférieurs, mais induisent des contraintes de fonctionnement dues à l'absence de protection physique de la mémoire.

Dans le chapitre suivant, nous allons décrire la structure du système Linux, afin d'acquérir les connaissances nécessaires à la création de notre système embarqué.

## Deuxième partie

Mise en place d'un système Linux embarqué

4

Structure du système Linux

Ce chapitre décrit les principaux concepts de la structure d'un système Linux. En effet, avant de s'intéresser à l'optimisation du système en vue de l'utilisation en tant que système embarqué, il est indispensable de maîtriser son architecture. Dans ce chapitre, nous décrirons tout d'abord les principes généraux du fonctionnement de Linux. Nous détaillerons ensuite l'installation du noyau, et nous finirons par la description des principaux fichiers et répertoires remarquables.

Les manipulations décrites dans ce chapitre pourront être réalisées sur un système installé avec une distribution classique sur une architecture x86. Dans notre cas, nous avons utilisé une distribution Fedora 11 ou supérieure, mais le choix d'une autre distribution de type Debian ou Ubuntu ne changerait pas la démonstration. La distribution devra être bien entendu équipée de l'environnement de développement (`gcc`, `make`...).

À quelques exceptions près, la structure du système Linux est calquée sur celle des autres systèmes Unix, à savoir :

- Un noyau ou kernel réalisant les fonctions essentielles comme la gestion des tâches et de la mémoire, ainsi que l'interfaçage entre le matériel et les applicatifs, grâce - entre autres - aux pilotes de périphériques, plus souvent nommés *device drivers*.
- Les exécutables du système, dont certains sont indispensables. Nous évoquerons plus loin l'exécutable `init` ou l'interpréteur de commandes `sh`.
- L'ensemble des bibliothèques utilisées par les applicatifs. A minima, on devra disposer de la bibliothèque libc contenant les fonctions de base utilisées dans le cas du développement C/C++. Dans le cas de Linux, la référence est la Glibc (GNU-libc), mais nous évoquerons d'autres versions dans la suite de l'ouvrage.

La structure du système est décrite sur la figure 4-1.

Figure 4–1
Structure du système *Linux*

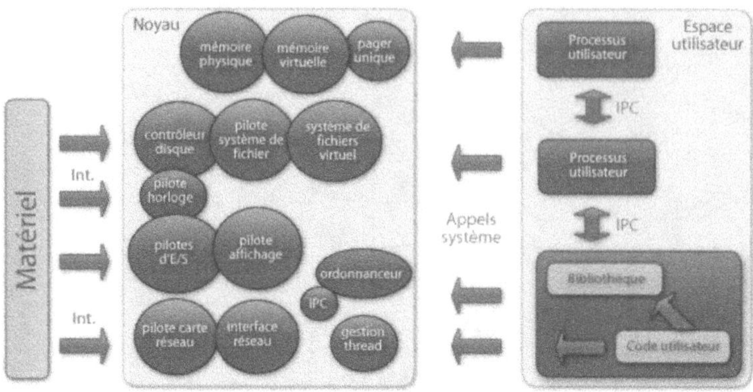

À ces éléments standards, il faut ajouter un programme de démarrage ou *bootloader*. Pour l'architecture x86, GRUB a remplacé depuis longtemps l'antique LILO. Quelques éléments de la configuration de GRUB sont explicités dans ce chapitre, mais le chapitre 8 sera dédié à la configuration détaillée du bootloader dans le cadre des architectures embarquées.

> HISTOIRE **Origine de GRUB**
>
> GRUB est l'acronyme de *Grand Unified Bootloader*. Il a été développé pour le projet de système d'exploitation GNU/Hurd, qui est toujours en cours de développement. Il fut adapté à Linux ultérieurement.

Le schéma de démarrage d'un système Linux est relativement simple et peut être décomposé comme suit.

1 Démarrage du bootloader et initialisation du matériel par ce dernier. Dans le cas de l'architecture x86, l'étape de chargement du BIOS précède le démarrage du bootloader GRUB.

2 Chargement et exécution du noyau Linux. Cette phase s'accompagne de l'initialisation des périphériques matériels indispensables au démarrage, et donc au chargement des pilotes de périphériques associés. Le noyau Linux tente également de monter sa partition principale ou *root filesystem* (en abrégé « root-fs »), sur laquelle il ira chercher les éléments nécessaires à la suite du démarrage du système.

3 Lorsque le noyau Linux est chargé, il exécute un programme d'initialisation qui, par défaut, correspond à l'exécutable `/sbin/init`. Cependant, on peut indiquer facilement au noyau de passer la main à un autre programme via le paramètre `init=nom_de_programme`.

4 Dans le cas de l'utilisation du programme `init` standard, ce dernier explore le fichier de configuration `/etc/inittab`, qui contient le chemin d'accès à un script de démarrage. Le script en question poursuit l'initialisation du système.

Dans la majorité des cas, le fichier `/etc/inittab` contient au moins la ligne suivante.

Extrait du fichier /etc/inittab

```
# System initialization (runs when system boots).

si:S:sysinit:/etc/rc.d/rc.sysinit
```

> REMARQUE **Cas des nouvelles distributions**
>
> Dans les versions récentes des distributions Linux x86, la logique de démarrage par `/etc/inittab` a pas mal évolué de par l'utilisation du composant `upstart`. On pourra obtenir de plus amples informations en consultant la page :
>
> ▸ http://upstart.ubuntu.com/
>
> Dans le cas des systèmes embarqués, l'utilisation du fichier `/etc/inittab` est cependant conservée.

Le noyau Linux

Le noyau est l'élément principal du système, et ce pour plusieurs raisons. La première est historique, puisque ce noyau fut initialement conçu par Linus Torvalds, le reste du système Linux étant constitué de composants provenant en majorité du projet GNU de Richard Stallman. L'autre raison est technique et tient à la structure monolithique du noyau, qui en fait l'interface unique entre le système et le matériel dans la quasi-totalité des cas de figure.

Structure globale du noyau

Le noyau Linux est un fichier exécutable, monolithique, chargé d'assurer les fonctions essentielles du système :

1 la gestion des tâches, appelée ordonnancement ou *scheduling* ;

2 la gestion de la mémoire et le pilotage des périphériques, que ceux-ci soient réellement des périphériques matériels, ou bien qu'ils soient des périphériques virtuels comme les systèmes de fichiers, que nous décrirons plus en détail dans la suite de l'ouvrage.

Dans une distribution Linux classique, le noyau est physiquement représenté par un fichier localisé sur le répertoire `/boot`.

```
$ ls -l /boot/vmlinuz-2.6.30.10-105.2.23.fc11.i586
-rwxr-xr-x 1 root root 3200368 févr. 11 08:03 /boot/vmlinuz-2.6.30.10-
105.2.23.fc11.i586
```

Le nom du noyau est libre, mais il est généralement suffixé en fonction de la version du noyau (ici `2.6.30.10`) et d'une information ajoutée par celui qui a généré le noyau (ici `-105.2.13.fc11.i586`). Cette information est appelée `LOCALVERSION` ou `EXTRAVERSION`. Nous verrons plus tard dans ce chapitre que le paramètre `CONFIG_LOCALVERSION` est défini dans la configuration du noyau.

Différents noyaux Linux identifiés par LOCALVERSION

```
$ ls -l /boot/vmlinuz-2.6.30.10-105.2.*
-rwxr-xr-x 1 root root 3201840 févr. 3 02:54 /boot/vmlinuz-2.6.30.10-
105.2.13.fc11.i586
-rwxr-xr-x 1 root root 3200368 févr. 11 08:03 /boot/vmlinuz-2.6.30.10-
105.2.23.fc11.i586
-rwxr-xr-x 1 root root 3201776 janv. 19 23:43 /boot/vmlinuz-2.6.30.10-
105.2.4.fc11.i586
```

Le noyau Linux utilise également un fichier nommé `System.map`, qui contient la liste des symboles du noyau. Ces informations sont utiles à la gestion des modules décrits ci-après, ou bien à la mise au point du noyau. Le fichier `System.map` est également présent dans le répertoire `/boot`. Il est lié à la version du noyau généré, car issu de la compilation de ce dernier.

Les modules dynamiques du noyau

Dans le cas d'applications classiques de Linux, le noyau utilise le plus souvent des modules qui peuvent être dynamiquement chargés et déchargés en fonction des besoins du système. Ces modules peuvent être des pilotes de périphériques matériels, comme des cartes d'extension, ou bien liés à un support générique de plus haut niveau, comme le support audio ou SCSI. L'utilisation des modules permet d'optimiser la mémoire du système à un instant donné, car un pilote non utilisé peut alors être déchargé, libérant ainsi sa mémoire. De même, l'utilisation des modules permet d'ajouter dynamiquement le support de nouveaux périphériques sans redémarrer le système.

Dans le cas d'un noyau embarqué, on peut cependant se poser la question quant à l'utilisation des modules, sachant que la hiérarchie des modules nécessite la mise en place du répertoire `/lib/modules`, ce qui augmente le nombre de fichiers, la complexité du système et aussi l'espace occupé par ce dernier, dans une certaine mesure.

Le choix de l'utilisation ou non des modules sera laissé à la charge de l'intégrateur du système en fonction de ses besoins. Différents cas de figure seront envisagés dans les chapitres concernant la construction du système.

Répertoires des modules du noyau

```
$ ls -l /lib/modules/
total 12
drwxr-xr-x 7 root root 4096 févr.  5 10:17 2.6.30.10-105.2.13.fc11.i586
drwxr-xr-x 7 root root 4096 févr. 12 09:44 2.6.30.10-105.2.23.fc11.i586
drwxr-xr-x 7 root root 4096 janv. 25 19:33 2.6.30.10-105.2.4.fc11.i586
```

À chaque sous-répertoire correspond une version du noyau. Dans notre cas, les modules utilisés par le noyau courant sont localisés dans le répertoire `2.6.30.10-105.2.23.fc11.i586`.

```
$ ls -l /lib/modules/2.6.30.10-105.2.23.fc11.i586
total 2932
lrwxrwxrwx 1 root root     53 févr. 12 09:44 build -> ../../../usr/src/
kernels/2.6.30.10-105.2.23.fc11.i586
drwxr-xr-x 2 root root   4096 févr. 11 08:03 extra
drwxr-xr-x 9 root root   4096 févr. 12 09:44 kernel
-rw-r--r-- 1 root root 477793 févr. 12 09:44 modules.alias
-rw-r--r-- 1 root root 465654 févr. 12 09:44 modules.alias.bin
-rw-r--r-- 1 root root   1656 févr. 11 08:03 modules.block
-rw-r--r-- 1 root root     69 févr. 12 09:44 modules.ccwmap
-rw-r--r-- 1 root root 192627 févr. 12 09:44 modules.dep
...
lrwxrwxrwx 1 root root      5 févr. 12 09:44 source -> build
drwxr-xr-x 2 root root   4096 févr. 11 08:03 updates
drwxr-xr-x 2 root root   4096 févr. 12 09:44 vdso
drwxr-xr-x 2 root root   4096 févr. 11 08:03 weak-updates
```

Le répertoire `kernel` contient les modules issus des sources du noyau Linux, alors que le répertoire `extra` contient les modules ajoutés par l'utilisateur.

Le fichier `modules.dep` contient les dépendances entre les modules, sous la forme d'une liste contenant une définition de dépendance par ligne. Cette liste est générée au démarrage du système par la commande `depmod -a`.

Les modules sont répartis dans des sous-répertoires selon une classification fonctionnelle. La liste ci-après permet de visualiser les modules correspondant à des pilotes réseau.

Liste des pilotes réseau

```
$ ls -l /lib/modules/2.6.30.10-105.2.23.fc11.i586/kernel/drivers/net |
head
total 2644
-rwxr--r-- 1 root root 17748 févr. 11 08:04 3c509.ko
-rwxr--r-- 1 root root 50464 févr. 11 08:04 3c59x.ko
-rwxr--r-- 1 root root 23312 févr. 11 08:04 8139cp.ko
-rwxr--r-- 1 root root 30176 févr. 11 08:04 8139too.ko
-rwxr--r-- 1 root root 10540 févr. 11 08:04 8390.ko
-rwxr--r-- 1 root root 11144 févr. 11 08:04 8390p.ko
-rwxr--r-- 1 root root 31480 févr. 11 08:04 acenic.ko
-rwxr--r-- 1 root root 22432 févr. 11 08:04 amd8111e.ko
drwxr-xr-x 2 root root  4096 févr. 12 09:44 appletalk
```

On doit également utiliser la commande `depmod` chaque fois que l'on ajoute un nouveau module à l'arborescence des modules. Un extrait de la liste est présenté ci-après, indiquant que le module ajouté `helloworld2.ko` nécessite la présence du module `my_printk.ko`.

Dépendance de module

```
extra/helloworld.ko:
extra/helloworld2.ko: extra/my_printk.ko
```

Bien que les modules standards soient normalement chargés de manière automatique par le système, nous allons décrire en quelques lignes les principales commandes de manipulation des modules, et ce afin de donner un bon aperçu des opérations possibles.

> REMARQUE **Manipulation des modules**
>
> Les modules sont manipulés grâce à un paquet nommé `module-init-tools`, disponible en téléchargement avec les sources du noyau, et également fourni avec les distributions Linux.

On peut forcer le chargement d'un module en utilisant la commande `insmod`. Prenons l'exemple d'un module `helloworld.ko`, sans dépendance avec aucun autre module. Nous considérons que ce module est externe à l'arborescence des sources du noyau Linux.

Chargement d'un module

```
# insmod helloworld.ko
```

Nous pouvons ensuite installer le module en utilisant le but `install`. On peut alors charger ce module avec la commande `modprobe`, qui tient compte des dépendances entre les modules, en utilisant le fichier `modules.dep`.

Installation et nouveau chargement

```
# make install
...
# rmmod helloworld
# modprobe -v helloworld
insmod /lib/modules/2.6.30.10-105.2.23.fc11.i586/extra/helloworld.ko
```

Notez qu'il est nécessaire d'être superutilisateur pour charger un module. Notons également que dans le cas où le module est installé dans l'arborescence, il est inutile de spécifier le suffixe. La trace du chargement effectif du module est visible dans le fichier des messages du noyau par la commande `dmesg` et dans le fichier `/var/log/messages` si le démon `syslogd` est actif. On peut également vérifier sa présence en utilisant la commande `lsmod`.

```
$ dmesg | tail -1
Hello world!
$ lsmod | grep hello
helloworld             1132 0
```

Lors du chargement du module, il est possible de spécifier des paramètres via la ligne de commande.

```
# insmod helloworld monparam=17
```

Les paramètres peuvent être spécifiés dans le fichier `/etc/modules.conf` afin d'être utilisés automatiquement lors du chargement du module.

```
alias eth0 e1000
options helloworld monparam=17
```

> REMARQUE **Obsolescence du fichier /etc/modules.conf**
>
> Ce fichier est obsolète dans le cas des distributions généralistes récentes, mais il est toujours utilisé pour les distributions embarquées.

La commande `alias` permet de faire une association automatique entre un nom de module générique (`eth0`) et le nom de module effectif. Dans le cas de notre exemple, le module `e1000` est chargé lors de l'initialisation de l'interface réseau Ethernet, qui nécessite le module générique `eth0`. Après chaque modification du fichier, on doit utiliser de nouveau la commande `depmod -a` pour mettre à jour les dépendances entre les modules, et donc le fichier `modules.dep`.

Pour décharger le module, on utilise la commande `rmmod`.

```
# rmmod hello
# dmesg | tail -1
Goodbye cruel world!
```

Nous reprenons l'exemple du module `helloworld2`, qui nécessite la présence du module `my_printk`. Si l'on utilise `insmod`, on doit charger les modules dans l'ordre des dépendances. Dans le cas contraire, on obtient un erreur.

Test d'insertion du module helloworld2

```
# insmod helloworld2.ko
insmod: error inserting 'helloworld2.ko': -1 Unknown symbol in module
# dmesg
helloworld2: Unknown symbol my_printk
```

Dans ce cas, on doit utiliser la commande `modprobe`, qui charge le module ainsi que tous les modules dépendants.

```
# modprobe -v helloworld2
insmod /lib/modules/2.6.30.10-105.2.23.fc11.i586/extra/my_printk.ko
insmod /lib/modules/2.6.30.10-105.2.23.fc11.i586/extra/helloworld2.ko
```

De ce fait, il n'est pas possible de décharger le module `my_printk`, car celui-ci est maintenant utilisé par le module `helloworld2`.

```
# rmmod my_printk
ERROR: Module my_printk is in use by helloworld2
```

On devra tout d'abord décharger `my_printk`, puis `helloworld2`.

```
# rmmod my_printk
# rmmod helloworld2
```

> REMARQUE **Utilisation de kmod pour les modules standards**
>
> Ces manipulations sont fastidieuses et deviennent parfois inextricables si le nombre de dépendances entre les modules devient important. C'est la raison pour laquelle le noyau Linux utilise pour les modules standards un système automatique de chargement des modules appelé `kmod`.

Compilation du noyau

Les distributions classiques fournissent des noyaux binaires précompilés, soit sous forme d'archives RPM dans le cas des distributions Red Hat, Fedora ou dérivées, soit sous forme d'archives DEB dans le cas de la distribution Debian ou de ses dérivées. L'utilisation de Linux dans un environnement industriel embarqué oblige cependant à adapter le noyau à l'environnement matériel, soit en partie l'objet même de cet ouvrage.

REMARQUE **Quand doit-on compiler le noyau Linux ?**

Mis à part dans le cas du développement embarqué, il est assez rare de compiler un noyau Linux « natif » pour le système de développement. Cependant, un cas fréquent est l'utilisation de patches non standards du noyau comme les extensions temps-réel RTAI, Xenomai ou PREEMPT-RT, qui sont très rarement fournies sous forme de paquets binaires par les distributions.

Nous allons fournir dans cette section les éléments nécessaires à l'obtention de l'archive officielle du noyau, à l'extraction de celle-ci, la configuration de ce noyau, puis sa compilation et son installation. Ces éléments seront donnés sous un angle général, sans considération de réduction de la taille du noyau. Les possibilités de réduction seront explicitées dans les chapitres suivants.

Obtention et extraction des sources

Comme dans tous les développements open source, la distribution officielle du noyau Linux est fournie sous forme d'archive au format `tar`, compressée au format `gzip` ou `bzip2`. Ces archives sont disponibles auprès du serveur ftp://ftp.kernel.org ou l'un de ses miroirs tel le site ftp://ftp.free.fr. Nous insistons sur le fait que le noyau fourni par les distributions Linux n'est pas identique à celui que vous trouverez sur le site ftp://ftp.kernel.org. La licence GPL permet en effet à l'éditeur d'apporter des modifications aux sources du noyau, à condition que ces modifications soient également fournies en sources dans la distribution. De plus, il peut arriver que certains pilotes de périphériques ne soient par fournis sur l'archive officielle du noyau Linux, étant considérés comme pas assez aboutis par les développeurs du noyau.

ATTENTION **Version de noyau utilisée**

Dans la suite de l'ouvrage, nous ferons toujours référence au noyau Linux officiel et non à ceux fournis par les éditeurs.

Nous donnons ci-après la trace du dialogue FTP avec le site ftp://ftp.free.fr afin de récupérer les sources du noyau officiel. Le client FTP utilisé est l'excellent ncftp disponible dans toutes les bonnes distributions.

Connexion à un serveur miroir des sources du noyau

```
$ ncftp ftp.free.fr
NcFTP 3.2.2 (Aug 18, 2008) by Mike Gleason (http://www.NcFTP.com/contact/).
Connecting to 212.27.60.27...
Welcome to ProXad FTP server
Logging in...
Login successful.
Logged in to ftp.free.fr.
ncftp / > cd mirrors/ftp.kernel.org/linux/kernel
ncftp / > ls
COPYING         ports/          uemacs/         v2.0/           v2.5/
CREDITS         projects/       v1.0/           v2.1/           v2.6/
crypto/         README          v1.1/           v2.2/
Historic/       SillySounds/    v1.2/           v2.3/
people/         testing/        v1.3/           v2.4/
```

Ce miroir conserve la trace de toutes les versions du noyau Linux depuis la 1.0. Nous rappelons que la numérotation des versions du noyau suit les règles ci-dessous.

Le noyau est identifié par un quadruplet majeur.mineur.revision.patch, (exemple : 2.6.33.2). Avant le noyau 2.6, la règle était le triplet majeur.mineur.revision, mais la complexité croissante du noyau a conduit à l'ajout du dernier paramètre. Le passage à un nouveau mineur indique l'ajout de nouvelles fonctionnalités. La dernière valeur du quadruplet concerne uniquement des corrections de bogues, mais pas de nouvelles fonctionnalités.

Avant la version 2.6, un mineur pair indiquait un noyau stable, alors qu'un mineur impair indiquait un noyau instable. À ce jour, le noyau 2.6 – datant de décembre 2003 – évolue continuellement, et il n'y a pas de version de développement en cours. Le principe du mineur pair ou impair n'est donc plus d'actualité.

La publication d'une nouvelle version de noyau (exemple : 2.6.34) suppose un gel du code décidé par l'équipe de développement du noyau. Ce passage peut connaître des phases intermédiaires comme les préversions stables (ou release candidate, exemple : 2.6.34-rc5).

ATTENTION **Noyau 3.x**

Dans le cas des noyaux de la série 3.x, la numérotation majeur.mineur.révision est de nouveau utilisée car la version mineure évolue fréquemment.

Dans le cas présent, nous nous positionnons dans le répertoire `v2.6`.

Affichage de la dernière version de noyau disponible

```
ncftp ...ernel.org/linux/kernel > cd v2.6
ncftp ....org/linux/kernel/v2.6 > ls LATEST*
LATEST-IS-2.6.33.2
```

La troisième ligne permet de connaître la dernière version du noyau, en l'occurrence 2.6.33.2. Il suffit ensuite de récupérer l'archive, soit au format `gzip`, soit au format `bzip2`. Ce dernier format est recommandé, car il permet de réduire la taille de l'archive, et donc le temps de téléchargement. Ici, on remarque que l'on gagne environ 20 % sur la taille de l'archive.

```
ncftp ....org/linux/kernel/v2.6 > ls -l linux-2.6.33.2.tar.gz
-rw-r--r--    1 ftp      ftp      84544343  avril 1 23:07   linux-2.6.33.2.tar.gz
ncftp ....org/linux/kernel/v2.6 > ls -l linux-2.6.33.2.tar.bz2
-rw-r--r--    1 ftp      ftp      66206979  avril 1 23:07   linux-2.6.33.2.tar.bz2
cftp ....org/linux/kernel/v2.6 > get linux-2.6.33.2.tar.bz2
```

Après récupération de l'archive, on doit la décompresser dans un répertoire de travail. Dans le cas des distributions généralistes, le système utilise généralement un sous-répertoire de `/usr/src`. Dans le cas de la distribution Fedora, on utilise `/usr/src/kernels`, qui est créé si l'on installe le paquet de développement noyau `kernel-devel`.

> **ATTENTION Évitez de compiler en tant que superutilisateur**
>
> L'utilisation du répertoire `/usr/src/kernels` implique que l'on compile les sources du noyau en tant que superutilisateur, ce qui n'est jamais un bonne habitude. Même si un noyau compilé par nos soins doit être installé sur le système de développement, il est souhaitable de le compiler en tant qu'utilisateur, puis de l'installer en tant que superutilisateur. Si le noyau doit être installé sur une cible différente – ce qui est le cas du développement embarqué – il ne sera pas nécessaire d'être superutilisateur pour l'installer. Ces points seront détaillés dans la suite de l'ouvrage.

Dans notre cas, il suffit d'extraire l'archive dans un répertoire de travail. On peut alors se positionner dans le répertoire afin de consulter la structure globale de l'arborescence.

Contenu de l'arborescence du noyau

```
$ tar xjf $HOME/Téléchargement/linux-2.6.33.2.tar.bz2
$ cd linux-2.6.33.2
$ ls
arch       crypto         fs       Kbuild        Makefile REPORTING-BUGS sound
block      Documentation include kernel        mm        samples        tools
COPYING drivers         init     lib           net       scripts        usr
CREDITS firmware        ipc      MAINTAINERS README       security       virt
```

Nous pouvons donner une brève description des fichiers et sous-répertoires de l'arborescence du noyau. La description de certains sous-répertoires sera approfondie dans la suite de l'ouvrage, lorsque cela sera nécessaire.

- `arch` contient le code source spécifique des architectures matérielles comme x86, arm ou powerpc, chaque architecture correspondant à un sous-répertoire du même nom. Le noyau Linux officiel supporte actuellement 23 architectures matérielles.
- `Documentation` contient des fichiers de documentation au format texte.
- `drivers` contient l'arborescence des pilotes de périphériques.
- `fs` contient le code source des différents systèmes de fichiers supportés par le noyau. Nous pouvons citer `ext2`, `vfat` ou `iso9660`.
- `include` contient les fichiers d'en-tête C nécessaires à la compilation du noyau.
- `init` contient, entre autres, le fichier principal `main.c` et la fonction principale `main` du noyau Linux.
- `ipc` contient le code source de la version des IPC System V (pour *Inter-Process Communication*) du noyau Linux.
- `kernel` contient le code source des fonctions majeures du noyau, comme la gestion des tâches ou des processus.
- `mm` contient les fonctions de gestion de la mémoire ou Memory Management.
- `net` contient le code source des différents protocoles réseau supportés par le noyau Linux. Nous pouvons citer ipv4, ipv6 ou x25.
- `scripts` contient le code source des outils de configuration et de compilation du noyau.
- `sound` contient les pilotes audio.

Configuration du noyau

La génération d'un nouveau noyau passe par les phases suivantes.

1 Configuration des options de compilation. Le résultat est un fichier `.config` décrivant la configuration du noyau sous forme d'une liste de variables dont le nom commence par `CONFIG_` (exemple : `CONFIG_PREEMPT`).

2 Compilation du noyau statique et des modules.

3 Installation du nouveau noyau statique et des modules.

Toutes les phases de génération du noyau passent par l'utilisation de la commande `make`, largement utilisée dans tous les développements Unix ainsi que sur d'autres systèmes d'exploitation. Nous rappelons que le principe de cette commande est de comparer la date des fichiers résultats par rapport à celle des fichiers source en fonction de règles définies dans un fichier de commande nommé par défaut `Makefile`. Cela permet de produire uniquement les fichiers résultats dont les sources ont été modifiées depuis la dernière génération.

La configuration du noyau permet de choisir parmi les multiples possibilités du noyau les fonctionnalités que l'on désire utiliser, comme la sélection du type de processeur ou le choix des pilotes de périphériques activés. Dans le cas d'un système embarqué, une configuration optimale, réduite aux strictes fonctionnalités nécessaires, sera indispensable tant au niveau des performances que de la taille du noyau.

La configuration des options du noyau s'effectue alternativement par les commandes `make menuconfig`, `make xconfig` ou bien `make gconfig`. Ces outils de configuration sont basés respectivement sur la bibliothèque ncurses (mode texte), Qt (X11) ou bien GTK+ (X11).

ATTENTION **Ne pas éditer le fichier de configuration !**

Le fichier `.config` ne doit pas être modifié
en dehors des outils cités, car cela pourrait briser des dépendances entre les variables de configuration.

La figure 4-2 montre indique l'écran de dialogue obtenu lors du lancement de la commande `make menuconfig`.

Figure 4–2
Outil de configuration
en mode texte

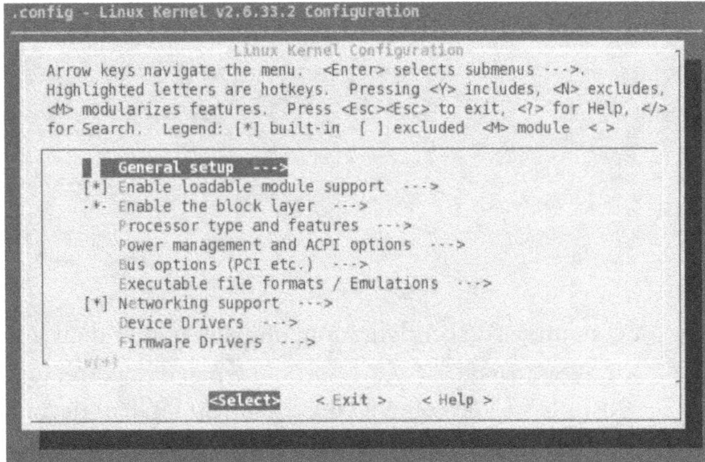

L'interface de configuration graphique, invoquée par la commande `make xconfig`.

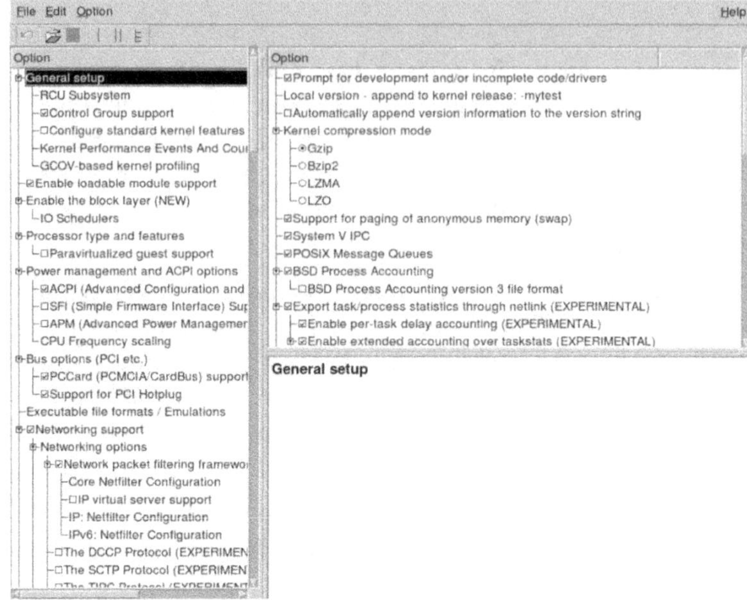

Figure 4–3
Outil de configuration
en mode graphique (Qt)

Et voici ce que l'on obtient en lançant `make gconfig`.

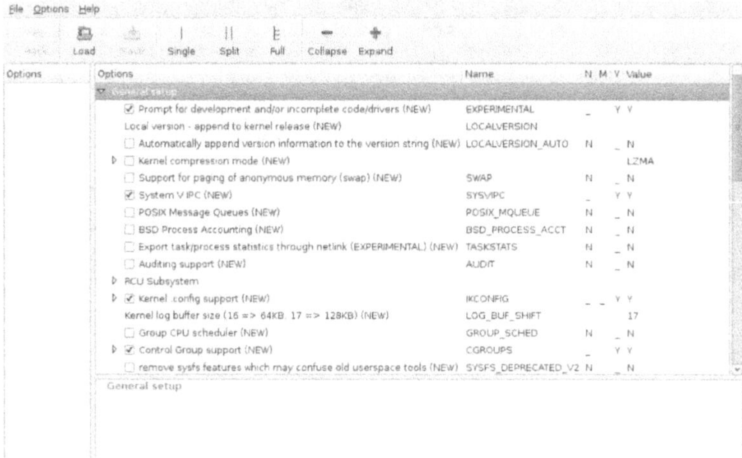

Figure 4–4
Outil de configuration en mode
graphique (GTK+)

À ces options de configuration, on peut ajouter deux autres possibilités.

- La commande `make oldconfig` permet d'importer un ancien fichier de configuration dans la version courante du noyau. L'utilisateur devra confirmer les valeurs sujettes à ambiguïté (exemple : des variables de configuration inexistantes dans l'ancien fichier).

> PROCESSEUR **Sélection de l'architecture cible**
>
> Nous pouvons remarquer que les outils de configuration proposent automatiquement une architecture de type x86 (voir les menus *Processor type and features* puis *Processor family*). Cela est dû au fait que nous compilons sur PC/x86. Si l'on désire configurer un noyau pour une autre architecture, il faudra affecter la variable `ARCH` (exemple : `ARCH=arm`). Ce point sera abordé en détail dans les chapitres 5 et 6.

- La commande `make <nom_architecture>_defconfig` permet de charger une configuration prédéfinie pour une architecture donnée (exemple : `make i386_defconfig`). Bien entendu, cette configuration correspond à des valeurs par défaut et nécessite le plus souvent d'être retouchée. Cependant, si l'on travaille sur une carte embarquée, une configuration fonctionnelle pourra être fournie (exemple : `versatile_defconfig` pour la carte Versatile PB basée sur un processeur ARM9).

Le choix du meilleur outil de configuration dépend de la sensibilité de chacun et surtout de sa propension à utiliser les interfaces graphiques. Bien entendu, il est possible d'utiliser l'un ou l'autre des outils, car ils disposent strictement des mêmes fonctionnalités, étant tous basés sur le même langage Kconfig, dont la syntaxe est décrite dans la documentation du répertoire `Documentation/kbuild`. Nous reviendrons plus tard sur l'utilisation de ce langage dans le cas d'autres projets comme Busybox ou Buildroot.

En actionnant le bouton *Help* dans chaque écran de configuration, on obtient un écran d'aide affiché à partir des données du répertoire de documentation cité précédemment. Le symbole affiché en haut à gauche de la fenêtre (exemple : `CONFIG_X86`) sera utilisé comme variable de configuration dans le fichier `.config`. Les variables de configuration concernant le support d'un protocole ou d'un périphérique prendront les valeurs y ou m, cette dernière valeur correspondant au support par un module dynamique au lieu d'un support compilé dans la partie statique du noyau. Si le support de l'option n'est pas activé, on aura une ligne de commentaire du type `# CONFIG_<option> is not set`. Dans les autres cas, les variables prendront des valeurs alpha-numériques.

Extrait du fichier .config

```
CONFIG_X86=y
CONFIG_OUTPUT_FORMAT="elf32-i386"
CONFIG_ARCH_DEFCONFIG="arch/x86/configs/i386_defconfig"
...
CONFIG_RCU_FANOUT=32
...
# CONFIG_X86_MCE_INJECT is not set
CONFIG_X86_THERMAL_VECTOR=y
CONFIG_TOSHIBA=m
CONFIG_I8K=m
```

Un exemple de menu de configuration est donné sur la figure ci-après dans le cas du port parallèle du PC.

Figure 4–5
Exemple de configuration à trois états

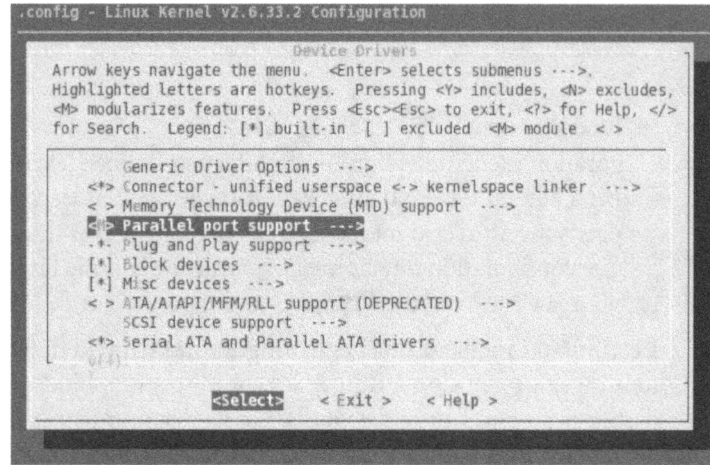

> **ASTUCE** **Rechercher une chaîne de caractères dans la configuration**
>
> Lorsque l'on est dans l'outil de configuration, il est possible de rechercher une chaîne de caractères en tapant le caractère « barre oblique » (/). Cette option est très pratique lorsque l'on sait qu'il y a environ 4 000 paramètres de configuration pour le noyau.

Lorsque la configuration est terminée, on doit confirmer la sauvegarde avant de quitter l'outil de configuration, comme décrit dans la figure ci-dessous.

Figure 4–6
Sauvegarde de la configuration du noyau

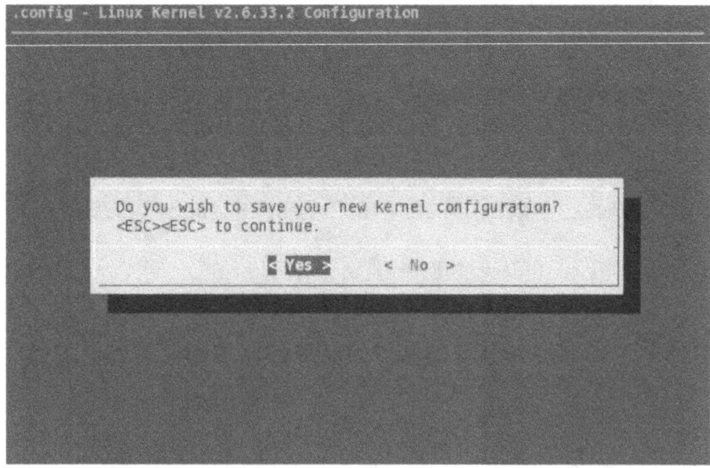

Comme nous l'avons évoqué précédemment, la configuration courante est sauvegardée dans le fichier `.config`, situé dans le répertoire des sources du noyau.

```
$ ls -la .config
-rw-r--r-- 1 pierre users 100828 avril 25 21:21 .config
```

L'utilitaire de configuration permet de sauvegarder la configuration sous un nom différent en passant par l'option *Save an Alternate Configuration File*. On peut également
charger une configuration à partir d'un fichier au format présenté plus haut, par le
biais de l'option *Load an Alternate Configuration File*. Ces possibilités ainsi que la
notion de `LOCALVERSION` seront particulièrement utiles dans le cas de tests successifs
lors de l'optimisation d'un noyau Linux embarqué. On peut modifier le paramètre
`CONFIG_LOCALVERSION` dans le menu *General Setup>Local version - append to kernel
release*, comme décrit ci-après.

Figure 4–7
Modification du paramètre
CONFIG_LOCALVERSION

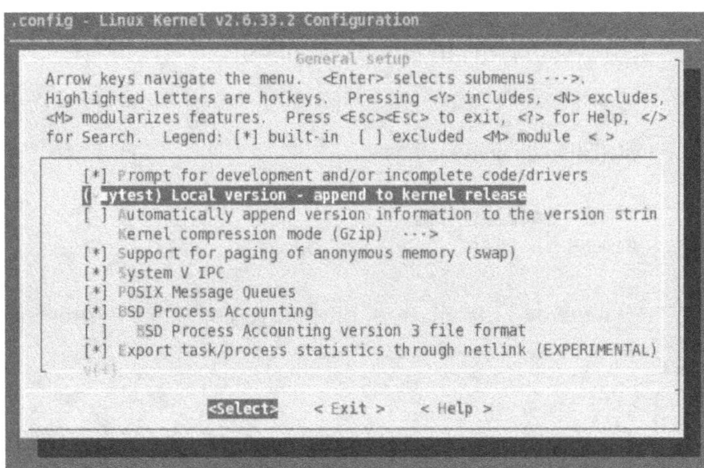

Comme indiqué au début du chapitre, la modification de ce paramètre permet de
faire cohabiter plusieurs versions identiques du noyau, correspondant à des tests successifs. En particulier, les noms des arborescences des modules seront suffixés avec la
valeur de `CONFIG_LOCALVERSION`, ce qui donnera dans notre cas `/lib/modules/
2.6.33.2-mytest`.

Compilation et installation

La compilation du noyau statique et des modules s'effectue par un simple appel à la commande `make`. On peut augmenter le niveau de trace en utilisant la variable d'environnement `V`.

```
make V=1
```

À l'issue d'une compilation sans erreur, on obtiendra les éléments suivants.

- Dans le répertoire des sources du noyau, le fichier `vmlinux` correspond au noyau statique non compressé. On trouvera au même endroit le fichier `System.map`, correspondant à la liste des symboles du noyau. Ces deux fichiers seront utiles en cas de mise au point du noyau par `gdb`.

- Dans le répertoire `arch/x86/boot`, le fichier `bzImage` correspond au noyau statique compressé.

- Dans les divers répertoires des sources du noyau, les fichiers `.ko` correspondent aux différents modules compilés.

On peut alors procéder à l'installation du nouveau noyau.

Installation du nouveau noyau

```
# make modules_install
# make install
```

À l'issue de l'installation, on pourra constater la présence des nouveaux fichiers dans `/boot` et `/lib/modules`.

```
$ ls -ld /lib/modules/2.6.33.2-mytest
drwxr-xr-x 3 root  root  4096 avril 25 23:00 /lib/modules/2.6.33.2-mytest
$ ls -l /boot/*-2.6.33.2-mytest*
-rw------- 1 root  root  3248834 avril 25 23:00 /boot/initrd-2.6.33.2-mytest.img
-rw-r--r-- 1 root  root  1778412 avril 25 23:00 /boot/System.map-2.6.33.2-mytest
-rw-r--r-- 1 root  root  4226752 avril 25 23:00 /boot/vmlinuz-2.6.33.2-mytest
```

ATTENTION **Installation sur un autre système de fichiers racine**

Dans notre exemple, nous installons le noyau sur la partition racine par défaut, soit `/boot` pour la partie statique et `/lib/modules` pour les modules. Dans le cas d'une distribution embarquée, on utilisera un répertoire différent, que l'on pourra spécifier à l'aide des variables `INSTALL_PATH` (pour la partie statique) et `INSTALL_MOD_PATH` pour les modules.

Dans le cas de la distribution Fedora, la commande `make install` effectue également la modification du fichier de configuration du bootloader GRUB, soit `/etc/grub.conf`.

Lignes ajoutées au fichier /etc/grub.conf

```
title Fedora (2.6.33.2-mytest)
        root (hd0,0)
      kernel /vmlinuz-2.6.33.2-mytest ro root=/dev/mapper/vg_opti760pf-lv_root
rhgb quiet
        initrd /initrd-2.6.33.2-mytest.img
```

On retrouve en premier lieu la ligne *title* décrivant la nouvelle entrée *2.6.33.2-mytest*, visible dans le menu de GRUB. La commande *root (hd0,0)* indique que le système démarre sur la première partition du premier disque. La ligne *kernel* indique le chemin d'accès au noyau statique ainsi que les différents paramètres passés au noyau. Nous rappelons que la syntaxe de ces paramètres est disponible dans le fichier `Documentation/kernel-parameters.txt` des sources du noyau. Les paramètres passés au noyau sont par défaut les mêmes que pour les autres entrées GRUB, en l'occurrence les noyaux déjà installés par la distribution.

La ligne `initrd` indique le nom du fichier correspondant au *ramdisk* de démarrage du système. La technique de l'`initrd` *(initial ramdisk)* est systématiquement utilisée par les distributions Linux, car cette méthode permet de charger les pilotes nécessaires au démarrage du système (mémoire de masse, format du système de fichiers racine...) depuis une image construite à l'installation. Le noyau effectue ensuite le changement de partition racine vers la partition spécifiée par le paramètre *root* de la ligne `kernel`. Le fichier `Documentation/initrd.txt` décrit plus précisément l'utilisation de cette technique.

Nous évoquerons une autre utilisation de la technique `initrd` au chapitre 6, lors de la construction d'un système embarqué.

Répertoires et fichiers principaux

Le système d'exploitation Linux est remarquablement bien organisé en ce qui concerne la répartition des fichiers système. La raison principale en est l'héritage des architectures Unix qui, en dépit de leurs différences, ont su garder une structure homogène et facilement compréhensible pour un administrateur teinté d'une culture Unix générique. En effet, même si la guerre des Unix fit rage pendant de nombreuses années, il est relativement simple pour un administrateur système SUN Solaris – donc System V – d'administrer un système FreeBSD ou Linux, la réciproque étant vraie.

La seule difficulté réside le plus souvent dans la connaissance des outils d'administration propriétaires fournis par les éditeurs afin de faciliter le travail d'administration du système. Sachant qu'un véritable administrateur Unix œuvre exclusivement à l'éditeur de texte vi ou emacs, il n'y a pas beaucoup de souci à se faire de ce côté-là.

L'organisation des fichiers d'un système Linux est définie par un document intitulé dans sa version originale le *Filesystem Hierarchy Standard (FHS)*, que l'on peut traduire par standard d'organisation du système de fichiers. Ce document n'est pas une norme officielle, mais vise à unifier l'organisation des systèmes de fichiers Unix, afin de faciliter le passage d'une version d'Unix à une autre. Il est disponible sur Internet à l'adresse http://www.pathname.com/fhs.

Comme nous l'avons décrit dans la sous-section concernant le noyau Linux, ce dernier nécessite la présence d'un système de fichiers principal ou racine *(root filesystem)*. La commande mount permet de connaître la partition physique associée à ce système de fichiers, symbolisé par le caractère « barre oblique » (/).

```
$ mount
/dev/mapper/vg_opti760pf-lv_root on / type ext4 (rw)
```

Organisation générale

D'après le FHS, le système de fichiers de Linux est organisé de la manière suivante, du moins pour les entrées principales.

Les principales entrées du système de fichiers de Linux

```
/ Racine du système
  bin    Principales commandes utilisateur
  boot   Noyaux statiques
  dev    Pseudo-fichiers (device nodes)
  etc    Fichiers de configuration
  lib    Bibliothèques partagées
media Points de montage dynamiques
  mnt    Points de montage temporaires
  opt    Applications externes
  proc   Système de fichiers virtuel /proc
  sbin   Principales commandes système
  sys    Système de fichiers virtuel /sys
  tmp    Répertoire temporaire
  usr    Hiérarchie secondaire
  var    Données variables
```

Les différents systèmes de fichiers situés en dessous de la racine sont divisés en plusieurs catégories.

* Les systèmes de fichiers « partageables », que l'on peut utiliser entre plusieurs machines, par exemple à travers un montage NFS. Dans la liste précédente, /opt en fait partie.

* Les systèmes de fichiers « non partageables », locaux à une machine, comme /etc.

* Les systèmes de fichiers « statiques », qui ne sont pas modifiés au cours du fonctionnement de la machine, comme /usr.

* Les systèmes de fichiers « variables », qui sont modifiés au cours du fonctionnement de la machine. Dans la liste précédente, /var est un de ceux-là.

Les systèmes de fichiers statiques peuvent être montés en lecture seule, alors que les systèmes de fichiers variables doivent l'être en lecture-écriture. Ces derniers points peuvent avoir une grande importance dans le cas d'un système embarqué, car cela peut conditionner la configuration matérielle du système au niveau du type de périphérique de stockage.

Le répertoire /bin contient les commandes utilisateurs les plus communes (par exemple, /bin/ls). Ces commandes sont accessibles à tous les utilisateurs. Le répertoire /bin ne doit pas contenir de sous-répertoire. Une liste minimale de commandes disponibles est requise par le FHS.

Le répertoire /sbin contient les principales commandes système. Ces commandes sont théoriquement réservées au superutilisateur. Certaines commandes sont accessibles partiellement à l'utilisateur standard. Nous pouvons citer la commande /sbin/ifconfig, que l'utilisateur non privilégié peut utiliser pour afficher la configuration d'une interface réseau, sans toutefois pouvoir la modifier.

Le répertoire /boot a été longuement cité dans la section concernant le noyau Linux. Ce répertoire contient les parties statiques du noyau Linux ainsi que les fichiers auxiliaires comme le fichier System.map ou les images initrd.

Le répertoire /usr est une hiérarchie secondaire, c'est-à-dire qu'elle contient des sous-répertoires de commandes utilisateurs comme /usr/bin, des commandes système dans /usr/sbin ou des bibliothèques partagées dans /usr/lib.

Le répertoire /media contient les points de montage temporaires utilisés lorsque l'on insère un support amovible de type clé USB ou DVD. Le répertoire /tmp est une zone de stockage de fichiers temporaires.

Le répertoire /dev

Le répertoire /dev contient les fichiers spéciaux associés aux pilotes de périphériques. Les pilotes sont en effet accessibles à travers des fichiers spéciaux appelés également nœuds (ou *device nodes*). Ces fichiers sont caractérisés par deux valeurs numériques :

- le « majeur », qui identifie le type de périphérique, donc le type de pilote ;
- le « mineur », qui représente un identifiant en cas de présence de plusieurs périphériques identiques, contrôlés par un même pilote, ou bien dans le cas d'une classe de pilote identifiée par le majeur (exemple : mineur 4 pour un pilote de type TeleTYpe ou tty).

L'exemple ci-après donne la liste des fichiers spéciaux associés aux pilotes des ports série.

```
$ ls -l /dev/ttyS*
crw-rw---- 1 root dialout 4, 64 avril 23 09:43 /dev/ttyS0
crw-rw---- 1 root dialout 4, 65 avril 23 09:43 /dev/ttyS1
crw-rw---- 1 root dialout 4, 66 avril 23 09:43 /dev/ttyS2
crw-rw---- 1 root dialout 4, 67 avril 23 09:43 /dev/ttyS3
```

Dans ce cas, le majeur vaut 4, et les mineurs vont de 64 à 67. Pour créer une nouvelle entrée dans le répertoire /dev, on utilise la commande mknod en tant que superutilisateur.

Création d'un nœud en mode caractère

```
# mknod /dev/monpilote c majeur mineur
```

Création d'un nœud en mode bloc

```
# mknod /dev/monpilote b majeur mineur
```

Le caractère « c » indique que l'on dialogue avec le périphérique en mode caractère ce qui correspond à des échanges « non bufferisés ». On peut aussi utiliser des périphériques en mode bloc, ce qui impose de dialoguer par blocs de données de taille fixe (512, 1024, 2048…). La mémoire de masse est un exemple de périphérique en mode bloc. Dans ce cas, l'entrée dans le répertoire /dev sera créée avec l'option b à la place de c.

Le système de fichiers /proc

Pour communiquer avec l'espace utilisateur, le noyau Linux utilise un concept emprunté à Unix System V appelé /proc. À la différence des systèmes de fichiers classiques, qui sont associés à des périphériques réels, le système de fichiers /proc est virtuel. Sa structure de système de fichiers en fait une représentation facile pour manipuler des paramètres du noyau Linux. On peut en effet utiliser les commandes standards de manipulation des fichiers classiques, ainsi que la redirection des entrées/sorties, très utilisée sous Linux. À titre d'exemple, la commande `lsmod` n'est qu'un outil de présentation du fichier virtuel `/proc/modules`.

Contenu de /proc/modules et résultat de la commande lsmod

```
$ head /proc/modules
vfat 8612 0 - Live 0xf8d81000
fat 40672 1 vfat, Live 0xf8dab000
mtdblock 3932 0 - Live 0xf863e000
mtd_blkdevs 5900 1 mtdblock, Live 0xf81f6000
mtdchar 5732 0 - Live 0xf7faf000
jffs2 104952 0 - Live 0xf8d4e000
zlib_deflate 17004 1 jffs2, Live 0xf7ef7000
mtdram 2664 0 - Live 0xf7ebd000
mtd 15808 6 mtd_blkdevs,mtdchar,jffs2,mtdram, Live 0xf7eb7000
nls_utf8 1524 0 - Live 0xf7c5d000

$ lsmod | head
Module                    Size Used by
vfat                      8612 0
fat                      40672 1 vfat
mtdblock                  3932 0
mtd_blkdevs               5900 1 mtdblock
mtdchar                   5732 0
jffs2                   104952 0
zlib_deflate             17004 1 jffs2
mtdram                    2664 0
mtd                      15808 6 mtd_blkdevs,mtdchar,jffs2,mtdram
```

On peut visualiser les paramètres standards du système comme la mémoire disponible au moyen de `/proc/meminfo`, la version du noyau avec `/proc/version`, le type de processeur utilisé avec `/proc/cpuinfo`, ou la liste des systèmes de fichiers supportés par le noyau avec `/proc/filesystems`. Cette liste n'est bien entendu pas exhaustive, car un pilote de périphérique peut ajouter dynamiquement des fichiers et des répertoires à `/proc` lors du chargement du module associé.

De même, les valeurs numériques présentes dans `/proc` représentent les zones d'information des processus courants, chaque valeur correspondant au PID *(Processus IDentifier)* du processus en question. Ces sous-répertoires contiennent les informations propres au processus. La visualisation des informations des processus fut d'ailleurs la première utilisation de `/proc`, ce qui explique l'origine du nom de ce système de fichiers. Nous pouvons ici visualiser les paramètres du processus `sshd`.

Liste des paramètres d'un processus

```
# ls -l /proc/1540
total 0
dr-xr-xr-x 2 root root 0 avril 25 17:07 attr
-r-------- 1 root root 0 avril 25 17:07 auxv
-r--r--r-- 1 root root 0 avril 25 17:07 cgroup
--w------- 1 root root 0 avril 25 17:07 clear_refs
-r--r--r-- 1 root root 0 avril 25 17:07 cmdline
-rw-r--r-- 1 root root 0 avril 25 17:07 coredump_filter
-r--r--r-- 1 root root 0 avril 25 17:07 cpuset
lrwxrwxrwx 1 root root 0 avril 25 17:07 cwd -> /
-r-------- 1 root root 0 avril 25 17:07 environ
lrwxrwxrwx 1 root root 0 avril 25 17:07 exe -> /usr/sbin/sshd
dr-x------ 2 root root 0 avril 25 17:07 fd
dr-x------ 2 root root 0 avril 25 17:07 fdinfo
-r--r--r-- 1 root root 0 avril 25 17:07 io
-r--r--r-- 1 root root 0 avril 25 17:07 latency
-r-------- 1 root root 0 avril 25 17:07 limits
-rw-r--r-- 1 root root 0 avril 25 17:07 loginuid
-r--r--r-- 1 root root 0 avril 25 17:07 maps
-rw------- 1 root root 0 avril 25 17:07 mem
-r--r--r-- 1 root root 0 avril 25 17:07 mountinfo
-r--r--r-- 1 root root 0 avril 25 17:07 mounts
-r-------- 1 root root 0 avril 25 17:07 mountstats
dr-xr-xr-x 6 root root 0 avril 25 17:07 net
-rw-r--r-- 1 root root 0 avril 25 17:07 oom_adj
-r--r--r-- 1 root root 0 avril 25 17:07 oom_score
-r-------- 1 root root 0 avril 25 17:07 pagemap
-r-------- 1 root root 0 avril 25 17:07 personality
lrwxrwxrwx 1 root root 0 avril 25 17:07 root -> /
-rw-r--r-- 1 root root 0 avril 25 17:07 sched
-r--r--r-- 1 root root 0 avril 25 17:07 schedstat
-r--r--r-- 1 root root 0 avril 25 17:07 sessionid
-r--r--r-- 1 root root 0 avril 25 17:07 smaps
-r-------- 1 root root 0 avril 25 17:07 stack
-r--r--r-- 1 root root 0 avril 25 17:07 stat
-r--r--r-- 1 root root 0 avril 25 17:07 statm
-r--r--r-- 1 root root 0 avril 25 17:07 status
-r-------- 1 root root 0 avril 25 17:07 syscall
dr-xr-xr-x 3 root root 0 avril 25 17:07 task
-r--r--r-- 1 root root 0 avril 25 17:07 wchan
```

Le fichier `status` contient des informations sur l'état du processus.

```
$ cat /proc/1540/status
Name:   sshd
State:  S (sleeping)
Tgid:   1540
Pid:    1540
PPid:   1
...
```

Le système de fichiers `/proc` est également accessible en écriture pour certaines variables, ce qui permet de modifier dynamiquement le comportement du noyau Linux sans aucune compilation ni même redémarrage. Un exemple classique est la validation d'options comme pour le transfert de paquets IP (IP forwarding).

Lecture de l'état de l'IP forwarding

```
$ cat /proc/sys/net/ipv4/ip_forward
1
```

Le système retourne la valeur 1, ce qui signifie que l'*IP forwarding* est validé. On peut l'inhiber en utilisant simplement la commande `echo`. Qui a dit que Linux était compliqué ?

Désactivation de l'IP forwarding

```
# echo 0 > /proc/sys/net/ipv4/ip_forward
```

Une description complète du pseudo-système de fichiers `/proc` est disponible dans le fichier `Documentation/filesystems/proc.txt` livré avec les sources du noyau Linux.

Le système de fichiers /sys

Avec le développement des périphériques amovibles (exemple : USB), il est de plus en plus nécessaire de gérer dynamiquement la configuration matérielle de la machine. Le passage au noyau 2.6 fin 2003 a apporté une grande amélioration avec l'apparition du système de fichiers virtuel `/sys`, utilisé en parallèle de `/proc`. Là où `/proc` définit les paramètres logiciels du noyau, `/sys` maintient les paramètres matériels en utilisant des services de *hotplug* même si `/proc` permet d'obtenir quelques informations sur la configuration matérielle (exemple : `/proc/bus/usb/devices`).

Le contenu du répertoire `/dev` décrit précédemment fut longtemps défini de manière statique. Comme nous l'avons vu, on peut créer les entrées en respectant les valeurs de majeur/mineur décrites dans le fichier `Documentation/devices.txt`. À l'heure actuelle, il est beaucoup plus efficace de remplir `/dev` en utilisant les informations contenues dans `/sys`. Ce point est décrit au chapitre 6 lors de la construction d'un système embarqué basé sur Busybox.

Une description détaillée est disponible dans les fichiers `Documentation/sysfs-rules.txt` et `Documentation/filesystems/sysfs.txt`.

Les niveaux d'exécution ou run levels

Le répertoire `/etc` contient la majorité des fichiers et sous-répertoires de configuration du système. Les sous-répertoires sont classés en fonction du type de configuration associé :

- `/etc/sysconfig` pour la configuration générale du système ;
- `/etc/X11` pour la configuration de l'interface graphique X11.

Plus généralement, le répertoire `/etc/machin_truc` contiendra les fichiers de configurations spécifiques à l'application `machin_truc`. Le répertoire `/etc` renferme en particulier le fichier `/etc/inittab` contenant lui-même le nom du script de démarrage démarré par le processus `/sbin/init` ou son remplaçant, lui-même démarré par le noyau Linux. On notera également que le répertoire `/etc/init.d` contient les scripts de démarrage du système.

Le système Linux utilise pour cela le système des niveaux d'exécution ou *run levels* introduit par Unix System V. Basé sur le lancement de services en fonction du niveau d'exécution, ce système a le gros avantage de définir proprement la syntaxe et la localisation des différents scripts de démarrage dans des sous-répertoires correspondant aux niveaux d'exécution.

Contenu du répertoire /etc/rc.d

```
$ ls -l /etc/rc.d
total 64
drwxr-xr-x. 2 root root 4096 avril  2 10:28 init.d
-rwxr-xr-x 1 root root 2600 déc.   5 16:15 rc
drwxr-xr-x. 2 root root 4096 avril  2 10:28 rc0.d
drwxr-xr-x. 2 root root 4096 avril  2 10:28 rc1.d
drwxr-xr-x. 2 root root 4096 avril  2 10:28 rc2.d
drwxr-xr-x. 2 root root 4096 avril  2 10:28 rc3.d
drwxr-xr-x. 2 root root 4096 avril  2 10:28 rc4.d
drwxr-xr-x. 2 root root 4096 avril 23 09:43 rc5.d
drwxr-xr-x. 2 root root 4096 avril  2 10:28 rc6.d
-rwxr-xr-x 1 root root  220 déc.   5 16:15 rc.local
-rwxr-xr-x 1 root root 24028 déc.   5 16:15 rc.sysinit
```

Le répertoire `init.d` contient les scripts de démarrage pour les services installés.

Extrait du contenu du répertoire init.d

```
ls -l /etc/rc.d/init.d
total 320
-rwxr-xr-x. 1 root root 2122 oct. 13 2009 atd
-rwxr-xr-x 1 root root 3328 déc.   8 18:59 auditd
-rwxr-xr-x. 1 root root 1967 juin 12 2009 avahi-daemon
-rwxr-xr-x 1 root root 1270 nov.   3 10:58 bluetooth
-rwxr-xr-x. 1 root root 9841 sept. 29 2009 cpuspeed
-rwxr-xr-x 1 root root 2745 mars   9 17:19 crond
-rwxr-xr-x 1 root root 2453 mars   5 11:57 cups
...
```

Les niveaux d'exécution sont donnés ci-dessous dans le cas de Fedora. Il peuvent être différents pour d'autres distributions comme Debian, Ubuntu ou Slackware.

Tableau 4–1 Liste des niveaux d'exécution de Fedora

Niveau d'exécution	Description
0	Arrêt
1	Mode utilisateur unique ou *single user mode*
2	Multi-utilisateur sans réseau
3	Multi-utilisateur avec réseau
4	Non utilisé
5	Interface graphique X11
6	Redémarrage

On passe d'un niveau à l'autre en utilisant la commande `init`.

Arrêt du système

```
# init 0
```

Le démarrage/arrêt des services est basé sur un système de liens symboliques. Prenons l'exemple du service `bluetooth`. Ce service doit être démarré lors du passage aux niveaux 3, 4 et 5, mais doit être arrêté lors du passage aux niveaux 0, 1, 2 et 6. On placera donc un lien symbolique `S50bluetooth` (S comme *Start*) vers `/etc/rc.d/init.d/bluetooth` dans les répertoires `rc3.d`, `rc4.d`, `rc5.d`, et un lien symbolique `K83bluetooth` (K comme *Kill*) vers `/etc/rc.d/init.d/bluetooth` dans les répertoires `rc0.d`, `rc1.d`, `rc2.d` et `rc6.d`.

Liste des fichiers liés au service bluetooth

```
$ cd /etc/rc.d
$ find /etc/rc.d -name "*bluetooth"
/etc/rc.d/rc4.d/S50bluetooth
/etc/rc.d/rc0.d/K83bluetooth
/etc/rc.d/rc3.d/S50bluetooth
/etc/rc.d/rc1.d/K83bluetooth
/etc/rc.d/init.d/bluetooth
/etc/rc.d/rc2.d/K83bluetooth
/etc/rc.d/rc5.d/S50bluetooth
/etc/rc.d/rc6.d/K83bluetooth
```

Ce principe de fonctionnement n'est pas forcément adapté aux contraintes d'un environnement réduit. Il est intéressant lorsqu'il y a un grand nombre de services à gérer.

Les bibliothèques partagées

Le répertoire `/lib` contient les bibliothèques principales du système ainsi que les modules du noyau. Comme tous les systèmes d'exploitation modernes, Linux utilise un système de bibliothèques partagées entre les différents exécutables. D'autres avantages sont induits, comme la mise à jour unique par simple remplacement de la bibliothèque partagée.

Le répertoire `/lib` doit contenir les bibliothèques partagées utilisées par les commandes des répertoires `/bin` et `/sbin`. Pour connaître les bibliothèques partagées utilisées par un programme, on peut utiliser la commande `ldd`.

Exemple d'utilisation de la commande ldd

```
$ ldd /bin/true
    linux-gate.so.1 => (0x00d30000)
    libc.so.6 => /lib/libc.so.6 (0x00454000)
    /lib/ld-linux.so.2 (0x00431000)
```

Tous les programmes utilisés sous Linux utilisent les bibliothèques suivantes :

- `libc.so.6` est la bibliothèque libc du système, aussi appelée Glibc ;
- `ld-linux.so.2` est l'éditeur de liens dynamiques, qui permet de charger les bibliothèques nécessaires au programme.

> EXPERT **Qu'est-ce que linux-gate.so.1 ?**
>
> Le fichier `linux-gate.so.1` n'est pas réellement une bibliothèque partagée « normale ». Elle est exportée par le noyau afin d'optimiser le fonctionnement des appels système. Le lecteur curieux pourra se référer aux pages suivantes pour des explications détaillées.
> - http://www.trilithium.com/johan/2005/08/linux-gate
> - http://www.technovelty.org/linux/linux-gate.html

Le nom d'une bibliothèque partagée correspond souvent à un lien symbolique pointant vers le fichier réel de la bibliothèque, ce qui permet de faire coexister plusieurs versions de bibliothèques partagées.

```
$ ls -l /lib/libc.so.6 /lib/libc-*
-rwxr-xr-x 1 root root 1799176 nov. 20 12:52 /lib/libc-2.10.2.so
lrwxrwxrwx 1 root root      14 déc. 17 09:32 /lib/libc.so.6 -> libc-2.10.2.so
```

D'autres répertoires comme `/usr/lib` peuvent contenir des bibliothèques partagées utilisées par les commandes du répertoire `/usr/bin`. Hormis `/lib` et `/usr/lib`, la liste des répertoires explorés pour la recherche des bibliothèques partagées se trouve dans le fichier `/etc/ld.so.conf`, ce dernier faisant référence aux fichiers du répertoire `/etc/ld.so.conf.d`.

```
$ cat /etc/ld.so.conf
include ld.so.conf.d/*.conf
```

Pour ajouter un répertoire contenant des bibliothèques partagées, il suffit d'ajouter un fichier dans `ld.so.conf.d` et d'utiliser la commande `ldconfig` afin que le système prenne en compte ce nouveau fichier.

Fichier de configuration pour Qt

```
$ cat /etc/ld.so.conf.d/qt-i386.conf
/usr/lib/qt-3.3/lib

# ldconfig -v
/usr/lib/mysql:
  libmysqlclient.so.16 -> libmysqlclient.so.16.0.0
  libndbclient.so.3 -> libndbclient.so.3.0.0
  libmysqlclient_r.so.16 -> libmysqlclient_r.so.16.0.0
/usr/lib/qt-3.3/lib:
  libqt-mt.so.3 -> libqt-mt.so.3.3.8
  libqui.so.1 -> libqui.so.1.0.0
...
```

Le répertoire /var

Le répertoire /var est une zone variable de stockage de données.

- Les fichiers verrous ou lock files permettent d'assurer l'exclusivité d'utilisation de certaines ressources comme les ports série. Ces fichiers sont localisés dans le répertoire /var/lock et contiennent le numéro de processus ou PID du processus ayant verrouillé le périphérique.

- Les fichiers de trace ou log files contiennent les traces d'exécution de certains programmes. Le répertoire utilisé est /var/log, et le fichier de trace principal est /var/log/messages. Dans le cas d'un système embarqué, on veillera bien sûr à limiter les traces au strict minimum. La plupart des distributions utilisent des systèmes de purge automatique des fichiers de trace, et les systèmes embarqués utilisent des versions simplifiées du démon syslogd.

- Les files d'attente ou spool directories permettent de stocker temporairement des fichiers en attente de traitement par un autre processus. Le répertoire utilisé est /var/spool.

- Les fichiers de fonctionnement ou PID files indiquent simplement qu'un programme donné tourne à l'instant présent avec le PID inscrit dans le fichier. Le format du fichier est le plus souvent du type <nom_du_programme>.pid.

> **ATTENTION Taille du répertoire /var**
>
> Ce répertoire est un facteur de risque important concernant les problèmes de remplissage de disque et devra être traité de manière très attentive dans le cas du développement d'un système embarqué.

Conclusion

Nous avons désormais acquis les connaissances pour bien maîtriser l'architecture et les concepts principaux d'une distribution Linux. Dans le chapitre suivant, nous allons nous attacher à la mise en place sur le poste de travail des outils nécessaires au développement embarqué.

5

Environnement de développement

Dans le chapitre précédent, nous avons décrit les principaux éléments de la structure d'un système Linux. Nous avons également explicité la procédure de compilation du noyau dans le cas où ce dernier fonctionne sur la même architecture que celle du poste de développement (PC/x86).

Ce cas est assez peu courant dans la réalité, car le scénario le plus fréquent met en scène un système cible (ou *target*) pour lequel on développe du logiciel sur un système hôte (ou *host*). Le terme « développement » inclut non seulement la production du code (édition, compilation, installation, etc.), mais également la mise au point à distance. Ces points impliquent donc la mise en place d'un certain nombre d'outils qui constituent la « chaîne de compilation croisée » (ou *cross toolchain*), ainsi que de procédures que nous allons décrire dans ce chapitre.

Choisir un système de développement

La question peut paraître incongrue, tant il paraît évident que le meilleur choix pour développer du logiciel Linux embarqué est Linux. Le plus souvent c'est exact, mais plusieurs facteurs peuvent entrer en jeu, parfois en concurrence :

- des critères techniques, comme la cohabitation des outils de développement Linux avec d'autres outils de type bureautique ou métier ;
- la culture de l'entreprise et les contraintes d'administration des postes de développement, tant au niveau des outils et procédures disponibles que de la volonté des administrateurs.

> **HUMEUR De la susceptibilité des administrateurs système**
>
> Il est toujours difficile d'annoncer à un administrateur qu'il doit intégrer à son parc un nouveau système d'exploitation. Il faut donc faire preuve de psychologie.
>
> Dans la majorité des grosses structures, la plupart ont intégré Linux tardivement. Leur tâche n'est pas aisée : si le parc fonctionne sans heurt, personne ne s'exprime, mais au moindre problème, l'administrateur est soumis à la pression. Au mieux, l'installation de PC sous Linux passera par le choix d'une distribution validée par le service informatique. Au pire, les développeurs auront accès à un serveur depuis des PC sous Windows (en mode texte ou émulation X11). Une solution en vogue – et relativement élégante – est d'utiliser une machine virtuelle (ou VM) type VirtualBox sur un PC Windows. On installera la distribution Linux et l'environnement de développement dans cette VM. Nous décrirons les avantages et les inconvénients de cette solution dans ce chapitre.

Quelle distribution Linux ?

Le choix de la distribution Linux à utiliser est à la fois important pour la partie administration et relativement neutre pour la partie technique. Toutes les distributions actuelles sont fournies avec les outils nécessaires à la mise en place de la chaîne croisée. Cependant, on prendra soin de choisir une distribution utilisant un système de gestion de paquetages (ou paquets) performant comme RPM ou DEB et utilisant un système de mise à jour automatisée, basé sur des dépôts (ou *repositories*). Dans le cas présent, les meilleurs choix possibles sont Fedora, Debian, Ubuntu, Red Hat ou Mandriva. Il existe d'excellentes distributions alternatives comme Gentoo, Slackware ou ArchLinux, mais elles sont plutôt dédiées à une utilisation *geek*, et de ce fait nécessitent souvent la compilation des composants à partir des sources. Cela peut avoir un intérêt pour le puriste, mais cela complique aussi les choses dans un environnement industriel.

> **DÉFINITION Qu'est-ce qu'un geek ?**
>
> Le terme *geek* vient de l'argot des informaticiens anglo-saxons et désigne un passionné de technique informatique plus enclin à utiliser des obscurs langages de script – ésotériques mais efficaces – que des interfaces graphiques et autres *clicodromes*. Le terme peut d'ailleurs être généralisé à tout individu passionné par une activité prenante.
>
> Le geek a une fâcheuse tendance à une certaine goujaterie voire un certain machisme involontaire, qui est plus un « effet de bord » dû à sa passion qu'un véritable choix de comportement. Démontrant une fois de plus le sens pratique féminin, certaines compagnes de geeks se sont associées en France sous le terme « copines de geek » (http://www.copinedegeek.com).

À titre d'exemple, l'installation d'un composant sur Fedora ou Debian se réduit à une commande `yum` ou `apt-get`. La plupart des exemples cités dans ce chapitre correspondent à la distribution Fedora 11 ou supérieure.

Exemple d'installation de paquet

```
$ sudo yum install qemu        # sur Fedora
$ sudo apt-get install qemu # sur Debian/Ubuntu
```

> PRÉCISION **Qu'est-ce que sudo ?**
>
> La commande sudo offre la possibilité à un utilisateur d'exécuter un certain nombre de commandes en tant que superutilisateur. L'utilisateur devra alors saisir son propre mot de passe pour exécuter la commande.

Le fonctionnement de sudo dépend de sa configuration dans le fichier /etc/sudoers. Cette tâche est en général effectuée par l'administrateur, dans le cas où l'utilisateur n'a pas accès aux droits superutilisateur sur la machine de développement. Notons que le compte superutilisateur n'est pas accessible par défaut sur certaines distributions comme Ubuntu et ses dérivées. Dans ce cas, on utilisera systématiquement sudo, et l'on devra utiliser la commande sudo bash pour ouvrir un interpréteur de commande privilégié.

> CONSEIL **Installer un dépôt local de la distribution**
>
> L'utilisation de Linux comme environnement de développement nécessite un accès fréquent à Internet (autre sujet de discorde avec l'administrateur système). On pourra optimiser les temps d'accès en installant un miroir local du dépôt de la distribution choisie. Les documents ci-après décrivent la procédure pour Fedora et Ubuntu.
> ▸ http://doc.fedora-fr.org/wiki/Création_d'un_dépôt_local_de_Fedora
> ▸ http://doc.ubuntu-fr.org/tutoriel/creer_un_miroir_de_depot_local

Quels composants installer ?

Si l'on utilise un DVD d'installation de la distribution, on prendra soin de sélectionner les paquets le plus souvent intitulés « Outils de développement », qui désormais ne sont plus installés par défaut, car Linux n'est plus utilisé uniquement par des développeurs ! Il faut noter que ces outils n'incluent pas les EDI (Environnement de développement intégré) de type Eclipse, dont l'utilisation sera évoquée plus loin dans ce chapitre.

De nos jours, on utilise souvent un Live-CD d'installation et non plus un DVD. Le Live-CD permet de démarrer une image Linux en mémoire vive sans toucher au disque, ce qui autorise de vérifier sans risque la compatibilité matérielle du PC avec la distribution. Une commande dédiée permet ensuite d'installer l'image en cours sur le disque (commande liveinst dans le cas de Fedora). Les outils de développement devront ensuite être installés par des utilitaires fournis par la distribution. Pour Fedora, le plus simple est alors de manipuler des groupes de paquets par la commande yum. Nous avons volontairement affecté la variable LANG à la valeur C afin d'avoir les noms de groupes en version originale.

Liste des groupes de paquets liés au développement

```
$ LANG=C yum grouplist | grep Dev
   Legacy Software Development
   Development Libraries
   Development Tools
   GNOME Software Development
   Haskell Development
   Java Development
   KDE Software Development
   Perl Development
   Web Development
   X Software Development
   XFCE Software Development
```

Le groupe correspondant aux outils de développement est Development Tools. On peut visualiser le contenu du groupe par l'option groupinfo, et on peut installer le groupe par l'option groupinstall.

```
$ yum groupinfo "Development Tools"
Modules complémentaires chargés : refresh-packagekit
Configuration du processus de groupe

Groupe: Outils de développement
Description: Ces outils comprennent des outils de développement mémoire
comme automake, gcc, perl, python, ainsi que des débogueurs.
Paquets mandataires:
   autoconf
   automake
   binutils
   bison
...
$ sudo yum groupinstall "Development Tools"
```

Utilisation d'une machine virtuelle

La notion de machine virtuelle (VM) est un concept connu, mais son utilisation en masse est assez récente. Grâce à cet outil, on peut « virtualiser » le matériel, et donc installer un autre système d'exploitation qui fonctionnera dans la VM. Il existe de nombreux produits libres ou propriétaires sur le marché, permettant de mettre en place une VM. Nous évoquerons le logiciel libre QEMU à la fin de ce chapitre, et nous l'utiliserons tout au long de l'ouvrage comme outil de test permettant de remplacer une cible réelle. Dans le cas de l'environnement de développement, l'architecture de la cible est identique à celle de la machine hôte réelle, et nous pourrons utiliser des outils comme VirtualBox ou KVM.

Le principal avantage d'une telle solution est de pouvoir conserver le système initial (Windows dans la plupart des cas) et donc apaiser les craintes de l'administrateur système. Outre ce point administratif, l'utilisation d'une VM permettra de créer facilement un « fichier image » de référence, que l'on pourra installer sur les autres postes de développement sans se soucier du système d'exploitation réel utilisé sur ces postes, à partir du moment ou la VM y est disponible.

L'inconvénient majeur est bien entendu la consommation mémoire et CPU qui en découle pour la machine hôte. En dessous d'une configuration Core 2 Duo avec 2 Go de mémoire vive, il n'est pas envisageable d'utiliser cette solution convenablement. La description détaillée de l'installation d'une VM sort du cadre de cet ouvrage, sachant qu'une fois la distribution installée dans la VM, il y a très peu de différences avec une configuration matérielle réelle. La figure ci-dessous montre une Fedora 12 tournant sous VirtualBox sur un MacBook.

Figure 5–1
Fedora 12 sous VirtualBox dans un environnement Snow Leopard

Utilisation de Cygwin

L'utilisation de l'outil Cygwin est une approche encore différente, permettant de mettre en place l'environnement de développement sur un poste PC Windows. La société américaine Cygnus fut la première à proposer du support autour du projet

GNU. Le nom de la société est d'ailleurs un jeu de mot similaire à celui de GNU : *CYGNUS, Your GNU Support*.

La société développe un outil libre sous Windows permettant de porter très rapidement les applications de Linux vers Windows. Le principe est d'émuler les appels système normalement destinés au noyau Linux par une DLL *(Dynamically Linked Library)* Windows fournie par Cygwin et nommée `cygwin1.dll`.

La majorité des outils disponibles sous Linux sont de ce fait disponibles sous Cygwin, citons entre autres :

- les commandes Linux, à commencer par l'interpréteur de commandes `bash` ;
- la chaîne de compilation GNU ;
- l'environnement graphique X11 par le biais de Cygwin/X.

Grâce à Cygwin, il est donc possible de construire et d'utiliser les mêmes outils que dans un environnement Linux natif.

> **REMARQUE Attention aux performances !**
>
> À matériel équivalent, il faut cependant noter que la configuration Cygwin sera moins performante que la même chaîne utilisée sur un système Linux natif. De même, il peut subsister quelques problèmes de compatibilité avec certains environnements graphiques. La solution est donc à utiliser en dernier recours, et de nos jours, on préférera une solution basée sur une machine virtuelle si un environnement natif sous Linux ne peut être utilisé.

La distribution Cygwin est utilisable sur les environnements Windows 2000/XP/Vista/7. Elle est disponible sur Internet, sur le site http://www.cygwin.com. À partir de la page d'accueil du site, on peut télécharger l'application Windows `setup.exe` qui permet d'installer la suite de la distribution.

> **ATTENTION Format du système de fichiers**
>
> Il est préférable d'installer Cygwin sur une partition de type NTFS et non FAT32, afin d'éviter certains problèmes de droits d'accès aux fichiers. On peut connaître le type de système de fichiers en affichant les propriétés Windows de la partition en question (utiliser le bouton droit de la souris sur le disque correspondant).

Lorsque l'on double-clique sur l'icône associée au fichier `setup.exe`, on obtient la fenêtre suivante.

Figure 5–2
Exécution de setup.exe

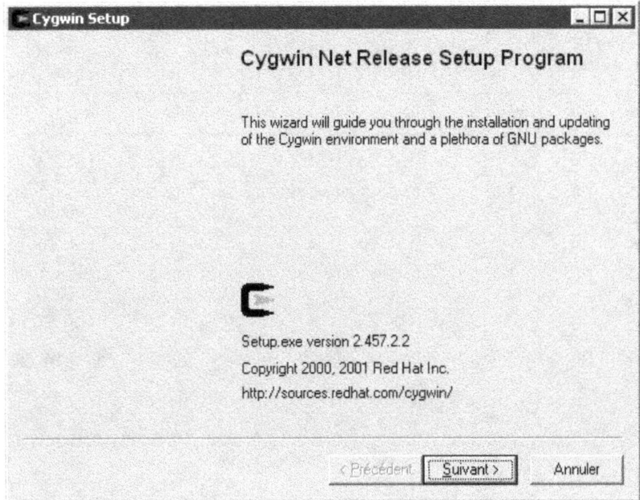

Lors de la première installation, il est conseillé d'utiliser l'option *Install from Internet*. Les fichiers utilisés sont enregistrés sur le disque local, ce qui permettra d'effectuer ultérieurement une installation à partir d'un répertoire local (*Install from Local Directory*), si nécessaire.

Figure 5–3
Choix du type d'installation

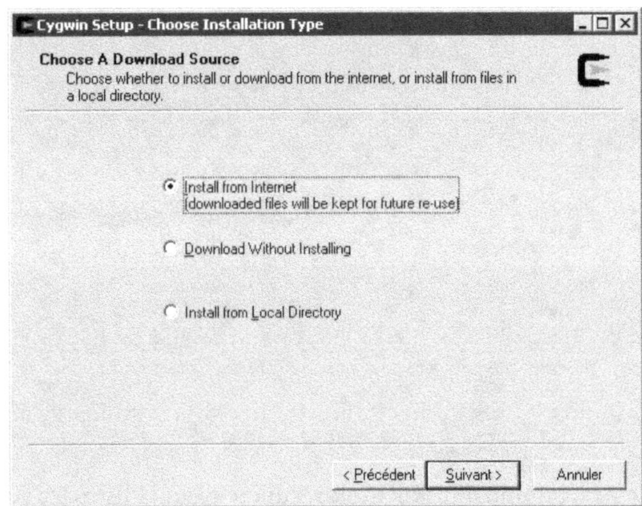

L'écran suivant permet de sélectionner le répertoire d'installation (soit `c:\cygwin` par défaut).

Figure 5–4
Choix du répertoire
d'installation

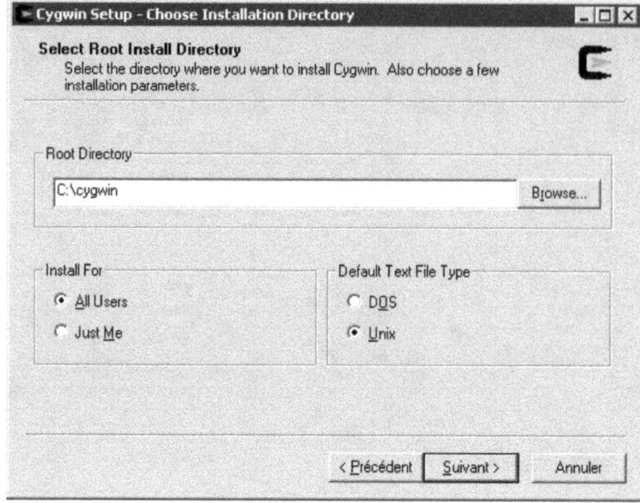

On sélectionne ensuite un serveur miroir de la distribution Cygwin, permettant le chargement des fichiers.

Figure 5–5
Choix du serveur miroir

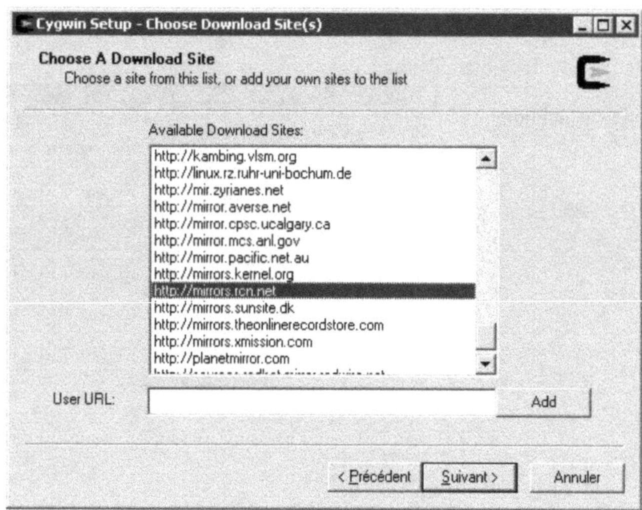

Le programme d'installation récupère alors la liste des paquets et la présente à l'utilisateur.

Figure 5–6
Liste des paquets

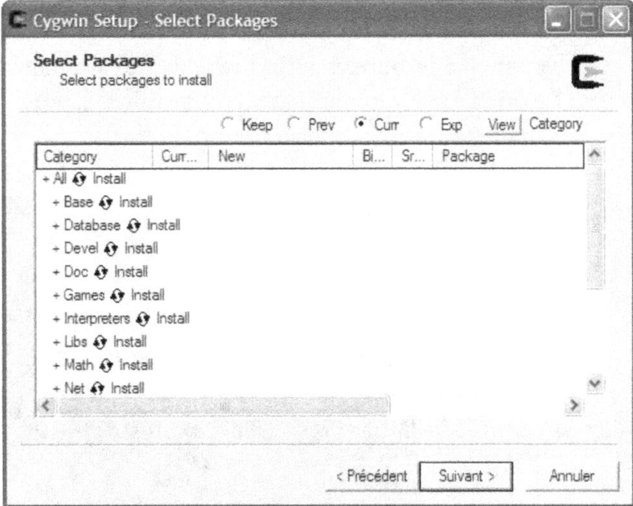

On peut modifier l'état d'un paquet (à installer ou non) en cliquant sur le mot *Default*. À ce moment-là, le programme affiche *Install* à la place de *Default*, ce qui indique que tous les paquets sont installés. On prendra soin de sélectionner l'installation des outils X11 si l'on veut avoir un environnement confortable. Il faut noter que l'installation complète occupe plus de 2 Go sur le disque.

Figure 5–7
Sélection des paquets

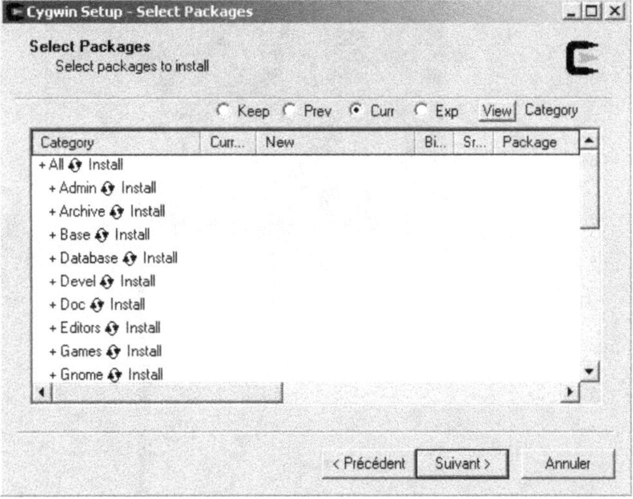

Si l'on clique sur *Suivant*, l'installation doit démarrer. En cas de blocage de l'installation à cause d'un problème d'accès réseau, il est possible d'interrompre le programme d'installation, puis de l'exécuter de nouveau. L'installation reprendra alors au niveau du dernier paquet installé. Lorsque l'installation est terminée, on doit obtenir une icône Cygwin sur le bureau Windows, ce qui permet d'ouvrir le terminal Cygwin, qui arbore une fière allure de bon vieux terminal Linux.

Figure 5–8
Terminal Cygwin

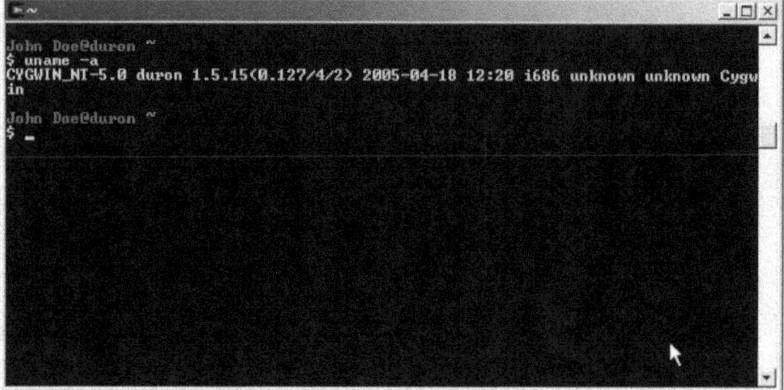

On peut ensuite démarrer l'environnement X11 qui, par défaut, affiche un émulateur de terminal `xterm`. À partir de ce terminal, on peut lancer les commandes Linux habituelles, comme le montre la figure ci-après.

Figure 5–9
Environnement X11
sous Cygwin

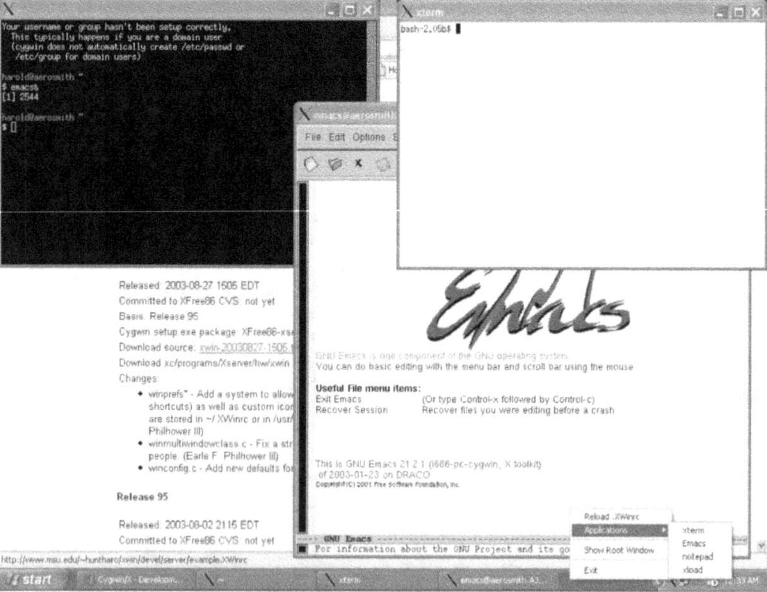

Autre choix possible : Mac OS X ?

La plupart des professionnels savent que Mac OS X est basé sur un système Unix BSD nommé Darwin. On pourra consulter les archives d'Internet pour entendre Steve Jobs, emblématique patron d'Apple Inc., annoncer il y a quelques années Mac OS X comme étant *very close to Linux*.

Une application `Terminal` est d'ailleurs disponible sous Mac OS X, et les commandes disponibles sont identiques à celles de Linux, y compris la chaîne de compilation GNU.

L'application Terminal de Mac OS X

```
MacBook-Pro-de-Pierre-Ficheux:~ pierreficheux$ uname -a
Darwin MacBook-Pro-de-Pierre-Ficheux.local 10.3.0 Darwin Kernel Version
10.3.0: Fri Feb 26 11:58:09 PST 2010; root:xnu-1504.3.12~1/RELEASE_I386
i386
MacBook-Pro-de-Pierre-Ficheux:~ pierreficheux$ gcc -v
Using built-in specs.
Target: i686-apple-darwin10
Configured with: /var/tmp/gcc/gcc-5646.1~2/src/configure --disable-
checking --enable-werror --prefix=/usr --mandir=/share/man --enable-
languages=c,objc,c++,obj-c++ --program-transform-name=/^[cg][^.-]*$/s/
$/-4.2/ --with-slibdir=/usr/lib --build=i686-apple-darwin10 --with-gxx-
include-dir=/include/c++/4.2.1 --program-prefix=i686-apple-darwin10- --
host=x86_64-apple-darwin10 --target=i686-apple-darwin10
Thread model: posix
gcc version 4.2.1 (Apple Inc. build 5646) (dot 1)
```

On peut donc se poser la question de l'utilisation de Mac OS X comme environnement hôte pour des applications Linux embarquées. Dans la réalité, les choses sont un peu plus complexes de par la structure du système de fichiers HFS+ utilisé par Mac OS X, qui par défaut ne tient pas compte de la casse des caractères (majuscules/minuscules). Cela entraîne de nombreux problèmes pour l'utilisation d'outils standards de Linux.

Même si l'on crée une partition HFS+ tenant compte de la casse, on s'aperçoit que l'on tombe sur quelques problèmes de compatibilité. Il existe des documents décrivant la résolution des problèmes (exemple : pour OpenWrt), mais il y a un gros risque que ces modifications ne soient pas maintenues, vu que la solution Mac OS X est très marginale dans ce type d'application.

Cette solution est donc déconseillée, mis à part pour le plaisir de l'exploit technique. Cependant, les amateurs de l'excellent système Mac OS X pourront toujours utiliser une VM de type VirtualBox et installer une distribution Linux dans cette VM.

> EXPERT **Utiliser Linux sur un MacBook**
>
> Pour les amateurs du bel objet qu'est le MacBook (j'en ai personnellement deux chez moi !), on peut assez facilement installer Linux en double démarrage aux côtés de Mac OS X, mais c'est une autre histoire !

La chaîne de compilation croisée

La chaîne de compilation croisée est le principal outil de développement nécessaire. La chaîne de compilation GNU utilise les composants suivants :

- le compilateur, qui constitue le paquet `gcc` ;
- les outils annexes (assembleur, éditeur de liens, etc.), qui constituent le paquet `binutils` ;
- une bibliothèque libc ; en général on utilise la Glibc, qui constitue le paquet `glibc`. Ce paquet contient également d'autres bibliothèques comme la bibliothèque de gestion de threads POSIX nommée `libpthread`. Nous verrons que dans le cas d'une chaîne croisée, il existe d'autres possibilités que la Glibc.

> PRÉCISION **Quelques mots sur GCC**
>
> La partie analyse du langage (C, C++, Objective-C, etc.) est appelée *frontend*, alors que la partie production du code assembleur est appelée *backend*, ce qui permet à GCC d'être un outil de compilation généraliste qui dépasse depuis longtemps les frontières des langages C et dérivés, pour traiter désormais d'autres langages (Java, Ada, VHDL, etc.). Pour mémoire, GCC ne signifie plus *GNU C Compiler*, mais *GNU Compiler Collection*.
>
> La partie « noble » de la compilation est effectuée par les composants du paquet `gcc` qui, à partir du code source, produit le code assembleur correspondant à la cible. Le code en question est alors assemblé, puis lié aux bibliothèques – dont la `glibc` – par les outils du paquet `binutils`. La commande `gcc` elle-même n'est qu'un outil d'interface permettant d'appeler les différentes phases de la compilation.

Nous avons vu que dans le cas d'un système Linux x86, ces paquets sont installés sur le système sous forme de paquets RPM ou DEB. On parle alors de chaîne « native » par opposition à la chaîne « croisée ».

Paquets de développement de la Fedora

```
$ rpm -qv gcc binutils glibc
gcc-4.4.1-2.fc11.i586
binutils-2.19.51.0.14-3.fc11.i586
glibc-2.10.2-1.i686
```

Le paquet `binutils` contient les outils utilisés pour la génération et la manipulation des exécutables ou des fichiers objets (fichiers `.o`) intermédiaires. On notera dans ce paquet la présence de l'assembleur `as` et de l'éditeur de liens `ld`.

Contenu du paquet binutils

```
$ rpm -ql binutils | head
/usr/bin/addr2line
/usr/bin/ar
/usr/bin/as
/usr/bin/c++filt
/usr/bin/gprof
/usr/bin/ld
/usr/bin/nm
/usr/bin/objcopy
/usr/bin/objdump
/usr/bin/ranlib
```

Dans le cas de la compilation croisée, ces différents outils, ainsi que le compilateur, seront exécutés dans un environnement x86 (Linux ou Windows), mais le code généré sera d'un type différent (exemple : ARM). Il est donc nécessaire de compiler l'outil à partir des sources en spécifiant de nouvelles options de génération.

Lorsque l'on souhaite disposer d'une chaîne croisée, il y a deux approches possibles :

1 utiliser une chaîne binaire déjà produite ;

2 produire la chaîne en compilant les différents composants à partir des sources.

Dans le premier cas, on peut se tourner vers les différents produits disponibles sur le marché. Quel que soit le fournisseur, une chaîne GNU est obligatoirement diffusée sous GPL de par la licence des sources. Il existe des éditeurs fournissant du support et des services lorsque le projet est soumis à des contraintes de certification, comme on peut le rencontrer dans les logiciels embarqués utilisés dans les transports. Il est cependant toujours possible d'utiliser un compilateur sans disposer du support commercial.

Par contre, le principal inconvénient d'une chaîne binaire est de ne pas pouvoir choisir les versions des composants utilisés, ce qui peut aussi constituer un avantage, car l'outil sera utilisé par d'autres développeurs, et l'on pourra disposer de support – non contractuel – en cas de problème. Dans le cadre de cette approche, nous présenterons plus loin l'outil ELDK *(Embedded Linux Development Kit)*, développé par DENX Software Engineering et disponible sur http://www.denx.de/ELDK.html.

Dans le deuxième cas – soit la compilation à partir des sources –, on remarque que les composants concernés utilisent le système GNU Autotools (décrit au chapitre 4), le script `configure` fourni avec les sources permet de spécifier le type d'architecture sur lequel s'exécute l'outil (option `--host`) ainsi que le type d'architecture cible (option `--target`).

> **ATTENTION La production d'un chaîne croisée est complexe !**
>
> Nous verrons dans la suite du chapitre que la construction d'une chaîne est complexe de par le volume de code mis en jeu (le compilateur, le noyau Linux, la libc, etc.) et la nécessité d'appliquer des patches dans la quasi-totalité des cas. On arrive à une grande complexité dans le nombre de combinaisons possibles (compilateur version X avec noyau Linux version Y et libc version Z), autant de sources potentielles de problèmes. De ce fait, l'utilisation d'une chaîne binaire existante et validée est une solution plus confortable et conseillée lorsqu'elle est possible.

Dans le cas où les options ne sont pas précisées, le script générera par défaut une configuration pour un exécutable natif, à utiliser dans l'environnement Linux courant. Voici un exemple pour le paquet `binutils`.

```
$ ./configure
loading cache ./config.cache
checking host system type... i686-pc-linux-gnu
checking target system type... i686-pc-linux-gnu
checking build system type... i686-pc-linux-gnu
...
```

Par contre, si l'on précise le nom de la cible, on obtient un résultat différent.

```
$ ./configure --target=arm-linux
creating cache ./config.cache
checking host system type... i686-pc-linux-gnu
checking target system type... arm-unknown-linux-gnu
checking build system type... i686-pc-linux-gnu
...
```

La génération de la chaîne de compilation croisée est donc réalisable à la main, mais elle est souvent fastidieuse, car elle nécessite en plus l'application de patches en fonction des différentes architectures. La chaîne dépend également du noyau Linux, surtout au travers de la libc. L'exemple ci-dessous est extrait du fichier `include/asm-generic/unistd.h` des sources du noyau 2.6.33 et montre que la libc dépend de constantes définies dans les sources du noyau Linux.

Définition des valeurs des SYSCALL

```
/* kernel/timer.c */
#define __NR_getpid 172
__SYSCALL(__NR_getpid, sys_getpid)
#define __NR_getppid 173
__SYSCALL(__NR_getppid, sys_getppid)
#define __NR_getuid 174
...
```

> **Attention** **Compatibilité du noyau avec la Glibc**
>
> Le fait d'utiliser pour la distribution cible un noyau beaucoup plus ancien que la version de noyau spéci-
> fiée pour la construction de la chaîne pourra entraîner l'affichage d'un message d'erreur `Kernel too`
> `old` au démarrage du système (cas de la Glibc).

Notons également que toutes les bibliothèques nécessaires à la cible devront également être adaptées à la chaîne de compilation croisée et intégrées à cette chaîne, ce
qui peut parfois poser de grosses difficultés si le code n'est pas portable. De ce fait,
l'utilisateur inexpérimenté a de grandes chances de ne jamais parvenir à produire une
chaîne croisée fonctionnelle, et il est donc indispensable d'utiliser un outil de production spécialisé.

Pour illustrer cette approche, nous présenterons l'outil Crosstool, développé par Dan
Kegel et disponible sur http://kegel.com/crosstool. Nous évoquerons également l'outil
Crosstool-NG. Plus récent que Crosstool, il apporte une plus grande facilité d'utili-
sation, tout en assurant la compatibilité avec les dernières versions des composants.
Cet outil est disponible sur http://ymorin.is-a-geek.org/projects/crosstool. Bien entendu, ces
outils sont diffusés sous licence GPL.

> **Remarque** **Il existe d'autres possibilités !**
>
> Nous avons cité précédemment des outils dédiés uniquement à la construction de chaînes croisées.
> Cependant, cette tâche est fréquemment intégrée aux outils de création de distributions embarquées que
> nous évoquerons aux chapitres 10 et 11. Nous verrons en particulier comment Buildroot est capable de
> produire un certain type de chaîne croisée, basée sur uClibc. Les outils comme OpenEmbedded, PTXdist
> et autres LTIB savent également produire des chaînes croisées.

Le choix de la libc

Le choix de la libc est un point important que nous avons effleuré lors du paragraphe
précédent. La chaîne produite dépend de la libc, qui elle-même a de fortes dépendances vis-à-vis du noyau Linux.

Glibc

Depuis de nombreuses années, la libc de référence pour les PC/x86 est la Glibc. Elle
a l'avantage d'être très complète, particulièrement sur la gestion de points complexes
comme l'internationalisation (gestion des messages et des paramètres nationaux).
Son principal inconvénient est sa complexité – et donc sa taille – qui peut être un
frein à son utilisation pour des projets où les contraintes matérielles sont fortes. La
partie principale, soit `libc-2.10.2.so` dans notre environnement, occupe déjà

1,7 Mo. Le fait d'utiliser la Glibc sur un autre environnement cible ne change pas foncièrement sa taille.

Taille de la Glibc sur x86

```
$ ls -l /lib/libc-2.10.2.so
-rwxr-xr-x 1 root root 1799176 nov. 20 12:52 /lib/libc-2.10.2.so
```

Outre ce fichier principal, la Glibc fournit un certain nombre de greffons utilisés pour le traitement de la résolution des adresses, appelé NSS pour *Name Server Switch*. Ce point sera évoqué au chapitre 7.

Bibliothèques greffons de la Glibc

```
$ ls -l /lib/libnss_*.so
-rwxr-xr-x 1 root root 36384 nov. 20 12:52 /lib/libnss_compat-2.10.2.so
-rwxr-xr-x 1 root root 25904 nov. 20 12:52 /lib/libnss_dns-2.10.2.so
-rwxr-xr-x 1 root root 55540 nov. 20 12:52 /lib/libnss_files-2.10.2.so
-rwxr-xr-x 1 root root 22592 nov. 20 12:52 /lib/libnss_hesiod-2.10.2.so
-rwxr-xr-x 1 root root 50652 nov. 20 12:52 /lib/libnss_nis-2.10.2.so
-rwxr-xr-x 1 root root 59808 nov. 20 12:52 /lib/libnss_nisplus-2.10.2.so
```

Par contre, l'utilisation de la Glibc assure en général une bonne compatibilité avec des composants tiers que l'on aurait à intégrer sur la cible. Certains compilateurs comme ELDK sont souvent basés sur Glibc, même s'il existe des versions basées sur uClibc. De même, Crosstool utilise uniquement la Glibc, alors que Crosstool-NG est compatible avec les trois bibliothèques citées dans ce chapitre.

uClibc

La bibliothèque uClibc (Micro-C-libc, http://www.ucblibc.org) que nous avons déjà citée est issue du portage du noyau Linux pour des processeurs ne disposant pas de MMU. Ce portage nommé uCLinux faisait l'objet d'un court chapitre dédié dans les précédentes versions de l'ouvrage. L'utilisation du noyau uCLinux est cependant de plus en plus proche de celle du noyau Linux, ce qui diminue l'intérêt d'un traitement particulier.

Désormais, le projet uClibc continue sa route, y compris sur les architectures disposant de MMU. La bibliothèque intègre de plus en plus de fonctionnalités, ce qui la rend très compétitive par rapport à la Glibc pour une taille de cinq à six fois moindre (environ 250 Ko). Rappelons – même si nous y reviendrons au chapitre 10 – que le projet uClibc est à la base de l'outil Buildroot. De même, Crosstool-NG est compatible avec uClibc.

Eglibc

Cette bibliothèque est un projet plus récent, dont le but est d'optimiser la Glibc pour son utilisation sur des applications embarquées. Elle est basée sur le code de la Glibc, et elle est prise en compte par Crosstool-NG et OpenEmbedded.

Utiliser ELDK

ELDK pour *Embedded Linux Development Kit* (http://www.denx.de/wiki/DULG/ELDK) est développé par DENX Software Engineering, société de service spécialisée en Linux et située en Allemagne. Le fondateur Wolfgang Denk est un professionnel de talent, contribuant à de nombreux projets open source dont RTAI (http://www.rtai.org) et Xenomai (http://www.xenomai.org). Ce produit est diffusé sous GPL par DENX, mais il est également possible d'obtenir du support commercial. ELDK contient une chaîne de compilation croisée ainsi qu'une distribution Linux adaptée à la cible. Dans notre cas, nous utiliserons uniquement la chaîne de compilation.

Outre le compilateur et les outils évoqués en début de chapitre, ELDK a l'avantage de fournir un grand nombre de bibliothèques déjà adaptées à un environnement de développement embarqué. L'autre avantage est de disposer d'un outil référencé sur lequel on peut obtenir du support – même gratuit – sur les listes de diffusion de DENX (voir http://lists.denx.de/mailman/listinfo/eldk). Il n'est pas rare que Wolfgang Denk lui-même réponde aux questions, mais prenez soin d'être précis dans vos demandes !

Le produit est disponible sous forme de paquets RPM binaires ou sources. Il est également possible de télécharger l'image ISO du CD contenant les binaires ou les sources. ELDK permet de mettre en place une chaîne de compilation utilisable sur un PC x86 sous Linux pour des cibles PowerPC, MIPS ou ARM. L'installation est très simple. Il suffit de télécharger l'image ISO de la distribution sur la page http://www.denx.de/wiki/view/DULG/ELDKAvailability.

La dernière version à ce jour est la 5.1.2, basée sur le projet Yocto (lui-même basé sur OpenEmbedded Core abordé au chapitre 11). Nous présentons ci-après l'utilisation de la version 4.2, dernière de la série 4. À partir de l'image ISO, le plus simple est d'utiliser la technique du *loopback block device* permettant de monter le fichier ISO.

Montage de l'image ISO

```
$ sudo mount -o loop arm-2008-11-24.iso /mnt/cdrom
```

Lorsque l'image est montée, on peut installer la distribution en exécutant simplement la commande `install`.

Installation de l'outil ELDK 4.2

```
$ /mnt/cdrom/install -d $HOME/ELDK42
Do you really want to install into /home/pierre/ELDK42 directory[y/n]?: y

Creating directories
Done
Installing cross RPMs

Preparing...                 ######################################### [100%]
   1:rpm                     ######################################### [100%]
Preparing...                 ######################################### [100%]
   1:rpm-build               ######################################### [100%]
Preparing...                 ######################################### [100%]
   1:binutils-arm            ######################################### [100%]
...
```

Dans le cas du PowerPC, on devra préciser les architectures à installer (ppc_4xx, ppc_6xx, etc.). Par défaut, la procédure installe toutes les architectures.

> CONSEIL **Ne pas installer en tant que superutilisateur**
>
> On ne doit pas installer ELDK en tant que superutilisateur. Hormis les considérations de sécurité, cela vous permet de l'installer dans tous les cas de figure, même si vous n'êtes pas l'administrateur de votre machine.

Lorsque le paquet est installé, la chaîne de compilation est utilisable dès que l'on ajoute le chemin d'accès à ELDK à sa variable d'environnement PATH comme ci-dessous.

Ajout du chemin d'accès au compilateur croisé

```
$ PATH=$HOME/ELDK42/usr/bin:$PATH
$ export PATH
```

À partir de là, on peut utiliser le compilateur et les outils associés.

Affichage des paramètres du compilateur

```
$ arm-linux-gcc -v
Reading specs from /home/pierre/ELDK42/usr/bin/../lib/gcc/arm-linux-gnueabi/
4.2.2/specs
Target: arm-linux-gnueabi
```

```
Configured with: /opt/eldk/build/arm-2008-11-24/work/usr/src/denx/BUILD/
crosstool-0.43/build/gcc-4.2.2-glibc-20070515T2025-eldk/arm-linux-gnueabi/gcc-
4.2.2/configure --target=arm-linux-gnueabi --host=i686-host_pc-linux-gnu --
prefix=/var/tmp/eldk.ywMqKk/usr/crosstool/gcc-4.2.2-glibc-20070515T2025-eldk/
arm-linux-gnueabi --disable-hosted-libstdcxx --with-headers=/var/tmp/
eldk.ywMqKk/usr/crosstool/gcc-4.2.2-glibc-20070515T2025-eldk/arm-linux-gnueabi/
arm-linux-gnueabi/include --with-local-prefix=/var/tmp/eldk.ywMqKk/usr/
crosstool/gcc-4.2.2-glibc-20070515T2025-eldk/arm-linux-gnueabi/arm-linux-
gnueabi --disable-nls --enable-threads=posix --enable-symvers=gnu --enable-
__cxa_atexit --enable-languages=c,c++,java --enable-shared --enable-c99 --
enable-long-long --without-x
Thread model: posix
gcc version 4.2.2
```

On peut ainsi compiler le traditionnel programme de test du programme *Hello World*.

Test de compilation avec ELDK

```
$ arm-linux-gcc -o helloword helloworld.c
$ file helloworld
helloworld: ELF 32-bit LSB executable, ARM, version 1 (SYSV),
dynamically linked (uses shared libs), for GNU/Linux 2.6.14, not
stripped
```

La dernière commande indique bien que nous sommes en présence d'un exécutable ARM. À la fin du chapitre, nous donnerons quelques exemples d'utilisations plus avancées de ce compilateur.

> ATTENTION **Les versions des composants sont figées**
>
> Vu que la chaîne est fournie en binaire, les versions des composants (`gcc`, `glibc`...) ne sont pas modifiables. On peut bien entendu partir des sources d'ELDK, mais il est alors plus simple de choisir un autre outil comme Crosstool. Cependant, Crosstool ne fournira pas de bibliothèques précompilées comme le fait ELDK.

Utiliser Crosstool

L'outil Crosstool est quelque peu différent, car plus complexe à appréhender, mais aussi plus souple. Le complexité vient du fait qu'il n'existe pas de distribution binaire ni de programme d'installation aussi simple que pour ELDK. C'est d'ailleurs tout à fait normal, car le but de Crosstool est de fournir à l'utilisateur un ensemble de scripts lui permettant de construire sa chaîne de compilation même dans les cas les plus spécifiques, alors qu'ELDK est limité à l'hôte Linux x86 et aux cibles PowerPC, MIPS et ARM pour certaines versions de composants.

> SOUS LE CAPOT **ELDK utilise Crosstool**
>
> Si l'on lit avec attention les informations du compilateur `gcc` ELDK par `gcc -v`, on remarque que DENX utilise Crosstool.

Avec Crosstool, on choisit donc l'environnement hôte, la cible, les versions des paquets à utiliser (`gcc`, `binutils`...) mais aussi les « patches » à appliquer aux différents composants, le noyau Linux utilisé et ses patches associés. Crosstool effectue le téléchargement des archives nécessaires à la génération de la chaîne choisie. L'outil est entièrement écrit en langage de script-shell ce qui lui donne un air *old style* qui n'est pas pour déplaire aux geeks chevronnés.

Pour utiliser Crosstool, il faut tout d'abord installer l'archive téléchargée depuis le site de Dan Kegel (http://www.kegel.com/crosstool). Dans notre cas, nous allons utiliser la version 0.43, dernière disponible au moment de l'écriture de ces lignes. Une fois la distribution installée, une documentation en anglais est disponible dans le fichier `doc/crosstool-howto.html`.

> ATTENTION **Crosstool devient obsolète**
>
> On remarquera que la distribution officielle de Crosstool n'évolue plus beaucoup par rapport aux nouvelles versions de la chaîne GNU. L'outil Crosstool-NG, que nous évoquerons plus loin dans le chapitre, est une solution certes plus jeune, mais assurant le support des composants les plus récents.

Description de la structure

La structure du répertoire `crosstool-0.43` est très simple, les fichiers importants étant localisés directement sur la racine du répertoire.

- Le fichier `all.sh` est le script principal de génération de la chaîne. Il ne doit pas être modifié.
- Les fichiers type `demo-xxx.sh` comme `demo-i686.sh` sont des exemples fournis, dont l'utilisateur peut s'inspirer pour construire sa propre configuration.
- Les fichiers `.dat` permettent de définir des variables d'environnement utilisées par les scripts. Par exemple, le fichier `i686-cygwin.dat` définit des variables pour la cible Cygwin.
- Les fichiers `.config` correspondent à des configurations du noyau Linux générées par un `make xconfig` ou un `make config`, et ce pour les différents processeurs supportés (comme `i686.config`, `m68k.config`). Ce principe peut être étendu à tout autre système de configuration utilisant un format similaire. Ces fichiers sont utilisés par les fichiers `.dat` cités précédemment.

Exemple des fichiers i686.dat et i686-cygwin.dat

```
$ cat i686.dat
KERNELCONFIG=`pwd`/i686.config
TARGET=i686-unknown-linux-gnu
TARGET_CFLAGS="-O"
GCC_EXTRA_CONFIG="$GLIBC_EXTRA_CONFIG --with-arch=pentium3 -with-tune=pentium4"

$ cat i686-cygwin.dat
TARGET=i686-pc-cygwin
TARGET_CFLAGS="-O"
```

D'autres sous-répertoires sont présents, et nous pouvons citer :

* le répertoire `download`, qui accueille les paquets sources manquants téléchargés par Crosstool lors de la génération de la chaîne ;
* le répertoire `patches` qui contient lui-même des sous-répertoires correspondant aux différents paquets utilisables. Chaque sous-répertoire contient les patchs à appliquer en fonction de la configuration définie par l'utilisateur. Nous pouvons donner l'exemple du paquet correspondant à `gcc-4.1.1`. Bien entendu, il est toujours possible d'ajouter des patches ou des répertoires pour utiliser une nouvelle version de compilateur.

Fichiers de patch à appliquer au compilateur 4.1.1

```
$ ls -w 1 patches/gcc-4.1.1
gcc-4.1-fix-fixincl.patch
```

Exemple de production d'une chaîne ARM

À titre d'exemple, nous allons construire une chaîne de compilation pour cible ARM. Cette chaîne est similaire à celle fournie dans ELDK 4.2. Pour ce faire, nous utilisons le script `demo-arm.sh` fourni.

Contenu du script demo-arm.sh

```
#!/bin/sh
# This script has one line for each known working toolchain
# for this architecture. Uncomment the one you want.
# Generated by generate-demo.pl from buildlogs/all.dats.txt
set -ex
TARBALLS_DIR=$HOME/downloads
RESULT_TOP=$HOME/crosstool
export TARBALLS_DIR RESULT_TOP
GCC_LANGUAGES="c"
export GCC_LANGUAGES
```

```
# Really, you should do the mkdir before running this,
# and chown /opt/crosstool to yourself so you don't need to run as root.
mkdir -p $RESULT_TOP

#eval `cat arm.dat gcc-2.95.3-glibc-2.1.3.dat` sh all.sh --notest
#eval `cat arm.dat gcc-2.95.3-glibc-2.2.2.dat` sh all.sh --notest
#eval `cat arm.dat gcc-2.95.3-glibc-2.2.5.dat` sh all.sh --notest
#eval `cat arm.dat gcc-3.2.3-glibc-2.2.5.dat` sh all.sh –notest
...
#eval `cat arm.dat gcc-4.0.2-glibc-2.3.2-tls.dat` sh all.sh --notest
#eval `cat arm.dat gcc-4.0.2-glibc-2.3.5.dat` sh all.sh --notest
#eval `cat arm.dat gcc-4.0.2-glibc-2.3.5-tls.dat` sh all.sh --notest
#eval `cat arm.dat gcc-4.0.2-glibc-2.3.6.dat` sh all.sh --notest
#eval `cat arm.dat gcc-4.0.2-glibc-2.3.6-tls.dat` sh all.sh --notest
#eval `cat arm.dat gcc-4.1.0-glibc-2.2.2.dat` sh all.sh --notest
#eval `cat arm.dat gcc-4.1.0-glibc-2.3.2.dat` sh all.sh --notest
#eval `cat arm.dat gcc-4.1.0-glibc-2.3.2-tls.dat` sh all.sh --notest
eval `cat arm.dat gcc-4.2.2-glibc-2.3.2.dat` sh all.sh --notest

echo Done.
```

Nous effectuons quelques modifications sur le fichier, tout d'abord pour définir le répertoire d'installation de la chaîne produite, soit `$HOME/crosstool`. Nous avons ensuite demandé la production du seul compilateur C – et non C/C++ – afin de gagner du temps.

Les lignes commençant par la commande `eval` définissent la configuration de la chaîne à produire.

- Comme nous l'avons décrit précédemment, le fichier `arm.dat` contient les paramètres généraux des chaînes pour ARM.
- Le fichier `gcc-<version_gcc>-glibc-<version_glibc>.dat` définit la configuration à utiliser pour une chaîne basée sur `<version_gcc>` et `<version_glibc>`.

Nous ajoutons une ligne utilisant `gcc-4.2.2-glibc-2.3.2.dat`, qui correspond à une nouvelle configuration, inexistante dans la distribution standard de Crosstool. Le contenu du fichier est très inspiré des exemples fournis, et il définit la liste et les versions des composants utilisés pour produire la chaîne.

Contenu du nouveau fichier de configuration

```
$ cat gcc-4.2.2-glibc-2.3.2.dat
BINUTILS_DIR=binutils-2.16.1
GCC_CORE_DIR=gcc-3.3.6
GCC_DIR=gcc-4.2.2
GLIBC_DIR=glibc-2.3.2
```

```
LINUX_DIR=linux-2.6.20
LINUX_SANITIZED_HEADER_DIR=linux-libc-headers-2.6.12.0
GLIBCTHREADS_FILENAME=glibc-linuxthreads-2.3.2
GDB_DIR=gdb-6.5
```

La chaîne utilisera le noyau 2.6.20, la configuration du noyau étant référencée dans le fichier `arm.dat`. Bien entendu, cette configuration peut être modifiée par l'utilisateur. Notons également le nom de la cible par défaut : `arm-unknown-linux-gnu`. Si l'on désire appliquer des patches à ce noyau, on peut créer un répertoire `patches/linux-2.6.20` contenant une liste de fichiers `.patch`.

Dans notre cas, nous avons dû ajouter un fichier `patches/glibc-2.3.2/glibc-2.3.3-allow-gcc-4.4-configure.patch` afin de permettre la compilation de `glibc-2.3.2` par un compilateur `gcc` version 4.4 utilisé par Fedora 11.

> **ATTENTION Nom des fichiers de patch**
>
> Pour que Crosstool considère le fichier comme un patch, le nom du fichier doit obligatoirement contenir la chaîne de caractères `patch` ou bien utiliser le suffixe `.diff`. De même, il est conseillé de numéroter les fichiers de patch en préfixant leur nom par l'ordre d'application (01, 02, etc.). Le lecteur désirant plus d'informations pourra consulter le code source du script `getandpatch.sh`.

Contenu de arm.dat et arm.config

```
$ cat arm.dat
KERNELCONFIG=`pwd`/arm.config
TARGET=arm-unknown-linux-gnu
TARGET_CFLAGS="-O"

$ head arm.config
#
# Automatically generated make config: don't edit
#
CONFIG_ARM=y
CONFIG_MMU=y
CONFIG_UID16=y
CONFIG_RWSEM_GENERIC_SPINLOCK=y

#
# Code maturity level options
```

On peut alors lancer la génération par la commande `demo-arm.sh`. Suivant la configuration matérielle du PC, nous pourrons attendre de longues heures avant de récolter les fruits de nos efforts. Dans le cas d'un PC récent type Core 2 Duo, la chaîne devrait être produite en moins d'une heure. Lorsque la chaîne est générée avec succès, nous obtenons le message suivant.

Fin de production de la chaîne croisée

```
Cross-toolchain build complete. Result in /home/pierre/crosstool.
testhello: C compiler can in fact build a trivial program.

Done.
```

À partir de là, on peut tester la chaîne de compilation comme nous l'avons fait pour ELDK. On ajoute le chemin d'accès, puis on affiche les paramètres du compilateur avec la commande `arm-unknown-linux-gnu-gcc -v`.

```
$ PATH=$PATH:$HOME/crosstool/gcc-4.2.2-glibc-2.3.2/arm-unknown-linux-gnu/bin
$ export PATH

$ arm-unknown-linux-gnu-gcc -v
Using built-in specs.
Target: arm-unknown-linux-gnu
Configured with: /home/pierre/vrac/crosstool-0.43/build/arm-unknown-linux-gnu/
gcc-4.2.2-glibc-2.3.2/gcc-4.2.2/configure --target=arm-unknown-linux-gnu --
host=i686-host_pc-linux-gnu --prefix=/home/pierre/crosstool/gcc-4.2.2-glibc-
2.3.2/arm-unknown-linux-gnu --with-sysroot=/home/pierre/crosstool/gcc-4.2.2-
glibc-2.3.2/arm-unknown-linux-gnu/arm-unknown-linux-gnu/sys-root --with-local-
prefix=/home/pierre/crosstool/gcc-4.2.2-glibc-2.3.2/arm-unknown-linux-gnu/arm-
unknown-linux-gnu/sys-root --disable-nls --enable-threads=posix --enable-
symvers=gnu --enable-__cxa_atexit --enable-languages=c --enable-shared --
enable-c99 --enable-long-long
Thread model: posix
gcc version 4.2.2
```

On peut là aussi compiler le programme de test *Hello World*.

Test du compilateur produit

```
$ arm-linux-gcc -o helloword helloworld.c
$ file helloworld
helloworld: ELF 32-bit LSB executable, ARM, version 1, dynamically linked (uses
shared libs), for GNU/Linux 2.4.3, not stripped
```

> REMARQUE **Cas de Cygwin**
>
> L'environnement Linux quasiment complet étant disponible sous Cygwin, la procédure de génération de la chaîne croisée Crosstool est identique à celle utilisée sous Linux. Le type de plate-forme de développement dans le script de configuration `configure` est `i686-host_pc-cygwin` pour Cygwin au lieu de `i686-pc-linux-gnu`.
> Les scripts de Crosstool ne s'entendent pas forcément très bien avec les noms de répertoires contenant des espaces, ce qui est fréquent sous Windows. Il est donc préférable d'extraire l'archive Crosstool dans un répertoire ayant un nom Unix (sans espace) comme `/home/mon_répertoire` et non pas `/home/mon répertoire`.

Utiliser Crosstool-NG

L'outil Crosstool-NG est beaucoup plus récent que Crosstool. Il a été développé dans le but de prendre en compte les dernières versions de `gcc` et des autres composants de la chaîne. Son utilisation est plus simple, puisqu'il dispose d'un outil de configuration similaire au `make menuconfig` du noyau Linux. Pour clore cette introduction, notons également que Yann Morin, l'auteur de Crosstool-NG, est français !

L'utilisation est bien documentée dans le wiki du projet à l'adresse http://ymorin.is-a-geek.org/dokuwiki/projects/crosstool. À l'heure actuelle, la dernière version officielle est la 1.7.0. Nous allons utiliser cette version pour construire une fois de plus une chaîne croisée pour ARM. La première étape consiste à installer l'environnement Crosstool-NG, et particulièrement la commande `ct-ng` qui servira à configurer et produire la chaîne.

Installation de ct-ng

```
$ cd crosstool-ng-1.7.0
$ ./configure --prefix=/home/pierre/crosstool-ng
$ make
$ make install
```

On doit ensuite ajouter l'accès à `ct-ng` à la variable `PATH`, puis paramétrer la chaîne. On utilise pour cela un répertoire de travail `crosstool-ng`.

Utilisation du répertoire de travail

```
$ export PATH=/home/pierre/crosstool-ng/bin:$PATH
$ mkdir crosstool-ng_build
$ cd crosstool-ng_build
```

La commande `ct-ng` dispose d'une option `--help` donnant la liste des options. Le système dispose d'un certain nombre de configurations prédéfinies, y compris pour ARM.

Liste des configurations pour architecture ARM

```
$ ct-ng list-samples | grep arm
arm-bare_newlib_cortex_m3_nommu-eabi [G X]
arm-cortex_a8-linux-gnueabi          [G ]
arm-davinci-linux-gnueabi            [G ]
arm-iphone-linux-gnueabi             [G X]
arm-unknown-eabi                     [G ]
arm-unknown-linux-gnueabi            [G ]
arm-unknown-linux-uclibcgnueabi      [G X]
armeb-unknown-eabi                   [G ]
armeb-unknown-linux-gnueabi          [G X]
armeb-unknown-linux-uclibcgnueabi    [G X]
```

On peut alors sélectionner une configuration qui nous convient, quitte à la modifier légèrement avec la commande `ct-ng menuconfig`.

Sélection et modification de la configuration

```
$ ct-ng arm-unknown-linux-gnueabi
...
$ ct-ng menuconfig
```

Si l'on utilise l'option `menuconfig`, on arrive au menu de configuration principal comme ci-dessous.

Figure 5–10
Menu de configuration
Crosstool-NG

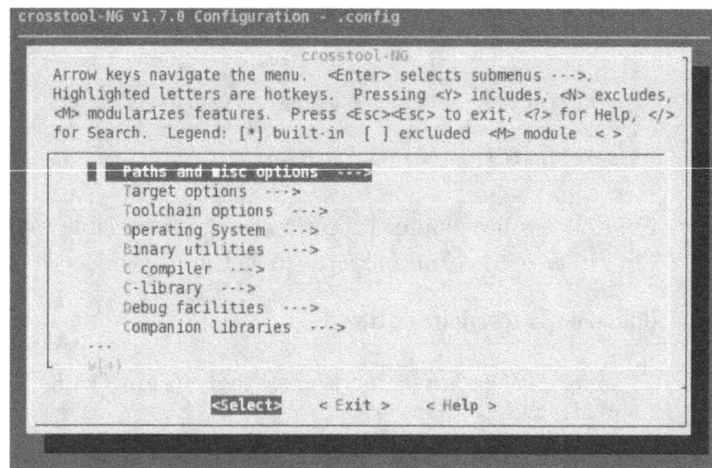

Pour un test rapide, nous sélectionnons le menu *C-compiler*, puis nous désactivons les options *C++*, *Fortran* et *Java*. Le compilateur pourra uniquement traiter du C.

Figure 5–11
Configuration du compilateur

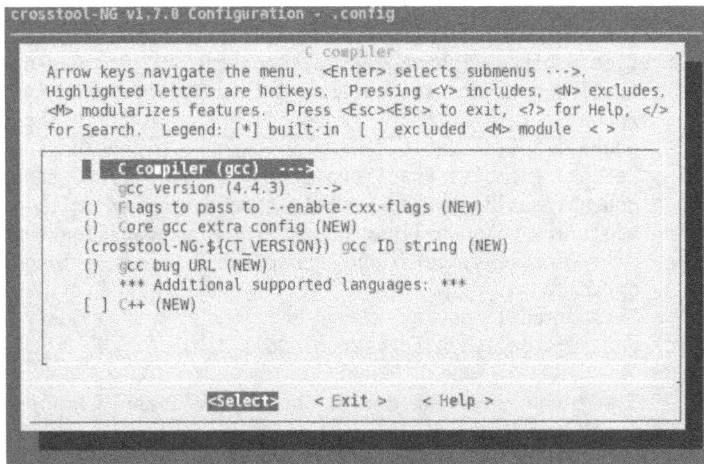

On peut alors produire la chaîne avec la commande `ct-ng build`. À la fin de la compilation, la chaîne sera installée par défaut dans `$HOME/x-tools`. Nous pouvons noter la présence d'un fichier de trace de compilation nommé `build.log.bz2`.

Répertoire d'installation de la chaîne Crosstool-NG

```
$ ls -l /home/pierre/x-tools/arm-unknown-linux-gnueabi
total 372
dr-xr-xr-x 5 pierre users    4096 avril 28 13:55 arm-unknown-linux-gnueabi
dr-xr-xr-x 2 pierre users    4096 avril 28 14:23 bin
-r--r--r-- 1 pierre users  356308 avril 28 14:23 build.log.bz2
dr-xr-xr-x 3 pierre users    4096 avril 28 13:54 include
dr-xr-xr-x 5 pierre users    4096 avril 28 14:23 lib
dr-xr-xr-x 3 pierre users    4096 avril 28 14:23 libexec
dr-xr-xr-x 6 pierre users    4096 avril 28 13:53 share
```

Comme pour les autres outils, on ajoute le chemin d'accès à la chaîne, puis on affiche ses paramètres. On termine en compilant un exemple simple.

Test de la chaîne produite

```
$ export PATH=$HOME/x-tools/arm-unknown-linux-gnueabi/bin:$PATH
$ arm-unknown-linux-gnueabi-gcc -v
Using built-in specs.
Target: arm-unknown-linux-gnueabi
Configured with: /home/pierre/docs/Eyrolles/Linux_embarque/ZeBook3/exemples/
chap5/crosstool-ng_build/1.7.0/targets/src/gcc-4.3.2/configure --build=i586-
build_redhat-linux-gnu --host=i586-build_redhat-linux-gnu --target=arm-unknown-
linux-gnueabi --prefix=/home/pierre/x-tools/arm-unknown-linux-gnueabi
```

```
--with-sysroot=/home/pierre/x-tools/arm-unknown-linux-gnueabi/arm-unknown-
linux-gnueabi//sys-root --enable-languages=c --disable-multilib --with-
float=soft --with-pkgversion=crosstool-NG-1.7.0 --disable-sjlj-exceptions --
enable-__cxa_atexit --with-gmp=/home/pierre/docs/Eyrolles/Linux_embarque/
ZeBook3/exemples/chap5/crosstool-ng_build/1.7.0/targets/arm-unknown-linux-
gnueabi/build/static --with-mpfr=/home/pierre/docs/Eyrolles/Linux_embarque/
ZeBook3/exemples/chap5/crosstool-ng_build/1.7.0/targets/arm-unknown-linux-
gnueabi/build/static --enable-threads=posix --with-local-prefix=/home/pierre/x-
tools/arm-unknown-linux-gnueabi/arm-unknown-linux-gnueabi//sys-root --disable-
nls --enable-symvers=gnu --enable-c99 --enable-long-long --enable-target-
optspace
Thread model: posix
gcc version 4.3.2 (crosstool-NG-1.7.0)

$ arm-unknown-linux-gnueabi-gcc -o helloworld helloworld.c
$ file helloworld
helloworld: ELF 32-bit LSB executable, ARM, version 1 (SYSV), dynamically linked
(uses shared libs), for GNU/Linux 2.6.32, not stripped
```

Exemples de compilation

Ce paragraphe présente quelques exemples d'utilisation d'une chaîne croisée, valables
dans tous les cas d'installation de la chaîne. Dans nos exemples, nous considérons
que le compilateur se nomme `arm-linux-gcc`. Pour un environnement Linux, il y a
plusieurs cas possibles en fonction de la configuration du projet.

1 la compilation du noyau Linux ; il faut noter que d'autres projets – comme
  Busybox – utilisent le même système de compilation ;

2 l'utilisation d'un script `configure` dans le cas d'un projet utilisant GNU
  Autotools ;

3 l'utilisation d'un simple fichier `Makefile`, ce qui est assez rare.

SOLUTION ALTERNATIVE **Scratchbox**

L'outil Scratchbox permet de mettre en place un environnement de compilation n'utilisant pas les principes précédemment cités. En effet, il existe des cas pour lesquels on doit effectuer des modifications sur le
composant, afin de pouvoir le compiler pour un environnement autre que x86. Cela signifie que les
auteurs n'ont pas pris en compte les contraintes de compilation croisée dans le script `configure`, si ce
dernier est utilisé.

Le principe de Scratchbox est d'utiliser un émulateur (QEMU) afin d'exécuter le compilateur et les outils
associés sans ajouter le préfixe de la cible (`arm-linux-`). De ce fait, on compile en utilisant un environnement « natif ». L'inconvénient est bien entendu le temps de compilation, qui peut être sensible-
ment allongé (jusqu'à un facteur 2 à 3) dans le cas de composants complexes. Pour en savoir plus, on
pourra consulter le site du projet sur :

▶ http://www.scratchbox.org

Compilation d'un noyau Linux

Pour la compilation croisée du noyau Linux, on utilise la même méthode qu'avec un compilateur natif (x86), sauf que l'on doit utiliser les variables d'environnement `ARCH` et `CROSS_COMPILE`. Ces variables désignent respectivement l'architecture cible et le préfixe du compilateur croisé.

Compilation croisée du noyau Linux

```
$ make ARCH=arm CROSS_COMPILE=arm-linux- menuconfig
$ make ARCH=arm CROSS_COMPILE=arm-linux-
...
```

Enfin, pour installer le noyau les modules sur un répertoire image de la cible, on utilisera les options `modules_install` puis `install`. Si l'on considère que la distribution de la cible est sur le répertoire `/target/arm`, on exécutera les commandes suivantes.

Installation du noyau et des modules

```
$ make ARCH=arm CROSS_COMPILE=arm-linux- INSTALL_MOD_PATH=/target/arm
modules_install
make ARCH=arm CROSS_COMPILE=arm-linux- INSTALL_PATH=/target/arm/boot install
```

> REMARQUE **Affectation des variables d'environnement**
>
> Dans la réalité, on affectera les variables nécessaires (`ARCH`, `CROSS_COMPILE`...) en utilisant un script ou un fichier de profil utilisateur, sans les réexpliciter à l'exécution de chaque ligne de commande. Nous détaillerons ce point au chapitre 6.

Débogueur GDB croisé

Un tel outil nommé `arm-linux-gdb` permettra de déboguer à distance un programme exécuté sur une cible ARM via l'outil `gdbserver` décrit ci-après. Il est exécuté sur la machine de développement x86 mais traite des exécutables au format ARM, d'où l'utilisation de l'option `--target`.

Compilateur du débogueur croisé pour ARM

```
$ ./configure --target=arm-linux --program-prefix=arm-linux-
$ make
```

Programme gdbserver

Le programme `gdbserver` permet de déboguer un programme exécuté sur la cible depuis le poste de développement, à travers un lien Ethernet ou RS-232. Il est installé sur la cible et fonctionne avec `arm-linux-gdb` afin de mettre au point le programme. Ce programme est compilé avec les sources de `gdb` qui utilisent les GNU Autotools. Pour spécifier qu'il s'exécute sur la cible, on utilisera l'option `--host`.

Compilation de gdbserver pour ARM

```
$ ./configure --build=i686-pc-linux-gnu --host=arm-linux
$ make
```

Débogueur GDB natif ARM

La commande suivante permet de construire un exécutable `gdb` directement utilisable sur la cible ARM. L'utilité n'est pas évidente de par la puissance de la cible, mais c'est techniquement possible. L'option `--build` indique que l'on compile sur x86, mais `--host` indique que l'on exécute sur ARM.

Compilation de gdb pour exécution sur ARM

```
$ ./configure --build=i686-pc-linux-gnu --host=arm-linux
$ make
```

Utilisation d'un fichier Makefile

Dans ce cas, il suffit d'affecter la variable `CC` avec le nom complet du compilateur croisé.

Compilation avec un simple Makefile

```
$ make CC=arm-linux-gcc
```

Les autres outils de développement

La chaîne de compilation n'est pas le seul outil nécessaire à la mise en place d'un environnement de développement embarqué. Dans cette section, nous allons évoquer d'autres outils dont l'utilisation est très fréquente.

Utilisation d'un EDI

EDI signifie Environnement de développement intégré (*IDE* en anglais). Dans le cas de Linux, il est important de noter que l'utilisation d'un EDI ne fait qu'améliorer l'interface avec les outils, ces derniers fonctionnant par défaut en mode texte. Même si l'abord est un peu rude pour des utilisateurs non avertis, cette approche apporte une excellente compatibilité des EDI entre eux, puisque ces derniers se basent sur des outils standards (make, GNU Autotools...). Un projet démarré sous un EDI pourra être poursuivi sous un autre, ou bien en mode texte. De même, une configuration existante pourra être importée facilement par l'EDI.

Dans l'environnement Linux, le choix est large et donc complexe, et nous allons donc citer les principaux outils utilisables industriellement. Nous n'entrerons pas dans les détails de configuration et d'utilisation, car cela sortirait du cadre de cet ouvrage, d'autant que ces outils sont très bien documentés sur Internet.

L'environnement Eclipse (http://www.eclipse.org) est le plus communément utilisé. Initialement prévu pour le développement Java (et écrit en Java), il dispose d'un greffon de développement C/C++ très performant nommé CDT (http://www.eclipse.org/cdt). La majorité des outils de développement commerciaux pour Linux embarqué sont basés sur Eclipse. Cet outil a l'avantage d'être évolutif, puisque l'on peut développer de nouveaux greffons.

Figure 5–12
Eclipse et greffon CDT

Le principal concurrent d'Eclipse est Netbeans (http://www.netbeans.org), développé par Sun Microsystems. Il offre également un greffon de développement C/C++, et l'interface proposée est très proche de celle d'Eclipse, même si elle peut paraître plus simple au débutant. Ce projet est cependant moins populaire qu'Eclipse dans le monde du développement embarqué.

Outre ces deux outils écrits en Java, nous pouvons citer d'autres solutions liées aux interfaces graphiques proposées par les distributions Linux. Par rapport aux solutions précédentes qui utilisent Java, elles ont l'avantage d'une consommation mémoire plus faible, mais sont par contre moins évolutives.

- l'environnement Kdevelop fourni avec le bureau KDE, voir http://www.kdevelop.org ;
- l'environnement Anjuta fourni avec le bureau GNOME, voir http://projects.gnome.org/anjuta ;
- l'éternel GNU/Emacs, qui dispose d'une interface avec les principaux outils de compilation, mise au point et gestion de version (non-geeks s'abstenir).

Émulateur de matériel

Une des difficultés inhérentes au développement embarqué est depuis toujours le matériel, souvent spécifique et donc rare et coûteux dans les phases de formation, d'apprentissage ou de prototypage. Si nous prenons le cas de l'enseignement, la totalité des établissements sont équipés de PC/x86, et très peu disposent de cartes de laboratoire ARM ou PowerPC qui seraient utilisées uniquement pour l'enseignement de quelques matières.

Pendant longtemps, les enseignants on fait l'impasse, sachant que l'utilisation de l'architecture x86 permet de se rapprocher du cas réel. Depuis quelques années, on voit cependant apparaître une approche élégante et peu coûteuse avec l'utilisation des émulateurs de matériel.

Quelques mots sur l'émulateur QEMU

QEMU est l'émulateur de matériel le plus connu dans le monde du logiciel libre, car il est depuis toujours diffusé sous licence GPL. La technique est celle évoquée au début du chapitre avec l'outil VirtualBox, soit l'émulation par logiciel dans un PC hôte d'une autre machine pouvant supporter un autre système d'exploitation. Tout comme VirtualBox, QEMU a tout d'abord été créé dans le but de disposer d'un PC virtuel, c'est-à-dire émuler une architecture x86 hébergée par une machine x86 réelle. En associant à QEMU des techniques comme KVM *(Kernel Virtual Machine)*, on peut d'ailleurs optimiser la méthode en utilisant les ressources matérielles virtualisées du processeur de la machine hôte.

Le site officiel de QEMU (http://wiki.qemu.org/Main_Page) dispose de quelques pages de documentation, et l'on trouve sur Internet de nombreux articles concernant l'utilisation classique de QEMU. Une utilisation triviale est le test d'une image d'un système d'exploitation, que l'on peut facilement utiliser avec QEMU par la commande suivante.

Test d'une image ISO

```
$ qemu -cdrom mon_image.iso # Pour une image CD
$ qemu -hda mon_image.img   # Pour une image de clé USB
```

Bien entendu, le type de système d'exploitation importe peu, puisque QEMU est un émulateur de matériel et non de système d'exploitation. Le site officiel de QEMU dispose de quelques images de test pour plusieurs systèmes d'exploitation et plusieurs architectures sur http://wiki.qemu.org/Download. La commande qemu correspond à l'émulation d'un PC/x86. Les autres commandes comme qemu-system-arm ou qemu-system-ppc permettent d'émuler plus ou moins correctement des cartes complètes couvrant la plupart des processeurs du marché (ARM, PowerPC, SH4, MIPS…).

Notons également que QEMU utilise par défaut une fenêtre graphique (basée sur SDL), mais nous verrons plus loin les options utilisables pour changer ce comportement. La bibliothèque SDL sera décrite au chapitre 14.

> ATTENTION **L'émulation du processeur ne suffit pas**
>
> Si l'on désire tester une distribution Linux sur une cible, il faut non seulement émuler le processeur (CPU), mais également les périphériques (console RS-232, contrôleur Ethernet, contrôleur graphique…) afin d'avoir une émulation significative. On prendra donc soin de choisir les cartes les mieux émulées par QEMU. Dans le cas du processeur ARM, la carte « versatile PB » est un très bon choix.

Mode utilisateur

La plupart du temps, on utilise QEMU en mode d'émulation de système matériel. On fournit donc à l'émulateur une image *bootable* complète du système. Dans le cas de Linux sous x86, cela signifie le chargeur de démarrage, le noyau et le système de fichiers racine.

Il existe un autre mode – moins utilisé – appelé mode utilisateur ou *user mode*. Dans ce cas, QEMU est capable d'exécuter des programmes d'une architecture donnée (exemple : PowerPC) sur une autre architecture (exemple : x86), par contre les composants en espace noyau (modules Linux) ne pourront pas être exécutés. L'émulation est donc limitée aux processus en espace utilisateur. Cette fonctionnalité est mise en œuvre par l'outil Scratchbox, que nous avons évoqué dans ce chapitre.

Installation de QEMU

QEMU est disponible sous forme binaire dans les distributions Linux habituelles. Il peut également fonctionner sous Unix, Windows ou Mac OS X. Pour l'installer sous Fedora on utilise `yum`.

```
$ sudo yum install qemu
```

Sous Debian ou Ubuntu on utilise `apt-get`.

```
$ sudo apt-get install qemu
```

Ces commandes installent l'émulateur x86 (commande `qemu`) ainsi que les autres émulateurs, dont `qemu-system-arm`. On peut obtenir la liste des cartes ARM supportées par l'option `-M`.

Test de la présence de qemu-system-arm

```
$ qemu-system-arm -h | head -1
QEMU PC emulator version 0.10.6 (qemu-kvm-0.10.6), Copyright (c) 2003-
2008 Fabrice Bellard
$ qemu-system-arm -M ?
Supported machines are:
integratorcp ARM Integrator/CP (ARM926EJ-S) (default)
versatilepb ARM Versatile/PB (ARM926EJ-S)
versatileab ARM Versatile/AB (ARM926EJ-S)
realview    ARM RealView Emulation Baseboard (ARM926EJ-S)
akita       Akita PDA (PXA270)
spitz       Spitz PDA (PXA270)
borzoi      Borzoi PDA (PXA270)
terrier     Terrier PDA (PXA270)
sx1-v1      Siemens SX1 (OMAP310) V1
sx1         Siemens SX1 (OMAP310) V2
cheetah     Palm Tungsten|E aka. Cheetah PDA (OMAP310)
n800        Nokia N800 tablet aka. RX-34 (OMAP2420)
n810        Nokia N810 tablet aka. RX-44 (OMAP2420)
lm3s811evb Stellaris LM3S811EVB
lm3s6965evb Stellaris LM3S6965EVB
connex      Gumstix Connex (PXA255)
verdex      Gumstix Verdex (PXA270)
mainstone Mainstone II (PXA27x)
musicpal    Marvell 88w8618 / MusicPal (ARM926EJ-S)
tosa        Tosa PDA (PXA255)
```

Si l'on désire compiler QEMU à partir des sources, on peut les obtenir à partir du dépôt Git sur http://savannah.nongnu.org/git/?group=qemu. La copie du dépôt est obtenue par la commande `git clone`.

Copie des sources de QEMU depuis le dépôt Git

```
$ git clone git://git.savannah.nongnu.org/qemu.git
```

> DÉVELOPPEMENT **Qu'est-ce que Git ?**
>
> L'outil Git est un nouveau gestionnaire de versions développé dans le cadre de la communauté du noyau Linux (le co-auteur est Linus Torvalds lui-même). Il fut développé, car Linus n'était pas satisfait des autres outils disponibles comme CVS, Subversion ou Mercurial. Au contraire d'outils comme Subversion, Git part du principe que l'utilisateur n'est pas systématiquement connecté à Internet. Il est donc possible de valider des modifications (on parle d'effectuer un *commit*) sur la copie de travail locale, puis de mettre à jour le dépôt ultérieurement. Git est de plus en plus utilisé sur un grand nombre de projets libres. Pour plus d'informations sur Git, vous pouvez consulter la page :
>
> ▸ https://git.wiki.kernel.org/index.php/Main_Page

Lorsque les sources de QEMU sont disponibles, on peut alors utiliser le script `configure`. Dans le cas présent, nous avons limité la compilation en supprimant la production de la version « espace utilisateur » de QEMU. De même, seule l'émulation ARM est produite.

Configuration et compilation de QEMU

```
$ cd qemu
$ ./configure --prefix=<qemu_install_path> --target-list=arm-softmmu
--disable-user
$ make
$ make install
...
$ qemu-system-arm -h | head -1
QEMU emulator version 0.12.50, Copyright (c) 2003-2008 Fabrice Bellard
$ $ qemu-system-arm -M ?
Supported machines are:
syborg      Syborg (Symbian Virtual Platform)
musicpal    Marvell 88w8618 / MusicPal (ARM926EJ-S)
mainstone Mainstone II (PXA27x)
n800        Nokia N800 tablet aka. RX-34 (OMAP2420)
n810        Nokia N810 tablet aka. RX-44 (OMAP2420)
cheetah     Palm Tungsten|E aka. Cheetah PDA (OMAP310)
sx1         Siemens SX1 (OMAP310) V2
sx1-v1      Siemens SX1 (OMAP310) V1
tosa        Tosa PDA (PXA255)
```

```
akita       Akita PDA (PXA270)
spitz       Spitz PDA (PXA270)
borzoi      Borzoi PDA (PXA270)
terrier     Terrier PDA (PXA270)
connex      Gumstix Connex (PXA255)
verdex      Gumstix Verdex (PXA270)
lm3s811evb Stellaris LM3S811EVB
lm3s6965evb Stellaris LM3S6965EVB
realview-eb ARM RealView Emulation Baseboard (ARM926EJ-S)
realview-eb-mpcore ARM RealView Emulation Baseboard (ARM11MPCore)
realview-pb-a8 ARM RealView Platform Baseboard for Cortex-A8
realview-pbx-a9 ARM RealView Platform Baseboard Explore for Cortex-A9
versatilepb ARM Versatile/PB (ARM926EJ-S)
versatileab ARM Versatile/AB (ARM926EJ-S)
integratorcp ARM Integrator/CP (ARM926EJ-S) (default)
```

À l'issue de l'installation, on remarque que le nombre de cartes supportées est bien plus important que pour la version binaire 0.10, fournie par Fedora 11.

Test de QEMU pour une application embarquée

À titre d'exemple, nous pouvons faire un test rapide d'émulation d'une image noyau intégrant le système de fichiers racine pour une carte ARM9. Dans la suite de l'ouvrage – en particulier aux chapitres 6, 10 et 11 – nous verrons comment on peut créer une image à charger dans QEMU, mais pour l'instant, nous utiliserons une image de test déjà compilée. Cette image est disponible à l'adresse http://free-electrons.com/community/demos/qemu-arm-directfb. On utilise la commande qemu-system-arm, et le système embarqué Linux exécuté par l'émulateur fonctionne entièrement en mémoire vive.

Test d'une image Linux pour ARM

```
$ qemu-system-arm -M versatilepb -m 16 -kernel vmlinuz-qemu-arm-2.6.20 -
append "clocksource=pit quiet rw"
```

Nous rappelons que l'option -M correspond au type de carte émulée. Nous utilisons la carte Versatile PB de chez ARM Ltd, qui est une carte de référence pour cette architecture. L'option -m indique l'espace mémoire vive alloué à l'émulation (ici 16 Mo). L'option -append permet de passer des paramètres au noyau. On obtient l'affichage ci-après, et l'on peut remarquer le temps de démarrage du système, inférieur à une seconde dans le cas où le test est fait sur un PC de développement récent et décent.

En utilisant le script run_demo, on peut lancer la suite de tests DirectFB, qui mettent en évidence l'émulation par QEMU du framebuffer de la carte Versatile PB. Bien entendu, ce test est rendu possible parce que la carte réelle dispose d'un framebuffer

Figure 5–13
Test QEMU/ARM9

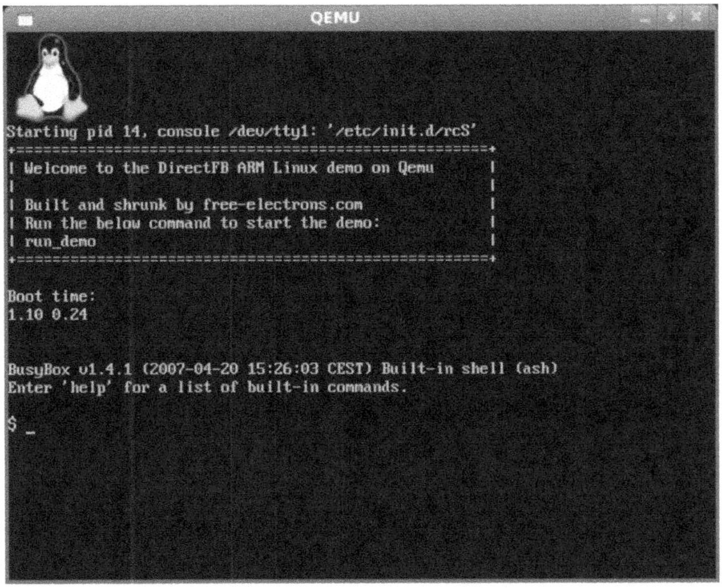

émulé par QEMU. Ce n'est pas le cas généralement dans le monde de l'embarqué, car bon nombre de cartes disposent uniquement d'une console basée sur un UART.

Figure 5–14
Démonstration DirectFB

PRÉCISION **Qu'est-ce que DirectFB ?**

DirectFB est une bibliothèque permettant de disposer d'un framebuffer virtuel s'appuyant dans ce cas sur le framebuffer du noyau Linux. Elle apporte des fonctionnalités de manipulation de fenêtres ou d'entrée-sortie clavier ou souris. Rappelons que le framebuffer est une couche d'abstraction très bas niveau (pixel) permettant d'utiliser un contrôleur graphique directement depuis un pilote Linux accessible par le fichier spécial `/dev/fb0`. Cette technique permet de s'affranchir de l'utilisation de X11, autrefois indispensable au mode graphique sous Unix, et qui n'est pas forcément compatible avec les contraintes matérielles des systèmes embarqués.

Nous reviendrons plus en détail sur DirectFB au chapitre 14. Pour en savoir plus, on peut consulter le site du projet à l'adresse :

▸ http://www.directfb.org

Quelques options utiles

Nous avons ici présenté un exemple très simple d'utilisation de QEMU. D'autres utilisations seront décrites dans les chapitres suivants. Nous allons décrire ci-dessous quelques options utilisées fréquemment dans le cas des systèmes embarqués.

-hda/-hdb/-hdc/-hdd

Cette option indique à QEMU de démarrer sur un fichier image fourni en paramètre de l'option. Le fichier doit être une image d'un disque IDE (disque 0 à 3, représenté par `/dev/hda` à `/dev/hdd` sous Linux).

Exemple d'utilisation de -hda/-hdb/-hdc/-hdd

```
$ qemu -hda mydisk.img
```

-serial

Cette option permet de rediriger les entrées/sorties du port RS-232 de la carté émulée vers un périphérique du PC réel. Cette technique est utilisée conjointement à `-append`, afin de simuler la console série d'une carte. L'utilisation de cette option n'est plus nécessaire avec les versions récentes de QEMU (0.12.x).

Exemple d'utilisation de -serial

```
$ qemu-system-arm -serial stdio -append "console=ttyS0,115200"
```

-nographic

Cette option permet d'utiliser QEMU uniquement en mode texte. La fenêtre graphique (SDL) de QEMU ne sera donc pas affichée. De ce fait, elle doit être utilisée conjointement avec les options `-serial` et `-append`. Elle permet également d'utiliser

QEMU sur un système distant, en utilisant simplement des outils en mode texte (exemple : utilisation d'une connexion SSH).

-initrd

Cette option permet d'utiliser un fichier `initrd` chargé par le noyau spécifié par l'option `-kernel`. Nous avons évoqué l'`initrd` au chapitre 4 dans son utilisation pour les distributions Linux classiques. Dans le cas d'une distribution embarquée, il est très fréquemment utilisé pour mettre en place rapidement un système de fichiers fonctionnant uniquement en mémoire vive. Ce point sera détaillé au chapitre 6.

Exemple d'utilisation de -initrd

```
$ qemu-system-arm -kernel zImage -initrd rootfs.gz
```

> **ATTENTION Cas de l'émulation x86**
>
> Dans le cas de l'émulation x86 (commande `qemu`) et pour certaines anciennes versions de QEMU, on doit obligatoirement utiliser une image disque (option `-hda/hdb/hdc/hdd`) en plus d'une image `initrd` (option `-initrd`).

L'émulation de terminal

La grande majorité des cartes industrielles utilisent un port série pour la console. Avant le démarrage du système, ce port série sera également utilisé pour manipuler le chargeur de démarrage (exemple : U-Boot). La mise en œuvre de la carte nécessite donc un « émulateur de terminal ». En plus de la fonction d'émulation, on pourra également disposer de protocoles de transfert type Kermit ou bien Xmodem, Ymodem ou Zmodem.

Dans le cas de Linux, il existe deux solutions majeures.

* La commande `screen` permet de tester rapidement une connexion série. Elle permet également de gérer plusieurs écrans virtuels (d'où le nom), mais ne fournit pas de protocole de communication.
* L'outil `minicom` est la référence dans le monde Linux. Malgré son allure rustique – il fonctionne en mode texte – il est extrêmement puissant et dispose d'un grand nombre de fonctions et modes de configuration.

> REMARQUE **Pas de port série ? Pas de panique !**
>
> La plupart des PC modernes ne disposent pas de port série, remplacé depuis longtemps par le bus USB.
> On peut heureusement émuler le port série en utilisant un câble dit USB/RS-232. Le port série émulé
> apparaît alors comme un fichier spécial /dev/ttyUSB0. Selon les pilotes, les droits d'accès au fichier
> /dev/ttyUSB0 pourront nécessiter l'utilisation de la commande sudo.
> Ces câbles sont en vente chez les revendeurs grand public, mais il faut prendre garde à la disponibilité
> d'un support pour Linux. Les produits basés sur les contrôleurs PL-2303 (Prolific) et FT232R (FTDI Chip)
> sont en général bien supportés. On pourra le cas échéant consulter le site Linux-USB.org.
> ▸ http://www.prolific.com.tw/eng/Products.asp?ID=59
> ▸ http://www.ftdichip.com/Products/FT232R.htm
> ▸ http://www.qbik.ch/usb/devices

Utilisation de screen

L'utilisation est très simple. Si le port série est /dev/ttyS0 et le débit de la ligne
38400 bps, on utilisera la commande suivante :

```
$ screen /dev/ttyS0 38400
```

On obtient alors l'affiche du démarrage de la carte.

```
U-Boot 1.1.2 (Dec 10 2007 - 12:24:47)

U-Boot code: 00F80000 -> 00F9DC00 BSS: -> 00FA2138
IRQ Stack: 00f5fd7c
FIQ Stack: 00f5ed7c
RAM Configuration:
Bank #0: 00000000 16 MB
Flash: 0 kB
NAND:32 MB
In:    serial
Out:   serial
Err:   serial
Hit any key to stop autoboot: 0
A9M9750 #
```

On peut quitter screen en utilisant les séquences *C-a K* ou *C-a *.

Utilisation de minicom

La commande minicom est disponible sous forme de paquet pour les distributions
courantes, mais elle n'est en général pas installée par défaut.

Installation de minicom

```
$ sudo yum install minicom      # Sur fedora
$ sudo apt-get install minicom  # Sur Debian/Ubuntu
```

La mise en route de `minicom` est un peu plus complexe, on pourra tout d'abord utiliser l'option `-s` afin de définir une configuration par défaut.

Première configuration de minicom

```
$ sudo LANG=C minicom -s


            [configuration]
             Filenames and paths
             File transfer protocols
             Serial port setup
             Modem and dialing
             Screen and keyboard
             Save setup as dfl
             Save setup as..
             Exit
             Exit from Minicom
```

Le menu *Serial port setup* permet de mettre en place les paramètres les plus importants, en l'occurrence ceux du port série.

Paramètres du port série

```
        A -    Serial Device       : /dev/ttyUSB0
        B - Lockfile Location       : /var/lock
        C -    Callin Program       :
        D - Callout Program        :
        E -    Bps/Par/Bits        : 115200 8N1
        F - Hardware Flow Control : No
        G - Software Flow Control : No

           Change which setting?

               Screen and keyboard
               Save setup as dfl
               Save setup as..
               Exit
               Exit from Minicom
```

Dans le cas présent, nous utilisons un adaptateur USB/RS-232, d'où le nom du périphérique. En général, le dialogue avec la carte nécessite de désactiver les contrôles de flux matériel et logiciel. On peut alors enregistrer cette configuration en tant que défaut par la commande *Save setup as dfl*, ou bien la nommer – par exemple avec le nom de la carte – par la commande *Save setup as*. On pourra ensuite utiliser la configuration enregistrée par la commande suivante.

Appel de minicom avec une configuration enregistrée

```
$ sudo minicom -o -w ma_carte
Welcome to minicom 2.3

OPTIONS: I18n
Compiled on Mar 16 2010, 13:22:23.
Port /dev/ttyUSB0

              Press CTRL-A Z for help on special keys

U-Boot 1.1.2 (Dec 10 2007 - 12:24:47)

U-Boot code: 00F80000 -> 00F9DC00 BSS: -> 00FA2138
IRQ Stack: 00f5fd7c
FIQ Stack: 00f5ed7c
RAM Configuration:
Bank #0: 00000000 16 MB
Flash: 0 kB
NAND:32 MB
...
```

> **CONSEIL Utiliser les options -o et -w**
>
> L'outil `minicom` fut également créé dans le but de dialoguer avec les modems asynchrones. Ces bestiaux d'un autre âge utilisent un langage de commande appelé *Hayes* (du nom d'un célèbre constructeur de modems), dont les commandes commencent par `AT` pour `ATtention`. La commande `minicom` est configurée par défaut pour envoyer une séquence AT d'initialisation à la connexion, ce qui peut troubler la carte. L'option `-o` désactive l'envoi de la séquence. On peut également modifier ces séquences dans le menu *Modem and dialing*.
>
> Quant à l'option `-w`, elle, permet d'activer automatiquement le retour de ligne (ou *line-wrapping*) ce qui est souvent très utile.

Comme indiqué sur l'écran `minicom`, on peut accéder aux menus de configuration en utilisant la séquence *Ctrl-a z*. On peut quitter `minicom` en utilisant *Ctrl-a x*. Bien entendu, ces commandes sont configurables.

Et maintenant ?

Nous sommes désormais prêts à mettre en place notre distribution embarquée Linux, puis à la tester dans QEMU ou sur une carte réelle, via un émulateur de terminal. Le chapitre suivant sera consacré à la création pas à pas de cette distribution embarquée.

6

Construction de la distribution

Le choix d'une distribution Linux embarquée n'est pas une tâche aisée. L'utilisateur a le choix entre :

1 la réduction manuelle d'une distribution classique, ce qui en général est une mauvaise idée ;

2 l'acquisition d'un produit commercial ;

3 la construction d'une distribution *from scratch* à partir des composants classiques de GNU/Linux, en l'occurrence les outils du projet GNU.

La solution la plus fréquente est l'utilisation d'un outil de développement dédié. Il en existe plusieurs, parmi lesquels nous pouvons citer LTIB, OpenEmbedded, PTXdist, OpenWrt ou encore Buildroot. Nous aborderons ce sujet aux chapitres 10 et 11, mais, dans un premier temps, il est important de connaître parfaitement les rouages du fonctionnement d'une distribution embarquée.

Dans ce chapitre, nous décrirons tout d'abord une procédure permettant de construire une distribution minimale. Nous avons choisi d'utiliser une cible matérielle de type ARM9, car c'est actuellement l'architecture la plus répandue pour les applications embarquées. Afin d'éviter les problèmes matériels, les tests seront effectués avec l'émulateur QEMU/ARM9, qui correspond à la commande `qemu-system-arm`. La carte choisie pour l'émulation est la Versatile PB de chez ARM Ltd., car elle est très bien supportée par QEMU. Les tests de ce chapitre sont réalisés sur Fedora 11, donc avec la version 0.10 de QEMU.

En fin de chapitre, nous aborderons également l'utilisation particulière d'une distribution classique (Fedora) dans l'optique d'un environnement réduit sur une cible de type x86. Nous verrons dans quels cas ce choix est préférable à la construction d'une distribution dédiée.

Les éléments d'une distribution Linux minimale

Comme nous l'avons évoqué lors du chapitre 4, une distribution Linux est constituée de deux éléments : le noyau et un système de fichiers racine.

Dans la première partie de ce chapitre, nous créerons volontairement notre distribution « à la main », ce qui est somme toute assez simple dans le cas d'une distribution de test. Pour cela, nous devrons mettre en place les éléments suivants.

- une chaîne de compilation croisée x86/ARM9 ;
- un noyau Linux adapté à l'architecture cible (dans notre cas, l'émulateur QEMU/ARM9) ;
- un système de fichiers racine constitué d'un ensemble de commandes Linux et des principaux fichiers système ; cet ensemble correspond en grande majorité aux programmes exécutés dans l'espace utilisateur. Afin de simplifier la procédure, la partition racine sera chargée dans un disque mémoire ou *ramdisk*. Ce dernier sera créé à partir du contenu d'un répertoire de travail nommé `rootfs_qemu`, que nous créerons directement dans notre répertoire d'accueil. Le chemin d'accès absolu au répertoire sera donc `$HOME/rootfs_qemu`.

Choix du compilateur croisé

Bien évidemment, il convient d'utiliser un compilateur croisé pour produire le noyau et les composants du système de fichiers racine. La mise en place de la chaîne croisée a été abordée en détail au chapitre 5. Dans le cas présent, nous avons simplifié la tâche en utilisant le compilateur ELDK-4.2 de DENX Software, version ARM. Ce compilateur utilise la bibliothèque standard Glibc. La compilation croisée de la distribution nécessite de positionner les variables d'environnement `ARCH` et `CROSS_COMPILE`. Dans le cas présent, le plus simple est de créer un script `set_env_ELDK42.sh` pour cela.

QUESTION DE CHOIX **Pourquoi utiliser ELDK pour le test ?**

Nous avons vu au chapitre 5 que la production d'une chaîne croisée était une tâche complexe, mettant en jeu un grand nombre de paramètres. Le fait d'utiliser ELDK-4.2, compilateur connu et dont la configuration est validée, permet au lecteur de ne pas mettre en doute la chaîne croisée en cas de problème. Ce même argument peut d'ailleurs être valide dans le cas d'un projet réel.

Script de positionnement des variables d'environnement

```
#!/bin/sh
PATH=$HOME/ELDK42/arm/usr/bin:$PATH
ARCH=arm
CROSS_COMPILE=arm-linux-gnueabi-
export PATH ARCH CROSS_COMPILE
```

L'exécution du script dans l'environnement courant positionne les variables et permet l'utilisation du compilateur :

```
$ source ./set_env_ELDK42.sh
```

Ou bien plus simplement la syntaxe suivante :

```
$ . ./set_env_ELDK42.sh
```

> ATTENTION **Utilisation du script**
>
> Il est indispensable d'utiliser la commande source ou bien son raccourci (le point). Dans le cas contraire, les variables d'environnement seront affectées dans la session shell créée lors de l'exécution du script, ce qui n'a aucun intérêt, puisque cette dernière disparaît après l'exécution. De même, on devra exécuter ce script dans chaque session, soit dans chaque instance de l'émulateur de terminal. Si l'on veut positionner automatiquement ces variables, il conviendra d'ajouter leur affectation au fichier .bash_profile ou .bashrc de l'utilisateur.

À partir de la, le compilateur est disponible pour la session courante (et uniquement pour celle-là).

Test du compilateur et des variables d'environnement

```
$ arm-linux-gnueabi-gcc
Reading specs from /opt/sdk/ELDK42/usr/bin/../lib/gcc/arm-linux-
gnueabi/4.2.2/specs
Target: arm-linux-gnueabi
Configured with: /opt/eldk/build/arm-2008-11-24/work/usr/src/denx/
BUILD/crosstool-0.43/build/gcc-4.2.2-glibc-20070515T2025-eldk/arm-
linux-gnueabi/gcc-4.2.2/configure --target=arm-linux-gnueabi
--host=i686-host_pc-linux-gnu --prefix=/var/tmp/eldk.ywMqKk/usr/
crosstool/gcc-4.2.2-glibc-20070515T2025-eldk/arm-linux-gnueabi
--disable-hosted-libstdcxx --with-headers=/var/tmp/eldk.ywMqKk/usr/
crosstool/gcc-4.2.2-glibc-20070515T2025-eldk/arm-linux-gnueabi/arm-
linux-gnueabi/include --with-local-prefix=/var/tmp/eldk.ywMqKk/usr/
crosstool/gcc-4.2.2-glibc-20070515T2025-eldk/arm-linux-gnueabi/arm-
linux-gnueabi --disable-nls --enable-threads=posix
```

```
--enable-symvers=gnu --enable-__cxa_atexit --enable-languages=c,c++,java
--enable-shared --enable-c99 --enable-long-long --without-x
Thread model: posix
gcc version 4.2.2

$ echo $ARCH $CROSS_COMPILE
arm arm-linux-gnueabi-
```

Compilation du noyau

Le noyau à utiliser peut être choisi dans la dernière série des noyaux 2.6, puisque cette carte ne nécessite pas d'adaptation particulière. Pour notre test, nous avons utilisé un noyau 2.6.30, mais la démonstration pourrait fonctionner avec n'importe quel noyau récent.

Comme nous l'avons vu précédemment, la compilation du noyau passe obligatoirement par sa configuration au préalable, en utilisant la commande `make` avec l'argument `menuconfig`, `gconfig` ou bien `xconfig`. Ce point n'est pas le plus simple à régler, puisqu'une erreur de configuration pourra facilement provoquer un blocage du noyau. Fort heureusement, chaque version du noyau contient dans l'archive une série de répertoires `configs` fournissant des configurations de référence pour les cartes officiellement supportées. Dans notre cas, les fichiers de configuration sont dans le répertoire `arch/arm/configs`.

La procédure de configuration est de ce fait grandement simplifiée, comme nous pouvons le constater ci-dessous.

Extraction et configuration du noyau Linux 2.6.30

```
$ tar xjvf ~/Téléchargement/linux-2.6.30.tar.bz2
$ cd linux-2.6.30
$ ls -l arch/arm/configs/versatile_defconfig
-rw-r--r-- 1 pierre users 19598 juin 10 2009 arch/arm/configs/
versatile_defconfig
$ make versatile_defconfig
```

Il est cependant nécessaire de modifier légèrement la configuration afin de permettre au noyau d'exécuter du code EABI *(Embedded ABI)*, alors que le noyau est actuellement configuré pour exécuter uniquement du code OABI *(Old ABI)*. Pour ce faire, on utilise la commande `make menuconfig` et on active l'option *Use the ARM EABI to compile the kernel* dans le menu *Kernel Features*, comme décrit dans la figure ci-après.

Figure 6–1
Sélection de l'option EABI pour
le noyau Linux

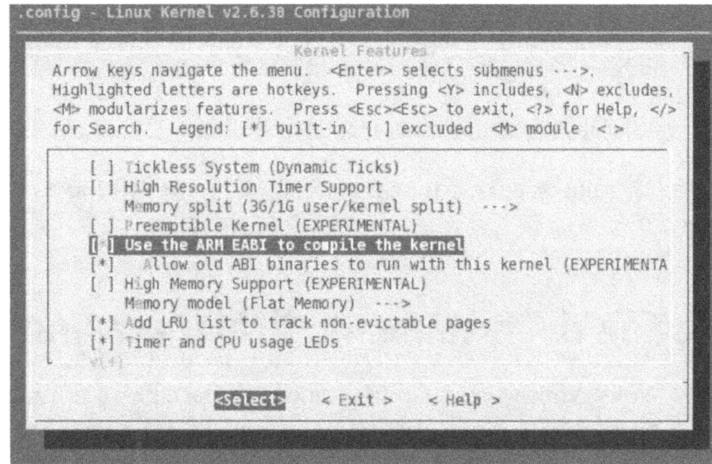

EXPERT ARM Application Binary Interface (ABI)

Les termes OABI et EABI correspondent à l'*Application Binary Interface* (ABI) définie par ARM et ses partenaires afin de spécifier le format des fichiers binaires générés par les outils de compilation pour cette architecture. Le terme EABI correspond à la version actuelle de l'ABI ARM, alors que OABI correspond aux anciennes spécifications. Il faut noter qu'un code compilé en EABI ne pourra pas être exécuté par un noyau Linux OABI, d'où la modification précédente de la configuration, sachant que le compilateur utilisé est EABI. Notons également que la version précédente du compilateur ELDK (4.1) était OABI.

Dans le cas d'une véritable carte embarquée, le choix de la nouvelle interface EABI peut avoir une influence importante sur les performances en virgule flottante. On pourra se référer à l'article suivant :

▸ http://www.linuxfordevices.com/c/a/Linux-For-Devices-Articles/Why-ARMs-EABI-matters

---

Après avoir enregistré la configuration, on peut compiler le noyau en utilisant la commande `make`.

```
$ make V=1
```

CONSEIL Utiliser le mode verbeux

La variable d'environnement `V` permet de compiler le noyau en mode verbeux, ce qui permet de vérifier avec plus de détails le bon déroulement de la compilation.

À l'issue de la compilation, nous obtenons la partie statique du noyau dans le fichier `arch/arm/boot/zImage`. Nous pouvons installer les modules en utilisant la commande décrite ci-après. Nous utilisons la variable `INSTALL_MOD_PATH` qui permet de définir le répertoire racine de l'installation des modules. Il faut cependant noter que l'installation des modules n'est pas indispensable pour les premiers tests, car les fonctionnalités nécessaires sont placées dans la partie statique du noyau, soit le fichier `zImage`.

Installation des modules sur le système de fichiers

```
$ make modules_install INSTALL_MOD_PATH=$HOME/rootfs_qemu
```

Création du système de fichiers racine

Nous avons vu au chapitre 4 que le démarrage du noyau Linux terminait par le montage logique d'une partition sur laquelle était installée le système de fichiers, puis l'exécution par défaut de la commande `/sbin/init` par le noyau. Dans le cas d'un véritable système, la partition sera située sur un support physique comme une mémoire flash ou bien un disque dur.

Hormis le noyau statique, le système de fichiers contient tous les éléments de la distribution Linux. Le répertoire associé, soit `$HOME/rootfs_qemu` dans notre cas, devra donc contenir au minimum les éléments suivants :

1 un ensemble de commandes, au minimum la commande `/sbin/init` ;

2 les fichiers spéciaux nécessaires aux commandes, situés dans le répertoire `/dev` ;

3 les bibliothèques partagées utilisées par les commandes.

Dans le cas présent, nous avons choisi d'utiliser la fonctionnalité `initrd` *(initial ramdisk)* du noyau Linux. Le principal avantage est la mise en place très rapide dans le cas d'un test, car le système entier tourne en mémoire vive. La problématique de la gestion des mémoires de masse sera bien entendu évoquée ultérieurement, au chapitre 9.

Concrètement, le fichier `initrd` correspond à une archive au format `cpio` du répertoire d'accueil du système de fichiers racine, soit dans notre cas `$HOME/rootfs_qemu`. Afin d'optimiser la taille, cette archive pourra être compressée par `gzip`, mais ce n'est pas obligatoire.

PRÉCISION **Qu'est ce que cpio ?**

La commande `cpio` existe dans tous les systèmes Unix. Elle est équivalente à `tar`, bien que moins fréquemment utilisée.

Le coup du coucou !

Dans la suite du chapitre, nous allons mettre en place un véritable système de fichiers de test, mais avant cela, il nous semple intéressant de mettre en place une configuration aussi réduite que possible. Cette configuration est basée sur une version très simplifiée – voire simpliste – de la commande init, cette dernière étant réduite à l'affichage en boucle du message « Coucou » toutes les secondes. Le seul intérêt de l'exemple est de démontrer le côté léger d'un système Linux minimaliste. Le code source utilisé est décrit ci-après.

Code source du programme de test

```c
#include <stdio.h>
#include <stdlib.h>

main (int ac, char **av)
{
    while (1) {
        printf ("Coucou\n");
        sleep (1);
    }
}
```

Pour effectuer le test, on doit tout d'abord compiler le programme à l'aide du compilateur croisé. On compile pour l'instant avec l'option -static afin de s'affranchir de l'installation des bibliothèques partagées sur le système de fichiers racine.

```
$ arm-linux-gcc -static -o coucou coucou.c
```

On peut ensuite installer le programme sous le nom init à la racine du répertoire du système de fichiers.

```
$ cp coucou $HOME/rootfs_qemu/init
```

PRÉCISION **Pourquoi pas /sbin/init ?**

Nous avons vu précédemment que le noyau Linux exécutait le programme /sbin/init. C'est le cas lorsque le système de fichiers racine est installé sur une partition d'une mémoire flash ou d'un disque dur. En revanche, si le système de fichiers est placé dans un *ramdisk*, le noyau exécute la commande /init. Nous verrons plus loin dans le chapitre que l'on peut s'affranchir du problème et traiter les deux cas, en créant un lien symbolique d'un fichier vers l'autre.

Pour que le message soit visible, il est nécessaire de créer au minimum le fichier spécial correspondant à la console. Dans le cas d'une carte embarqué, la console est très fréquemment connectée à un port série RS-232 (UART). Dans le cas de la carte Versatile PB, le nom du fichier correspondant est `/dev/ttyAMA0`. Pour créer le fichier, nous utilisons la commande `mknod` en précisant le majeur et le mineur. Il faut noter que la création d'un tel fichier nécessite d'avoir les droits du superutilisateur. On pourra également utiliser la commande `sudo` si celle-ci est configurée correctement.

```
$ sudo mknod $HOME/rootfs_qemu/dev/ttyAMA0 c 204 64
```

> RAPPEL **Majeur, mineur et compagnie !**
>
> Comme nous l'avons vu au chapitre 4, ces valeurs numériques permettent d'identifier un pilote de périphérique. Le majeur identifie le type de périphérique, et le mineur le sous-type ou bien le numéro d'instance, dans le cas où plusieurs périphériques identiques sont présents.
>
> L'utilisation de valeurs statiques pour le majeur et le mineur est un héritage des premières versions d'Unix dans les années 70. De nos jours, les distributions Linux récentes utilisent la création dynamique des entrées dans `/dev`, du moins pour la majorité d'entre elles. La liste des valeurs des majeurs statiques est disponible dans le fichier `Documentation/devices.txt` des sources du noyau.
>
> Pour en savoir plus, on pourra consulter la documentation traitant du développement de pilotes de périphériques sous Linux. À titre d'introduction, on pourra consulter le document suivant :
>
> ▸ http://tldp.org/LDP/lkmpg/2.6/html/lkmpg.html

Le système de fichiers est désormais prêt à l'utilisation. On peut créer l'image `initrd` en utilisant la suite de commandes décrite ci-dessous. Le format de l'archive est spécifié par l'option `-H newc`, qui correspond à une archive compatible SVR4.

> HISTOIRE **Qu'est-ce que SVR4 ?**
>
> SVR4 est le sigle de System V Release 4, qui fut la version la plus avancée du système fourni par AT&T, société à l'origine du système Unix. Cette souche a donné naissance à plusieurs versions d'Unix célèbres comme les versions récentes de Sun Solaris ou bien Irix fourni par SGI.

Création du fichier initrd compressé

```
$ cd $HOME/rootfs_qemu
$ find . | cpio -o -H newc | gzip > ../rootfs_qemu.gz
```

Une fois l'image produite, on peut tester le système à l'aide de l'émulateur QEMU. Afin de reproduire le comportement d'une véritable carte, nous indiquons à QEMU d'émuler le port série et de diriger les entrées/sorties sur notre terminal courant en utilisant l'option `-serial`. De même, nous utilisons l'option `-append` pour indiquer au noyau

Linux le nom du périphérique utilisé pour la console ainsi que le débit de l'UART (115200 bps). Nous rappelons que les options `-M` et `-m` indiquent respectivement le type de carte émulée et la quantité de mémoire vive allouée à l'émulation. Notons qu'il est nécessaire de préciser l'option `mem=64M` pour que le noyau Linux tienne compte des 64 Mo de mémoire alloués par QEMU, la limite par défaut étant de 32 Mo.

À l'issue de l'exécution de cette commande, nous pouvons observer dans le terminal le démarrage du noyau Linux, puis l'affichage répété du message « Coucou ». Nous pouvons quitter l'émulateur par la combinaison de touches *Ctrl-A X.*

Test de la distribution à l'aide de QEMU

```
$ qemu-system-arm -M versatilepb -m 64 -kernel linux-2.6.30/arch/arm/boot/zImage
-initrd rootfs.gz -nographic -serial stdio -append "console=ttyAMA0,115200
mem=64M"
Uncompressing
Linux.............................................................................
..... done, booting the kernel.
Linux version 2.6.30 (pierre@opti760pf.localdomain) (gcc version 4.2.2) #3 Fri
Apr 9 11:28:57 CEST 2010
CPU: ARM926EJ-S [41069265] revision 5 (ARMv5TEJ), cr=00093177
CPU: VIVT data cache, VIVT instruction cache
Machine: ARM-Versatile PB
Memory policy: ECC disabled, Data cache writeback
Built 1 zonelists in Zone order, mobility grouping off. Total pages: 4064
Kernel command line: console=ttyAMA0,115200
NR_IRQS:64
PID hash table entries: 64 (order: 6, 256 bytes)
Console: colour dummy device 80x30
Dentry cache hash table entries: 2048 (order: 1, 8192 bytes)
Inode-cache hash table entries: 1024 (order: 0, 4096 bytes)
Memory: 64MB = 64MB total
…
VFP support v0.3: implementor 41 architecture 1 part 10 variant 9 rev 0
Freeing init memory: 100K
Coucou
input: AT Raw Set 2 keyboard as /class/input/input0
input: ImExPS/2 Generic Explorer Mouse as /class/input/input1
Coucou
Coucou
Coucou
Coucou
Coucou
Coucou
C-a h     print this help
C-a x     exit emulator
C-a s     save disk data back to file (if -snapshot)
```

```
C-a t    toggle console timestamps
C-a b    send break (magic sysrq)
C-a c    switch between console and monitor
C-a C-a sends C-a
QEMU: Terminated
```

Un système de fichiers racine basé sur Busybox

Le test précédent nous a démontré le côté minimaliste d'une distribution Linux. Cependant, cette version était très éloignée des fonctionnalités habituelles. Citons l'absence d'interpréteur de commandes (`/bin/sh`), l'impossibilité d'accéder simplement au système de fichiers et bien entendu l'absence des commandes habituelles d'un système Linux.

Les problèmes des distributions classiques

Dans le cas d'une distribution classique type Fedora, Ubuntu ou Debian, les programmes, bibliothèques et fichiers de configuration installés sur le système de fichiers occupent fréquemment plusieurs gigaoctets sur le disque. Même si l'on se limite à des fonctionnalités simples en mode texte, une distribution sera basée sur plusieurs paquetages créées à partir des travaux du projet GNU. Nous pouvons citer l'interpréteur de commandes `bash` *(Bourne Again Shell)* et les principales commandes rassemblées dans le paquetage `coreutils`. L'ajout d'une nouvelle commande passera systématiquement par l'ajout d'un nouveau paquet, pouvant entraîner d'autres installations par le jeu des dépendances. Cela n'est pas un problème dans le cas d'un poste de développement de type PC/x86, pour lequel la capacité des disques va bien au-delà de nos besoins, mais cela pose un problème épineux au concepteur d'une distribution embarquée, étant donné que l'ajout de mémoire de stockage ou de mémoire vive peut avoir de fâcheuses conséquences à la fois techniques (performances) et économiques (coût).

De plus, les outils habituels des distributions Linux offrent un niveau de fonctionnalité qui n'a pas d'intérêt dans le cas d'une distribution embarquée. Dans la majorité des cas, celle-ci ne sert que de structure d'accueil à une application dédiée dans un routeur, un téléphone mobile, etc. Ajoutons que le plus souvent, les outils en question ont été développés pour une plate-forme PC/x86 et que des problèmes de portage peuvent encore réserver de mauvaises surprises.

Busybox, la solution universelle de l'embarqué

C'est la raison pour laquelle nous pouvons raisonnablement envisager des commandes compatibles avec les versions Linux que nous connaissons, mais simplifiées de manière drastique tant au niveau des performances que de la consommation en ressources mémoire et processeur, sans oublier la portabilité.

Heureusement, il existe déjà un projet de ce type, connu par tous les développeurs Linux embarqué, et de ce fait utilisé dans la quasi-totalité des équipements basés sur des distributions adaptées. Ce projet, nommé Busybox, fut démarré il y a quelques années par des développeurs de la distribution Debian. Il est aujourd'hui arrivé à un niveau de maturité qui évite de se poser la question d'une alternative éventuelle, du moins dans le cas d'un système embarqué classique.

Le principe de l'architecture de Busybox est à la fois simple et efficace. Plutôt que de fournir un fichier exécutable par commande, ces dernières sont assemblées dans un exécutable unique. Les noms des différentes commandes sont mis en place par le jeu de liens symboliques placés sur l'exécutable busybox. Outre la simplicité, ce principe permet de limiter la taille de l'exécutable final en mutualisant de nombreuses fonctions.

> **À RETENIR Taille de l'exécutable busybox**
>
> Pour donner un ordre d'idée, la taille du seul programme bash est équivalente à celle du programme busybox fournissant des versions simplifiées de la majorité des commandes Linux !

À titre d'exemple, nous présentons ci-dessous un extrait du répertoire /bin dans le cas de l'utilisation de Busybox.

Répertoire /bin d'un système basé sur Busybox

```
$ ls -l bin
total 860
lrwxrwxrwx 1 pierre users        7 avril 10 18:05 addgroup -> busybox
lrwxrwxrwx 1 pierre users        7 avril 10 18:05 adduser -> busybox
lrwxrwxrwx 1 pierre users        7 avril 10 18:05 ash -> busybox
-rwxr-xr-x 1 pierre users 875852 avril 10 18:05 busybox
lrwxrwxrwx 1 pierre users        7 avril 10 18:05 cat -> busybox
lrwxrwxrwx 1 pierre users        7 avril 10 18:05 catv -> busybox
...
```

> **REMARQUE Utilisation de composants non fournis par Busybox**
>
> Bien entendu, il est tout à fait possible d'ajouter au système de fichiers racine des exécutables ou des bibliothèques ne faisant pas partie de Busybox. En général, c'est le cas lorsque le système doit fournir une application métier, comme un logiciel de téléphonie. Notons que le système Android est fourni avec Busybox.

Compiler et installer Busybox

L'installation de Busybox est proche de celle du noyau Linux, car Busybox utilise le même système de configuration basé sur la commande `make menuconfig` (ou `xconfig` voire `gconfig`). Nous allons utiliser la dernière version à ce jour, soit la 1.16.1 en obtenant les sources sur le site du projet, soit http://www.busybox.net.

Pour compiler Busybox, on doit tout d'abord extraire l'archive, appliquer la configuration par défaut avec `make defconfig`, puis lancer la compilation. La configuration par défaut correspond à la validation de toutes les commandes et options de Busybox, et conduit donc à la taille maximale de l'exécutable `busybox`. Pour le test, nous utiliserons de nouveau le répertoire `$HOME/rootfs_qemu`, après l'avoir vidé de son contenu résultant du test précédent.

Compilation de Busybox

```
$ tar xjf busybox-1.16.1.tar.bz2
$ cd busybox-1.16.1
$ make defconfig
$ make
...
$ ls -l busybox
-rwxr-xr-x 1 pierre users 875852 avril 10 18:03 busybox
```

Pour l'installation, on utilise la variable d'environnement `CONFIG_PREFIX`, afin de spécifier le répertoire d'installation.

Installation de Busybox

```
$ rm -rf $HOME/rootfs_qemu/*
$ make CONFIG_PREFIX=$HOME/rootfs_qemu install
```

> ATTENTION **Ne pas oublier de renseigner le répertoire d'installation**
>
> Si la variable `CONFIG_PREFIX` n'est pas renseignée, l'installation s'effectuera dans le sous-répertoire `_install` du répertoire des sources de Busybox.

Si l'on se place dans le répertoire d'installation, on peut visualiser les fichiers et répertoires installés. D'après une remarque du paragraphe précédent, nous savons qu'il faut également créer un lien symbolique de `busybox` (ou bien `sbin/init`) vers `/init`. Le lien `/linuxrc` n'est pas utile dans notre cas, et considéré le plus souvent comme obsolète.

Mise en place du lien symbolique

```
$ cd $HOME/rootfs_qemu
$ ls -l
total 12
drwxr-xr-x 2 pierre users 4096 avril 10 18:05 bin
lrwxrwxrwx 1 pierre users   11 avril 10 18:05 linuxrc -> bin/busybox
drwxr-xr-x 2 pierre users 4096 avril 10 18:05 sbin
drwxr-xr-x 4 pierre users 4096 avril 10 18:05 usr
$ ln -s bin/busybox init
```

Lors de la compilation du programme de test `init`, nous avions utilisé l'option `-static` du compilateur, afin de nous affranchir du problème des bibliothèques partagées. En effet, les programmes compilés par `gcc` le sont par défaut en mode dynamique, ce qui fait que l'on doit installer les bibliothèques partagées nécessaires en plus du fichier exécutable. Les bibliothèques doivent être installées dans le répertoire `$HOME/rootfs_qemu/lib`.

Dans une distribution Linux standard, la commande `ldd` permet de connaître la liste des bibliothèques nécessaires. Dans le cas du compilateur croisé, nous utiliserons la commande `arm-linux-ldd`. Le résultat est incomplet, mais il nous fournit la liste des bibliothèques qui sont situées dans le répertoire `arm/lib` du compilateur.

Liste des bibliothèques nécessaires à l'exécutable busybox

```
$ arm-linux-ldd bin/busybox
   libm.so.6 => not found
   libc.so.6 => not found
$ ls -l $HOME/ELDK42/arm/lib/libm.so.6
lrwxrwxrwx 1 pierre users 11 oct. 29 10:19 /home/pierre/ELDK42/arm/lib/
libm.so.6 -> libm-2.6.so
$ ls -l $HOME/ELDK42/arm/lib/libc.so.6
lrwxrwxrwx 1 pierre users 11 oct. 29 10:19 /home/pierre/ELDK42/arm/lib/
libc.so.6 -> libc-2.6.so
```

Une première solution serait de copier à la main les fichiers `libc.so.6` et `libm.so.6` dans le répertoire `$HOME/rootfs_qemu/lib`. Il est cependant plus simple d'utiliser un outil disponible auprès de la communauté Debian : `mklibs`. Cet outil est proche de `ldd`, mais il va plus loin, en copiant les bibliothèques nécessaires à une liste d'exécutables dans le répertoire spécifié par l'utilisateur. En plus de cela, il optimise la taille des bibliothèques en supprimant les modules objets non utilisés par les exécutables. Cet utilitaire existe sous forme de paquet pour les distributions Debian et Ubuntu. En revanche, il devra être installé à la main pour les autres distributions.

> **ATTENTION Version de l'utilitaire**
>
> Il existe plusieurs versions de l'utilitaire `mklibs`. Certaines sont écrites en langage Python, d'autres en C++, la première version était codée en script shell. Dans notre exemple, nous utiliserons la version 0.12 écrite en Python. Elle est disponible en ligne dans les compléments de l'ouvrage, et sous forme de paquet pour les distributions Debian et Ubuntu.

Installation de l'outil pour Debian/Ubuntu

```
$ sudo apt-get install mklibs
$ mklibs --version
mklibs: version 0.12
$ mklibs --help
Usage: mklibs [OPTION]... -d DEST FILE ...
Make a set of minimal libraries for FILE(s) in DEST.

  -d, --dest-dir DIRECTORY       create libraries in DIRECTORY
  -D, --no-default-lib           omit default libpath ( /lib/ : /usr/lib/ : /usr/
X11R6/lib/ )
  -L DIRECTORY[:DIRECTORY]... add DIRECTORY(s) to the library search path
      --ldlib LDLIB              use LDLIB for the dynamic linker
      --libc-extras-dir DIRECTORY look for libc extra files in DIRECTORY
      --target TARGET            prepend TARGET- to the gcc and binutils calls
      --root ROOT                search in ROOT for library rpaths
  -v, --verbose                  explain what is being done
  -h, --help                     display this help and exit
```

Une fois la commande `mklibs` installée, on peut l'utiliser comme suit. Nous pouvons remarquer l'utilisation de l'option `--target` qui indique le préfixe du compilateur, l'option `-D` indiquant de ne pas utiliser les bibliothèques natives du poste de développement (PC/x86), et enfin l'option `-L` qui permet de préciser le chemin d'accès aux bibliothèques du compilateur croisé. On en déduit que l'outil est utilisable quelle que soit l'architecture, puisqu'il dépend uniquement de la disponibilité de la chaîne croisée.

Génération du répertoire des bibliothèques

```
$ cd $HOME/rootfs_qemu
$ mkdir lib
$ mklibs -v --target arm-linux-gnueabi-D -L $HOME/ELDK42/arm/lib -d lib bin/
busybox
$ ls -l lib
total 1896
-rwxr-xr-x 1 pierre users 117456 avril 10 21:31 ld-linux.so.3
-rw-r--r-- 1 pierre users 1131936 avril 10 21:31 libc.so.6
-rw-r--r-- 1 pierre users 673496 avril 10 21:31 libm.so.6
```

Installer le répertoire /dev

L'étape suivante consiste à créer le répertoire /dev. Lors du premier test, nous avions limité son contenu au fichier ttyAMA0 correspondant à la console du système. Dans le cas de l'utilisation de Busybox, nous avons affaire à un véritable système Linux, et il est donc nécessaire d'ajouter toutes les entrées nécessaires au fonctionnement. La création manuelle de tous les fichiers du répertoire étant très fastidieuse, nous utiliserons la commande MAKEDEV dédiée à cela. En précisant les paramètres generic et console lors de l'appel à MAKEDEV, on peut ainsi créer les fichiers nécessaires à notre test.

> ATTENTION **Création du fichier ttyAMA0**
>
> Nous devrons créer le fichier ttyAMA0 à la main, car il n'est pas connu par la commande MAKEDEV, du fait qu'il est spécifique à la famille de cartes que nous utilisons.

Création du répertoire /dev

```
$ mkdir dev
$ sudo mknod dev/ttyAMA0 c 204 64
$ sudo MAKEDEV -v -d dev generic console
```

La syntaxe de MAKEDEV est différente dans le cas des distributions Debian et Ubuntu, car l'option -d n'est pas utilisable.

```
$ cd dev
$ sudo MAKEDEV -v generic console
```

Tester la distribution

La syntaxe de génération de l'image initrd est identique à celle de l'exemple précédent, sauf que le fichier produit sera plus volumineux. La syntaxe à utiliser pour QEMU est strictement identique. À la différence de l'exemple précédent, nous arrivons bien à un interpréteur de commandes /bin/sh.

Génération de l'image et test de la distribution Busybox

```
$ cd $HOME/rootfs_qemu
$ find . | cpio -o -H newc | gzip > ../rootfs_qemu.gz
6630 blocks
$
$ cd ..
$ qemu-system-arm -M versatilepb -m 64 -kernel linux-2.6.30/arch/arm/boot/zImage
-initrd rootfs.gz -nographic -serial stdio -append "console=ttyAMA0,115200
mem=64M"
```

```
Uncompressing
Linux.....................................................................
................. done, booting the kernel.
Linux version 2.6.30 (pierre@opti760pf.localdomain) (gcc version 4.2.2) #3 Fri
Apr 9 11:28:57 CEST 2010
CPU: ARM926EJ-S [41069265] revision 5 (ARMv5TEJ), cr=00093177
CPU: VIVT data cache, VIVT instruction cache
Machine: ARM-Versatile PB
...
VFP support v0.3: implementor 41 architecture 1 part 10 variant 9 rev 0
Freeing init memory: 100K
can't run '/etc/init.d/rcS': No such file or directory
input: AT Raw Set 2 keyboard as /class/input/input0
input: ImExPS/2 Generic Explorer Mouse as /class/input/input1

Please press Enter to activate this console.

# uname -a
Linux (none) 2.6.30 #3 Fri Apr 9 11:28:57 CEST 2010 armv5tejl GNU/Linux
# mount
mount: no /proc/mounts
# ifconfig
ifconfig: /proc/net/dev: No such file or directory
# ps
  PID USER       VSZ STAT COMMAND
ps: can't open '/proc': No such file or directory
```

Nous remarquons que certaines commandes ne fonctionnent pas de par l'absence du système de fichiers /proc. Nous avons explicité l'importance de /proc lors du chapitre 4, et l'on peut considérer qu'un système Linux ne peut fonctionner correctement sans sa présence.

De même, nous remarquons un message d'erreur dû à l'absence du fichier /etc/init.d/rcS. Ce fichier correspond peu ou prou à une version simplifiée du système des *run levels* évoqué lors du chapitre 4. Il est exécuté par init lors du démarrage du système et doit effectuer les initialisations nécessaires au fonctionnement de l'espace utilisateur du système. C'est d'ailleurs grâce à ce fichier que nous pourrons effectuer le montage automatique de /proc. Enfin, le système actuel ne permet pas d'authentifier les utilisateurs, puisque nous arrivons directement sur l'interpréteur de commandes.

Configuration de Busybox

Pour l'instant, nous avons utilisé la configuration par défaut de Busybox avec make defconfig. Cependant, il peut être nécessaire d'affiner la configuration, soit pour réduire la taille de busybox, soit – dans un souci de sécurité – pour limiter le nombre de commandes disponibles. Le système de configuration est identique à celui du noyau Linux. La compilation de Busybox utilise également la variable `CROSS_COMPILE` pour définir le préfixe du compilateur croisé.

Lorsque l'on effectue la configuration avec `make menuconfig` (ou bien `gconfig/xconfig`), l'écran est divisé en trois rubriques.

1 La configuration générale dans *Busybox Settings*.

2 Le choix des commandes émulées, ces dernières étant classées par catégories sous la rubrique *Applets*.

3 Les fonctions classiques *Load Alternate Configuration File* et *SaveConfiguration to an Alternate File*.

L'écran principal de configuration est visible ci-après.

Figure 6–2
Configuration de Busybox

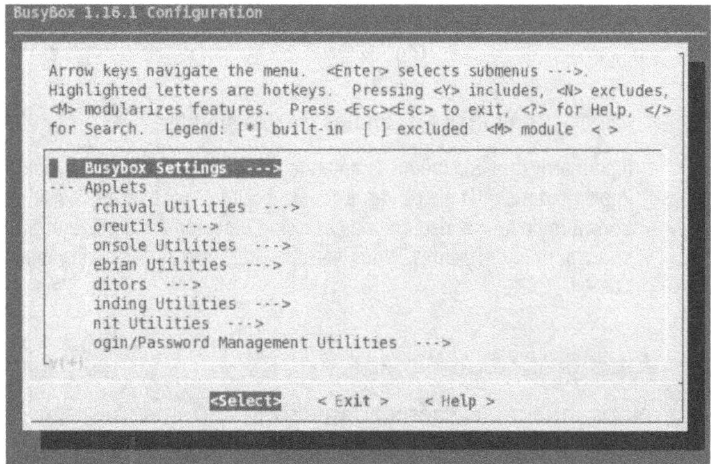

> **RAPPEL Rechercher une chaîne de caractères dans la configuration**
>
> Nous rappelons qu'il est possible de rechercher une chaîne de caractères en tapant le caractère barre oblique (/) dans l'outil de configuration.

Concernant la configuration générale, elle est rarement modifiée, hormis l'option *Build BusyBox as a static binary (no shared libs)* dans *Build Options*. En effet, cette option permet de compiler l'exécutable `busybox` en mode statique (option `-static` de `gcc`), afin de s'affranchir de l'installation des bibliothèques partagées.

Les *applets* sont classées par catégories (*Archival Utilities*, *Coreutils*...). Les applets complexes comme la commande `init` ou bien `ash` nécessitent des configurations particulières pour activer ou désactiver certaines fonctionnalités. La figure ci-après illustre la configuration de l'applet `init`.

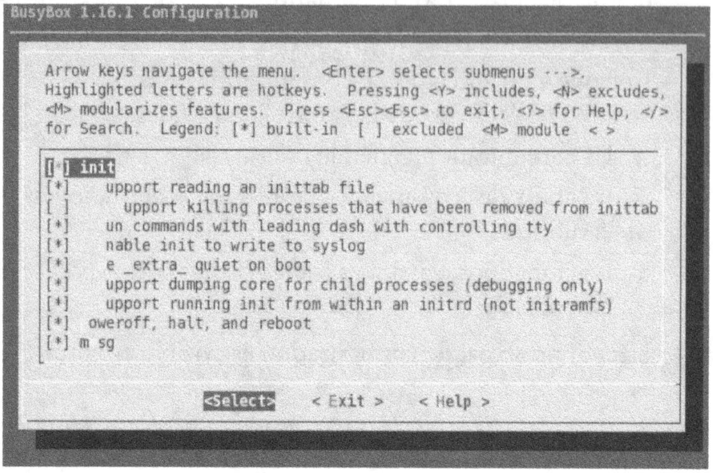

Figure 6–3
Configuration de l'applet init

```
BusyBox 1.16.1 Configuration

  Arrow keys navigate the menu.  <Enter> selects submenus --->.
  Highlighted letters are hotkeys.  Pressing <Y> includes, <N> excludes,
  <M> modularizes features.  Press <Esc><Esc> to exit, <?> for Help, </>
  for Search.  Legend: [*] built-in  [ ] excluded  <M> module  < >

  [*] init
  [*]    upport reading an inittab file
  [ ]      upport killing processes that have been removed from inittab
  [*]    un commands with leading dash with controlling tty
  [*]    nable init to write to syslog
  [*]    e _extra_ quiet on boot
  [*]    upport dumping core for child processes (debugging only)
  [*]    upport running init from within an initrd (not initramfs)
  [*]  oweroff, halt, and reboot
  [*]  m sg

               <Select>    < Exit >    < Help >
```

> **ATTENTION Ambiguïté des noms de commandes**
>
> Il peut arriver que la même commande soit disponible dans Busybox **et** à l'extérieur de Busybox (double
> implémentation). Dans ce cas, il faudra prendre garde à ne choisir qu'une seule des deux implémenta-
> tions afin de ne pas risquer une confusion, la commande pouvant être présente deux fois, avec des syn-
> taxes parfois différentes. Nous verrons plus tard que l'environnement Buildroot propose une option
> CONFIG_BR2_PACKAGE_BUSYBOX_SHOW_OTHERS afin d'éviter ce désagrément.

Amélioration de l'image

Nous allons à présent améliorer le système, en ajoutant quelques éléments
manquants :

- le script de démarrage `/etc/init.d/rcS` ;
- les systèmes de fichiers `/proc` et `/sys` ;
- la liste des systèmes de fichiers `/etc/fstab`, cette dernière étant indispensable au
  montage de `/proc` et `/sys` ;
- la création dynamique des entrées de `/dev` à l'aide de la commande `mdev -s`.

Le fichier `rcS` peut utiliser n'importe quel langage à partir du moment où c'est un
fichier exécutable. Il est cependant le plus souvent écrit en langage script shell, y
compris pour les distributions Linux classiques.

Nous allons écrire un script `rcS` très simple, d'une dizaine de lignes, et dont le contenu est décrit ci-après. À titre de comparaison, le même script `rc.sysinit` de la distribution Fedora contient près de 900 lignes.

> REMARQUE **Nom du fichier de démarrage**
>
> Le nom peut varier suivant les distributions (`rc.S`, `rcS`, `rc.sysinit`). L'origine du nom provient du terme *run command* ou *runcom*, déjà utilisé dans les anciennes versions d'Unix. La lettre S indique que le script est démarré alors que le système est à son premier niveau de démarrage, soit 1, appelé également *single user mode*.

Exemple de fichier de démarrage /etc/init.d/rcS

```
#!/bin/sh
#
# A very simple rcS script for Busybox-based systems
#

# Mount filesystems from /etc/fstab (currently /proc + /sys)
mount -a

# Populating /dev with mdev

mdev -s
echo "/dev was populated by mdev :-)"

# Get boot time
uptime

echo
echo "Welcome to my embedded GNU/Linux system"
echo
```

Le script utilise la commande `mount -a` pour monter les systèmes de fichiers contenus dans `/etc/fstab`. L'appel à la commande `uptime` permet de connaître le temps de démarrage de la distribution.

Contenu du fichier /etc/fstab

```
# <file system> <mount point>   <type> <options>      <dump> <pass>
proc            /proc           proc   defaults       0      0
sysfs           /sys            sysfs  defaults       0      0
```

> **REMARQUE Format du fichier /etc/fstab**
>
> Le format est décrit dans la première ligne du fichier, sous forme de commentaire. Les deux derniers para-
> mètres indiquent respectivement si le système de fichier concerné est pris en charge par l'utilitaire de
> sauvegarde dump, ainsi que l'ordre de vérification par la commande fsck. Dans notre cas, les deux
> champs sont à 0, car outre le fait que nous travaillons sur un système embarqué, nous avons affaire à des
> systèmes de fichiers virtuels.

Lors des tests précédents, nous avons créé de manière statique les entrées du répertoire /dev à l'aide de la commande MAKEDEV. Busybox fournit l'utilitaire mdev, qui permet de créer les entrées dynamiquement à partir du contenu du répertoire /sys/class. Le principe est simple : si nous considérons par exemple les périphériques de type tty, nous trouvons le répertoire /sys/class/tty décrit ci-dessous.

Liste des périphériques tty du système

```
$ ls /sys/class/tty
console tty12 tty19 tty25 tty31 tty38 tty44 tty50 tty57 tty63 ttyS3
ptmx    tty13 tty2  tty26 tty32 tty39 tty45 tty51 tty58 tty7
tty     tty14 tty20 tty27 tty33 tty4  tty46 tty52 tty59 tty8
tty0    tty15 tty21 tty28 tty34 tty40 tty47 tty53 tty6  tty9
tty1    tty16 tty22 tty29 tty35 tty41 tty48 tty54 tty60 ttyS0
tty10   tty17 tty23 tty3  tty36 tty42 tty49 tty55 tty61 ttyS1
tty11   tty18 tty24 tty30 tty37 tty43 tty5  tty56 tty62 ttyS2
```

Chaque répertoire contient un fichier nommé dev, contenant les valeurs de majeur et mineur du fichier spécial associé.

Exemple du fichier dev pour le répertoire console

```
$ cat /sys/class/tty/console/dev
5:1
```

L'utilitaire mdev peut donc créer automatiquement l'entrée, en effectuant l'équivalent de la commande mknod /dev/console c 5 1.

Outre la création des fichiers rcS et fstab, il faut également créer les points de montage /proc et /sys. On peut ensuite créer la nouvelle image initrd, puis tester le démarrage du système comme nous avons pu le faire. On pourra constater que grâce à nos modifications, les commandes testées précédemment fonctionnent désormais. Nous notons également le temps de démarrage d'une seconde, mais cette valeur peut varier suivant la puissance de la machine de test.

Test du système amélioré

```
$ cd $HOME/rootfs_qemu
$ mkdir proc sys
$ find . | cpio -o -H newc | gzip > ../rootfs_qemu.gz
6632 blocks
$ qemu-system-arm -M versatilepb -m 64 -kernel linux-2.6.30/arch/arm/
boot/zImage -initrd rootfs_qemu.gz -serial stdio -nographic -append
"console=ttyAMA0,115200 mem=64M"
Uncompressing
Linux..........................................................
........................ done, booting the kernel.
Linux version 2.6.30 (pierre@opti760pf.localdomain) (gcc version 4.2.2)
#3 Fri Apr 9 11:28:57 CEST 2010
...
Freeing init memory: 100K
input: AT Raw Set 2 keyboard as /class/input/input0
input: ImExPS/2 Generic Explorer Mouse as /class/input/input1

00:00:01 up 0 min, load average: 0.00, 0.00, 0.00

Welcome to my embedded GNU/Linux system


Please press Enter to activate this console.

# mount
rootfs on / type rootfs (rw)
proc on /proc type proc (rw,relatime)
sysfs on /sys type sysfs (rw,relatime)
# ifconfig
# ps
  PID USER       VSZ STAT COMMAND
    1 0         3044 S    init
    2 0            0 SW<  [kthreadd]
    3 0            0 SW<  [ksoftirqd/0]
    4 0            0 SW<  [watchdog/0]
...
```

ATTENTION Le fichier rcS doit être exécutable !

Si l'on obtient le message `Can't run '/etc/init.d/rcS': Permission denied` au démarrage du système, cela signifie que l'on a omis de le rendre exécutable par la commande `chmod +x /etc/init.d/rcS`. Si le fichier n'est pas exécuté, le montage de `/proc` et `/sys` ne sera pas effectué.

Authentification des utilisateurs

Pour l'instant, le démarrage du système conduit à un interpréteur de commandes pour le seul superutilisateur. Ce comportement n'est pas acceptable pour une machine Linux classique, mais dans le cas d'un système embarqué, cela peut se concevoir, étant donné que la console n'est pas toujours accessible au niveau matériel et que le connecteur RS-232 n'est pas toujours disponible. On peut cependant vouloir mettre en place l'authentification des utilisateurs par le système classique du `getty` et `login`.

RAPPEL **Principe du login Unix**

La procédure de *login* sous Unix est gérée par le processus `init` (en français on dit parfois « se loger dans le système »). S'il existe dans le fichier `/etc/inittab` une ligne utilisant la commande `getty` sur un périphérique `tty` donné, alors l'arrivée d'un caractère sur le `tty` provoquera l'appel à la commande `login`. Cette dernière demandera le mot de passe à l'utilisateur, et si ce dernier est correct, la session de l'utilisateur sera démarrée en fonction de l'interpréteur de commandes déclaré dans `/etc/passwd` (souvent `/bin/sh`). En cas d'erreur, la commande affichera « `Login Incorrect` ».

Nous avons décrit dans le chapitre 4 l'importance du fichier `/etc/inittab`, qui représente le fichier de configuration de la commande `init`. Nous n'avons pas utilisé ce fichier lors de la construction de notre système, car Busybox a un comportement par défaut permettant de s'en passer, tant que l'on est dans un cas de figure simple. La syntaxe du fichier `inittab` est légèrement différente sous Busybox par rapport aux distributions Linux classiques. Par chance, il existe un exemple très bien commenté dans les sources de Busybox, dans le répertoire `examples`. Les commentaires du début du fichier décrivent très clairement sa syntaxe.

Syntaxe du fichier /etc/inittab pour Busybox

```
# Note, BusyBox init doesn't support runlevels. The runlevels field is
# completely ignored by BusyBox init. If you want runlevels, usesysvinit.
#
#
# Format for each entry: <id>:<runlevels>:<action>:<process>
#
# <id>: WARNING: This field has a non-traditional meaning for BusyBox init!
#
#       The id field is used by BusyBox init to specify the controlling tty for
#       the specified process to run on. The contents of this field are
#       appended to "/dev/" and used as-is. There is no need for this field to
#       be unique, although if it isn't you may have strange results. If this
#       field is left blank, it is completely ignored. Also note that if
#       BusyBox detects that a serial console is in use, then all entries
```

```
#          containing non-empty id fields will be ignored. BusyBox init does
#          nothing with utmp. We don't need no stinkin' utmp.
#
# <runlevels>: The runlevels field is completely ignored.
#
# <action>: Valid actions include: sysinit, respawn, askfirst, wait, once,
#                                   restart, ctrlaltdel, and shutdown.
#
#          Note: askfirst acts just like respawn, but before running the specified
#          process it displays the line "Please press Enter to activate this
#          console." and then waits for the user to press enter before starting
#          the specified process.
#
#          Note: unrecognized actions (like initdefault) will cause init to emit
#          an error message, and then go along with its business.
#
# <process>: Specifies the process to be executed and it's command line.
#
```

> **REMARQUE** **Prise en compte des run levels**
>
> Le commentaire indique clairement que Busybox ne prend pas en compte le système des *run levels* tel que nous l'avons décrit au chapitre 4. Dans la majorité des cas, ce n'est pas un problème pour les systèmes embarqués, qui ne démarrent que peu de services.

Dans la suite du fichier, nous retrouvons l'exécution au démarrage du fichier `rcS`.

```
::sysinit:/etc/init.d/rcS
```

Nous trouvons également la configuration permettant d'obtenir directement l'interpréteur de commandes sur la console. L'ajout du fichier `inittab` d'exemple en l'état sur `$HOME/rootfs_qemu/etc/inittab` ne change donc pas le comportement par défaut de notre distribution de test.

```
# Start an "askfirst" shell on the console (whatever that may be)
::askfirst:-/bin/sh
```

Nous désirons désormais changer ce comportement afin d'obtenir une invite de `login`, et non plus l'interpréteur de commandes. Le fichier `inittab` fourni donne plusieurs exemples de configurations dans le cas de périphériques `tty` virtuels (`tty1`, `tty2`, etc.) ou bien réels (`ttyS0`, `ttyS1`, etc.). Dans notre cas, il suffit donc d'effectuer les tâches suivantes :

1 copier le fichier `examples/inittab` des sources de Busybox vers `$HOME/rootfs_qemu/etc/inittab` ;

2 commenter la ligne démarrant l'interpréteur de commande de la console ;

3 ajouter une ligne définissant l'utilisation de getty sur la console, dans notre cas /dev/ttyAMA0.

Configuration pour le traitement du login

```
#::askfirst:-/bin/sh
::respawn:/sbin/getty -L ttyAMA0 9600 vt100
```

> REMARQUE **Le mot-clé respawn**
>
> Ce mot-clé indique simplement que le programme getty sera redémarré lorsque la session de l'utilisateur sera terminée.

Si l'on teste cette configuration (création d'un nouveau fichier initrd, puis appel de qemu-system-arm), on obtient un résultat partiellement satisfaisant, car l'authentification ne fonctionne pas.

Test du nouveau système avec fichier /etc/inittab

```
Welcome to my embedded GNU/Linux system


(none) login: root
Password:
Login incorrect
(none) login:
```

L'authentification nécessite également de configurer les fichiers /etc/passwd et /etc/group, voire /etc/shadow si l'on désire que les mots de passe soient stockés dans ce fichier. Dans le cas présent, nous déclarons uniquement l'utilisateur root ainsi qu'un seul groupe root contenant cet utilisateur.

Contenu du fichier /etc/passwd

```
root::0:0:Super User:/:
```

Contenu du fichier /etc/group

```
root::x:0
```

> REMARQUE **Utilisation de PAM**
>
> Dans l'exemple, nous n'utilisons pas le système PAM *(Pluggable Authentication Module)*. Il est possible
> de l'activer dans la configuration de Busybox au niveau du menu *Login/Password Management Utilities*,
> puis *Support for PAM*. Notons que cela n'est pas suffisant, car il faudra également ajouter les bibliothè-
> ques et fichiers de configuration Linux-PAM au système. On pourra trouver la documentation sur Linux-
> PAM à l'adresse suivante :
>
> ▸ http://www.kernel.org/pub/linux/libs/pam

Par souci d'esthétique, nous ajoutons également l'appel à la commande `hostname`, qui permet de fixer le nom du système et évite ainsi d'obtenir la chaîne `(none)` avant l'affichage `login`. On peut placer cet appel dans `/etc/init.d/rcS`.

Affectation du nom du système dans /etc/init.d/rcS

```
# Host name
hostname mylinux
```

Un nouveau test permet de se loger correctement dans le système. On peut également fixer le mot de passe de `root` à l'aide de la commande `passwd`, car celui-ci n'est pas défini par défaut.

Test et affectation du mot de passe

```
Welcome to my embedded GNU/Linux system


mylinux login: root
login[284]: root login on 'ttyAMA0'

# passwd
Changing password for root
New password:
Retype password:
Password for root changed by root
#
```

Si l'on quitte la session par *Ctrl-D*, on obtient bien une demande de mot de passe.

```
mylinux login: root
Password:
login[286]: root login on 'ttyAMA0'
#
```

> **ATTENTION** **Le mot de passe n'est pas sauvegardé**
>
> N'oublions pas que nous utilisons un *ramdisk*. Si l'on quitte l'émulateur QEMU, le mot de passe est bien entendu perdu.

Utilisation d'un initramfs

Jusqu'à présent, nous avons placé le système de fichiers racine dans un fichier au format `initrd` compressé. Le noyau Linux offre la possibilité d'utiliser une technique très proche, permettant de placer le noyau et l'image du système de fichiers dans le même fichier `zImage`. On parle alors de format *initramfs*. Ce format a déjà été utilisé – sans explication – au chapitre 5, lors de la démonstration de QEMU. La séquence de production de l'image est légèrement différente, mais les performances sont équivalentes.

1 On produit un fichier image de la partition racine à l'aide de la commande `cpio`, sans le compresser.

2 On indique au noyau Linux le chemin d'accès à ce fichier.

3 On compile le noyau Linux afin de produire le fichier `zImage`.

4 On peut alors faire un test avec QEMU, en omettant l'option `-initrd`.

Configuration du noyau pour utiliser un initramfs

```
$ cd $HOME/rootfs_qemu
$ find . | cpio -o -H newc > /tmp/rootfs_qemu.cpio
```

On indique ensuite le nom du fichier `/tmp/rootfs_qemu.cpio` dans la configuration du noyau, au niveau du menu *General setup*, puis *Initramfs source file(s)*, comme indiqué ci-après.

Figure 6–4
Sélection du fichier image initramfs

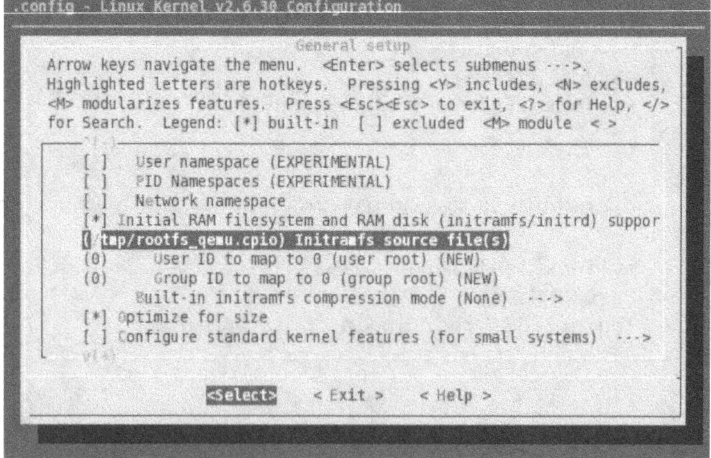

Après compilation du noyau, on peut tester la distribution avec QEMU. La ligne de commande est identique, à l'exception de l'option `-initrd` qui n'est plus utilisée.

Nouveau test avec initramfs

```
$ qemu-system-arm -M versatilepb -m 64 -kernel linux-2.6.30/arch/arm/
boot/zImage -serial stdio -nographic -append "console=ttyAMA0,115200
mem=64M"
Uncompressing
Linux.............................................................
....................... done, booting the kernel.
Linux version 2.6.30 (pierre@opti760pf.localdomain) (gcc version 4.2.2)
#3 Fri Apr 9 11:28:57 CEST 2010

00:00:01 up 0 min, load average: 0.00, 0.00, 0.00

Welcome to my embedded GNU/Linux system


Please press Enter to activate this console.

# mount
rootfs on / type rootfs (rw)
proc on /proc type proc (rw,relatime)
sysfs on /sys type sysfs (rw,relatime)
```

Conclusions sur la construction du système de fichiers racine

Grâce à Busybox, nous avons pu construire une minidistribution Linux dont la taille est inférieure à 5 Mo, si l'on compte la taille du répertoire `$HOME/rootfs_qemu` et celle du noyau `zImage`. Ces quelques manipulations démontrent cependant que la mise en place d'une distribution réellement fonctionnelle et maintenable dans le temps est une tâche ardue, faisant apparaître plusieurs problèmes :

- l'absence d'une procédure de génération et d'installation automatisée ;
- les problèmes de portage des composants vers l'environnement cible (ici ARM9) ;
- la prise en compte de l'évolution des composants ;
- la prise en compte des dépendances entre les composants ;
- la prise en main de la distribution par des non-spécialistes Linux.

En revanche, les tests réalisés sont d'un grand intérêt pédagogique, car ils permettent de comprendre parfaitement les rouages de la construction et du fonctionnement d'une distribution Linux, même si l'approche n'est pas compatible avec des contraintes de production et de maintenance.

Partir d'une distribution classique existante

Jusqu'à présent, nous avons construit le noyau et le système de fichiers racine en procédant à un assemblage de composants standards. Cette méthode a l'avantage de permettre une très grande granularité, et l'on peut maîtriser très finement la taille de la distribution, qui dépassera rarement quelques mégaoctets. Nous verrons aux chapitres 10 et 11 qu'il est possible de rendre cette méthode plus robuste et abordable, en utilisant des outils comme Buildroot ou bien OpenEmbedded. Cependant, ces outils restent orientés vers des distributions à faible empreinte mémoire. Si l'empreinte mémoire disponible est plus importante et que le projet s'y prête, on pourra envisager d'utiliser une solution directement issue d'une distribution classique comme Fedora ou Debian. Les principaux cas d'utilisation d'une telle configuration sont les suivants :

- nécessité d'utiliser des bibliothèques spécifiques non disponibles dans les distributions embarquées habituelles ; cela peut arriver lorsque l'on doit intégrer un composant tiers dont les sources ne sont pas disponibles (exemple : un lecteur Adobe Flash) ;
- nécessité d'utiliser un système de gestion de paquets évolué comme Yum ou APT ;
- volonté stratégique de construire une distribution sur une base connue ; cela peut résulter de l'utilisation d'un matériel type x86 embarqué.

Dans le cas de Fedora, l'outil `kickstart` – créé historiquement par Red Hat – permet de produire un Live-CD adapté, auquel on aura supprimé les paquets inutiles. Comme dans le Live-CD Fedora standard, on a la possibilité d'installer la distribution sur le disque. La taille du système final pourra être réduite à quelques centaines de mégaoctets (environ 200 Mo pour le système le plus léger). Dans ce cas, on pourra exclusivement traiter les cibles x86, mais n'oublions pas qu'Intel a décidé d'attaquer très vigoureusement le marché des systèmes embarqués grâce aux processeurs Atom !

Dans le cas de Debian, on pourra s'intéresser au projet EmDebian (http://www.emdebian.org) qui, contrairement au cas précédent, pourra traiter des cibles différentes du x86 (PowerPC, ARM, SH4, etc.).

Adaptation d'un Live-CD Fedora

Nous allons terminer ce chapitre en décrivant la construction d'un système basé sur un Live-CD Fedora adapté. Les distributions actuelles offrent la possibilité d'effectuer un test depuis un Live-CD. La distribution est alors chargée en mémoire vive, mais le disque du système n'est pas modifié. Cependant, on peut installer la distribution depuis ce Live-CD en double-cliquant sur l'icône *Install to Hard Drive* comme décrit ci-dessous, ce qui correspond à l'exécution de la commande Fedora `liveinst`.

Figure 6–5
Bureau du Live-CD Fedora

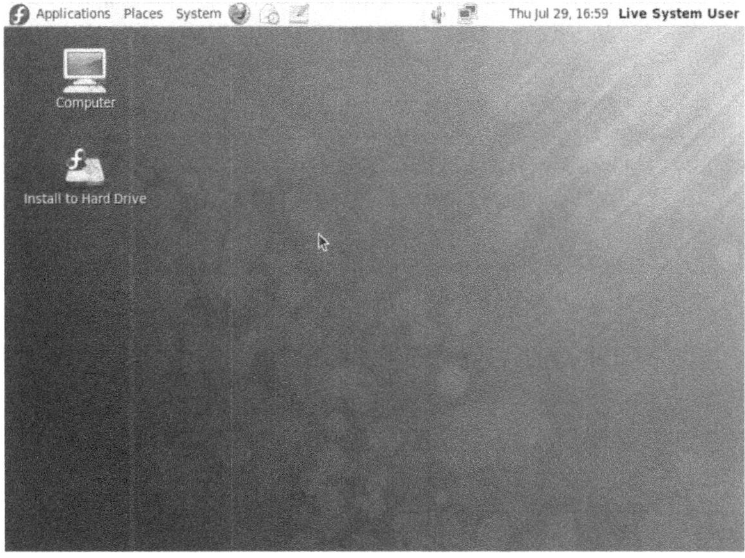

L'adaptation du Live-CD passe par la création d'un fichier de définition utilisable par `kickstart,` qui porte en général le suffixe `.ks`. Dans ce fichier, on pourra définir les paramètres du Live-CD.

- les paramètres généraux, tels que la langue, le type de clavier ou bien la taille du système de fichiers ;
- les URL d'accès aux dépôts de la distribution utilisée ;
- la liste des paquets ou groupes de paquets ; le nom d'un groupe de paquets commence par le caractère `@` (exemple : `@core`). Bien entendu, le système gère automatiquement les dépendances entre les paquets ;
- pour finir, un script optionnel de *post-installation* ; ce dernier permet de peaufiner la distribution en modifiant des paramètres après l'installation des paquets. Cette partie est en général écrite en langage script-shell.

REMARQUE **Utilisation classique de Kickstart**

Cet outil est bien entendu utilisable pour la construction de n'importe quel type de support d'installation adapté, sans se limiter aux installations réduites. Dans le cas d'une installation standard, le fichier de configuration `kickstart` associé est `/root/anaconda-ks.cfg`. À l'aide de ce fichier, on peut réaliser automatiquement un clone de la machine installée. Pour plus d'informations, on pourra consulter la documentation à l'adresse suivante :

▸ http://fedoraproject.org/wiki/Anaconda/Kickstart

Pour créer un Live-CD adapté, on doit tout d'abord installer les outils nécessaires et quelques exemples de fichiers de configuration. Parmi ces outils, on trouve l'utilitaire principal `livecd-creator`, mais également la commande `livecd-iso-to-disk` permettant d'écrire l'image `.iso` sur une clé USB.

```
# yum install livecd-tools
# yum install spin-kickstarts
```

Dans notre exemple nous allons construire un système contenant les commandes de base, l'interface graphique X11 et le gestionnaire de fenêtres `fvwm`.

Fichier d'exemple ma_fc11.ks

```
#
# Fichier d'exemple kickstart pour Fedora 11
#
# Paramètres généraux
lang fr_FR.UTF-8
keyboard fr-latin9
timezone Europe/Paris
auth --useshadow --enablemd5
selinux --disabled
firewall --disabled
part / --size 3072
#
# Dépôts FC11
repo --name=released --mirrorlist=http://mirrors.fedoraproject.org/
mirrorlist?repo=fedora-11&arch=$basearch
repo --name=updates --mirrorlist=http://mirrors.fedoraproject.org/
mirrorlist?repo=updates-released-f11&arch=$basearch
# Liste des paquets
%packages
@core
@base-x
xorg-x11-fonts-misc
xorg-x11-fonts-ISO8859-1-75dpi
xorg-x11-font-utils
urw-fonts
xterm
bash
kernel
passwd
policycoreutils
chkconfig
authconfig
rootfiles
fvwm
```

```
# Nécessaire pour une dépendance SELinux
/usr/sbin/lokkit

# Nécessaire pour la commande liveinst
anaconda
%end

# Script de post-installation: lancement de X11 au boot
%post
# Code du script de post-installation

%end
```

Pour produire l'image `.iso`, on utilise la commande `livecd-creator,` que l'on doit exécuter en tant que superutilisateur. Vu qu'il est nécessaire de charger les paquets `.rpm` depuis le dépôt, on utilisera un répertoire de cache, afin d'éviter de télécharger les fichiers lors de chaque essai (option `--cache`).

La commande `setenforce 0` est nécessaire, car l'option SELinux doit être désactivée pour la production de l'image. Le nom de l'image est suffixé par la date de création, et la taille de l'image produite est ici d'environ 400 Mo.

> PRÉCISION **Qu'est-ce que SELinux ?**
>
> Security-Enhanced Linux, en abrégé *SELinux*, est une extension permettant de définir une politique d'accès évoluée et granulaire aux ressources du système. Pour en savoir plus, on pourra consulter l'article à la page suivante :
>
> ▶ http://fedoraproject.org/wiki/SELinux

Production de l'image

```
# setenforce 0
setenforce: SELinux is disabled
# livecd-creator --config=ma_fc11.ks -cache=/var/cache/live
...
# ls -l livecd-ma_fc11-201004172308.iso
-rw-r--r-- 1 root root 443676672 avril 17 23:14 livecd-ma_fc11-
201004172308.iso
```

On peut alors tester l'image en utilisant l'émulateur QEMU. L'image produite correspond à un CDROM, ce qui justifie l'option utilisée.

Test de l'image avec QEMU

```
$ qemu -cdrom livecd-ma_fc11-201004172308.iso
```

On peut alors se loguer en tant que `root` sur le système et démarrer l'interface graphique X11 en utilisant la commande `xinit`.

Ensuite, on peut écrire l'image sur une clé USB, sur laquelle on pourra démarrer le PC cible. Pour cela, on utilise la commande `livecd-iso-to-disk`, à laquelle on passe le nom de l'image ainsi que celui du périphérique correspondant à la clé USB.

Production de la clé USB bootable

```
# livecd-iso-to-disk --format --reset-mbr livecd-ma_fc11-
201004172308.iso /dev/sdc
```

Conclusion

Nous avons vu dans ce chapitre les principes utilisés pour la création d'une distribution Linux minimale. Nous n'irons pas plus loin concernant la création du Live-CD adapté, car il constitue un cas particulier assez peu fréquent dans les applications embarquées.

Dans le chapitre suivant, nous améliorerons la distribution basée sur Busybox, afin de configurer et d'utiliser le réseau.

7

Configuration du réseau

La majorité des systèmes Linux embarqués nécessitent des fonctionnalités réseau. Dans ce chapitre, nous allons enrichir la distribution mise en place au chapitre 6 et fonctionnant sous QEMU, en y ajoutant les fonctionnalités réseau minimales. À la fin du chapitre, nous proposerons un ensemble de scripts permettant d'automatiser l'initialisation du réseau sur une distribution embarquée. Ces scripts seront disponibles avec les compléments de l'ouvrage.

Au niveau du noyau Linux, la disponibilité du réseau implique les bons choix de configuration pour :

* les protocoles ;
* les options de fonctionnement ;
* les adaptateurs matériels.

Même si le réseau n'est pas fonctionnel sur le système minimal construit au chapitre 6, on peut cependant remarquer dans la trace du démarrage du système que l'adaptateur Ethernet est détecté par le noyau Linux.

Détection de l'adaptateur SMC91C11xFD de la carte Versatile PB

```
smc91x.c: v1.1, sep 22 2004 by Nicolas Pitre <nico@cam.org>
IRQ 25/eth%d: IRQF_DISABLED is not guaranteed on shared IRQs
eth0: SMC91C11xFD (rev 1) at c48d6000 IRQ 25 [nowait]
eth0: Ethernet addr: 52:54:00:12:34:56
```

Pour que le réseau soit totalement activé, il est nécessaire de compléter l'initialisation de l'interface Ethernet et des tables de routage en utilisant les commandes `ifconfig` et `route`. Ces commandes sont disponibles dans Busybox, dans la rubrique *Networking Utilities* du menu de configuration.

Dans l'exemple présenté plus haut, le support de l'adaptateur réseau est compilé dans la partie statique du noyau. En cas de support par module, la détection de l'adaptateur s'effectue au moment de l'initialisation de l'interface par `ifconfig`, en utilisant le mécanisme de chargement automatique nommé KMOD.

> **PRÉCISION QEMU et le réseau**
>
> L'émulateur QEMU fournit plusieurs méthodes pour accéder au réseau depuis le système d'exploitation qu'il héberge. Le comportement par défaut est un mode dit « espace utilisateur » (*user mode network*, option `-net user`). QEMU se comporte alors comme une passerelle, et l'on peut avoir accès au réseau via la machine hôte, ce qui est suffisant dans la majorité des cas d'utilisation, y compris pour nos tests. Par contre, on ne peut pas utiliser la commande `ping`, car ce mode ne permet pas d'utiliser le protocole ICMP. De même, la machine hôte ne pourra pas avoir accès au système émulé. On pourra cependant accéder à Internet depuis QEMU si la machine hôte est connectée.
>
> Si l'on veut une configuration plus complète, on pourra mettre en place un *bridge* (ou pont) sur la machine de développement, permettant à QEMU d'accéder à la totalité des services réseau. Pour cela, on ajoutera les options `-net nic -net tap` à l'exécution de QEMU, ce qui permettra d'utiliser l'interface Ethernet virtuelle de la machine hôte (`tap0`). Nous fournirons ci-après un exemple d'utilisation de ce mode. Pour plus de détails, on pourra également consulter les pages suivantes :
>
> ▸ http://en.opensuse.org/Qemu_networking
> ▸ http://www.adella.org/spip/QEMU-Configurer-le-reseau

La commande ifconfig

La commande `ifconfig` permet de connaître l'état d'une interface réseau et de la configurer. Utilisée en mode lecture, `ifconfig` retourne la liste et la configuration des interfaces du système.

Liste des interfaces réseau d'un système Linux PC/x86

```
$ ifconfig
eth0      Link encap:Ethernet  HWaddr 00:25:64:9B:6A:DB
          inet adr:192.168.3.109 Bcast:192.168.3.255
Masque:255.255.255.0
          adr inet6: fe80::225:64ff:fe9b:6adb/64 Scope:Lien
          UP BROADCAST RUNNING MULTICAST MTU:1500 Metric:1
          RX packets:29647070 errors:0 dropped:0 overruns:0 frame:0
          TX packets:2011140692 errors:0 dropped:0 overruns:0 carrier:0
          collisions:0 lg file transmission:100
```

```
                RX bytes:2714365980 (2.5 GiB) TX bytes:2063648546 (1.9 GiB)
                Mémoire:fe6e0000-fe700000

lo              Link encap:Boucle locale
                inet adr:127.0.0.1 Masque:255.0.0.0
                adr inet6: ::1/128 Scope:Hôte
                UP LOOPBACK RUNNING MTU:16436 Metric:1
                RX packets:47945 errors:0 dropped:0 overruns:0 frame:0
                TX packets:47945 errors:0 dropped:0 overruns:0 carrier:0
                collisions:0 lg file transmission:0
                RX bytes:120418643 (114.8 MiB) TX bytes:120418643 (114.8 MiB)
```

L'interface `lo` ou interface *loopback* (ou boucle locale) est disponible si la couche TCP/IP du système est correctement initialisée, et ce même si le système ne dispose pas d'autre adaptateur réseau. L'adresse IP associée à l'interface `lo` est toujours 127.0.0.1. Si l'on précise le nom d'une interface en paramètre, `ifconfig` affichera uniquement la configuration de cette interface.

Les interfaces `ethX`, comme `eth0` et `eth1`, correspondent respectivement au premier et au second adaptateur Ethernet détectés dans le système. Si une interface PPP *(Point to Point Protocol)* est initialisée dans le système, l'interface correspondante sera `ppp0` pour la première interface, `ppp1` pour la deuxième, et ainsi de suite.

PRÉCISION **Qu'est-ce que PPP ?**

Le protocole PPP fut très utilisé à l'époque des modems asynchrones, car il permet entre autres de mettre en place une connexion IP sur une ligne série RS-232. Il est standardisé par le RFC 1661. Il est parfois utilisé pour établir des connexions de sécurité à bas débit en cas de panne d'ADSL.

La commande `ifconfig` fait partie des commandes système essentielles, et elle est donc située dans le répertoire `/sbin`. Pour un utilisateur non privilégié, la commande `ifconfig` est utilisable uniquement pour des opérations de lecture de l'état des interfaces, et non pour des opérations de configuration.

En mode configuration, la commande `ifconfig` est utilisable pour l'initialisation des paramètres d'une interface réseau :

- l'adresse IP ;
- le masque du réseau ou *netmask* ;
- le masque de diffusion ou *broadcast*.

Les deux derniers paramètres sont souvent calculés automatiquement, en fonction de l'adresse IP. Le calcul est effectué par le script d'initialisation du réseau lors de la procédure de démarrage du système.

> REMARQUE **Système d'adressage IPv4**
>
> Le système d'adressage IP (version 4) subdivise les adresses en sous-ensembles appelés « classes ». Sachant qu'une adresse IP est du type `a.b.c.d`, la classe est définie par la valeur `a` du premier élément de l'adresse. Le tableau ci-après donne la correspondance entre la valeur de `a` et les autres paramètres.

Tableau 7–1 Affectation des classes de réseau

Valeur de a	Classe	Masque diffusion	Masque réseau
Entre 0 et 127	A	a.255.255.255	255.0.0.0
Entre 128 et 191	B	a.b.255.255	255.255.0.0
Entre 192 et 223	C	a.b.c.255	255.255.255.0
Supérieur à 224	D (réservé)	a.b.c.255	255.255.255.0

Dans notre distribution exécutée dans QEMU, on peut initialiser manuellement les interfaces `lo` et `eth0` du système, en utilisant `ifconfig`.

Initialisation manuelle des interfaces lo et eth0

```
# ifconfig lo 127.0.0.1
# ifconfig eth0 192.168.1.1
eth0: link up
# ifconfig
eth0      Link encap:Ethernet HWaddr 52:54:00:12:34:56
          inet addr:192.168.1.1 Bcast:192.168.1.255 Mask:255.255.255.0
          UP BROADCAST RUNNING MULTICAST MTU:1500 Metric:1
          RX packets:0 errors:0 dropped:0 overruns:0 frame:0
          TX packets:0 errors:0 dropped:0 overruns:0 carrier:0
          collisions:0 txqueuelen:1000
          RX bytes:0 (0.0 B) TX bytes:0 (0.0 B)
          Interrupt:25 Base address:0x6000 DMA chan:ff

lo        Link encap:Local Loopback
          inet addr:127.0.0.1 Mask:255.0.0.0
          UP LOOPBACK RUNNING MTU:16436 Metric:1
          RX packets:0 errors:0 dropped:0 overruns:0 frame:0
          TX packets:0 errors:0 dropped:0 overruns:0 carrier:0
          collisions:0 txqueuelen:0
          RX bytes:0 (0.0 B) TX bytes:0 (0.0 B)
```

La commande route

La commande route permet de manipuler les tables de routage du noyau Linux. Une table de routage décrit le chemin emprunté par un paquet IP partant du système courant et à destination d'une autre adresse ou d'un autre groupe d'adresses. L'entrée dans la table de routage décrit l'interface employée (par exemple : eth0) ainsi que la passerelle ou *gateway* à utiliser pour faire transiter ces paquets. Comme pour la commande ifconfig, il est possible à l'utilisateur non privilégié d'utiliser route pour connaître les tables de routage du noyau. Sur une machine classique PC/x86 connectée au réseau local, on obtient le résultat ci-après.

Tables de routage d'un PC/x86

```
$ route -n
Table de routage IP du noyau
Destination     Passerelle       Genmask           Indic Metric Ref    Use Iface
192.168.3.0     0.0.0.0          255.255.255.0     U     1      0        0 eth0
0.0.0.0         192.168.3.1      0.0.0.0           UG    0      0        0 eth0
```

Le résultat indique les tables de routage pour eth0. La dernière ligne indique le routage « par défaut » – identifié par l'adresse 0.0.0.0 en début de ligne – sur l'adresse 192.168.3.1. Un résultat identique est obtenu en utilisant la commande netstat -nr.

Pour indiquer la passerelle par défaut, on utilise les options default et gw de la commande route. La ligne suivante indique que tous les paquets IP externes au réseau local doivent être routés via la passerelle 192.168.3.1. Vu qu'il s'agit de modifier la configuration, la commande doit être exécutée par le superutilisateur.

Ajout d'une passerelle par défaut

```
# route add default gw 192.168.3.1
```

Test d'une application réseau (wget)

Nous allons maintenant mettre en place une configuration complète permettant à notre distribution d'accéder à une adresse externe en utilisant la commande wget, qui est un client FTP et HTTP en mode texte bien connu des utilisateurs Linux. Cette commande est également fournie par le projet Busybox. Nous allons tester cette commande dans le cas du réseau configuré en mode utilisateur (option -net user par défaut), puis en utilisant un *bridge*.

Commande wget sous Busybox

```
# wget
BusyBox v1.16.1 (2010-05-03 14:42:30 CEST) multi-call binary.

Usage: wget [-c|--continue] [-s|--spider] [-q|--quiet] [-O|--output-
document file]
  [--header 'header: value'] [-Y|--proxy on/off] [-P DIR]
  [--no-check-certificate] [-U|--user-agent agent] url

Retrieve files via HTTP or FTP

Options:
  -s  Spider mode - only check file existence
  -c  Continue retrieval of aborted transfer
  -q  Quiet
  -P  Set directory prefix to DIR
  -O  Save to filename ('-' for stdout)
  -U  Adjust 'User-Agent' field
  -Y  Use proxy ('on' or 'off')
```

Configuration du client DHCP sur la distribution

Au début de ce chapitre, nous avons effectué un test de configuration manuelle de l'interface eth0, en utilisant la commande ifconfig. Dans un cas réel, on utilisera souvent un client DHCP *(Dynamic Host Configuration Protocol)* permettant d'obtenir les paramètres de connexion auprès d'un serveur, soit :

- adresse IP ;
- passerelle par défaut ;
- serveur DNS (*Domain Name Server*, résolution de noms).

Busybox fournit pour cela le programme udhcpc (pour *micro DHCP client*), et l'émulateur QEMU intègre un serveur DHCP lorsque le réseau est utilisé en mode utilisateur (option -net user par défaut). Il est nécessaire d'effectuer quelques ajouts à la distribution pour que udhcpc fonctionne. Des fichiers d'exemples sont livrés avec les sources de Busybox, dans le répertoire examples/udhcp, et concernent également le microserveur DHCP fourni par Busybox.

Fichiers d'exemples pour udhcp

```
$ ls -l busybox-1.16.1/examples/udhcp
total 28
-rwxr-xr-x 1 pierre users 619 mars 20 03:58 sample.bound
-rwxr-xr-x 1 pierre users  77 mars 20 03:58 sample.deconfig
```

```
-rwxr-xr-x 1 pierre users   68 mars 20 03:58 sample.nak
-rwxr-xr-x 1 pierre users  619 mars 20 03:58 sample.renew
-rwxr-xr-x 1 pierre users  271 mars 20 03:58 sample.script
-rwxr-xr-x 1 pierre users 1074 mars 20 03:58 simple.script
-rw-r--r-- 1 pierre users 2474 mars 28 19:43 udhcpd.conf
```

Pour udhcpc, nous utilisons simple.script, qu'il faut copier dans le répertoire /usr/ share/udhcpc sous le nom default.script. Le principe de fonctionnement est simple :

1 La commande udhcpc obtient les paramètres réseau auprès du serveur (adresse IP, passerelle, DNS).

2 Elle appelle ensuite le script default.script, qui affecte les paramètres en utilisant ifconfig et route.

Bien entendu, il faut reconstruire l'image initrd après chaque modification de la partition racine. Il ne faut pas non plus oublier de rendre le fichier default.script exécutable, en utilisant chmod.

Ajout de la configuration udhcp

```
$ mkdir -p rootfs_qemu/usr/share/udhcpc
$ cp busybox-1.16.1/examples/udhcpc/simple.script rootfs_qemu/usr/
share/udhcpc/default.script
$ chmod +x rootfs_qemu/usr/share/udhcpc/default.script

$ cd rootfs_qemu
$ find . | cpio -o -H newc | gzip > ../rootfs_qemu.gz
```

On peut alors tester la distribution en utilisant la commande qemu-system-arm comme précédemment. On initialise tout d'abord l'interface lo. On initialise ensuite l'interface eth0 en utilisant la commande udhcpc. Finalement, on peut vérifier la configuration obtenue par ifconfig puis route. Nous pouvons également constater la création du fichier /etc/resolv.conf contenant l'adresse du serveur DNS.

Test de la distribution modifiée

```
# ifconfig lo 127.0.0.1
# udhcpc
udhcpc (v1.16.1) started
Setting IP address 0.0.0.0 on eth0
eth0: link up
Sending discover...
Sending select for 10.0.2.15...
Lease of 10.0.2.15 obtained, lease time 86400
```

```
Setting IP address 10.0.2.15 on eth0
Deleting routers
route: SIOCDELRT: No such process
Adding router 10.0.2.2
Recreating /etc/resolv.conf
Adding DNS server 10.0.2.3

# ifconfig
eth0      Link encap:Ethernet HWaddr 52:54:00:12:34:56
          inet addr:10.0.2.15Bcast:10.0.2.255 Mask:255.255.255.0
          UP BROADCAST RUNNING MULTICAST MTU:1500 Metric:1
          RX packets:2 errors:0 dropped:0 overruns:0 frame:0
          TX packets:2 errors:0 dropped:0 overruns:0 carrier:0
          collisions:0 txqueuelen:1000
          RX bytes:1180 (1.1 KiB) TX bytes:1180 (1.1 KiB)
          Interrupt:25 Base address:0x6000 DMA chan:ff

lo        Link encap:Local Loopback
          inet addr:127.0.0.1 Mask:255.0.0.0
          UP LOOPBACK RUNNING MTU:16436 Metric:1
          RX packets:0 errors:0 dropped:0 overruns:0 frame:0
          TX packets:0 errors:0 dropped:0 overruns:0 carrier:0
          collisions:0 txqueuelen:0
          RX bytes:0 (0.0 B) TX bytes:0 (0.0 B)

# route -n
Kernel IP routing table
Destination     Gateway          Genmask         Flags Metric Ref    Use
Iface
10.0.2.0        0.0.0.0          255.255.255.0   U     0      0        0
eth0
0.0.0.0         10.0.2.2         0.0.0.0         UG    0      0        0 eth0

# cat /etc/resolv.conf
nameserver 10.0.2.3
```

Le réseau est a priori fonctionnel, mais si l'on teste `wget` alors que la machine PC hôte est correctement connectée à Internet, on obtient un message d'erreur.

Premier test de wget

```
# wget http://pficheux.free.fr
wget: bad address 'pficheux.free.fr'
```

La raison de ce dysfonctionnement est une mauvaise configuration du NSS (pour *Name Service Switch*) de la Glibc. Le NSS est une fonctionnalité héritée du système Solaris de Sun Microsystems. Le but du NSS est de pouvoir étendre de manière dynamique les fonctions réseau de la Glibc, en utilisant des bibliothèques greffons chargées au cours de l'exécution du programme. Ces bibliothèques ne sont pas visibles avec la commande `ldd`, car elles sont chargées par la fonction `dlopen` de la bibliothèque libdl.

Sans le système NSS, la Glibc devrait gérer de manière statique toutes les fonctionnalités réseau ajoutées, comme la gestion des DNS *(Domain Name Service)* ou des NIS *(Network Information Service)*. La NSS permet donc à des contributeurs externes d'ajouter des services sans toucher au code de la Glibc, ce dernier gardant donc une taille raisonnable, même s'il est déjà assez volumineux.

> REMARQUE **Cas de la bibliothèque uClibc**
>
> La bibliothèque uClibc évoquée dans les chapitres précédents, et de taille beaucoup plus réduite, n'utilise pas cette notion de greffon.

Les différents modules gérés par le NSS sont identifiés par un nom de service dans une base de données (`networks`, `ethers`, `protocols`, `hosts`, ...). La méthode de recherche est définie dans le fichier `/etc/nsswitch.conf`, par des mots-clés comme `files`, `dns` ou `nisplus`.

Le mot-clé `files` indique que l'on utilise une configuration statique, définie dans le fichier `/etc/hosts`. De la même manière, `nisplus` indique que l'on recherche l'information sur une base NIS+, si celle-ci est disponible.

Plus généralement, si l'on considère un service `NOM`, le code de gestion de ce dernier sera disponible dans un module `libnss_NOM.so.X`. Dans le cas de Linux, qui gère les bibliothèques partagées, cela correspond à une bibliothèque partagée du type `libnss_NOM.so.X`. Nous pouvons vérifier cela sur un système Linux complet.

Extrait de la liste des greffons NSS

```
$ ls -l /lib/libnss* | head
-rwxr-xr-x 1 root root 1219528 mars   7 07:23 /lib/libnss3.so
-rwxr-xr-x 1 root root 414080 mars   7 07:23 /lib/libnssckbi.so
-rwxr-xr-x 1 root root   36384 nov. 20 12:52 /lib/libnss_compat-
2.10.2.so
lrwxrwxrwx 1 root root       23 déc. 17 09:32 /lib/libnss_compat.so.2 ->
libnss_compat-2.10.2.so
-rw-r--r-- 1 root root      478 mars   7 07:23 /lib/libnssdbm3.chk
-rwxr-xr-x 1 root root 152820 mars   7 07:23 /lib/libnssdbm3.so
-rwxr-xr-x 1 root root   25904 nov. 20 12:52 /lib/libnss_dns-2.10.2.so
lrwxrwxrwx 1 root root       20 déc. 17 09:32 /lib/libnss_dns.so.2 ->
libnss_dns-2.10.2.so
-rwxr-xr-x 1 root root   55540 nov. 20 12:52 /lib/libnss_files-2.10.2.so
lrwxrwxrwx 1 root root       22 déc. 17 09:32 /lib/libnss_files.so.2 ->
libnss_files-2.10.2.so
```

Dans le cas où le fichier `/etc/nsswitch.conf` est absent – notre distribution, par exemple –le service `hosts` utilisera par défaut l'accès `dns`, puis l'accès `files`. On doit donc copier la bibliothèque `libnss_dns.so.2` fournie par ELDK-4.2 dans le répertoire `lib` de la distribution. On doit également copier la bibliothèque `libresolv.so.2`, qui contient des fonctions de bas niveau pour la manipulation des données DNS. Une fois la nouvelle image `initrd` produite, la connexion fonctionne correctement. Par contre, vu que le réseau est configuré en mode utilisateur, la commande `ping` ne fonctionne pas.

Copie des bibliothèques manquantes

```
$ cp $HOME/ELDK42/arm/lib/libnss_dns.so.2 rootfs_qemu/lib
$ cp $HOME/ELDK42/arm/lib/libresolv.so.2 rootfs_qemu/lib

$ cd rootfs_qemu
$ find . | cpio -o -H newc | gzip > ../rootfs_qemu.gz
```

Nouveau test après redémarrage du système

```
# udhcpc
...
# wget http://pficheux.free.fr
Connecting to pficheux.free.fr (212.27.63.138:80)
index.html     100% |*******************************| 13870 --:--:-- ETA
# ping www.free.fr
PING www.free.fr (212.27.48.10): 56 data bytes

--- www.free.fr ping statistics ---
4 packets transmitted, 0 packets received, 100% packet loss
```

Utilisation d'un pont (bridge)

Ce mode permet au système hébergé par QEMU d'accéder à tous les protocoles réseau. De même, il permet à un système externe d'accéder par réseau au système hébergé par QEMU, ce qui n'est pas le cas en mode utilisateur.

L'utilisation d'un pont permet d'utiliser les adresses du réseau local, que l'on peut obtenir auprès du même serveur DHCP que les machines physiques. La configuration du pont nécessite de disposer de la commande `brctl`, qui fait partie du paquet `bridge-utils`. Nous utilisons également la commande `openvpn` fournie dans le paquet du même nom.

Installation des paquets nécessaires (Fedora)

```
$ sudo yum install bridge-utils
$ sudo yum install openvpn
```

Le plus simple est ensuite d'écrire un script permettant la configuration du pont. Ce script peut être exécuté au démarrage, si l'on désire avoir un pont actif immédiatement. On peut cependant l'exécuter à tout moment.

Script de mise en place du pont

```
#!/bin/sh
#
# Set bridge for QEMU
#

# Add bridge
brctl addbr br0

# Put eth0 in promiscuous mode
ifconfig eth0 0.0.0.0 promisc up

# Add eth0 to bridge
brctl addif br0 eth0

# Set IP addr for br0
# Static
# ifconfig br0 192.168.3.109
# DHCP
dhclient br0

# Create tap0
openvpn --mktun --dev tap0

# Activate tap0
ifconfig tap0 up

# Add tap0 to bridge
brctl addif br0 tap0
```

Suite à l'exécution du script, la commande `ifconfig` affichera les interfaces `br0` et `tap0` dans la configuration réseau du PC de développement. Pour finir, nous devons ajouter le script `/etc/qemu-ifup`, qui sera exécuté par QEMU pour la connexion au pont.

Script /etc/qemu-ifup

```
#!/bin/sh
sudo /sbin/ifconfig $1 0.0.0.0 promisc up
sudo /usr/sbin/brctl addif br0 $1
```

Nous pouvons alors effectuer un nouveau test de QEMU en utilisant les options `-net nic` et `-net tap`. Nous remarquons alors que la commande `ping` du système émulé fonctionne correctement. Notons également que nous utilisons des adresses du réseau local, et non plus les adresses internes à QEMU.

> **ATTENTION Exécuter QEMU en tant que superutilisateur !**
>
> Il est important de noter que l'utilisation du pont réseau nécessite d'exécuter QEMU en tant que superutilisateur.

Nouveau test QEMU en utilisant le pont

```
$ sudo qemu-system-arm -M versatilepb -m 64 -kernel zImage -append
"console=ttyAMA0,115200 mem=64M" -initrd rootfs.gz -nographic -net nic
-net tap
[sudo] password for pierre:
Uncompressing
Linux......................................................................
....................... done, booting the kernel.
Linux version 2.6.30 (pierre@opti760pf.localdomain) (gcc version 4.2.2)
#17 Sun May 16 00:35:21 CEST 2010
CPU: ARM926EJ-S [41069265] revision 5 (ARMv5TEJ), cr=00093177
CPU: VIVT data cache, VIVT instruction cache
Machine: ARM-Versatile PB
...

mylinux login: root
login[293]: root login on 'ttyAMA0'
# udhcpc
udhcpc (v1.16.1) started
Setting IP address 0.0.0.0 on eth0
eth0: link up
Sending discover...
Sending discover...
Sending select for 192.168.3.146...
Lease of 192.168.3.146 obtained, lease time 86400
Setting IP address 192.168.3.146 on eth0
Deleting routers
route: SIOCDELRT: No such process
```

```
Adding router 192.168.3.1
Recreating /etc/resolv.conf
Adding DNS server 192.168.3.88
#
# ping www.free.fr
PING www.free.fr (212.27.48.10): 56 data bytes
64 bytes from 212.27.48.10: seq=0 ttl=119 time=30.542 ms
64 bytes from 212.27.48.10: seq=1 ttl=119 time=22.812 ms
64 bytes from 212.27.48.10: seq=2 ttl=119 time=22.307 ms
^C
--- www.free.fr ping statistics ---
3 packets transmitted, 3 packets received, 0% packet loss
round-trip min/avg/max = 21.356/22.332/23.370 ms
```

Scripts de configuration du réseau

Pour les tests précédents, nous avons effectué la configuration du réseau en utilisant directement la commande `udhcpc`. Nous pourrions améliorer légèrement le système, en intégrant l'appel à la commande `udhcpc` au script `/etc/init.d/rcS`. Cependant, il peut arriver que le réseau soit configuré autrement que par DHCP, nous pouvons citer :

- l'initialisation statique des paramètres ;
- le protocole PPP *(Point to Point Protocol)* ;
- le protocole PPPOE *(PPP Over Ethernet)*.

Les deux derniers sont dorénavant peu fréquents, car les systèmes sont souvent connectés via un routeur ADSL qui inclut un serveur DHCP. Cependant, nous citons ces cas de figure pour mémoire.

PRÉCISION **Qu'est-ce que PPPOE ?**

Le protocole PPPOE (RFC 2516) fut créé au début de la mise en place des connexions ADSL, dans le but d'utiliser un protocole PPP sur une connexion de type Ethernet (encapsulation de PPP dans Ethernet). Il n'est quasiment plus utilisé, mis à part dans quelques boîtiers routeurs spécialisés, et de ce fait, il n'est plus nécessaire de mettre en place ce protocole sur un système Linux. On peut cependant obtenir les sources d'un client PPPOE pour Linux à l'adresse :

▸ http://www.roaringpenguin.com/products/pppoe

Notons également que les composants nécessaires à l'utilisation de PPP et PPPOE sont disponibles dans Buildroot, que nous décrirons au chapitre 10.

Le principe utilisé ici consiste à définir la configuration du réseau dans des fichiers situés dans le répertoire `/etc/sysconfig`. Cette méthode offre non seulement l'avantage considérable de simplifier la structure du système, mais aussi de permettre à un utilisateur dépourvu d'expertise Linux de pouvoir configurer le réseau facilement et sans risque.

L'initialisation du réseau s'effectue dans le fichier `/etc/init.d/rcS`, juste avant le message de bienvenue. Dans notre cas, nous séparerons l'initialisation du réseau en deux phases :

1 l'initialisation des interfaces réseau ;

2 le lancement de services – ou démons – tels que `xinetd` ou `httpd` ; notons que l'on peut également démarrer des services qui n'ont rien à voir avec le réseau, tels que `syslogd` ou `crond`.

La première phase d'initialisation du réseau correspond au script `/etc/init.d/rc.inet1`. La phase de lancement des services correspond au script `/etc/init.d/rc.inet2`. Au niveau du script de démarrage, il suffit donc d'ajouter l'appel à ces deux scripts.

Initialisation du réseau et des services

```
# Network
/etc/init.d/rc.inet1 start
/etc/init.d/rc.inet2 start

# Get boot time
uptime
...
```

Les scripts sont écrits en langage script shell, et nous utilisons la notion de variables d'environnement Unix pour centraliser la configuration du réseau dans `/etc/sysconfig/network`.

Contenu du fichier /etc/sysconfig/network

```
# Network configuration
PROTO=DHCP
HOSTNAME=mylinux
DOMAINNAME=localdomain
DEVICE=eth0
IPADDR=
GATEWAY=
NETMASK=
NETWORK=
```

```
BROADCAST=
DNS1=
DNS2=
```

Le script rc.inet1

Le contenu du fichier précédent est évalué au début de l'exécution du script `rc.inet1,` en utilisant la commande `source`, que l'on peut exprimer en abrégé par un point.

Lecture des variables du réseau

```
#!/bin/sh
# Réseau
. /etc/sysconfig/network
```

Bien que nous n'utilisions pas le système de *run levels* décrit au chapitre 4, le script est prévu pour démarrer les interfaces réseau, en passant le paramètre `start`, puis pour les arrêter en passant le paramètre `stop`. On utilise pour cela un simple test `case/esac` au niveau du script.

```
case $1 in

start)
# Démarrage du réseau
...

stop)
# Arrêt du réseau
...
*)      echo "Usage: rc.inet1 {start|stop}"
        exit 1
        ;;
esac
```

La partie démarrage (commande `start`) du script `rc.inet1` comprend plusieurs phases, que nous décrivons ci-après.

Initialisation de l'interface locale

Cette phase reprend simplement la ligne de commande utilisée pour le test.

```
# Loopback
ifconfig lo 127.0.0.1
```

Initialisation de l'interface Ethernet, PPP ou PPPOE

La valeur de l'adresse IP peut être obtenue soit directement dans le fichier network par la variable IPADDR, soit en interrogeant un serveur DHCP via la commande udhcpc. Si la variable PROTO du fichier network vaut DHCP, on appelle simplement la commande udhcpc.

Initialisation en DHCP

```
case $PROTO in
DHCP)
        # DHCP
        udhcpc
        ;;
```

Dans le cas de PPP ou PPPOE, on doit construire l'arborescence des fichiers PPP dans /etc/ppp. On utilise pour cela la fonction build_ppp_files, définie en début de fichier. Nous reviendrons plus en détail sur ces paramètres dans la section concernant PPP en fin de chapitre.

Cas de PPP et PPPOE

```
PPP)
        . /etc/sysconfig/ppp
        build_ppp_files $PPPUSER $PPPPASS $AUTOCNX $PHONE
        if [ "$AUTOCNX" = "yes" ]; then
                /sbin/ppp-start
        fi
        ;;

PPPOE)
        . /etc/sysconfig/pppoe
        build_ppp_files $PPPOEUSER $PPPOEPASS
        /sbin/ifconfig ${DEVICE} up
        if [ "$AUTOCNX" = "yes" ]; then
                /sbin/adsl-start
        fi
        ;;
```

Les variables liées à PPP sont définies dans /etc/sysconfig/ppp.

Variables PPP

```
# PPP configuration
PHONE=XXXXXXXXXX
PPPUSER=toto
PPPPASS=titi
PPPTO=50
AUTOCNX=no
```

Les variables liées à PPPOE sont définies dans `/etc/sysconfig/pppoe`.

Variables PPPOE

```
# PPPOE configuration
PPPOEUSER=toto
PPPOEPASS=titi
AUTOCNX=yes
```

Dans le cas d'une adresse IP statique, on calcule automatiquement les valeurs de réseau, masque de réseau et masque de diffusion (NETWORK, NETMASK et BROADCAST), si celles-ci ne sont pas définies dans le fichier `network`. Les valeurs sont calculées en respectant les règles décrites dans le tableau 7-1. L'extrait de code ci-après donne le calcul effectué en cas de réseau de classe A.

Cas de l'adresse IP statique, classe A

```
*)
    # Static IP
    if [ "$IPADDR" != "" ]; then
        # Network, Netmask & broadcast generated from IPADDR
        set `echo ${IPADDR} | sed -e "s/\./ /g"` 0 0 0 0
        if [ $1 -ge 0 -a $1 -le 127 ]
        then
            # Class A
            if [ "$NETWORK" = "" ]; then
                NETWORK=${1}.0.0.0
            fi
            if [ "$NETMASK" = "" ]; then
                NETMASK=255.0.0.0
            fi
            if [ "$BROADCAST" = "" ]; then
                BROADCAST=${1}.255.255.255
            fi
        elif [ $1 -ge 128 -a $1 -le 191 ]
        then
            # Class B
```

Ensuite, l'interface est initialisée au moyen de la commande `ifconfig`, et les règles de routage – dont le routage par défaut – sont mises en place grâce à la commande `route`.

```
# Ethernet
ifconfig ${DEVICE} ${IPADDR} broadcast ${BROADCAST} netmask ${NETMASK}

# Default gateway
if [ "$GATEWAY" != "" ]
then
    route add default gw ${GATEWAY}
fi
```

Calcul du fichier /etc/resolv.conf

La fin de l'initialisation se résume au calcul dynamique du contenu du fichier `/etc/resolv.conf`, afin d'affecter les adresses des serveurs DNS.

```
# DNS
if [ "$DNS1" != "" ]; then
    echo "nameserver $DNS1" >> $RESOLV
fi

if [ "$DNS2" != "" ]; then
    echo "nameserver $DNS2" >> $RESOLV
fi
```

Nom de domaine et nom du système

La fin du script initialise le nom du système grâce à la commande `hostname`. Par défaut, le nom du système est `localhost.localdomain`.

Domaine et nom du système

```
# Set system name
if [ "$DOMAINNAME" != "" ]; then
    DOM=".${DOMAINNAME}"
fi

if [ "$HOSTNAME" != "" ]; then
    hostname ${HOSTNAME}${DOM}
else
    hostname localhost${DOM}
fi
```

Arrêt des interfaces

La partie arrêt (commande `stop`) du script `rc.inet1` se résume simplement aux lignes suivantes.

Arrêt du réseau

```
stop)
        if [ "$PROTO" = "PPP" ]; then
                /sbin/ppp-stop
        elif [ "$PROTO" = "PPPOE" ]; then
                /sbin/adsl-stop
        fi

    ifconfig lo down
        ifconfig ${DEVICE} down
        ;;
```

Le script rc.inet2

Le script `rc.inet2` est beaucoup plus simple, car il se borne à explorer la liste définie dans la variable DAEMONS, décrite dans le fichier `/etc/sysconfig/daemons`.

Contenu du fichier /etc/sysconfig/daemons

```
# Daemons
DAEMONS="crond syslogd"
```

Exécution des démons dans rc.inet2

```
#!/bin/sh

. /etc/sysconfig/daemons

case $1 in
      start)
        echo -n "Starting daemons: "

        for i in $DAEMONS
        do
            if [ -x /sbin/$i ]; then
                echo -n "$i "
                /sbin/$i
            elif [ -x /usr/sbin/$i ]; then
                echo -n "$i "
                /usr/sbin/$i
            fi
```

```
            done
            echo
            ;;

            stop)
            echo -n "Stopping daemons: "
            for i in $DAEMONS
            do
                /bin/killall $i
            done
            echo
            ;;

            *)
            echo "Usage: rc.inet2 {start|stop}"
            exit 1;;
    esac
```

Si la variable `DAEMONS` n'est pas définie, le script n'aura alors aucun effet. Au total, la taille des scripts `rc.inet1` et `rc.inet2` est inférieure à 300 lignes de code, commentaires compris.

Configuration de PPP

Jusqu'à présent, nous avons traité la configuration réseau pour un adaptateur Ethernet. Dans certaines situations, un système embarqué devra effectuer une connexion temporaire à un réseau distant de type Internet, et ce en utilisant une simple ligne téléphonique. Le protocole de connexion utilisé est en général PPP, que nous avons évoqué au début de ce chapitre.

Dans cette section, nous allons donc décrire les composants à installer, et la configuration qui doit être mise en place afin d'ajouter un client PPP à notre cible. La prise en compte de la connexion décrite ici manuellement peut être gérée par le script de connexion `rc.inet1`, décrit à la section précédente.

ATTENTION **Le test réel de PPP n'est pas réalisé sous QEMU**

La mise en place du test sous QEMU est possible, mais nécessiterait un effort de configuration inutile vu que PPP est désormais très peu utilisé. Cette section est là pour les amateurs d'archéologie numérique !

Validation du support PPP

Celle-ci s'effectue au niveau du noyau Linux, dans le menu *Device Drivers*, puis *Network device support*. Si vous utilisez une liaison asynchrone, ce qui est le cas le plus fréquent pour un modem connecté à un port série, il est indispensable de valider l'option *PPP support for async serial port*.

Figure 7–1
Validation du support PPP

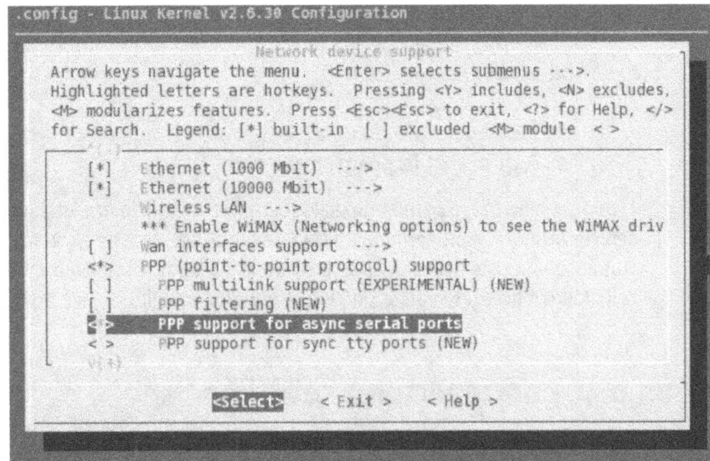

Installation du programme pppd

Le programme pppd gère le protocole PPP au niveau de l'espace utilisateur de Linux. Nous l'utilisons ici en mode client, et il se connecte donc à un serveur PPP distant. Cependant, pppd peut également fonctionner en mode serveur. Le programme n'est pas disponible dans Busybox, et il est donc nécessaire de le compiler à partir des sources, que l'on peut obtenir à l'adresse ftp://ftp.samba.org/pub/ppp/ppp-2.4.5.tar.gz.

Compilation des composants PPP

```
$ tar xzvf ppp-2.4.5.tar.gz
$ cd ppp-2.4.5
./configure
$ make CC=arm-linux-gcc
...
$ ls -l pppd/pppd
-rwxr-xr-x 1 pierre users 633558 mai   11 00:31 pppd/pppd
$ ls -l chat/chat
-rwxr-xr-x 1 pierre users 46203 mai    11 00:30 chat/chat
```

Les sources contiennent un script `configure`, mais celui-ci n'a rien à voir avec GNU Autotools, ce qui explique que l'on passe le nom du compilateur dans la variable d'environnement `CC`. À la fin de la compilation, on obtient les exécutables `pppd` et `chat`, qui peuvent être installés dans le répertoire `/sbin` de la cible par la commande `make install`, en renseignant la variable `DESTDIR`. S'il n'existe pas déjà, le fichier spécial `/dev/ppp` doit être créé en utilisant la commande `mknod`.

Création de /dev/ppp

```
# mknod /dev/ppp c 108 0
```

> REMARQUE **À quoi sert le programme chat ?**
>
> Le programme `chat` permet de dialoguer avec le modem et d'établir la connexion téléphonique avec le serveur distant. Ce programme utilise une procédure de type *expect/send* appelée également *chat script*. Notons qu'il existe déjà sous Busybox, donc il faudra désactiver la version Busybox si l'on veut installer celle fournie avec les sources de PPP, ce qui est conseillé.

Mise en place du répertoire /etc/ppp

Ce répertoire contient les fichiers de configuration du client PPP, soit `options`, `chap-secrets` et `pap-secrets`.

Le fichier `options` contient les options de `pppd` pour la connexion PPP par défaut. Les fichiers `chap-secrets` et `pap-secrets` contiennent respectivement les identifiants et mots de passe pour l'accès au serveur PPP dans le cas de l'utilisation des protocoles CHAP *(Challenge Handshake Authentication Protocol)* ou PAP *(Password Authentication Protocol)*.

Exemple de contenu du fichier pap-secrets

```
# Secrets for authentication using PAP
# client        server secret                IP addresses
pficheux        *      mon_mot_de_passe
```

Ces lignes indiquent que pour tous les serveurs PPP utilisés, le mot de passe PAP de l'utilisateur `pficheux` sera `mon_mot_de_passe`. En réalité, le mot de passe sera crypté à la manière des mots de passe Unix du fichier `/etc/passwd`. Il est donc important que ce fichier soit lisible uniquement par le superutilisateur.

Droits d'accès au fichier pap-secrets

```
$ ls -l /etc/ppp/pap-secrets
-rw-------    1 root     root            282 fév 11 15:24 /etc/ppp/pap-
secrets
```

La syntaxe du fichier `chap-secrets` est identique.

Le système pourra se connecter à différents serveurs PPP, car la liste des serveurs est disponible sur `/etc/ppp/peers`, à raison d'un fichier de configuration par serveur.

Contenu du fichier isp

```
$ cat /etc/ppp/peers/isp
ttyS0 115200 crtscts usepeerdns noipdefault defaultroute
connect '/sbin/chat -t 60 -v -f /etc/ppp/chat-isp'
noauth
lock
idle 120
```

Le fichier indique la ligne utilisée par `pppd` pour se connecter au serveur distant. La configuration courante indique que le client récupère la configuration IP auprès du serveur et met en place le routage par défaut sur la connexion PPP vers le serveur (interface `ppp0`).

On note également l'utilisation de la commande `chat`, à laquelle on passe en paramètre le script `chat-isp`.

Contenu du script chat-isp

```
ABORT "NO CARRIER"
ABORT "NO DIALTONE"
ABORT "ERROR"
ABORT "NO ANSWER"
ABORT "BUSY"
"" "\d\dat"
OK "at&d2&c1m1"
OK "atdtXXXXXXXXXX"
CONNECT ""
```

Ce script définit un dialogue géré par `chat` entre le système et le modem. Les lignes `ABORT` indiquent des conditions d'erreur qui aboutissent à l'interruption de l'appel. En cas de réception finale de la chaîne `CONNECT`, la connexion physique avec le modem est considérée comme établie, et le programme `pppd` tente d'établir le protocole PPP.

On peut tester la connexion PPP en utilisant la commande pppd en tant que superutilisateur.

Test de la connexion PPP

```
# pppd call isp name pficheux
```

En cas d'établissement de la connexion PPP, le fichier /var/run/ppp0.pid est créé, et l'on peut visualiser la nouvelle configuration réseau au moyen des commandes ifconfig et route.

```
$ ifconfig
lo        Lien encap:Boucle locale
          inet adr:127.0.0.1 Masque:255.0.0.0
          UP LOOPBACK RUNNING MTU:16436 Metric:1
          RX packets:28 errors:0 dropped:0 overruns:0 frame:0
          TX packets:28 errors:0 dropped:0 overruns:0 carrier:0
          collisions:0 lg file transmission:0
          RX bytes:1854 (1.8 Kb) TX bytes:1854 (1.8 Kb)

ppp0      Lien encap:Protocole Point-à-Point
          inet adr:62.147.84.85 P-t-P:192.168.254.254 Masque:255.255.255.255
          UP POINTOPOINT RUNNING NOARP MULTICAST MTU:1500 Metric:1
          RX packets:4 errors:0 dropped:0 overruns:0 frame:0
          TX packets:5 errors:0 dropped:0 overruns:0 carrier:0
          collisions:0 lg file transmission:3
          RX bytes:64 (64.0 b) TX bytes:97 (97.0 b)
$ route
Table de routage IP du noyau
Destination     Passerelle       Genmask          Indic Metric Ref    Use Iface
192.168.254.254 *                255.255.255.255  UH    0      0        0 ppp0
127.0.0.0       *                255.0.0.0        U     0      0        0 lo
default         192.168.254.254  0.0.0.0          UG    0      0        0 ppp0
```

Nous pouvons noter que la règle de routage par défaut est positionnée sur l'interface ppp0 correspondant à la connexion PPP. Pour couper la connexion, il suffit de tuer le processus pppd par un simple killall pppd.

Si l'on utilise le programme syslogd, il est possible de visualiser la trace de la connexion et de l'établissement du protocole. Suivant la configuration de syslogd, les traces sont alors disponibles dans /var/log/messages, ou bien en utilisant la commande logread sous Busybox. Si syslogd n'est pas utilisé, les traces sont affichées sur la console du système.

Traces syslogd de connexion PPP

```
Apr 11 15:17:35 mylinux chat[1355]: atdtXXXXXXXXXX^M^M
Apr 11 15:17:35 mylinux chat[1355]: CONNECT
Apr 11 15:17:35 mylinux chat[1355]: -- got it
Apr 11 15:17:35 mylinux chat[1355]: send (^M)
Apr 11 15:17:35 mylinux pppd[1354]: Serial connection established.
Apr 11 15:17:35 mylinux pppd[1354]: Using interface ppp0
Apr 11 15:17:35 mylinux pppd[1354]: Connect: ppp0 <--> /dev/ttyS0
Apr 11 15:17:36 mylinux kernel: PPP BSD Compression module registered
Apr 11 15:17:36 mylinux kernel: PPP Deflate Compression module registered
Apr 11 15:17:36 mylinux pppd[1354]: local IP address 62.147.84.85
Apr 11 15:17:36 mylinux pppd[1354]: remote IP address 192.168.254.254
Apr 11 15:17:36 mylinux pppd[1354]: primary   DNS address 213.228.0.168
```

Au moment de l'établissement de la connexion PPP, `pppd` exécute automatiquement le script shell `/etc/ppp/ip-up`, qui exécute à son tour le script `/etc/ppp/ip-up.local` s'il existe. Ce dernier peut être ajouté par l'utilisateur, ce qui permet d'associer l'établissement de la connexion au lancement d'une application. De même, la coupure de la connexion provoque l'exécution du script `/etc/ppp/ip-down`, qui exécute le script `/etc/ppp/ip-down.local` s'il existe.

Passons aux choses sérieuses !

Nous avons désormais une distribution de test fonctionnelle, capable de communiquer avec le monde extérieur. Dans les chapitres suivants, nous étudierons les concepts liés aux cartes réelles, même si nous pouvons poursuivre nos tests sous QEMU. Le prochain chapitre sera consacré aux chargeurs de démarrage *(bootloaders)* les plus répandus comme GRUB et Syslinux et surtout U-Boot et les techniques associées à son utilisation telles que le NFS-Root.

8

Le chargeur de démarrage

Quelle que soit l'architecture de la carte (ARM, PowerPC, x86…), celle-ci dispose d'un logiciel embarqué nommé chargeur de démarrage *(bootloader)* capable d'exploiter les fonctions matérielles essentielles, comme :

- mémoire vive et mémoire flash ;
- interface RS-232 ;
- interface Ethernet.

Grâce au bootloader, on pourra donc charger une image en mémoire vive depuis le réseau, l'exécuter si elle correspond à un programme, puis l'installer sur la mémoire flash. Dans ce chapitre, nous étudierons tout d'abord deux bootloaders pour x86, soit GRUB et Syslinux. La suite du chapitre sera consacrée à U-Boot *(Universal Boot-loader)*, qui est à l'heure actuelle le bootloader le plus répandu sur les cartes industrielles, si l'on met à part les cartes à base de x86. Nous terminerons le chapitre par une introduction à Barebox, successeur d'U-Boot.

U-Boot est destiné à être installé sur carte réelle, mais nous effectuerons tout de même les démonstrations dans l'émulateur QEMU, afin de permettre au plus grand nombre de lecteurs de l'utiliser, au cas où ils ne disposeraient pas d'une telle carte. Notez que les manipulations sur une carte réelle seront strictement identiques.

REMARQUE **Cas de l'architecture x86**

Le cas de l'architecture x86 est assez particulier. Il existe bien entendu plusieurs bootloaders pour x86, comme GRUB ou bien Syslinux, dont nous parlerons dans ce chapitre. Cependant, l'utilisation est un peu différente des autres architectures, vu que l'exploitation bas niveau de la carte est assurée par le BIOS.

Utilisation de GRUB

Nous avons déjà évoqué GRUB au chapitre 4, car ce dernier est utilisé dans la majorité des distributions Linux classiques. Rappelons que l'origine de GRUB *(GRand Unified Bootloader)* est le projet GNU/Hurd, disponible sur http://www.gnu.org/software/hurd. La version utilisée sur Linux est donc un portage de la version GNU/Hurd. Dans ce chapitre, nous évoquerons la version 0.97 *(Legacy)* de GRUB, et non la nouvelle version nommée GRUB 2. La documentation complète de GRUB est disponible à l'adresse http://www.gnu.org/software/grub.

GRUB est beaucoup plus évolué que son prédécesseur LILO *(LInux LOader)*, car, outre le nombre d'options disponibles, GRUB est compatible avec un grand nombre de formats de systèmes de fichiers (EXT2, EXT3, FAT16/32, etc.), ce qui évite de mettre à jour le secteur de démarrage (MBR ou *Master Boot Record*) lors d'une modification de la configuration. Il permet également de démarrer sur d'autres supports qu'un disque : citons les CD-Rom au format *El Torito*, ou bien le démarrage par réseau par TFTP. GRUB utilise par défaut la console du PC, mais on peut également ment l'utiliser avec un port série RS-232.

GRUB est uniquement disponible sur l'architecture x86, son utilisation dans le monde embarqué est donc limitée aux cartes x86, pour lesquelles sa configuration est identique à celle d'un PC classique.

Nommage des périphériques

GRUB n'a pas été conçu au départ pour un système Linux. De ce fait, le nommage des périphériques est différent, ce qui est assez déroutant au début. Sous Linux, la partition N du disque X sera nommée `/dev/sdXN` ou `/dev/hdXN`, X étant le numéro du disque à partir de `a` (`a`, `b`, `c`, …), et N le numéro de la partition à partir de 1. Voici quelques exemples cités ci-dessous :

- `/dev/sda1` : première partition du premier disque SCSI/SATA ;
- `/dev/sdb2` : deuxième partition du deuxième disque SCSI/SATA ;
- `/dev/hda4` : quatrième partition du premier disque IDE ;
- `/dev/hdc2` : deuxième partition du troisième disque IDE.

Sous GRUB, la partition est représentée par `(hdX,N)`, X étant le numéro du disque à partir de zéro, et N le numéro de la partition à partir de zéro. Le type de bus (IDE, SCSI, SATA) n'est pas caractérisé. Voici les mêmes exemples que précédemment, en notation GRUB :

- `(hd0,0)` ;
- `(hd1,1)` ;

- `(hd0,3)`;
- `(hd2,1)`.

Mode interactif

GRUB inclut un interpréteur de commandes assez évolué. Toutes les commandes GRUB sont disponibles par ce biais, et il est possible de construire la configuration de manière interactive, même si la syntaxe est parfois ardue. Cependant, le mode interactif est parfois la seule solution, lorsque le fichier de configuration est absent ou erroné.

Si une configuration est déjà définie, on peut lancer le mode interactif en tapant la lettre c (comme *console*) au démarrage de GRUB. À partir de là, on obtient une invite de commandes `grub>`. Tous les fichiers sont accessibles depuis l'interpréteur de commandes, car GRUB ne tient pas compte des droits d'accès. La complétion automatique disponible avec les commandes GNU est également disponible dans GRUB.

Exemple de session interactive: localisation et affichage d'un fichier

```
grub> find /etc/issue
   (hd0,0)
grub> cat /etc/issue
Fedora release 10 (Cambridge)
Kernel \r on an \m (\l)
```

Fichier de configuration

GRUB peut être utilisé de manière interactive. Cependant, il est plus fréquemment utilisé avec un fichier de configuration. Ce dernier est nommé par défaut `/boot/grub/menu.lst`. Sur certaines distributions comme Fedora, il est nommé `/boot/grub/grub.conf` avec un lien symbolique `/etc/grub.conf`.

> **ASTUCE Modifier dynamiquement la configuration GRUB**
>
> Il est parfois intéressant de modifier dynamiquement la configuration de GRUB, soit pour effectuer un test, soit parce qu'elle a été modifiée par erreur. Pour cela, il faut taper la lettre e (comme *edit*) au démarrage de GRUB, ce qui permet d'éditer le menu. Lorsque la modification est terminée, on peut démarrer sur l'entrée modifiée en tapant la lettre b (comme *boot*). Bien évidemment, on peut protéger l'accès à ce mode – ainsi qu'au mode interactif – si l'on a spécifié une entrée `password` dans le fichier de configuration.

Extrait du contenu du fichier grub.conf sur Fedora 11

```
default=0
timeout=5
splashimage=(hd0,0)/grub/splash.xpm.gz
hiddenmenu

title Fedora (2.6.30.10-105.2.23.fc11.i586)
    root (hd0,0)
    kernel /vmlinuz-2.6.30.10-105.2.23.fc11.i586 ro root=/dev/mapper/
vg_opti760pf-lv_root rhgb quiet
    initrd /initrd-2.6.30.10-105.2.23.fc11.i586.img
```

La configuration est divisée en deux parties :

1 les paramètres communs, dans notre cas `default`, `timeout`, `splashimage` et `hiddenmenu` ;

2 les différentes entrées (une par image à démarrer) ; en général, chaque entrée commence par `title`, qui correspond à la chaîne affichée à l'écran au démarrage. Elle contient dans notre cas les directives `root`, `kernel` et `initrd`.

La directive `root (hd0,0)` indique que le répertoire de référence de GRUB, soit `/boot`, est situé sur la première partition du premier disque. La directive `kernel` indique le nom de l'image du noyau (`vmlinuz`, qui correspond au fichier `bzImage` produit lors de la compilation du noyau) suivie des paramètres à passer au noyau. Dans notre cas, nous utilisons également la directive `initrd`, afin de préciser le nom du fichier `initrd` associé au noyau.

> **REMARQUE** **Syntaxe des paramètres du noyau**
>
> La syntaxe des paramètres est « indépendante » du bootloader utilisé. Elle est disponible dans le fichier `Documentation/kernel-parameters.txt` des sources du noyau. Par exemple, si l'on veut préciser un nom de partition racine comme `root=/dev/sda2`, on utilisera la syntaxe Linux, et non celle de GRUB.

L'entrée peut cependant être beaucoup plus simple. Si nous reprenons l'exemple de la minidistribution créée au chapitre 6, l'entrée GRUB correspondante serait la suivante.

Entrée GRUB pour une mini-distribution x86

```
title Mini-Distribution
    root (hd0,0)
    kernel /boot/vmlinuz      # Ou bien /vmlinuz
    initrd /boot/initrd.gz    # Ou bien /initrd.gz
```

Ce système utilise un noyau statique `vmlinuz` qui démarre par défaut en mode texte. Le système de fichiers racine est chargé en mémoire vive (`initrd`) depuis le fichier `initrd.gz`.

> ASTUCE **Ajouter des entrées de test à un système**
>
> Cette méthode peut être utilisée pour ajouter facilement des entrées de test sur le PC/x86 de développement, en utilisant un noyau minimaliste dont la configuration n'est pas dépendante du modèle de PC (mis à part le type de processeur), puisque la distribution fonctionne dans un *ramdisk*. Nous reviendrons sur cette technique au chapitre 12, consacré aux extensions temps réel.

La majeure partie des directives sont assez parlantes. Leur description est disponible sur http://www.gnu.org/software/grub/manual/html_node/Commands.html.

Installation de GRUB sur une clé USB

On peut compiler GRUB à partir des sources, mais la cible étant également x86, le plus simple est de l'installer à partir du PC/x86 de développement qui contient déjà GRUB. Prenons l'exemple d'une clé USB sur laquelle on installe une minidistribution Linux. La clé est vue par le PC de développement comme un périphérique `/dev/sdb`, avec une partition unique `/dev/sdb1`. La description précise des mémoires de masse – dont la clé USB fait partie – fera l'objet du chapitre suivant. Dans le cadre de ce chapitre, nous admettrons qu'il possible de formater une clé USB insérée dans le PC de développement en utilisant les outils de l'interface graphique. Lorsque la clé USB est insérée, elle apparaît sur le bureau. Il suffit alors d'effectuer un clic droit sur la clé, de sélectionner le format *Compatible with Linux (ext3)* dans le menu contextuel, puis d'entrer un nom comme *test_ext3*, qui sera utilisé pour le point de montage de la partition, soit `/media/test_ext3`.

Lorsque la clé est formatée, on peut installer GRUB sur ce support en utilisant la commande `grub-install`. Bien entendu, il faut mettre en place un fichier de configuration adéquat sur le support. Il faut également que les fichiers `vmlinuz` et `initrd.gz` soient copiés dans le répertoire `/boot` de la partition `/dev/sdb1`.

Installation de GRUB sur un support

```
# mkdir -p /media/test_ext3/boot/grub
# cp vmlinuz initrd.gz /media/test_ext3/boot
# grub-install --no-floppy --root-directory=/media/test_ext3 /dev/sdc
#
# cat my_grub.conf
default    0
timeout    5
```

```
title Test GRUB
    root    (hd0,0)
    kernel /boot/vmlinuz   # ou bien /vmlinuz
    initrd /boot/initrd.gz # ou bien /initrd.gz

# cp my_grub.conf /media/test_ext3/boot/grub/grub.conf# ou bien menu.lst
```

> **ATTENTION Installer GRUB sur le bon support !**
>
> Les distributions récentes utilisent /dev/sd* comme préfixe pour la majorité des disques (par exemple,
> /dev/sda). Un support cible type Compact Flash ou clé USB aura donc un nom proche de celui du dis-
> que du PC. Prenez donc garde à ne pas écraser la configuration GRUB de votre système de
> développement !

On peut alors visualiser le contenu de la distribution qui contient les fichiers GRUB,
le noyau vmlinuz et l'image du système de fichiers racine initrd.gz.

```
# cd /media/test_test3
# find .
.
./lost+found
./boot
./boot/grub
./boot/grub/vstafs_stage1_5
./boot/grub/ufs2_stage1_5
./boot/grub/stage1
./boot/grub/e2fs_stage1_5
./boot/grub/xfs_stage1_5
./boot/grub/stage2
./boot/grub/device.map
./boot/grub/reiserfs_stage1_5
./boot/grub/ffs_stage1_5
./boot/grub/iso9660_stage1_5
./boot/grub/fat_stage1_5
./boot/grub/grub.conf
./boot/grub/jfs_stage1_5
./boot/grub/minix_stage1_5
./boot/initrd.gz
./boot/vmlinuz
```

Finalement, on peut tester la distribution avec QEMU.

Test de la clé USB avec QEMU

```
$ sudo qemu -hda /dev/sdc
```

Création d'une image ISO bootable avec GRUB

Nous allons maintenant utiliser le même système minimal que précédemment pour créer une image ISO amorçable (ou *bootable*). Cette image pourra être gravée sur un CD-Rom, même si ces derniers ne sont plus trop utilisés par rapport aux clés USB. Pour cela, nous allons utiliser l'extension *El Torito* fournie avec GRUB, soit `stage2_eltorito`. *El Torito* correspond à une extension de la norme ISO 9660, permettant de rendre un CD-Rom bootable.

> POUR L'ANECDOTE **Origine du nom El Torito**
>
> La légende veut que le nom *El Torito* soit celui du restaurant dans lequel le format aurait vu le jour à Irvine, Californie. De même, la norme ISO 9660 a pour origine le format *High Sierra*, dont le nom est celui du lieu de la première réunion du groupe de travail en 1985, l'hôtel *High Sierra* dans le Nevada.

La mise en place de l'arborescence est simple. Il suffit de créer un répertoire `iso`, dans lequel on copie les éléments nécessaires.

Arborescence du répertoire iso

```
iso/boot
iso/boot/grub
iso/boot/grub/grub.conf
iso/boot/grub/stage2_eltorito
iso/boot/initrd.gz
iso/boot/vmlinuz
```

Les fichiers `vmlinuz` et `initrd.gz` sont identiques à ceux de l'exemple précédent. Le fichier `stage2_eltorito` est fourni par la distribution GRUB, dans le répertoire `/usr/share/grub/i386-redhat`. Le contenu du fichier `grub.conf` est donné ci-après. Notons que suivant les distributions, il peut être nommé `menu.lst`.

Contenu de grub.conf (ou menu.lst)

```
default 0
timeout 5
title Bootable CD
    kernel (cd)/boot/vmlinuz rw
    initrd (cd)/boot/initrd.gz
```

Pour créer l'image, on utilise la commande `mkisofs` comme décrit dans la documentation GRUB sur http://www.gnu.org/software/grub/manual/html_node/Making-a-GRUB-bootable-CD-ROM.html. On peut ensuite la tester à l'aide de QEMU.

Création et test de l'image ISO

```
$ mkisofs -R -b boot/grub/stage2_eltorito -no-emul-boot -boot-load-size
4 -boot-info-table -o test.iso iso
$ qemu -cdrom test.iso
```

Utilisation de Syslinux

Syslinux est un bootloader pour Linux, dont la particularité est de fonctionner avec des partitions FAT MS-DOS/Windows. Même s'il a moins d'intérêt depuis la généralisation de GRUB, il offre l'avantage d'être très facile à installer. Ajoutons qu'il existe des projets parallèles à Syslinux comme PXELinux, IsoLinux et ExtLinux, permettant de mettre en place un système démarrant respectivement sur PXE (réseau), CD-Rom ISO 9660 ou partition EXT2/EXT3. De plus amples détails sont disponibles sur http://syslinux.zytor.com/wiki/index.php/The_Syslinux_Project.

Le paquet `syslinux` existe pour toutes les distributions récentes. Sur Fedora, on peut l'installer par la commande :

```
$ sudo yum install syslinux
```

Pour tester Syslinux, nous pouvons une nouvelle fois utiliser une clé USB, ainsi que les images `vmlinuz` et `initrd.gz`. Nous devons tout d'abord formater la clé en utilisant la même méthode que précédemment, mais en sélectionnant l'option *Compatible with all systems (FAT)*. Si le nom du volume choisi est *test_fat*, la clé sera montée automatiquement sur `/media/test_fat`.

Dans un premier temps, on doit installer le MBR, qui est dans notre cas `/usr/share/syslinux/mbr.bin`.

Installation du MBR

```
# cat /usr/share/syslinux/mbr.bin > /dev/sdc
```

On peut ensuite copier les fichiers nécessaires, soit `vmlinuz` et `initrd.gz`, ainsi que le fichier de configuration `syslinux.cfg`. Finalement, on installe Syslinux en utilisant la commande `syslinux`, et on teste avec QEMU.

Installation et test de la clé

```
# cp vmlinuz initrd.gz syslinux.cfg /media/test_fat
# umount /media/test_fat
# syslinux /dev/sdc1
# qemu -hda /dev/sdc1
```

Le fichier de configuration `syslinux.cfg` est décrit ci-dessous.

Contenu du fichier syslinux.cfg

```
DEFAULT linux
LABEL linux
KERNEL vmlinuz
APPEND initrd=initrd.gz
```

Utilisation de U-Boot

Le nom U-Boot signifie *Universal Bootloader*, car il peut être utilisé sur la majorité des architectures embarquées du marché (ARM, PowerPC, MIPS, SH4…). Le projet est développé par la société DENX Software, déjà à l'origine de la distribution ELDK, et dont nous utilisons le compilateur croisé. La documentation complète de U-Boot est disponible sur http://www.denx.de/wiki/DULG/Manual.

REMARQUE **U-Boot, was ist das ?**

De par les origines germaniques de ce projet, le nom U-Boot est également un jeu de mots avec le terme qui désigne un sous-marin (*Unterseeboot* en allemand).

Dans cette section, nous allons voir comment compiler une image U-Boot utilisable sur une carte Versatile PB. Nous décrirons ensuite en détail son installation et son utilisation.

Comme nous l'avons annoncé dans l'introduction du chapitre, la majeure partie des manipulations décrites pourront être effectuées sous QEMU dans le cas de l'émulation de la carte Versatile PB. Cela nécessite de légères modifications sous forme de patchs destinés aux sources de U-Boot et de QEMU. Ces patches seront fournis avec les compléments de l'ouvrage. Ils sont issus des travaux publiés par Thomas Petazzoni en 2008, à l'adresse http://thomas.enix.org/Blog-20081002153859-Technologie. Qu'il en soit ici chaleureusement remercié !

Compilation de la version modifiée de QEMU

Nous avons détaillé au chapitre 5 la compilation de QEMU à partir d'une copie du dépôt Git obtenue par la commande :

```
$ git clone git://git.savannah.nongnu.org/qemu.git
```

La modification se résume à l'application du patch correspondant au fichier `qemu_vpb_flash.patch`. Ce patch met en place un support correct de l'émulation de la mémoire flash de la carte Versatile PB.

Compilation de la version modifiée de QEMU

```
$ git checkout 26a823305dfdf369453a8caf5efdd467acddc8c
$ cd qemu
$ patch -p1 < ../qemu_vpb_flash.patch
$ ./configure --prefix=<qemu_install_path> --target-list=arm-softmmu --
disable-user
$ make
$ make install
```

Compilation de U-Boot

Les sources sont disponibles sur le site de DENX, à l'adresse ftp://ftp.denx.de/pub/u-boot. La dernière version disponible au moment de l'écriture de l'ouvrage est la 2010.03. Cependant, en vue de l'utilisation dans QEMU, nous utiliserons la version 1.3.4, qui est un peu plus ancienne (2008), mais cela ne change pas la méthode.

Comme pour le noyau Linux, l'image de U-Boot est produite avec la chaîne croisée ELDK-4.2. On doit donc vérifier le chemin d'accès au compilateur croisé – variable PATH – ainsi que la positionnement de la variable CROSS_COMPILE. La compilation est décrite ci-dessous pour le cas de figure d'une carte Versatile PB émulée par QEMU. Bien entendu, l'application du patch est inutile si l'on travaille sur une carte réelle. Les détails du patch sont décrits au début du fichier u-boot-1.3.4_qemu.patch.

Compilation de U-Boot pour Versatile PB (émulée)

```
$ tar xjvf u-boot-1.3.4.tar.bz2
$ cd u-boot-1.3.4
$ patch -p1 < ../u-boot-1.3.4_qemu.patch
$ make versatile_config
Configuring for versatile board... Variant:: PB926EJ-S
$ make
```

À l'issue de la compilation, on obtient l'image U-Boot sous trois formes.

* une image binaire *brute*, soit `u-boot.bin` ;
* une image binaire au format ELF *(Executable and Linkable Format)*, soit `u-boot` ;
* une image ASCII au format Motorola S-Record, soit `u-boot.srec`.

PRÉCISION **À quoi correspondent ELF et S-Record ?**

Le format ELF est utilisé pour les binaires Linux, tant au niveau des objets (`.o`) que des exécutables. Il a remplacé l'antique format `a.out` lors du passage à la Glibc 2.

Le format S-Record, créé par Motorola, a pour but de coder un fichier binaire (8 bits) en ASCII (7 bits). L'intérêt à l'époque était de permettre le transfert correct des données même si l'on disposait uniquement d'un contrôle de flux logiciel, type XON/XOFF. Ce format n'est plus trop utilisé de nos jours.

Installation et test de l'image U-Boot sous QEMU

Typiquement, l'image est installée sur la mémoire flash de la carte. Cependant, nous pouvons d'ores et déjà effectuer un premier test sous QEMU, en chargeant l'image U-Boot en mémoire vive à l'aide de l'option `-kernel`. Nous obtenons une invite de commandes `Versatile #` correspondant au type de carte utilisé.

Premier test de U-Boot sous QEMU en mémoire vive

```
$ qemu-system-arm -M versatilepb -m 64 -kernel u-boot.bin -nographic

U-Boot 1.3.4 (May 15 2010 - 20:09:40)

DRAM:    0 kB
## Unknown FLASH on Bank 1 - Size = 0x00000000 = 0 MB
Flash: 0 kB
*** Warning - bad CRC, using default environment

In:    serial
Out:   serial
Err:   serial
Versatile #
```

Cette méthode nous permet de tester partiellement U-Boot, mais l'absence de mémoire flash interdit la sauvegarde de la configuration de U-Boot. Nous verrons plus loin dans ce chapitre que c'est là un inconvénient majeur, de par la complexité de certains paramètres.

La carte Versatile PB dispose d'une mémoire flash de 64 Mo. Dans le cas de l'émulation avec QEMU, la mémoire sera représentée par un fichier `flash.img` de 64 Mo créé sur le PC de développement. Pour ce faire, nous créons un fichier de 64 Mo puis nous copions l'image `u-boot.bin` en début de fichier. Par défaut, la carte émulée chargera l'image trouvée en début de mémoire flash, elle la placera en mémoire vive et l'exécutera ensuite.

Création du fichier image de la flash

```
$ dd if=/dev/zero of=flash.img bs=1M count=64
$ dd if=u-boot.bin of=flash.img conv=notrunc
```

> **PRÉCISION Quelques mots sur la commande dd**
>
> Cette commande permet simplement de copier l'entrée standard sur la sortie standard, en utilisant par défaut des blocs de taille 512 octets. Cependant, les nombreuses options de configuration permettent de faire des copies de divers supports physiques (disquette, CD-Rom, clé USB, partition ou disque entier). La commande dispose également d'options de conversion comme la permutation des octets poids faible/poids fort.

Nous pouvons à présent utiliser QEMU en chargeant l'image de la flash ainsi créée. Grâce à l'émulation de la mémoire flash, toutes les modifications de la session d'émulation seront enregistrées dans le fichier. Cette méthode est très pratique pour diffuser une configuration de test via le fichier `flash.img,` que l'on peut compresser avant diffusion ou archivage. Dans l'exemple suivant, nous démarrons U-Boot sous QEMU en utilisant les options `-net nic` et `-net tap`, qui permettent d'avoir un accès complet au réseau, comme décrit au chapitre 7.

Test sous QEMU du fichier créé

```
$ sudo qemu-system-arm -M versatilepb -m 64 -pflash flash.img -nographic
-net nic -net tap
U-Boot 1.3.4 (May 15 2010 - 20:09:40)

DRAM:    0 kB
pflash_write: Unimplemented flash cmd sequence (offset 00000000, wcycle
0x0 cmd 0x0 value 0xf0)
pflash_write: Unimplemented flash cmd sequence (offset 00000000, wcycle
0x0 cmd 0x0 value 0x90)
Flash: 64 MB
In:     serial
Out:    serial
Err:    serial
Versatile #
```

Installation sur une carte réelle

Il est difficile de donner une procédure généralisée, car l'installation dépend de la carte utilisée. La majorité des cartes industrielles permettent d'installer le bootloader en utilisant le connecteur JTAG. Pour cela, le constructeur pourra fournir un outillage adapté (un câble JTAG), que l'on pourra relier au PC de développement par un connecteur USB ou – dans quelques cas – le port parallèle. Le constructeur fournira également un logiciel permettant d'effectuer ce transfert.

PRÉCISION **Qu'est-ce que le JTAG ?**

Le terme JTAG signifie *Join Test Action Group*, c'est-à-dire le groupe de travail qui a conçu la norme IEEE 1149.1, intitulée *Standard Test Access Port and Boundary-Scan Architecture*. Une des applications de la norme est de définir des accès aux registres internes du processeur, afin d'effectuer de la mise au point bas-niveau. Le JTAG permet aussi la programmation des FPGA et CPLD *(Complex Programmable Logic Device)* ou bien des mémoires flash associées à des microcontrôleurs.

Il existe également des sondes JTAG permettant d'effectuer cette programmation – et bien plus encore – de manière standard, à partir du moment où la sonde est adaptée au processeur utilisé. Nous pouvons citer la sonde BDI3000 de chez Abatron (http://www.abatron.ch/products/bdi-family/bdi3000.html). Ce matériel est assez coûteux, mais d'excellente qualité, avec un très bon support pour Linux. D'autres outils libres comme OpenOCD (http://openocd.berlios.de) associés à des câbles standards du marché permettent d'exploiter le bus JTAG, mais l'utilisation est parfois un peu chaotique. Nous décrirons en détail l'utilisation des sondes JTAG au chapitre 12, consacré aux outils de mise au point.

Si la carte ne dispose pas d'un connecteur JTAG, on devra le plus souvent installer le bootloader via une liaison série, en utilisant un microcode spécialisé *(firmware)* embarqué sur la carte.

REMARQUE **Il est important de savoir installer le bootloader !**

La procédure d'installation du bootloader doit être connue, car il peut arriver que ce dernier soit endommagé suite à des manipulations douteuses, ce qui rend alors la carte inutilisable !

Les principes de U-Boot

L'utilisation du bootloader U-Boot est assez simple pour un développeur habitué à l'environnement Unix, car la syntaxe est assez similaire – toutes proportions gardées – à celle d'un interpréteur de commandes comme `sh` ou `bash`. Nous pouvons résumer ci-après les principes généraux de U-Boot.

- U-Boot utilise des variables d'environnement, que l'on peut affecter avec la commande `setenv` et afficher avec la commande `printenv`. On peut utiliser le contenu d'une variable dans une commande, en utilisant la syntaxe `${nom_variable}`. On enregistre l'ensemble des variables en utilisant la commande `saveenv`. Une zone de la mémoire flash est réservée à la sauvegarde de la configuration (un secteur dans notre cas).

- U-Boot utilise un certain nombres de variables prédéfinies, mais on peut ajouter autant de variables que l'on veut, dans la limite de la mémoire disponible. Pour effacer une variable, il suffit d'affecter sa valeur à la chaîne de caractères vide.

ATTENTION **La liste des commandes est définie à la compilation**

Pour chaque carte supportée par U-Boot, une liste de fonctionnalités est définie dans des fichiers de configuration `.h`. Il peut être nécessaire de modifier un de ces fichiers pour disposer d'une commande non disponible par défaut. Dans le cas de la carte Versatile PB, la configuration est définie dans `include/configs/versatile.h`. Nous y avons ajouté la définition des commandes `run` et `autoscr`, en définissant les constantes en fin de liste.

```
/*
 * Command line configuration.
 */
#define CONFIG_CMD_DHCP
#define CONFIG_CMD_IMI
#define CONFIG_CMD_NET
#define CONFIG_CMD_PING
#define CONFIG_CMD_BDI
#define CONFIG_CMD_MEMORY
#define CONFIG_CMD_FLASH
#define CONFIG_CMD_ENV
#define CONFIG_CMD_RUN
#define CONFIG_CMD_AUTOSCRIPT
```

- On peut définir des variables comme des macro-instructions permettant d'exécuter une suite de commandes. La macro-instruction est exécutée en utilisant la commande `run`. Typiquement, on a l'habitude de définir des macros pour mettre à jour le noyau Linux ou le système de fichiers racine, car cette opération correspond à un enchaînement de commandes : chargement de l'image en mémoire vive depuis le PC de développement par TFTP (Trivial FTP), effacement de la zone de mémoire flash réservée, copie des données de la mémoire vive vers la mémoire flash. Nous donnerons des exemples de telles macro-instructions au chapitre suivant, consacré aux mémoires de masse.

* Les commandes peuvent être abrégées s'il n'y a pas d'ambiguïté, comme `pri` pour `printenv` ou `tftp` pour `tftpboot`.

La syntaxe de U-Boot

Nous allons présenter ici quelques exemples de manipulations de variables d'environnement sous U-Boot. À l'issue de cela, nous fournirons la liste des principales commandes, ainsi que celles des principales variables U-Boot utilisées dans cet ouvrage. Certaines manipulations concernant les mémoires flash seront décrites au chapitre suivant.

Exemples de manipulation

Affichage de toutes les variables définies

```
Versatile # printenv
baudrate=38400
bootfile="/tftpboot/uImage"
serverip=192.168.3.109
ethaddr=52:54:00:12:34:56
...
Environment size: 337/65532 bytes
```

Affichage et affectation d'une variable

```
Versatile # printenv ipaddr
ipaddr=192.168.3.45
Versatile # printenv inconnue
## Error: "inconnue" not defined
Versatile # setenv inconnue jeconnais
Versatile # printenv inconnue
inconnue=jeconnais
```

Affectation d'une variable par le contenu d'une autre

```
Versatile # setenv connue ${inconnue}
Versatile # printenv connue
connue=jeconnais
```

Effacement d'une variable

```
Versatile # setenv inconnue
Versatile # printenv inconnue
## Error: "inconnue" not defined
```

Sauvegarde des modifications

```
Versatile # saveenv
Saving Environment to Flash...
Un-Protected 1 sectors
Erasing Flash...
. done
Erased 1 sectors
Writing to Flash... done
Protected 1 sectors
```

> REMARQUE **Pas de ligne vide sous U-Boot !**
>
> Nous pouvons remarquer que l'action sur la touche *Entrée* du clavier répète la dernière commande. La notion de ligne vide n'existe pas dans l'interpréteur de commandes U-Boot.

Liste des principales commandes et variables.

Les listes fournies ci-après ne sont pas exhaustives, et l'on pourra se référer à la documentation en ligne sur http://www.denx.de/wiki/DULG/Manual. De même, U-Boot étant extrêmement configurable tant à la compilation qu'à l'exécution, certaines variables citées peuvent ne pas être disponibles, suivant les architectures testées.

Tableau 8–1 Liste des principales commandes U-Boot

Commande	Description
printenv	Affichage du contenu d'une ou des variables
setenv	Affectation d'un variable
saveenv	Sauvegarde des variables sur la mémoire flash
dhcp	Obtention d'une adresse IP par DHCP, puis chargement de `${bootfile}`
tftpboot	Chargement puis démarrage d'un fichier en RAM par TFTP, par défaut `${bootfile}`
boot	Exécution de la macro `bootcmd`
bootm	Démarrage à une adresse RAM, par défaut `${loadaddr}`
bdinfo	Affiche des informations concernant la carte
flinfo	Affiche des informations concernant la mémoire flash

Tableau 8–1 Liste des principales commandes U-Boot (suite)

Commande	Description
nand erase	Effacement de la flash NAND
nand write[.jffs2]	Écriture de données de la RAM vers la flash NAND
cp.[b, w, l]	Copie de mémoire (exemple: de la RAM vers la flash)
protect	Active/désactive la protection de la mémoire flash (NOR)
erase	Efface une zone de mémoire flash (NOR)
run	Exécution d'une macro
help	Affiche l'aide pour une commande (ou toutes les commandes)

Tableau 8–2 Liste des principales variables U-Boot

Variable	Description
bootargs	Paramètres du noyau Linux
ipaddr	Adresse IP de la carte
serverip	Adresse IP du serveur TFTP
gatewayip	Adresse IP de la passerelle par défaut
bootfile	Fichier par défaut chargé par la commande tftpboot
bootcmd	Macro appelée par la commande boot
loadaddr	Adresse de chargement en RAM par tftpboot
ethaddr	Adresse MAC de la carte
filesize	Taille du dernier fichier chargé par tftpboot
autostart	Démarrage automatique après un chargement par tftpboot (yes/no)

Un premier exemple de démarrage de la carte

Pour ce premier exemple de démarrage, nous allons utiliser un noyau Linux (fichier uImage) chargé par TFTP, et un système de fichiers racine monté par NFS (NFS-Root).

ATTENTION **U-Boot nécessite un fichier uImage**

Nous rappelons qu'un fichier de type uImage correspond à un fichier zImage auquel on a ajouté un en-tête U-Boot, en utilisant la commande mkimage fournie avec U-Boot ou le compilateur croisé ELDK. Le fichier uImage sera produit si l'on exécute la commande make uImage lors de la compilation du noyau. L'utilisation d'un fichier uImage est indispensable sous U-Boot.

Le principal avantage de cette solution est de pouvoir effectuer un test sans modifier la carte, ce qui est un avantage notoire dans le cas d'une carte réelle, car elle est souvent livrée avec une distribution de référence pré-installée.

> PRÉCISION **Qu'est-ce que NFS-Root ?**
>
> NFS-Root est une fonctionnalité permettant de monter une partition racine placée sur un serveur NFS. Cette dernière correspond donc à un répertoire exporté via le protocole NFS, exemple : `/home/pierre/rootfs_qemu`.
>
> Cette technique est héritée des stations de travail *diskless* (c'est-à-dire dépourvues de disque). Pour cela, il faut avant tout que le noyau Linux soit configuré correctement, en validant l'option `CONFIG_ROOT_NFS=y` dans le menu de configuration (commande `make menuconfig/xconfig/gconfig`). La configuration s'effectue en suivant les options *File systems>Network File Systems>Root filesystem on NFS*.

Dans ce cas de figure, on obtient le comportement suivant :

* Le noyau Linux est chargé en mémoire vive depuis le PC de développement configuré en serveur TFTP. Pour cela, on utilise la commande `tftpboot` de U-Boot ainsi que les variables `bootfile` et `loadaddr`. On démarre le noyau par la commande `bootm`.
* Le noyau démarre et monte le système de fichiers racine depuis le PC de développement configuré en serveur NFS. Notons que le serveur NFS peut être une autre machine que le serveur TFTP.

Installation du serveur TFTP

Le principe d'un serveur TFTP est de mettre à disposition les fichiers à télécharger sur le répertoire `/tftpboot` ou bien `/var/lib/tftpboot`. Si le serveur n'est pas installé sur le PC de développement, il peut l'être facilement en ajoutant les paquets adéquats.

Installation d'un serveur TFTP sur Fedora

```
$ sudo yum install tftp-server
```

Installation d'un serveur TFTP sur Ubuntu/Debian

```
$ sudo apt-get install tftpd
```

On pourra alors copier le fichier `uImage` pour la carte par la commande :

```
$ sudo cp uImage /var/lib/tftpboot
```

Configuration du serveur NFS

Le serveur NFS est en général installé sur le PC, mais il faut configurer l'accès au répertoire que l'on va utiliser comme système de fichiers pour la carte. La configuration s'effectue dans le fichier `/etc/exports`. Si l'on veut utiliser le répertoire `/home/pierre/rootfs_qemu`, on doit ajouter une ligne au fichier.

Ajout du système de fichiers racine à /etc/exports

```
/home/pierre/rootfs_qemu *(rw,sync,no_root_squash,no_all_squash)
```

Le caractère `*` indique que toutes les machines du réseau peuvent monter la partition par NFS. Pour augmenter le niveau de sécurité, on pourra remplacer `*` par l'adresse IP de la carte, soit dans notre cas `192.168.3.45`. Une fois la ligne ajoutée, on doit relancer le serveur NFS en utilisant l'une des commandes suivantes, sachant que la deuxième fonctionne sur toutes les versions de Linux et que la première est disponible sur Fedora.

Redémarrage du service NFS

```
$ sudo service nfs restart

# ou bien

$ sudo exportfs -a
```

PRÉCISION **Qu'est-ce que le « root squashing » ?**

Le comportement par défaut de NFS fait qu'un accès superutilisateur `root` est converti en accès `nobody`. Cette option permet d'assurer la sécurité du serveur, puisque les clients connectés ne peuvent pas être superutilisateur. Il est indispensable de désactiver cette option lorsque le répertoire exporté est une partition racine, puisque dans ce cas les droits des utilisateurs doivent être respectés, y compris ceux de `root`. L'option `no_root_squash` concerne l'utilisateur `root`, alors que `no_all_squash` concerne les autres utilisateurs.

Paramétrage U-Boot pour NFS-Root

Pour tester un démarrage TFTP/NFS-Root, on doit configurer les paramètres de chargement du noyau par TFTP, puis la variable `bootargs` définissant les paramètres du noyau, entre autres pour le démarrage NFS-Root. La syntaxe complète est disponible dans le fichier `Documentation/filesystems/nfs/nfsroot.txt` des sources du noyau Linux.

Paramétrage sous U-Boot

```
Versatile # setenv ipaddr 192.168.3.45
Versatile # setenv serverip 192.168.3.109
Versatile # setenv bootfile uImage
Versatile # setenv loadaddr 200000
Versatile # setenv bootargs root=/dev/nfs console=ttyAMA0 mem=64M
nfsroot=192.168.3.109:/home/pierre/rootfs_qemu ip=192.168.3.45::::::eth0:off
Versatile # saveenv
```

> REMARQUE **Le fichier spécial /dev/nfs n'existe pas !**
>
> En effet, c'est simplement un nom symbolique pour indiquer au noyau qu'il doit démarrer en NFS-Root.

Test de démarrage

```
Versatile # tftpboot
Using MAC Address 52:54:00:12:34:56
TFTP from server 192.168.3.109; our IP address is 192.168.3.45
Filename 'uImage'.
Load address: 0x200000
Loading: #################################################################
        ################################
done
Bytes transferred = 1431616 (15d840 hex)

Versatile # bootm
## Booting kernel from Legacy Image at 00200000 ...
   Image Name:   Linux-2.6.30
   Image Type:   ARM Linux Kernel Image (uncompressed)
   Data Size:    1431552 Bytes = 1.4 MB
   Load Address: 00008000
   Entry Point: 00008000
   Loading Kernel Image ... OK


Uncompressing
Linux...................................................................
................ done, booting the kernel.
Linux version 2.6.30 (pierre@opti760pf.localdomain) (gcc version 4.2.2) #13 Sat
May 15 22:58:42 CEST 2010
CPU: ARM926EJ-S [41069265] revision 5 (ARMv5TEJ), cr=00093177
CPU: VIVT data cache, VIVT instruction cache
Machine: ARM-Versatile PB
Memory policy: ECC disabled, Data cache writeback
Built 1 zonelists in Zone order, mobility grouping on. Total pages: 16256
```

```
Kernel command line: root=/dev/nfs console=ttyAMA0 mem=64M
nfsroot=192.168.3.109:/home/pierre/rootfs_qemu ip=192.168.3.45::::::eth0:off
NR_IRQS:64
PID hash table entries: 256 (order: 8, 1024 bytes)
Console: colour dummy device 80x30
Dentry cache hash table entries: 8192 (order: 3, 32768 bytes)
Inode-cache hash table entries: 4096 (order: 2, 16384 bytes)
Memory: 64MB = 64MB total

...
input: ImExPS/2 Generic Explorer Mouse as /class/input/input1
eth0: link up
IP-Config: Guessing netmask 255.255.255.0
IP-Config: Complete:
     device=eth0, addr=192.168.3.45, mask=255.255.255.0, gw=255.255.255.255,
     host=192.168.3.45, domain=, nis-domain=(none),
     bootserver=255.255.255.255, rootserver=192.168.3.109, rootpath=
Looking up port of RPC 100003/2 on 192.168.3.109
Looking up port of RPC 100005/1 on 192.168.3.109
VFS: Mounted root (nfs filesystem) on device 0:10.
Freeing init memory: 100K
Populating /dev...Done
00:00:03 up 0 min, load average: 0.00, 0.00, 0.00
Welcome to my embedded GNU/Linux system

mylinux login:
```

Démarrage automatique de la distribution

Une véritable carte doit pouvoir démarrer sans intervention de l'utilisateur. Pour cela, on utilise en général les variables `bootcmd` et `autostart`, ainsi que la variable `bootdelay` qui indique le nombre de secondes avant le démarrage automatique ou l'actionnement d'une touche par l'utilisateur. L'exemple de configuration pour un démarrage TFTP/NFS-Root est donné ci-après. Nous verrons au chapitre suivant comment démarrer sur la mémoire flash.

Configuration pour le démarrage automatique sur TFTP

```
Versatile # setenv autostart yes
Versatile # setenv bootcmd tftpboot
Versatile # setenv bootdelay 2
```

EXPERT **Configuration avancée du démarrage automatique**

Le lecteur désirant aller plus loin concernant les paramètres de démarrage automatique pourra consulter les fichiers README et doc/README.autoboot dans le répertoire des sources U-Boot.

Utilisation d'un fichier de définition de variables

La définition des variables U-Boot est fastidieuse, car l'interpréteur de commandes ne dispose ni d'un historique, ni de la possibilité de compléter la ligne de commande comme dans bash. Il peut donc être intéressant de créer sur le PC de développement une image contenant la définition des variables ou macro-instructions, puis de charger cette image sur U-Boot, par le protocole TFTP. Ensuite, il est bien entendu possible de sauvegarder les variables sur la mémoire flash par saveenv.

Pour cela, on doit créer sur le PC de développement un fichier contenant les commandes à exécuter sur U-Boot, que nous nommons à titre d'exemple u-boot_script.txt.

Exemple de fichier de commandes U-Boot

```
setenv var1 valeur1
setenv var2 valeur2
setenv nfs 'setenv bootargs ${bootargs_nfs}'
setenv flash 'setenv bootargs ${bootargs_flash}'
```

L'étape suivante consiste à créer un fichier image que l'on pourra charger sur U-Boot par TFTP. Pour cela, on utilise la commande mkimage déjà citée pour la création du noyau uImage. On copie ensuite le fichier dans le répertoire du serveur TFTP.

Création de l'image à partir du fichier de commande

```
$ mkimage -T script -C none -n 'Demo script file' -d u-boot_script.txt
u-boot_script.img
$ sudo cp u-boot_script.img /var/lib/tftpboot
```

Sur U-Boot, on peut alors charger le fichier produit, le vérifier puis l'exécuter. La commande iminfo permet de vérifier la validité de l'archive. La commande autoscr exécute le script.

Chargement et exécution de l'image dans U-Boot

```
Versatile # tftp 200000 u-boot_script.img
Using MAC Address 52:54:00:12:34:56
TFTP from server 192.168.3.158; our IP address is 192.168.3.45
Filename 'u-boot_script.img'.
Load address: 0x200000
Loading: #
done
Bytes transferred = 207 (cf hex)
```

```
Versatile # imi 200000

## Checking Image at 00200000 ...
   Legacy image found
   Image Name:    Demo script file
   Image Type:    PowerPC Linux Script (uncompressed)
   Data Size:     143 Bytes = 0.1 kB
   Load Address: 00000000
   Entry Point: 00000000
   Contents:
       Image 0: 135 Bytes = 0.1 kB
   Verifying Checksum ... OK

Versatile # autoscr 200000
## Executing script at 00200000

Versatile # printenv nfs
nfs=setenv bootargs ${bootargs_nfs}
Versatile # printenv flash
flash=setenv bootargs ${bootargs_flash}
Versatile # printenv var1
var1=valeur1
Versatile # printenv var2
var2=valeur2
Versatile # saveenv
```

Utilisation de Barebox

Le développement de Barebox a été initié en 2007 par Sascha Hauer de la société allemande Pengutronix. Ce projet a débuté comme une évolution de U-Boot et sous le nom de U-Boot-v2.

L'objectif de Sascha (par ailleurs responsable de l'architecture i.MX au sein du noyau Linux) était de faire évoluer U-Boot en intégrant des concepts issus du noyau Linux qui, à terme, faciliteraient la maintenance, la configuration et l'ajout du support de nouvelles cartes au bootloader. Ainsi, les premières étapes ont consisté en :

* une réorganisation de l'arborescence du code afin de suivre celle de Linux ;
* l'ajout du système de configuration Kconfig ;
* l'adoption des règles de codage du noyau Linux ;
* l'ajout de couches d'abstraction issues du noyau (par exemple, pour l'intégration de drivers, de systèmes de fichiers), offrant une interface sous la forme de fichier dans l'esprit POSIX (au lieu de zones mémoire dans U-Boot) ;

- l'intégration d'un shell avec les commandes habituellement disponibles sous Linux (`cp`, `mount`, etc.) ainsi qu'une gestion de fichiers (scripts, configuration, etc.) en lieu et place des variables utilisées sous U-Boot.

Au jour de l'écriture de l'ouvrage, Barebox supporte les architectures arm (10 familles de processeurs de l'ARM9 au Cortex A9, 50 cartes dans 62 configurations différents), blackfin (1 carte), mips (2 familles de processeurs, 2 cartes), nios2 (1 carte), openrisc (1 carte), ppc (1 carte) et x86 (1 carte).

Compilation de Barebox

Les sources sont disponibles sur le site du projet, à l'adresse http://barebox.org/download/. La dernière version disponible au moment de l'écriture de l'ouvrage est la 2012.04.

Téléchargement et extraction des sources de la version stable de Barebox

```
$ wget http://barebox.org/download/barebox-2012.04.0.tar.bz2
$ tar xjf barebox-2012.04.0.tar.bz2
$ cd barebox-2012.04.0/
```

Il est aussi possible d'utiliser Git pour télécharger les sources et ainsi obtenir l'historique du développement et les évolutions depuis la dernière version stable.

Téléchargement de la version de développement de Barebox

```
$ git clone git://git.pengutronix.de/git/barebox.git
$ cd barebox
```

> REMARQUE **Version stable ou Git ?**
>
> Lors des phases de développement, l'utilisation des sources gérées par Git est préférable. En effet, Git permet d'accéder à toutes les versions stables (la commande `git tag` permettant d'en obtenir la liste), de tracer ses modifications, de générer des patches et ainsi facilite la contribution de correctifs ou ajouts de nouvelles fonctionnalités au projet (au travers de sa liste de diffusion dont l'adresse est : barebox@lists.infradead.org).

La méthode de configuration et de compilation de Barebox est identique à celle de Linux. Il faut positionner les deux variables d'environnement suivantes :

- `ARCH` : architecture pour laquelle Barebox doit être compilé ;
- `CROSS_COMPILE` : préfixe du compilateur croisé.

Il existe, pour chaque carte supportée par Barebox, un fichier de configuration par défaut situé dans le répertoire : `arch/*/configs` (remplacer * par l'architecture souhaitée). Cette configuration par défaut constitue une excellente base de travail.

Chargement de la configuration par défaut pour Qemu

```
$ ARCH=arm CROSS_COMPILE=arm-none-linux-gnueabi- make
versatilepb_defconfig
```

Cette commande a pour effet la création du fichier de configuration courant (`.config`) à partir du fichier `arch/arm/configs/versatilepb_defconfig`.

Compilation de Barebox

```
$ ARCH=arm CROSS_COMPILE=arm-angstrom-linux-gnueabi- make -j2
```

Installation et test de l'image Barebox sous QEMU

Comme dans l'exemple de U-Boot, nous pouvons tester le binaire ainsi généré avec QEMU.

> REMARQUE **Quel QEMU utiliser ?**
>
> Toutes les distributions intègrent les paquets de QEMU. Par exemple, sous Fedora 16, il suffit d'installer le paquet `qemu-system-arm` pour disposer de l'émulateur. Toutefois, afin de bénéficier des derniers développements de l'architecture ARM pour QEMU, il est possible de télécharger la dernière version de QEMU mise à disposition par Linaro à l'adresse suivante : https://launchpad.net/qemu-linaro.

Les tests suivants sont effectués avec la version de QEMU de la Fedora 16 (version 0.15.1, révision 4,fc16).

Premier test de Barebox sous QEMU en mémoire vive

```
$ qemu-system-arm -M versatilepb -m 64 -net nic -net user -nographic
-kernel barebox.bin


barebox 2012.04.0 (Apr 9 2012 - 17:18:09)

Board: ARM Versatile/PB (ARM926EJ-S)
registered netconsole as cs1
eth@eth0: got MAC address from EEPROM: 52:54:00:12:34:56
Malloc space: 0x00c00000 -> 0x00ffffff (size 4 MB)
Stack space : 0x00bf8000 -> 0x00c00000 (size 32 kB)
```

```
Open /dev/env0 No such file or directory
no valid environment found on /dev/env0. Using default environment
running /env/bin/init...

Hit any key to stop autoboot: 3
[barebox@ARM Versatile/PB (ARM926EJ-S)]:/
#
```

Nous constatons que Barebox a démarré, indique qu'il fonctionne bien sur le cœur
ARM926EJ-S qui équipe la machine Versatile/PB. Une interface réseau eth0 a été
détectée, l'environnement par défaut a été chargé et enfin, un script /env/bin/init
est exécuté, et cherchera à charger un noyau après trois secondes (sauf si nous l'inter-
rompons en pressant une touche du clavier).

Il est possible d'utiliser l'émulation flash de QEMU. Nous avons mis à jour le patch
intégrant ce support pour la version Git de QEMU (en date d'avril 2012). La procédure de compilation de QEMU devient la suivante.

Compilation de la dernière version de QEMU

```
$ git clone git://git.qemu.org/qemu.git
$ cd qemu
$ git checkout 4e1957a -b flashnor
$ git am ../0001-versatiblepb-add-NOR-flash-support.patch
$ ./configure --prefix=<chemin_d_installation> --target-list=arm-
softmmu --disable-user
$ make -j2
$ make install
```

> **REMARQUE Chemin d'installation**
>
> Il est recommandé d'installer cette version modifiée de QEMU dans un répertoire personnel afin de ne
> pas écraser la version potentiellement fournie par la distribution de votre PC hôte. Pour la suite nous uti-
> liserons comme chemin d'installation : $HOME/qemu.

Nous allons désormais disposer d'une flash NOR. Il est donc nécessaire de configurer Barebox pour qu'il intègre le support de cette flash.

La procédure de configuration est identique à celle du noyau Linux.

Configuration de Barebox

```
$ ARCH=arm CROSS_COMPILE=arm-none-linux-gnueabi- make menuconfig
```

Figure 8–1
Interface de configuration
de Barebox

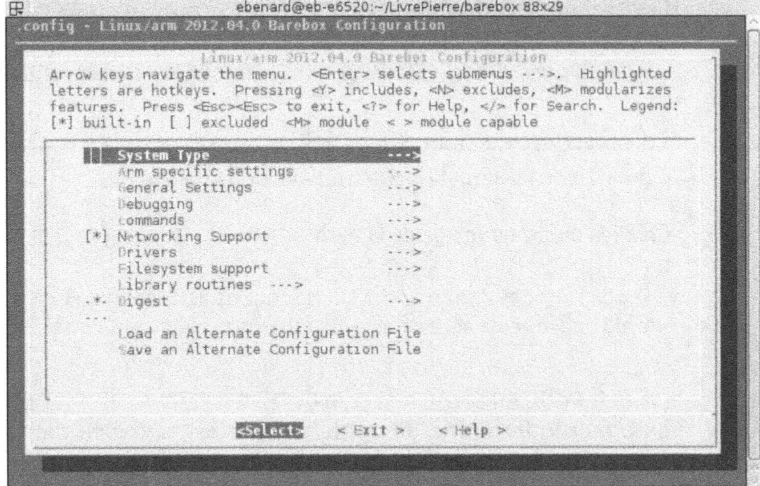

Nous souhaitons ajouter le support d'une flash. Pour cela, dans le sous-menu *Drivers*, sélectionnez *flash drivers*, puis *CFI* et enfin choisissez au minimum les options présentées dans la capture d'écran suivante.

Figure 8–2
Configuration du support de la
flash de la machine émulée

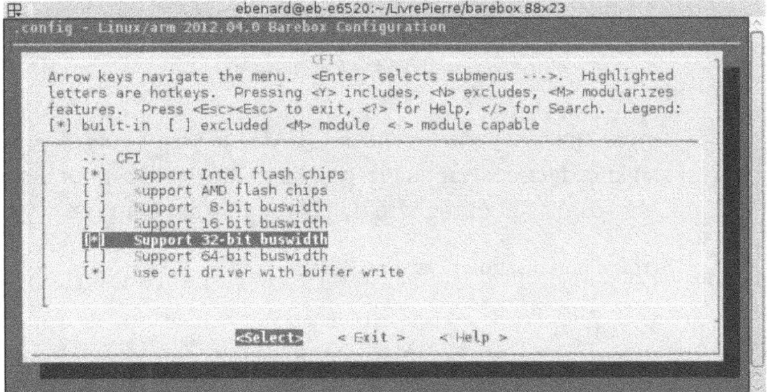

Une fois cette modification effectuée, il est intéressant de remonter dans le menu principal afin de découvrir les différents choix, notamment dans le menu *commands*. Il est recommandé d'activer les commandes *protect/erase* du sous-menu *flash*, ce qui nous permettra de disposer de ces deux commandes utiles pour nos manipulations.

Une fois la configuration modifiée, il est indispensable de la sauvegarder, en remontant au menu principal et en répondant *Yes* au message présenté.

Enfin, il est nécessaire de compiler Barebox pour générer un binaire intégrant nos modifications.

Compilation de Barebox

```
$ ARCH=arm CROSS_COMPILE=arm-angstrom-linux-gnueabi- make -j2
```

La procédure de création du fichier qui sera utilisée pour émuler la flash est identique à celle décrite dans la présentation de U-Boot :

Création du fichier image de la flash

```
$ dd if=/dev/zero of=flash.img bs=1M count=64
$ dd if=barebox.bin of=flash.img conv=notrunc
```

Afin d'avoir accès au réseau, il est nécessaire de configurer l'interface TUN/TAP. Une méthode rapide de configuration est rappelée dans les lignes suivantes (attention à bien adapter à votre configuration, l'interface réseau physique est nommée em1 dans cet exemple).

Préparation du pont réseau pour QEMU

```
$ sudo /usr/sbin/brctl addbr br0
$ sudo /sbin/ifconfig em1 0.0.0.0 promisc up
$ sudo /usr/sbin/brctl addif br0 em1
$ sudo dhclient br0
$ sudo /sbin/iptables -F FORWARD
```

Enfin, nous devons fournir à QEMU le script suivant qui lui permettra d'enregistrer son interface réseau sur le pont créé ci-dessus. Pour le suite, ce script sera nommé qemuifup.sh et enregistré dans le répertoire courant.

Script d'initialisation réseau de QEMU

```
#!/bin/sh
/sbin/ifconfig $1 0.0.0.0 promisc up
/usr/sbin/brctl addif br0 $1
```

Nous pouvons donc charger l'image de la flash contenant Barebox avec QEMU.

Test sous QEMU avec l'émulation de la flash

```
$ sudo QEMU_AUDIO_DRV=none ~/qemu/bin/qemu-system-arm -M versatilepb -m
64 -pflash flash.img -nographic -net nic,vlan=0 -net
tap,vlan=0,ifname=tap0,script=qemuifup.sh

barebox 2012.04.0-00001-gcc4758c-dirty (Apr 10 2012 - 19:51:22)
```

```
Board: ARM Versatile/PB (ARM926EJ-S)
registered netconsole as cs1
cfi_flash@cfi_flash0: found cfi flash at 34000000, size 67108864 ❶
eth@eth0: got MAC address from EEPROM: 52:54:00:12:34:56 ❷
Malloc space: 0x00c00000 -> 0x00ffffff (size 4 MB)
Stack space : 0x00bf8000 -> 0x00c00000 (size 32 kB)
envfs: wrong magic on /dev/env0
no valid environment found on /dev/env0. Using default environment ❸
running /env/bin/init... ❹

Hit any key to stop autoboot: 2
[barebox@ARM Versatile/PB (ARM926EJ-S)]:/
#
```

❶ Barebox a correctement détecté la flash de 64 Mo située à l'adresse 0x3400 0000.

❷ Le contrôleur Ethernet a aussi été correctement détecté et son adresse MAC lue depuis l'EEPROM émulée.

❸ L'environnement de Barebox n'a pas été trouvé à l'adresse attendue dans la flash, ce qui est normal puisque nous démarrons sur une flash vierge. Barebox utilise donc son environnement par défaut qui a été intégré au binaire lors de la compilation. Lors du premier démarrage, cet environnement est automatiquement sauvegardé en flash.

❹ Enfin, le script `/env/bin/init` est exécuté et propose un décompte de 3 secondes durant lesquelles il est possible de saisir un caractère afin de l'interrompre et d'accéder à la ligne de commande.

Nous disposons à présent d'une ligne de commande « classique » avec complétion (touche tabulation) et historique (flèche vers le haut).

Liste des commandes intégrées au Barebox ainsi généré

```
# help
         . - alias for source
         ? - alias for help
         [ - alias for test
   addpart - adds a partition table to a device
     bootm - boot an application image
     bootu - bootu - start a raw linux image
     bootz - bootz - start a zImage
       cat - concatenate file(s)
        cd - change working directory
     clear - clear screen
        cp - copy files
   cpuinfo - Show info about CPU
     crc32 - crc32 checksum calculation
   delpart - delete partition(s)
    devinfo - Show information about devices and drivers.
```

```
     dhcp - invoke dhcp client to obtain ip/boot params
     echo - echo args to console
     edit - Usage: (s)edit <file>
    erase - erase FLASH memory
   ethact - set current ethernet device
     exit - exit script
   export - export environment variables
    false - do nothing, unsuccessfully
   getopt - getopt <optstring> <var>
       go - start application at address or file
     help - print online help
     host - resolve a hostname
    loadb - Load binary file over serial line (kermit mode)
  loadenv - Load environment from ENVFS into DIRECTORY (default: /dev/
env0 -> /env).
    login - login
       ls - list a file or directory
       md - memory display
   memcmp - memory compare
   memcpy - memory copy
  meminfo - print info about memory usage
   memset - memory fill
     menu - Menu Management
    mkdir - make directories
    mount - Mount a filesystem of a given type to a mountpoint or list
mounted filesystems.
    mtest - simple RAM test
       mw - memory write (fill)
      nfs - boot image via network using nfs protocol
   passwd - passwd
     ping - ping <destination>
  printenv - Print value of one or all environment variables.
  protect - enable flash write protection
      pwd - print working directory
 readline - prompt for user input
    reset - Perform RESET of the CPU
       rm - remove files
    rmdir - remove directorie(s)
  saveenv - save environment to persistent storage
    sedit - alias for edit
       sh - run shell script
    sleep - delay execution for n seconds
   source - execute shell script in current shell environment
     test - minimal test like /bin/sh
     tftp - (up-)Load file using tftp protocol
  timeout - wait for a specified timeout
     true - do nothing, successfully
   umount - umount a filesystem
uncompress - lzop <infile> <outfile>
unprotect - disable flash write protection
  version - print monitor version
```

La commande `help nom_de_la_commande` permet d'avoir une aide détaillée sur chaque commande.

Message d'aide de la commande tftp

```
# help tftp
Usage: tftp <remotefile> [localfile], tftp -p <localfile> [remotefile]
Load a file from or upload to TFTP server.
```

Nous pouvons aussi visualiser le système de fichiers virtuel créé par Barebox au moyen de la commande `ls`.

```
# ls
.       ..      dev     env
```

Deux répertoires sont présents par défaut :

- `dev` : contient les fichiers offrant l'accès aux périphériques de la carte. Chaque périphérique est représenté par un fichier dont la taille correspond à l'espace mémoire adressé ;

Contenu du répertoire dev

```
# ls -l dev
cr--------- 4294967295 zero
crw-------   67108864 ram0
crw-------       7580 defaultenv
crw------- 4294967295 mem
crw-------   67108864 nor0
crw-------     262144 self
crw-------     131072 env0
crw-------         64 phy0
crw-------     262144 nor0.barebox
crw-------      65536 nor0.bareboxenv
crw-------    1572864 nor0.kernel
crw-------   65208320 nor0.root
```

- `env` : contient l'environnement spécifique à notre carte. Les paramètres sont listés dans le fichier `/env/config` et un répertoire `/env/bin` contient des scripts utiles tels que `init` (exécuté lors du démarrage de la carte) ou `update` (exécuté pour mettre à jour un élément du système).

Contenu du répertoire env

```
# ls -l env
drwxrwxrwx          0 .
```

```
drwxrwxrwx              0 ..
drwxrwxrwx              0 bin
-rwxrwxrwx            857 config
```

Nous pouvons étudier le fichier de configuration par défaut.

Fichier de configuration par défaut de Barebox pour notre machine QEMU

```
# cat /env/config
#!/bin/sh ❶

# use 'dhcp' to do dhcp in barebox and in kernel
# use 'none' if you want to skip kernel ip autoconfiguration
ip=dhcp ❷

# or set your networking parameters here
#eth0.ipaddr=a.b.c.d ❸
#eth0.netmask=a.b.c.d
#eth0.gateway=a.b.c.d
#eth0.serverip=a.b.c.d

# can be either 'nfs', 'tftp' or 'nor'
kernel_loc=tftp ❹
# can be either 'net', 'nor' or 'initrd'
rootfs_loc=initrd

# can be either 'jffs2' or 'ubifs'
rootfs_type=ubifs ❺
rootfsimage=root.$rootfs_type ❻

#kernelimage=zImage
kernelimage=uImage ❻
#kernelimage=Image
#kernelimage=Image.lzo

nfsroot="$eth0.serverip:/opt/work/busybox/arm9/rootfs_arm" ❼

nor_parts="256k(barebox)ro,64k(bareboxenv),1536k(kernel),-(root)"
rootfs_mtdblock_nor=3 ❽

autoboot_timeout=3

bootargs="console=ttyAMA0,115200n8 CONSOLE=/dev/ttyAMA0" ❾

# set a fancy prompt (if support is compiled in)
PS1="\e[1;31m[barebox@\h]:\w\e[0m\n# "
```

❶ Ce fichier est un script shell, il peut donc être pris en compte ultérieurement grâce à la commande `source /env/config`.

❷ La variable `ip` permet de définir la configuration réseau en mode `dhcp` (tant pour Barebox que pour le noyau), ce qui est utile pour une configuration de développement dans laquelle le noyau serait chargé via TFTP et le système de fichiers serait situé sur un serveur NFS. Affecter `none` à cette variable passera ce paramètre au noyau et désactivera donc la configuration IP automatique du noyau.

❸ Dans le cas où nous utilisons une configuration IP fixe, il est nécessaire de définir l'adresse IP de la carte (`ipaddr`), et éventuellement le masque de sous réseau et l'adresse de la passerelle. L'adresse du serveur (`serverip`) doit aussi être renseignée (y compris dans le cas où la carte obtient son IP depuis un serveur DHCP mais que ce dernier ne renvoie par l'adresse du serveur, ce qui est le cas le plus courant).

❹ Les variables `kernel_loc` et `rootfs_loc` contiennent l'emplacement du noyau et du root-fs. Il est possible de panacher les configuration (noyau sur TFTP et root-fs sur flash NOR par exemple). Ces variables sont utilisées par les scripts `/env/bin/update` (script permettant la mise à jour des binaires) et `/env/bin/boot` (script de démarrage du noyau Linux).

❺ La variable `rootfs_type` contient le type du système de fichiers. Elle est utilisée par le script `/env/bin/boot` pour indiquer cette information au noyau Linux.

❻ Les variables `rootfsimage` et `kernelimage` contiennent le chemin et le nom du fichier sur le serveur qui sera utilisé par défaut par le script `update` pour _flasher_ respectivement le root-fs et le noyau.

❼ La variable `nfsroot` contient les paramètres de configuration passés au noyau dans le cas d'un NFS-Root.

❽ La variable `nor_parts` contient le descriptif du partitionnement de la flash NOR. Elle est utilisée par `/env/bin/init` pour créer les fichiers représentant ces différentes partitions sous Barebox et par `/env/bin/boot` pour passer cette configuration au noyau Linux lors du boot. La variable `rootfs_mtdblock_nor` sera aussi utilisée par `/env/bin/boot` pour indiquer au noyau la partition sur laquelle il trouvera le root-fs.

❾ La variable `bootargs` contient les paramètres qui seront transmis au noyau Linux par le script `/env/bin/boot`. Il est à noter que ce script complétera cette variable en fonction des paramètres précédents.

REMARQUE **À propos des partitions**

La description du partitionnement d'une flash s'effectue au moyen de la syntaxe : `taille1(nom1)paramètres1,taille2(nom2)paramètres2...` La taille est donnée en octets, ko (suffixe `k`) ou Mo (suffixe `M`). Le nom est purement indicatif, son choix est donc libre. Les paramètres peuvent par exemple indiquer qu'une partition est accessible en lecture seule (`ro`), auquel cas il sera impossible d'effacer cette partition depuis Linux.

Utilisation de Barebox

Une fois le bootloader installé dans la flash, nous avons validé que la machine virtuelle émulée par QEMU démarrait correctement. Nous pouvons désormais utiliser le bootloader pour, par exemple, télécharger un noyau et une image de `rootfs`, les programmer en flash et démarrer l'ensemble du système depuis la flash.

Une procédure classique est de déposer les fichiers binaires sur un serveur TFTP, puis d'utiliser le bootloader pour télécharger ces fichiers et les programmer en flash.

Pour la suite, le serveur TFTP est à l'adresse 192.168.2.15, et la machine virtuelle QEMU interroge un serveur DHCP pour obtenir son adresse IP.

Copie des fichiers sur le serveur TFTP

L'environnement par défaut de Barebox nous indique que le script `update` chargera par défaut un fichier `uImage` pour le noyau et un fichier `rootfs.ubifs` pour le système de fichiers. Nous copions donc ces deux fichiers à la racine du serveur TFTP.

Téléchargement et programmation en flash

Cette opération s'effectue généralement depuis la console série (la sortie standard de QEMU dans notre cas) et nous devons alors configurer l'adresse IP du serveur TFTP.

Barebox intègre un éditeur simple qui permet de modifier les fichiers directement sur la carte.

Modification de la configuration

```
# edit /env/config
.../...
eth0.serverip=192.168.2.15
.../...
nor_parts="256k(barebox)ro,256k(bareboxenv),3M(kernel),-(root)"
.../...
Ctrl-D
# saveenv
saving environment
cfi_protect: unprotect 0x34040000 (size 131072)


cfi_protect: protect 0x34040000 (size 131072)
```

À ce stade, nous venons de modifier le partitionnement de la flash (pour aligner la partition noyau sur un secteur de flash et augmenter sa taille). Nous devons donc redémarrer la carte pour que Barebox prenne en compte cette nouvelle configuration. La séquence de touches pour quitter QEMU est *Ctrl-A*, puis *x*.

Nous pouvons ensuite relancer la machine QEMU en activant le port série sur la sortie standard (option `-serial stdio`) et en ne désactivant pas la partie graphique comme précédemment (plus d'option `-nographic`).

Redémarrage de la machine virtuelle QEMU

```
$ sudo QEMU_AUDIO_DRV=none ~/qemu/bin/qemu-system-arm -M versatilepb -m
64 -pflash flash.img -serial stdio -net nic,vlan=0 -net
tap,vlan=0,ifname=tap0,script=qemuifup.sh
```

Nous utiliserons la commande `update` pour télécharger et flasher successivement le noyau et le root-fs.

Téléchargement et flashage du noyau

```
# update -t kernel -d nor
T DHCP client bound to address 192.168.2.7
host 192.168.2.15 is alive
cfi_protect: unprotect 0x34080000 (size 3145728)
erasing partition /dev/nor0.kernel
  [################################################################]
flashing uImage to /dev/nor0.kernel

TFTP from server 192.168.2.15 ('uImage' -> '/dev/nor0.kernel')
  #############################################################
    .../...
  #######
cfi_protect: protect 0x34080000 (size 3145728)
```

Téléchargement et flashage du rootfs

```
# update -t rootfs -d nor
T DHCP client bound to address 192.168.2.7
host 192.168.2.15 is alive
cfi_protect: unprotect 0x34380000 (size 63438848)
erasing partition /dev/nor0.root
  [################################################################]
flashing root.ubifs to /dev/nor0.root

TFTP from server 192.168.2.15 ('root.ubifs' -> '/dev/nor0.root')
  #############################################################
    .../...
  #############################################################
cfi_protect: protect 0x34380000 (size 63438848)
```

Nous constatons que le script update configure d'abord l'interface réseau (par DHCP dans notre cas), puis effectue un test de connectivité IP vers le serveur TFTP (ping), et efface la partition qui recevra les données pour enfin télécharger ces dernières et les programmer directement en flash.

Démarrage de Linux sur la carte

Avant de démarrer le noyau, il est nécessaire de mettre à jour le fichier de configuration pour indiquer au script /env/bin/boot l'emplacement du noyau et du rootfs.

Mise à jour de la configuration pour le démarrage du système

```
# edit /env/config
.../...
kernel_loc=nor
rootfs_loc=nor
.../...
rootfsimage=root.$rootfs_type
ubiroot=qemuarm-rootfs
.../...
Contrôle D
# saveenv
saving environment
cfi_protect: unprotect 0x34040000 (size 131072)


cfi_protect: protect 0x34040000 (size 131072)
```

> REMARQUE **À propos de ubiroot**
>
> La variable ubiroot est utilisée par /env/bin/boot pour indiquer au noyau le nom du volume UBI sur lequel se trouve le root-fs, dans le cas où UBI est utilisé. Ce nom est passé en paramètre aux outils UBI lors de la génération de l'image du root-fs.

Enfin, le script boot (/env/bin/boot) permet de démarrer le système et sera exécuté automatiquement au démarrage, après une durée définie par la variable autoboot_timeout.

Démarrage du système

```
Hit any key to stop autoboot: 0
booting kernel from /dev/nor0.kernel ❶
.../...
```

```
commandline: console=ttyAMA0,115200n8 CONSOLE=/dev/ttyAMA0 ip=dhcp
root=ubi0:qemuarm-rootfs ubi.mtd=3 rootfstype=ubifs noinitrd mtdparts=physmap-
flash.0:256k(barebox)ro,256k(bareboxenv),3M(kernel),-(root) ❷
arch_number: 387
Uncompressing Linux... done, booting the kernel.
Booting Linux on physical CPU 0
Linux version 3.3.1 (ebenard@eb-e6520) (gcc version 4.6.4 20120303 (prerelease)
(GCC) ) #3 Thu Apr 12 00:17:22 CEST 2012
.../...
Kernel command line: console=ttyAMA0,115200n8 CONSOLE=/dev/ttyAMA0 ip=dhcp
root=ubi0:qemuarm-rootfs ubi.mtd=3 rootfstype=ubifs noinitrd mtdparts=physmap-
flash.0:256k(barebox)ro,256k(bareboxenv),3M(kernel),-(root) ❷
.../...
UBIFS: mounted UBI device 0, volume 0, name "qemuarm-rootfs" ❸
UBIFS: file system size:    59739648 bytes (58339 KiB, 56 MiB, 228 LEBs)
UBIFS: journal size:         9436672 bytes (9215 KiB, 8 MiB, 37 LEBs)
UBIFS: media format:         w4/r0 (latest is w4/r0)
UBIFS: default compressor: lzo
UBIFS: reserved for root: 0 bytes (0 KiB)
VFS: Mounted root (ubifs filesystem) on device 0:11. ❹
Freeing init memory: 116K
INIT: version 2.88 booting
.../...
INIT: Entering runlevel: 5
.../...
qemuarm login: ❺
```

❶ Le noyau est chargé depuis la partition le contenant en flash NOR.

❷ La ligne de commande du noyau est construite par le script `/env/bin/boot` et affichée par Barebox, puis par le noyau ce qui valide le passage de paramètres.

❸ Le volume UBI `qemuarm-rootfs` est bien détecté et utilisé pour le `rootfs`.

❹ Le système de fichiers au format UBIFS est monté.

❺ L'invite de login est présentée.

En résumé

Nous avons donc :

- démarré d'une plate-forme vierge, sur laquelle nous avons programmé le chargeur de démarrage Barebox (ce qui aurait été effectué par JTAG ou par un moyen spécifique au processeur utilisé dans le cadre d'une vraie carte électronique) ;
- utilisé ce chargeur de démarrage pour télécharger et programmer en flash un noyau Linux ainsi qu'un système de fichiers ;
- configuré et utilisé ce chargeur de démarrage pour charger le noyau Linux et l'exécuter.

Exploration des sources de Barebox

Les sources de Barebox sont organisées de manière assez similaires à celles de Linux.

Les répertoires intéressants au quotidien sont :

- `arch/*` : contient le support de chaque architecture, avec en général un répertoire pour chaque famille de processeur supportée ;
- `arch/*/boards` : contient les différentes cartes supportées ;
- `arch/*/configs` : contient les fichiers de configuration par défaut associés à chaque carte ;
- `commandes` : contient les sources des commandes ;
- `drivers` : contient les divers drivers, classés par catégorie ;
- `defaultenv` : contient l'environnement générique par défaut, que chaque carte peut venir compléter.

Le répertoire spécifique à une carte contient :

- le code d'initialisation bas niveau de la carte (PLL, RAM...) ;
- le code décrivant la carte en enregistrant les divers périphériques supportés ;
- un répertoire contenant l'environnement spécifique à cette carte (scripts spécifiques et configuration par défaut).

Contenu de `arch/arm/boards/eukrea_cpuimx25`

```
|-- config.h
|-- env
|   |-- bin
|   |   `-- init_board
|   `-- config
|-- eukrea_cpuimx25.c
|-- lowlevel.c
`-- Makefile
```

Nous explorerons plus en détail le contenu de ces fichiers dans l'étude de cas du chapitre 15.

Conclusion

Ce chapitre a pu nous fournir des informations pratiques sur la mise en place des principaux bootloaders. Le chapitre suivant sera consacré aux mémoires de masse que nous utiliserons pour les distributions embarquées, ce qui nous conduira à revenir sur d'autres fonctions de U-Boot et de Barebox.

Mémoire de masse et système de fichiers

Jusqu'à présent, nous avons utilisé notre distribution embarquée dans un mode particulier, car le format `initrd` permet de charger une distribution dans un *ramdisk*, et le mode NFS-Root évoqué au chapitre précédent permet d'utiliser un système de fichiers racine résidant sur le PC de développement. L'image `initrd` peut également résider sur un support physique, mais toute modification définitive du contenu de la partition racine est impossible lors de l'utilisation du système. Quant au mode NFS-Root, il est réservé aux phases de développement.

Dans le quotidien professionnel, on utilise une mémoire de masse (disque dur, mémoire flash, etc.), sur laquelle on peut sauvegarder le bootloader et l'image du noyau Linux – comme nous l'avons vu au chapitre précédent – ainsi que le système de fichiers, sur lequel on pourra effectuer des modifications comme on le fait pour un système Linux classique. En fonction des contraintes du système à mettre en place, on devra donc choisir le type de mémoire de masse à utiliser aussi bien que le format du système de fichiers racine (EXT3, JFFS2, CRAMFS, SQUASHFS, UBIFS, etc.).

Après quelques rappels sur les technologies de mémoires utilisables, nous décrirons les possibilités de combinaison entre les divers supports physiques et les formats utilisables pour le système de fichiers. Nous verrons également les avantages et les inconvénients des différents formats disponibles.

Comme dans le chapitre précédent, nous décrirons en détail l'utilisation des bootloaders GRUB et U-Boot. De même, la majorité des tests seront réalisables sous QEMU, même s'ils sont transposables immédiatement sur des cartes réelles.

Rappels sur les technologies des mémoires

On distingue généralement deux familles de mémoires :

- la mémoire RAM *(Random Access Memory)* ;
- la mémoire ROM *(Read Only Memory)*.

Les paramètres essentiels pour caractériser une mémoire sont :

- sa capacité, c'est-à-dire la quantité d'informations qu'elle peut stocker (en octets) ;
- son temps d'accès, c'est-à-dire le temps qu'il faut pour obtenir une donnée (en secondes) ; pour les mémoires synchrones, on définit la fréquence d'accès comme l'inverse du temps d'accès (en Hertz). La bande passante de la mémoire est alors le produit fréquence par taille des données (en octets), exprimée en octets par seconde ;
- le type de boîtier, le coût, la durée de vie, etc.

La mémoire RAM

Dans le cas de la mémoire RAM, les opérations de lecture et d'écriture sont autorisées. Appelées « mémoires vives », elles sont volatiles, c'est-à-dire que l'on peut perdre l'information (les données) qu'elles contiennent en cas de coupure et même de microcoupure d'alimentation. Le temps d'accès aux données est faible : quelques nanosecondes à quelques dizaines de nanosecondes en général. Elles sont généralement utilisées comme mémoire centrale du système embarqué. On distingue alors différents types de mémoire RAM.

- La mémoire statique SRAM *(Static RAM)* ; l'information (un bit) est mémorisée dans un dispositif bistable à base de transistors (en technologie MOS généralement). L'information est donc conservée tant que la mémoire est alimentée. La mémoire SRAM est rapide, chère et de faible capacité (quelques mégaoctets). Le temps d'accès est de quelques nanosecondes.
- La mémoire dynamique DRAM *(Dynamic RAM)* ; l'information (un bit) est mémorisée dans la capacité d'entrée d'un transistor MOS. Elle est donc volatile, ce qui oblige à recharger périodiquement cette capacité, sous peine de perdre l'information : c'est le rafraîchissement de la mémoire. La mémoire DRAM est moyennement rapide, très bon marché et de forte capacité. Le temps d'accès est de quelques dizaines de nanosecondes. Pour diminuer le temps d'accès, on a déve-

loppé la mémoire SDRAM synchrone *(Synchronous DRAM)*. Le transfert de données se fait au rythme d'un signal d'horloge. Le temps d'accès est de quelques nanosecondes dans le meilleur des cas. On retrouve ici les différents types de mémoires utilisés dans les PC d'hier et d'aujourd'hui : mémoire EDO, SDRAM, DDR SDRAM *(Double Data Rate SDRAM)*.

Dans un système embarqué, la mémoire RAM sera utilisée comme mémoire centrale, mais elle peut aussi être structurée pour former un système de fichiers Linux, comme nous l'avons fait précédemment lors de l'utilisation d'une image `initrd`.

La mémoire ROM

Les mémoires ROM sont des mémoires où seules les opérations de lecture sont autorisées. Avec les différentes évolutions technologiques, on distingue différents types de mémoires.

La « véritable » mémoire ROM est programmée une seule fois, définitivement, lors de sa fabrication en usine. Elle est réservée aux productions de grande série et donc inaccessible à l'utilisateur.

La mémoire PROM *(Programmable ROM)* peut être programmée une seule fois par l'utilisateur, cette fois-ci à l'aide d'un programmateur de PROM. Elle est aussi appelée « PROM à fusibles » et n'est pratiquement plus employée.

La mémoire EPROM *(Erasable PROM)* peut être reprogrammée à condition de l'effacer au préalable, en la laissant bronzer sous une lampe à ultra-violets (UV) une vingtaine de minutes. On l'appelle aussi UV-PROM ! Elle est programmée avec un programmateur nécessitant une tension de programmation élevée, de 12,5 à 21 V en respectant un algorithme de programmation. La durée de rétention de l'information est de dix ans au moins, si l'on a occulté la petite fenêtre transparente pour les UV sur le boîtier avec une étiquette opaque. La mémoire EPROM supporte quelques milliers de cycles de re-programmation. Elle est lente (quelques centaines à quelques dizaines de nanosecondes), assez chère et de capacité moyenne (quelques centaines de kilo-octets).

La mémoire EEPROM *(Electrically Erasable PROM)* est une amélioration technologique de la mémoire EPROM. Elle peut être effacée et reprogrammée électriquement (pas besoin d'UV) avec une tension de programmation faible (5 V, c'est-à-dire l'alimentation du système), en respectant là aussi un algorithme de programmation qui peut être implémenté de manière logicielle. C'est donc un point très intéressant, car la reprogrammation peut se faire *in situ*, au cours du fonctionnement du système. Le temps de programmation (généralement pour un octet) est important (supérieur à 10 millisecondes), ce qui constitue l'un des points faibles de la mémoire EEPROM. La durée de rétention de l'information est là aussi de dix ans au moins. Comme précédemment, la mémoire EEPROM supporte quelques milliers de cycles de reprogrammation. Elle est lente (quelques centaines à quelques dizaines de nanose-condes), assez chère et de capacité moyenne. Elle tend à être remplacée par la mémoire flash.

La mémoire flash

La mémoire qui nous intéresse dans ce chapitre est à la base une mémoire de type EEPROM. Elle en possède donc les principales caractéristiques, mais avec des amélio-rations technologiques notables. Le temps de reprogrammation pour un octet est d'une centaine de microsecondes ou moins, d'où son nom. Elle supporte plusieurs centaines de milliers de cycles de reprogrammation. Elle est relativement bon marché et de très forte capacité (quelques centaines de mégaoctets voire plusieurs gigaoctets de nos jours), surtout depuis l'explosion du marché des appareils photo numériques. On la retrouve mise en œuvre dans les cartes *CompactFlash* ou encore les clés USB *Memory Stick*. Il faut enfin noter qu'il existe des mémoires flash de type NOR et de type NAND.

La mémoire flash NOR fut longtemps la plus utilisée pour les systèmes embarqués, car plus simple à mettre en œuvre et plus rapide. Elle est cependant plus coûteuse que la mémoire NAND, et les progrès de cette dernière réduisent aujourd'hui l'utilisation de la mémoire NOR, ce qui fait que de plus en plus de cartes industrielles sont livrées avec de la mémoire NAND. Par contre, il ne faut pas oublier que ce type de mémoire subit une usure non négligeable en cas d'écritures répétées. Il conviendra donc de définir correcte-ment l'architecture du système et les applicatifs, afin de limiter cette usure.

PRÉCISION **NOR ou NAND ?**

Initialement, le choix de l'une ou l'autre des technologies était basé sur l'utilisation que l'on en fait. La NOR (datant de 1988) est dédiée au stockage des logiciels, alors que la NAND (datant de 1989) est dédiée au stockage des données. La NAND est plus lente que la NOR, car elle fournit uniquement un accès séquentiel aux données. Par contre, la NOR est plus lente à effacer. Notons également que la NOR permet d'exécuter un programme directement en mémoire sans le charger en RAM, en utilisant un tech-nique appelée XIP (pour *eXecute In Place*), ce qui permet d'optimiser la taille de RAM nécessaire. Cette technique est rarement utilisée dans le cas de Linux, sauf pour des systèmes très légers qui utilisent micro C Linux (uClinux).

Choix du support physique

Le choix du support d'installation physique de la distribution dépend de l'architecture matérielle choisie. Une fois de plus, il y a une séparation nette entre le monde x86 – proche du PC – et les autres architectures telles que les processeurs ARM, PowerPC ou MIPS. Dans le cas d'une architecture x86, les périphériques de stockage utilisent les mêmes standards que sur les PC de développement, soit les bus IDE, SCSI et SATA. Dans le cas des autres architectures, on utilise souvent des mémoires flash intégrées à la carte mère, même si certaines cartes industrielles permettent désormais d'utiliser des cartes CompactFlash, SD, MMC et, bien entendu, USB.

Les tests effectués pour les supports physiques cités dans ce paragraphe sont destinés à une architecture x86. Cela signifie que contrairement au chapitre 6, nous utiliserons dans ce paragraphe un compilateur natif x86. De même, les variables ARCH et CROSS_COMPILE ne devront plus être affectées. Nous rappelons que les détails concernant la compilation du noyau Linux sont disponibles au chapitre 4.

> REMARQUE **Décalage dans les standards**
>
> Les cartes x86 dédiées aux applications embarquées utilisent souvent des standards que l'on ne trouve plus sur les PC de développement. C'est le cas du bus IDE (1986), remplacé désormais par la norme SATA (2003), mais toujours utilisé sur certaines cartes embarquées. Le bus SCSI (1986) a, quant à lui, été remplacé depuis de nombreuses années par l'IDE ou le SATA pour les architectures x86. Il est encore utilisé dans le noyau Linux, dans le cadre d'une émulation du protocole pour le support de certains périphériques comme les clés et les disques USB.

Le principal avantage du monde x86 est la possibilité d'utiliser des périphériques très répandus, donc peu coûteux (à l'unité) et faciles à utiliser dans un système Linux. En effet, il n'est pas nécessaire d'ajouter des pilotes particuliers pour les bus IDE, SCSI ou SATA, ces pilotes étant directement disponibles dans le noyau Linux standard. Nous pourrons donc utiliser sans effort supplémentaire des supports comme la CompactFlash, le *Disk On Module* ou bien la clé USB. La configuration sera à peine plus compliquée pour une carte SD. Il est d'ailleurs possible d'installer une distribution Linux complète sur un tel support, mais dans ce cas, nous sortons des limites de notre étude. Notons une fois de plus qu'un nombre croissant de cartes non basées sur l'architecture x86 permettent également d'utiliser ces supports.

> ATTENTION **Valider le support en statique dans le noyau**
>
> Dans ce cas d'utilisation, le périphérique (exemple : la CompactFlash) est utilisé pour démarrer le système. Il faudra donc valider le support du périphérique (IDE, SATA, SCSI…) en mode statique dans le noyau Linux, et non pas sous forme de modules. Si l'on utilise un support par module dynamique, il faudra créer une image de démarrage type `initrd`, comme le font les distributions Linux classiques.

La CompactFlash

La CompactFlash est une mémoire flash de type NAND. Elle a été popularisée par le développement des appareils photo numériques, même si aujourd'hui d'autres supports plus récents sont proposés en remplacement (carte SD, Memory Stick, etc.). Du fait de son développement au niveau du grand public, le coût de la Compact-Flash est faible (environ 10 euros pour un carte de 1 Go), et elle est disponible pour des capacités allant jusqu'à 16 Go.

> REMARQUE **Évolution du coût de la CompactFlash**
>
> Dans un article de 2004, nous évoquions un prix moyen de 15 euros pour une carte 16 Mo. Cela signifie que le coût de la CompactFlash a été divisé par 100 depuis cette date !

La CompactFlash est vue comme un disque IDE, SCSI ou SATA. Lorsqu'il est détecté, le périphérique correspond à un fichier spécial de type `/dev/hdX` (IDE) ou `/dev/sdX` (SATA ou SCSI), avec les noms de partitions correspondants (`hdX1`, `hdX2`, `sdX1`, `sdX2`, etc.) pour `X` valant `a`, `b`, `c`, `d`, etc. Un tel fichier spécial correspond à un périphérique en « mode bloc » (ou *block device*) par opposition aux périphériques en « mode caractère » (ou *character device*).

> PRÉCISION **Bloc et caractère**
>
> Cette terminologie identifie les deux principaux type de périphériques : le dialogue avec un périphérique en mode caractère s'effectue de manière non bufferisée, et les échanges peuvent aller jusqu'à l'émission/réception caractère par caractère (exemple : un port série RS-232). Ce mode correspond à 90 % des périphériques utilisés. Dans le cas d'un périphérique en mode bloc, les échanges s'effectuent par blocs de données (512, 1024 octets ou plus).
> Les périphériques en mode bloc correspondent aux périphériques de stockage (disque dur, mémoire, …).

Les systèmes x86 type Mini-ITX (voir http://www.mini-itx.com) proposent souvent un connecteur CompactFlash directement sur la carte mère et permettant l'utilisation via une interface IDE ou SATA. Dans ce cas, l'accès est totalement identique à un disque dur, et il n'est pas nécessaire d'ajouter un quelconque pilote au noyau Linux utilisé sur la cible. Il suffit donc de valider le support IDE dans le menu *Device Drivers>ATA/ATAPI/MFM/RLL support*.

Dans le cas du bus SATA, on doit sélectionner le type de contrôleur dans le menu *Device Drivers>Serial ATA (prod) and Parallel ATA (experimental) drivers*.

> ATTENTION **Validation du support IDE ou SATA**
>
> Dans les noyaux récents, il est nécessaire de spécifier le type de contrôleur IDE ou SATA dans les menus évoqués précédemment, et non plus seulement le contrôleur générique. Dans le cas de figure très fréquent d'un contrôleur Intel, on devra activer l'option `CONFIG_BLK_DEV_PIIX` pour l'IDE et `CONFIG_ATA_PIIX` pour le SATA.

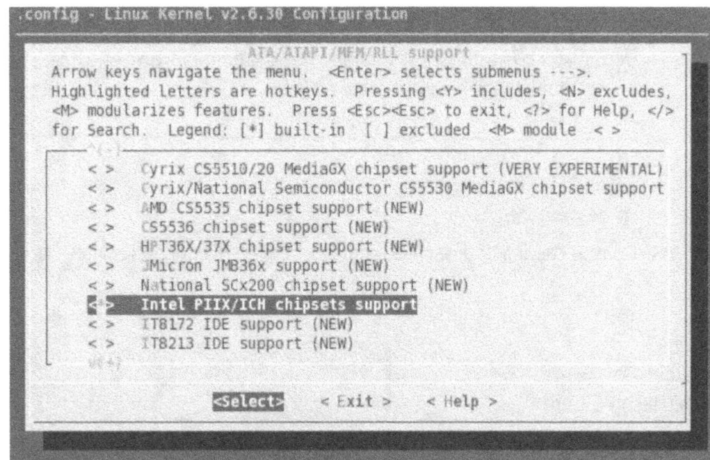

Bien entendu, on pourra installer sur une CompactFlash un bootloader GRUB ou Syslinux, comme nous l'avons fait au chapitre précédent. Dans le cas d'un PC classique, on peut ajouter facilement un adaptateur que l'on pourra connecter au bus IDE. Des modèles équivalents existent en SATA, comme décrit sur la figure ci-dessous. Cet outillage permettra de préparer la CompactFlash sur le PC de développement, afin d'installer le noyau et la partition racine.

Pour un PC portable, on peut utiliser un adaptateur PC-Card, qui ne nécessite pas non plus de pilote spécifique, mis à part la validation du support adéquat dans le noyau Linux, dans le menu *Bus options>PCCard (PCMCIA/CardBus) support*. On doit ensuite valider l'option *PCMCIA IDE Support* dans le menu *Device Drivers>ATA/ATAPI/ MFM/RLL support.* La figure ci-dessous décrit un adaptateur de ce type.

> **ATTENTION Compatibilité DMA de la CompactFlash**
>
> Certaines cartes un peu anciennes ne fonctionnent pas en DMA sur le bus IDE, ce qui provoque des erreurs au démarrage du système cible.
>
> ```
> hda:<4>hda: dma_timer_expiry: dma status == 0x21
> hda: DMA timeout error
> hda: dma timeout error: status=0x58 { DriveReady SeekComplete
> DataRequest }
> ```
>
> Dans ce cas, il faut désactiver le support DMA en ajoutant l'option `ide=nodma` aux paramètres du noyau.

Figure 9–3
Adaptateur
CompactFlash PC-Card

Dernière solution : on peut utiliser un adaptateur USB permettant d'insérer une CompactFlash. L'avantage d'un tel adaptateur tout-en-un est la compatibilité avec plusieurs types de supports, comme les cartes SD et jusqu'à 20 types de supports (voir http://fr.wikipedia.org/wiki/Carte_SD). La configuration est identique à celle utilisée pour une clé USB, étudiée au paragraphe suivant.

La clé USB

La clé USB est devenue en quelques années le support d'échange de référence. Un bonne partie de la population branchée en possède au moins une dans sa poche, au point que des objets traditionnels comme le fameux couteau suisse intègrent parfois une clé USB.

La clé USB sous Linux est vue comme un périphérique SCSI. Pour l'utiliser, il faut donc activer dans le noyau destiné à la cible le support *USB mass storage*, ce qui nécessite d'activer le support SCSI. L'activation du support SCSI s'effectue dans le menu *Device Drivers>SCSI device support*. En toute rigueur, il suffit d'activer le support disque *SCSI disk support*.

Figure 9–4
Couteau suisse intégrant
une clé USB

Bien entendu, il s'agit d'une émulation, donc il n'est pas nécessaire d'activer le support d'un contrôleur physique dans le menu *SCSI low-level drivers*.

Concernant la partie USB, il faut activer le support en fonction du matériel utilisé, en suivant le menu *Device Drivers>USB support*. Les clés USB utilisent désormais la norme USB 2.0, même si elles peuvent fonctionner de manière dégradée en USB 1.1. Il faut donc activer l'option *EHCI HCD (USB 2.0)* support. Rappelons que les options *OHCI HCD support* et *UHCI HCD support* correspondent à la norme USB 1.1. En dehors de cela, il faut enfin activer l'option *USB Mass Storage support*, dont la présence dépend de la validation du support SCSI.

Puisque nous utilisons une émulation SCSI, le système doit associer à la clé un ou plusieurs fichiers spéciaux comme /dev/sdc (la clé entière), /dev/sdc1 (la première partition), et ainsi de suite en fonction des partitions présentes.

Message de détection de la clé USB

```
scsi 38:0:0:0: Direct-Access     Mandriva mini Swing plus 1100 PQ: 0 ANSI: 0 CCS
sd 38:0:0:0: Attached scsi generic sg3 type 0
sd 38:0:0:0: [sdc] 15663104 512-byte hardware sectors: (8.01 GB/7.46 GiB)
sd 38:0:0:0: [sdc] Write Protect is off
sd 38:0:0:0: [sdc] Mode Sense: 43 00 00 00
sd 38:0:0:0: [sdc] Assuming drive cache: write through
sd 38:0:0:0: [sdc] Assuming drive cache: write through
sdc: sdc1
sd 38:0:0:0: [sdc] Attached SCSI removable disk
```

La carte Disk On Module

La carte *Disk On Module* est une mémoire flash NAND intégrée à un boîtier comportant un connecteur IDE. Elle est donc compatible avec un disque IDE.

Figure 9–5
Carte Disk On Module

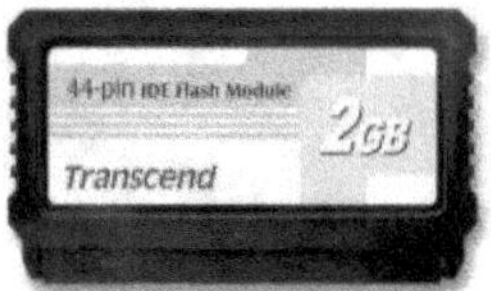

Utilisation du périphérique

Pour être utilisé, le périphérique doit contenir les éléments de la distribution, soit le bootloader, le noyau Linux et le système de fichiers racine. Comme nous l'avons précisé, les périphériques cités utilisent les même pilotes que les disques durs de PC, et la méthode d'installation de la distribution est donc identique quel que soit le périphérique utilisé (CompactFlash, clé USB…). Les étapes sont décrites ci-après.

- partitionnement du périphérique ;
- formatage des partitions créées, à commencer par celle correspondant à la partition racine ; cette phase commence par le choix d'un format de système de fichiers ;
- installation de la distribution, ce point ayant déjà été évoqué au chapitre 6 dans le cas d'une architecture ARM ; l'installation devra être reproduite ici dans le cas d'une architecture x86 ;
- installation du bootloader GRUB, ce point ayant déjà été évoqué au chapitre 8 ;
- test de la distribution sur QEMU, puis sur une cible réelle.

Les opérations de partitionnement et de formatage doivent être effectuées en tant que superutilisateur, ou bien en utilisant la commande `sudo`.

Partitionnement

Le partitionnement s'effectue sur le PC de développement, avec les outils classiques de la distribution Linux installée. Historiquement, l'outil `fdisk` est le plus ancien. D'autres outils plus récents comme `parted` ou `gparted` (proposant une interface graphique) sont supérieurs en fonctionnalités. Notons qu'il est également possible d'utiliser la méthode graphique décrite au chapitre 8 (*Bouton droit* sur la clé dans le bureau graphique), mais la méthode décrite ici permet de traiter le cas général avec plusieurs partitions sur le support.

Dans l'exemple qui suit, nous allons utiliser une clé USB, car c'est le périphérique le plus répandu du marché. La clé contiendra une seule partition de 100 Mo pouvant héberger le système de fichiers et sera préalablement effacée avec la commande `mkdosfs`.

> ATTENTION **Effacement de partition**
>
> Il y a un risque de confondre le nom d'une partition d'un disque dur et d'une clé USB car les noms des fichiers spéciaux associés sont proches (exemple : `/dev/sdc` ou bien `/dev/sdc1`). Il faut donc prendre garde au risque d'effacement intempestif qui est possible si la partition du disque n'est pas montée.

Effacement et partitionnement d'une clé USB avec mkdosfs et parted

```
# mkdosfs -I /dev/sdc
# parted -s /dev/sdc mkpart primary 0 100MB
```

> REMARQUE **Choix du nombre de partitions**
>
> Dans le cadre de notre test, nous utilisons une seule partition, par souci de simplification. Bien entendu, il est tout à fait possible d'utiliser plusieurs partitions dans un cas réel. N'oublions pas, cependant, que l'architecture d'un système embarqué est différente de celle d'un système Linux classique, même si nous utilisons une carte x86. En premier lieu, on doit limiter les accès en écriture sur la flash, car cela pourrait provoquer une usure prématurée de celle-ci. De même, on n'utilisera pas de partition d'échange *(swap)*, et le système devra être dimensionné pour gérer correctement la mémoire vive disponible.

Formatage

À l'issue du partitionnement, nous obtenons un fichier spécial `/dev/sdc1`. L'étape suivante consiste à choisir le format le mieux adapté pour l'installation du système de fichiers racine. En théorie, tous les formats supportés par le noyau Linux pour les périphériques de stockage (mode *bloc*) sont utilisables. Les formats sont visibles dans la configuration du noyau, au niveau du menu *Filesystems*.

En pratique, les caractéristiques d'un système embarqué font que l'on utilise le plus souvent le format EXT3 (voire EXT4), dérivé du format EXT2 proposé avec les premières versions de Linux. La principale différence entre EXT2 et EXT3/EXT4 est la fonction de « journalisation », qui assure une meilleure intégrité du système de fichiers, ainsi qu'un temps de reconstruction bien plus rapide pour une partition de taille importante, en cas d'arrêt intempestif du système. Dans le cas d'un tel format, le journal contient la liste des fichiers ouverts au moment de l'arrêt du système, ce qui permet de diminuer le temps de redémarrage de manière drastique. Tous les formats utilisés actuellement sont journalisés, citons NTFS sous Windows, HFS+ sur MacOS X ou bien d'autres formats adaptés de versions propriétaires d'Unix comme JFS (IBM) ou XFS (SGI).

> HISTOIRE **Origine du format EXT2/3/4**
>
> Les premières versions de Linux furent publiées en 1991 par Linus Torvalds. Comme nous l'avons vu au chapitre d'introduction, Linus utilisait alors Minix comme système de développement pour produire les premières versions de Linux. Le système Minix utilisait un format de système de fichiers dédié nommé `minix` et dont les performances étaient médiocres, ce qui fait que Linus se mit en quête d'un format efficace, libre et adaptable à son noyau.
>
> À la même époque, un informaticien français nommé Rémy Card, thésard au laboratoire MASI de l'Université Paris VI (Jussieu) avait développé un format très efficace nommé *Second Extended Filesystem* ou EXT*2 FS*. Le but initial était l'utilisation de ce format pour un système d'exploitation proche d'Unix, développé au MASI et nommé *Masix*.
>
> Ce format étant diffusé sous licence libre, il fut adapté au noyau Linux et devint le format de référence des systèmes de fichiers sous Linux. Quelques années plus tard, deux développeurs nommés Theodore Ts'o et Stephen Tweedie ajoutèrent à EXT2 la notion de journalisation, ce qui donna le format EXT3. Depuis, le format a été amélioré par de nombreuses contributions dont celles de la société Red Hat Software jusqu'à la publication récente du format EXT4.

Pour formater la partition, on utilise la commande `mke2fs`. Si l'on utilise l'option `-j`, cela signifie que le système de fichiers créé est journalisé. On utilise également l'option `-L` pour donner un nom au volume.

Formatage de la partition en EXT3

```
# mke2fs -j /dev/sdc1 -L test_ext3
mke2fs 1.41.9 (22-Aug-2009)
Étiquette de système de fichiers= test_ext3
Type de système d'exploitation : Linux
Taille de bloc=1024 (log=0)
...
Écriture des tables d'i-noeuds : complété
Création du journal (4096 blocs) : complété
Écriture des superblocs et de l'information de comptabilité du système de
fichiers : complété

Le système de fichiers sera automatiquement vérifié tous les 38 montages ou
après 180 jours, selon la première éventualité. Utiliser tune2fs -c ou -i
pour écraser la valeur.
```

Installation de la distribution

Lorsque la partition est formatée, elle peut être montée sur le PC de développement. Si l'on utilise un bureau graphique de type GNOME ou KDE, la partition de la clé sera montée automatiquement à la prochaine insertion dans un port USB, sur le répertoire `/media/test_ext3` créé à la volée, en fonction du nom du volume. Si la clé n'est pas montée automatiquement, on peut, le cas échéant, effectuer le montage à la main en utilisant la commande `mount`.

À partir du moment où la partition est montée, l'installation de la distribution est très proche de la méthode décrite au chapitre 6. Il suffit de remplacer le répertoire d'accueil de la distribution, soit `$HOME/rootfs_qemu`, par le répertoire de montage de la partition, soit `/media/test_ext3`.

Compilation et installation de Busybox

```
$ make defconfig
$ make
# make CONFIG_PREFIX=/media/test_ext3 install
```

L'installation des bibliothèques partagées utilise le script `mklibs`, mais la ligne de commande est plus simple que pour la distribution ARM, puisqu'il s'agit d'une chaîne native x86.

Création des bibliothèques

```
$ cd /media/test_ext3
# mklibs -v -d lib bin/busybox
```

Le contenu du répertoire `$HOME/rootfs_qemu/etc` peut être repris de l'exemple du chapitre 6, mis à part le fichier `inittab`. Celui-ci doit être légèrement modifié, puisque nous sommes en présence d'une architecture x86 avec des consoles virtuelles, dont la première est `/dev/tty1`.

Extrait modifié du fichier inittab de la distribution

```
# /sbin/getty invocations for selected ttys
tty1::respawn:/sbin/getty 38400 tty1
#tty5::respawn:/sbin/getty 38400 tty5
#tty6::respawn:/sbin/getty 38400 tty6

# Example of how to put a getty on a serial line (for a terminal)
# NOT USED ON x86
#::respawn:/sbin/getty -L ttyAMA0 9600 vt100
```

Installation du bootloader GRUB

Ce point a déjà été évoqué au chapitre 8, mais la différence majeure est l'utilisation du système de fichiers racine sur une partition EXT3, alors que le test du chapitre 8 utilisait un système de fichiers dans une image `initrd` nommée `initrd.gz`.

On doit donc ajouter le paramètre `root=/dev/hda1` (ou `/dev/sdX1`, avec `X` valant `a`, `b`, `c`...) au noyau, afin de lui indiquer le nom de la partition racine. On doit également supprimer la ligne définissant le nom de l'image `initrd`.

Installation de GRUB sur la clé

```
# mkdir -p /media/test_ext3/boot/grub
# cp vmlinuz /media/test_ext3/boot
# grub-install --no-floppy --root-directory=/media/test_ext3 /dev/sdc
#
# cat my_grub.conf
default    0
timeout    5

title Test GRUB
    root    (hd0,0)
    kernel /boot/vmlinuz root=/dev/hda1 rw
#
# cp my_grub.conf /media/test_ext3/boot/grub/grub.conf# ou bien menu.lst
```

Test de la distribution avec QEMU

```
# qemu -hda /dev/sdc
```

ATTENTION **Options du noyau Linux**

Dans le cas d'un test avec QEMU, on devra obligatoirement utiliser **root=/dev/hda1**, car QEMU émule un contrôleur IDE et non USB/SCSI. On utilisera `root=/dev/sdX1` dans le cas d'une carte réelle, avec `X` valant `a`, `b`, `c`... suivant le nombre de contrôleurs présents sur la cible.
De même, l'option `rw` est indispensable, car le noyau monte par défaut la partition racine en lecture seule (`ro`), ce qui empêche le déroulement correct du démarrage, la création dynamique des fichiers spéciaux par `mdev  -s` dans `/dev` ne fonctionnant pas.

Utilisation du pilote MTD

Jusqu'à présent, nous avons utilisé des mémoires flash intégrées à des équipements permettant de les utiliser via des pilotes standards (IDE, SCSI/USB, SATA). Tout comme les disques, ces périphériques sont vus par le noyau Linux comme des *block devices*.

Cependant, la majorité des systèmes embarqués utilisent des mémoires flash directement intégrées à la carte mère, et pour lesquelles il faut activer un pilote Linux spécial nommé MTD (pour *Memory Technology Device*), car les flash ne sont pas des *block devices* standards. Ce pilote prend en charge la majorité des mémoires flash du marché : NOR, NAND et quelques composants spécifiques comme les *Disk On Chip* produites par la société M-Systems, appartenant désormais à SanDisk.

La configuration et la manipulation du pilote MTD sont des opérations un peu complexes et seront largement détaillées dans ce chapitre. L'utilisation de MTD a quelques similitudes, mais également de grandes différences avec les mémoires de masse que nous avons vues jusqu'à présent.

Au niveau des similitudes, la flash peut être découpée en « partitions », mais contrairement au cas précédent, on n'utilise pas d'outil de type `fdisk` ou `parted` pour cela, pour la simple raison que le partitionnement est virtuel (pas de table des partitions comme on peut l'avoir sur un disque). Par contre, on doit indiquer au noyau les adresses de début et de fin de chaque partition, et ceci au niveau du pilote de la flash lui même (c'est-à-dire les valeurs sont « codées en dur » dans le pilote), ou bien en utilisant un paramètre du noyau nommé `mtdparts`, dont on indique la valeur par la variable `bootargs` sous U-Boot.

Flash NOR ou NAND

Nous avons vu au début du chapitre qu'il existait deux types de mémoires flash. Au niveau du noyau Linux, les flash NOR et NAND sont traitées de manière très différentes. Cependant, une fois le noyau configuré et la flash correctement détectée, les outils utilisés et les fichiers spéciaux associés dans `/dev` sont les mêmes pour les deux types de flash.

- La flash NOR est vue comme une plage de mémoire. Le plus souvent, on indiquera dans la configuration du noyau l'adresse de début ainsi que la taille de la flash, et on parle alors de *physical map* ou *physmap*. Une partie du jeu de commandes utilisé pour la flash NOR est normalisée à partir du moment ou l'on utilise une flash CFI *(Common Flash memory Interface)*. Cependant, il est nécessaire de préciser le constructeur de la mémoire (Intel, AMD, ST, etc.) afin de pouvoir la piloter correctement. Notons que l'on ne précise pas le modèle de la flash, mais uniquement le nom du constructeur.

- La flash NAND nécessite un pilote particulier. Initialement, le pilote MTD supportait uniquement les flash NOR, sachant que les NAND étaient peu utilisées pour les systèmes embarqués. Dans le cas d'une flash NAND, il n'est pas nécessaire de préciser les paramètres physiques de la flash, car le type de mémoire est défini lors du choix du système dans le menu *System Type* (Atmel AT91, Samsung S3C24xx, etc.). Ce point sera détaillé en fin de chapitre.

> PRÉCISION **Qu'est-ce que CFI ?**
>
> CFI *(Common Flash memory Interface)* est un standard ouvert développé par les principaux fabricants de mémoire flash (Intel, Sharp, Fujitsu, AMD). Le standard est ouvert, ce qui signifie qu'il peut être utilisé par d'autres fabricants, afin d'assurer la compatibilité, du fait que les caractéristiques sont disponibles dans le composant. Le pilote MTD supporte également quelques composants non CFI (AMD/JEDEC), mais de nos jours, quasiment toutes les cartes récentes utilisent des flash CFI (ou des flash NAND).

Architecture du pilote MTD

Le pilote MTD – appelé également LinuxMTD – est maintenu depuis le début du projet par David Woodhouse. Le site de référence est à l'adresse http://www.linux-mtd.infradead.org, mais le noyau Linux intègre des versions récentes du pilote. Le schéma ci-dessous décrit l'architecture de MTD ainsi que son intégration dans le noyau Linux.

Figure 9–6
Architecture de LinuxMTD

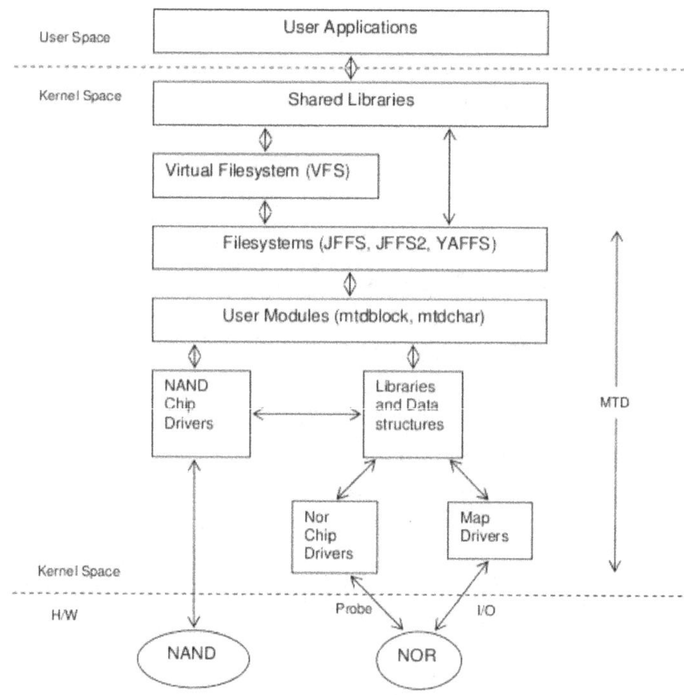

LinuxMTD fournit un ensemble de services, en partant du support matériel jusqu'à l'espace utilisateur :

- pilotes des flash NOR et NAND ;

- module d'accès en mode caractère, correspondant aux fichiers spéciaux `/dev/mtd0`, `/dev/mtd1`, etc. ; ces fichiers sont utilisés pour manipuler la flash : formatage, copie d'une image de système de fichiers sur la flash ;
- module d'accès en mode bloc, correspondant aux fichiers spéciaux `/dev/mtdblock0`, `/dev/mtdblock1`, etc. ; ces fichiers fournissent un mode d'accès « émulé » similaire au mode bloc utilisé pour les périphériques de stockage usuels ;
- système de fichiers (JFFS2 et plus récemment UBIFS) ;
- utilitaires en espace utilisateur avec le sous-projet `mtd-utils` contenant des utilitaires de manipulation de flash (`nandwrite`, `flash_eraseall`, etc.), création d'image JFFS2 (`mkfs.jffs2`, etc.).

Initialement, le pilote fonctionnait uniquement pour la mémoire flash NOR, mais désormais, il permet également de piloter des flash NAND. Traditionnellement, MTD est lié à quelques formats de systèmes de fichiers utilisés uniquement sur les mémoires flash. Le plus connu est JFFS2 (pour *Journalized Flash File System version 2*). Cependant, on peut utiliser d'autres formats avec MTD, comme CRAMFS, SQUASHFS, UBIFS ou YAFFS2.

Configuration et mise en place de MTD

Nous allons désormais mettre en œuvre le pilote MTD. Pour l'instant, nous utiliserons une flash NOR de 64 Mo émulée par QEMU pour la plate-forme Versatile PB. Dans un deuxième temps, nous décrirons la configuration pour une flash NAND, dans le cas d'une carte réelle.

Paramétrage du noyau Linux

L'utilisation de MTD passe par la configuration du noyau Linux (`make menuconfig`) dans le menu *Device Drivers>Memory Technology Device (MTD) support*. Ce menu permet de définir les paramètres globaux pour la détection de la flash (type NOR ou NAND, géométrie, fabricant, options). Nous conseillons de valider le support de manière statique, et non pas sous forme de modules dynamique.

> ATTENTION   **Configuration du système de fichiers**
>
> Le choix du format de système de fichiers comme JFFS2 ou CRAMFS n'est pas accessible dans le menu *Memory Technology Device (MTD) support*, mais dans le menu *File systems>Miscellaneous filesystems*.

Au niveau du premier menu, il faut tout d'abord activer les options *Direct char device access to MTD devices* (accès en mode caractère), puis *Caching block device access to MTD devices* (accès en mode bloc). Si l'on désire utiliser plusieurs « partitions » sur la flash NOR, il est nécessaire d'activer *MTD partitioning support>Command line partition table parsing*. Cette dernière option permet d'utiliser le paramètre `mtdparts` pour spécifier dynamiquement le découpage de la flash dans les options du noyau.

Figure 9–7
Menu principal de configuration de MTD

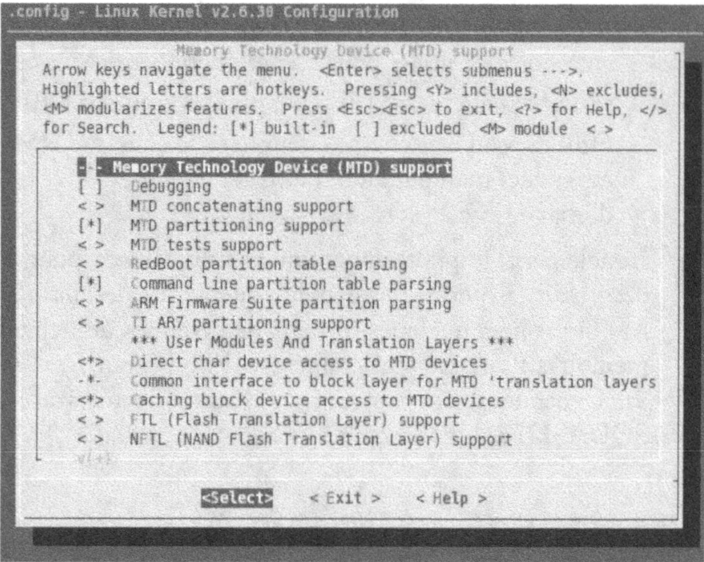

Dans un deuxième temps, on doit spécifier les paramètres de la flash (NOR) en entrant dans le menu *RAM/ROM/Flash chip drivers*. Nous indiquons que la flash est compatible CFI par l'option *Detect flash chips by Common Flash Interface (CFI) probe* ainsi que le constructeur, en activant *Support for Intel/Sharp flash chips*.

Figure 9–8
Sélection du type de flash NOR

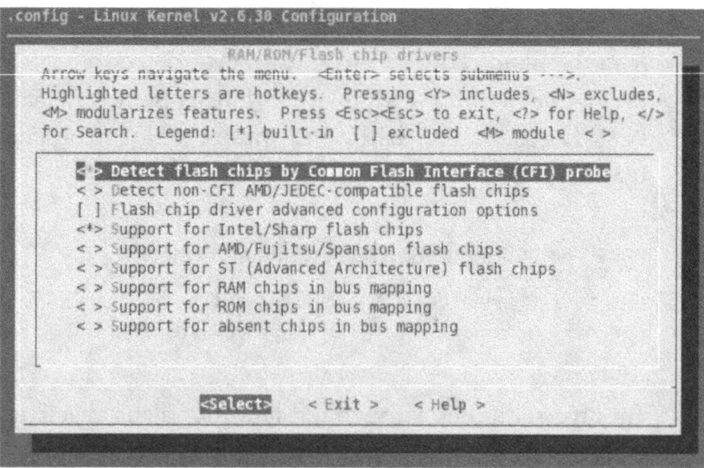

On retourne au menu principal, puis l'on entre dans *Mapping drivers for chip access* afin de préciser la géométrie de la flash. Lorsque l'on a activé *Flash device in physical memory map*, on peut alors saisir les paramètres de la flash : *Physical start address of flash mapping* (0x34000000), *Physical length of flash mapping* (0x4000000), *Bank width in octets* (2). Bien entendu, les valeurs fournies ici dépendent de la carte utilisée, soit pour nous une Versatile PB. Nous remarquons que l'option permet uniquement de détecter la totalité de la flash (0x4000000 soit 64 Mo).

Figure 9–9
Sélection du « mapping » de la flash NOR

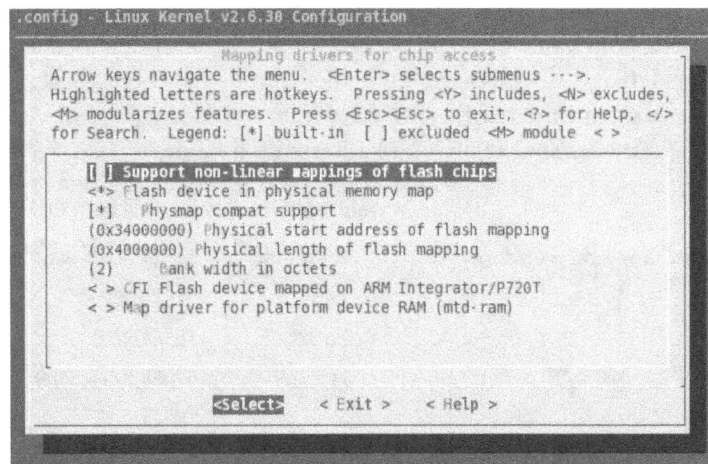

Découpage de la flash

Comme nous l'avons vu au chapitre précédent, la flash de 64 Mo est émulée par un fichier de la même taille. Pour l'instant, ce fichier contient uniquement le bootloader U-Boot, situé en début de flash. Dans la suite du chapitre, nous allons voir comment copier le noyau Linux (fichier `uImage`) ainsi que l'image du système de fichiers racine sur la flash. Un paramètre fondamental de la flash est sa taille de secteur ou *erase block*. Elle est fournie par le constructeur, mais on peut également l'obtenir grâce à la commande `flinfo` de U-Boot.

Obtention des informations sur la flash

```
$ sudo qemu-system-arm -M versatilepb -m 64 -pflash flash.img -nographic
-net nic -net tap

U-Boot 1.3.4 (May 15 2010 - 20:09:40)

DRAM:   0 kB
Flash: 64 MB
In:    serial
Out:   serial
```

```
Err:    serial
Versatile # flinfo

Bank # 1: CFI conformant FLASH (32 x 32) Size: 64 MB in 256 Sectors
  Intel Extended command set, Manufacturer ID: 0x12, Device ID: 0x14
  Erase timeout: 16384 ms, write timeout: 3 ms
  Buffer write timeout: 3 ms, buffer size: 2048 bytes
...
```

La flash étant de taille 64 Mo et contenant 256 secteurs, on en déduit que le secteur a pour taille 256 Ko, soit 0x40000. Le premier secteur est actuellement occupé par l'image de U-Boot, et le deuxième par les paramètres (c'est-à-dire les variables d'environnement). On en déduit un découpage de la flash pour notre test. Les adresses sont relatives à l'adresse de base de la flash, soit 0x34000000.

Tableau 9–1 Découpe de la flash NOR émulé

Zone de mémoire	Secteurs	Taille (Ko/hexa)	Description
0 à 0x80000	0 à 1	512/0x80000	U-Boot
0x80000 à 0x840000	2 à 32	7936/0x7c000	Noyau Linux
0x840000 à 0x4000000	33 à 255	57088/0x37c0000	système de fichiers racine

Copie du noyau sur la flash

La copie du noyau passe par le chargement par TFTP du fichier `uImage`, décrit au chapitre précédent (commande `tftpboot`). Lorsque le fichier est chargé en mémoire à l'adresse 0x200000, on peut alors le copier sur la flash, en utilisant la commande U-Boot `cp.b`. La flash NOR étant protégée en écriture, il est nécessaire de la déverrouiller avant d'effectuer la copie (commande `protect off`), puis de la protéger de nouveau lorsque la copie est effectuée (commande `protect on`). Il est également obligatoire d'effacer la flash avec `erase` avant d'effectuer la copie.

Copie du noyau Linux sur la flash

```
Versatile # tftpboot
Using MAC Address 52:54:00:12:34:56
TFTP from server 192.168.3.109; our IP address is 192.168.3.45
Filename 'uImage'.
Load address: 0x200000
Loading: #################################################################
         ################################
done
Bytes transferred = 1431616 (15d840 hex)
```

```
Versatile # protect off 1:2-32
Versatile # erase 1:2-32
.... done
Versatile # cp.b 200000 0x34080000 15d840
Copy to Flash... done
Versatile # protect on 1:2-32
```

> REMARQUE **Préciser la taille des données à écrire**
>
> Lors de la commande `cp.b`, on doit préciser l'adresse d'origine des données (en RAM), l'adresse desti-nation (en flash), ainsi que la taille des données, dont la valeur est retournée par la commande `tftpboot`. On peut également utiliser la variable `${filesize}` qui contient automatiquement cette valeur.

Installation du système de fichiers racine sur la flash

Le cas du système de fichiers est un peu plus complexe, car pour l'instant nous dispo-sons uniquement d'un système de fichiers `initrd` réalisé au chapitre 6, ou bien d'une version NFS-Root réalisée au chapitre 8. Bien qu'il soit possible d'écrire l'image `initrd` sur la flash, le but est ici de décrire l'utilisation d'autres formats comme JFFS2 ou CRAMFS. Pour tous les formats utilisés, la procédure sera identique :

1 créer une image du système de fichiers racine avec l'utilitaire adapté au format choisi et copier cette image sur le répertoire du serveur TFTP de la machine de développement ;

2 depuis U-Boot, charger l'image en RAM par la commande `tftpboot` ;

3 copier les données en RAM vers la flash grâce à la commande `cp.b` ;

Dans le cas de JFFS2, on utilise la commande `mkfs.jffs2`. Cette commande peut être livrée avec la chaîne de compilation ou bien compilée à partir des outils du paquet `mtd-utils` disponible sur le dépôt Git du projet MTD. Si l'on utilise un outil comme Buildroot (voir chapitre 10), la commande sera produite automatiquement si l'on déclare la génération d'une image JFFS2.

Génération de l'image JFFS2

```
$ mkfs.jffs2 -n -e 256KiB -o rootfs_qemu.jffs2 -d rootfs_qemu
$ sudo cp rootfs_qemu.jffs2 /var/lib/tftpboot
```

> ATTENTION **Toujours préciser la taille du secteur de la flash**
>
> Ce paramètre (précisé par l'option `-e`) est fondamental pour le bon fonctionnement de l'image sur la cible. Dans notre cas, il correspond à 256 Ko. La valeur par défaut est de 64 Ko.

Avant de copier l'image sur la flash, on peut la tester sur le PC de développement en utilisant l'émulation en RAM du pilote MTD (`mtdram`). Pour cela, on doit charger les modules adéquats, puis copier le contenu du fichier sur `/dev/mtd0`.

Test de l'image sur le PC de développement

```
# modprobe mtdram
# modprobe mtdblock
# cat rootfs_qemu.jffs2 > /dev/mtd0
# mount -t jffs2 /dev/mtdblock0 /mnt/tmp
# ls /mnt/tmp
bin dev etc init lib linuxrc proc sbin sys usr
# du -s /mnt/tmp
2964     /mnt/tmp

# ls -l rootfs_qemu.jffs2
-rw-r--r-- 1 root root 1796988 juin   3 23:37 rootfs_qemu.jffs2
```

On remarque que la taille de l'image JFFS2 est bien inférieure à la taille réelle du système de fichiers, ce qui est normal puisque JFFS2 gère dynamiquement la compression – basée sur GZIP – afin de réduire l'empreinte mémoire sur la flash.

Copie de l'image sur la flash

```
Versatile # tftp 200000 rootfs_qemu.jffs2
Using MAC Address 52:54:00:12:34:56
TFTP from server 192.168.3.109; our IP address is 192.168.3.45
Filename 'rootfs_qemu.jffs2'.
Load address: 0x200000
Loading: #################################################################
         ###############################################################
done
Bytes transferred = 1796988 (1b6b7c hex)
Versatile # protect off 1:33-255
Un-Protect Flash Sectors 33-255 in Bank # 1
Versatile # erase 1:33-255
Erase Flash Sectors 33-255 in Bank # 1
.................................................................
.................................................................
.......... done
Versatile # cp.b 200000 0x34840000 1b6b7c (ou bien ${filesize})
Copy to Flash... done
Versatile # protect on 1:33-255
Protect Flash Sectors 33-255 in Bank # 1
Versatile #
```

Test du système

On peut dès lors tester la nouvelle version du système, mais il est nécessaire de modifier la variable `bootargs`, puisqu'elle était configurée pour utiliser un système de fichiers racine NFS-Root. On doit indiquer le nom du fichier spécial lié au système de fichiers, soit `root=/dev/mtdblock2`, le type de système de fichiers, soit `rootfstype=jffs2`, ainsi que l'organisation de la flash, via le paramètre `mtdparts`.

> ATTENTION **Ne pas confondre avec la commande mtdparts de U-Boot**
>
> Certaines versions du bootloader U-Boot disposent d'une commande `mtdparts` permettant de définir les partitions de la flash, mais qui n'a rien à voir avec le paramètre du noyau Linux. Pour cela, on pourra consulter la page :
>
> ▸ http://www.denx.de/wiki/DULG/UBootCmdGroupFlash

Affectation de bootargs et démarrage

```
Versatile # setenv bootargs console=ttyAMA0 mem=64Mo root=/dev/mtdblock2
rootfstype=jffs2 mtdparts=physmap-flash.0:0x80000(u-
boot)ro,0x7c0000(kernel),-(rootfs)
Versatile # saveenv
Saving Environment to Flash...
Un-Protected 1 sectors
Erasing Flash...
. done
Erased 1 sectors
Writing to Flash... done
Protected 1 sectors
```

Le principe du paramètre `mtdparts` est de définir la taille de chaque partition identifiée par une chaîne de caractères, soit dans notre cas : `u-boot`, `kernel` et `rootfs`. La taille peut être exprimée de plusieurs manières : hexadécimal, kilo-octets en utilisant la lettre `k`, mégaoctets en utilisant la lettre `M`. Le signe `-` (moins) utilisé pour la partition racine indique que nous utilisons le reste de l'espace disponible. L'option `ro` précisée pour la partition U-Boot indique que l'on ne pourra pas modifier cette partition depuis Linux, ce qui est une sage précaution, car si U-Boot est corrompu, la carte ne fonctionnera plus.

La flash est identifiée par `physmap-flash.0`, le chiffre 0 correspondant au numéro de la flash s'il y en a plusieurs. Le nom dépend du type de flash utilisée et n'est pas toujours facile à trouver, à moins de regarder dans les sources du pilote. Par exemple, dans le cas d'une flash NAND pour un processeur S3C2410, le nom sera `s3c2410-nand` référencé dans le fichier `drivers/mtd/nand/s3c2410.c`. Le nom est également affiché dans les traces du noyau lors de la détection de la flash.

> REMARQUE **Syntaxe du paramètre mtdparts**
>
> Il n'existe pas à notre connaissance de documentation précise concernant la syntaxe de ce paramètre. Le fichier `Documentation/kernel-parameters.txt` renvoie pour cela au code source du noyau, en l'occurrence le fichier `drivers/mtd/cmdlinepart.c` !

Le démarrage du noyau s'effectue avec la commande `bootm`, déjà évoquée au chapitre 8. Dans ce cas, nous devons donner l'adresse de la partition contenant le noyau, soit 0x34080000. Si la configuration de MTD est correcte, le noyau doit afficher la détection de la flash et des partitions comme ci-après. Nous pouvons constater quelques messages d'erreur concernant `pflash_write` au démarrage, mais ils sont dus à l'émulation par QEMU et peuvent être ignorés. Nous reproduisons ci-dessous un extrait des traces de démarrage du système.

Démarrage du système sur le noyau Linux en mémoire flash

```
Versatile # bootm 34080000

## Booting kernel from Legacy Image at 34080000 ...
    Image Name:    Linux-2.6.30
    Image Type:    ARM Linux Kernel Image (uncompressed)
    Data Size:     1438372 Bytes = 1.4 MB
    Load Address: 00008000
    Entry Point: 00008000
    Loading Kernel Image ... OK
OK

Starting kernel ...
Uncompressing
Linux...............................................................
........................ done, booting the kernel.
Linux version 2.6.30 (pierre@opti760pf.localdomain) (gcc version 4.2.2)
#16 Sat May 15 23:36:15 CEST 2010
...
JFFS2 version 2.2. (NAND) © 2001-2006 Red Hat, Inc.
ROMFS MTD (C) 2007 Red Hat, Inc.
...
pflash_write: Unimplemented flash cmd sequence (offset 00000000, wcycle
0x0 cmd 0x0 value 0xf000f0)
armflash.0: Found 1 x32 devices at 0x0 in 32-bit bank
armflash.0: Found 1 x32 devices at 0x0 in 32-bit bank
Intel/Sharp Extended Query Table at 0x0031
Using buffer write method
RedBoot partition parsing not available
afs partition parsing not available
physmap-flash.0: Found 1 x32 devices at 0x0 in 16-bit bank
```

```
Intel/Sharp Extended Query Table at 0x0031
Using buffer write method
3 cmdlinepart partitions found on MTD device physmap-flash.0
Creating 3 MTD partitions on "physmap-flash.0":
0x000000000000-0x000000080000 : "u-boot"
ftl_cs: FTL header not found.
0x000000080000-0x000000840000 : "kernel"
ftl_cs: FTL header not found.
0x000000840000-0x000004000000 : "rootfs"
ftl_cs: FTL header not found.
mice: PS/2 mouse device common for all mice
TCP cubic registered
NET: Registered protocol family 17
RPC: Registered udp transport module.
RPC: Registered tcp transport module.
VFP support v0.3: implementor 41 architecture 1 part 10 variant 9 rev 0
input: AT Raw Set 2 keyboard as /class/input/input0
input: ImExPS/2 Generic Explorer Mouse as /class/input/input1
VFS: Mounted root (jffs2 filesystem) on device 31:2.
Freeing init memory: 100K
/dev was populated by mdev :)
00:00:04 up 0 min, load average: 0.00, 0.00, 0.00

Welcome to my embedded GNU/Linux system


mylinux login: root
login[304]: root login on 'ttyAMA0'
# mount
rootfs on / type rootfs (rw)
/dev/root on / type jffs2 (rw,relatime)
proc on /proc type proc (rw,relatime)
sysfs on /sys type sysfs (rw,relatime)
```

REMARQUE **Premier montage du système de fichiers racine JFFS2**

On peut remarquer un temps d'attente assez long lors du premier montage de la partition racine. Cela est dû au fonctionnement interne de JFFS2 et à la construction dynamique de *summary information* au premier montage. On peut améliorer les choses en utilisant la commande `sumtool` fournie avec `mtd-utils`. En effet, cette commande permet de calculer les valeurs lors de la création de l'image, et ainsi de gagner du temps au démarrage.

```
# sumtool -i original.jffs2 -o new.jffs2 -e 256KiB
```

JFFS2 a fait l'objet d'améliorations pour une nouvelle versions JFFS3, qui a finalement conduit au développement du format UBIFS. On pourra consulter les pages suivantes à ce sujet :

▸ http://www.inf.u-szeged.hu/jffs2
▸ http://www.inf.u-szeged.hu/sed/ubifs

Lorsqu'on est logé dans le système Linux, on peut visualiser les partitions de la flash en utilisant le fichier virtuel `/proc/mtd`. On retrouve les noms donnés lors de l'affectation du paramètre `mtdparts`.

Liste des partitions de la flash

```
# cat /proc/mtd
dev:    size   erasesize name
mtd0: 00080000 00040000 "u-boot"
mtd1: 007c0000 00040000 "kernel"
mtd2: 037c0000 00040000 "rootfs"
```

Utilisation du format CRAMFS

Le format CRAMFS peut être une alternative intéressante à JFFS2, même s'il est un peu ancien. Il est disponible depuis longtemps dans les sources du noyau Linux standard, en suivant le menu *File systems>Miscellaneus filesystems>Compressed ROM file system support (cramfs)*. Contrairement à JFFS2, il peut être utilisé facilement sur des périphériques en mode bloc, donc sur les supports physiques classiques décrits au début de ce chapitre. CRAMFS utilise l'algorithme GZIP pour compresser dynamiquement le contenu du système de fichiers. Par contre, il fonctionne en lecture seule, et la taille de la partition racine est limitée à 256 Mo. Un exemple concret de l'utilisation de CRAMFS est la Freebox V4 qui utilisait une version modifiée basée sur l'algorithme LZMA en remplacement de GZIP. Nous verrons plus loin quels sont les avantages et les contraintes liés à l'utilisation d'un système de fichiers racine en lecture seule.

Dans le cas de l'utilisation de MTD, le principe est le même que pour JFFS2. On doit donc créer l'image CRAMFS à l'aide de l'outil `mkcramfs`, puis copier cette image sur la partition correspondante de la flash. L'outil n'est pas disponible en standard, et il n'est pas facile à trouver sur Internet, car assez ancien. La solution la plus rapide consiste à l'obtenir depuis l'adresse http://buildroot.uclibc.org/downloads/sources/cramfs-1.1.tar.gz, qui centralise les sources utilisées par Buildroot.

Compilation et installation des outils CRAMFS

```
$ tar xzvf cramfs-1.1.tar.gz
$ cd cramfs-1.1
$ make
$ sudo cp mkcramfs cramfsck /usr/local/bin
```

Une fois l'outil `mkcramfs` disponible, on peut alors créer une image au format CRAMFS, comme nous l'avons fait pour JFFS2.

ATTENTION **Le système de fichiers racine est en lecture seule**

Vu qu'il n'est pas possible d'écrire sur le système de fichiers, nous ne pourrons pas utiliser simplement mdev pour créer dynamiquement les fichiers dans /dev. Pour ce test, nous devrons créer les fichiers de manière statique, en utilisant la méthode basée sur la commande MAKEDEV, décrite au chapitre 6. Nous devrons également supprimer l'appel à mdev -s dans le fichier /etc/init.d/rcS. Une autre solution serait de créer un nouveau système de fichiers pour /dev et de l'associer à un *ramdisk* construit au démarrage.

Création d'une image CRAMFS

```
$ mkcramfs rootfs_qemu rootfs_qemu.cramfs
Directory data: 6788 bytes
Everything: 1648 kilobytes
Super block: 76 bytes
CRC: 3ee60384
$ sudo cp rootfs_qemu.cramfs /var/lib/tftpboot
```

Une fois l'image créée, on peut la copier sur la flash en utilisant la même méthode que pour l'image JFFS2. Il faut bien entendu supprimer l'option rootfstype=jffs2 dans les paramètres du noyau.

Cas d'une flash NAND

Nous avons vu qu'il n'était pas possible d'émuler une flash NAND dans le cas de la carte que nous utilisons (Versatile PB). Le cas de la flash NAND sera traité pour une carte réelle DEV2410 basée sur un processeur S3C2410. Cette carte sera également décrite au chapitre 10, pour l'étude de Buildroot. Elle est équipée de 64 Mo de mémoire flash NAND.

Paramétrage du noyau Linux

Le paramétrage est similaire, mis à part que l'on doit valider l'option *NAND Device Support>NAND Flash support for S3C2410/S3C2440 SoC* dans le menu de configuration de MTD. Contrairement à la flash NOR, nous n'avons pas à préciser la géométrie de la flash (adresse de base, taille, largeur).

Les autres paramètres – comme le support des formats JFFS2, CRAMFS ou autres – sont indépendants du type de flash. Dans le cas de la carte DEV2410, la description des partitions s'effectue de manière statique dans le fichier arch/arm/mach-s3c2410/mach-dev2410.c.

Définition des partitions de la flash NAND

```
static struct mtd_partition dev2410_nand_part[] = {
        [0] = {
                .name     = "bootloader",
                .size     = 0x30000,
                .offset = 0,
                .mask_flags = MTD_WRITEABLE,
        },
        [1] = {
                .name     = "Kernel",
                .offset = 0x30000,
                .size     = 0x300000,
        },
        [2] = {
                .name     = "rootfs",
                .offset = 0x330000,
                .size     = 0x500000,
        },
        [3] = {
                .name     = "userland",
                .offset = 0x830000,
                .size     = 0x3700000,
        }
};
```

Configuration dans U-Boot

Le découpage de la mémoire flash est précisé dans le tableau ci-dessous, déduit de l'extrait de code précédent.

Tableau 9–2 Découpe de la flash NAND

Zone de mémoire	Taille (hexa)	Description
0 à 0x30000	0x30000	U-Boot
0x30000 à 0x330000	0x300000	Noyau Linux
0x330000 à 0x830000	0x500000	système de fichiers racine
0x830000 à 0x3f30000	0x3700000	Userland partition

La manipulation de la flash NAND sous U-Boot utilise la commande nand.

Aide sur la commande nand

```
S3C2410 # help nand
nand info - show available NAND devices
nand device [dev] - show or set current device
```

```
nand read[.jffs2[s]] addr off size
nand write[.jffs2] addr off size - read/write `size' bytes starting
    at offset `off' to/from memory address `addr'
nand erase [clean] [off size] - erase `size' bytes from
    offset `off' (entire device if not specified)
nand bad - show bad blocks
nand read.oob addr off size - read out-of-band data
nand write.oob addr off size - read out-of-band data
```

Lecture des informations sur la flash NAND

```
S3C2410 # nand info
Device 0: Samsung K9F1208U0M at 0x4e000000 (64 MB, 16 kB sector)
```

> REMARQUE **Taille du secteur**
>
> Nous remarquons que la taille du secteur de cette flash est de 16 Ko et non plus 256 Ko comme pour la flash NOR. Nous avons vu que cette valeur était utilisée par la commande `mkfs.jffs2`.

La procédure d'écriture du noyau `uImage` sur la flash NAND est la même que pour la flash NOR, mis à part l'absence de commande `protect on/off`.

1 Effacement de la zone de mémoire flash par `nand erase`.

2 Chargement de l'image noyau `uImage` en RAM par `tftpboot`.

3 Copie des données de la RAM vers la zone de mémoire flash par `nand write`.

Écriture du noyau uImage sur la mémoire NAND

```
S3C2410 # nand erase 0x30000 0x300000

NAND erase: device 0 offset 196608, size 3145728 ...
progress 100%

S3C2410 # tftp ${loadaddr} ${bootfile}
TFTP from server 192.168.3.106; our IP address is 192.168.3.50
Filename 'uImage'.
Load address: 0x33000000
Loading: #################################################################
        ...
        ####################################
done
Bytes transferred = 2523548 (26819c hex)

S3C2410 # nand write ${loadaddr} 0x30000 ${filesize}
```

```
NAND write: device 0 offset 196608, size 2523548 ...
Warning block writes should be at least 512 bytes and start on a 512
byte boundry
progress 100%
2523548 bytes written: OK
```

Concernant le système de fichiers racine, la procédure est identique à celle de la flash NOR, mis à part qu'il faut modifier la taille du secteur à 16 Ko. Nous partons d'un répertoire `rootfs_arm` contenant une distribution similaire à celle utilisée pour le test QEMU.

Création de l'image JFFS2 à partir du système de fichiers racine

```
$ mkfs.jffs2 -e 16KiB -d rootfs_arm -n -o rootfs_arm.jffs2
```

Copie de l'image sur la flash NAND

```
S3C2410 # nand erase 0x330000 0x500000

NAND erase: device 0 offset 3342336, size 5242880 ...
progress 100%

5242880 bytes sould be erased, 5242880 really erased
OK

S3C2410 # tftp ${loadaddr} rootfs_arm.jffs2
TFTP from server 192.168.3.106; our IP address is 192.168.3.50
Filename 'rootfs_arm.jffs2'.
Load address: 0x33000000
Loading: #################################################################
        ...
        #################################################
done
Bytes transferred = 1250380 (13144c hex)
S3C2410 # nand write.jffs2 0x33000000 0x330000 ${filesize}

NAND write: device 0 offset 3342336, size 1250380 ...
progress 100%
1250380 bytes written: OK
```

Finalement, on peut affecter la variable `bootargs`. Elle est identique à la précédente, au détail près que le nom du fichier spécial associé à la console est différent (car ce n'est pas la même carte). De même, on n'utilise pas le paramètre `mtdparts`, puisque la liste des partitions est statique (mais c'est spécifique à cette carte).

Affectation de bootargs

```
S3C2410 # setenv bootargs root=/dev/mtdblock2 console=ttySAC0,115200
rootfstype=jffs2
```

Test du système

La procédure de démarrage du système est un peu différente du cas de la flash NOR. En effet, il n'est pas possible de démarrer directement sur la flash NAND, on doit tout d'abord copier le noyau Linux de la flash vers la RAM avec la commande nboot, puis utiliser bootm sur l'adresse de copie en RAM.

Démarrage du système

```
S3C2410 # nboot 33000000 0 30000
S3C2410 # bootm
Loading from device 0: <NULL> at 0x4e000000 (offset 0x30000)
progress 100%
   Image Name:    Linux-2.6.28-pragmatec
   Created:       2009-08-04 15:57:56 UTC
   Image Type:    ARM Linux Kernel Image (uncompressed)
   Data Size:     2523484 Bytes = 2.4 MB
   Load Address: 30008000
   Entry Point: 30008000
Warning block writes should be at least 512 bytes and start on a 512
byte boundry
progress 100%
## Booting image at 33000000 ...
   Image Name:    Linux-2.6.28-pragmatec
   Created:       2009-08-04 15:57:56 UTC
   Image Type:    ARM Linux Kernel Image (uncompressed)
   Data Size:     2523484 Bytes = 2.4 MB
   Load Address: 30008000
   ....

Further such events for this erase block will not be printed
VFS: Mounted root (jffs2 filesystem).
Freeing init memory: 220K
...
```

> **CONSEIL Utiliser des macros U-Boot**
>
> Pour la NOR comme pour la NAND, nous avons vu que le nombre de manipulations dans U-Boot était assez important. Une fois passée la période d'apprentissage, il est conseillé de rassembler les commandes dans des macros (exemple : copie du noyau sur la flash, affectation de `bootargs`, etc.).
> Nous avons reproduit ci-dessous quelques macros utilisées pour la carte DEV2410. Nous rappelons que la syntaxe de définition des macros est décrite au chapitre 8. Nous avons vu au même chapitre 8 qu'il est possible de définir les macros sur le poste de développement, puis de transférer l'image sur U-Boot par TFTP.
>
> ```
> nandargs=setenv bootargs console=ttySAC0,115200 root=/dev/mtdblock2
> rootfstype=jffs2
> kern_erase=nand erase 0x30000 0x300000
> root_erase=nand erase 0x330000 0x500000
> kern_flash=nand write ${loadaddr} 0x30000 ${filesize}
> root_flash=nandwrite ${loadaddr} 0x330000 ${filesize}
> kern_install=run kern_erase; tftp ${loadaddr} ${bootfile} ; run
> kern_flash
> root_install=run root_erase ; tftp ${loadaddr} ${rootfile} ; run
> root_flash
> nand_boot=run nandargs ; nboot 33000000 0 30000; bootm
> ```

Utilisation du format TMPFS

Comme son nom l'indique, TMPFS permet de créer un système de fichiers temporaire qui utilise la mémoire vive. Ce format est disponible dans le noyau Linux, et aucune option n'est nécessaire pour l'activer. Il est très fréquemment utilisé en association avec une partition racine en lecture seule.

Plusieurs formats de systèmes de fichiers sous Linux embarqué fonctionnent en lecture seule (CRAMFS, SQUASHFS, etc.), et il est toujours possible d'utiliser un format fonctionnant en lecture/écriture, puis de forcer le montage du système de fichiers racine en lecture seule en utilisant l'option `ro` dans les paramètres du noyau. En effet, l'utilisation d'une partition racine en lecture seule a de gros avantages pour la sécurité de fonctionnement, car toute modification imprévue – malveillante ou non – sera impossible. Il est donc fréquent de répartir le contenu de la partition racine sur plusieurs partitions :

- une première partition contenant la partie non modifiable, montée en lecture seule et utilisant un format type CRAMFS ou SQUASHFS ;
- une deuxième partition montée sur un *ramdisk* et contenant les répertoires en lecture/écriture ; si les données de cette partition ne doivent pas être conservées, on pourra utiliser TMPFS. Le répertoire `/var` – dont le nom indique qu'il est variable – peut souvent utiliser un tel format ;
- une troisième partition contenant les données en lecture/écriture que l'on désire conserver ; pour cette partition, on pourra choisir un format comme JFFS2, sachant qu'elle n'est pas vitale au fonctionnement du système.

Bien entendu, la réalité n'est jamais aussi simple, car il existe des cas pour lesquels certains fichiers d'un répertoire monté en lecture seule doivent être modifiés. Un exemple simple est le fichier `/etc/resolv.conf,` qui contient la liste des serveurs de noms (DNS). Nous avons vu au chapitre 7 que ce fichier était créé dynamiquement si le système utilisait un client DHCP. On peut résoudre aisément ce cas, en utilisant un lien symbolique.

> RAPPEL **Lien symbolique**
>
> Nous rappelons qu'un lien symbolique est un fichier particulier qui représente un simple pointeur vers un fichier réel. Il est symbolisé par une flèche sous Unix. On crée un lien symbolique par la commande `ln` avec l'option `-s`.
>
> ```
> $ ln -s linux-2.6.30 linux
> $ ls -ld linux*
> lrwxrwxrwx 1 pierre users   12 juin 14 01:25 linux -> linux-2.6.30
> drwxr-xr-x 22 pierre users 4096 juin 14 01:23 linux-2.6.30
> ```

Dans notre cas, il suffit donc que le fichier `/etc/resolv.conf` soit un simple lien symbolique vers un fichier réel situé dans un répertoire en lecture/écriture. À la création du système de fichiers racine, il suffira de faire :

```
$ ln -s /var/resolv.conf /etc/resolv.conf
```

Si `/var` utilise TMPFS, l'écriture dans `/etc/resolv.conf` conduira en fait à l'écriture dans le fichier réel `/var/resolv.conf` qui, elle, est possible. Bien entendu, si l'on doit utiliser des sous-répertoires de `/var` comme `/var/run` ou `/var/etc`, ces derniers devront être créés dynamiquement au démarrage, en ajoutant quelques lignes au fichier `/etc/init.d/rcS`.

```
# Populating /var
mkdir /var/etc /var/run
```

Concrètement, l'ajout d'un tel répertoire à la distribution se limite à mettre à jour le fichier `/etc/fstab` et, bien entendu, à créer le point de montage, qui correspond dans notre cas au répertoire `$HOME/rootfs_qemu/var`.

Ajout de /var au format TMPFS

```
tmpfs   /var   tmpfs defaults,rw,size=4M 0 0
```

La taille (fixe) allouée à `/var` est dans ce cas de 4 Mo. Il n'y a donc pas de risque que le remplissage d'un répertoire TMPFS sature la mémoire vive du système.

Utilisation de mtd-utils

Jusqu'à présent, nous avons utilisé la flash sous U-Boot, mais comme nous l'avons déjà évoqué, il existe un ensemble d'utilitaires rassemblés dans le paquet `mtd-utils` qui permettent d'effectuer de nombreuses opérations sur les mémoires flash et de gérer des systèmes de fichiers associés (JFFS2, UBIFS) depuis Linux.

> REMARQUE **Intérêt d'une telle solution**
>
> Ces programmes peuvent être utiles si l'on veut modifier une partition Linux depuis un système en cours de fonctionnement, ce qui est nécessaire lorsque l'on met en place des fonctionnalités telles que la mise à jour automatique et/ou à distance.

Disponibilité dans ELDK-4.2

Si l'on utilise la chaîne ELDK-4.2, les utilitaires sont déjà fournis en version binaires.

```
$ find $HOME/ELDK42 -name flash_eraseall
/home/pierre/ELDK42/arm/usr/sbin/flash_eraseall
/home/pierre/ELDK42/armVFP/usr/sbin/flash_eraseall
$ find $HOME/ELDK42 -name nandwrite
/home/pierre/ELDK42/arm/usr/sbin/nandwrite
/home/pierre/ELDK42/armVFP/usr/sbin/nandwrite
```

Génération à partir des sources

Si l'on désire produire les utilitaires à partir des sources, on peut obtenir la dernière version auprès du dépôt Git du projet LinuxMTD. Certains utilitaires sont utilisés sur le PC de développement (exemple : `mkfs.jffs2` ou `mkfs.ubifs`), mais la majorité d'entre eux fonctionnent sur la cible et devront donc être compilés avec la chaîne croisée.

Certains des programmes nécessitent la bibliothèque LZO pour x86 et ARM. Concernant la version x86, elle est disponible sous forme de paquet binaire `lzo-devel`. Notons également qu'il faut installer le paquet `e2fsprogs-devel`.

Installation de lzo-devel et e2fsprogs-devel sur Fedora

```
$ sudo yum install lzo-devel e2fsprogs-devel
```

Pour ARM, il faut produire une version croisée de la bibliothèque à partir des sources, disponibles sur http://www.oberhumer.com/opensource/lzo. Dans notre exemple, on installe le résultat de la compilation sur le répertoire `$HOME/lzo_bin`.

Compilation croisée et installation de LZO

```
$ cd lzo-2.03
$ ./configure --host=arm-linux-gnueabi --prefix=$HOME/lzo_bin
$ make
$ make install
```

Récupération des sources de mtd-utils

```
$ git clone git://git.infradead.org/mtd-utils.git
```

Pour compiler `mtd-utils`, il est nécessaire d'ajouter le chemin d'accès à la bibliothèque LZO version ARM. Pour cela, on doit modifier le fichier `common.mk` présent dans le répertoire `mtd-utils`, pour y ajouter les lignes ci-après.

Lignes à ajouter à common.mk

```
WITHOUT_XATTR=1
LZOCPPFLAGS= -I$(HOME)/lzo_bin/include
LZOLDFLAGS= -L$(HOME)/lzo_bin/lib
```

On peut désormais compiler les utilitaires avec la commande `make`. Cette opération s'effectue en deux étapes, afin de compiler les utilitaires ARM – à installer sur la cible – puis les utilitaires x86 utilisés sur le PC de développement.

Pour les utilitaires croisés, on utilise la variable d'environnement `CROSS`. Les versions croisées sont produites sur le répertoire correspondant à la valeur de cette variable.

Compilation des utilitaires ARM, puis x86

```
$ make CROSS=arm-linux-gnueabi-
$ make
...
$ file mkfs.jffs2
mkfs.jffs2: ELF 32-bit LSB executable, Intel 80386, version 1 (SYSV),
dynamically linked (uses shared libs), for GNU/Linux 2.6.18, not
stripped
$ file arm-linux-gnueabi/flash_eraseall
arm-linux-gnueabi/flash_eraseall: ELF 32-bit LSB executable, ARM,
version 1 (SYSV), dynamically linked (uses shared libs), for GNU/Linux
2.6.14, not stripped
```

Exemple d'utilisation

Dans l'exemple qui suit, nous utiliserons `flash_eraseall` et `nandwrite` depuis un système Linux utilisant un système de fichiers racine NFS-Root, car il n'est évidemment pas possible de modifier le système de fichiers en cours d'exécution sur la flash. L'exemple fonctionne sur la carte DEV2410 citée précédemment.

Lorsque l'on utilise `mtd-utils`, on ne manipule plus les adresses mémoire physiques de la flash, mais les fichiers spéciaux associés. Le fichier virtuel `/proc/mtd` nous donne la liste des partitions.

Liste des partitions de la carte

```
/ # cat /proc/mtd
dev:    size   erasesize name
mtd0: 00030000 00004000 "bootloader"
mtd1: 00300000 00004000 "Kernel"
mtd2: 00500000 00004000 "rootfs"
mtd3: 03700000 00004000 "userland"
```

Si l'on veut écrire le système de fichiers racine sur la carte, on utilise le fichier spécial `/dev/mtd2`. La première étape consiste à effacer la partition, puis on copie l'image avec `nandwrite`. On peut ensuite tester le montage de la partition.

Effacement, puis copie de l'image JFFS2

```
/ # flash_eraseall -j /dev/mtd2
Erasing 16 Kibyte @ 500000 -- 100 % complete.Cleanmarker written at 4fc000.

/ # nandwrite -p   /dev/mtd2 rootfs_arm.jffs2
Writing data to block 0 at offset 0x0
Writing data to block 1 at offset 0x4000
Writing data to block 2 at offset 0x8000
...
Writing data to block 74 at offset 0x128000
Writing data to block 75 at offset 0x12c000
Writing data to block 76 at offset 0x130000
/ #
```

Test de montage du système de fichiers

```
/ # mount -t jffs2 /dev/mtdblock2 /mnt
/ # ls -l /mnt
drwxr-xr-x    2 117      100             0 Jan 23 2009 bin
drwxr-xr-x    5 117      100             0 Jan 23 2009 dev
drwxr-xr-x    3 117      100             0 Jan 23 2009 etc
drwxr-xr-x    2 117      100             0 Jan 23 2009 lib
lrwxrwxrwx    1 117      100            11 Jan 23 2009 linuxrc -> bin/busybox
drwxr-xr-x    2 117      100             0 Jan 23 2009 mnt
drwxr-xr-x    2 117      100             0 Jan 23 2009 proc
drwxr-xr-x    2 117      100             0 Jan 23 2009 sbin
```

```
drwxr-xr-x    2 117      100                0 Jan 23 2009 tmp
drwxr-xr-x    4 117      100                0 Jan 23 2009 usr
drwxr-xr-x    2 117      100                0 Jan 23 2009 var
```

Pour utiliser le système de fichiers racine ainsi créé, il suffit de redémarrer la carte et de modifier sous U-Boot la variable `bootargs` comme précédemment, afin de lui indiquer un démarrage sur la flash, et non plus en NFS-Root.

> REMARQUE **Cas de la flash NOR**
>
> Dans le cas d'une flash NOR, on pourra simplement utiliser la commande `cat` pour copier l'image sur la partition.
>
> ```
> / # cat rootfs_arm.jffs2 > /dev/mtd2
> ```

Conclusion

Dans ce chapitre, nous avons fait un large tour d'horizon des différentes mémoires de masse disponibles pour un environnement embarqué. Nous n'avons pas évoqué en détail tous les formats utilisables sur les flash (SQUASHFS, YAFFS2, UBIFS), mais les méthodes d'utilisation sont très proches des exemples choisis.

Les manipulations sur les mémoires flash ne sont pas toujours triviales, mais seront facilitées par l'utilisation d'outils de production comme Buildroot, qui peuvent gérer automatiquement la production des images aux différents formats. Nous verrons cela au chapitre suivant.

## TROISIÈME PARTIE

Techniques avancées

10

Utiliser Buildroot

Dans les chapitres 5 et 6, nous avons abordé la construction manuelle d'une distribution embarquée. Cette méthode est d'un grand intérêt pédagogique, mais elle n'est pas applicable dans le cadre d'un projet industriel. En effet, la méthode décrite ne prend pas totalement en compte les problèmes rencontrés dans le monde réel.

Nous pouvons évoquer en premier lieu la difficulté d'adaptation d'un composant à un environnement cible pour lequel il n'a pas été prévu, sachant que de nombreux projets sont développés uniquement sur plate-forme Intel x86. Un autre souci fréquent est la gestion des dépendances entre les composants. Lors de l'ajout d'un composant, on doit prendre en compte les dépendances en ajoutant un ou plusieurs composants qui, eux aussi, peuvent poser des problèmes de dépendances ou de portage.

On voit donc apparaître l'utilité d'un outil dédié qui aidera l'utilisateur – parfois non spécialiste – dans la construction d'une distribution robuste et évolutive.

Buildroot, une introduction

Le projet Buildroot est depuis toujours lié à uClibc (µ-C-libc, http://www.uclibc.org), déjà évoqué au chapitre 5. Le but de uClibc est de fournir une solution alternative à la bibliothèque libc de référence Glibc *(Gnu C Library)*. La Glibc est très complète, mais elle est également très complexe et volumineuse, ce qui n'est pas forcément en adéquation avec les contraintes de l'informatique embarquée. La bibliothèque uClibc est six fois plus légère que la Glibc, et ses fonctionnalités sont largement suffisantes pour la plupart des projets Linux embarqués industriels. De plus, elle est nativement développée pour les architectures embarquées, ce qui n'est pas le cas de la Glibc.

Pour effectuer des tests uClibc, les développeurs du projet ont depuis longtemps mis en place un outil de construction de distribution. C'est ainsi qu'est né le projet Buildroot, visible sur http://buildroot.uclibc.org. Du fait de son statut d'outil de test, le projet n'était pas réellement diffusé, sauf sous forme de dépôt SVN. De plus, la maintenance était très chaotique, avec des corrections disparates suivant les architectures.

L'utilisation de Buildroot pour un projet industriel était possible, mais l'absence de version officielle rendait l'approche difficile, puisque la distribution était basée sur un instantané *(snapshot)* du dépôt SVN. Malgré cela, de nombreuses sociétés utilisent des versions adaptées de Buildroot depuis de nombreuses années.

Qu'est-ce que Buildroot ?

Buildroot n'est pas une distribution Linux, c'est un ensemble de fichiers `Makefile` et de scripts shell permettant de construire les outils de production, puis la distribution cible, à partir des données d'entrée, soit :

- les archives des sources des composants obtenues directement dans leur version non adaptée sur les sites des projets ; elles sont chargées lors de la première utilisation de Buildroot, par défaut dans le sous-répertoire `dl` ;
- la configuration fournie par l'utilisateur : l'architecture cible, les composants à intégrer, la version du compilateur et d' uClibc, etc. ;
- les différents patches fournis par Buildroot ; outre le système de génération configurable, c'est une valeur ajoutée importante de Buildroot.

En plus de la distribution cible, Buildroot est capable de produire une chaîne de compilation croisée basée sur uClibc. Si la chaîne doit être basée sur Glibc, on devra l'utiliser en tant que chaîne externe *(external toolchain)*, car elle devra être produite par un autre outil comme Crosstool. Les dernières versions de Buildroot proposent la construction d'une chaîne Glibc en utilisant Crosstool-NG.

Buildroot aujourd'hui

Depuis début 2009, Buildoot est officiellement maintenu par Peter Korsgaard et Thomas Petazzoni. Des versions officielles sont publiées tous les trois mois, soit pour 2009 : 2009.02, 2009.05, 2009.08 et 2009.11. La même numérotation s'est poursuivie pour les années suivantes. Le dépôt principal du projet utilise désormais le gestionnaire de versions Git (http://git.buildroot.net/buildroot). Comme il se doit, Buildroot est un logiciel libre, diffusé sous licence GPL v2.

Quand utiliser Buildroot ?

Buildroot n'est pas le seul outil de création de distributions embarquées. Nous avons cité en introduction plusieurs outils similaires. En résumé, nous pouvons dire que Buildroot se veut :

* léger, ce qui n'est pas le cas d'OpenEmbedded, puissant et plus évolutif que Buildroot, mais plus difficile d'accès et très gourmand en ressources sur le poste de développement ; de même, OpenEmbedded ne fournit pas d'outil de configuration de type `make menuconfig`, et la configuration s'effectue uniquement par l'édition de fichiers. OpenEmbedded est cependant un excellent outil et fait l'objet d'une description détaillée au chapitre suivant ;
* généraliste, alors qu'OpenWrt est plutôt dédié aux IAD *(Internet Access Devices)*. OpenWrt est certainement le projet le plus proche de Buildroot, d'ailleurs issu de ce dernier. OpenWrt est cependant capable de gérer des paquets binaires (IPKG/OPKG) que l'on peut installer sur la cible, ce que Buildroot ne sait pas encore faire ;
* non lié à un constructeur ou une entreprise, à la différence de la majorité des outils fournis avec les cartes, même si ceux-ci sont parfois dérivés de Buildroot ou d'autres outils équivalents.

> REMARQUE **Buildroot ou OpenEmbedded ?**
>
> L'outil OpenEmbedded permet de prendre en compte un *héritage* de configuration en définissant un certain nombre de propriétés par *classes*. Ce fonctionnement est très intéressant si l'on doit gérer un grand nombre de cartes différentes (cas d'un fabricant de cartes). Dans le cas d'une utilisation classique de quelques applications et de quelques configurations matérielles, Buildroot sera largement suffisant et plus simple d'accès. Si le nombre de configurations à gérer devient important, OpenEmbedded pourra s'avérer être un meilleur choix.

Installation et utilisation

Comme nous l'avons précisé précédemment, Buildroot n'est pas une distribution, et l'archive du projet n'est dont pas très volumineuse (moins de 3 Mo). Pour l'installer, on peut se rendre sur http://buildroot.uclibc.org/download.html et charger la dernière version. Les tests décrits en ce début de chapitre correspondent à la 2010.02. Même si les versions publiées subissent quelques modifications, les principes de configuration et d'utilisation restent similaires. Nous avons conservé la description de la version 2010.02 présente dans la troisième édition de l'ouvrage, cependant un paragraphe est disponible en fin de chapitre afin de décrire les spécificités de la dernière version à ce jour (2012.02). Ce paragraphe est illustré d'exemples pour différentes cibles ARM.

Extraction des sources de Buildroot

```
$ tar xjvf ~/Téléchargement/buildroot-2010.02.tar.bz2
$ cd buildroot-2010.02
```

> **ATTENTION Ne pas déplacer le répertoire de Buildroot**
>
> Il est interdit de déplacer le répertoire de Buildroot après la première utilisation (compilation ou configuration).

La configuration est basée sur le même outil que le noyau Linux et Busybox. On peut utiliser un outil de configuration en mode texte (`make menuconfig`) ou bien basé sur Qt3 (`make xconfig`).

Configuration de Buildroot

```
$ make menuconfig
```

On obtient alors l'écran suivant.

Figure 10–1
Écran de configuration
Buildroot

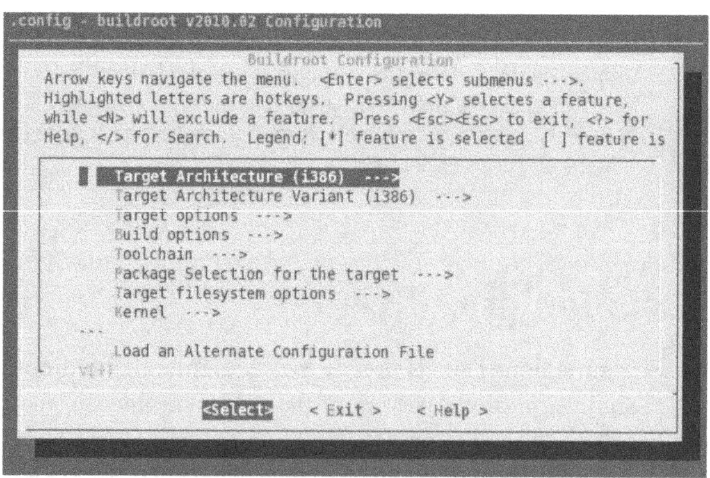

La liste des rubriques au premier niveau est assez réduite :
- *Target Architecture* : le type de CPU, exemple : ARM ;
- *Target Architecture Variant* : le sous-type, exemple : ARM920, ARM926 ;

- *Target options* : les options spécifiques au constructeur (exemple : Atmel) ou à la carte (nom du système, bannière d'accueil, etc.) ;
- *Build options* : les options des outils de production utilisés par Buildroot (exemples: `wget` ou `svn`, localisation des sites de téléchargement des archives sources) ;
- *Toolchain* : le paramétrage de la chaîne de compilation croisée ;
- *Package selection for the target* : sélection des paquets à installer sur la distribution cible, avec gestion des dépendances ;
- *Target filesystem options* : type d'image cible à créer en vue de l'installation sur la cible (exemples: `tar`, `ext2`, `jffs2`, `cpio`, etc.) ;
- *Kernel* : les paramètres du noyau Linux à compiler ; par défaut, Buildroot ne compile pas le noyau.

Un premier test de génération

Le but de ce premier test est d'utiliser au maximum les configurations par défaut afin d'arriver à un résultat proche du test manuel décrit au chapitre 6. En dépit de cela, nous verrons que la distribution produite est plus complète pour un effort bien moindre. Pour cela, nous devons tout d'abord configurer l'environnement Buildroot.

En sélectionnant la première rubrique (*Target Architecture*), on note que la majorité des architectures utilisées dans l'industrie sont disponibles : *arm*, *x86*, *mips*, *powerpc*, *superh*, etc. Dans notre cas, nous sélectionnons *arm*.

Figure 10–2
Sélection d'architecture cible :
rectifiez selon vos besoins

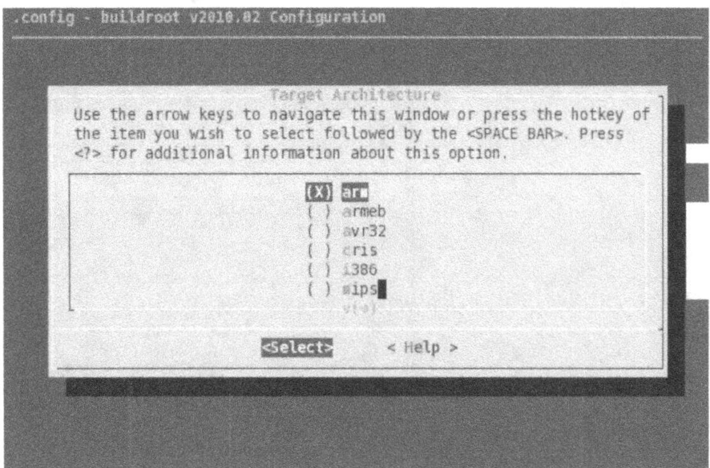

Si l'on sélectionne *arm*, on peut alors faire défiler les différentes variantes de l'architecture dans le deuxième menu (*Target Architecture Variant*), comme *arm920t*, *arm926t*, etc. Dans notre cas, nous sélectionnons *arm926t*.

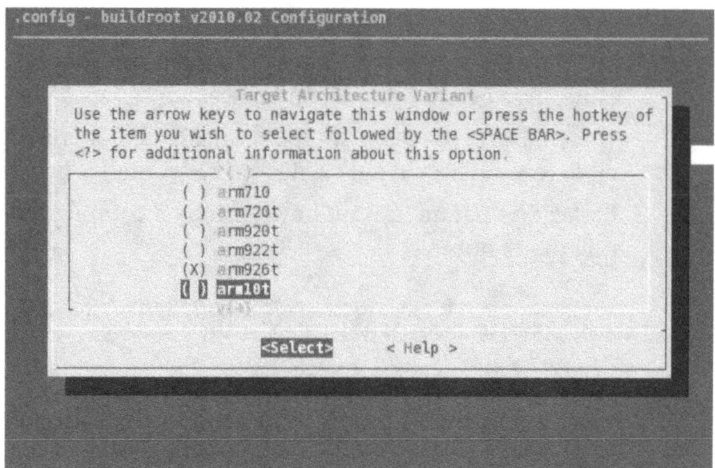

Figure 10–3
Variantes du processeur ARM :
rectifiez selon vos besoins

Le menu *Target options* nous permet uniquement de saisir le nom du système (soit `versatilepb`) et la bannière d'accueil.

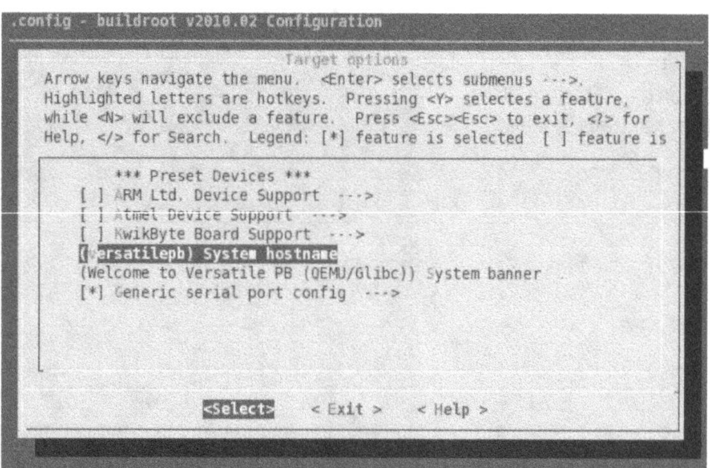

Figure 10–4
Options de la cible

La dernière option du menu (*Generic serial port config*) est importante, car elle permet de spécifier quel périphérique sera utilisé pour la console système. Cette option n'a pas d'importance pour l'instant, car la carte Versatile PB émulée dispose d'un framebuffer. De ce fait, la console utilisera une console virtuelle (`/dev/tty1`), exactement comme sur un PC/x86. Dans le cas d'une véritable carte ne disposant pas de frame-buffer, la console utilisera un port série physique (UART) associé à une entrée de type `/dev/ttyS0` ou autre fichier spécial dépendant de la cible.

> ATTENTION **Sélection du port de la console**
>
> Si l'on ne renseigne pas cette option dans le cas d'une véritable carte utilisant une console sur un port série (UART), on n'obtiendra jamais l'affichage de la bannière de *login*.

Le menu *Build options* n'a pas à être modifié. Cependant, nous pouvons noter, en entrant dans ce menu, qu'il dispose d'une rubrique *Mirror and Download locations*. Dans cette rubrique, nous constatons que le projet Buildroot héberge des copies des archives des différents composants sur http://buildroot.net/downloads/sources. Cette fonctionnalité est très utile en cas d'indisponibilité du site officiel hébergeant le composant, ou bien de la disparition de la version de composant utilisée par Buildroot.

Le menu *Toolchain* permet de générer par défaut une chaîne de compilation croisée. Buildroot étant dérivé du projet uClibc, la chaîne produite sera obligatoirement basée sur uClibc. Comme toute chaîne de compilation, elle est également dépendante du noyau Linux.

Si l'on désire une chaîne basée sur Glibc ou une autre libc, elle devra être construite à part et déclarée comme chaîne externe dans la rubrique *Toolchain type*.

Figure 10–5
Options de la chaîne
de compilation

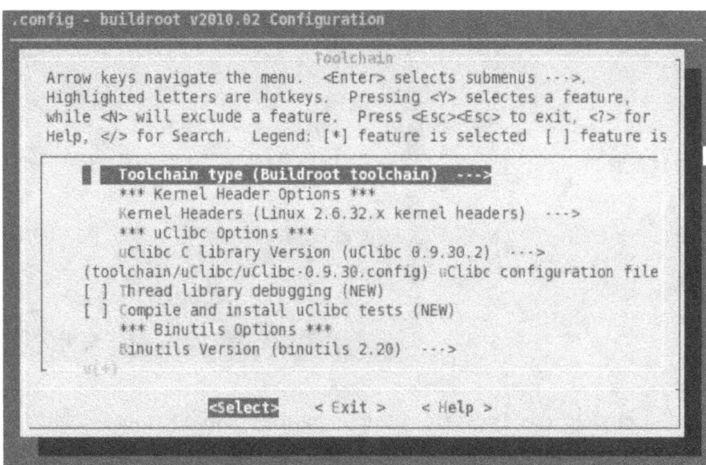

Dans le cas présent, nous allons laisser les options par défaut, et donc créer une chaîne de compilation lors de la première utilisation de Buildroot. Ce menu permet également de construire les utilitaires de mise au point croisée, soit `gdb` et `gdbserver`.

> EXPERT **Dépendance du compilateur par rapport au noyau**
>
> La version des en-têtes *(kernel headers)* n'est pas forcément la même que celle du noyau utilisé par la cible. Cependant, si le noyau de la cible est beaucoup plus ancien que le noyau et la libc utilisés par la chaîne de compilation, il est fortement probable que cela conduise à des erreurs au démarrage du système (message `kernel too old` et arrêt du système). D'un autre côté, l'intégration d'un noyau ancien dans une chaîne récente n'est pas forcément vouée au succès. Il faut donc parfois jouer finement et faire plusieurs essais de permutation de versions.
>
> L'utilisation d'une chaîne externe peut être une solution au problème précédent. Cependant, les dernières versions de Buildroot imposent que la chaîne dispose de l'option `--sysroot`. Cette option permet de spécifier le chemin d'accès des bibliothèques et des en-têtes. Elle est disponible uniquement dans la version 4 de GCC. Notons qu'elle n'est pas activée dans ELDK4.2.

Le menu *Package Selection for the target* constitue une forte valeur ajoutée de Buildroot. La sélection des différents composants gère automatiquement les dépendances, tant au niveau de la cible que du poste de développement. Par exemple, la sélection d'un outil d'affichage d'images comme *fbv* impliquera automatiquement la compilation de la bibliothèque libjpeg. De même, le choix d'un type de format pour la partition racine cible impliquera la production des outils permettant de produire l'image pour la machine de développement (exemple : le format `jffs2` et l'outil `mkfs.jffs2`).

Figure 10–6
Sélection des paquets

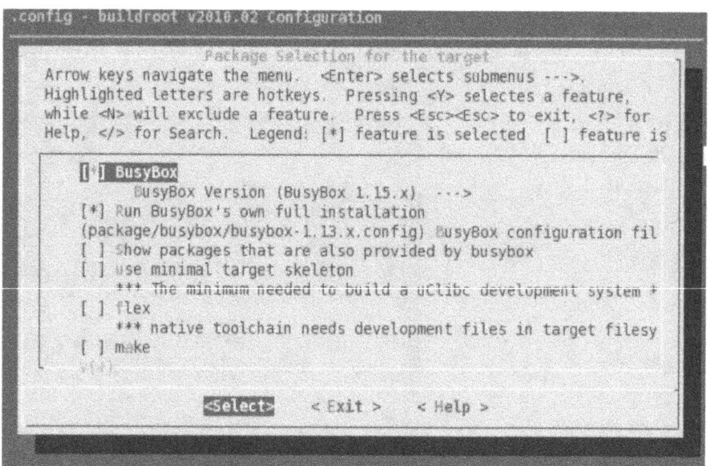

Dans le cas présent, seul le paquet Busybox est sélectionné, et l'image produite sera donc assez proche de ce que nous avions réalisé à la main, avec cependant quelques fonctionnalités indispensables pour un véritable système Linux. Nous remarquons que la configuration de Busybox peut être modifiée grâce à un fichier précisé en paramètre (le fichier `package/busybox/busybox-1.13.x.config` par défaut). Il est également possible d'accéder à la configuration de Busybox en utilisant la commande suivante.

Configuration de Busybox

```
$ make busybox-menuconfig
```

Nous reviendrons ultérieurement sur les possibilités de configuration de ce menu. Le menu *Target filesystem options* permet de préciser sous quelle forme l'image du système de fichiers racine sera produite.

Figure 10–7
Format de l'image cible

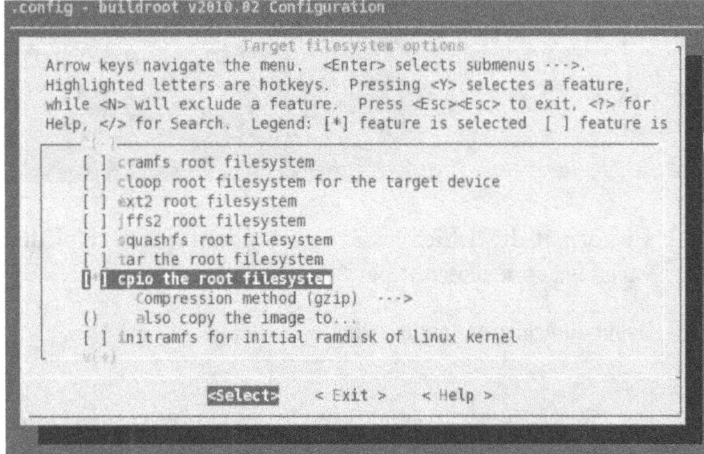

La configuration par défaut propose de créer une image `ext2`, mais pour l'instant elle n'est pas utile pour nous. Par contre, nous pouvons demander à Buildroot de créer une image `cpio` compressée identique à celle créée à la main par l'enchaînement des commandes `find`, `cpio` et `gzip`.

Nous remarquons à la fin du menu que Buildroot permet également de générer – si nécessaire – l'image du bootloader U-Boot.

> REMARQUE **Nouveau Buildroot**
>
> Dans les nouvelles versions de Buildroot, la configuration du bootloader fait l'objet d'un menu dédié nommé *Bootloaders*.

Le menu *Kernel* indique que par défaut, Buildroot ne compile pas le noyau Linux pour la cible. Nous utiliserons le noyau compilé au début de l'article, puisque l'architecture cible est identique.

On peut enfin quitter Buildroot sans oublier d'enregistrer le précieux fichier de configuration `.config` que nous avons créé.

Figure 10–8
Sauvegarde de la configuration

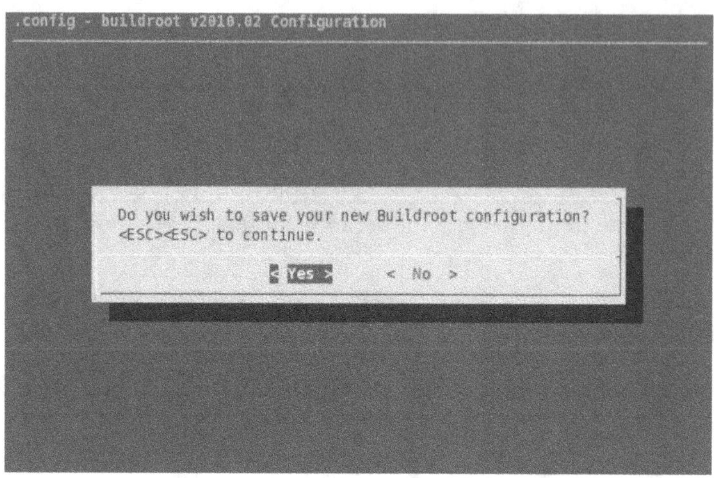

Le format du fichier `.config` est identique à celui du noyau Linux. Les noms des variables commencent par `BR2_`.

Début du fichier de configuration

```
#
# Automatically generated make config: don't edit
# Tue Apr 20 10:30:52 2010
#
BR2_HAVE_DOT_CONFIG=y
BR2_VERSION="2010.02"
# BR2_alpha is not set
BR2_arm=y
...
```

On peut alors lancer la compilation en utilisant la commande `make`. La première compilation est assez longue, même si cela reste raisonnable (minimum 25 à 30 minutes sur un PC puissant), car il est nécessaire d'effectuer des tâches préliminaires :

- chargement des archives vers le répertoire `dl` ;
- génération de la chaîne de compilation croisée.

Au niveau espace disque, une première compilation occupe environ 2 Go sur le disque.

CONSEIL **Mode verbeux pour la compilation**

Nous conseillons d'utiliser la variable `V` (Verbose), déjà disponible pour la compilation du noyau Linux et de Busybox. Cela permet de suivre précisément les étapes de la compilation.

```
$ make V=1
```

À l'issue de la compilation, on obtient le résultat dans le répertoire output.

Résultat de la compilation

```
$ ls -l output/images
total 1684
-rw-r--r-- 1 pierre users 1164800 janv. 17 18:14 rootfs.arm.cpio
-rw-r--r-- 1 pierre users 554131 janv. 17 18:14 rootfs.arm.cpio.gz
```

On peut alors tester la nouvelle distribution avec QEMU.

```
$ qemu-system-arm -M versatilepb -m 16 -kernel <kernel-path>/arch/arm/
boot/zImage -initrd output/images/rootfs.arm.cpio.gz
```

Contrairement à notre distribution minimaliste, l'image générée par Buildroot gère l'authentification des utilisateurs. On peut se loger en tant que superutilisateur (root) et il n'y a pas de mot de passe par défaut.

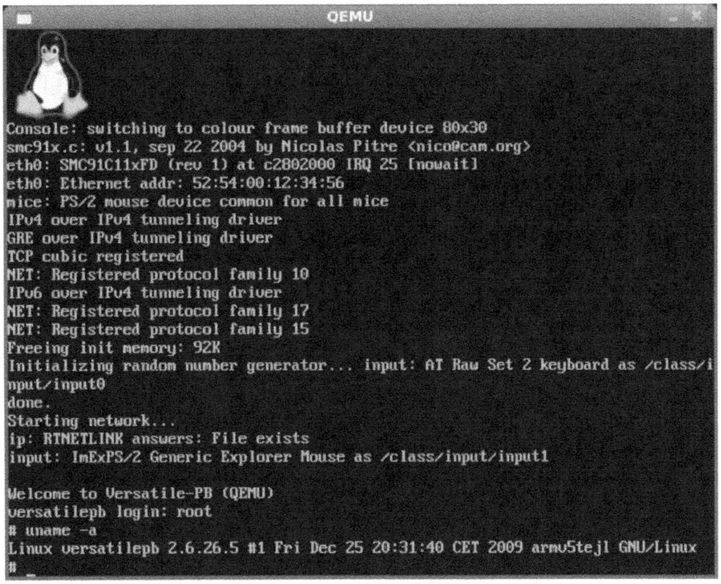

Figure 10–9
Première distribution Buildroot
dans QEMU

Création d'une configuration prédéfinie

L'archive Buildroot 2010.02 contient plusieurs fichiers de configuration prédéfinis pour les cartes officiellement supportées par le projet. L'avantage évident est d'éviter d'effectuer le travail que nous avons réalisé dans les paragraphes précédents. Pour cela, il suffit simplement de copier le fichier .config dans le répertoire configs, sous un nom explicite.

Sauvegarde de la configuration

```
$ cp .config configs/QEMU_versatilepb_uclibc_defconfig
```

Pour les utilisateurs de la version 2010.02 ainsi modifiée, la production de l'image se résumera aux commandes suivantes.

Configuration de Buildroot pour la carte Versatile PB

```
$ make QEMU_versatilepb_uclibc_defconfig
$ make
```

Aperçu de la structure de Buildroot

Dans la section précédente, nous avons décrit la procédure nécessaire pour arriver rapidement à un résultat utilisable. Cependant, Buildroot est un outil puissant et configurable. Il est donc nécessaire d'étudier d'un peu plus près sa structure, afin de l'utiliser au mieux. Pour faciliter la compréhension, les détails de la structure de Buildroot seront fournis au fur et à mesure de la progression du chapitre.

Contrairement à d'autres outils (comme OpenEmbedded qui est basé sur bitbake, un script écrit en langage Python), le moteur de Buildroot est basé sur des commandes standards de Linux comme `make`, `bash` ou `find`. Au premier niveau des sources, on trouve les fichiers suivants.

Liste des fichiers au premier niveau des sources de Buildroot

```
$ ls -l
total 100
-rw-r--r--    1 pierre users 11458 déc.   1 15:27 CHANGES
-rw-r--r--    1 pierre users 10130 déc.   1 15:27 Config.in
drwxr-xr-x    2 pierre users 4096 déc.   1 15:27 configs
-rw-r--r--    1 pierre users 17987 déc.   1 15:27 COPYING
drwxr-xr-x    3 pierre users 4096 janv. 18 10:01 docs
-rw-r--r--    1 pierre users 19497 déc.   1 15:27 Makefile
drwxr-xr-x 306 pierre users 12288 déc.   1 15:27 package
drwxr-xr-x    3 pierre users 4096 déc.   1 15:27 scripts
drwxr-xr-x  21 pierre users 4096 déc.   1 15:27 target
-rw-r--r--    1 pierre users   806 déc.   1 15:27 TODO
drwxr-xr-x  13 pierre users 4096 déc.   1 15:27 toolchain
```

Les principaux répertoires sont :

* `package` : contient les paquets gérés par Buildroot. À terme, on peut ajouter des sous-répertoires à `package` si l'on désire ajouter des composants ;

- `target` : définit les paramètres dépendant de la cible (type d'image à générer, configuration matérielle). Dans la suite de l'article, nous donnerons un exemple d'ajout de cible matérielle réelle. (répertoire `target/device`) ;
- `toolchain` : définit les paramètres de construction de la chaîne croisée. Le répertoire contient également les paramètres pour l'utilisation d'une chaîne externe.

Lorsque la compilation est terminée, on a en plus le répertoire `dl` et surtout le répertoire `output` qui contient le résultat de la compilation. Ce répertoire est une nouveauté de la version 2010.02. La structure est de ce fait beaucoup plus simple à appréhender, car précédemment les résultats étaient répartis sur plusieurs répertoires (`project_build_<arch>`, `build_<arch>`, `toolchain`, `toolchain_build_<arch>`) si `<arch>` est le nom de l'architecture cible (exemple : `arm`). Dans le cas présent, on a le résultat suivant dans le répertoire `output`.

Liste des fichiers du répertoire de résultats

```
$ ls -l output
total 28
drwxr-xr-x 17 pierre users 4096 janv. 20 18:07 build ❶
drwxr-xr-x 3 pierre users 4096 janv. 20 18:05 host ❷
drwxr-xr-x 2 pierre users 4096 janv. 20 17:52 images ❸
drwxr-xr-x 5 pierre users 4096 janv. 20 17:52 staging ❹
drwxr-xr-x 2 pierre users 4096 janv. 20 18:05 stamps
drwxr-xr-x 16 pierre users 4096 janv. 20 18:04 target ❺
drwxr-xr-x 19 pierre users 4096 janv. 20 18:02 toolchain ❻
```

❶ `build` : répertoire de construction des différents composants (paquets, noyau Linux, etc.), hormis la chaîne de compilation croisée.

❷ `host` : contient les outils produits par Buildroot, mais utilisés sur le poste de développement.

❸ `images` : contient les images produites à installer sur la cible.

❹ `staging` : contient la chaîne de compilation croisée si elle est construite par Buildroot.

❺ `target` : contenu de la partition racine de la cible, sauf le répertoire `dev` traité ultérieurement, pour produire l'image de la partition dans le répertoire `images`.

❻ `toolchain` : répertoire de construction de la chaîne de compilation croisée.

Les principaux fichiers utilisés sont les suivants :

- `Config.in` : un fichier décrivant l'interface de configuration (géré par `make menuconfig`). La modification de l'outil de configuration (par exemple, pour ajouter une nouvelle carte) passe par l'ajout de fichiers de ce type ;

- `Makefile.in.*` : un fichier inclus dans un autre `Makefile` (ou `Makefile.in.*`) par une directive `include` de la commande `make`. La modification de Buildroot nécessite d'ajouter des fichiers `Makefile.in`, associés à des fichiers `Config.in`. ;
- `Makefile` : le fichier `Makefile` principal de Buildroot ;
- `*.mk` : le plus souvent, un fichier `Makefile` décrivant la compilation d'un composant dans le répertoire `package` ;
- `*.sh` : un script shell ; les scripts sont appelés dans les fichiers `Makefile.*` ;
- `*.patch` : un fichier utilisable par la commande `patch`.

Système de gestion des paquets

Le terme *paquetage* (ou *paquet*) est utilisé de manière impropre, car Buildroot ne gère pas réellement de paquets (exemples : fichiers `.rpm`, `.deb`, `.ipk`). En l'occurrence, il est impossible d'ajouter proprement un nouveau composant à une image produite par Buildroot sans produire une nouvelle image par `make`.

Cependant, l'un des gros avantages de Buildroot est de fournir un grand nombre de composants adaptés aux architectures embarquées. Le répertoire `package` contient un peu plus de 300 entrées. L'adaptation d'un composant à la compilation croisée n'est pas toujours simple, malgré l'utilisation de plus en plus fréquente d'outils comme Autotools.

PRÉCISION **À quoi sert Autotools ?**

Autotools est un projet GNU constitué des outils Autoconf, Automake, Libtool et Gettext. L'idée est de fournir un système permettant de produire automatiquement les fichiers `Makefile`, en fonction du système sur lequel on désire compiler. On pourra consulter une présentation de ces outils à l'adresse suivante :

▸ http://www.lrde.epita.fr/~adl/autotools.html

En effet, il faut également que l'auteur du projet ait prévu la possibilité d'utiliser un environnement croisé. Si le composant est complexe, ce n'est pas forcément trivial. À titre d'exemple, si l'on tente de compiler la bibliothèque Kerberos-1.6.3 pour cible ARM, on obtient une erreur.

Configuration (erronée) de Kerberos pour cible ARM

```
$ ./configure --host=arm-linux
configure: WARNING: If you wanted to set the --build type, don't use --
host.
    If a cross compiler is detected then cross compile mode will be used.
configure: creating cache ./config.cache
```

```
checking for arm-linux-gcc... arm-linux-gcc
...
checking whether pragma weak references are supported... yes
checking for constructor/destructor attribute support... configure:
error: Cannot test for constructor/destructor support when cross
compiling
```

Il est nécessaire de passer quelques options un peu ésotériques pour arriver à un bon résultat !

Nouvelle configuration correcte

```
$ cross_compiling=${cross_compiling=yes,yes} \

krb5_cv_attr_constructor_destructor=${krb5_cv_attr_constructor_destruct
or=yes,yes} \
    ac_cv_func_regcomp=${ac_cv_func_regcomp=yes,yes} \
    ac_cv_printf_positional=${ac_cv_printf_positional=yes,yes} \
    ac_cv_file__etc_environment=${ac_cv_file__etc_environment=no,no} \
    ac_cv_file__etc_TIMEZONE=${ac_cv_file__etc_TIMEZONE=no,no} \
    \
    enable_thread_support=${enable_thread_support=no,no} \
    enable_thread=${enable_thread_support=no,no} \
    KRB5_AC_ENABLE_THREADS=${KRB5_AC_ENABLE_THREADS=no,no} ./configure -
-disable-thread-support --enable-shared --without-krb4 --without-tcl \
    --disable-ipv6 --host=arm-linux
configure: WARNING: If you wanted to set the --build type, don't use --
host.
    If a cross compiler is detected then cross compile mode will be used.
configure: loading cache ./config.cache
checking for arm-linux-gcc... arm-linux-gcc
...
configure: creating ./config.status
config.status: creating ./Makefile
config.status: creating resolve/Makefile
config.status: creating asn.1/Makefile
config.status: creating create/Makefile
config.status: creating hammer/Makefile
config.status: creating verify/Makefile
config.status: creating gssapi/Makefile
config.status: creating dejagnu/Makefile
config.status: creating threads/Makefile
config.status: creating shlib/Makefile
config.status: creating gss-threads/Makefile
config.status: creating misc/Makefile
```

Autre problème : de nombreux composants dépendent d'autres composants – comme des bibliothèques –, ce qui rend l'adaptation manuelle très fastidieuse. Là aussi, Buildroot traite le problème de manière transparente pour l'utilisateur final. Un répertoire de paquets contient au minimum deux fichiers.

- Le fichier `Config.in` décrit l'entrée dans l'outil de configuration (`make menuconfig`).
- Le fichier `.mk` décrit le `Makefile` de construction du composant.

Au niveau précédent (répertoire `package`), un fichier `Config.in` utilise les différentes entrées.

Extrait du fichier Config.in

```
comment "Other stuff"
source "package/at/Config.in"
source "package/beecrypt/Config.in"
source "package/berkeleydb/Config.in"
...
```

Nous rappelons que les paquets sont compilés dans le répertoire `output/build`.

Exemple du paquet fbv

Dans la suite, nous pouvons prendre l'exemple de l'utilitaire `fbv` permettant d'afficher des images dans le framebuffer de Linux. Le fichier `Config.in` contient les lignes suivantes.

Fichier Config.in pour le paquet fbv

```
config BR2_PACKAGE_FBV
    bool "fbv"
    select BR2_PACKAGE_LIBPNG
    select BR2_PACKAGE_JPEG
    select BR2_PACKAGE_LIBUNGIF
    help
      fbv is a very simple graphic file viewer for the framebuffer
console, capable of displaying GIF, JPEG, PNG and BMP files using
libungif, libjpeg and libpng. http://freshmeat.net/projects/fbv
```

Nous remarquons la série de directives `select`, qui force la validation des options nécessaires à la compilation du composant (`BR2_PACKAGE_LIBPNG`, etc.). Ce fichier est inclus dans `package/Makefile.in` par la ligne :

```
source "package/fbv/Config.in"
```

Le fichier `fbv.mk` est plus compliqué. La première partie du fichier décrit les différentes constantes utilisées.

> REMARQUE **Nouvelle syntaxe pour le .mk**
>
> Les nouvelles versions de Buildroot, dont la 2010.02, utilisent une nouvelle syntaxe plus simple pour les fichiers `.mk`. Ce nouveau format est décrit plus loin dans le chapitre.

La constante `FBV_TARGET_BINARY` indique le chemin d'accès à la commande dans la partition racine cible.

Fichier fbv.mk

```
#############################################################
#
# fbv
#
#############################################################
FBV_VERSION:=1.0b
FBV_SOURCE:=fbv-$(FBV_VERSION).tar.gz
FBV_SITE:=http://s-tech.elsat.net.pl/fbv
FBV_DIR:=$(BUILD_DIR)/fbv-$(FBV_VERSION)
FBV_CAT:=$(ZCAT)
FBV_BINARY:=fbv
FBV_TARGET_BINARY:=usr/bin/$(FBV_BINARY)
```

La deuxième partie décrit les règles de production. La commande `call` du fichier `Makefile` permet d'exécuter une macro. Ce principe est très fréquemment utilisé dans Buildroot. Dans le cas présent, la macro `DOWNLOAD` est définie dans `package/Makefile.autotools.in`.

Utilisation de la commande call

```
$(DL_DIR)/$(FBV_SOURCE):
    $(call DOWNLOAD,$(FBV_SITE),$(FBV_SOURCE))

fbv-source: $(DL_DIR)/$(FBV_SOURCE)
```

Buildroot utilise également des fichiers spéciaux (`.unpacked`, `.patched`, `.configured`, `.applied_patches_list`). Le but associé (au sens de l'outil `make`) décrit l'ordre de traitement. Cependant, les noms utilisés dans les différents fichiers `.mk` peuvent varier suivant l'auteur, ce qui peut parfois poser un problème de compréhension.

Dans le cas étudié, on extrait les sources et on applique des patches avant de configurer (but `.unpacked`). Les fichiers de patch sont situés dans le répertoire du composant et doivent correspondre à l'expression régulière décrite ci-après.

Application des patches

```
$(FBV_DIR)/.unpacked: $(DL_DIR)/$(FBV_SOURCE)
   $(FBV_CAT) $(DL_DIR)/$(FBV_SOURCE) | tar -C $(BUILD_DIR)
$(TAR_OPTIONS) -
   toolchain/patch-kernel.sh $(FBV_DIR) package/fbv/ \
    fbv-$(FBV_VERSION)\*.patch fbv-$(FBV_VERSION)\*.patch.$(ARCH)
    touch $
```

Lorsque cette étape est réalisée, on utilise le script configure, le but .configured dépend du précédent .unpacked. Bien évidemment, cette étape n'existe pas si le composant n'utilise pas Autotools.

Configuration du paquet

```
$(FBV_DIR)/.configured: $(FBV_DIR)/.unpacked
  (cd $(FBV_DIR); rm -f config.cache; \
      $(TARGET_CONFIGURE_OPTS) \
      $(TARGET_CONFIGURE_ARGS) \
      ./configure \
       --prefix=/usr \
       --libs="-lz -lm" \
  )
  touch $@
```

Finalement, la production du binaire dépend du but .configured.

Production du binaire

```
    $(FBV_DIR)/$(FBV_BINARY): $(FBV_DIR)/.configured
    $(MAKE) $(TARGET_CONFIGURE_OPTS) -C $(FBV_DIR)
    $(TARGET_DIR)/$(FBV_TARGET_BINARY): $(FBV_DIR)/$(FBV_BINARY)
     install -D $(FBV_DIR)/$(FBV_BINARY) $(TARGET_DIR)/
$(FBV_TARGET_BINARY)
```

Cette ligne définit les dépendances de fbv par rapport à d'autres composants comme libpng, libjpeg et libungif.

Dépendances du paquet fbv

```
fbv: libpng jpeg libungif $(TARGET_DIR)/$(FBV_TARGET_BINARY)
```

Nous trouvons ensuite les buts classiques de nettoyage du répertoire.

Effacement des fichiers binaires

```
fbv-clean:
    rm -f $(TARGET_DIR)/$(FBV_TARGET_BINARY)
    -$(MAKE) -C $(FBV_DIR) clean

fbv-dirclean:
    rm -rf $(FBV_DIR)
```

Pour finir, on ajoute le nom du composant à la variable TARGETS.

Ajout du paquet à la cible

```
############################################################
#
# Toplevel Makefile options
#
############################################################
ifeq ($(BR2_PACKAGE_FBV),y)
TARGETS+=fbv
endif
```

Reconstruction des paquets

Ce point n'est pas le mieux traité par Buildroot puisque la notion de paquet au sens strict n'existe pas. Buildroot ne maintient pas véritablement la liste des composants binaires installés sur la cible. En conséquence, la manière la plus simple et surtout la plus déterministe consiste à reconstruire le paquet en effaçant le répertoire correspondant dans output/build.

Effacement du répertoire de construction du paquet

```
$ rm -rf output/build/fbv-1.0b
$ make
```

Certains fichiers .mk permettent d'utiliser d'autres solutions moins radicales, mais ce n'est pas le cas général.

Ajout de paquets externes

Dans ce paragraphe, nous allons décrire comment ajouter une liste de paquets extérieurs à Buildroot. Cela peut être utile si vous souhaitez ajouter des paquets non pris en charge, ou bien si vous désirez gérer vos applications dans Buildroot.

Pour cela, il faut tout d'abord que l'application puisse être compilée correctement à l'extérieur de Buildroot en utilisant la chaîne produite (ou bien la chaîne externe si

Buildroot est configurée pour cela). Dans le cas présent, nous partons du principe que nous utilisons la chaîne interne basée sur uClibc. Elle est installée sur output/staging, on peut donc ajouter le chemin d'accès par la commande suivante.

Ajout du chemin d'accès au compilateur croisé produit

```
$ export PATH=$PATH:`pwd`/output/staging/usr/bin
```

On affecte ensuite la variable ARCH définissant l'architecture, puis CROSS_COMPILE qui définit le préfixe du compilateur croisé.

Ajout des variables définissant la chaîne croisée

```
$ export ARCH=arm
$ export CROSS_COMPILE=arm-linux-
```

La chaîne est désormais accessible.

```
$ arm-linux-gcc -v
Using built-in specs.
Target: arm-linux-uclibc
...
gcc version 4.3.4 (GCC)
```

Nous considérons un exemple simpliste de type *Hello World*, constitué d'un seul fichier hello_world.c et d'un fichier Makefile. On peut valider la compilation en testant par la commande suivante.

Compilation d'un exemple simple

```
$ make CC=arm-linux-gcc
arm-linux-gcc -o hello_world hello_world.c
$ file hello_world
hello_world: ELF 32-bit LSB executable, ARM, version 1, dynamically
linked (uses shared libs), not stripped
```

Bien entendu, le but est d'automatiser la compilation par Buildroot ainsi que l'installation sur le système de fichiers racine de la cible. Dans ce cas, il n'est plus nécessaire de donner accès au compilateur croisé en modifiant la variable PATH. On doit tout d'abord modifier le répertoire package en suivant la procédure ci-après.

On modifie le fichier package/Config.in afin de faire apparaître les nouveaux paquets (ou groupes de paquets). Dans notre cas, on ajoute une rubrique *My Applications* qui apparaîtra à la fin du menu *Package Selection for the target*.

Ajout des applications personnelles

```
menu "My applications"
source "package/hello_world/Config.in"
endmenu
```

Pour chaque paquet, on ajoute un fichier `Config.in`, un fichier `.mk` et éventuellement des fichiers de patch si la compilation du composant pour l'environnement cible le nécessite. Dans le cas présent, le fichier `package/hello_world/Config.in` est décrit ci-après. On notera que le nouveau paquet correspond à une nouvelle variable dans le fichier `.config`.

Nouvelle variable de configuration associée au paquet

```
config BR2_PACKAGE_HELLOWORLD
    bool "Hello World"
    help
        Hello World application
```

Le fichier `hello_world.mk` semble complexe, mais on remarquera qu'il est très proche de l'exemple étudié précédemment (commande `fbv`). La différence est l'absence de but `.configured`, sachant que cet exemple n'utilise pas Autotools, donc pas de script `configure`. Ce fichier est donc très générique et pourra être adapté facilement à grand renfort de copier-coller !

> ATTENTION **Nom de l'archive**
>
> Le nom de l'archive installée sur le site distant doit correspondre à la variable HELLOWORLD_SOURCE.

Fichier de production du paquet d'exemple (.mk)

```
#############################################################
#
# hello_world command
#
#############################################################
HELLOWORLD_VERSION:=1.0
HELLOWORLD_SOURCE:=hello_world-$(HELLOWORLD_VERSION).tar.gz
HELLOWORLD_SITE:=http://pficheux.free.fr/articles/lmf/Buildroot
HELLOWORLD_DIR:=$(BUILD_DIR)/hello_world-$(HELLOWORLD_VERSION)
HELLOWORLD_CAT:=$(ZCAT)
HELLOWORLD_BINARY:=hello_world
HELLOWORLD_TARGET_BINARY:=usr/bin/$(HELLOWORLD_BINARY)
```

```
# Get archive from site
$(DL_DIR)/$(HELLOWORLD_SOURCE):
        $(WGET) -P $(DL_DIR) $(HELLOWORLD_SITE)/$(HELLOWORLD_SOURCE)

# Extract to output/build
$(HELLOWORLD_DIR)/.unpacked: $(DL_DIR)/$(HELLOWORLD_SOURCE)
        $(HELLOWORLD_CAT) $(DL_DIR)/$(HELLOWORLD_SOURCE) | tar -C
$(BUILD_DIR)\ $(TAR_OPTIONS) -
        touch $@

# Build program
$(HELLOWORLD_DIR)/$(HELLOWORLD_BINARY): $(HELLOWORLD_DIR)/.unpacked
        $(MAKE) $(TARGET_CONFIGURE_OPTS) -C $(HELLOWORLD_DIR)
        touch -c $@

# Install it to target root-fs
$(TARGET_DIR)/$(HELLOWORLD_TARGET_BINARY): $(HELLOWORLD_DIR)/
$(HELLOWORLD_BINARY)
    install -D $(HELLOWORLD_DIR)/$(HELLOWORLD_BINARY) $(TARGET_DIR)/
$(HELLOWORLD_TARGET_BINARY)

# Dependencies: only uclibc + fakeroot
hello_world: uclibc host-fakeroot $(TARGET_DIR)/
$(HELLOWORLD_TARGET_BINARY)

hello_world-source: $(DL_DIR)/$(HELLOWORLD_SOURCE)

hello_world-clean:
        rm -f $(TARGET_DIR)/$(HELLOWORLD_TARGET_BINARY)
        -$(MAKE) -C $(HELLOWORLD_DIR) clean

hello_world-dirclean:
        rm -rf $(HELLOWORLD_DIR)


##############################################################
#
# Toplevel Makefile options
#
##############################################################
ifeq ($(strip $(BR2_PACKAGE_HELLOWORLD)),y)
TARGETS+=hello_world
endif
```

Après une nouvelle compilation, on peut vérifier que le composant ajouté est bien installé.

Vérification de la présence de l'exécutable d'exemple

```
$ ls -l output/target/usr/bin/hello_world
-rwxr-xr-x 1 pierre users 2780 janv. 23 22:50 output/target/usr/bin/
hello_world
$ ls -l output/build/hello_world-1.0/
total 16
-rwxr-xr-x 1 pierre users 5139 janv. 23 22:50 hello_world
-rw-r--r-- 1 pierre users 101 janv. 23 19:22 hello_world.c
-rw-r--r-- 1 pierre users 144 janv. 23 19:24 Makefile
```

Nouvelle syntaxe pour les paquets

Dans les versions récentes de Buildroot (2010.02 et plus), on peut utiliser une nouvelle syntaxe pour les fichiers .mk. Celle-ci est héritée de la structure utilisée dans OpenWrt. La nouvelle syntaxe permet de traiter les paquets *génériques* ou bien les paquets utilisant Autotools, ce qui correspond aux macros GENTARGETS et AUTOTARGETS. La description complète de cette nouvelle syntaxe est disponible sur http://buildroot.org/buildroot.html. Les versions encore plus récentes permettent également l'utilisation de CMake, un équivalent à Autotools en utilisation la macro CMAKETARGETS.

Dans le cas de GENTARGETS, les étapes sont définies dans des macros BUILD_CMDS, INSTALL_TARGET_CMDS, CLEAN_CMDS, etc.

Exemple d'un paquet basé sur GENTARGETS

```
#############################################################
#
# olsr
#
#############################################################

OLSR_VERSION_MAJOR=0.5
OLSR_VERSION_MINOR=6
OLSR_VERSION:=$(OLSR_VERSION_MAJOR).$(OLSR_VERSION_MINOR)
OLSR_SOURCE:=olsrd-$(OLSR_VERSION).tar.bz2
OLSR_SITE:=http://www.olsr.org/releases/$(OLSR_VERSION_MAJOR)
OLSR_BINARY:=olsrd
OLSR_TARGET_BINARY:=usr/sbin/olsrd
OLSR_PLUGINS=dot_draw dyn_gw secure
OLSR_TARGET_PLUGIN=usr/lib/

define OLSR_BUILD_CMDS
$(MAKE) $(TARGET_CONFIGURE_OPTS) -C $(@D) olsrd $(OLSR_PLUGINS)
endef
```

```
define OLSR_INSTALL_TARGET_CMDS
cp -dpf $(@D)/$(OLSR_BINARY) $(TARGET_DIR)/$(OLSR_TARGET_BINARY)
cp -R $(@D)/lib/*/olsrd_*.so* $(TARGET_DIR)/$(OLSR_TARGET_PLUGIN)
mkdir -p $(TARGET_DIR)/etc/init.d
cp -dpf package/olsr/S50olsr $(TARGET_DIR)/etc/init.d/
test -r $(TARGET_DIR)/etc/olsrd.conf || \
    cp -dpf $(@D)/files/olsrd.conf.default.lq $(TARGET_DIR)/etc/
olsrd.conf
-$(STRIPCMD) $(STRIP_STRIP_UNNEEDED) $(TARGET_DIR)/
$(OLSR_TARGET_PLUGIN)/olsrd_*.so*
$(STRIPCMD) $(STRIP_STRIP_ALL) $(TARGET_DIR)/$(OLSR_TARGET_BINARY)
endef

define OLSR_CLEAN_CMDS
        rm -f $(TARGET_DIR)/$(OLSR_TARGET_BINARY) \
                $(TARGET_DIR)/$(OLSR_TARGET_PLUGIN)/olsrd_*.so* \
                $(TARGET_DIR)/etc/init.d/S50olsr \
                $(TARGET_DIR)/etc/olsrd.conf
        -$(MAKE) -C $(@D) clean
endef

$(eval $(call GENTARGETS,package,olsr))
```

Le cas AUTOTARGETS est encore plus simple puisque le travail est effectué par la configuration Autotools. Hormis la partie post-installation spécifique à ce paquet, le fichier pourrait se terminer à l'appel de la macro AUTOTARGETS.

Exemple d'un paquet basé sur AUTOTARGETS

```
################################################################
#
# PCRE
#
################################################################

PCRE_VERSION = 7.9
PCRE_SITE = ftp://ftp.csx.cam.ac.uk/pub/software/programming/pcre
PCRE_INSTALL_STAGING = YES

ifneq ($(BR2_INSTALL_LIBSTDCPP),y)
# pcre will use the host g++ if a cross version isn't available
PCRE_CONF_OPT = --disable-cpp
endif

$(eval $(call AUTOTARGETS,package,pcre))

# Post-installation, spécifique à ce paquet
#
```

```
$(PCRE_HOOK_POST_INSTALL): $(PCRE_TARGET_INSTALL_TARGET)
        $(SED) 's,^prefix=.*,prefix=$(STAGING_DIR)/usr,' \
            -e 's,^exec_prefix=.*,exec_prefix=$(STAGING_DIR)/usr,' \
            $(STAGING_DIR)/usr/bin/pcre-config
        rm -rf $(TARGET_DIR)/usr/share/doc/pcre
ifneq ($(BR2_HAVE_DEVFILES),y)
        rm -f $(TARGET_DIR)/usr/bin/pcre-config
endif
        touch $@
```

Utilisation de Buildroot sur une véritable carte

Jusqu'à présent, nous avons testé Buildroot dans l'environnement émulé QEMU. Dans la suite, nous allons mettre en place une distribution complète pour une carte basée sur un processeur ARM9 de chez SAMSUNG (S3C2410). La carte est le modèle DEV2410 de la société Pragmatec (http://www.pragmatec.net). Pragmatec commercialise également une carte très proche sous forme d'un module (SODIMM2410) basé sur le même processeur.

MATÉRIEL **Généricité de la procédure**

La carte est donnée à titre d'exemple, et l'ajout d'une carte similaire d'un autre constructeur, basée sur un ARM9 (exemple : la carte Eukréa i.MX25 utilisée au chapitre 13) sera très proche, mis à part les noms des paramètres.

Figure 10–10
Carte DEV2410 (source :
Pragmatec)

Cette carte peut supporter le bootloader U-Boot, même s'il n'est pas installé par défaut. Elle dispose de 64 Mo de flash NAND, 64 Mo de SDRAM, ainsi que différents périphériques classiques visibles sur la photo : Ethernet 100 Mbps, USB *host* et *device*, écran graphique, lecteur de carte SD. Le module SODIMM2410 est visible ci-dessous.

Figure 10–11
Module SODIMM2410
(source: Pragmatec)

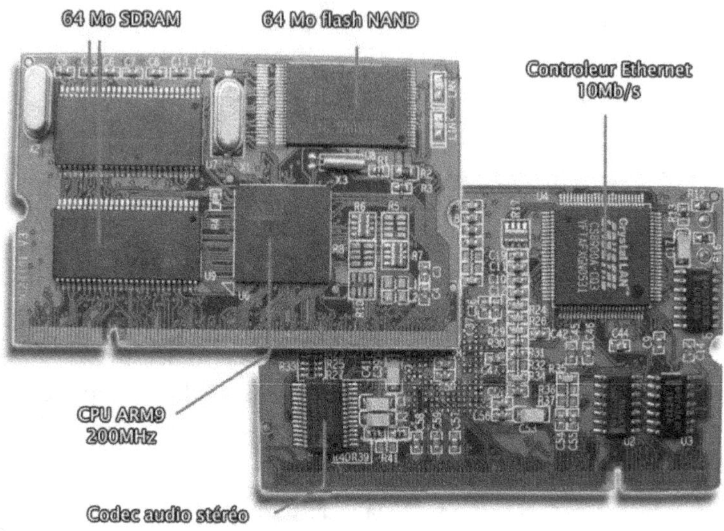

La société Pragmatec fournit une distribution « maison » basée sur un noyau 2.6.28.7 adapté, mais cette distribution n'utilise pas d'outils de type Buildroot. Dans la suite du chapitre, nous allons modifier la version 2010.02 de Buildroot pour ajouter le support des cartes DEV2410 et SODIMM2410.

Nous pourrions bien entendu réaliser un test similaire à celui effectué avec QEMU, soit :

- générer une chaîne de compilation croisée avec Buildroot (basée sur uClibc), ou bien utiliser une chaîne externe produite par exemple avec `CROSSTOOL` ;
- générer une image du système de fichiers racine avec Buildroot ;
- compiler le noyau 2.6.28.7 en dehors de Buildroot, avec la même chaîne de compilation.

Cependant, cette solution n'utilise pas au maximum les possibilités de Buildroot. En effet, une fois bien adapté, Buildroot permet de produire l'intégralité des composants utilisés sur la carte avec une seule session de configuration/compilation.

Le résultat de la session est décrit ci-dessous :

- une chaîne de compilation basée sur uClibc ;
- le bootloader U-Boot adapté, utilisant les patches du constructeur ;
- le noyau Linux 2.6.28.7, adapté de la même manière ;
- la partition racine sous différents formats.

La carte n'étant pas prise en compte par Buildroot, nous devrons tout d'abord effectuer des modifications proches de celles décrites pour l'ajout d'un paquet.

Concernant le système de fichiers racine, nous avons pour l'instant utilisé une image `initrd` (format `cpio`), car ce format était le mieux adapté au test QEMU. Dans le cas d'un carte réelle, on pourra utiliser un système de fichiers NFS-Root ou une image `jffs2` à flasher sur la carte.

En ce qui concerne le noyau Linux, on pourra – dans un premier temps – le charger en utilisant le protocole TFTP avant de le flasher sur la carte.

Ajout du support des cartes Pragmatec DEV2410

La sélection d'une carte donnée est accessible dans Buildroot par le menu *Target options* reproduit ci-après. Dans le cas des processeurs ARM (*Target Architecture* étant positionné sur *arm*), la version 2010.02 inclut un certain nombre de cartes : *ARM Ltd*, *Atmel*, *KwickByte*, etc. Bien entendu, la liste affichée dépend du type d'architecture choisie, soit *Target Architecture* et *Target Architecture Variant*.

Ajout de la prise en charge de Pragmatec dans les cibles

La liste des fichiers décrivant les cibles prédéfinies (*Preset Devices*) est située dans le répertoire `target/device`.

> **REMARQUE** **Ce répertoire n'existe plus dans les dernières versions de Buildroot !**
>
> À partir de 2011, ce principe de *Preset Devices* n'est plus utilisé. La configuration pour une carte s'effectue uniquement à partir de fichiers de configuration que l'on peut placer dans le répertoire `board`, ce qui simplifie la tâche et limite les modifications complexes par rapport à la version officielle de Buildroot La configuration finale de la carte est placée dans le répertoire `configs` (exemple : `sodimm2410_defconfig`) que l'on peut charger en tant que configuration prédéfinie par la commande `make sodimm2410_defconfig`. Nous décrirons ce point en fin de chapitre dans le paragraphe concernant les nouvelles versions de Buildroot.
> Nous avons cependant conservé la description des Preset Devices car certains utilisateurs pourraient avoir à utiliser des versions 2010 pour des projets existants.

Liste du répertoire définissant les cartes supportées

```
$ ls -l target/device
total 60
drwxr-xr-x 4 pierre users 4096 déc.   1 15:27 ARMLTD
drwxr-xr-x 20 pierre users 4096 déc.   1 15:27 Atmel
-rw-r--r-- 1 pierre users 350 déc.   1 15:27 Config.in
-rw-r--r-- 1 pierre users 300 déc.   1 15:27 Config.in.linux.patches
-rw-r--r-- 1 pierre users 2323 déc.   1 15:27 Config.in.mirrors
-rw-r--r-- 1 pierre users 5703 déc.   1 15:27 Config.in.toolchain
-rw-r--r-- 1 pierre users 259 déc.   1 15:27 Config.in.u-boot
drwxr-xr-x 3 pierre users 4096 déc.   1 15:27 KwikByte
-rw-r--r-- 1 pierre users 143 déc.   1 15:27 Makefile.in
-rw-r--r-- 1 pierre users   46 déc.   1 15:27 Makefile.in.linux
drwxr-xr-x 2 pierre users 4096 déc.   1 15:27 mips
drwxr-xr-x 4 pierre users 4096 déc.   1 15:27 valka
drwxr-xr-x 3 pierre users 4096 déc.   1 15:27 x86
drwxr-xr-x 3 pierre users 4096 déc.   1 15:27 xtensa
```

Comme pour la définition des paquets, l'ajout d'un support de carte passe par la modification de plusieurs fichiers.

1 Ajout d'une ligne dans `target/device/Config.in` :

```
source "target/device/Pragmatec/Config.in"
```

2 Création d'un répertoire `target/device/Pragmatec` (nom du constructeur). Ce répertoire contient lui-même un répertoire par nouvelle carte supportée (`DEV2410` et `SODIMM2410`) dans notre cas.

Le répertoire `Pragmatec` contient le fichier `Config.in` permettant de sélectionner la carte dans la liste. Il contient également le fichier `Makefile.in` définissant les variables utilisées pour la compilation. Chaque répertoire de carte, comme `DEV2410`, peut également contenir un fichier `Makefile.in` si nécessaire.

La meilleure solution est de décrire le contenu des fichiers déduit de l'architecture des cartes Pragmatec.

- Les cartes dont nous disposons utilisent la même CPU S3C2410, qui contient un cœur ARM920.

- Le patch du noyau Linux fourni par Pragmatec est identique pour les deux cartes, mais le fichier de configuration de ce noyau est différent pour chaque carte.

- La version de U-Boot utilisée est la même (1.1.6), mais le patch pour chaque type de carte est différent ainsi que le nom U-Boot de la carte utilisée pour la génération du bootloader.

Buildroot permet également d'adapter le squelette du système de fichiers racine produit pour une carte. Ce squelette est constitué de l'arborescence d'un système Linux embarqué auquel on aurait retiré les fichiers exécutables, les bibliothèques et tous les fichiers binaires en général. Le squelette par défaut fourni par Buildroot est situé dans le répertoire `target/generic/target_skeleton`. Le squelette utilisé peut être modifié dans la configuration de chaque carte, en définissant la variable `TARGET_SKELETON`. Dans le cas présent, nous utiliserons le squelette standard, et la variable ne sera donc pas définie dans la configuration Pragmatec.

Outre le squelette, Buildroot fournit le fichier `target/generic/device_table.txt`. Ce fichier permet avant tout de définir les fichiers spéciaux du répertoire `/dev` présents sur le système de fichiers de la cible. La création de ces fichiers (exemple : `/dev/console`) pose toujours un problème, car elle doit être effectuée en tant que superutilisateur. Notons que Buildroot n'utilise pas par défaut le programme `mdev` décrit précédemment mais les dernières versions le permettent et intègrent également la fonctionnalité complète UDEV.

Dans le chapitre concernant la construction manuelle du système, nous avions construit ces fichiers manuellement en utilisant la commande `MAKEDEV`, mais il était indispensable d'utiliser la commande `sudo` afin d'être superutilisateur.

Création manuelle des entrées dans /dev

```
$ mkdir dev
$ sudo MAKEDEV -v -d dev generic console
```

Buildroot propose une technique beaucoup plus efficace qui évite de passer superutilisateur. Cette technique est basée sur l'utilisation de la commande `fakeroot` qui permet de simuler l'utilisation des droits du superutilisateur pour la manipulation des fichiers. La liste fournie par défaut décrit un répertoire `/dev` utilisable dans la majorité des cas. Cependant, si l'on veut ajouter une entrée spéciale correspondant à un pilote particulier – ou bien simplement un fichier particulier – on peut définir une nouvelle liste en affectant la variable `TARGET_DEVICE_TABLE`. Nous verrons un exemple d'utilisation dans le fichier `Makefile.in` ci-après.

Le répertoire `target/device/Pragmatec` contient donc les fichiers suivants.

Répertoire de définition des cartes Pragmatec

```
$ ls -l target/device/Pragmatec
total 20
-rw-r--r-- 1 pierre users 1035 janv. 24 16:24 Config.in
drwxr-xr-x 2 pierre users 4096 janv. 24 16:23 DEV2410
drwxr-xr-x 2 pierre users 4096 janv. 24 16:23 kernel-patches-2.6.28.7
-rw-r--r-- 1 pierre users  199 janv. 24 16:23 Makefile.in
drwxr-xr-x 2 pierre users 4096 janv. 24 16:23 SODIMM2410
```

Étant donné que les deux cartes utilisent le même patch noyau, le répertoire `kernel-patches-2.6.28.7` est situé au niveau du répertoire du constructeur et non dans les répertoires des cartes, ce qui évite de dupliquer les données.

La majeure partie de la configuration est définie dans le fichier `Config.in`. Ce fichier est utilisé par l'outil de configuration appelé par la commande `make menuconfig`. Pour l'ajout du support de la carte, nous créons également le fichier `Makefile.in`, qui sera utilisé lors de la compilation.

En premier lieu, on définit une nouvelle variable `BR2_TARGET_PRAGMATEC`. L'affichage de ce nouveau menu est possible uniquement si l'on a sélectionné l'architecture ARM dans le premier écran de Buildroot (`depends on BR2_arm`). De même, le choix de cette nouvelle architecture implique la validation des variables `BR2_ARM_OABI` *(Old Application Binary Interface)* et `BR2_arm920t` (cœur ARM920).

Contenu du fichier Config.in pour les cartes Pragmatec

```
menuconfig BR2_TARGET_PRAGMATEC
    depends on (BR2_arm && BR2_arm920t && BR2_ARM_OABI)

    bool "Support for Pragmatec boards"
    help
      Support for Pragmatec boards
```

Puis, le code permettant la sélection des cartes dans le menu de configuration :

```
if BR2_TARGET_PRAGMATEC

config BR2_TARGET_PRAGMATEC_DEV2410
        bool "Support for Pragmatec DEV2410"
        help
            Support for Pragmatec DEV2410

config BR2_TARGET_PRAGMATEC_SODIMM2410
        bool "Support for Pragmatec SODIMM2410"
        help
            Support for Pragmatec SODIMM2410
```

Pour chaque carte, on définit le nom, ce qui permet de placer les paramètres spécifiques dans chacun des sous-répertoires `DEV2410` et `SODIMM2410`.

```
if BR2_TARGET_PRAGMATEC_DEV2410

config BR2_BOARD_NAME
    string
    default "DEV2410"
```

```
endif

if BR2_TARGET_PRAGMATEC_SODIMM2410

config BR2_BOARD_NAME
    string
    default "SODIMM2410"

endif
```

La suite de la configuration est commune aux deux cartes, car indexée sur le nom de chacune.

```
# Generic parameters
config BR2_BOARD_PATH
    string
    default "target/device/Pragmatec/$(BR2_BOARD_NAME)"

# Pragmatec uses specific kernel version
config BR2_KERNEL_ARCH_PATCH_VERSION
    string
    depends on BR2_KERNEL_ARCH_PATCH_ENABLED
    default "2.6.28.7"

# Kernel patch is in kernel-patches-2.6.28.7 directory
config BR2_KERNEL_ARCH_PATCH_DIR
    string
    default "target/device/Pragmatec/kernel-patches-
$(BR2_KERNEL_ARCH_PATCH_VERSION)"

# Both board uses U-Boot-1.1.6
config BR2_UBOOT_VERSION
    string
    default "1.1.6"

endif
```

Le fichier `Makefile.in` dédié est assez réduit. On définit la version spéciale du fichier `device_table.txt` ainsi qu'à titre d'exemple une configuration particulière de Busybox. Chaque fichier est situé sur le répertoire de la carte, car indexé sur `BOARD_PATH`.

Contenu du fichier Makefile.in pour les cartes Pragmatec

```
BOARD_NAME:=$(call qstrip,$(BR2_BOARD_NAME))
BOARD_PATH:=$(call qstrip,$(BR2_BOARD_PATH))

TARGET_DEVICE_TABLE=$(BOARD_PATH)/device_table.txt
BR2_PACKAGE_BUSYBOX_CONFIG=$(BOARD_PATH)/busybox.config
```

Les répertoires des cartes contiennent uniquement des fichiers de données. Le patch appliqué à U-Boot est différent pour chaque carte ainsi que les fichiers de configuration pour le noyau Linux et pour Busybox.

Répertoires définissant respectivement les cartes DEV2410 et SODIMM2410

```
$ ls -l target/device/Pragmatec/*2410*
target/device/Pragmatec/DEV2410:
total 212
-rw-r--r-- 1 pierre users 23727 janv. 24 16:23 busybox.config
-rw-r--r-- 1 pierre users 42359 janv. 24 16:23 DEV2410-linux-
2.6.28.7.config
-rw-r--r-- 1 pierre users  6263 janv. 24 16:23 device_table.txt
-rw-r--r-- 1 pierre users 135718 janv. 24 16:23 u-boot-1.1.6.patch

target/device/Pragmatec/SODIMM2410:
total 192
-rw-r--r-- 1 pierre users 23727 janv. 24 16:23 busybox.config
-rw-r--r-- 1 pierre users  6263 janv. 24 16:23 device_table.txt
-rw-r--r-- 1 pierre users 35208 janv. 24 16:23 SODIMM2410-linux-
2.6.28.7.config
-rw-r--r-- 1 pierre users 126715 janv. 24 16:23 u-boot-1.1.6.patch
```

Suite à ces diverses modifications, on doit voir apparaître le menu *Support for Pragmatec board* dans *Target options*. Si l'on active le support Pragmatec par la barre d'espace, on peut sélectionner le support DEV2410 ou SODIMM2410.

Figure 10–12
Ajout du support
Pragmatec à la liste

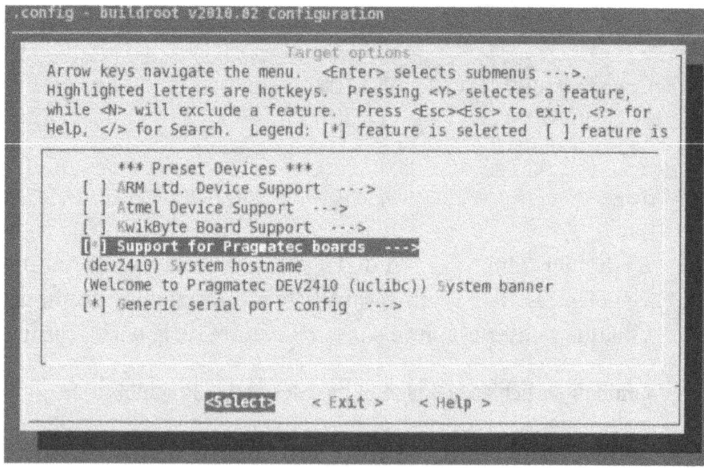

Figure 10–13
Sélection de la carte DEV2410

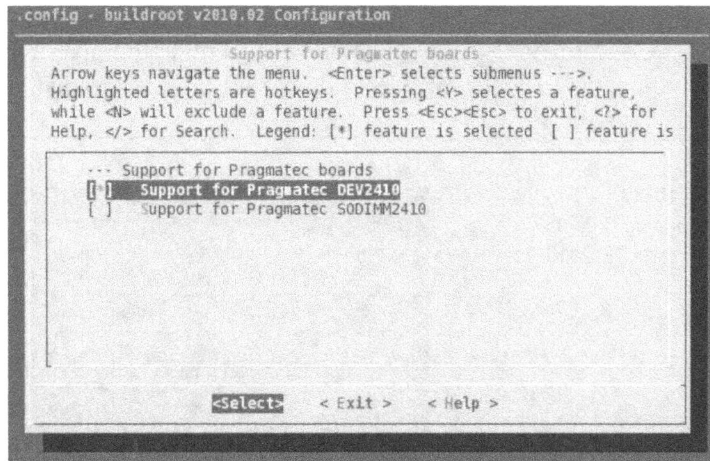

Nous remarquons cependant que la configuration n'est pas totalement terminée, car
le nom du système est toujours *buildroot*, et la bannière d'accueil a conservé la valeur
par défaut. De même, si l'on se place dans le menu *Kernel*, on constate qu'il est toujours à la valeur par défaut *none*.

On peut théoriquement définir toutes les variables BR2_* dans le fichier Config.in,
comme nous l'avons fait pour BR2_BOARD_NAME.

Affectation de la variable BR2_BOARD_NAME

```
config BR2_BOARD_NAME
    string
    default "DEV2410"
```

Cependant, c'est un travail fastidieux car il faut récupérer les noms des nombreuses
variables associées. Il est plus simple d'utiliser l'outil de configuration, puis d'enregistrer le fichier .config lorsqu'il correspond exactement à la configuration voulue.
Dans le cas des nouvelles cartes, il reste à configurer les points suivants :

- la chaîne de compilation (menu *Toolchain*). Pour ce point, nous utiliserons la configuration de chaîne uClibc proposée par défaut par Buildroot (il ne sera donc pas
détaillé) ;
- le bootloader U-Boot (menu *Target filesystem options*) ;
- le noyau Linux (menu *Kernel*) ;
- les formats des images de la partition racine générées (menu *Target filesystem
options*) ;
- le périphérique (UART) utilisé pour la console (menu *Target options*).

Configuration U-Boot

Concernant U-Boot, on accède à la configuration par la dernière ligne du menu *Target filesystem options* intitulée – de par les origines germaniques de U-Boot – *Das U-Boot Boot Monitor*.

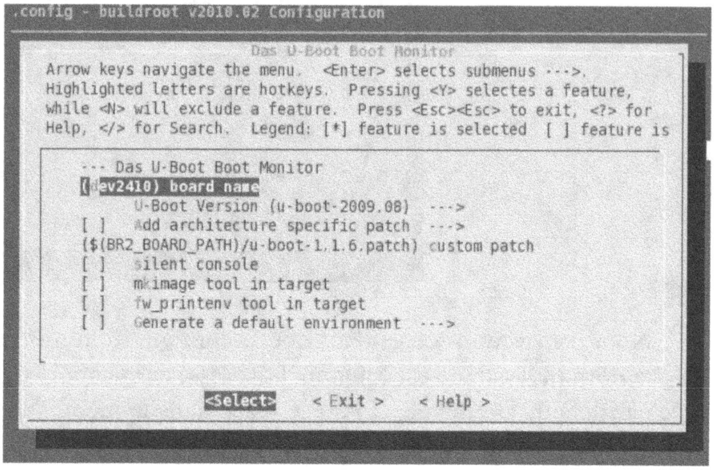

Figure 10–14
Configuration U-Boot
pour la carte DEV2410

Le chemin d'accès au patch à appliquer est donné par l'option *custom patch*, qui correspond à la variable `CONFIG_BR2_TARGET_UBOOT_CUSTOM_PATCH` dans le fichier `.config`. La version affichée de U-Boot (*u-boot-2009.08*) n'est pas utilisée, puisque nous avons forcé la variable `BR2_UBOOT_VERSION` à `1.1.6` dans le fichier `target/device/Pragmatec/Config.in`.

On remarquera le nom *dev2410* au lieu de *DEV2410*. En effet, ce nom correspond à la configuration U-Boot, c'est-à-dire au nom de la cible à utiliser pour la compilation du bootloader. Dans le cas du patch fourni par Pragmatec, la cible est *dev2410*. En cas de compilation manuelle, la sélection de la cible s'effectuerait par la commande suivante.

Configuration des sources U-Boot pour la carte utilisée

```
$ make dev2410_config
```

Configuration du noyau Linux

Pour définir la configuration du noyau, on utilise le dernier menu de l'outil de configuration Buildroot, intitulé *Kernel*. Par défaut, Buildroot est configuré pour ne pas traiter le noyau Linux : *Kernel type (none)*.

Dans le cas de la carte Pragmatec, le noyau est une version adaptée du noyau 2.6.28.7. On doit donc choisir l'option *Advanced configuration* qui permet de préciser tous les paramètres du noyau compilé : version, nom du fichier de patch, format, fichier de configuration.

Figure 10–15
Configuration du noyau
Pragmatec

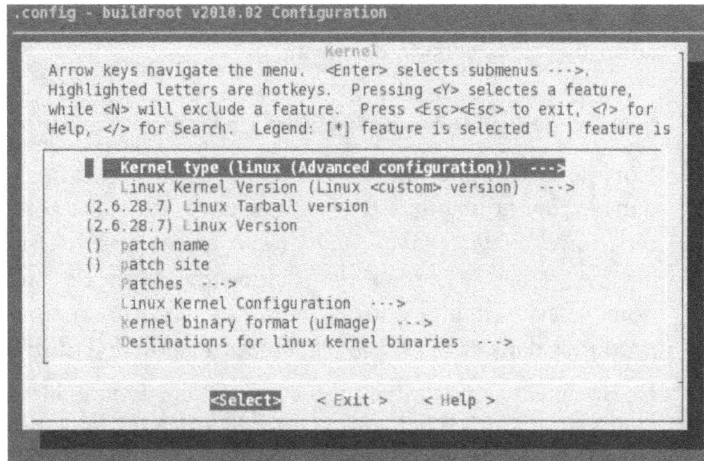

On note que le nom du noyau produit est `uImage`, puisque la carte utilise U-Boot. Le fichier `zImage` sera traité par la commande `mkimage` pour produire le fichier `uImage`, compatible avec U-Boot. Si l'on sélectionne l'option *Patches*, on affiche le menu suivant, dans lequel on coche l'option *Add ARCH specific patch*.

Figure 10–16
Sélection du fichier
de configuration

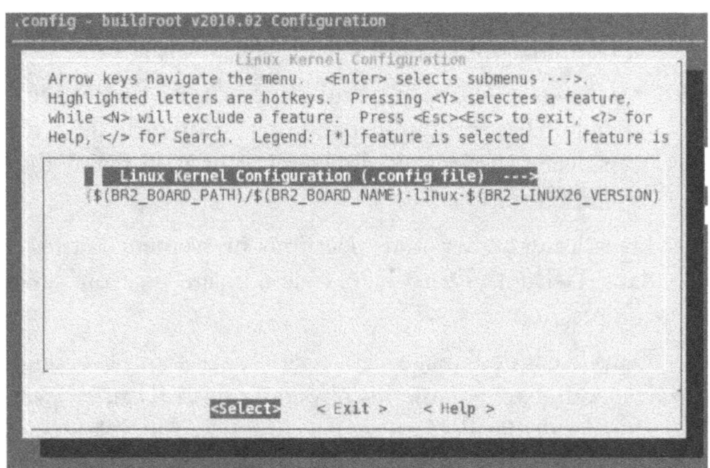

Cela signifie que l'on utilisera la variable `BR2_KERNEL_ARCH_PATCH_DIR` pour obtenir le nom du fichier de patch. Dans notre cas, la variable a la valeur `target/device/Pragmatec/$(BR2_BOARD_NAME)/kernel-patches-$(BR2_KERNEL_ARCH_PATCH_VERSION)`.

Cette valeur est donc indexée par le nom de la carte et la version spéciale du noyau. De même, le chemin d'accès au fichier de configuration du noyau dépend du nom de la carte et de la version du noyau.

Format des images de système de fichiers racine produites

Lors de la compilation, une « copie » de la partition racine de la cible est effectuée dans le répertoire `output/target`. Ce n'est pas une copie à proprement parler, car le répertoire `output/target/dev` ne contient pas les fichiers spéciaux décrits dans `device_table.txt`, mais des fichier standards de taille nulle portant les mêmes noms. Les véritables entrées dans `/dev` sont uniquement présentes dans les images produites dans `output/images`, créées à l'aide de l'utilitaire `fakeroot` déjà cité.

Le menu *Target filesystems options* a déjà été évoqué lors de la construction de l'image testée avec QEMU. Dans le cas de QEMU, nous avions produit une image au format `cpio` utilisable pour un *ramdisk*.

Comme on peut le constater dans le menu, Buildroot est capable de produire un grand nombre d'autres formats : *cramfs*, *cloop*, *ext2*, *jffs2*, *squashfs*, *tar*, *initramfs*, *romfs*.

Dans le cas de la carte DEV2410, nous produirons un image `tar` et une image `jffs2`.

- L'image `tar` servira à créer un répertoire contenant la partition racine sur le poste de développement. Ce répertoire sera utilisé par la carte via NFS, en utilisant la technique dite du NFS-Root, déjà décrite.
- L'image `jffs2` correspond à une image à flasher sur la carte DEV2410. Le format de l'image produite dépend de la géométrie de la mémoire flash. Ces paramètres peuvent être définis directement dans le menu Buildroot, et ils seront passés à l'utilitaire `mkfs.jffs2`.

Dans les deux cas, nous décrirons brièvement l'utilisation des images `tar` et `jffs2` dans U-Boot. Dans le cas de l'image `tar`, on précise uniquement le type de compression `gzip`.

Dans le cas de l'image `jffs2`, les choses sont plus compliquées, car l'image doit correspondre aux paramètres physiques de la flash, en particulier la taille de page *(page size)* et la taille d'effacement *(erase block size)*. Si les paramètres sont incorrects, le système de fichiers racine produit sera inutilisable.

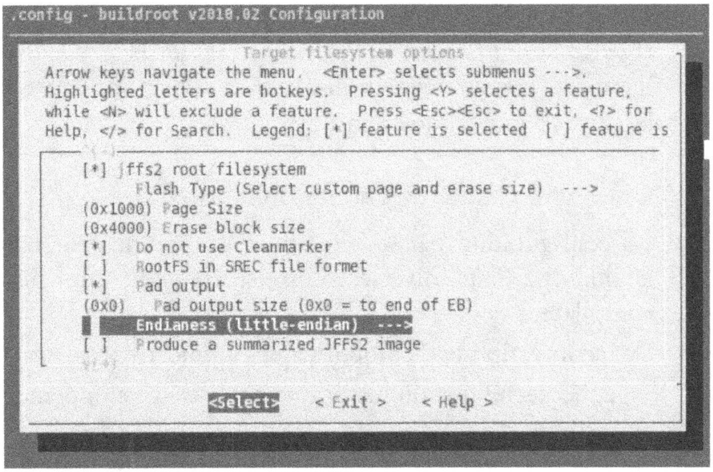

Figure 10–17
Paramètres de l'image
au format JFFS2

Les paramètres sont disponibles dans la documentation de la carte ou de la mémoire flash. La taille d'effacement a souvent une valeur de 128 kilo-octets (valeur par défaut 0x20000), mais dans notre cas, elle est de 16 kilo-octets (0x4000).

Périphérique utilisé pour la console

Nous avons évoqué le sujet lors de la configuration Buildroot pour QEMU. Le nom du système (`hostname`) et la bannière d'accueil ne posent pas vraiment de problème. En revanche, une mauvaise configuration du paramètre *Target options>Generic serial port config* peut conduire à une image inutilisable. Dans le cas de QEMU, ce dernier émulait le framebuffer de la carte, et la console utilisait donc le périphérique `/dev/tty1`, soit une console similaire à celle d'un PC/x86.

Figure 10–18
Définition du port série
de la console

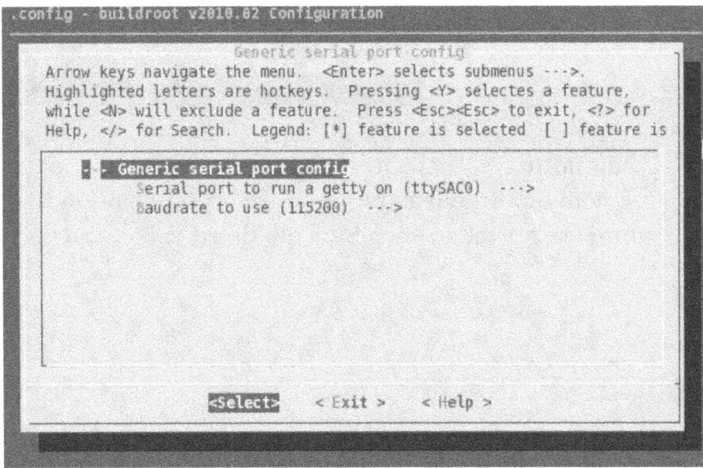

Dans le cas de la carte DEV2410, la console est connectée à un port série physique (UART) dont le nom `/dev/ttySAC0` est proposé par Buildroot dans une liste dépendante de l'architecture utilisée. Si cette option n'est pas précisée, on n'obtiendra jamais la bannière de login !

Cas d'une chaîne de compilation externe

La configuration par défaut utilise un compilateur basé sur uClibc et produit par Buildroot. Pour diverses raisons, il peut être nécessaire d'utiliser un autre compilateur :

- incompatibilité de bibliothèques applicatives tierces avec uClibc ;
- choix technique ou historique pour les développements ;
- utilisation d'un compilateur binaire externe et/ou commercial.

Dans ces cas-là, il conviendra de configurer Buildroot afin d'utiliser une chaîne de compilation externe. Le menu *Toolchain* peut être utilisé comme suit.

Figure 10–19
Définition d'une chaîne externe

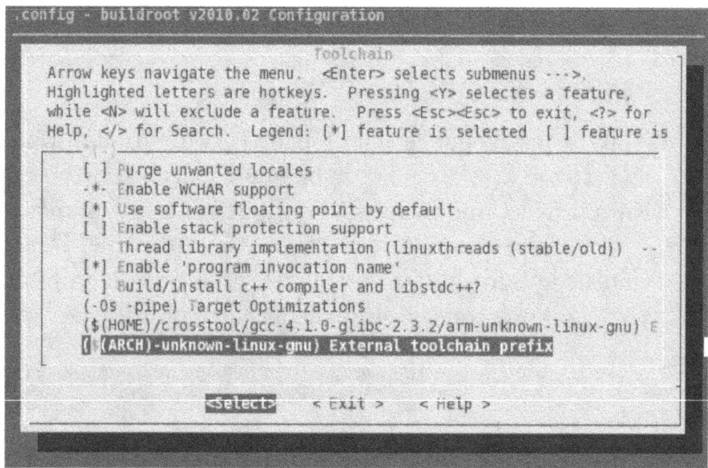

Dans notre cas, la chaîne est située dans `$HOME/crosstool/gcc-4.1.0-glibc-2.3.2`. Le nom du compilateur est `arm-unknown-linux-gnu-gcc`. Pour plus de précision, on pourra se référer au chapitre 5 qui décrit la construction de la chaîne croisée.

> EXPERT **Compatibilité de la chaîne externe avec Buildroot**
>
> L'utilisation d'une chaîne externe sous Buildroot 2010.10 nécessite que celle-ci accepte l'option `--sysroot`. Cette option permet de spécifier le chemin d'accès des bibliothèques et des en-têtes de la chaîne de compilation. Elle est disponible uniquement sur les versions 4 de GCC. De ce fait, la chaîne fournie par Pragmatec et basée sur la version 3 de GCC n'est pas utilisable en tant que chaîne externe. Si l'on veut disposer d'une chaîne externe compatible avec Buildroot, on pourra utiliser CodeSourcery édité par Mentor Graphics.
>
> ▸ http://www.mentor.com/embedded-software/codesourcery.

Sauvegarde de la configuration

Lorsque la configuration est terminée, on doit enregistrer le fichier `.config` comme dans le cas de QEMU. Le fichier `.config` pourra ensuite être copié dans le répertoire `configs`, qui contient les configurations prédéfinies des cartes supportées par Buildroot.

Configurations prédéfinies pour Buildroot

```
$ ls -l configs
total 760
-rw-r--r-- 1 pierre users 18897 déc.   1 15:27 arm_toolchain_defconfig
-rw-r--r-- 1 pierre users 28256 déc.   1 15:27 at91rm9200df_defconfig
-rw-r--r-- 1 pierre users 16731 déc.   1 15:27
at91rm9200df_ext_bare_defconfig
...
-rw-r--r-- 1 pierre users 20495 janv. 24 16:23
pragmatec_DEV2410_glibc_defconfig
-rw-r--r-- 1 pierre users 23017 janv. 24 16:23
pragmatec_DEV2410_uclibc_defconfig
-rw-r--r-- 1 pierre users 20560 janv. 24 16:23
pragmatec_SODIMM2410_glibc_defconfig
-rw-r--r-- 1 pierre users 23027 janv. 24 16:23
pragmatec_SODIMM2410_uclibc_defconfig
-rw-r--r-- 1 pierre users 19931 déc.   1 15:27 v100sc2_defconfig
```

Dans le cas présent, nous avons défini quatre fichiers de configuration dédiés aux nouvelles cartes. Pour chaque carte, nous avons un fichier utilisant un compilateur Buildroot basé sur uClibc et un fichier utilisant un compilateur externe basé sur Glibc. Pour utiliser une configuration, puis compiler le support pour une carte, il suffira donc de taper uniquement les deux lignes suivantes.

Configuration de Buildroot pour la carte DEV2410

```
$ make pragmatec_DEV2410_uclibc_defconfig
$ make
```

Test sur la carte DEV2410

À l'issue de l'exécution des deux commandes précédentes, les images sont disponibles dans le répertoire `output/images`.

Résultat de la compilation

```
$ ls -l output/images/
total 7016
-rw-r--r-- 1 pierre users 1540096 janv. 23 22:50 rootfs.arm.jffs2
-rw-r--r-- 1 pierre users 2979840 janv. 23 22:50 rootfs.arm.tar
-rwxr-xr-x 1 pierre users 100284 janv. 20 18:46 u-boot-1.1.6-
20100120.bin
lrwxrwxrwx 1 pierre users      25 janv. 20 18:55 u-boot.bin -> u-boot-
1.1.6-20100120.bin
-rw-r--r-- 1 pierre users 2559516 janv. 20 18:55 uImage
```

Pour être utilisables, les images du noyau et du système de fichiers racine devront être placées dans dans le répertoire du serveur TFTP du poste de développement, soit `/tftpboot` ou `/var/lib/tftpboot`.

Copie des images dans le répertoire TFTP

```
$ sudo cp uImage /tftpboot/uImage_prag_br
$ sudo cp rootfs.arm.jffs2 /tftpboot
```

Cas des dernières versions de Buildroot (2011, 2012)

Nous terminerons ce chapitre en décrivant les spécificités de la dernière version de Buildroot disponible à ce jour, soit la 2012.02. Bien que le principe de fonctionnement ne soit pas modifié, les nouvelles versions 2011 et 2012 sont plus légères que les précédentes et certains menus ont été réorganisés afin d'améliorer la logique de configuration. La figure suivante présente le menu principal de la dernière version à ce jour.

La principale modification concerne la disparition des *Preset Devices* décrits dans la 2010.02. En effet, le côté « statique » des menus de configuration de Buildroot nécessitait des modifications importantes lors de l'ajout d'une nouvelle cible. Nous avons pu vérifier cela dans le cas des cartes Pragmatec à la version 2010.02. Désormais, l'ajout d'une nouvelle cible se résume à deux étapes.

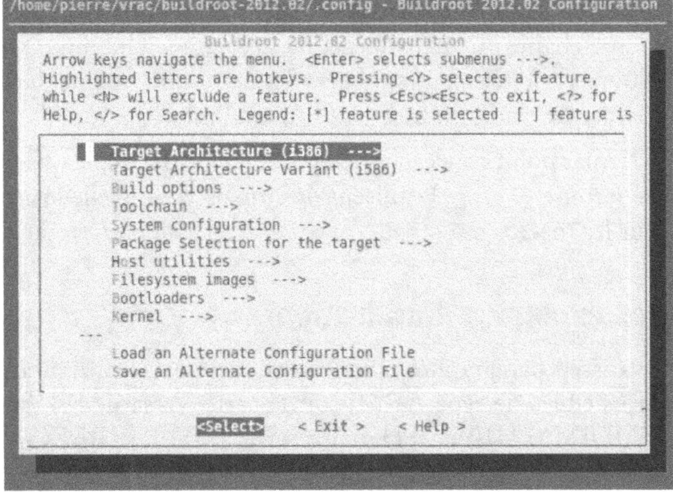

Figure 10–20
Menu principal
de la version 2012.02

- L'ajout des éléments liés à la cible au répertoire `board`. En général, on créera des sous -répertoires en fonction du fabricant et du modèle, exemple `board/pragmatec/sodimm2410`. Ces éléments peuvent correspondre à des fichiers de configuration, des patch ou tout autre élément nécessaire.
- L'ajout d'un fichier de configuration au répertoire `configs`. Ce dernier sera utilisé pour spécifier la cible, par une commande de type `make sodimm2410_defconfig`.

Une autre modification importante est la possibilité d'utiliser de nouveaux types de chaîne de compilation, outre la chaîne produite par Buildroot basée sur µClibc.

- Une chaîne produite par Crosstool-NG, outil décrit au chapitre 5.
- Une chaîne externe définie par son chemin d'accès (déjà disponible en 2010) ou bien la chaîne CodeSourcery de Mentor Graphics, en précisant simplement la version à utiliser.

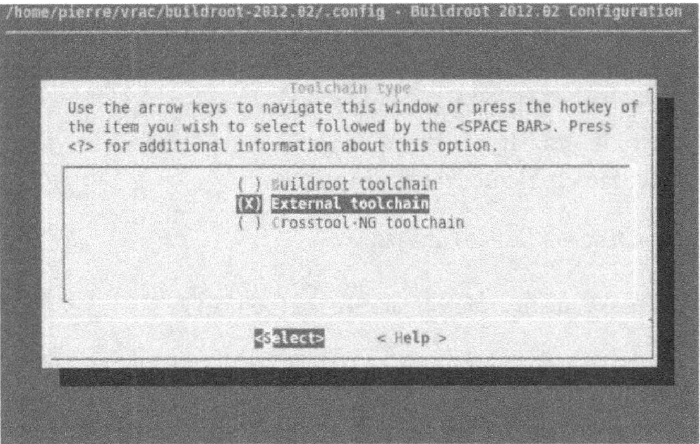

Figure 10–21
Choix d'un type
de chaîne de compilation

Une fois le type de chaîne sélectionné, on peut préciser ses paramètres. Dans le cas d'une chaîne binaire externe, on donnera le chemin d'accès ou bien la version Code-Sourcery à télécharger. Dans le cas d'une chaîne Crosstool-NG, on précisera le fichier de configuration `.config` à utiliser.

Dernier point concernant cette version 2012.02, la quasi-totalité des paquets (dans le répertoire `package`) utilisent désormais la nouvelle syntaxe pour le fichier `.mk`, basée sur les macros AUTOTARGETS, GENTARGETS ou bien CMAKETARGETS.

Quelques exemples d'utilisation

Dans ce paragraphe, nous allons décrire la configuration Buildroot 2012.02 pour trois cibles de type ARM, soit la carte Versatile PB émulée par QEMU, le module SODIMM2410 de Pragmatec et la carte CPUIMX51SD d'Eukréa. Dans tous les cas nous utiliserons la chaîne CodeSourcery version 2010.09 installée sur le répertoire d'accueil de l'utilisateur désigné par le contenu de la variable HOME.

QEMU/Versatile PB

La configuration de la carte Versatile PB sous QEMU est déjà disponible dans la version 2012.02 au niveau des répertoires `board/qemu/arm_versatile` et `configs`.

Fichiers de configuration de la carte Versatile PB

```
$ ls -l board/qemu/arm-versatile
total 8
-rw-rw-r-- 1 pierre pierre 1873 29 févr. 23:19 linux-3.2.config
-rw-rw-r-- 1 pierre pierre 335 29 févr. 23:19 readme.txt
ls -l configs/*ver*
-rw-rw-r-- 1 pierre pierre 442 29 févr. 23:19 configs/
qemu_arm_versatile_defconfig
```

Dans le cas de notre test, il est nécessaire d'ajouter l'option de génération d'une image CPIO dans le menu *Filesystem images*. À l'issue de la compilation, on peut utiliser dans QEMU les fichiers `bzImage` et `rootfs.cpio` comme décrit au début de l'article. La carte est testée avec la console série `ttyAMA0` puisque c'est la valeur spécifiée dans le fichier de configuration.

Production et test des images

```
$ make qemu_arm_versatile_defconfig
...
$ make menuconfig
...
```

```
$ make
...
$ cd output/images
$ ls -l
total 5968
-rw-rw-r-- 1 pierre pierre 4016640 8 mars 10:02 rootfs.cpio
-rwxrwxr-x 1 pierre pierre 2091352 8 mars 10:02 zImage
$
$ qemu-system-arm -M versatilepb -m 32 -kernel zImage -initrd rootfs.cpio
-append "console=ttyAMA0" -nographic
```

SODIMM2410

Cette carte n'est pas supportée par la version standard de Buildroot ce qui nous oblige à ajouter le fichier de configuration du noyau ainsi qu'un patch dans le nouveau répertoire `board/pragmatec/sodimm2410`. Nous ajoutons également le fichier de configuration Buildroot `configs/sodimm2410_defconfig`. La configuration et la compilation s'effectuent par la commande `make`.

Fichiers de configuration de la carte SODIMM2410

```
$ ls -l board/pragmatec/sodimm2410
total 48
-rw-r--r-- 1 pierre users 41820 mars 5 11:15 config_SODIMM2410_OW_2.6.28
-rw-r--r-- 1 pierre users   968 févr. 23 2011 linux-2.6.28_devs_h.patch
$ ls -l configs/sodimm2410_defconfig
-rw-rw-r-- 1 pierre pierre 19789 5 mars 11:29 configs/sodimm2410_defconfig

$ make sodimm2410_defconfig
...
$ make
...
$ ls -l output/images
total 6140
-rw-rw-r-- 1 pierre pierre 3686400 9 mars 11:43 rootfs.tar
-rw-rw-r-- 1 pierre pierre 2598852 9 mars 11:43 uImage
```

Eukréa CPUIMX51SD

Pour cette carte, la démarche est similaire sauf que nous partons d'un noyau standard 3.0.14 et que le nombre de patches à appliquer est plus important. Pour faciliter les choses nous pouvons simplement préciser dans la configuration Buildroot que le répertoire `board/eukrea/cpuimx51sd` est un répertoire de patches. Il suffit que les noms des patches soient du type `linux-*.patch` pour qu'ils soient appliqués avant la compilation du noyau.

En plus des patches, nous fournissons la configuration du noyau et un fichier *firmware* `.bin` utilisé lors de la compilation du noyau.

Fichiers de configuration de la carte CPUIMX51SD

```
$ ls -l board/eukrea/cpuimx51sd
total 220
-rw-r--r-- 1 pierre users 48684 mars 5 11:38 config_kernel_std_3.0.14
-rw-r--r-- 1 pierre users   1519 mars 5 11:48 linux-0001-board-
cpuimx51sd-add-wdt-support.patch
-rw-r--r-- 1 pierre users   4384 mars 5 11:48 linux-0001-eukrea-
cpuimx51sd-support-rev2-PCB.patch
-rw-r--r-- 1 pierre users   2941 mars 5 11:48 linux-0001-eukrea_mbimxsd-
add-audio-support.patch
-rw-r--r-- 1 pierre users   3667 mars 5 11:48 linux-0002-mach-mx5-
eukrea_mbimxsd-baseboard-add-backlight-supp.patch
-rw-r--r-- 1 pierre users 136644 mars 5 11:48 linux-0003-Add-MX51-
framebuffer-driver.patch
-rw-r--r-- 1 pierre users   4657 mars 5 11:48 linux-0004-mach-mx5-
eukrea_mbimxsd-baseboard-Add-Framebuffer-IP.patch
-rw-r--r-- 1 pierre users   1894 mars 5 11:54 sdma-imx51-to3.bin
$ ls -l configs/*imx*
-rw-rw-r-- 1 pierre pierre 19824 5 mars 12:03 configs/
cpuimx51sd_defconfig
...
$ make cpuimx51sd_defconfig
...
$ make
...
ls -l output/images
total 6080
-rw-rw-r-- 1 pierre pierre 3737600 9 mars 12:38 rootfs.tar
-rw-rw-r-- 1 pierre pierre 2484560 9 mars 12:38 uImage
```

Conclusion

Il est relativement simple de construire une distribution à l'aide de Buildroot, sachant que les versions récentes ont atteint une maturité qui permet de les envisager sans hésitation en tant que solution de développement industriel. Cet outil convient très bien à la prise en compte d'une distribution sur un nombre raisonnable de modèles de cartes.

11

Utiliser OpenEmbedded

OpenEmbedded est désormais la brique de base du projet Yocto, projet hébergé par la Linux Foundation et visant à fournir une plate-forme open source collaborative permettant de créer des systèmes basés sur Linux pour des produits embarqués quelle que soit leur architecture matérielle.

Souvent décrit comme un outil puissant mais lourd et difficile à prendre en main, nous essaierons dans ce chapitre de démystifier son utilisation.

Figure 11–1
Logo du projet OpenEmbedded

OpenEmbedded, historique du projet

Le projet OpenEmbedded a été créé en 2003 par un groupe de développeurs (Chris Larson, Michael Lauer et Holger Shurig, rejoints rapidement par Phil Blundell, Marcin Juszkiewicz et Richard Purdie) qui développpaient le projet OpenZaurus, destiné à générer une distribution adaptée aux PDA de la gamme Zaurus de Sharp. Après plus de deux années de développement d'OpenZaurus sur la base de Buildroot auquel ils avaient ajouté le support de la génération de paquets (IPK), de nombreuses bibliothèques, applications et la production d'images binaires adaptées à ces PDA, Buildroot atteignait ses limites notamment lorsqu'il s'agissait d'ajouter le support de nouveaux PDA (par exemple, les iPaq de HP), de produits industriels (par exemple, le PDA MNCI de MN Logisitk sur lequel travaillait Holger Shurig), de nouvelles distributions (par exemple, le projet Familiar de handhelds.org sur lequel travaillait Phil Blundell) ou de nouvelles architectures. Ils décidèrent de créer un nouveau système de construction de distributions Linux embarquées indépendant de la cible et du poste de développement.

Le projet OpenEmbedded se construit alors autour des deux blocs suivants :

- bitbake : outil de construction dérivé de *portage*, le gestionnaire de paquets de la distribution Gentoo, écrit en Python, initialement intégré dans OpenEmbedded avant d'être séparé en un projet « indépendant » ;
- OpenEmbedded : ensemble de métadonnées composé de fichiers de configuration, de classes, et de « recettes » décrivant les tâches à effectuer pour construire les paquets, les images binaires et leurs dépendances.

OpenEmbedded s'enrichit rapidement de nombreux paquets ajoutant diverses bibliothèques et programmes, de distributions visant différentes applications (PDA, routeurs, NAS...) et de nombreuses cibles (ARM, MIPS, PPC, x86...). En 2011, il supporte :

- plus de 300 machines ;
- 29 distributions ;
- plus de 7 800 recettes pour près de 2 150 « familles » de programmes différents.

En plus de divers projets open source (comme le projet BeagleBoard), OpenEmbedded est utilisé comme base de travail par des sociétés telles que :

- MontaVista pour son environnement MontaVista Linux (qui réutilise bitbake et un ensemble de métadonnées nettoyé, réécrit et limité à un nombre de cibles et de programmes réduit, le tout encadré par une interface graphique basée sur Eclipse) ;
- OpenMoko pour la génération des systèmes installés sur les téléphones FreeRunner ;
- PALM (puis HP) pour la génération de son système WebOS installé sur les Palm Pre puis sur les tablettes HP TouchPad ;
- Texas Instruments qui utilise une base réduite d'OpenEmbedded pour générer la distribution Arago accompagnant les kits de développements de ses processeurs (OMAP, DaVinci) ;

* OpenedHand, société britannique issue de l'équipe du site handhelds.org. Initialement sponsorisé par Compaq à l'époque du PDA iPaq, ce site est à l'origine du développement de nombreuses distributions alternatives pour PDA et téléphones. OpenedHand était spécialisée dans l'environnement Linux embarqué pour les applications mobiles et développait son propre environnement de développement basé sur bitbake, une version réduite d'OpenEmbedded servant à générer une distribution baptisée Poky Linux. Cette société a été rachetée par Intel en 2008 et son équipe a rejoint le « Intel's Open Source Technology Center ».

Au fil des années, le projet se structure et génère des versions stables de la version de développement (nommée OpenEmbedded-dev) à partir de fin 2010 afin de répondre au besoin d'utilisateurs qui ne peuvent se permettre de baser leurs projets sur une version en perpétuel développement.

Suite au rachat d'OpenedHand par Intel, une partie des développements de la société est intégrée à un « projet parapluie » nommé « Yocto Project ». Le responsable de ce projet est Richard Purdie, développeur principal de Poky et développeur OpenEmbedded. Le projet Yocto intègre donc Poky, ainsi que divers outils parmi lesquels pseudo (permettant de faire des opérations nécessitant habituellement les droits de superutilisateur, équivalent amélioré de fakeroot), swabber (outil permettant de détecter les accès au système de développement hôte et donc d'éviter des contamination non souhaitée lors de la compilation croisée), et un environnement de test automatisé de Poky permettant de tester en continu la qualité du projet. Le potentiel de l'open source en général et de Linux en particulier dans l'embarqué n'ayant pas échappé à la Linux Foundation, et le fait que le projet Yocto soit directement porté par Intel pouvant être un frein à son adoption par d'autres acteurs de l'industrie électronique, le projet Yocto est donc intégré à la Linux Foundation. En conséquence, Richard Purdie devient *fellow* (compagnon) de la Linux Foundation en décembre 2010 et rejoint ainsi quelques noms prestigieux comme Linus Torvalds.

Au même moment, des discussions sont initiées au sein du projet OpenEmbedded pour opérer un grand nettoyage de l'outil afin d'en augmenter la qualité, de factoriser le code, de supprimer les recettes correspondant à des versions obsolètes, et de faciliter la maintenance et la mise à jour de l'outil. Au final, il est décidé de découper OpenEmbedded en couches, dont la principale est nommée « OpenEmbedded-Core » et qui devient aussi la brique principale du projet Yocto (et donc de la distribution Poky). Ainsi, les efforts de la communauté OpenEmbedded et du projet Yocto sont mutualisés et bénéficient aux projets de tous les utilisateurs de cette brique de base. Cette dernière (souvent nommée « OE-Core ») intègre toutes les classes et recettes permettant de générer un environnement de compilation croisée et une distribution générique à destination de 5 cibles toutes basées sur QEMU (ARM, MIPS, PowerPC, x86, et x86-64). Les configurations propres aux distributions, aux applications ou aux matériels cibles trouvent leur place dans des couches spécifiques qui, une fois associées permettent d'obtenir un outil complet et personnalisé pour une cible et un projet.

L'année 2011 a donc été l'année de transition de OE-dev à OE-Core.

- La version OpenEmbedded-dev est désormais passée en mode maintenance, ce qui signifie que la dernière version stable (2011.03) ne reçoit plus que des correctifs de bogues et non des mises à jour importantes.
- Les communautés OpenEmbedded et Yocto ont appris à travailler ensemble sur OE-Core. De nombreux contributeurs de sociétés membres de Yocto (Wind River, Intel, MontaVista, Mentor Graphics, Texas Instruments, Huawei) contribuent désormais à OpenEmbedded-Core, une majorité travaillant à temps plein sur le projet. Deux versions stables de Yocto sont sorties (1.0 en avril 2011 et 1.1 en octobre 2011), avec à chaque fois un cycle de développement ayant des objectifs précis, détaillés sur le planning disponible sur le wiki de Yocto.
- OpenEmbedded-Core est une fondation robuste testée à la fois par les utilisateurs et développeurs Yocto, mais également par la communauté OpenEmbedded qui ajoute des fonctionnalités issues de OE-dev à la couche `meta-openembedded`.
- De nombreuses couches ont été créées par la communauté pour ajouter le support de logiciels supplémentaires (Gnome, KDE, Java, Mono, XFCE, Mozilla...), de distributions (Angstrom, Arago, SHR, Micro...) et de plates-formes spécifiques (Texas Instruments, OpenMoko, Freescale ARM – i.MX, Freescale PPC...).

Tous ces efforts permettent de disposer en 2012 d'un outil robuste qui permet de générer des distributions proposant des fonctionnalités complexes à intégrer dans un contexte de compilation croisée.

La suite de ce chapitre va donc présenter plus en détail l'utilisation d'OpenEmbedded-Core, les couches additionnelles et les fonctionnalités intéressantes pour réussir son projet Linux embarqué.

Principe de base

L'ensemble constitué de bitbake et d'OpenEmbedded constitue ce qu'on appelle un framework de compilation croisée.

Le fonctionnement est assez proche de celui d'un grand chef cuisinier qui doit préparer un repas : il va d'abord écrire un menu, puis parcourir son livre de recettes afin de sélectionner les recettes du menu, ensuite il se procurera les ingrédients listés dans chaque recette, les cuisinera dans l'ordre adéquat pour pouvoir dresser la table en temps voulu et servir un repas à température idéale à ses invités.

Dans notre cas, le menu contient la liste des applications et bibliothèques que nous souhaitons intégrer au système de fichiers de notre projet, le grand chef étant bitbake, le livre de recettes étant OpenEmbedded. bitbake parcourt le livre de recettes, sélectionne celles qu'il doit construire, ainsi que leurs dépendances. À partir des informations contenues dans ces recettes, il télécharge les sources des projets depuis Internet, un répertoire local ou un système de gestion de version, puis les construit dans l'ordre déterminé par le graphe de dépendance généré dynamiquement. Enfin, il installe les binaires, génère les paquets correspondants et construit l'image finale que nous pourrons installer sur la cible.

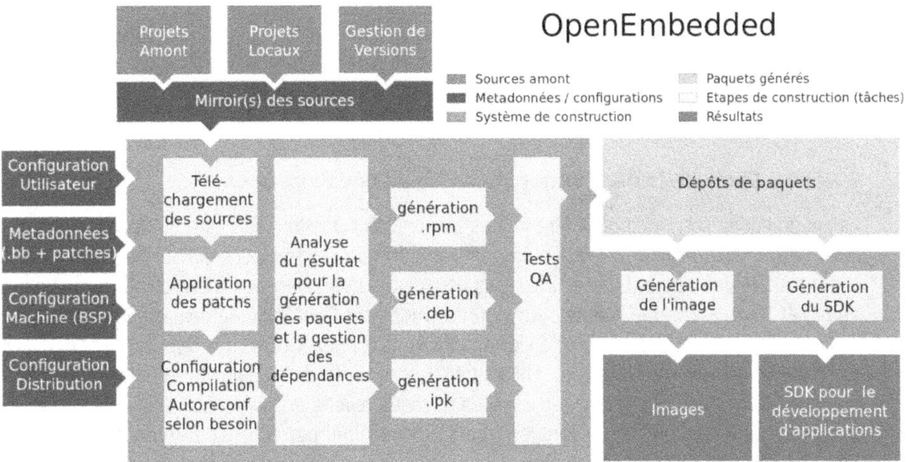

Figure 11–2 Principe de fonctionnement d'OpenEmbedded – issu de http://www.yoctoproject.org

Installation

Dans ce sous-chapitre, nous décrirons l'installation de l'environnement OpenEmbedded ainsi que la production d'une image de test utilisable avec l'émulateur QEMU.

Prérequis

Il est important d'installer les outils nécessaires sur le poste de développement.

Tous les exemples suivants seront réalisés dans une machine virtuelle fonctionnant sous Fedora 16, version LXDE fraîchement installée et mise à jour.

Les dépendances incluent :

- les outils de téléchargement tels que : `wget`, `git`, `subversion`, `cvs`, `mercurial`, `ftp` ;
- les outils de décompression des archives tels que : `unzip`, `tar`, `bzip2`, `gzip` ;

- les outils de vérification d'intégrité des archives téléchargées tels que : `md5sum`, `sha256sum` ;
- les outils de génération de documentation tels que : `texi2html`, `texinfo`, `docbook`, `help2man`, `groff`, `openjade`, `gnome-doc-utils` ;
- les outils de compilation pour l'hôte de développement tels que : `gcc`, `g++`, `m4`, `make`, `autoconf`, `automake`, `libtool`, `chrpath`, `cmake`, `bison`, `headersglibc` ;
- les outils de manipulation de chaînes tels que : `sed`, `gawk` ;
- les bibliothèques nécessaires à la compilation de QEMU et des interfaces « menuconfig », telles que : `ncurses`, `sdl`, `mesa-libgl`, `mesa-libglu` ;
- les interpréteurs `python` et `perl` ;
- les outils de gestion de patches tels que : `patch`, `diffstat` ;
- un terminal pour les interactions avec les outils de configuration : `xterm`.

> REMARQUE **Choix de la distribution du poste de développement**
>
> OpenEmbedded est conçu pour être le plus indépendant possible du poste de développement. Il n'a en effet besoin pour fonctionner que d'un nombre réduit de dépendances qui sont donc disponibles sur la quasi-totalité des distributions actuelles. La liste de ces dépendances est disponible sur le wiki du projet. Le projet Yocto étant documenté pour Ubuntu, Fedora et OpenSUSE, le démarrage sera facilité en utilisant une de ces trois distributions (ou les distributions connexes telles que Debian et ses dérivées) qui ont été validées par les développeurs. Enfin, dans le cas où la distribution hôte utilise par défaut le shell `dash` (ce qui est le cas de Ubuntu), il faudra penser à revenir au shell `bash` afin d'éviter des problèmes potentiels dans certains scripts dont les « bashismes » n'ont pas encore été corrigés. Cela s'effectue simplement en exécutant la commande `sudo dpkg-reconfigure dash` et en répondant *Non* à la question posée, puis en redémarrant la session actuelle.

Préparation d'une distribution Fedora

```
$ sudo yum groupinstall "development tools"
$ sudo yum install python m4 make wget curl ftp hg tar bzip2 gzip unzip perl
texinfo texi2html diffstat openjade docbook-style-dsssl sed docbook-style-
xsl docbook-dtds docbook-utils sed bc ccache pcre pcre-devel quilt groff
linuxdoc-tools patch linuxdoc-tools cmake help2man perl-ExtUtils-MakeMaker
tcl-devel gettext chrpath ncurses apr SDL-devel mesa-libGL-devel mesa-
libGLU-devel gnome-doc-utils autoconf automake libtool xterm
```

Téléchargement de l'outil et préparation de l'environnement

Il existe de nombreuses possibilités pour organiser l'environnement de travail lorsque l'on utilise OpenEmbedded. Pour ce premier exemple, nous utiliserons l'organisation de base des projets OpenEmbedded et Yocto.

Les sources de bitbake et d'OpenEmbedded sont hébergées sur le serveur Git du projet, accessible à l'adresse : git://git.openembedded.org.

Nous pouvons donc télécharger l'ensemble en utilisant la commande `git`.

Téléchargement des sources d'OpenEmbedded-Core

```
$ git clone git://git.openembedded.org/openembedded-core openembedded-
core
$ git checkout -b stable origin/denzil
$ cd openembedded-core
$ git clone git://git.openembedded.org/bitbake openembedded-core/
bitbake
$ git checkout -b stable 1.15.2
$ cd ../..
```

> REMARQUE **Miroirs des sources**
>
> Les serveurs Git d'OpenEmbedded étant parfois assez lents vus de ce côté de l'Atlantique (ils sont hébergés dans l'Oregon par l'OSUOSL), il peut être intéressant d'utiliser le miroir mis en place sur GitHub en utilisant les URL : git://github.com/openembedded/bitbake.git et git://github.com/openembedded/oe-core.git.

OpenEmbedded-Core dispose d'un script pour préparer l'espace de travail par défaut. Attention, il ne faut pas exécuter ce script directement mais le charger dans le shell courant au moyen de la commande `source` comme décrit ci-dessous.

Configuration de l'environnement

```
$ source openembedded-core/oe-init-build-env
```

Le script a créé les répertoires adéquats pour démarrer une session OpenEmbedded-Core, dans le répertoire `build` et nous constatons la présence d'un répertoire `conf` qui contient deux fichiers :

- `bblayers.conf` : contient la liste des différentes couches que bitbake prendra en compte lors de son exécution. Cette liste est affectée à la variable `BBLAYERS` (dans le cas présent, il y a uniquement `openembedded-core/meta`) ;
- `local.conf` : contient les paramètres permettant de configurer le comportement de bitbake. Parmi ces paramètres, nous pouvons déjà configurer `BB_NUMBER_THREADS` et `PARALLEL_MAKE` qui sont le nombre de tâches que respectivement bitbake et la commande `make` lanceront en parallèle lors de leur exécution. Une pratique courante consiste à affecter le nombre de cœurs processeurs disponibles.

Dans le cas d'un poste de travail disposant d'un processeur Intel i7 (donc 4 cœurs physiques et 4 cœurs hyperthread), nous utiliserons donc :

Contenu de conf/local.conf

```
BB_NUMBER_THREADS = "8"
PARALLEL_MAKE = "-j 8"
```

> **REMARQUE Valeurs proposées**
>
> Les valeurs proposées sont celles qui ont permis d'obtenir le temps de compilation optimal après de nombreux tests menés par les communautés OpenEmbedded et Yocto. Ces valeurs signifient que bitbake peut exécuter 8 tâches en parallèle et que si chaque tâche lance une compilation en même temps, on pourrait se retrouver avec 64 instances du compilateur exécutées en parallèle, ce qui pourrait fortement surcharger les 8 cœurs du processeur. En pratique, il s'avère que ce cas est très peu probable (bitbake n'exécutant pas uniquement des tâches de compilation).

Premiers pas avec qemuarm

Comme exposé précédemment, OpenEmbedded-Core vise à fournir la brique de base d'un environnement de génération de distributions Linux embarqué en supportant uniquement des machines virtuelles QEMU pour diverses architectures. Nous utiliserons, pour nos premiers essais, l'une des architectures les plus populaires, c'est-à-dire l'ARM, supportée sous OpenEmbedded-Core par la machine qemuarm.

Nous éditons donc le fichier conf/local.conf pour configurer la machine cible.

Contenu du fichier conf/local.conf

```
MACHINE ?= "qemuarm"
```

Nous pouvons alors démarrer notre première compilation en utilisant bitbake et en passant en paramètre le nom de la recette que nous souhaitons construire (en l'occurrence l'image de démonstration de l'environnement graphique Qt4 embedded).

Construction de l'image de démonstration Qt4 embedded

```
$ bitbake qt4e-demo-image
Pseudo is not present but is required, building this first before the
main build
Parsing recipes: 100% |###############################| Time: 00:00:24
Parsing of 829 .bb files complete (0 cached, 829 parsed). 1104 targets,
34 skipped, 0 masked, 0 errors. ❶

OE Build Configuration: ❷
BB_VERSION        = "1.15.1"
TARGET_ARCH       = "arm"
TARGET_OS         = "linux-gnueabi"
```

```
MACHINE            = "qemuarm"
DISTRO             = ""
DISTRO_VERSION     = "oe-core.0"
TUNE_FEATURES      = "armv5 dsp thumb arm926ejs"
TARGET_FPU         = "soft"
meta               = "master:efd80fd23cb96ccc203893017938c1163d20b898"

NOTE: Resolving any missing task queue dependencies
NOTE: Preparing runqueue
NOTE: Executing SetScene Tasks
NOTE: Executing RunQueue Tasks ❸
```

> REMARQUE **Choix de l'image à construire**
>
> L'exemple ci-dessus propose de construire une image intégrant Qt4, ce qui peut être relativement long à compiler. D'autres images plus légères peuvent être construites pour commencer comme `core-image-base` qui produit une image de base prête à recevoir de futurs développements.

❶ bitbake commence par parcourir tous les fichiers auxquels son environnement lui donne accès et stocke les informations dans un cache. Bien que le parser de bitbake soit parallélisé, la première exécution sera toujours plus longue car il doit construire ce cache (24 secondes sur notre i7 de test). En revanche, les exécutions suivantes seront quasi instantanées car bitbake chargera le cache et n'y intégrera que des fichiers modifiés depuis la dernière exécution.

❷ Avant d'exécuter la liste des tâches, bitbake affiche une trace extrêmement utile qui détaille les versions utilisées (bitbake et tags des différentes couches) et les paramètres de la cible (machine, architecture, OS, optimisations).

❸ Enfin, bitbake démarre l'exécution des tâches en affichant sa progression.

Par défaut, bitbake utilise une interface homme-machine utilisant le shell courant. Il est toujours possible de le configurer pour utiliser des interfaces plus distrayantes telles que : goggle (un seul o et deux g – qui est la traduction anglaise « lunettes ») et ncurses. L'interface goggle a l'avantage de filtrer les traces et de les présenter d'une manière conviviale ce qui en facilite la lecture (il est possible de déplier chaque ligne pour rentrer dans le détail des tâches effectuées, puis dans les traces).

Pendant que bitbake exécute ses tâches, nous pouvons explorer l'organisation des différents répertoires de notre environnement de travail.

Figure 11–3
Interface graphique
goggle de bitbake

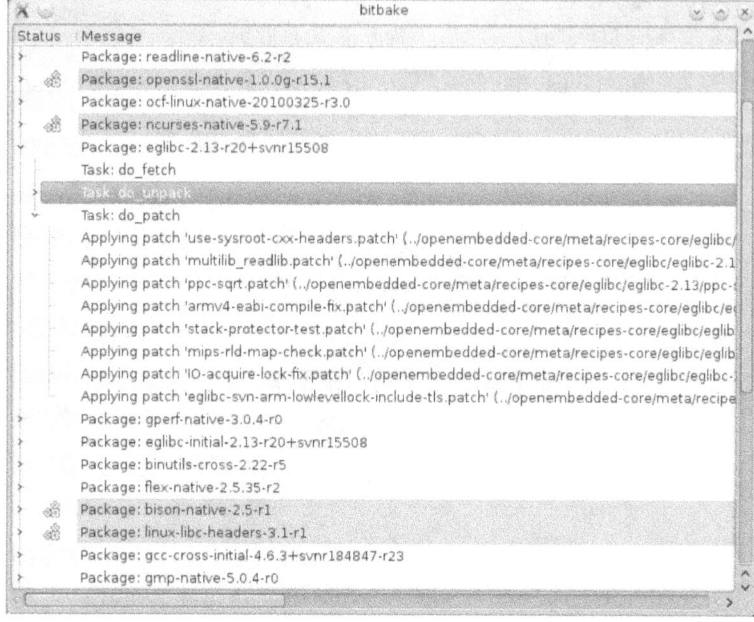

Figure 11–4
Interface ncurses de bitbake

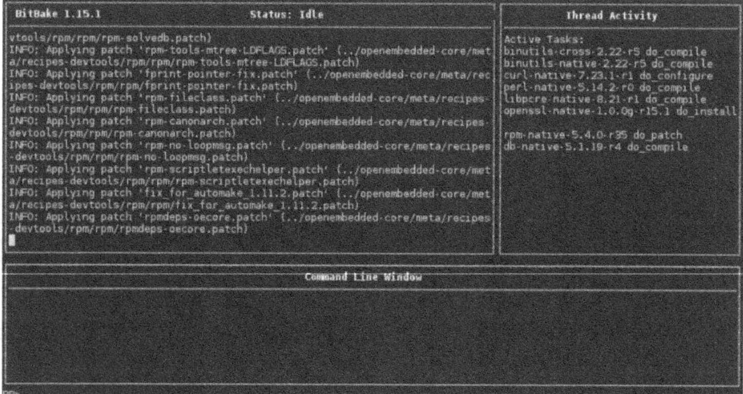

Exploration des répertoires

Organisation générale

Nous disposons à la base de notre répertoire de travail de deux sous-répertoires :

- `openembedded-core` : l'ensemble des métadonnées, qui inclut aussi l'outil bitbake ;
- `build` : l'espace de travail dans lequel bitbake a construit son environnement.

Les métadonnées

Nous n'utilisons actuellement que la couche `OpenEmbedded-Core`, qui est la brique de base de l'environnement.

Contenu du répertoire OpenEmbedded-Core

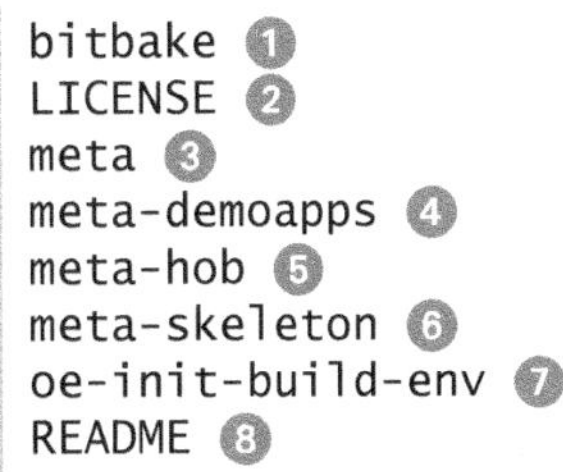

① Le répertoire qui contient bitbake ne fait pas partie des métadonnées et est placé à cet endroit uniquement car l'environnement par défaut d'OpenEmbedded l'impose.

② Le fichier décrit la licence qui couvre les sous-répertoires. Il s'agit en l'occurrence de la licence MIT pour les métadonnées et GPLv2 pour bitbake.

③ `meta` : la couche de métadonnées qui forme OpenEmbedded-Core.

④ `meta-demoapps` : une couche de données supplémentaire, contenant des applications et des bibliothèques qui enrichissent OE-Core (à partir du moment où cette couche est ajoutée à la variable `BBLAYERS` du fichiers de configuration).

⑤ `meta-hob` : une couche spécifique à l'outil HOB dont nous parlerons ultérieurement.

⑥ `meta-skeleton` : une couche exemple qui peut servir de base pour construire sa propre couche. Elle contient deux exemples de recettes : `service` qui est un exemple de recette ajoutant un service au démarrage (via un script de lancement dans `/etc/init.d`), et `useradd` qui est un exemple de recette créant des utilisateurs et gérant les droits de ces utilisateurs sur certains fichiers et répertoires.

⑦ `oe-init-build-env` : le script qui doit être inclus dans l'environnement du shell courant (par la commande `source`) et qui va configurer l'espace de travail dans le répertoire `build` (placé dans le répertoire depuis lequel la commande source sera appelée).

⑧ `README` : le fichier donnant des informations sur le projet.

De tous ces répertoires et fichiers, le répertoire `meta` est le plus intéressant.

Contenu du répertoire meta

```
classes         recipes-bsp          recipes-gnome       recipes-rt
conf            recipes-connectivity recipes-graphics    recipes-sato
COPYING.MIT     recipes-core         recipes-kernel      recipes-support
files           recipes-devtools     recipes-multimedia  recipes.txt
lib             recipes-extended     recipes-qt          site
```

Nous retrouvons les répertoires évoqués précédemment :

- `classes` : contient les fichiers `.bbclass` ;
- `conf` : contient les fichiers `.conf` ;
- `recipes-*` : contient les recettes.

Le répertoire `conf` contient deux sous-répertoires intéressants :

- `distro` : contient des fichiers de configuration propres aux distributions (en l'occurrence OE-Core est dit « distroless » ce qui signifie qu'il produit une configuration avec les valeurs par défaut) ;
- `machines` : contient les fichiers de configuration des machines supportées par la couche (en l'occurrence cinq machines QEMU pour les cibles arm, mips, ppc, x86-64 et x86).

Cette configuration est la configuration type qui se retrouvera dans chaque couche utilisable avec OpenEmbedded.

L'environnement de travail

Nous pouvons désormais explorer le contenu du répertoire `build`.

Contenu du répertoire build

```
conf ❶ downloads ❷ pseudodone ❸ sstate-cache ❹ tmp-eglibc ❺
```

❶ Le répertoire `conf` contient les fichiers de configuration que nous avons édités précédemment. Ils définissent les paramètres de notre hôte, de notre cible, de la distribution.

❷ Le répertoire `downloads` contient toutes les sources téléchargées depuis Internet. Il fait donc partie des éléments à conserver lorsqu'on veut effectuer la sauvegarde d'un projet OpenEmbedded. Il peut être transmis à d'autres utilisateurs afin d'éviter de télécharger les sources. Son contenu peut aussi servir à construire un miroir local des sources afin d'éviter que chaque développeur ne télécharge la même archive depuis Internet.

❸ `pseudodone` est un fichier vide qui indique au script de validation de l'environnement que l'outil pseudo a bien été généré (pseudo étant un équivalent de fakeroot, qui permet de travailler comme si l'utilisateur était root sans être root lorsque cela est nécessaire). Le script de validation intercepte l'appel à bitbake et l'exécutera de nouveau après avoir vérifié que l'environnement est sain.

❹ Le répertoire `sstate-cache` contient des archives qui représentent le cache de l'exécution des tâches pour chaque recette. Ces archives peuvent être réutilisées si aucun paramètre n'entraîne de changement dans la tâche et peuvent donc par exemple permettre d'accélérer la reconstruction d'un environnement de développement en offrant la possibilité de ne pas tout recompiler depuis le départ. Chaque archive intègre dans son nom un `checksum` qui est la représentation de l'environnement de la tâche (et donc permet de détecter si un changement a eu lieu dans cet environnement). Ce répertoire peut rapidement grossir au fil des constructions. Le script (`openembedded-core/scripts/sstate-cache-management.sh`) permet donc de le nettoyer pour supprimer les anciennes archives.

❺ Le répertoire `tmp-eglibc` contient tout ce qui concerne la compilation pour des configurations utilisant la bibliothèque C Eglibc.

REMARQUE **À propos des bibliothèques C**

OpenEmbedded intègre par défaut le support des deux bibliothèques C utilisées en environnement Linux embarqué : Eglibc et uClibc. Le choix par défaut est Eglibc, le passage à uClibc s'effectue en affectant la valeur « uclibc » à la variable TCLIBC (par exemple, dans `conf/local.conf` pour tester rapidement). Eglibc est la variante de Glibc destinée aux architectures embarquées. À noter que le projet Eglibc a aussi rejoint le projet « parapluie » Yocto au sein de la Linux Foundation.

Nous allons donc nous intéresser à ce dernier répertoire.

Contenu du répertoire tmp-eglibc

```
abi_version  cooker.log.20120321210321  saved_tmpdir    work ❼
buildstats ❶  deploy ❹                                   sstate-control  work-shared
cache ❷       pkgdata                    stamps ❺
ccache ❸      qa.log                     sysroots ❻
```

❶ `buildstats` contient des statistiques sur chaque construction. Nous retrouverons, entre autres, pour chaque tâche, son temps d'exécution et le taux d'utilisation CPU, ce qui permet de mesurer les progrès et de détecter d'éventuelles régressions.

❷ `cache` contient le cache de bitbake (créé lors de la première exécution et rafraîchi pour prendre en compte tout changement dans les métadonnées).

❸ `ccache` contient le cache de `ccache` qui est un cache de compilation C/C++. Attention car la taille de ce répertoire peut augmenter de manière conséquente.

❹ `deploy` contient le résultat des constructions, on trouvera plusieurs sous-répertoires :

- `images` : les binaires qui peuvent être installés sur les cibles ;
- `ipk` : les paquets générés (ce répertoire peut servir de répertoire de base pour un serveur de paquet local) ;
- `licenses` : le récapitulatif des licences de tous les paquets compilés ;
- `sdk` : les archives des SDK générés et pouvant être installés sur des postes de développement.

❺ `stamps` contient un fichier marqueur pour chaque tâche achevée avec succès par bitbake.

❻ `sysroots` contient les arborescences des différents *sysroot* (ou système de fichiers racine) qui sont utilisés lors des phases de compilation. Ces répertoires contiennent notamment les outils, les en-têtes et les bibliothèques.

❼ `work` contient les répertoires dans lesquels sont générés chaque paquet. Les paquets sont classés selon les architectures pour lesquelles ils ont été construits. Pour chaque paquet, nous trouverons son répertoire de travail donné par `${WORKDIR}`, nommé `nom-version-revision` (par exemple `busybox-1.19.3-r5`) qui contient entre autres :

- `${S}` : les sources décompressées, patchées, configurées et compilées, en général nommées `nom-version` (par exemple, `busybox-1.19.3`) mais nous avons vu précédemment que ce nom pouvait être adapté à chaque cas dans la recette ;
- `temp` : c'est le répertoire qui contient les scripts générés par bitbake pour chaque tâche qu'il aura à exécuter, et les traces de l'exécution de chacun de ces scripts. C'est un répertoire intéressant à étudier lors de la mise au point d'une recette ;
- `image` : contient l'arborescence créée lors de la tâche d'installation. Ce répertoire correspond à `${D}`, c'est-à-dire à l'endroit où va être installé le résultat de la tâche `do_install` (donc répertoire à vérifier lorsqu'un problème d'installation est détecté) ;
- `packages-split` : contient un répertoire par paquet à générer, et dans chaque sous-répertoire, comporte l'arborescence du contenu du paquet (donc répertoire à vérifier quand les fichiers attendus ne sont pas installés sur la cible).

Résultat de la construction

Une fois l'image construite, le résultat est disponible dans le répertoire `tmp-eglibc/deploy/images`.

Contenu du répertoire deploy/images

```
tmp-eglibc/deploy/images/
|-- core-image-base-qemuarm-20120326230632.rootfs.ext3
|-- core-image-base-qemuarm-20120326230632.rootfs.tar.bz2
|-- core-image-base-qemuarm.ext3 -> core-image-base-qemuarm-
20120326230632.rootfs.ext3
|-- core-image-base-qemuarm.tar.bz2 -> core-image-base-qemuarm-
20120326230632.rootfs.tar.bz2
|-- modules-3.2.11-yocto-standard+-r1-qemuarm.tgz
|-- qt4e-demo-image-qemuarm-20120325202717.rootfs.ext3
|-- qt4e-demo-image-qemuarm-20120325202717.rootfs.tar.bz2
|-- qt4e-demo-image-qemuarm.ext3 -> qt4e-demo-image-qemuarm-
20120325202717.rootfs.ext3
|-- qt4e-demo-image-qemuarm.tar.bz2 -> qt4e-demo-image-qemuarm-
20120325202717.rootfs.tar.bz2
|-- README_-_DO_NOT_DELETE_FILES_IN_THIS_DIRECTORY.txt
|-- zImage-
3.2.11+git1+514847185c78c07f52e02750fbe0a03ca3a31d8f_1+dfbba772cbee8412
5ac1558c904a7dc181445f5f-r1-qemuarm-20120325150734.bin
`-- zImage-qemuarm.bin -> zImage-
3.2.11+git1+514847185c78c07f52e02750fbe0a03ca3a31d8f_1+dfbba772cbee8412
5ac1558c904a7dc181445f5f-r1-qemuarm-20120325150734.bin
```

Nous constatons la présence d'images dans deux formats : `ext3` et `tar.bz2` (utile pour le cas de NFS-Root ou simplement pour étudier le contenu de l'image), ainsi que du noyau au format `zImage` et d'une archive contenant les modules associés.

Le répertoire `deploy/licenses` contient toutes les licences des paquets construits. Il est intéressant de consulter le fichier `manifest` de l'image générée, qui donne des informations sur le contenu de l'image et les licences des logiciels intégrés.

Contenu du fichier license.manifest d'une image

```
$ less tmp-eglibc/deploy/licenses/core-image-base-qemuarm-
20120326230632/license.manifest
.../...
PACKAGE NAME: base-files
RECIPE NAME: base-files
LICENSE:
GPLv2

PACKAGE NAME: base-passwd
RECIPE NAME: base-passwd
LICENSE:
GPLv2
```

```
PACKAGE NAME: bluez4
RECIPE NAME: bluez4
LICENSE:
GPLv2
LGPLv2.1

PACKAGE NAME: busybox
RECIPE NAME: busybox
LICENSE:
GPLv2
BSD-4-Clause
.../...
```

Test de l'image avec QEMU

L'exécution de bitbake s'est à présent terminée avec succès, ce qui se vérifie en analysant le dernier message renvoyé qui doit ressembler à ce qui suit.

Message de fin d'exécution de bitbake

```
NOTE: Tasks Summary: Attempted 4280 tasks of which 1797 didn't need to
be rerun and all succeeded.
```

L'image ainsi produite est relativement volumineuse (128 Mo au format `tar.bz2`) car elle intègre tous les exemples et documents de la bibliothèque Qt.

OpenEmbedded propose un environnement préconfiguré pour exécuter les images dans QEMU au moyen de la commande `runqemu` (dont l'exécution sans paramètre fournira l'aide détaillée). Nous pouvons donc lancer l'émulateur comme suit.

Utilisation de la commande runqemu

```
$ runqemu qemuarm qt4e-demo-image
Assuming qt4e-demo-image really means /home/ebenard/BOOK/build/tmp-
eglibc/deploy/images/qt4e-demo-image-qemuarm.ext3

Continuing with the following parameters:
KERNEL: [tmp-eglibc/deploy/images/zImage-qemuarm.bin]
ROOTFS: [tmp-eglibc/deploy/images/qt4e-demo-image-qemuarm.ext3]
FSTYPE: [ext3]
Setting up tap interface under sudo
[sudo] password for ebenard:
Acquiring lockfile for tap0...
```

```
tmp-eglibc/sysroots/x86_64-linux/usr/bin/QEMU-system-arm -kernel tmp-
eglibc/deploy/images/zImage-qemuarm.bin -net nic,vlan=0 -net
tap,vlan=0,ifname=tap0,script=no,downscript=no -M versatilepb -hda tmp-
eglibc/deploy/images/qt4e-demo-image-qemuarm.ext3 -no-reboot -show-
cursor -usb -usbdevice wacom-tablet -no-reboot -m 128 --append "root=/
dev/sda rw console=ttyAMA0,115200 console=tty
ip=192.168.7.2::192.168.7.1:255.255.255.0 mem=128M highres=off "
Set 'tap0' nonpersistent
Releasing lockfile of preconfigured tap device 'tap0'
```

Après avoir demandé le mot de passe afin d'obtenir les droits lui permettant de configurer la connexion réseau, QEMU va présenter une interface représentant le framebuffer de la machine virtuelle et lancer le démonstrateur de Qt4.

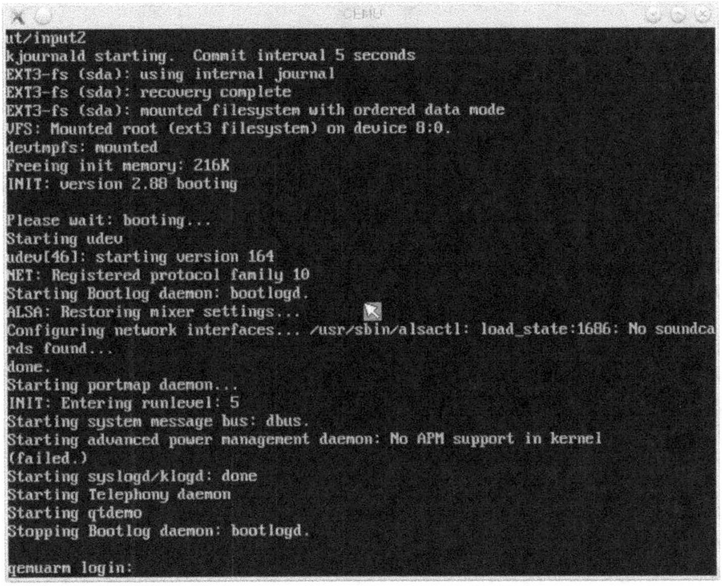

Figure 11–5
Trace de démarrage de Linux
pour QEMU émulant
un processeur ARM

REMARQUE **Console série sous QEMU**

Pour obtenir une émulation de console série sur le shell depuis lequel est lancée la commande `runqemu`, il suffit d'ajouter l'option `serial` à la suite de la commande. Attention : presser *Ctrl + C* dans ce shell interrompra QEMU !

Figure 11–6
Application de démonstration
des fonctionnalités de Qt4

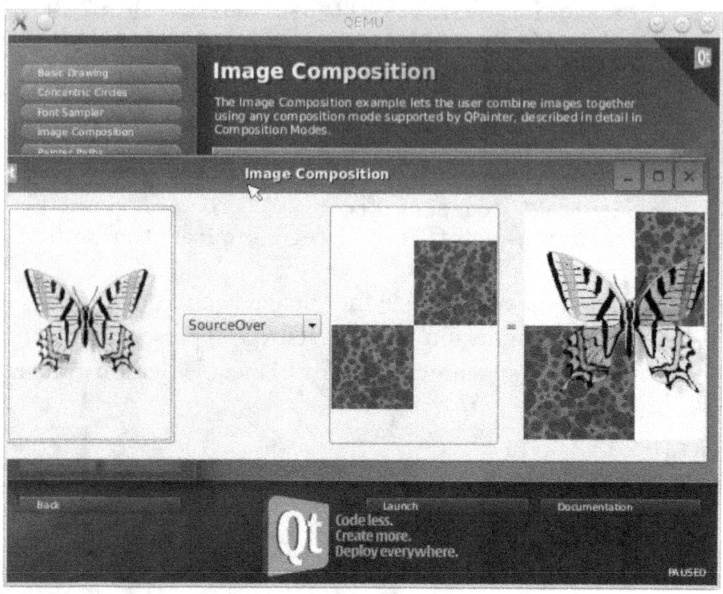

> REMARQUE **Interface graphique de QEMU**
>
> Si vous cliquez dans la fenêtre graphique, vous pourrez piloter le pointeur et utiliser l'IHM. En revanche,
> QEMU peut « capturer » le pointeur et l'empêcher de sortir de la fenêtre pour revenir dans votre environ-
> nement de bureau. La solution pour « libérer » le pointeur est de presser les touches *Ctrl + Alt*.

OpenEmbedded propose d'autres images qui peuvent être intéressantes selon le type
de développement effectué :

- `core-image-minimal` qui est une image minimaliste en ligne de commande (2,4
  Mo au format `tar.bz2`) ;
- `core-image-sato` qui est une interface graphique basée sur X, les bibliothèques
  gtk et le gestionnaire de fenêtres matchbox (32 Mo au format `tar.bz2`).

Concepts d'OpenEmbedded

Dans ce sous-chapitre, nous allons décrire de manière plus détaillée les principaux
concepts d'OpenEmbedded, en particulier le fonctionnement de bitbake et la structure des recettes.

Le grand chef : bitbake

bitbake est un exécuteur de tâches écrit en Python qui a les fonctions principales suivantes :

- lecture des recettes et génération d'un arbre de dépendances à la construction sur le poste de développement et lors de l'exécution sur la cible ;
- téléchargement et extraction de sources disponibles sur Internet, accessibles par des protocoles variés et potentiellement archivées dans divers formats ;
- application de patches sur ces sources ;
- prise en compte de données de configuration dépendant de conditions déterminées à l'exécution ;
- gestion de classes avec héritage permettant de mutualiser certaines méthodes ;
- exécution d'une suite de tâches, avec parallélisation lorsque c'est possible.

Notons que bitbake est indépendant au maximum du poste de développement et de la cible.

Afin d'atteindre ces objectifs, les auteurs de bitbake ont défini une syntaxe de rédaction des métadonnées qui sont constituées de recettes, de classes et de fichiers de configuration. Nous présenterons ultérieurement une partie de cette syntaxe lors de l'étude des recettes.

Lors de son exécution, bitbake cherche dans le répertoire courant un fichier qui contient la liste des couches dans lesquelles il trouvera les métadonnées. Ce fichier de configuration doit être placé dans le répertoire `conf` et se nommer `bblayers.conf`. À l'intérieur de ce fichier, la variable `BBLAYERS` recevra le chemin vers le répertoire de chaque couche à prendre en compte.

Exemple de fichier conf/bblayers.conf

```
# LAYER_CONF_VERSION is increased each time build/conf/bblayers.conf
# changes incompatibly
LCONF_VERSION = "4"

BBFILES ?= ""
BBLAYERS ?= " \
  /home/ebenard/LivrePierre/OE-CORE/openembedded-core/meta \
  "
```

bitbake va utiliser le contenu de la variable `BBLAYERS` pour prendre connaissance du contenu de chaque couche mise à sa disposition. Il va donc lire le fichier `conf/layer.conf` que chaque couche doit fournir et qui contient en général les cinq variables suivantes :

- BBPATH : liste des chemins sous lesquels bitbake trouvera un répertoire conf et un répertoire classes (cela signifie que la couche fournit des fichiers de configurations et/ou des classes) ;
- BBFILES : motif du chemin d'accès aux recettes de cette couche ;
- BBFILES_COLLECTIONS : ajout du nom de notre collection de recettes à cette variable ;
- BBFILES_PATTERN : motifs du chemin vers les recettes de notre collection ;
- BBFILES_PRIORITY : niveau de priorité de notre collection.

Exemple de fichier conf/layer.conf

```
# We have a conf and classes directory, add to BBPATH
BBPATH .= ":${LAYERDIR}"
# We have a packages directory, add to BBFILES
BBFILES += "${LAYERDIR}/recipes-*/*/*.bb"

BBFILE_COLLECTIONS += "normal"
BBFILE_PATTERN_normal := "^${LAYERDIR}/"
BBFILE_PRIORITY_normal = "5
```

> REMARQUE **Variable LAYERDIR**
>
> Cette variable est positionnée par bitbake lorsqu'il explore la couche actuelle et peut donc être utilisée pour ne pas avoir à coder en dur le chemin vers les fichiers.

Ce fichier va permettre à bitbake de remplir ses variables BBPATH et BBFILES, ainsi que les informations concernant les collections de recettes qui lui permettront de définir des priorités dans le cas où plusieurs couches contiendraient des recettes portant le même nom.

bitbake s'exécute en prenant en paramètre le nom de la recette à construire. Par exemple, pour générer le bootloader Barebox, le noyau Linux et l'image exemple-qtdemo-image, nous exécuterons la commande suivante.

Exemple de production de binaires

```
$ bitbake barebox linux exemple-qtdemo-image
```

Le livre de recettes : OpenEmbedded

OpenEmbedded est donc un recueil de métadonnées.

Comme évoqué ci-dessus, ces métadonnées prennent la forme de trois types de fichiers :

- les fichiers de configuration (répertoire `conf` et suffixe `.conf`) : ils interviennent à divers niveaux dans le répertoire de travail pour configurer notre environnement (choix de distribution, choix de cible, paramètres de compilation, etc.), dans le répertoire d'OpenEmbedded (choix effectués au niveau du projet), dans le répertoire d'un BSP (choix effectués au niveau de la machine), dans le répertoire d'une couche (choix liés à cette couche) ;
- les fichiers de classes (répertoire `classes` et suffixe `.bbclass`) : ils contiennent les opérations génériques dont une recette pourra hériter. Nous trouvons, par exemple, des classes contenant les méthodes pour configurer et compiler un noyau, configurer des sources avec Autotools, compiler des sources pour Qt4 Embedded ou Qt4 X11...
- les fichiers de recettes (fichiers correspondant aux motifs définis dans la variable `BBFILES` et en général ayant le suffixe `.bb`) : ces fichiers décrivent les étapes à effectuer pour arriver à la génération d'un paquet.

Éléments de syntaxe

L'affectation d'une valeur à une variable se fait au moyen du symbole `=`.

Affectation d'une variable

```
VARIABLE = "valeur"
```

La variable peut ensuite être utilisée en étant encadrée par `${}`.

Durant la rédaction de recettes, les variables suivantes sont régulièrement utilisées :

- `PN` : nom du paquet *(Package Name)* ;
- `PV` : version du paquet *(Package Version)* ;
- `PR` : révision du paquet *(Package Release)*, cette variable est initialisée par défaut à `r0` si elle est absente de la recette ;
- `SRC_URI` : liste des sources à récupérer ;
- `WORKDIR` : chemin vers le répertoire de travail ;
- `S` : chemin vers le répertoire contenant les sources (lui-même en général contenu dans `${WORKDIR}`). Il s'agit du répertoire dans lequel les sources vont être construites, i.e. : le répertoire dans lequel on exécute la commande `make` ;
- `D` : chemin vers le répertoire de destination (lui-même en général contenu dans `${WORKDIR}`). Il s'agit du répertoire qui va contenir l'arborescence dans laquelle le programme sera installé et qui servira à générer le paquet d'installation.

Deux concepts sont fréquemment utilisés pour manipuler les variables : l'ajout de contenu à une variable et l'affectation conditionnelle d'une variable.

L'ajout de contenu à une variable peut se faire de plusieurs manières :

- en séparant le contenu actuel du contenu ajouté par un espace : avec les opérateurs `+=` ou `=+` ;
- en concaténant les deux contenus sans séparation avec les opérateurs `.=` ou `=` ;
- en ajoutant le mot-clé `_append` ou `_prepend` au nom de la variable.

Exemples de manipulation de variables

```
DEPENDS += "m4-native"
```

La chaîne `m4-native` sera ajoutée à la fin de la variable `DEPENDS`, séparée du contenu actuel par un espace.

```
CFLAGS =+ "-I${S}/include"
```

La chaîne `-I${S}/include` sera ajoutée au début de la variable `CFLAGS`, séparée du contenu actuel par un espace.

```
EXTRA_OECONF_append = "--with-python=${WORKDIR}/python"
```

La chaîne `--with-python=${WORKDIR}/python` sera donc ajoutée à la variable `EXTRA_OECONF`.

L'affectation conditionnelle d'une variable est possible grâce à la syntaxe : `VARIABLE_condition = ''valeur''`. Si la condition est présente dans la variable `OVERRIDE`, bitbake affectera la variable, sinon celle-ci ne sera pas modifiée.

Exemple d'affectation conditionnelle

```
TEST = "valeur par defaut"
TEST_qemuarm = "valeur pour quemuarm"
```

La variable sera affectée à sa valeur par défaut, sauf pour la machine `qemuarm` pour laquelle elle prendra une valeur spécifique.

Bien entendu, il est possible de modifier une variable de manière conditionnelle, en mixant les deux méthodes ci-dessus.

Exemple de modification conditionnelle

```
VARIABLE = "valeur"
VARIABLE_append_qemuarm = "ajout"
```

La variable vaudra `valeur` par défaut, et `valeur ajout` en cas de construction pour la machine `qemuarm`.

À propos des tâches

Pour chaque recette qu'il devra construire, bitbake générera une liste de tâches à exécuter. Ces tâches seront dépendantes les unes des autres, et dépendront d'autres recettes.

Par exemple, si bitbake doit construire une application Qt, il ne pourra pas lancer la tâche de configuration tant que Qt n'aura pas été compilé. En revanche, il pourra quand même exécuter les tâches de préparation de sources (téléchargement, décompression, patch).

Il existe une tâche qui permet de lister les tâches qui peuvent être exécutées pour une recette donnée : il s'agit de la tâche `listtasks`.

Il est possible de demander à bitbake d'exécuter une tâche particulière en lui passant le paramètre `-c` suivi du nom de la tâche.

Exécution d'une tâche particulière

```
$ bitbake fotowall -c listtasks
NOTE: package fotowall-0.9-r2: task do_listtasks: Started
do_fetchall
do_build
do_devshell
do_package_write_ipk
do_cleansstate
do_generate_qt_config_file
do_configure
do_cleanall
do_populate_lic
do_package_write
do_populate_sysroot
do_buildall
do_patch
do_listtasks
do_compile
do_package_setscene
do_populate_lic_setscene
```

```
do_fetch
do_checkuri
do_clean
do_package_write_ipk_setscene
do_package
do_unpack
do_install
do_populate_sysroot_setscene
do_checkuriall
NOTE: package fotowall-0.9-r2: task do_listtasks: Succeeded
```

> **REMARQUE Utilisation du préfixe do_**
>
> Les fonctions appelées par bitbake pour exécuter chaque tâche sont préfixées par do_ alors que le nom de la tâche passé en paramètre à bitbake ne contient pas ce préfixe.

Les noms des tâches sont assez explicites, ainsi nous pouvons suivre l'ordre des tâches qui seront exécutées pour construire ce paquet :

- fetch récupère les sources listées dans la variable SRC_URI ;
- unpack extrait ces sources (dans ${WORKDIR}/${S}) ;
- patch applique les patches éventuellement listés dans SRC_URI ;
- populate_lic extrait les informations concernant la licence du paquet ;
- configure configure les sources ;
- compile compile ;
- install installe les binaires dans le répertoire temporaire qui servira ensuite à générer les paquets ;
- package affecte les fichiers aux différents paquets qui seront générés (le paquet de l'application, la version debug, le paquet contenant les documentations, etc.) ;
- package_write_ipk génère le paquet au format ipk.

La tâche devhsell mérite une attention particulière.

En effet, elle nous permet d'utiliser un shell interactif dans l'environnement de compilation croisée préparé par bitbake qui aura positionné un grand nombre de variables d'environnement mais n'exécutera pas les scripts correspondant aux tâches. Cela permet de faciliter la mise au point d'une recette.

Dans le cadre de l'écriture de recettes, nous pouvons être amenés à devoir modifier les tâches héritées. Comme pour les variables, le mécanisme est assez simple et utilise les possibilités d'append et de prepend.

Utilisation de prepend

```
do_configure_prepend () {
  rm -f ${S}/conftools/libtool.m4
}
```

Dans cet exemple, la méthode `configure` par défaut sera précédée de la suppression du fichier `${S}/conftools/libtool.m4`. Il n'est pas rare d'utiliser `do_configure_prepend()` pour modifier des valeurs codées en dur dans les fichiers `Makefile`, par exemple avec la commande `sed`.

Ces modifications peuvent être conditionnelles, et donc dépendre d'un paramètre détecté à l'exécution. Dans l'exemple suivant, les options décrites seront ajoutées à la tâche configure uniquement si la machine à laquelle est destinée le paquet utilise une architecture `arm`.

Utilisation conditionnelle de prepend

```
do_configure_prepend_arm() {
  export ac_cv_sys_largefile_source=1
  export ac_cv_sys_file_offset_bits=64
  ac_cv_sizeof_off_t=8
}
```

Anatomie d'une recette

Le contenu d'une recette varie fortement en fonction de la manière dont les sources doivent être configurées, patchées, installées et packagées.

Recette à partir de sources brutes

Un cas classique est celui d'un programme composé de quelques fichiers sources. Il est alors possible d'inclure les sources directement dans les métadonnées et de décrire pas à pas les différentes étapes de compilation et installation dans la recette.

Étudions la recette `makedevs`, disponible dans OpenEmbedded-Core, dans le répertoire `meta/recipes-devtools/makedevs`. Elle contient l'arborescence suivante.

Arborescence du répertoire makedevs

```
makedevs/
|-- makedevs-1.0.0
|   |-- COPYING.patch
|   `-- makedevs.c
`-- makedevs_1.0.0.bb
```

Le fichier de la recette se nomme `makedevs_1.0.0.bb`. Le nom du paquet est situé avant le caractère `'_'` (`makedevs` dans le cas présent), le numéro de version de la recette est situé entre le caractère `'_'` et le suffixe `.bb` (et sera donc ici égale à `1.0.0`).

Étude de la recette makedevs_1.0.0.bb

```
DESCRIPTION = "A tool to make device nodes" ❶
LICENSE = "GPLv2" ❷
LIC_FILES_CHKSUM = "file://
COPYING;md5=393a5ca445f6965873eca0259a17f833" ❸
SECTION = "base" ❹
SRC_URI = "file://makedevs.c \
            file://COPYING.patch" ❺
PR = "r7" ❻

do_configure() { ❼
  install -m 0644 ${WORKDIR}/makedevs.c ${S}/
}

do_compile() { ❽
  ${CC} ${CFLAGS} -o ${S}/makedevs ${S}/makedevs.c
}

do_install() { ❾
  install -d ${D}${base_sbindir}
  install -m 0755 ${S}/makedevs ${D}${base_sbindir}/makedevs
}

BBCLASSEXTEND = "native" ❿
```

❶ La variable `DESCRIPTION` contient le descriptif du programme compilé, elle sera utilisée lors de la construction du paquet pour que l'utilisateur puisse obtenir cette information depuis le gestionnaire de paquets.

❷ La variable `LICENSE` contient la (ou les) licence du programme. Outre l'ajout de cette information lors de la génération du paquet, cette variable est utilisée pour mettre à disposition du développeur l'intégralité des licences des programmes contenus dans une image et ainsi faciliter le respect de ces licences lors de la distribution du résultat de la construction.

❸ Afin d'éviter une modification de licence non détectée, la recette inclut le `checksum md5` du ou des fichiers contenant la licence. Ainsi, toute modification de licence entraînera une modification de `checksum` et sera signalée par bitbake.

❹ La variable `SECTION` permet de classer les paquets par catégories.

❺ La variable `SRC_URI` liste les diverses sources à réunir pour pouvoir construire le paquet. Dans le cas présent, les sources sont des fichiers locaux (URL préfixée par `file://`) qui seront recherchés par bitbake dans le répertoire du nom de la recette suivi ou non du numéro de version de la recette.

Dans cette recette, nous voyons que bitbake devra chercher un fichier `makedev.c` et un fichier `COPYING.patch`. Le suffixe de ce dernier fichier indique que c'est un patch, bitbake l'appliquera donc.

⑥ La variable `PR` contient le niveau de révision de la recette. Il est d'usage de l'incrémenter à chaque modification de la recette qui impacte le contenu du paquet généré. Le nom du paquet généré contenant cette variable permet de gérer les mises à jour incrémentales.

⑦ `do_configure` configure les sources. Dans le cas présent, la seule opération effectuée est de copier le fichier `.c` de `${WORKDIR}` (espace de travail) à `${S}`, répertoire dans lequel les sources sont extraites puis compilées.

⑧ `do_compile` compile les sources. La commande de compilation est classique, nous notons qu'aucun paramètre n'est codé en dur (ni le nom du compilateur, ni les paramètres de compilation). En effet, ces paramètres dépendent de la configuration de l'environnement (machine hôte, machine cible, distribution...) et donc seront remplis par bitbake lors de son exécution à partir des données contenues dans les fichiers de configuration. Il faut toujours garder à l'esprit ce point lors de l'écriture d'une recette : sauf cas particulier, une recette doit être générique (les cas particuliers étant gérés au moyen de surcharges et de modifications de variables par `append/prepend`).

⑨ `do_install` installe le résultat de la compilation dans une arborescence identique à celle attendue sur la cible et qui sera ensuite utilisée pour créer le paquet. Nous notons ici encore que les chemins ne sont pas codés en dur mais que des variables sont utilisées afin de permettre à une distribution qui le souhaiterait, d'utiliser une arborescence différente.

La correspondance entre les variables les plus souvent employées et le chemin habituellement utilisé par les distributions est données ci-après.

Correspondance variable/chemin

```
${base_bindir}    /bin
${base_sbindir}   /sbin
${sysconfdir}     /etc
${datadir}        /usr/share
${bindir}         /usr/bin
${sbindir}        /usr/sbin
```

⑩ `BBCLASSEXTEND` permet d'étendre automatiquement la recette pour générer des outils utilisés soit sur le poste de développement, soit dans le SDK, en plus de ceux exécutables sur la cible. Dans le cas présent, l'outil `makedevs` peut être compilé pour la cible (commande `bitbake makedevs`), mais aussi pour l'exécution sur le poste de développement (commande `bitbake makedevs-native`). La troisième possibilité est `nativesdk` qui permet de générer un paquet pour le SDK.

Recette à partir de sources utilisant Autotools

De nombreuses sources utilisent les outils Autotools pour leur configuration. La procédure de compilation est classiquement : `autoconf` (ou `autoreconf`), `./configure`, puis `make` et `make install`.

Cette méthode étant générique, elle a été intégrée à une classe qui permet d'éviter de dupliquer ce code. La classe est disponible dans `meta/classes/autotools.bbclass`.

À titre d'exemple nous pouvons étudier la recette `speex`, disponible dans OpenEmbedded-Core, dans le répertoire `meta/recipes-multimedia/speex` qui contient l'arborescence suivante.

Arborescence du répertoire speex

```
speex/
`-- speex_1.2rc1.bb
```

Le fichier de la recette se nomme `speex_1.2rc1.bb`. Nous avons donc affaire à la recette `speex` dans la version 1.2rc1.

Étude de la recette speex_1.2rc1.bb

```
SUMMARY = "Speech Audio Codec"
DESCRIPTION = "Speex is an Open Source/Free Software patent-free audio
compression format designed for speech."
HOMEPAGE = "http://www.speex.org"
SECTION = "libs"
LICENSE = "BSD"  ❶
LIC_FILES_CHKSUM = "file://COPYING;md5=314649d8ba9dd7045dfb6683f298d0a8 \
                    file://include/speex/
speex.h;beginline=1;endline=34;md5=a68129f78d7fe66e07163f73aba143b3"  ❷
DEPENDS = "libogg"  ❸

PR = "r0"

SRC_URI = "http://downloads.us.xiph.org/releases/speex/speex-1.2rc1.tar.gz"  ❹

SRC_URI[md5sum] = "c4438b22c08e5811ff10e2b06ee9b9ae"
SRC_URI[sha256sum] =
"342f30dc57bd4a6dad41398365baaa690429660b10d866b7d508e8f1179cb7a6"  ❺
```

```
PARALLEL_MAKE = ""  ⑥

inherit autotools pkgconfig  ⑦

EXTRA_OECONF = " --enable-fixed-point --with-ogg-libraries=${STAGING_LIBDIR} \
                --disable-float-api --disable-vbr \
                --with-ogg-includes=${STAGING_INCDIR} --disable-oggtest"
⑧
PACKAGES += "${PN}-bin"  ⑨
FILES_${PN} = "${libdir}/lib*.so.*"
FILES_${PN}-bin = "${bindir}"  ⑩
```

❶ Nous passons rapidement sur les premières variables qui décrivent les fonctions du paquet, indiquent la page web du projet, sa catégorie et sa licence.

❷ Les informations de licence concernant ce paquet sont contenues dans deux fichiers : COPYING dans son intégralité et les 34 premières lignes du fichier include/ speex/speex.h.

❸ La variable DEPENDS permet d'indiquer les dépendances du paquet. Ici, speex a besoin de libogg, donc bitbake commencera par construire le paquet libogg, installer ses en-têtes et bibliothèques dans le système de fichiers racine avant de chercher à compiler et effectuer l'édition de liens speex.

❹ La variable SRC_URI indique où se trouvent les sources. bitbake décode les URL présentes dans cette variable et utilise ses fonctions de téléchargement pour récupérer les fichiers. Ici l'archive est stockée sur un serveur web accessible par le protocole HTTP. bitbake utilise aussi le suffixe des fichiers pour déterminer ce qu'il doit en faire : extraire une archive (.tar.gz par exemple), appliquer un patch (.patch ou .diff).

> REMARQUE **Méthodes de téléchargement**
>
> bitbake supporte les méthodes suivantes : wget (http, ftp, https), svn, svk, repo, perforce, hg, git, cvs, bzr (tous des gestionnaires de versions), ssh, et local (file://). Le code de chaque méthode se trouve dans le répertoire bitbake/lib/bb/fetch2/. Il supporte l'extraction d'archives tar, gz, Z, bzip2, xz, zip, srpm, et certaines combinaisons telles que tar.gz, tar.bz2.

❺ Tout comme pour les licences, une vérification d'intégrité des fichiers téléchargés est effectuée. Cela a pour but de garantir que l'archive chargée par bitbake n'a pas été altérée depuis l'écriture de la recette. Cette vérification est extrêmement importante car elle permet d'assurer un bonne reproductibilité dans la génération des paquets et de détecter immédiatement que des sources ont été modifiées sans changement de version (ce qui arrive parfois sur des projets sérieux). On peut aussi détecter une modification malveillante qui peut être préjudiciable au bon fonctionnement du produit qui recevra ce paquet.

6 La variable `PARALLEL_MAKE` est une variable utilisée pour indiquer à `make` le nombre d'instances qu'il pourra lancer en parallèle afin d'accélérer la compilation en utilisant au mieux les ressources du processeur du poste de développement. Ici, cette variable est « effacée » pour la recette `speex` car visiblement cette parallélisation doit poser problème. Il est important de garder ce point en mémoire car il n'est pas rare de rencontrer ce type de problème.

7 La recette fait appel à deux classes : `autotools` et `pkgconfig`. Comme évoqué précédemment, la classe `autotools` permet de disposer des méthodes de configuration, compilation, installation de sources gérées par Autotools. La classe `pkgconfig` permet de disposer de l'outil `pkg-config` qui facilite la génération des options de compilation et édition de liens lors de l'utilisation de bibliothèques.

8 La variable `EXTRA_OECONF` est fréquemment utilisée dans la recette pour passer des paramètres lors de la configuration des sources. Dans le cas de `speex`, on constate que des fonctionnalités sont activées ou désactivées et que le chemin d'accès aux en-têtes et bibliothèques ogg est précisé.

9 La variable `PACKAGES` permet de définir le nom des paquets qui seront générés dans l'étape `do_package`. Par défaut, elle contient :

- `${PN}-dbg` (version de mise au point [débogage] des binaires, donc non « strippés ») ;
- `${PN}-staticdev` (version statique) ;
- `${PN}` (paquet normal) ;
- `${PN}-doc` (documentation) ;
- `${PN}-dev` (paquet contenant les fichiers nécessaires au développement, par exemple les en-têtes) ;
- `${PN}-locale` (paquet contenant les locales, en général divisé en autant de paquets qu'il y a de langues).

Ici, un paquet `${PN}-bin` est créé. Nous obtiendrons donc `speex-bin`.

10 La variable `FILES` permet d'indiquer le motif des fichiers qui seront intégrés à chaque paquet. Les motifs par défaut répondent aux cas classiques, mais il arrive de devoir modifier ces variables pour corriger des installations non conventionnelles. Ici, il est précisé que le paquet `speex` contiendra les bibliothèques (`*.so`), et que le paquet `speex-bin` contiendra les applicatifs installés dans `${bindir}` (donc habituellement `/usr/bin`). Ce découpage permet d'optimiser la granularité des paquets en ayant la possibilité d'installer les bibliothèques sans forcément installer les binaires de démonstration de la bibliothèque speex.

Recette de compilation d'une application Qt

La bibliothèque Qt est gérée par OpenEmbedded dans deux versions :

- qt4-embedded : qui utilise le serveur graphique intégré de Qt pour un affichage sur le framebuffer (QWS) ;
- qt4-x11-free : qui utilise le serveur graphique X11.

Les méthodes de compilation étant génériques, des classes existent pour générer une application pour l'une ou l'autre des versions de Qt.

Étudions l'exemple de `qconnman` qui est un gestionnaire graphique de connexions réseau utilisant l'outil `connman`. La recette est disponible dans la couche `meta-openembedded`.

Cette recette ajoute plusieurs aspects intéressants à ceux vus dans les deux cas précédents car elle est découpée en trois fichiers :

- un fichier d'en-tête (`qconnman.inc`) comprenant la partie générique partagée entre les deux cas ;
- un fichier `qconnman_git.bb` qui comprend la partie spécifique à la version X ;
- un fichier `qconnman-e_git.bb` qui comprend la partie spécifique à la version embedded.

Le contenu de ces trois fichiers est détaillé ci-après.

Contenu du fichier qconnman.inc

```
DESCRIPTION = "ConnMan management interface done in Qt"
DEPENDS = "connman"

LICENSE = "LGPLv2.1"
LIC_FILES_CHKSUM = "file://
COPYING;md5=4fbd65380cdd255951079008b364516c"

PR = "r1"

inherit autotools ❶

PV = "0.0+gitr${SRCPV}" ❷
SRCREV = "f976b18c7c5584627224784801803e9fd3ebe0ff" ❸
SRC_URI = "git://github.com/OSSystems/qconnman.git" ❹

S = "${WORKDIR}/git/" ❺
```

❶ Début de recette avec lequel nous sommes désormais familiers.

❷ `PV` : cette variable est le numéro de version du paquet. Comme les sources sont gérées par Git, le numéro de version issu du nom de la recette est Git, ce qui n'est pas très explicite. La version du paquet est donc générée à partir de la révision Git. L'usage est de formater la version en `x.y+gitr${SRCPV}`, où `x.y` est la dernière version sortie des sources sur laquelle est basé le dépôt Git (0.0 en l'occurrence car cet outil n'a pas sorti de version officielle), suivi de `+gitr` (ou `+svnr` si les « sourcées » étaient gérées par svn) et de la variable `${SRCPV}` qui est générée à partir du numéro de révision demandé au système de gestion de version des sources.

❸ `SRCREV` : cette variable contient la référence vers le « commit » que le système de gestion de versions devra utiliser comme base de travail. Dans le cas de Git, il s'agit du `hash` du commit, dans le cas de svn, il s'agira du numéro de commit.

❹ `SRC_URI` : l'URL pointe vers le dépôt Git du projet. À noter : le protocole utilisé par défaut est Git, si le dépôt Git utilise HTTP, il faut le préciser à la suite de l'URL en ajoutant `;protocol=http`.

❺ Par défaut, les sources issues de Git sont extraites dans un répertoire nommé `git`, il faut donc positionner la variable `${S}`. Dans le cas de svn, `S` prendrait la valeur `${WORKDIR}/trunk`.

Contenu du fichier qconnman_git.bb

```
require qconnman.inc ❶

RCONFLICTS = "qconnman-e" ❷

inherit qt4x11 ❸

EXTRA_QMAKEVARS_PRE += "PREFIX=/usr" ❹
EXTRA_OEMAKE += "INSTALL_ROOT=${D}" ❺
```

Contenu du fichier qconnman-e_git.bb

```
require qconnman.inc ❶

RCONFLICTS = "qconnman" ❷

inherit qt4e ❸

EXTRA_QMAKEVARS_PRE += "PREFIX=/usr" ❹
EXTRA_OEMAKE += "INSTALL_ROOT=${D}" ❺
```

❶ Les recettes font appel au fichier en-tête grâce à la directive `require`.

❷ Les deux versions du paquet sont mutuellement exclusives, ainsi le gestionnaire de paquets refusera d'installer les deux dans la même image.

③ Chaque recette fait appel à la classe qui va compiler les sources pour la configuration Qt souhaitée.

④ La modification de `EXTRA_QMAKEVARS_PRE` permet de définir le préfixe d'installation des binaires (dans le répertoire `/usr` codé en dur et donc pas optimal, comme évoqué précédemment).

⑤ La modification de `EXTRA_OEMAKE` permet d'indiquer le chemin vers le répertoire d'installation décrit par `${D}`.

Ainsi, ces trois fichiers permettent de générer simplement deux versions de l'application `qconnman` en appelant `bitbake`, `qconnman` ou `bitbake qconnman-e`.

Premier projet avec OpenEmbedded

Comment travailler avec OpenEmbedded ?

Comme tout outil, OpenEmbedded présente des avantages et des inconvénients qui seront différents selon les attentes et les besoins de chaque utilisateur. L'important est de trouver le bon mode de fonctionnement pour exploiter l'outil de manière optimale. Nous présenterons par la suite un mode d'utilisation qui nous semble pertinent et efficace dans le cadre d'un nouveau projet.

Dans un premier temps, nous utilisons OpenEmbedded comme un outil permettant de créer les briques de base que sont :
- l'image de départ intégrant les bibliothèques et outils sur lesquels s'appuiera notre projet ;
- le SDK qui permettra de mettre au point les applications (hors OpenEmbedded), et intégrera les bibliothèques et en-têtes nécessaires.

Ensuite, une fois nos modifications intégrées, nous nous servirons d'OpenEmbedded pour générer les images définitives qui seront déployées sur la cible, et pour faciliter le respect des licences des logiciels intégrés dans l'image.

Il est aussi préférable de créer une couche propre au projet dans laquelle nous pourrons intégrer les recettes spécifiques à notre projet ou modifier les recettes existantes de manière à les adapter à nos besoins.

Une fois les couches sélectionnées et leurs sources téléchargées, il est nécessaire de mettre à jour le fichier `conf/bblayers.conf` pour prendre en compte chaque couche, y compris celle du projet.

Nous pouvons alors créer la recette d'une image qui sera notre image de base durant toutes les phases de développement.

Nous pouvons aussi produire un SDK, qui permettra aux développeurs de travailler sur les applications destinées à la cible sans avoir à se préoccuper d'OpenEmbedded.

Une fois les applications mises au point et les fichiers de configuration modifiés sur la cible, nous pouvons intégrer ces modifications dans la couche de notre projet.

Enfin, nous pouvons générer l'image finale, qui intégrera toutes nos modifications.

Une fois cette étapes atteinte, il reste à :

* sauvegarder bitbake, l'ensemble des métadonnées et l'intégralité des fichiers sources téléchargés depuis Internet afin de pouvoir reconstruire le projet ultérieurement sans problème ;
* étudier l'ensemble des licences des sources déployées dans l'image finale afin de les respecter. Il est évident que cette étape sera prise en compte en amont dans le cadre de projets souhaitant éviter certaines licences non compatibles avec la politique du projet.

Sélection des couches

Il est d'abord nécessaire de sélectionner les couches qui apportent les fonctions utiles pour le projet. Pour cela, nous nous reporterons à la page listant les couches disponibles sur le wiki du projet OpenEmbedded : http://www.openembedded.org/wiki/LayerIndex.

Cette page présente les couches classifiées en plusieurs catégories :

* couches de base (`OpenEmbedded-Core` et `meta-openembedded`) ;
* couches de BSP : couches spécifiques à une ou plusieurs machines (`meta-fsl-arm` ou `meta-fsl-ppc` pour les cartes d'évaluation basées sur les processeurs ARM et PPC de chez Freescale, `meta-ti` pour celles de Texas Instruments...) ;
* couches de logiciels supplémentaires : couches apportant une famille de logiciels (`meta-java` pour le support Java, `meta-mono` pour Mono, `meta-efl` pour l'environnement Enlightenment et les EFL associées) ;
* couches de distributions : couches ajoutant une distribution à l'environnement (`meta-angstrom` pour une distribution fréquemment utilisée dans l'écosystème OpenEmbedded, `meta-shr` pour une distribution dédiée aux téléphones mobiles dits « intelligents », `meta-micro` pour une distribution minimaliste).

REMARQUE **À propos des couches**

Le terme anglais que vous retrouverez dans l'environnement OpenEmbedded est *layer*.

Chaque couche a un mainteneur officiel qui peut appliquer les patches corrigeant des problèmes ou ajoutant des fonctionnalités. Il est utile de lire le README qui est généralement présent à la racine de la couche. On pourra se servir du lien vers le dépôt Git du projet afin de visualiser simplement ce fichier qui précise le plus souvent les couches externes dont dépend la couche visée, d'éventuelles instructions de configuration, l'adresse à laquelle envoyer des patches et les coordonnées du mainteneur.

Fichier README de la couche meta-java

```
This layer depends on:

URI: git://git.openembedded.org/openembedded-core ❶
branch: master
revision: HEAD

URI: git://git.openembedded.org/meta-openembedded
branch: master
revision: HEAD

You should define at lease the following variables in a distro include
file or local.conf ❷

PREFERRED_PROVIDER_virtual/java-native = "jamvm-native"
PREFERRED_PROVIDER_virtual/javac-native = "ecj-bootstrap-native"

PREFERRED_VERSION_openjdk-6-jre = "6b24-1.11.1"
PREFERRED_VERSION_icedtea6-native = "1.8.11"

Please note that libstdc++ static is needed on your host to compile
icedtea6-native
(install libstdc++-static on a Fedora). ❸

Send pull requests to openembedded-devel@lists.openembedded.org ❹

Main layer maintainers: Henning Heinold <heinold@inf.fu-berlin.de> ❺
```

❶ Dépendances de la couche : ici openembedded-core (comme pour toutes les couches, car il s'agit de la brique de base) et meta-openembedded.

❷ Instruction d'utilisations : dans le cas présent, il faut ajouter ces lignes, par exemple au fichier local.conf.

❸ Dépendances de la couche sur le poste de développement.

❹ Adresse à laquelle envoyer les patches.

❺ Adresse de contact du mainteneur de la couche.

Création de la couche du projet

La couche du projet intégrera :

- les recettes liées au matériel (bootloader, noyau, drivers et bibliothèques spécifiques) ;
- les modifications de recettes contenues dans d'autres couches rendues nécessaires par les besoins du projet ;
- les recettes d'images et d'applications spécifiques au projet.

Comme évoqué précédemment, cette couche est contenue dans un répertoire qui présente la structure suivante.

Structure de la couche du projet

```
|-- conf ❶
|    |-- layer.conf
|    `-- machine
|         `-- nom-de-la-machine.conf
|-- LICENCE ❷
|-- README
|-- recipes-bsp ❸
|    `-- barebox
|         |-- barebox-2012.04.0
|         |    `-- nom-de-la-machine
|         |         |-- support-machine.patch
|         |         `-- defconfig
|         |-- barebox_2012.04.0.bb
|         `-- barebox.inc
|-- recipes-core ❹
|    |-- busybox
|    |    |-- busybox-1.19.4
|    |    |    |-- defconfig
|    |    `-- busybox_1.19.4.bbappend
|    `-- psplash
|         |-- files
|         |    |-- configurability.patch
|         |    |-- psplash-init
|         |    `-- psplash-poky-img.h
|         `-- psplash_git.bbappend
|-- recipes-kernel ❺
|    `-- linux
|         |-- linux-3.3.0
|         |    `-- nom-de-la-machine
|         |         |-- support-machine.patch
|         |         |-- defconfig
|         |         `-- logo_linux_clut224.ppm
|         |-- linux_3.3.0.bb
|         `-- linux.inc
```

```
`-- recipes-projet ❻
    |-- gpio
    |   |-- files
    |   |   `-- gpio.c
    |   `-- gpio_0.1.bb
    |-- images
    |   |-- projet-base-image.bb
    |   |-- projet-dev-image.bb
    |   `-- projet-qt-image.bb
    `-- qtprojet
        |-- files
        |   `-- qtprojet-init
        `-- qtprojet_0.1.bb
```

❶ Le répertoire `conf` contient le fichier décrivant la couche (`layer.conf`) et le fichier décrivant la machine (portant le nom de la machine et situé dans le répertoire machine).

❷ Il est recommandé de placer à la racine du répertoire un fichier décrivant la licence sous laquelle est placé le contenu de la couche, ainsi qu'un fichier `README` indiquant au moins les couches dont dépend celle-ci.

❸ Le répertoire `recipes-bsp` contient les recettes liées spécifiquement au matériel. On retrouve donc la recette du bootloader et potentiellement les recettes de drivers et/ou bibliothèques nécessaires pour supporter le matériel.

❹ Le répertoire `recipes-core` reproduit l'arborescence du répertoire du même nom de la couche `OpenEmbedded-Core`. En effet, l'objet ici est de personnaliser les recettes d'OE-Core pour notre projet. Nous utilisons le mécanisme des `bbappend` qui permet de modifier une recette sans la dupliquer. Ainsi, pour modifier le `defconfig` (fichier de configuration) de Busybox, le fichier `busybox_1.19.4.bbappend` aura le contenu suivant.

Contenu du fichier busybox_1.19.4.bbappend

```
FILESEXTRAPATHS_prepend := "${THISDIR}/${P}:"
PRINC = "${@int(PRINC) +1}"
```

Lorsque bitbake parcourra ce fichier, il effectuera deux actions.

- Modifier la variable `FILESEXTRAPATHS` en ajoutant le répertoire `${P}` (`busybox-1.19.4` dans le cas présent) contenu dans le répertoire où se trouve le `bbappend`. Cette variable comporte la liste des répertoires dans lesquels bitbake doit chercher les fichiers présents dans la variable `SRC_URI` et préfixés de `file://`. Il prendra en priorité le `defconfig` que nous fournissons ici.

- Incrémenter la valeur du `PR` (numéro de révision de la recette). Ainsi, nous actualisons la couche `OpenEmbedded-Core` dans laquelle la recette de Busybox a été mise à jour (et a donc vu son `PR` augmenté), notre `bbappend` incrémentera à nouveau la variable et forcera une reconstruction du paquet. Cela garantit qu'un numéro de révision de paquet évolue de manière incrémentale sans jamais opérer de retour en arrière, ce qui aurait pour effet de perturber les fonctions de mise à jour supportées par certaines distributions.

Nous notons aussi la présence d'un `bbappend` sur la recette `psplash` (outil qui affiche un logo et une barre de défilement durant les séquences de démarrage et d'arrêt de la machine). Il s'agit ici de personnaliser le logo et les couleurs des écrans de démarrage et d'extinction.

⑤ Le répertoire `recipes-kernel` contient tout ce qui concerne le noyau. Le découpage BSP/noyau n'est pas évident à comprendre mais c'est ainsi que les concepteurs de OpenEmbedded-Core et de Yocto ont découpé les couches de support des machines. Nous suivons donc leurs recommandations. Nous créerons la recette qui compilera le noyau supportant notre machine et fournirons le patch associé, le fichier de configuration (`defconfig`) et éventuellement l'image que le noyau affichera sur l'écran lors du démarrage (`logo_linux_clut224.ppm`).

⑥ Le répertoire `recipes-projet` contient les recettes développées dans le cadre du projet : les applications (ici une application `gpio` avec son source `gpio.c` et une application Qt) et les images (ici une image de base, une image de développement et une image de déploiement).

Création d'une image personnalisée

La création d'une image personnalisée se fait en créant une recette qui listera dans la variable `IMAGE_INSTALL` les paquets à installer et appellera la classe `image`.

Exemple d'image

```
LICENSE = "MIT"
LIC_FILES_CHKSUM = "file://${COREBASE}/
LICENSE;md5=3f40d7994397109285ec7b81fdeb3b58"

IMAGE_INSTALL += "task-core-boot dropbear ${ROOTFS_PKGMANAGE}"

IMAGE_LINGUAS = "fr-fr en-us"

inherit image
```

Cette recette va générer une image intégrant :

- les outils de base permettant le démarrage de l'image ;
- le serveur SSH dropbear ;
- les outils de gestion de paquet (variable `ROOTFS_PKGMANAGE`, qui dépend du type de paquet configuré) ;
- les locales pour les langues fr-fr (français) et en-us (anglais américain).

L'étude des recettes d'images intégrées à OpenEmbedded-Core permettra de constater qu'il est possible d'utiliser des tâches *(tasks)* pour regrouper un ensemble de paquets.

Génération d'un SDK

Un SDK est une chaîne de développement que nous pourrons utiliser en dehors de l'environnement OpenEmbedded, de manière à pouvoir développer et mettre au point nos applications.

Il existe plusieurs recettes permettant de générer un SDK dans OE-Core, selon les bibliothèques et les en-têtes que l'on souhaite que le SDK fournisse.

- meta-toolchain : SDK « de base » ;
- meta-toolchain-qte : SDK pour Qt Embedded ;
- meta-toolchain-gmae : SDK pour GNOME mobile.

Nous souhaitons générer un SDK pour compiler une application Qt Embedded. La commande à exécuter est la suivante.

Production d'un SDK pour Qt Embedded

```
$ bitbake meta-toolchain-qte
```

Le SDK ainsi produit est disponible dans le répertoire `tmp-eglibc/deploy/sdk/`.

ATTENTION **SDK 32 bits ou 64 bits**

Le SDK peut être destiné à fonctionner sur une distribution Linux installée en 32 ou 64 bits, et ce quelle que soit l'architecture du poste de développement sur lequel le SDK est généré. Le choix s'effectue en positionnant la variable `SDK_ARCH` (par exemple, dans le fichier `conf/local.conf`), qui pourra prendre la valeur `i586`, `i686` ou `x86_64`.

L'installation du SDK s'effectue par la commande suivante :

Installation du SDK

```
$ sudo tar -C / -xjf tmp-eglibc/deploy/sdk/oecore-x86_64-arm-toolchain-
qte-oe-core.0.tar.bz2
```

Son utilisation est facilitée par le script présent à la base du SDK qui permet de configurer l'environnement du shell courant.

Configuration de l'environnement pour l'utilisation du SDK

```
$ source /usr/local/oecore-x86_64/environment-setup-armv5te-oe-linux-
gnueabi
```

Ainsi, les outils deviennent accessibles dans le shell courant.

Liste des outils du SDK

```
$ arm-oe-linux-gnueabi-
arm-oe-linux-gnueabi-addr2line  arm-oe-linux-gnueabi-ld
arm-oe-linux-gnueabi-ar         arm-oe-linux-gnueabi-ld.bfd
arm-oe-linux-gnueabi-as         arm-oe-linux-gnueabi-nm
arm-oe-linux-gnueabi-c++filt    arm-oe-linux-gnueabi-objcopy
arm-oe-linux-gnueabi-cpp        arm-oe-linux-gnueabi-objdump
arm-oe-linux-gnueabi-elfedit    arm-oe-linux-gnueabi-ranlib
arm-oe-linux-gnueabi-g++        arm-oe-linux-gnueabi-readelf
arm-oe-linux-gnueabi-gcc        arm-oe-linux-gnueabi-size
arm-oe-linux-gnueabi-gcov       arm-oe-linux-gnueabi-strings
arm-oe-linux-gnueabi-gdb        arm-oe-linux-gnueabi-strip
arm-oe-linux-gnueabi-gprof
```

La commande env permettra de vérifier que le script positionne bon nombre de variables d'environnement afin de faciliter la compilation croisée d'applications.

Astuces utiles

Reconstruire un paquet

Il peut parfois être utile dans le cadre de test ou de mise au point de reconstruire un paquet sans incrémenter son numéro de révision.

Cela s'effectue assez simplement avec la commande suivante :

Reconstruction d'un paquet

```
$ bitbake recette - c cleansstate
$ bitbake recette
```

Étude des dépendances

bitbake gère automatiquement les dépendances entre les paquets (à partir du moment où ces dépendances sont décrites dans les recettes), il peut parfois être utile de visualiser ces dépendances.

Pour cela, il suffit de passer l'option `-g` lors de l'appel de bitbake, ce qui aura pour effet de générer des fichiers `.dot` contenant les données du graphe de dépendances (et pouvant être représenté de manière graphique au moyen des outils graphviz).

bitbake intègre également une interface graphique pour parcourir ces dépendances.

Figure 11–7
Parcours de dépendances
de Busybox

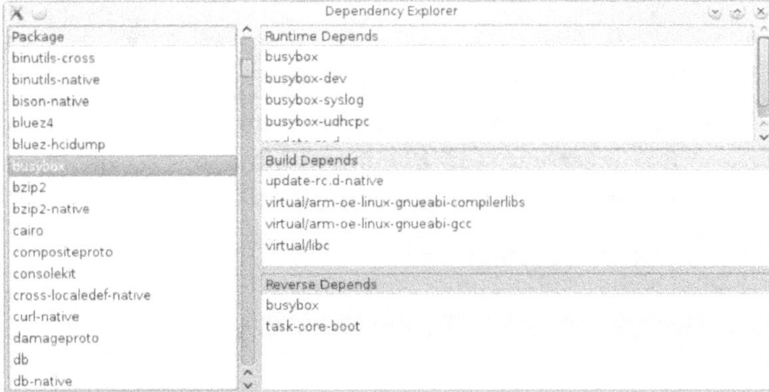

Cet outil permet de lister les différents types de dépendances pour chaque paquet :
- dépendances à l'exécution *(Runtime Depends)*, qui sont les paquets nécessaires sur la cible pour la bonne exécution du paquet sélectionné ;
- dépendances à la construction *(Build Depends)*, qui correspondent aux paquets nécessaires à la génération du paquet sélectionné ;
- dépendances inverses *(Reverse Depends)*, c'est-à-dire les paquets qui dépendent du paquet actuellement sélectionné.

Dépôt de paquets

Durant les phases de développement, il peut être intéressant d'ajouter ou retirer des paquets de l'image directement sur la cible, sans avoir à mettre à jour entièrement le binaire sur la cible.

Ceci est rendu possible par l'utilisation de paquets tels que le format `ipk` et par la possibilité de créer très simplement un dépôt de paquets sur le poste de développement. Pour cela, il suffit de définir la variable suivante, par exemple dans le fichier `local.conf`, et d'ajouter `package-management` à la variable `EXTRA_IMAGE_FEATURES`.

Contenu du fichier conf/local.conf

```
FEED_DEPLOYDIR_BASE_URI = "http://pcdev:2000/"
EXTRA_IMAGE_FEATURES = "debug-tweaks package-management"
```

Ainsi, l'image intégrera les références vers le dépôt de paquets situé sur le serveur web PCDEV répondant sur le port 2000.

Côté PC, il faut construire l'index du dépôt de paquets, avec la commande suivante.

Construction de l'index des paquets

```
$ bitbake package-index
```

Il suffit ensuite de lancer un serveur web écoutant sur le port 2000 et le répertoire de base sera la racine du répertoire contenant les paquets construits. Il est possible d'utiliser le serveur HTTPD intégré à Busybox (ce qui suppose d'installer Busybox sur le PC de développement).

Lancement du serveur web

```
$ cd tmp-eglibc/deploy/ipk/
$ busybox httpd -p 2000
```

Côté cible, il s'agit d'éditer le fichier /etc/hosts sur la cible pour associer PCDEV à l'IP du PC de développement et faire le lien avec le dépôt, par exemple dans le cas de QEMU :

Contenu du fichier /etc/hosts

```
192.168.7.1  pcdev
```

On peut ensuite utiliser opkg pour installer des paquets comme suit.

Mise à jour de la liste des paquets :

```
# opkg update
Downloading http://pcdev:2000//all/Packages.gz.
Inflating http://pcdev:2000//all/Packages.gz.
Updated list of available packages in /var/lib/opkg/lists/local-all.
Downloading http://pcdev:2000//any/Packages.gz.
Downloading http://pcdev:2000//armv5te/Packages.gz.
Inflating http://pcdev:2000//armv5te/Packages.gz.
```

```
Updated list of available packages in /var/lib/opkg/lists/local-armv5te.
Downloading http://pcdev:2000//qemuarm/Packages.gz.
Inflating http://pcdev:2000//qemuarm/Packages.gz.
Updated list of available packages in /var/lib/opkg/lists/local-qemuarm.
```

Liste des paquets disponibles

```
# opkg list |grep busybox
busybox - 1.19.4-r0 - Tiny versions of many common UNIX utilities in a
single small executable.
busybox-dbg - 1.19.4-r0 - Tiny versions of many common UNIX utilities in
a single small executable. - Debugging files
busybox-dev - 1.19.4-r0 - Tiny versions of many common UNIX utilities in
a single small executable. - Development files
busybox-syslog - 1.19.4-r0 - Tiny versions of many common UNIX utilities
in a single small executable.
busybox-udhcpc - 1.19.4-r0 - Tiny versions of many common UNIX utilities
in a single small executable.
busybox-udhcpd - 1.19.4-r0 - Tiny versions of many common UNIX utilities
in a single small executable.
```

Installation d'un paquet

```
# opkg install usbutils
Installing usbutils (0.91-r3) to root...
Downloading http://pcdev:2000//armv5te/usbutils_0.91-r3_armv5te.ipk.
Installing bash (4.2-r2) to root...
Downloading http://pcdev:2000//armv5te/bash_4.2-r2_armv5te.ipk.
Configuring bash.
update-alternatives: Linking //bin/sh to /bin/bash
Configuring usbutils.
```

> REMARQUE **Gestion des dépendances**
>
> Dans l'exemple ci-dessus, nous constatons que l'installation du paquet usbutils a généré l'installation d'une dépendance, en l'occurrence le paquet bash.

Libérer l'espace disque

Comme nous l'avons vu précédemment, les sous-répertoires de tmp/work contiennent toutes les sources et objets intermédiaires ayant servis à générer les paquets. Il est possible de configurer l'environnement pour effacer ces sources une fois le paquet construit, afin de libérer de l'espace sur le disque du poste de développement. Il suffit, pour cela, d'ajouter la ligne suivante au fichier conf/local.conf.

Contenu du fichier conf/local.conf

```
INHERIT += "rm_work"
```

Cela aura pour effet d'ajouter la tâche `rm_work` après la tâche `build` pour chaque paquet construit.

Travailler sans connexion Internet

Selon le contexte, nous pouvons être amenés à travailler sans connexion Internet, ce qui est problématique pour un système qui doit télécharger des sources depuis Internet...

La solution est d'exécuter une fois bitbake sur un poste disposant d'un accès Internet afin de télécharger toutes les archives des sources (qui vont donc être stockées dans le répertoire `downloads`). Il suffira ensuite de copier ce répertoire sur les postes non reliés à Internet afin qu'ils puissent fonctionner de manière autonome.

La commande permettant de télécharger toutes les sources est la suivante.

Téléchargement de toutes les sources dont dépend une recette

```
$ bitbake -c fetchall recette_cible
```

Si l'on souhaite télécharger les sources, on peut lancer la commande ainsi.

Téléchargement des sources de toutes les recettes

```
$ bitbake -c fetchall world
```

Enfin, dans un contexte multiposte, il peut être intéressant de partager le répertoire `downloads` sur un serveur miroir local. Il est possible de configurer bitbake pour qu'il cherche les sources en priorité sur ce miroir en ajoutant les lignes suivantes au fichier `conf/local.conf`.

Contenu du fichier conf/local.conf

```
SOURCE_MIRROR_URL="http://serveur.mirroir.com/chemin/"
INHERIT += "own-mirrors"
```

Construire une recette sans gestion de dépendances

Toujours dans le cadre de la mise au point d'une recette, nous pouvons demander à bitbake d'effectuer des opérations sur une recette sans tenir compte des dépendances. Il suffit de passer en paramètre l'option `-b` suivie du chemin complet vers la recette.

Utilisation de l'option -b

```
$ bitbake -b chemin/complet/vers/recette_version.bb
```

ATTENTION **Dépendances de la recette**

Il est évident que la compilation échouera si les dépendances de la recette ne sont pas déjà compilées et disponibles dans l'environnement de construction.

Que valent les variables d'une recette ?

Lors de la mise au point d'un recette, il est parfois nécessaire de visualiser le contenu de certaines variables. bitbake dispose de l'option -e permettant d'afficher sur la sortie standard l'intégralité des variables qui seront disponibles lors de l'exécution des tâches liées à une recette.

Utilisation de l'option -e

```
$ bitbake -e recette
```

Un problème, une solution, un patch

Vous utilisez désormais OpenEmbedded pour développer vos projets Linux embarqué. Comme tout logiciel, bitbake, OpenEmbedded ou les couches supplémentaires peuvent contenir des bogues qui n'ont pas encore été découverts. Si vous pensez avoir mis en évidence un problème et si vous avez trouvé un correctif, il est judicieux d'en faire profiter la communauté.

Les sources de ces projets étant gérées par l'outil Git, générer un patch correctif et l'envoyer sur la liste de diffusion du projet sont des opérations qui ne demandent que quelques commandes.

Voici l'exemple d'une correction d'un bogue de bitbake. Durant la rédaction de ce chapitre, un test de l'interface goggle de bitbake a échoué avec le message suivant.

Message d'erreur de bitbake -u goggle

```
Traceback (most recent call last):
    File ".../bitbake/lib/bb/ui/goggle.py", line 35, in
event_handle_idle_func
        build.handle_event (event, pbar)
    File ".../bitbake/lib/bb/ui/crumbs/runningbuild.py", line 234, in
handle_event
        pbar.update(0, None, bb.event.getName(event))
    TypeError: update() takes exactly 3 arguments (4 given)
```

Une rapide analyse de la ligne 234 du fichier `runningbuild.py` montre qu'un appel à la fonction `update` n'a pas été mis à jour alors que la fonction a évolué. Nous pouvons donc corriger l'erreur et tester.

Le fichier `lib/bb/ui/crumbs/runningbuild.py` a alors été modifié et va pouvoir être intégré au prochain commit par la commande `git add`.

Ajout du fichier au prochain commit

```
$ git add lib/bb/ui/crumbs/runningbuild.py
```

La commande `git commit -s` effectue le commit. L'option `-s`, indiquant à Git d'ajouter automatiquement le « signoff » au texte descriptif du commit, permet aux projets de tracer l'origine des modifications du code. Suite à l'exécution de la commande, votre éditeur de texte favori sera présenté afin que vous puissiez saisir le message expliquant l'utilité de ce commit au format : une ligne de titre, une ligne vide, le message, une ligne vide, le « signoff ».

Génération du commit

```
$ git commit -s
< éditeur de texte permettant de saisir le message de log >
[master 14b4021] runningbuild.py: fix goggle ui
1 files changed, 2 insertions(+), 2 deletions(-)
```

Notre commit est effectif, ce qui est confirmé par la commande `git log`.

Visualisation des derniers commits

```
$ git log
commit 14b4021512f6c6a024b93eb7ae816f3ec5dea790
Author: Eric Bénard <eric@eukrea.com>
Date:   Tue Mar 20 18:28:15 2012 +0100

    runningbuild.py: fix goggle ui

    * goggle ui actually fails with :
    Traceback (most recent call last):
      File ".../bitbake/lib/bb/ui/goggle.py", line 35, in event_handle_idle_func
        build.handle_event (event, pbar)
      File ".../bitbake/lib/bb/ui/crumbs/runningbuild.py", line 234, in
handle_event
        pbar.update(0, None, bb.event.getName(event))
    TypeError: update() takes exactly 3 arguments (4 given)

    Signed-off-by: Eric Bénard <eric@eukrea.com>
```

Il ne reste donc plus qu'à envoyer le patch sur la liste de diffusion du projet, en utilisant la commande `git send-email` qui vous demandera de confirmer l'envoi avant d'envoyer le patch. La valeur `-1` signifie ici que nous souhaitons envoyer le dernier commit (il suffit de mettre le nombre de patches à envoyer pour expédier une série de commits).

Envoi du patch à la communauté

```
$ git send-email -1 --to bitbake-devel@lists.openembedded.org
```

Vous pourrez ensuite suivre la discussion (si nécessaire) autour de votre patch sur la liste de diffusion du projet, et serez éventuellement amené à prendre en compte des remarques pour corriger le patch et le renvoyer, avant de le voir intégré dans le projet.

Mail d'acceptation du patch

```
From: Richard Purdie <richard.purdie@linuxfoundation.org>
To: Eric Bénard <eric@eukrea.com>
Cc: bitbake-devel@lists.openembedded.org
Subject: Re: [bitbake-devel] [PATCH] runningbuild.py: fix goggle ui
Date: Tue, 20 Mar 2012 14:13:22 +0000

On Mon, 2012-03-19 at 12:56 +0100, Eric Bénard wrote:
> * goggle ui actually fails with :

Merged to master, thanks.

Richard
```

Perspectives

Le projet Yocto sort une nouvelle version tous les six mois, au printemps et à l'automne. Le développement est détaillé sur le wiki du projet Yocto à l'adresse : https://wiki.yoctoproject.org/wiki/Planning.

À chaque nouveau cycle de développement, des objectifs sont listés. Ainsi, la version 1.2 (surnommée denzil) est sortie fin avril 2012 et visait à faciliter l'usage du système de construction pour de nouveaux utilisateurs, notamment les novices.

Pour ce faire, un outil graphique a été créé afin de simplifier la génération d'images personnalisées, il s'agit de Hob (que certains ont traduit par *Human Oriented Builder*) qui est une interface graphique intégrée à l'outil bitbake.

L'outil se lance simplement par la commande hob qui donne accès à l'interface suivante permettant de choisir la machine cible et l'image à utiliser comme point de départ.

Figure 11–8
Configuration d'une image
dans Hob

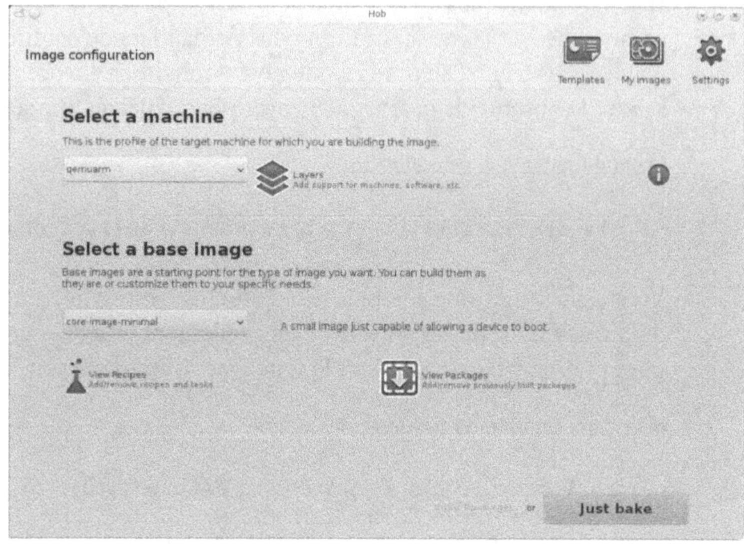

Le bouton *Settings* donne accès à un certain nombres de paramètres que nous plaçons habituellement dans les fichiers de configuration tels que :

- choix de la distribution ;
- options de compilation : nombre de threads, niveau de parallélisation de make, répertoires par défaut ;
- format de paquet utilisé, choix de l'architecture du SDK éventuellement généré ;
- choix des systèmes de fichiers dans lesquels sera générée l'image du système.

Il est aussi possible d'accéder à la liste des recettes disponibles afin d'en sélectionner pour les intégrer dans l'image.

Durant la construction, la figure 11-9 permet de visualiser chaque tâche exécutée et surtout de découvrir la trace associée de manière claire.

Enfin, une fois la construction terminée, nous pouvons visualiser le résultat, sauver la recette permettant de construire l'image, ce qui permettra de l'étudier et de la faire évoluer.

Pour l'avenir, il est fort possible que le projet Yocto fasse évoluer d'autres outils visant à faciliter l'utilisation de l'environnement et donc d'OpenEmbedded. Parmi ces outils on peut citer l'*Application Development Toolkit* (ADT) qui est un plug-in Eclipse visant à simplifier le développement en offrant :

- un éditeur graphique de recettes (avec le fameux « wizard » qui permet de faciliter la création de recettes types) ;

- une interface de configuration du SDK (générée par OpenEmbedded) permettant le développement d'applications, leur test sur des cibles virtuelles QEMU, leur déploiement sur une cible et leur mise au point sur la cible visée ;
- une interface graphique vers des outils intéressants tels que Systemtap, Lttng, Oprofile, Latencytop, Powertop...

Figure 11–9
Suivi de la construction
de l'image dans Hob

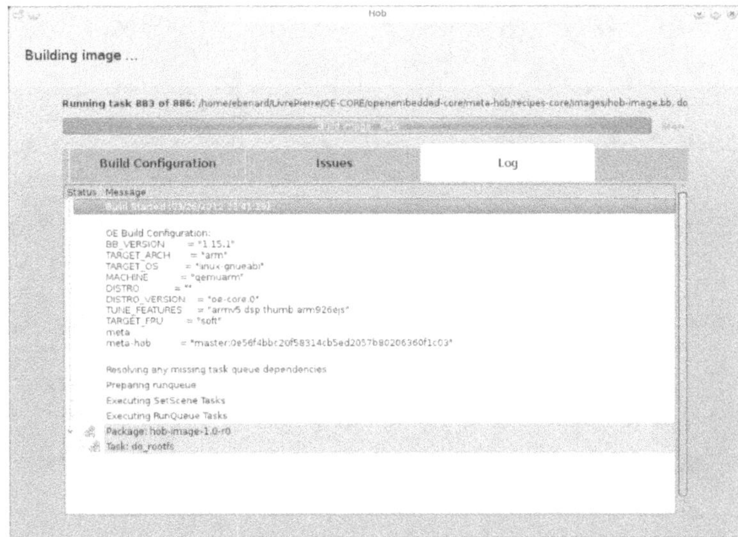

Documentation

Les documentations les plus à jour sont disponibles sur les sites des projets OpenEmbedded et Yocto.

- http://www.yoctoproject.org/documentation
- http://www.openembedded.org

12

Outils de mise au point

La mise au point et l'optimisation sont des aspects fondamentaux du développement de logiciels industriels. En effet, les contraintes de qualité de fonctionnement y sont bien plus importantes que dans le cas des logiciels généralistes. Alors qu'un outil de bureautique est utilisé au maximum quelques heures par jour, le logiciel embarqué dans un téléphone mobile ou un IAD (pour *Internet Access Device*) doit fonctionner 24 heures sur 24, et le redémarrage du système est peu fréquent. La moindre fuite de mémoire (ou *memory leak*), tolérable sur un logiciel généraliste, devient une véritable catastrophe dans le cas d'un logiciel embarqué.

De plus, les problèmes apparaissent beaucoup plus rapidement, car les logiciels embarqués fonctionnent sur du matériel disposant de ressources beaucoup plus limitées. N'oublions pas que la plupart des *smartphones* disposent de 256 à 512 Mo de mémoire vive. Le facteur de redistribution en masse augmente considérablement les coûts lorsqu'on doit ajouter quelques mégaoctets de mémoire, alors que ce coût est négligeable lorsqu'il s'agit d'un poste de travail classique.

Dans ce chapitre, nous allons décrire les différentes méthodes utilisables pour mettre au point un programme sous Linux dans un environnement embarqué. Nous décrirons tout d'abord l'utilisation du système de trace `syslog`, basé sur le démon `syslogd`, ainsi que l'exploitation de commandes comme `strace` ou `ltrace`. Nous étudierons ensuite en détail des méthodes plus avancées basées sur le débogueur GDB ainsi que l'utilisation des sondes matérielles au standard JTAG. GDB permet de mettre au point un programme utilisateur, un pilote de périphérique, le noyau Linux ou même le bootloader. Nous verrons que QEMU peut, une nouvelle fois, offrir des possibilités très intéressantes dans ce cadre.

Nous décrirons ensuite quelques outils permettant de détecter les problèmes de fuites de mémoire. Il existe des outils libres comme Valgrind, Electric Fence ou Mudflap. Nous citerons également – une fois n'est pas coutume – quelques outils propriétaires comme Purify ou Insure++.

À la fin du chapitre, nous étudierons des outils dédiés à la mesure et l'optimisation et non plus à la recherche de bogues directs. Dans ce cas, il ne s'agit pas de correction de bogue mais bien de *profiling* (ou « profilage » en français). Nous verrons tout d'abord comment il est possible de mesurer les ressources consommées par un programme en utilisant l'outil OProfile. Nous terminerons par la description de l'outil Ftrace intégré aux sources du noyau Linux. Ce dernier permet de dater de manière précise les événements du noyau (réception d'interruption, réveil de processus...) et donc d'analyser finement le comportement du noyau lors de la mise au point d'un pilote de périphérique ou d'un programme temps réel.

Quels outils de mise au point sous Linux ?

De nombreux utilisateurs de Linux dans les domaines industriels se plaignent du manque d'outils de mise au point dans le monde open source. C'est à la fois un peu vrai, mais aussi exagérément pessimiste. Les lois régissant les outils de mise au point sont celles du monde open source : il existe une multitude d'outils, mais ceux-ci ne sont pas toujours bien documentés ni adaptés aux besoins précis de l'utilisateur. Bref, il n'existe pas forcément – comme dans le monde propriétaire – un outil prêt à l'emploi, mais il suffit de chercher un peu et de frapper à la bonne porte pour trouver son bonheur.

> REMARQUE **L'environnement Linux est complexe**
>
> De nombreux développeurs effectuent des migrations à partir de systèmes embarqués propriétaires (RTOS) vers Linux. Cette migration est souvent motivée par la disponibilité sous Linux de composants multimédia ou réseau que l'on ne trouve pas sur ces RTOS. N'oublions pas que la majorité des RTOS (VRTX, OS21, VxWorks, etc.) disposent d'un seul espace de mémoire, car pour des raisons de performances, la MMU n'est pas disponible ou bien n'est pas utilisée. Il est donc beaucoup plus aisé de mettre au point un programme ou un pilote de périphérique sur un tel RTOS, comparé au cas complexe de la gestion d'une mémoire virtuelle sous Linux. De même, n'oublions pas que Linux utilise en général plus de mémoire qu'un RTOS sans MMU, et le fait d'ajouter toujours plus de composants consommateurs sur un équipement dont les ressources matérielles n'évoluent pas forcément conduit immanquablement à des problèmes de performances voire à la mise en évidence de bogues.
>
> L'exemple le plus plus flagrant est la généralisation des lecteurs Adobe Flash sur des systèmes comme les *set-top box*, alors qu'une application Adobe Flash est par définition consommatrice de mémoire, même si elle satisfait le service marketing. Dans le cas d'un système embarqué, son utilisation est à envisager avec précaution, sachant que des alternatives libres et moins coûteuses en ressources existent (HTML5, EFL, etc.).

L'autre raison pouvant conduire à des soucis pour le développeur est la disponibilité de ces mêmes outils pour l'environnement cible qu'il utilise. En effet, la majorité des outils sont disponibles pour l'architecture x86 ; beaucoup – mais pas tous – le sont pour ARM ou PowerPC. La liste se réduit peu à peu si l'on utilise des architectures plus confidentielles comme MIPS ou SH4, même si ces dernières sont traditionnellement très présentes sur certains secteurs de l'industrie (IAD et *set-top box*). Dans ce cas, on devra s'appuyer sur l'offre du fabricant du processeur qui, en général, fournit un SDK complet, y compris les outils de mise au point.

Le meilleur exemple est STLinux qui est la distribution Linux fournie par STMicroelectronics pour l'architecture SH4. Ajoutons à cela que ce fabricant se dirige de plus en plus vers l'architecture ARM, beaucoup plus répandue dans le monde embarqué. Nous ne manquerons pas non plus de remarquer qu'Intel prend de plus en plus de place dans les applications embarquées, de par l'acquisition de l'éditeur Wind River en 2007 et la promotion de son processeur Atom, qui est une base x86 pour laquelle la quasi-totalité des outils standards sont disponibles de fait.

Outre les spécificités matérielles, l'évolution du noyau Linux fait que de nombreux patches liés à la mise au point sont désormais intégrés aux versions récentes. Le meilleur exemple est KGDB, que nous étudierons plus loin dans ce chapitre. Lors de l'écriture des versions précédentes de l'ouvrage, il constituait un patch utilisable uniquement sur certaines versions du noyau. Il a depuis été intégré au noyau standard depuis la version 2.6.26. D'autres fonctionnalités sont en cours d'intégration dans le noyau 2.6.35 au moment de l'écriture de ces lignes.

Enfin, n'oublions pas que certaines méthodes simples mais parfois efficaces (`syslogd`, `strace`, `ltrace`) sont disponibles pour toutes les architectures, car elles constituent des fonctionnalités standards de Linux, souvent héritées d'Unix.

Mise en place de traces

La notion de *trace* correspond à l'affichage de messages d'information au cours de l'exécution du programme. La mise en place de traces n'est pas la meilleure méthode, car elle est intrusive par définition. Utilisée avec rigueur, elle constitue cependant un apport indispensable à la mise au point et à la maintenance d'un système. Notons qu'il est possible de tracer aussi bien dans l'espace utilisateur que dans l'espace noyau.

Il existe plusieurs méthodes pour aborder les traces. Le développeur peu scrupuleux aura tendance à parsemer son code d'appels sauvages aux fonctions `printf` ou `fprintf`, ce qui a quelques conséquences fâcheuses.

- Le code source perd en clarté, donc en possibilité de maintenance. On trouvera fréquemment des lignes comme `printf ("ici\n")` ou `fprintf (fp_debug, "Trace Robert\n")`. Si l'on ajoute à cela la sédimentation du code avec les années et les générations de développeurs, on arrive rapidement à un code illisible.

- Les traces ne sont pas centralisées et sont donc difficilement exploitables. Une application pourra tracer sur un fichier `/tmp/truc`, l'autre sur `/root/machin`, avec un format d'affichage non constant ou ésotérique. L'absence de contrôle des traces a d'autres conséquences, en l'occurrence l'écriture répétée sur le système de fichiers racine (donc sur la mémoire flash), avec des risques de saturation ou d'usure prématurée.

- L'accumulation de traces peut grever sévèrement les performances s'il n'existe pas de système permettant de limiter l'affichage (configuration du niveau de trace). Le côté intrusif des traces peut entraîner des comportements douteux, comme l'apparition d'un problème si l'on supprime la trace.

Introduction à syslog

Le service `syslog` est apparu dans la version BSD d'Unix. Le but du service est de centraliser les traces soit dans des fichiers locaux, soit sur un serveur distant accessible par une connexion réseau. Les nouvelles versions de `syslog` comme `rsyslog` permettent également d'accéder à des bases de données de type MySQL ou PostgreSQL, ou bien d'utiliser TCP – en plus d'UDP – et le protocole sécurisé SSH.

Le service est divisé en plusieurs composants.

- Un démon `syslogd` est chargé de recevoir les requêtes de traces et de les écrire sur les différents canaux en fonction du contenu du fichier `/etc/syslog.conf`.
- Dans le cas d'un programme utilisateur, on utilise les fonctions `openlog`, `syslog`, `closelog`.
- Dans le cas d'un module noyau, on utilise la fonction `printk`.

Trace depuis un programme utilisateur

Pour utiliser le système de trace, on doit tout d'abord l'initialiser dans le programme en utilisant la fonction `openlog`. On passe en paramètre le nom du programme contenu dans `argv[0]`, les options et surtout le type de programme provoquant la trace. Dans notre cas, il s'agit d'un programme utilisateur, d'où le paramètre `LOG_USER`. Au niveau des options, on indique l'ajout aux traces du numéro de PID du processus (`LOG_PID`). De même, on indique de tracer sur la console en cas d'erreur d'accès au système de trace (`LOG_CONS`).

Ouverture du système de trace

```
#include <syslog.h>

openlog (argv[0], LOG_PID | LOG_CONS, LOG_USER);
```

Pour effectuer des traces, il suffit ensuite d'utiliser la fonction syslog. Le premier paramètre utilisé correspond à l'importance du message en partant de LOG_EMERG (le système est instable, proche du chaos), LOG_ERR (une erreur non critique est survenue) jusqu'à LOG_INFO ou LOG_DEBUG qui correspondent à un simple message d'information. La suite des paramètres correspond à un format d'affichage comme dans le cas de printf.

La liste complète des paramètres est bien entendu disponible dans la page du manuel de syslog.

Test de trace avec syslog

```
syslog (LOG_INFO, "Des informations %s et %s", av[1], av[2]);
syslog (LOG_ERR, "Une erreur %m %d", errno);
```

Par défaut, les traces des programmes utilisateurs sont dirigées vers le fichier /var/log/messages. Le format est standard : la date, le nom de la machine, le nom du programme exécuté, le PID entre crochets et enfin le message. L'identifiant %m contient le dernier message d'erreur correspondant à la variable errno.

Résultat de l'exécution

```
Jul 17 21:33:57 opti760pf test_syslog[24981]: Des informations x et y
Jul 17 21:33:57 opti760pf test_syslog[24981]: Une erreur Success 0
```

Trace depuis un module noyau

Dans le cas d'un module noyau, la fonction printk remplace l'appel à syslog. On passe en paramètre l'importance du message.

Test de trace avec printk

```
#include <linux/kernel.h>

printk (KERN_INFO "Goodbye, cruel world!\n");
```

La constante KERN_INFO est définie dans le fichier kernel.h fourni avec les sources du noyau Linux. Notons que c'est une chaîne de caractères.

Définition des priorités dans kernel.h

```
#define KERN_EMERG    "<0>" /* system is unusable */
#define KERN_ALERT    "<1>" /* action must be taken immediately */
#define KERN_CRIT     "<2>" /* critical conditions */
#define KERN_ERR      "<3>" /* error conditions */
#define KERN_WARNING  "<4>" /* warning conditions */
#define KERN_NOTICE   "<5>" /* normal but significant condition */
#define KERN_INFO     "<6>" /* informational */
#define KERN_DEBUG    "<7>" /* debug-level messages */
```

Dans le cas des traces issues du noyau Linux, le nom du programme est remplacé par la chaîne `kernel` et, bien entendu, aucun PID n'est affiché.

Affichage des messages en espace noyau

```
Jul 17 22:18:01 opti760pf kernel: Goodbye, cruel world!
```

ALLER PLUS LOIN **Autres outils de mise au point en espace noyau**

L'utilisation de `printk` est certainement la méthode plus populaire pour les développeurs noyau, sachant qu'elle évite de mettre en œuvre un système de mise au point basé sur GDB qui, nous le verrons, n'est pas toujours d'un abord facile. Cependant, les noyaux récents disposent de méthodes plus performantes qu'un simple `printk` qui peut se révéler intrusif et donc inutilisable dans certains cas (exemple : dans une fonction de traitement d'interruption). Dans la liste des outils les plus intéressants, nous pouvons citer LTTng, Kprobes, perf ou Ftrace que l'on retrouvera sur les liens suivants. Notons que l'outil Ftrace sera détaillé en fin de chapitre.

- http://lttng.org
- `Documentation/kprobes.txt`
- `Documentation/trace/ftrace.txt`
- http://lwn.net/Articles/341902
- http://lwn.net/Articles/322666

Configuration par /etc/syslog.conf

Grâce au fichier de configuration `/etc/syslog.conf`, on peut indiquer qu'un certain type de trace est écrite sur un fichier donné. À titre d'exemple, si l'on désire que les messages des programmes utilisateurs – identifiés par `user.*` – sortent sur `/var/log/user`, on doit ajouter une ligne à `syslog.conf`. De même, les messages de l'espace noyau sont identifiés par `kern.*`.

Configuration d'un nouveau canal de sortie sur un fichier

```
user.*        /var/log/user
```

Si l'on désire spécifier un canal réseau, on doit utiliser une syntaxe similaire. Par défaut, le port UDP utilisé est le 514, comme on pourra le constater en lisant le fichier `/etc/services`.

Configuration d'un nouveau canal de sortie sur une adresse IP

```
user.*        @192.168.3.88
```

Cas de Busybox

L'outil Busybox inclut un démon `syslogd` simplifié, adapté aux systèmes embarqués. Ce dernier est plus limité que le démon standard et n'utilise pas de fichier de configuration `/etc/syslog.conf`. Il permet par contre de gérer automatiquement un tampon circulaire en mémoire afin de limiter l'écriture sur la mémoire flash ainsi que la taille occupée par les traces sur le système de fichiers racine. Pour cela, on doit utiliser l'option `-C` suivie de la taille en kilo-octets de l'espace mémoire alloué aux traces. Pour afficher les traces depuis l'interpréteur de commandes, on utilise la commande `logread` fournie avec Busybox. Les lignes suivantes sont extraites de la page manuel de Busybox.

Utilisation de syslogd sous Busybox

```
syslogd [OPTION]...

Linux system and kernel logging utility. Note that this version of
syslogd ignores /etc/syslog.conf.

Options:
-m MIN          Minutes between MARK lines (default=20, 0=off)
-n              Run as a foreground process
-O FILE         Use an alternate log file (default=/var/log/messages)
-S              Make logging output smaller.
-s SIZE         Max size (KB) before rotate (default=200KB, 0=off)
-b NUM          Number of rotated logs to keep (default=1, max=99,
0=purge)
-R HOST[:PORT] Log to IP or hostname on PORT (default PORT=514/UDP)
-L              Log locally and via network logging (default is network
only)
-C [size(KiB)] Log to a circular buffer (read the buffer using logread)

Example:
$ syslogd -R masterlog:514
$ syslogd -R 192.168.1.1:601
```

Utilisation de strace et ltrace

La commande strace (pour *system trace*) est fournie en standard avec toutes les distributions Linux. Elle est proche de la commande truss disponible sur les autres versions d'Unix. La commande strace est basée sur l'appel système ptrace, le but étant de tracer les appels système effectués par un programme en espace utilisateur. Cette commande est très utile pour résoudre les problèmes de blocage sur une entrée/sortie aussi bien que les soucis de chargement d'une bibliothèque dynamique manquante.

> REMARQUE **Adaptation de la commande strace**
>
> On peut compiler cette commande sur toutes les architectures supportées par le noyau Linux. Elle est de ce fait directement intégrée à des outils comme Buildroot ou OpenEmbedded. Pour Buildroot, il faudra activer la construction du paquet strace dans le menu *Package Selection for the target*.

Pour mettre en évidence l'intérêt de strace, nous allons partir d'une erreur constatée au chapitre 7, lors du premier test d'accès réseau TCP depuis le système ARM exécuté dans QEMU.

Erreur d'accès avec wget

```
# wget http://pficheux.free.fr
wget: bad address 'pficheux.free.fr'
```

Dans le chapitre 7, nous avions conclu – sans démonstration – que les bibliothèques libnss_dns.so.2 et libresolv.so.2, nécessaires à la résolution du nom de l'hôte distant et chargées au cours de l'exécution, étaient manquantes. Pour détecter cela, le plus simple est d'utiliser la commande strace en l'ajoutant en début de ligne lors de l'exécution.

Nouveau test de wget avec strace

```
# strace wget http://pficheux.free.fr
execve("/usr/bin/wget", ["wget", "http://pficheux.free.fr"], [/* 15 vars */]) = 0
uname({sys="Linux", node="versatilepb", ...}) = 0
brk(0)                                  = 0xa6000
old_mmap(NULL, 4096, PROT_READ|PROT_WRITE, MAP_PRIVATE|MAP_ANONYMOUS, -1, 0) = 0x40015000
open("/etc/ld.so.preload", O_RDONLY)    = -1 ENOENT (No such file or directory)
open("/etc/ld.so.cache", O_RDONLY)      = 3
fstat64(3, {st_mode=S_IFREG|0644, st_size=1002, ...}) = 0
```

```
old_mmap(NULL, 1002, PROT_READ, MAP_PRIVATE, 3, 0) = 0x40016000
close(3)                                 = 0
open("/lib/libc.so.6", O_RDONLY)         = 3
...
open("/usr/lib/libnss_dns.so.2", O_RDONLY) = -1 ENOENT (No such file or
directory)
munmap(0x40016000, 1002)                 = 0
open("/etc/hosts", O_RDONLY)             = 3
fcntl64(3, F_GETFD)                      = 0
fcntl64(3, F_SETFD, FD_CLOEXEC)          = 0
fstat64(3, {st_mode=S_IFREG|0644, st_size=20, ...}) = 0
old_mmap(NULL, 4096, PROT_READ|PROT_WRITE, MAP_PRIVATE|MAP_ANONYMOUS, -1, 0) =
0x40016000
read(3, "127.0.0.1\tlocalhost\n"..., 4096) = 20
read(3, ""..., 4096)                     = 0
close(3)                                 = 0
munmap(0x40016000, 4096)                 = 0
open("/etc/hosts", O_RDONLY)             = 3
fcntl64(3, F_GETFD)                      = 0
fcntl64(3, F_SETFD, FD_CLOEXEC)          = 0
fstat64(3, {st_mode=S_IFREG|0644, st_size=20, ...}) = 0
old_mmap(NULL, 4096, PROT_READ|PROT_WRITE, MAP_PRIVATE|MAP_ANONYMOUS, -1, 0) =
0x40016000
read(3, "127.0.0.1\tlocalhost\n"..., 4096) = 20
read(3, ""..., 4096)                     = 0
close(3)                                 = 0
munmap(0x40016000, 4096)                 = 0
write(2, "wget: bad address 'pficheux.free."..., 37wget: bad address
'pficheux.free.fr'
) = 37
exit_group(1)                            = ?
```

Le résultat est très verbeux, car, par défaut, `strace` affiche *tous* les appels système utilisés par le programme. Nous pouvons cependant remarquer une erreur à l'ouverture
de la bibliothèque `libnss_dns.so.2`. À l'issue de cette erreur, le programme tente de
résoudre le nom de l'hôte distant en consultant le fichier `/etc/hosts`, puis termine
son exécution. On peut limiter les appels système affichés en utilisant l'option `-e`
`trace=open`, ce qui donne un résultat beaucoup plus lisible, puisque nous affichons
uniquement les références à l'appel système `open`.

Nouveau test avec l'option -e trace=open

```
# strace -e trace=open wget http://pficheux.free.fr
open("/etc/ld.so.preload", O_RDONLY)     = -1 ENOENT (No such file or directory)
open("/etc/ld.so.cache", O_RDONLY)       = 3
```

```
open("/lib/libc.so.6", O_RDONLY)            = 3
open("/etc/nsswitch.conf", O_RDONLY)        = -1 ENOENT (No such file or directory)
open("/etc/ld.so.cache", O_RDONLY)          = 3
...
open("/usr/lib/half/libnss_nis.so.2", O_RDONLY) = -1 ENOENT (No such file or
directory)
open("/usr/lib/libnss_nis.so.2", O_RDONLY) = -1 ENOENT (No such file or
directory)
open("/etc/ld.so.cache", O_RDONLY)          = 3
open("/lib/libnss_files.so.2", O_RDONLY) = 3
open("/etc/services", O_RDONLY)             = 3
open("/etc/nsswitch.conf", O_RDONLY)        = -1 ENOENT (No such file or directory)
open("/etc/ld.so.cache", O_RDONLY)          = 3
open("/lib/libnss_dns.so.2", O_RDONLY) = -1 ENOENT (No such file or directory)
open("/lib/libnss_dns.so.2", O_RDONLY) = -1 ENOENT (No such file or directory)
open("/usr/lib/libnss_dns.so.2", O_RDONLY) = -1 ENOENT (No such file or
directory)
open("/etc/hosts", O_RDONLY)                = 3
open("/etc/hosts", O_RDONLY)                = 3
wget: bad address 'pficheux.free.fr'
```

En ajoutant la bibliothèque manquante et en effectuant un nouveau test, on obtient
une nouvelle erreur sur la bibliothèque `libresolv.so.2`.

Test après ajout de libnss_dns.so.2

```
# strace -e trace=open wget http://pficheux.free.fr
open("/etc/ld.so.preload", O_RDONLY)        = -1 ENOENT (No such file or directory)
open("/etc/ld.so.cache", O_RDONLY)          = 3
open("/lib/libc.so.6", O_RDONLY)            = 3
...
open("/lib/libresolv.so.2", O_RDONLY)       = -1 ENOENT (No such file or directory)
open("/lib/libresolv.so.2", O_RDONLY)       = -1 ENOENT (No such file or directory)
open("/usr/lib/libresolv.so.2", O_RDONLY) = -1 ENOENT (No such file or
directory)
open("/etc/hosts", O_RDONLY)                = 3
open("/etc/hosts", O_RDONLY)                = 3
wget: bad address 'pficheux.free.fr'
```

En ajoutant cette bibliothèque, on arrive finalement au résultat correct, déjà décrit au
chapitre 7. Sans l'aide de la commande `strace`, il est très difficile de résoudre un tel
problème sans mettre en place des outils de mise au point beaucoup plus complexes
comme GDB qui, pour fonctionner correctement, nécessitent de disposer des
sources du programme à analyser.

La commande `ltrace` (pour *library trace*) est similaire et permet d'afficher les appels
aux fonctions des bibliothèques utilisées lors de l'exécution d'un programme. Cette

commande permet également d'afficher les appels système (option -S), de tracer les processus fils (option -p) et d'afficher les dates d'exécution des différentes lignes (option -tt). Tout comme strace, c'est un excellent outil de diagnostic dans le cas où l'on ne dispose pas du code source du programme à analyser.

Dans l'exemple suivant, on trace l'appel à la fonction puts issu de l'utilisation de printf.

Exécution de ltrace sur un programme « Hello World »

```
$ ltrace -S -tt ./hello > /dev/null
01:37:38.017495 SYS_brk(NULL)                    = 0x8600000
01:37:38.017851 SYS_access(0x44aec6, 4, 0x450fc4, 0x451660, 0x44aec6) = -2
01:37:38.018166 SYS_open("/etc/ld.so.cache", 0, 00) = 3
01:37:38.018484 SYS_fstat64(3, 0xbfc1f2c4, 0x450fc4, 0x4515e8, 3) = 0
01:37:38.018773 SYS_mmap2(0, 78855, 1, 2, 3)     = 0xb7779000
01:37:38.019043 SYS_close(3)                     = 0
01:37:38.019297 SYS_open("/lib/libc.so.6", 0, 00) = 3
01:37:38.019612 SYS_read(3, "\177ELF\001\001\001", 512) = 512
01:37:38.019902 SYS_fstat64(3, 0xbfc1f308, 0x450fc4, 0xb778a9eb, 0x804820c) = 0
01:37:38.020172 SYS_mmap2(0, 4096, 3, 34, -1)    = 0xb7778000
01:37:38.020449 SYS_mmap2(0x454000, 0x16f928, 5, 2050, 3) = 0x454000
01:37:38.020727 SYS_mmap2(0x5be000, 12288, 3, 2066, 3) = 0x5be000
01:37:38.021010 SYS_mmap2(0x5c1000, 10536, 3, 50, -1) = 0x5c1000
01:37:38.021297 SYS_close(3)                     = 0
01:37:38.021539 SYS_mmap2(0, 4096, 3, 34, -1)    = 0xb7777000
01:37:38.021812 SYS_set_thread_area(0xbfc1f798, 0x450fc4, 0xb77776c0, 1, 0) = 0
01:37:38.022174 SYS_mprotect(0x5be000, 8192, 1, 0xb7778000, 0xbfc1f7b4) = 0
01:37:38.022455 SYS_mprotect(0x450000, 4096, 1, 0x451284, 2) = 0
01:37:38.022722 SYS_munmap(0xb7779000, 78855)    = 0
01:37:38.022990 __libc_start_main(0x80483b4, 1, 0xbfc1f9a4, 0x80483e0,
0x80483d0 <unfinished ...>
01:37:38.023249 puts("Hello World" <unfinished ...>
01:37:38.023464 SYS_fstat64(1, 0xbfc1f7d0, 0x5bfff4, 0x5c04c0, 0x8048494) = 0
01:37:38.023736 SYS_ioctl(1, 21505, 0xbfc1f730, 0xbfc1f770, 0x5bfff4) = -25
01:37:38.024002 SYS_mmap2(0, 4096, 3, 34, -1)    = 0xb778c000
01:37:38.024308 <... puts resumed> )             = 12
01:37:38.024468 SYS_write(1, "Hello World\n", 12) = 12
01:37:38.024770 SYS_exit_group(0 <no return ...>
01:37:38.024978 +++ exited (status 0) +++
```

Utilisation de GDB

En cas de réel problème de fonctionnement, l'utilisation d'un débogueur symbolique comme GDB (pour *Gnu DeBugger*) reste l'ultime solution. Cet outil est universellement utilisé, même en dehors du monde du logiciel libre. En effet, il est fourni depuis longtemps sur bon nombre de versions propriétaires d'Unix. On peut l'utiliser en mode texte, mais il peut également être piloté par une interface graphique. Notons qu'il est – tout comme GCC – fourni avec Mac OS X dans l'environnement de développement Xcode, que ce soit pour le développement natif ou le développement croisé pour iPhone ou iPad. GDB dispose également d'un protocole de communication permettant d'utiliser un *agent* distant installé sur la cible, la partie principale de GDB étant sur le poste de développement. Grâce à ce protocole, GDB peut être utilisé pour mettre au point des programmes en mode utilisateur (grâce à l'agent `gdbserver`), mais il peut également permettre la mise au point en espace noyau.

> **ALLER PLUS LOIN** **Description du protocole GDB**
>
> On peut trouver la description détaillée du protocole GDB à l'adresse :
> ▸ http://sourceware.org/gdb/current/onlinedocs/gdb/Remote-Protocol.html

Si la mise au point à distance en espace utilisateur est assez triviale à mettre en place, l'espace noyau peut se révéler plus complexe. Fort heureusement, il existe plusieurs solutions que nous décrirons dans la suite du chapitre :

1 l'utilisation d'un environnement émulé en espace utilisateur (QEMU ou UML) ;
2 l'utilisation de KGDB pour la mise au point en espace noyau ;
3 l'utilisation d'une sonde matérielle JTAG.

La figure ci-dessous schématise la configuration à mettre en place dans le cas de la mise au point à distance appelée également *remote debugging*.

Figure 12–1
Mise au point à distance avec
GDB/KGDB

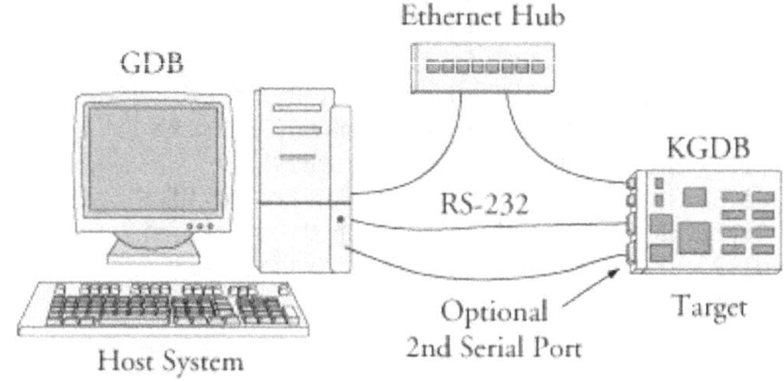

> REMARQUE **Syntaxe courante de GDB**
>
> Dans ce chapitre, nous n'étudierons pas l'utilisation courante de gdb, mises à part les commandes dédiées à un environnement embarqué. Pour l'utilisation courante, nous encourageons le lecteur à consulter la documentation en ligne sur :
>
> ▸ http://sourceware.org/gdb/current/onlinedocs

Mise au point avec gdbserver

L'agent `gdbserver` – offert avec les sources de GDB – permet de mettre au point à distance un programme en espace utilisateur. Une version binaire est fournie avec la chaîne de compilation ELDK, que nous avons utilisée lors des chapitres précédents. On peut également produire l'exécutable `gdbserver` dans Buildroot en le précisant au niveau du menu *Toolchain*. La taille de l'exécutable est très raisonnable (environ 60 kilo-octets), et l'on peut donc l'installer sans hésitation de manière permanente sur la cible, ce qui permet d'effectuer la mise au point à tout moment.

Du côté du poste de développement, il faut utiliser une version croisée de la commande `gdb` qui, comme pour GCC, est nommée `arm-linux-gdb` (ou un nom équivalent) dans le cas d'une architecture ARM. Cette commande est donc un exécutable x86, capable de charger en mémoire et de mettre au point un exécutable ARM. Elle peut être utilisée directement en mode texte ou bien au travers d'un EDI (Environnement de développement intégré, voir chapitre 5).

> ATTENTION **Utilisation d'un débogueur natif sur la cible**
>
> On peut être tenté d'utiliser la commande gdb directement sur la cible. Bien entendu, c'est possible, mais l'exécutable gdb n'a rien à voir en taille et en consommation mémoire avec gdbserver. Il est donc probable que l'on tombe tôt ou tard sur des problèmes d'utilisation si la cible est faiblement dimensionnée en mémoire. De même – sauf si la cible dispose d'une interface graphique –, il ne sera pas possible dans ce cas d'utiliser un *frontend* graphique et encore moins un EDI.

Concernant l'application à mettre au point, il faut suivre la procédure ci-après :

1 compiler l'application avec l'option `-g` correspondant à l'ajout des informations de débogage ;

2 copier cette application sur la cible ;

3 côté cible, démarrer l'application en utilisant `gdbserver` ; lors de cette étape, on précise si le lien avec le poste de développement est une ligne série RS-232 ou bien une connexion TCP sur un port à choisir. Dans notre cas, l'adresse du PC de développement est 192.168.3.109 et le port vaut 9999 ;

4 côté poste de développement, ouvrir l'application en utilisant `arm-linux-gdb` ;

5 établir la communication avec gdbserver en fonction du mode de communication choisi au point 3, l'application est alors prête à être mise au point ; l'adresse de la cible est 192.168.3.50 dans notre cas, et le port est bien entendu 9999.

Sur la cible, démarrage du programme « myprog » avec gdbserver

```
# gdbserver 192.168.3.109:9999 myprog
Process myprog created; pid = 12810
```

> ATTENTION **Pare-feu et numéro de port**
>
> Le numéro de port TCP à choisir ne doit pas être déjà utilisé par un autre service. En pratique, il est fortement déconseillé d'utiliser une valeur de port inférieure à 1024. De même, on devra vérifier qu'aucun pare-feu ne bloque le port choisi entre la cible et le poste de développement.

Sur le système de développement, chargement de « myprog »

```
$ arm-linux-gdb myprog
GNU gdb Red Hat Linux (6.7-2rh)
Copyright (C) 2007 Free Software Foundation, Inc.
License GPLv3+: GNU GPL version 3 or later <http://gnu.org/licenses/
gpl.html>
This is free software: you are free to change and redistribute it.
There is NO WARRANTY, to the extent permitted by law. Type "show
copying"
and "show warranty" for details.
This GDB was configured as "--host=i686-pc-linux-gnu --target=arm-
linux".
The target architecture is set automatically (currently arm)
..
(gdb) target remote 192.168.3.50:9999
Remote debugging using 192.168.3.50:9999
(gdb)
```

À partir de là, on peut poser des points d'arrêt et poursuivre la mise au point du programme. Vu que le programme est déjà démarré, on reprend son exécution en utilisant la commande continue et non pas run. À la fin de l'exécution du programme, on note que gdbserver se termine, et l'on devra donc le relancer pour effectuer une nouvelle session de mise au point.

> REMARQUE **Utilisation d'un lien série RS-232**
>
> Si l'on utilise un port série, on doit remplacer la spécification de l'adresse IP et du port par le nom du fichier spécial correspondant au port série. Attention, le nom du fichier n'est pas forcément le même côté cible et coté PC de développement. On pourra avoir :
>
> ```
> # gdbserver /dev/ttyAMA0 myprog
> ```
>
> côté cible, puis la commande :
>
> ```
> (gdb) target remote /dev/ttyS0
> ```
>
> côté PC de développement qui utilise un fichier spécial différent pour le port série, puisque ce n'est pas la même architecture.

Utilisation de l'émulateur QEMU

Selon les dires des mainteneurs actuels de KGDB (voir http://kernel.org/pub/linux/kernel/people/jwessel/dbg_webinar), la solution de l'émulateur est plus intéressante que KGDB, à condition que la qualité de l'émulation soit suffisamment bonne. Les deux solutions les plus utilisées sont QEMU et UML. La deuxième correspond à *User Mode Linux* (voir http://user-mode-linux.sourceforge.net) qui est un patch du noyau Linux permettant de l'exécuter dans l'espace utilisateur. Nous ne détaillerons pas cette solution sachant que QEMU nous semble mieux adapté à un environnement embarqué, d'autant que nous avons déjà une bonne expérience de cet outil suite à la lecture des chapitres précédents.

QEMU intègre un agent GDB qui peut être facilement utilisé pour mettre au point le noyau démarré par QEMU ainsi que des modules dynamiques. Si l'on considère un environnement proche de celui mis en place au chapitre 7, on pourra démarrer l'émulation en mode « mise au point » en ajoutant les options `-s` et `-S` à la ligne de commande. La première option commande l'activation de l'agent GDB, et la deuxième indique de « geler » l'émulation du processeur au démarrage. L'exécution reprendra lors de la connexion de GDB (`arm-linux-gdb` dans notre cas) à l'agent intégré à QEMU. Le port TCP utilisé par défaut par l'agent est 1234, mais on peut le modifier en utilisant l'option `-p`. Dans un premier temps, nous allons tester la mise au point avec un noyau Linux, puis nous ferons un test équivalent avec une image U-Boot.

> ATTENTION **Compiler le programme avec l'option -g**
>
> Les méthodes de mise au point étant basées sur GDB, il est nécessaire de compiler le programme à mettre au point avec l'option `-g`. Dans le cas du noyau, il suffit d'activer l'option *Kernel hacking>Compile the kernel with debug info* lors de la configuration avec `make menuconfig`, `xconfig` ou `gconfig`. Concernant U-Boot, il est compilé par défaut avec `-g`, comme on peut le constater grâce à la valeur de la variable DBGFLAGS dans le fichier `config.mk`.

Mise au point du noyau Linux

Dans une fenêtre d'émulation de terminal, on démarre QEMU comme nous l'avons fait précédemment, en ajoutant les options liées à l'agent GDB. Nous utilisons une console texte (option `-nographic`), mais le principe fonctionne de la même manière en utilisant une émulation du framebuffer.

Démarrage du système émulé avec activation de l'agent GDB

```
$ qemu-system-arm -s -M versatilepb -m 64 -kernel zImage -initrd
rootfs.arm.cpio -append "console=ttyAMA0" -nographic -s -S
```

Dans un autre émulateur de terminal, nous démarrons la commande `arm-linux-gdb` sur le fichier `vmlinux` qui correspond à la version non compressée du noyau adapté à la cible. Nous posons ensuite un point d'arrêt sur la fonction `start_kernel` définie dans le fichier `init/main.c`, puis nous effectuons la connexion à l'agent de QEMU. Vu que nous sommes sur le même système hôte que QEMU (le PC/x86 de développement), le nom à utiliser est `localhost`. L'exécution s'interrompt au niveau de la fonction et nous pouvons exécuter le noyau pas à pas, à l'aide de la commande `next` de GDB. Finalement, nous continuons l'exécution du noyau par la commande `continue`, ce qui a pour effet de terminer le démarrage du système côté QEMU.

Connexion à l'agent et mise au point du noyau Linux

```
$ arm-linux-gdb vmlinux
GNU gdb Red Hat Linux (6.7-2rh)
Copyright (C) 2007 Free Software Foundation, Inc.License GPLv3+: GNU GPL version
3 or later <http://gnu.org/licenses/gpl.html>
This is free software: you are free to change and redistribute it.
There is NO WARRANTY, to the extent permitted by law. Type "show copying"
and "show warranty" for details.
This GDB was configured as "--host=i686-pc-linux-gnu --target=arm-linux".
The target architecture is set automatically (currently arm)
..
(gdb) b start_kernel
Breakpoint 1 at 0xc00088f4: file init/main.c, line 541.
(gdb) target remote localhost:1234
Remote debugging using localhost:1234
warning: Can not parse XML target description; XML support was disabled at
compile time
[New Thread 1]
0x00000000 in ?? ()
(gdb) c
Continuing.
Breakpoint 1, start_kernel () at init/main.c:541
```

```
541             smp_setup_processor_id();
(gdb) n
537      {
(gdb) n
541             smp_setup_processor_id();
(gdb) n
557             local_irq_disable();
(gdb) n
559             early_init_irq_lock_class();
(gdb) n
566             tick_init();
(gdb) c
Continuing.
```

> ASTUCE **Utilisation des symboles sys_sync et panic**
>
> Il est fréquent de devoir interrompre l'exécution de GDB afin de poser de nouveaux points d'arrêt. Une solution est de définir un point d'arrêt sur la fonction `sys_sync` avec la commande `break sys_sync`. L'exécution du noyau sera donc interrompue lorsque l'utilisateur tape `sync` sur la ligne de commande. Il est également possible de taper *Ctrl-C* dans GDB pour interrompre l'exécution.
>
> De même, placer un point d'arrêt sur la fonction `panic` permettra de trouver la cause d'un arrêt brutal du noyau en explorant la pile d'appel.

Mise au point d'un module dynamique

Nous allons maintenant décrire le cas de la mise au point d'un module ajouté par l'utilisateur. Notre exemple est très simple, puisque après le chargement du module `helloworld.ko`, il propose simplement d'afficher une chaîne de caractères en utilisant la commande `cat /proc/helloworld`. La fonction `helloworld_read_proc` est liée à la lecture de `/proc/helloworld` par l'appel à la fonction `create_proc_entry` lors de l'initialisation du module.

Code source du module helloworld.c

```c
#include <linux/module.h>
#include <linux/kernel.h>
#include <linux/proc_fs.h>

static in n = 0;

static int helloworld_read_proc(char *page, char **start, off_t off, int
count, int *eof, void *data)
{
  n++;
  return sprintf(page, "read_proc: Hello World %d\n", n);
}
```

```
static int __init hello_init(void)
{
  struct proc_dir_entry *entry;

  entry = create_proc_entry("helloworld", 0, NULL);
  if (entry)
    entry->read_proc = helloworld_read_proc;

  printk(KERN_INFO "Hello World\n");

  return 0;
}

static void __exit hello_exit(void)
{
  remove_proc_entry ("helloworld", NULL);
  printk(KERN_INFO "Goodbye, cruel world!\n");
}

module_init(hello_init);
module_exit(hello_exit);
```

Pour compiler ce module, on utilise un `Makefile` adapté, le point important étant la référence au noyau Linux 2.6.30 utilisé pour le test.

> **ATTENTION Si possible, éviter l'optimisation**
>
> Lorsque c'est possible, il est préférable de compiler le module sans optimisation (option -O0) afin de limiter des problèmes de mise au point. Par défaut les modules du noyau sont compilés avec l'option -O2. Pour cela, nous modifions la variable EXTRA_CFLAGS dans le `Makefile`.

Fichier Makefile pour la compilation du module

```
KDIR= $(HOME)/chap11/linux-2.6.30
PWD= $(shell pwd)

EXTRA_CFLAGS += -O0

obj-m := helloworld.o

all:
  $(MAKE) -C $(KDIR) SUBDIRS=$(PWD) modules

clean:
  rm -f *~
  $(MAKE) -C $(KDIR) SUBDIRS=$(PWD) clean
```

Après compilation du module par `make`, on obtient le fichier `helloworld.ko` que l'on doit ajouter au système de fichiers racine de test (exemple : chargement par réseau avec la commande `wget`). On doit également copier `helloworld.ko` dans le répertoire où se trouve `vmlinux`, afin que GDB y ait accès.

La prochaine étape consiste à démarrer le système avec QEMU, comme dans le paragraphe précédent. La version standard de GDB ne peut pas connaître à l'avance les adresses des différentes sections ou segments du module (`.text`, `.data`, `.bss`, `.rodata`), puisque celles-ci sont dynamiques. On doit donc charger le module par `insmod`, puis récupérer les adresses des sections afin de les transmettre à GDB.

PRÉCISION **À quoi correspondent les sections d'un programme ?**

Les sections `.text`, `.data`, `.bss` et `.rodata` correspondent aux différents éléments constituant un programme exécutable ou bien un module. Le code exécutable est dans la section `.text`, les variables modifiables globales et statiques dans `.data`, les variables non initialisées sont dans le segment `.bss` et les variables en lecture seule dans `.rodata`. On peut en savoir plus en lisant la page suivante :

▸ http://en.wikipedia.org/wiki/Data_segment

Lorsque le module est chargé, ces informations sont disponibles dans les fichiers virtuels `/sys/module/helloworld/sections/<nom_de_section>`. On doit donc charger le module avant de pouvoir lire les valeurs des adresses, puis interrompre l'exécution de GDB en tapant la commande `sync`.

Chargement du module et lecture de l'adresse .text

```
# insmod helloworld.ko
Hello World
# cat /sys/module/helloworld/sections/.text
0xbf000000
# cat /sys/module/helloworld/sections/.data
0xbf00052e
# cat /sys/module/helloworld/sections/.bss
0xbf000660
# cat /sys/module/helloworld/sections/.rodata
0xbf0000ac
# sync
```

Du côté de GDB, on ajoute les valeurs des adresses en les associant au nom du module par la commande `add-symbol-file`. On définit ensuite un point d'arrêt sur la fonction `helloworld_read_proc`. Après ajout des adresses des sections, le nom de la fonction `helloworld_read_proc` est connu de GDB, et on peut donc utiliser la complétion automatique disponible avec la touche *TAB* pour le saisir. Pour finir, on poursuit l'exécution en tapant `continue`.

Ajout des adresses des sections du module

```
(gdb) add-symbol-file helloworld.ko 0xbf000000 -s .data 0xbf00052e -s
.bss 0xbf000660 -s .rodata 0xbf0000ac
add symbol table from file "helloworld.ko" at
   .text_addr = 0xbf000000
   .data_addr = 0xbf00052e
   .bss_addr = 0xbf000660
   .rodata_addr = 0xbf0000ac
(y or n) y
Reading symbols from /home/pierre/chap11/linux-2.6.30/
helloworld.ko...done.

(gdb) b helloworld_read_proc
Breakpoint 2 at 0xbf000018: file /home/pierre/chap11/hello_world/
helloworld.c, line 9.
(gdb) c
Continuing.
```

Lorsqu'on tape la commande `cat /proc/helloworld`, l'exécution du noyau est de nouveau interrompue et on peut continuer en mode pas à pas. On affiche la valeur de la variable `n`, puis on la modifie avant de continuer l'exécution qui provoque l'affichage du message `read_proc: Hello World 10` dans le terminal.

Exécution du point d'arrêt

```
Breakpoint 2, helloworld_read_proc (page=0xc3451000 "",
start=0xc32a9f30,
    off=0, count=3072, eof=0xc32a9f34, data=0x0)
    at /home/pierre/chap11/hello_world/helloworld.c:9
9    n++;
(gdb) p n
$1 = 0
(gdb) n
11   return sprintf(page, "read_proc: Hello World %d\n", n);
(gdb) p n
$2 = 1
(gdb) p n=10
$3 = 10
(gdb) c
Continuing.

Breakpoint 2, helloworld_read_proc (
    page=0xc3451000 "read_proc: Hello World 10\n", start=0xc32a9f30,
off=26,
    count=3072, eof=0xc32a9f34, data=0x0)
    at /home/pierre/chap11/hello_world/helloworld.c:9
```

```
9   n++;
(gdb) c
Continuing.
```

> **REMARQUE Utilisation d'un GDB « module aware »**
>
> Les manipulations ci-dessus sont assez complexes, et on remarque que l'on ne peut pas poser de point d'arrêt dans la fonction d'initialisation du module `hello_init`, car le module doit être chargé afin d'obtenir les adresses des sections. Certaines versions modifiées de GDB permettent de poser un point d'arrêt *pending* (en attente) qui est activé lorsque le module est chargé et l'adresse de la fonction résolue. La variable `solib-search-path` permet de donner le chemin d'accès aux modules à mettre au point. Une telle version de GDB est disponible avec la distribution STLinux pour SH4.
>
> ▸ http://www.stlinux.com/devel/debug/kgdb/modules
>
> ```
> (gdb) set breakpoint pending on
> (gdb) set solib-search-path /user/my_module_2.6
> Reading symbols from /user/my_module_2.6/my_mod.ko...
> expanding to full symbols...done.
> Loaded symbols for /user/my_module_2.6/my_mod.ko
> (gdb) info sharedlibrary
> From        To            Syms Read    Shared Object Library
> 0xc0168000 0xc01680c0 Yes            /user/my_module_2.6/my_mod.ko
>
> (gdb) b my_module_init
> Function "my_module_init" not defined
> Breakpoint 1 (my_module_init) pending.
> ```

Mise au point du bootloader U-Boot

Le cas de la mise au point de U-Boot sous QEMU est encore plus intéressant, car il n'est pas possible de l'effectuer avec la solution KGDB. Pour exécuter U-Boot, on utilise la commande décrite au chapitre 8 en ajoutant les options `-s` et `-S`.

Démarrage de U-Boot dans QEMU avec activation de l'agent GDB

```
$ qemu-system-arm -M versatilepb -m 64 -kernel u-boot.bin -nographic -s -S
```

On peut ensuite exécuter `arm-linux-gdb` sur le binaire `u-boot`. Attention, le fichier `u-boot.bin` n'est pas utilisable, car contrairement à `u-boot`, ce dernier n'est pas au format ELF (voir chapitre 8), qui est le seul format binaire utilisable par la commande `arm-linux-gdb`.

Nous posons tout d'abord un point d'arrêt sur la fonction `start_armboot`, ce qui nous permet de démarrer le bootloader en mode pas à pas. Nous définissons ensuite un autre point d'arrêt sur la fonction `main_loop` qui correspond à la boucle interactive

de saisie des commandes. Nous pouvons alors afficher la valeur de la variable
`bootdelay` avec `print`, puis continuer l'exécution de U-Boot en utilisant la commande `continue`.

Connexion à l'agent et mise au point de U-Boot

```
$ arm-linux-gdb u-boot
GNU gdb Red Hat Linux (6.7-2rh)
Copyright (C) 2007 Free Software Foundation, Inc.
License GPLv3+: GNU GPL version 3 or later <http://gnu.org/licenses/gpl.html>
This is free software: you are free to change and redistribute it.
There is NO WARRANTY, to the extent permitted by law. Type "show copying"
and "show warranty" for details.
This GDB was configured as "--host=i686-pc-linux-gnu --target=arm-linux".
The target architecture is set automatically (currently arm)
..
(gdb) b start_armboot
Breakpoint 1 at 0x10004e4: file board.c, line 315.
(gdb) target remote localhost:1234
Remote debugging using localhost:1234
warning: Can not parse XML target description; XML support was disabled at
compile time
[New Thread 1]
0x00000000 in ?? ()
(gdb) c
Breakpoint 1, start_armboot () at board.c:315
315             gd = (gd_t*)(_armboot_start - CFG_MALLOC_LEN - sizeof(gd_t));
(gdb) n
304     {
(gdb) n
315             gd = (gd_t*)(_armboot_start - CFG_MALLOC_LEN - sizeof(gd_t));
(gdb) n
319             memset ((void*)gd, 0, sizeof (gd_t));
(gdb) n
320             gd->bd = (bd_t*)((char*)gd - sizeof(bd_t));
(gdb) n
321             memset (gd->bd, 0, sizeof (bd_t));
(gdb) n
323             monitor_flash_len = _bss_start - _armboot_start;
(gdb) n
304     {
(gdb) n
323             monitor_flash_len = _bss_start - _armboot_start;
(gdb) n
...
(gdb) b main_loop
Breakpoint 2 at 0x100618c: file main.c, line 361.
(gdb) n
```

```
362     bootdelay = s ? (int)simple_strtol(s, NULL, 10) : CONFIG_BOOTDELAY;
(gdb) n
384       s = getenv ("bootcmd");
(gdb) p bootdelay
$1 = 2
(gdb) c
Continuing.
```

Utilisation de KGDB

Historiquement, le patch KGDB fut la première solution libre utilisable pour la mise au point en espace noyau. Pendant longtemps, l'utilisation de KGDB passa par l'application d'un patch maintenu par la société LinSysSoft Technologies (http://www.linsyssoft.com). La version gratuite était disponible uniquement pour certaines versions du noyau. Pour les autres versions, on devait obtenir la version payante, ce qui rendait la solution peu intéressante par rapport au choix d'une sonde JTAG. Le patch a été repris depuis par des développeurs de Wind River (Intel), en collaboration avec LinSysSoft, et intégré à la version standard (ou *main line*) du noyau Linux, et ce à partir de la version 2.6.26. Une nouvelle version devrait être intégrée à la version 2.6.35. Le wiki de KGDB est disponible sur http://kgdb.wiki.kernel.org.

Mise au point du noyau Linux

Pour utiliser KGDB, on doit tout d'abord valider l'option *Kernel hacking>KGDB: kernel debugging with remote gdb* dans la configuration du noyau Linux.

> **ATTENTION Ne pas confondre avec le test QEMU précédent !**
>
> Dans le cas précédent, nous avons utilisé QEMU en tant que serveur GDB, mais le noyau n'était pas configuré pour utiliser KGDB (option `CONFIG_KGDB` désactivée).
> Le fonctionnement actuel est différent puisque nous utilisons QEMU dans le seul but d'exécuter un noyau Linux compatible KGDB. Le même test pourrait bien entendu être fait avec une carte ARM réelle à la place de QEMU. Nous remarquons d'ailleurs que les options `-s` et `-S` ne sont plus utilisées.

Il existe plusieurs méthodes pour mettre au point le noyau avec KGDB. Les différentes options sont en général passées en paramètres au noyau Linux, mais on peut également les modifier en utilisant des entrées dans `/sys`. On peut donc :

1 utiliser un port série avec l'option `kgdboc` (pour *KGDB Over Console*). C'est la solution que nous utiliserons dans ce paragraphe. Le paramètre correspond au nom du fichier spécial associé à la ligne série, ainsi que le débit utilisé, par exemple `kgdboc=ttyAMA0,115200` ;

2 utiliser un lien Ethernet avec l'option `kgdboe` (pour *KGDB Over Ethernet*). Cette possibilité est décrite comme moins fiable dans la dernière documentation KGDB et la dernière version de KGDB basée sur 2.6.35 ne devrait plus intégrer cette possibilité.

En plus de `kgdboc`, il faut ajouter l'option `kgdbwait` qui indique au noyau d'attendre la connexion du client GDB (`arm-linux-gdb` dans notre cas). Si nous voulons tester le fonctionnement avec QEMU, nous devons utiliser la console graphique sur le framebuffer, sachant que le port série associé à `/dev/ttyAMA0` est déjà utilisé par KGDB.

> ALLER PLUS LOIN **Partage de console série avec KGDB**
>
> Il est possible de partager la console série avec KGDB, mais la mise en place est plus délicate. L'utilisateur doit pour cela envoyer manuellement une combinaison « magique » de touches *SysRq-g*. Pour cela, nous conseillons la lecture des documentations suivantes :
> - http://kgdb.wiki.kernel.org
> - http://kernel.org/pub/linux/kernel/people/jwessel/kgdb/ch03s03.html
> - http://en.wikipedia.org/wiki/Magic_SysRq_key

Nous ajoutons l'option `-serial pty` à la ligne de démarrage de QEMU, afin d'émuler le port série avec un pseudo-terminal.

Démarrage de QEMU avec le noyau compatible KGDB

```
$ qemu-system-arm -M versatilepb -m 64 -kernel zImage -initrd
rootfs.arm.cpio -append "kgdboc=ttyAMA0 kgdbwait" -serial pty

char device redirected to /dev/pts/5
```

À l'issue de cette commande, la fenêtre graphique de QEMU est affichée. Le noyau Linux interrompt son exécution avec le message *kgdb: Waiting for connection from remote gdb* visible dans cette fenêtre.

On démarre ensuite `arm-linux-gdb` sur le noyau `vmlinux`, puis on se connecte au noyau en attente en utilisant `target remote` sur le nom du pseudo-terminal utilisé. On pose ensuite un point d'arrêt sur la fonction `sys_sync`. L'utilisation de la commande `continue` provoque la fin du démarrage du système.

Démarrage de GDB

```
$ arm-linux-gdb vmlinux
GNU gdb Red Hat Linux (6.7-2rh)
Copyright (C) 2007 Free Software Foundation, Inc.
```

```
License GPLv3+: GNU GPL version 3 or later <http://gnu.org/licenses/
gpl.html>
This is free software: you are free to change and redistribute it.
There is NO WARRANTY, to the extent permitted by law. Type "show
copying"
and "show warranty" for details.
This GDB was configured as "--host=i686-pc-linux-gnu --target=arm-
linux".
The target architecture is set automatically (currently arm)
..
(gdb) b sys_sync
Breakpoint 1 at 0xc00a4eb0: file fs/sync.c, line 41.

(gdb) target remote /dev/pts/5
Remote debugging using /dev/pts/5
0xc006107c in kgdb_breakpoint () at kernel/kgdb.c:1718
1718      atomic_set(&kgdb_setting_breakpoint, 1);
(gdb) c
Continuing.
root[New Thread 324]
[Switching to Thread 324]
```

Lorsqu'on tape la commande sync sur le système exécuté dans QEMU, cela provoque l'exécution du point d'arrêt. On peut alors mettre au point le noyau comme nous l'avons fait avec QEMU en mode serveur GDB. On pourra également mettre au point un module dynamique en appliquant la méthode décrite précédemment.

Exécution du point d'arrêt sur sys_sync

```
Breakpoint 1, sys_sync () at fs/sync.c:41
41      do_sync(1);
```

Utilisation d'une sonde JTAG

L'utilisation d'une sonde JTAG est la solution la plus efficace, mais aussi la plus onéreuse pour la mise au point en espace noyau. Dans ce cas, on place une sonde matérielle sur la carte réelle qui doit donc disposer d'un connecteur JTAG. L'agent GDB est alors intégré à la sonde qui est elle-même un système embarqué disposant de ports série, Ethernet ou USB et supportant des protocoles standards comme TFTP ou TELNET en plus du protocole GDB. La sonde matérielle doit bien entendu être adaptée au processeur utilisé sur la carte, et il faudra donc acheter une sonde par type de processeur. En plus de cela, on devra configurer la sonde en fonction du type de processeur, car dans l'exemple de l'ARM, un cœur ARM9 ou ARM11 pourra être utilisé par plusieurs fabricants (Atmel, Freescale…). Au final, la note est élevée (plusieurs milliers d'euros par sonde et un peu de temps à passer), mais le confort d'utilisation est incomparable.

Dans ce chapitre, nous allons décrire l'utilisation d'une sonde BDI3000 fabriquée par la société Abatron en Suisse (http://www.abatron.ch/products/bdi-family/bdi3000.html). Le produit est d'une grande qualité et c'est aujourd'hui la référence dans le domaine. La configuration est décrite par le schéma ci-dessous.

Figure 12–2
Mise au point par sonde JTAG
BDI2000/3000 (schéma
ABATRON)

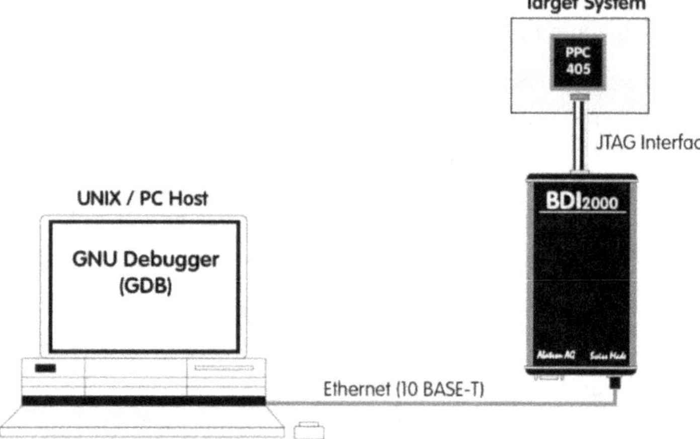

> REMARQUE **OpenOCD, une solution « libre » et peu coûteuse**
>
> Si on est un utilisateur isolé et qu'on n'a pas les moyens, il est difficilement envisageable d'acquérir un tel matériel. Il existe une solution approchante basée sur le logiciel libre OpenOCD (*On-Chip Debugger* sur http://openocd.berlios.de) permettant d'exploiter un câble JTAG USB à faible coût (quelques dizaines d'euros). L'agent GDB est alors intégré à OpenOCD. Le système fonctionne, mais la mise en place est délicate. Pour cela vous pouvez vous aider du blog de Gilles Blanc, à l'adresse suivante :
>
> ▸ http://gblanc.blogs.linagora.com/index.php/post/2008/08/29/J-TAG-sur-carte-Embest-SBC244

Mise en œuvre de la sonde BDI3000

La sonde BDI3000 dispose d'un port série RS-232 ainsi que d'un port Ethernet. Le port série est utilisé pour l'exploitation bas niveau et la configuration initiale de la sonde. Le port Ethernet est utilisé pour le protocole GDB, l'ouverture d'une session Telnet (afin de disposer d'un interpréteur de commandes) ou encore la récupération du fichier de configuration de la sonde par TFTP. L'exemple fourni correspond à la mise en œuvre réelle de la sonde sur un processeur ARM9 (cœur ARM926) NetSilicon NS9750 de chez Digi (http://www.digi.com).

Utilisation de bdisetup

La sonde doit être connectée au PC de développement par un lien série RS-232. Elle est également connectée au même réseau Ethernet que le PC et la cible à mettre au point. L'exploitation de la carte par le port série s'effectue par la commande `bdisetup` qui permet de configurer la sonde en dialoguant avec le programme `loader`. Une fois les paramètres configurés – dont l'adresse IP de la sonde –, la configuration pourra être chargée automatiquement depuis un serveur TFTP.

Cette commande est livrée par Abatron au format binaire pour Windows, mais les sources sont également fournies pour la version Unix sous forme d'une archive ZIP (`bdisetup.zip`). La compilation ne pose pas de problème, et il suffit de taper `make` dans le répertoire des sources. On peut obtenir la configuration de la sonde en tapant la commande suivante.

Lecture de la configuration de la sonde

```
$ ./bdisetup -v -p/dev/ttyS0 -b115
BDI Type : BDI3000 (SN: 33128508)
Loader   : V1.01
Firmware : V1.22 bdiGDB for ARM
MAC      : 00-0c-01-33-12-85
IP Addr  : 192.168.9.200
Subnet   : 255.255.255.0
Gateway  : 192.168.9.3
Host IP  : 192.168.9.14
Config   : cc9p9750.cfg
```

L'affichage indique que la sonde est configurée pour le réseau 192.168.9.0. Si on désire utiliser un autre réseau, on doit modifier le fichier de configuration `cc9p99750.cfg`. Le fichier contient alors les lignes suivantes.

Contenu du fichier cc9p99750.cfg

```
; bdiGDB configuration for netSilicon
; Requires manual reset!!!!
[TARGET]
CPUTYPE      ARM926E
TRST         PUSHPULL
CLOCK        8                 ;JTAG clock (0=Adaptive, 1=8MHz, 2=4MHz,3=2MHz)

ENDIAN       LITTLE            ;memory model (LITTLE | BIG)
;STARTUP      RUN              ;
BDIMODE      AGENT             ;the BDI working mode (LOADONLY | AGENT)
BREAKMODE    HARD             ;utilisation de points d'arrêt matériels
RESET        HARD 1000
```

```
[HOST]
IP              192.168.3.109 ; @IP du PC de développement

PROMPT  CC9P9750r1>

[REGS]
FILE            regNS9750.def
```

On utilise de nouveau `bdisetup` pour indiquer l'adresse IP de la sonde (192.168.3.48) et du PC de développement (192.168.3.109). On indique également le nom du fichier de configuration qu'il faut récupérer sur le serveur TFTP du PC de développement.

Configuration de la sonde

```
$ ./bdisetup -c -p/dev/ttyS0 -b115 -i192.168.3.48 -h192.168.3.109-
fcc9p9750.cfg
Connecting to BDI loader
Writing network configuration
Configuration passed
```

Une nouvelle commande de lecture avec l'option `-s` permet de quitter `loader` et de démarrer le firmware. Les valeurs des adresses IP sont désormais correctes.

Démarrage du firmware

```
$ ./bdisetup -v -p/dev/ttyS0 -b115 -s
BDI Type : BDI3000 (SN: 33128508)
Loader   : V1.01
Firmware : V1.22 bdiGDB for ARM
MAC      : 00-0c-01-33-12-85
IP Addr  : 192.168.3.48
Subnet   : 255.255.255.255
Gateway  : 255.255.255.255
Host IP  : 192.168.3.109
Config   : cc9p9750.cfg
```

Pour finaliser la configuration, on copie les fichiers de configuration `cc9p9750.cfg` et `regNS9750.cfg` dans le répertoire du serveur TFTP, soit `/tftpboot` ou `/var/lib/tftpboot`.

Connexion à la sonde par Telnet

Après avoir redémarré la sonde, on doit pouvoir s'y connecter par le protocole Telnet. Le message `waiting for target Vcc` indique que la sonde attend la mise sous tension de la carte.

Connexion Telnet à la sonde

```
$ telnet 192.168.3.48
Trying 192.168.3.48...
Connected to 192.168.3.48.
Escape character is '^]'.
BDI Debugger for ARM
====================
...

CC9P9750r1>

TARGET: core #0 has entered debug mode
# TARGET: target powerfail detected
- TARGET: waiting for target Vcc
- TARGET: waiting for target Vcc
...
```

Au démarrage de la carte, on obtient de nouveaux messages, jusqu'à l'affichage de l'invite de commandes de la sonde `CC9P9750r1>`. On peut taper toutes les commandes disponibles sur la sonde, comme `reset` ou bien `info`. Bien entendu, la liste des commandes est disponible dans la documentation fournie par Abatron à l'adresse : http://www.abatron.ch/products/debugger-support/gnu-support/manuals.html.

Démarrage de la carte

```
TARGET: processing reset request
- TARGET: BDI asserts TRST and RESET
- TARGET: BDI removes TRST
- TARGET: Bypass check 0x00000001 => 0x00000001
- TARGET: JTAG exists check passed
- Core#0: ID code is 0x17926031
- TARGET: All ICEBreaker access checks passed
- TARGET: BDI removes RESET
- TARGET: BDI waits for RESET inactive
- TARGET: resetting target passed
- TARGET: processing target startup ....
- TARGET: processing target startup passed
CC9P9750r1>
CC9P9750r1>reset
- TARGET: processing reset request
- TARGET: BDI asserts TRST and RESET
- TARGET: BDI removes TRST
- TARGET: Bypass check 0x00000001 => 0x00000001
- TARGET: JTAG exists check passed
- Core#0: ID code is 0x17926031
- TARGET: All ICEBreaker access checks passed
```

```
- TARGET: BDI removes RESET
- TARGET: BDI waits for RESET inactive
- TARGET: resetting target passed
- TARGET: processing target startup ....
- TARGET: processing target startup passed
CC9P9750r1>info
    Core number        : 0
    Core state         : debug mode (ARM)
    Debug entry cause  : Debug Request
    Current PC         : 0x00f808bc
    Current CPSR       : 0x800000d3 (Supervisor)
CC9P9750r1>
```

La commande `info` indique que le processeur est arrêté (`debug mode`), car nous avons volontairement configuré la sonde pour ne pas le démarrer lors de la mise sous tension. Le bootloader sur la carte reste donc « gelé ». Ce comportement est semblable à celui obtenu avec l'option `-S` de QEMU.

Mise au point du noyau par GDB

L'étape suivante consiste à charger sur la carte la version de noyau compilée en mode mise au point (`-g`). Pour cela, on copie le fichier `uImage.gdb` sur le répertoire TFTP du PC de développement. Le fichier `vmlinux` correspond à la version non compressée de `uImage.gdb`. On charge ce fichier `vmlinux` avec `arm-linux-gdb` puis on se connecte à la sonde qui utilise le port TCP 2001.

Chargement du fichier vmlinux

```
$ arm-linux-gdb vmlinux
GNU gdb 6.2
Copyright 2004 Free Software Foundation, Inc.
GDB is free software, covered by the GNU General Public License, and you are
welcome to change it and/or distribute copies of it under certain conditions.
Type "show copying" to see the conditions.
There is absolutely no warranty for GDB. Type "show warranty" for details.
This GDB was configured as "--host=i686-pc-linux-gnu --target=arm-linux".
Reading symbols from /home/pierre/linux/vmlinux...done.
(gdb) target remote 192.168.3.48:2001
Remote debugging using 192.168.3.48:2001
0x00f808d0 in ?? ()
(gdb) hbreak start_kernel
Hardware assisted breakpoint 1 at 0xc00086ec: file thread_info.h, line 86.
(gdb) c
Continuing.
```

À partir de là, le chargement du noyau s'effectue côté U-Boot. Si le noyau n'est pas chargé automatiquement, il suffit d'obtenir l'invite U-Boot et d'utiliser la commande `tftpboot`. À l'issue du démarrage, GDB s'arrête sur la fonction `start_kernel` puisque nous y avons posé un point d'arrêt. Il faut noter que nous utilisons un point d'arrêt matériel (commande `hbreak`) comme décrit dans la documentation GDB sur : http://sourceware.org/gdb/current/onlinedocs/gdb/Set-Breaks.html.

Arrêt sur la fonction start_kernel

```
Breakpoint 1, start_kernel () at thread_info.h:86
86      register unsigned long sp asm ("sp");
(gdb) n
```

On peut dès lors continuer le démarrage en mode pas à pas, poser de nouveaux points d'arrêt, etc. Si on observe l'état de la sonde dans la fenêtre Telnet, on constate que la cause d'arrêt n'est plus la même que précédemment (*Breakpoint* et non plus *Debug Request*).

Nouvel état de la sonde

```
- TARGET: core #0 has entered debug mode
CC9P9750rl>info
    Core number       : 0
    Core state        : debug mode (ARM)
    Debug entry cause : Breakpoint
    Current PC        : 0xc00086ec
    Current CPSR      : 0x600000d3 (Supervisor)
```

Outils de mise au point mémoire

Comme nous l'avons déjà évoqué, le problème de fuite mémoire est le cauchemar des concepteurs de systèmes embarqués, car ces systèmes ont la particularité de fonctionner 24 heures sur 24, dans la majorité des cas. En dehors de cela, il peuvent être installés dans des endroits difficiles d'accès pour un éventuel redémarrage. Il est d'ailleurs fréquent que certains systèmes procèdent régulièrement à un redémarrage planifié (par le service *cron*) ou dépendant d'une condition d'erreur (exemple : la quantité de mémoire vive disponible est inférieure à une valeur donnée).

En dépit de ces subterfuges, il est important de vérifier que les applications utilisées ne subissent pas de fuites de mémoire. Il existe un grand nombre d'outils disponibles pour cela, et on peut d'ailleurs se demander si cette multiplicité ne cache pas l'impossibilité de disposer d'un outil universel !

> **HISTOIRE Le service cron**
>
> Ce service est présent dans toutes les versions d'Unix. Le nom est inspiré de *chronos* (Χρνος) qui en grec ancien désigne aussi bien le temps que le dieu du temps.
> Le but du service cron est de déclencher des actions (autrement dit, démarrer des scripts) à des dates régulières. La résolution minimale est la seconde sur la version standard du service. On définit les actions par utilisateur via une table chargée par la commande `crontab`.
> ▸ http://en.wikipedia.org/wiki/Cron
> ▸ http://www.roesler-ac.de/wolfram/acro/all.htm

Allocation de mémoire

L'allocation dynamique de mémoire sous Unix est basée sur l'appel système `malloc` qui retourne un pointeur sur la zone de mémoire allouée. La même zone doit être libérée par l'appel système `free` en utilisant le même pointeur. Dans le cas contraire, cela conduit à une fuite de mémoire qui sera résolue uniquement avec l'arrêt de l'application et la libération de la mémoire dynamique allouée.

La gestion de la mémoire sous Unix (et Linux) est complexe, car le système gère de la mémoire *virtuelle*, ce qui fait que la mémoire allouée dans un processus utilisateur n'a rien à voir avec la mémoire physique. Un système de protection sécurise la gestion de la mémoire par l'envoi d'un signal `SIGSEGV` (violation de segmentation). Cependant, les fuites de mémoire n'entrent pas dans cette catégorie, puisque la mémoire est correctement allouée par le processus. Elles sont de ce fait difficilement détectables.

D'autres erreurs comme le *buffer overflow* sont également très insidieuses, car elles peuvent ne pas apparaître dans des conditions normales de test. Au final, elles provoquent tôt ou tard l'arrêt de l'application, mais sont à la source de problèmes de fonctionnement, puisqu'elles peuvent modifier des variables de manière intempestive. Le cas le plus fréquent est la déclaration d'un tableau de taille fixe dans la pile d'une fonction, suivie d'autres variables qui sont écrasées si on dépasse la taille du tableau.

Dépassement de mémoire pour des variables locales

```c
#include <stdio.h>
#include <stdlib.h>
#include <string.h>

int main (int ac, char **av)
{
  char buf[10]; // Chaîne de 9 caractères maxi + le 0 à la fin
  int i = 2010;

  memset ((void*)buf, 0, sizeof(buf));
```

```c
    // cas normal, RAS
    strcpy (buf, "hello");
    printf ("i = %d buf= %s\n", i, buf);

// Erreur, 1 caractère de trop car il faut compter le 0 à la fin de
    // la chaîne => la valeur de i est erronée mais on ne dépasse pas la
    // quantité de mémoire allouée donc pas de crash :(
    strcpy (buf, "0123456789");
    printf ("i = %d buf= %s\n", i, buf);

    // Là on pousse un peu loin le bouchon, donc on reçoit un SIGSEGV !
    strcpy (buf, "a very long string, should crash the program");
    printf ("i = %d buf= %s\n", i, buf);

    return 0;
}
```

Exécution du programme

```
$ ./bad2
i = 2010 buf= hello
i = 1792 buf= 0123456789
i = 1953701991 buf= a very long string should crash the program
Erreur de segmentation
```

Les outils disponibles

Il existe plusieurs catégories d'outils disponibles pour la résolution des problèmes de mémoire. Le principal problème de tels outils est leur disponibilité sur certaines plates-formes. Il est parfois possible de tester l'application dans un environnement PC/x86, puis de la recompiler pour la cible, mais la procédure est assez lourde et pas toujours fiable.

Une liste assez complète des outils sous Linux est disponible à l'adresse http://www.yolinux.com/TUTORIALS/LinuxTutorialSoftwareDevelopment.html#MEMORYTOOLS.

REMARQUE **Avant tout, utiliser les options de vérification de GCC**

Avant d'effectuer la mise au point de l'exécutable, il faut être certain que le compilateur n'affiche pas d'avertissement quant à la syntaxe du code source. L'option `-Wall` cumule toutes les options de vérification de GCC.

Un première catégorie d'outils fonctionne en espace utilisateur. Le principe est de redéfinir la fonction `malloc` afin de créer une « barrière » autour de chaque zone de mémoire allouée. Le moindre dépassement provoque alors un arrêt de l'application que l'on pourra mettre au point avec GDB. Le principal défaut est la lenteur de l'allocateur modifié par rapport à la version standard, ce qui fait que cette solution n'est pas forcément utilisable pour une application réelle. L'outil Electric Fence (http://perens.com/FreeSoftware) est un exemple basique d'une telle solution.

Bien que beaucoup plus évolué que le précédent, l'outil Valgrind (http://valgrind.org) utilise une technique assez proche. Valgrind ne nécessite pas la recompilation de l'application, car c'est une machine virtuelle utilisant un principe de compilation *just in time*. Comme dans le cas précédent, les performances d'une application exécutée dans Valgrind sont dégradées par rapport à une exécution normale. Malgré cela, Valgrind est certainement l'outil le plus populaire sous Linux, et il fonctionne désormais sur d'autres systèmes d'exploitation comme Mac OS X ou FreeBSD. Notons également que Valgrind dispose d'autres fonctionnalités en plus de la vérification de mémoire (ou *memcheck*). En plus de x86, il fonctionne sur l'architecture PowerPC, et un portage ARM est en cours, même s'il est expérimental.

Autre catégorie, les outils dédiés à Linux se basent sur des options de compilation du noyau et fonctionnent donc en espace noyau. On peut citer kmemcheck et kmemleak disponibles sur les derniers noyaux, versions 2.6.30 et supérieures.

L'outil Mudflap est une extension du compilateur GCC permettant de déboguer l'utilisation des pointeurs dans une application. Il est livré en standard avec la distribution STLinux fournie par STMicroelectronics pour le processeur SH4 (http://www.stlinux.com/devel/debug/mudflap).

Pendant l'exécution d'une application, Mudflap affiche les anomalies constatées sur la sortie d'erreur standard. Pour cela, il est nécessaire de recompiler l'application ou la bibliothèque avec des options de compilation sommant GCC de modifier le code généré pour y ajouter la surveillance de pointeurs.

Outre les outils libres, il existe bien entendu de nombreux outils commerciaux, car les problèmes de gestion de mémoire ne sont hélas pas propres à Linux. En général, ces outils sont uniquement disponibles sur plate-forme Intel x86 et fonctionnent en espace utilisateur. Les développeurs chevronnés ont certainement utilisé dans leur carrière l'outil Purify (http://www-01.ibm.com/software/awdtools/purify), initialement créé par la société Pure Sofware sur SUN Sparc, et aujourd'hui édité par IBM. Il est disponible pour Windows et Linux.

L'outil Insure++ édité par la société Parasoft (http://www.parasoft.com/jsp/fr/products/insure.jsp) est également un outil intéressant, dont les fonctionnalités se rapprochent de celles de Purify. Il permet de tracer en temps réel la courbe de consommation mémoire du programme exécuté.

Mise en œuvre d'OProfile

L'outil OProfile est un outil de *profiling*, ce que l'on peut traduire de manière peu élégante par « profilage » en français. Il est disponible sous licence GPL, à l'adresse http://oprofile.sourceforge.net. Le profiling est très différent de la mise au point puisqu'il ne s'agit pas de traquer un bogue, mais plutôt d'estimer la consommation d'une application afin d'en optimiser le fonctionnement. Il existe déjà sous Unix la commande `prof`, qui fut adaptée en `gprof` pour l'environnement GNU, mais ce sont des outils très limités par rapport à OProfile qui peut fonctionner sur un programme en espace utilisateur ou bien sur un module en espace noyau.

Installation d'OProfile

Avant tout, il faut configurer le noyau afin de valider le support OProfile. Pour cela, on doit activer les options *General setup>Profiling support* et *General setup>OProfile system profiling*, puis recompiler le noyau.

La configuration d'OProfile est quant à elle basée sur Autotools, et la procédure de compilation est donc simplifiée. On doit surtout passer le chemin d'accès aux sources du noyau compatible OProfile par l'option `--with-linux`. Bien entendu, on utilise le même compilateur croisé que pour la production de la distribution, d'où l'option `--host=arm-linux-gnueabi` ou bien `--host=arm-linux`.

Compilation d'OProfile

```
$ ./configure --prefix=/opt/oprofile_arm --host=arm-linux-gnueabi --
with-kernel-support --with-linux=/home/pierre/chap11/linux-2.6.30
$ make
...
$ make install
```

Bien entendu, les binaires produits doivent être installés sur la cible ou bien mis à disposition en utilisant sur la cible un montage NFS du répertoire d'installation `/opt/oprofile_arm`.

Configuration d'OProfile

La configuration s'effectue en tant que superutilisateur avec la commande `opcontrol`. Dans l'exemple qui suit, nous indiquons que nous allons effectuer un profiling en espace utilisateur limité au programme `myprog`.

Configuration d'OProfile

```
# opcontrol --no-vmlinux -p lib,thread -i /opt/bin/myprog
```

L'option `-p` indique de séparer les résultats par threads et bibliothèques. La séparation par thread permet d'affecter les enregistrements à chaque thread d'une application. Sans cette séparation, tous les enregistrements appartiendront à l'identifiant de processus (PID) de l'application. Grâce à cette séparation, le découpage se fait au niveau du TID *(Thread-ID)*. De même, l'option `-p lib` permet de séparer les appels provenant de chaque bibliothèque lors de l'affichage des résultats.

Enregistrement des informations de profiling

La prochaine étape consiste à démarrer le démon OProfile avec l'option `--start-daemon`, puis d'activer l'enregistrement avec l'option `--start`. On peut ensuite démarrer l'application.

Démarrage du démon et de l'enregistrement

```
# opcontrol --start-daemon
# opcontrol --start
# /opt/bin/myprog
```

Pendant que l'application `/opt/bin/myprog` tourne, elle est *profilée* et on peut interrompre l'enregistrement avec l'option `--stop`.

Arrêt de l'enregistrement

```
# opcontrol --stop
```

Notons qu'il est prudent d'écrire les enregistrements qui sont encore dans le tampon. Le démon OProfile vide le tampon régulièrement, mais lorsque l'enregistrement est arrêté, des données peuvent être encore en attente d'écriture.

Vidage de tampon

```
# opcontrol --dump
```

Le démon OProfile peut être complètement arrêté par l'option `--stop-daemon` si aucun autre enregistrement n'est planifié.

Arrêt du démon

```
# opcontrol --stop-daemon
```

Production des résultats

La commande `opreport` permet d'afficher les résultats sur la sortie standard. L'affichage par défaut est assez basique, mais il existe de nombreuses options pour améliorer la présentation. Nous avons choisi de présenter les résultats en affichant les noms des bibliothèques dynamiques et des fonctions (option `-d` pour obtenir les détails, `-l` pour obtenir les chemins d'accès complets).

Affichage des résultats

```
# opreport -l -d
```

Sur une application réelle, les données sont rapidement inexploitables en l'état, du fait du trop grand nombre d'informations et des limitations de l'affichage sur les terminaux. La commande `opreport` permet d'exporter les informations au format XML, ce qui est un bon moyen de les convertir ensuite vers un format plus lisible. Dans notre exemple, nous convertissons les données en HTML en utilisant le langage XSLT grâce à la commande `xsltproc` qui est bien entendu utilisée sur le PC de développement. Pour effectuer la conversion on fournit un fichier de conversion XSL ainsi qu'une feuille de style `style.css`.

Conversion des résultats en XML puis HTML

```
# opreport -l -d -X > myprog.xml

$ xsltproc oprofile_test.xsl myprog.xml > myprog.html
```

ALLER PLUS LOIN **Le langage XSLT**

Le langage XSLT (pour *eXtensible Stylesheet Language Transformations*) a été défini par le W3C pour permettre la conversion de données XML vers d'autres formats comme le HTML. Pour en savoir plus, on pourra consulter les pages suivantes :

- http://www.w3.org/TR/xslt
- http://xmlsoft.org/XSLT/xsltproc2.html
- http://www.happy-monkey.net/docbook
- http://fr.wikipedia.org/wiki/Extensible_Stylesheet_Language_Transformations

Mise en œuvre de Ftrace

L'outil Ftrace (littéralement *Function Tracer*) a été introduit pour le noyau 2.6.27 dans le but d'unifier les outils de trace du noyau. C'est donc un composant standard utilisable pour toutes les versions du noyau ultérieures et toutes les architectures officiellement supportées. Il permet d'analyser le comportement du système en mettant en place de l'instrumentation ou *monitoring*. Il s'agit donc d'une analyse du comportement et des performances et non pas de la correction d'un défaut de fonctionnement tel une erreur d'allocation de mémoire.

Ftrace est capable de produire des informations concernant les latences, le traitement des interruptions, les changements de contexte (ou *context switch*). Il permet également de générer des graphes d'appel de fonctions dans le noyau. Notons que l'on peut bien entendu étendre les fonctionnalités de Ftrace en y ajoutant des greffons. Il permet également de provoquer des traces à partir de fonctions de l'espace utilisateur.

Plus généralement, ce type de fonctionnalité est nécessaire dans tous les systèmes informatiques mais il est d'autant plus crucial pour un système embarqué puisque par définition ce dernier dispose de ressources plus limitées (mémoire vive, espace de stockage, puissance CPU), que sa maintenance est plus complexe (problème d'accessibilité), et qu'il doit respecter des contraintes de fiabilité (fonctionnement permanent) qui n'ont rien à voir avec celles d'un PC de bureau. De ce fait, des fonctionnalités de trace sont souvent mises en place dans le cas de systèmes temps réel qui doivent respecter des échéances temporelles en plus des contraintes de fiabilité.

Dans le cas de Linux, ces outils se situent le plus souvent au niveau du noyau et il est nécessaire de tracer des événements comme :

* les appels système ;
* les fonctions de traitement d'interruption ;
* les fonctions d'ordonnancement ;
* les piles réseau.

Notons également que l'enregistrement en temps réel de telles informations nécessite de stocker ou de transmettre une assez grande quantité de données et donc qu'une optimisation est nécessaire. De même, à l'instar des instruments de mesures physiques, les outils de trace doivent influer le moins possible sur les performances du système. Les différents outils de trace sont répertoriés dans le répertoire `Documentation/trace` des sources du noyau Linux.

Nous décrirons ici les principales étapes de l'utilisation de Ftrace, son utilité pour la mise en évidence des performances d'une application utilisant un compteur POSIX (tâche périodique). Nous exposerons également les outils `trace-cmd` et `kernelshark` dérivés de Ftrace.

Ftrace ou LTT/LTTng ?

Il est difficile de ne pas évoquer LTT/LTTng dans un chapitre consacré aux outils de mise au point. L'outil LTT a été développé par Karim Yaghmour à partir de 1998. LTT a ensuite été remplacé par LTTng (pour *new generation*) et il est maintenu par Mathieu Desnoyers (Université de Montréal puis EficiOS) depuis 2005. La version stable 2.0 est en cours de finalisation au moment de l'écriture de ces lignes.

LTT/LTTng est constitué d'un ensemble d'outils permettant l'enregistrement des événements puis la visualisation (graphique ou non) des résultats. Le fonctionnement de LTT/LTTng nécessite de modifier le noyau Linux, ce qui peut poser des problèmes de compatibilité puisqu'il n'est pas intégré au noyau officiel, contrairement à Ftrace.

Activation dans le noyau

L'activation de Ftrace s'effectue dans le menu *Kernel hacking* de la configuration du noyau. Pour cela, on doit activer l'option *Tracers* puis sélectionner les différentes options dans le sous-menu associé.

Figure 12–3
Activation de Ftrace
dans le noyau

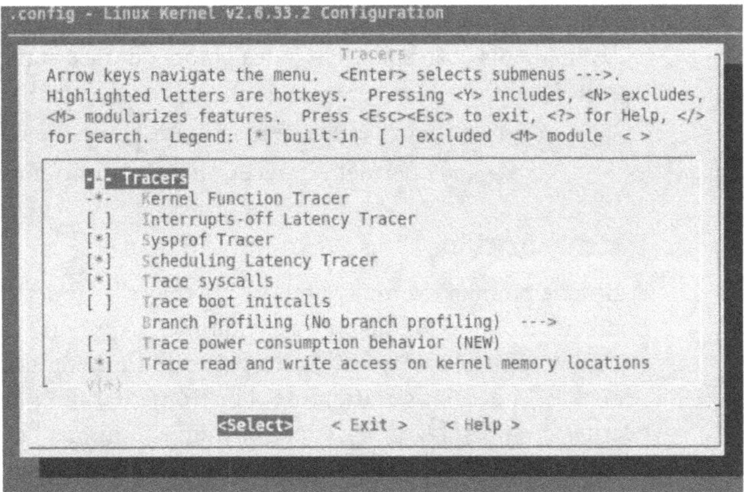

Premières utilisations de Ftrace

Une documentation d'utilisation très complète est disponible dans le fichier `Documentation/trace/ftrace.txt` des sources du noyau Linux. L'utilisation de Ftrace nécessite d'activer la fonctionnalité `DebugFS`, qui est un système de fichiers dédié aux outils de mise au point. Tout comme `/proc` ou `/sys`, `DebugFS` permet de manipuler des données du noyau comme des fichiers standards. Dans le cas de Ftrace, il permet de configurer les traces mais également d'obtenir les résultats dans un fichier virtuel. Notons que d'autres outils comme LTTng utilisent également `DebugFS`. Ce système de fichiers est en général monté sur `/sys/kernel/debug`. Si ce n'est pas fait automatiquement, on peut effectuer le montage par la commande suivante.

Montage de DebugFS

```
# mount -t debugfs nodev /sys/kernel/debug
```

On dispose alors du répertoire `/sys/kernel/debug/tracing` contenant entre autres le fichier `trace` qui comprend les résultats de l'instrumentation. Les principaux fichiers de ce répertoire sont les suivants.

- `available_tracers` contient les différents traceurs disponibles, soit `nop`, `function`, `function_graph`...
- `current_tracer` contient le traceur courant, donc une valeur de la liste précédente.
- `trace` contient les résultats lisibles de l'instrumentation.
- `tracing_on` permet d'activer/désactiver les traces en écrivant les valeurs 1 ou 0.
- `available_events` contient les événements traçables comme `sched_wakeup`. Ces événements correspondent à des points de trace statiques ajoutés au noyau Linux, voir `Documentation/trace/events.txt`.
- `set_event` contient l'événement courant choisi à partir de la liste précédente.
- `set_ftrace_pid` permet de tracer un processus donné par son PID.

Trace de fonction

À titre de premier exemple, nous allons tracer les fonctions d'un pilote de test correspondant à un module noyau nommé `mydriver1.ko`. Les fonctions `open()`, `release()`, `read()` et `write()` du pilote se limitent à un simple appel à la fonction `printk()`. La configuration de l'instrumentation s'effectue par les commandes décrites ci-après. Dans le cas présent, nous limitons l'instrumentation aux fonctions du pilote testé (`mydriver1`) en utilisant un filtre.

Configuration de Ftrace pour test sur le module mydriver1

```
# modprobe mydriver1.ko
# cd /sys/kernel/debug/tracing
# echo function > current_tracer
# echo 'mydriver1_*' > set_ftrace_filter
```

```
# cat set_ftrace_filter
mydriver1_release
mydriver1_open
mydriver1_write
mydriver1_read
# echo 1 > tracing_on
```

On crée ensuite un accès au pilote au travers du fichier spécial /dev/mydriver1, en effectuant les appels système open, write et close par une simple commande echo, puis on visualise les traces. L'affichage est explicite, précisons simplement que la colonne de droite correspond à la fonction appelante (exemple : chrdev_open).

Test et lecture du résultat

```
# echo salut > /dev/mydriver1
# cat trace
# tracer: function
#
#        TASK-PID     CPU#     TIMESTAMP FUNCTION
#          | |         |          |         |
        bash-12960 [001] 3711754.199386: mydriver1_open <-chrdev_open
        bash-12960 [001] 3711754.199413: mydriver1_write <-vfs_write
        bash-12960 [001] 3711754.199419: mydriver1_release <-__fput
```

Trace d'événement

L'exemple ci-dessous met en évidence la trace de l'événement sched_wakeup qui correspond au réveil d'un processus. Pour ce faire, nous allons exécuter un programme basé sur un compteur utilisant une demi-période de 5 millisecondes. L'outil Ftrace nous permet de vérifier le comportement du programme au niveau du respect de la périodicité.

La configuration ci-dessous indique le type d'événement. Nous utilisons également l'option latency-format, pour, entre autres, un affichage plus précis des dates en microsecondes.

Configuration de Ftrace pour le test d'événement

```
# echo 0 > tracing_on
# echo > trace
# echo nop > current_tracer
# echo sched_wakeup > set_event
# echo latency-format > trace_options
# echo 1 > tracing_on
```

Nous laissons tourner le programme pendant quelques secondes, puis nous désactivons les traces car celles-ci concernent tous les processus du système, ce qui a pour effet de produire un grand nombre d'informations dans le fichier `trace`.

Démarrage et arrêt du programme

```
# ./rt_square_gpio -p 5000000 -n
Dummy mode (timer only)
Period= 5000000 ns
Loop= 400 sec= 1330522957 nsec= 398972790 delta= 5000367 ns jitter= 367 ns
Loop= 800 sec= 1330522959 nsec= 398970714 delta= 4998662 ns jitter= -1338 ns
...
^CGot SIGINT, exiting
# echo 0 > tracing_on
```

Nous filtrons le résultat en fonction du nom du programme ce qui nous permet d'obtenir les dates de réveil du processus. Le calcul de la différence donne environ 5 millisecondes.

Analyse du résultat

```
# cat trace | grep "comm=rt"
<idle>-0        1d.h.. 2075790us!: sched_wakeup: comm=rt_square_gpio pid=12539
prio=120 success=1 target_cpu=001
<idle>-0        1d.h.. 2080780us!: sched_wakeup: comm=rt_square_gpio pid=12539
prio=120 success=1 target_cpu=001
<idle>-0        1d.h.. 2085769us!: sched_wakeup: comm=rt_square_gpio pid=12539
prio=120 success=1 target_cpu=001
...
```

Quelques utilisations plus avancées

Le traceur `function_graph` permet d'afficher le détail d'exécution d'une fonction en affichant un graphe détaillé reprenant l'allure d'un programme en C. Les fonctions sont délimitées par des accolades et pour chaque appel à une fonction, on obtient le temps d'exécution. Si la durée d'exécution est supérieure à 10 µs, le caractère ' + ' est affiché et si elle est supérieure à 100 µs, le caractère ' ! ' est affiché.

Test du traceur function_graph

```
# echo function_graph > current_tracer
# cat trace
# CPU DURATION                  FUNCTION CALLS
   # |     |     |                   |   |   |   |
```

```
1)    1.015 us    |                _spin_lock_irqsave();
1)    0.476 us    |                internal_add_timer();
1)    0.423 us    |                wake_up_idle_cpu();
1)    0.461 us    |                _spin_unlock_irqrestore();
1)    4.770 us    |              }
1)    5.725 us    |            }
1)    0.450 us    |          mutex_unlock();
1) + 24.243 us    |        }    ←délai > 10 µs
1)    0.483 us    |      _spin_lock_irq();
1)    0.517 us    |      _spin_unlock_irq();
1)                |      prepare_to_wait() {
1)    0.468 us    |        _spin_lock_irqsave();
1)    0.502 us    |        _spin_unlock_irqrestore();
1)    2.411 us    |      }
1)    0.449 us    |      kthread_should_stop();
1)                |      schedule() {
```

La fonction `trace_printk()` est un autre point intéressant de Ftrace car elle permet
de remplacer avantageusement la célèbre – et intrusive – fonction `printk()`. Contrairement à `printk()`, `trace_printk()` est utilisable dans tous les contextes (ordonnanceur, interruption) car elle consomme quelques microsecondes au lieu de quelques
millisecondes de `printk()`. L'appel à `trace_printk()` apparaîtra dans le fichier
`trace`, comme le montre l'exemple qui suit.

Exemple de code source ajouté

```
trace_printk("read foo %d out of bar %p\n", bar->foo, bar);
```

Affichage dans le cas du traceur function

```
#         TASK-PID    CPU#     TIMESTAMP FUNCTION
#          | |         |          |         |
      <...>-10690 [003] 17279.332920: : read foo 10 out of bar
ffff880013a5bef8
```

Affichage dans le cas du traceur function_graph

```
3)                |      do_one_initcall() {
3)                |        /* read foo 10 out of bar ffff88001191bef8 */
3)    4.221 us    |      }
```

La fonctionnalité `trace_marker` permet de provoquer des traces depuis l'espace utilisateur. Le résultat est visible dans le fichier `trace`.

Test de trace_marker

```
# echo hello world > trace_marker
# cat trace
...
bash-6842 [000] 2245230.244514: 0: hello world
```

De même, on peut insérer le code suivant dans un programme en espace utilisateur.

Code ajouté en espace utilisateur

```
req.tv_sec = 0;
req.tv_nsec = 1000;
write(marker_fd, "before nano\n", 12);
nanosleep(&req, NULL);
write(marker_fd, "after nano\n", 11);
write(trace_fd, "0", 1);
```

Contenu du fichier trace

```
# CPU DURATION                  FUNCTION CALLS
#
  0)                   |        /* before nano */
  0)                   |        kfree() {
  0)    0.475 us |          __phys_addr();
  0)    2.062 us |        }
  0)    0.608 us |        inotify_inode_queue_event();
  ...
  0)                   |        /* after nano */
  0)                   |        kfree() {
  0)    0.486 us |          __phys_addr();
```

Il est également possible de démarrer et d'arrêter l'enregistrement depuis un programme en espace utilisateur, comme le montre l'exemple ci-dessous.

Pilotage depuis un programme en espace utilisateur

```
int fd, trace_fd;
char one = '1';

/* Open trace activation file */
if ((trace_fd = open("/sys/kernel/debug/tracing/tracing_on", O_WRONLY)) == -1)
{
  perror("Can't open tracing file.");
  exit(-3);
}
```

```
else
  /* Activate tracing */
  if (write(trace_fd, &one, 1) < 0)
  {
    perror("Can't write on tracing file.");
    exit(-4);
  }
```

Exploitation des résultats

Pour l'instant, nous avons exploité les résultats en consultant le fichier `trace`. Il est cependant aisé de produire une liste de mesures à partir de ce fichier puis d'utiliser un outil externe pour produire un résultat plus visuel. Dans la figure 12-4, nous avons tracé un nuage de points à partir d'une liste de valeurs calculées par différence entre deux mesures successives. Dans le cas de l'exemple de trace d'événements, ces valeurs se situent autour de 5 millisecondes.

Grâce à la liste des mesures et l'outil Gnuplot, nous pouvons simplement produire le nuage de points donnant la répartition des valeurs en fonction du temps. Pour cela, il suffit de charger le fichier de mesures dans Gnuplot.

Chargement du fichier de mesures dans Gnuplot

```
$ head std_idle.txt
5119
5116
5118
5140
5127
5143
5154
5161
5100
5112

$ gnuplot

  G N U P L O T
  Version 4.4 patchlevel 0
  last modified March 2010
  System: Linux 2.6.35.14-106.fc14.i686

  Copyright (C) 1986-1993, 1998, 2004, 2007-2010
  Thomas Williams, Colin Kelley and many others

  gnuplot home:     http://www.gnuplot.info
```

```
    faq, bugs, etc:     type "help seeking-assistance"
    immediate help:     type "help"
    plot window:        hit 'h'

Terminal type set to 'wxt'
gnuplot> plot 'std_idle.txt'
gnuplot>
```

Suite à cette commande, on obtient la figure suivante.

Figure 12–4

Nuage de points produit par
Ftrace et Gnuplot
(système non chargé)

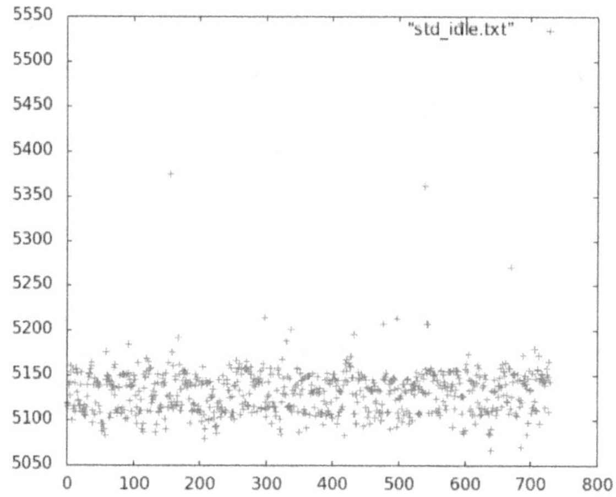

ALLER PLUS LOIN **Gnuplot**

Gnuplot est un outil de tracé graphique diffusé sous GPL. Il existe depuis 1986 et est très largement utilisé dans la communauté scientifique. Même si son interface est un peu austère (interpréteur de commande), Gnuplot permet de tracer des graphes complexes, ainsi que des courbes en 2D et 3D. Bien
entendu, il existe de nos jours d'autres outils permettant de réaliser plus « simplement » des tâches similaires, à commencer par Excel, mais c'est une autre histoire !

▶ http://www.gnuplot.info/
▶ http://www-rst.int-evry.fr/~hebutern/IT21/Simu/Gnuplot.html
▶ http://www.guilde.asso.fr/gt/education/traductions/gnuplot-fr.html
▶ http://fr.wikipedia.org/wiki/Gnuplot

Utilisation de trace-cmd

La commande `trace-cmd` est une interface à Ftrace permettant d'éviter la manipulation des multiples entrées de `DebugFS`. Le code source de la commande est accessible
depuis un dépôt Git, soit `git://git.kernel.org/pub/scm/linux/kernel/git/rostedt/trace-cmd.git`. Les
versions récentes fournissent un outil graphique nommé `kernelshark`, permettant de
tracer des graphes avancés à partir d'un fichier produit par `trace-cmd`.

Dans le cas de la mise au point d'un pilote réseau, on pourra par exemple exécuter la commande suivante afin d'enregistrer les événements `irq`.

Enregistrement d'interruptions avec trace-cmd

```
# trace-cmd record -e irq ping www.google.com
```

Lorsqu'on déclenche l'enregistrement en activant l'interface réseau par `ifconfig eth0 up`, on peut ensuite visualiser les résultats par la commande suivante.

Visualisation des résultats

```
# trace-cmd report | less
ping-26778 [001] 113159.964853: irq_handler_entry:    irq=44 name=i915
ping-26778 [001] 113159.964861: irq_handler_exit:     irq=44 ret=handled
ping-26778 [001] 113159.966428: softirq_entry:        vec=3 [action=NET_RX]
ping-26778 [001] 113159.966461: softirq_exit:         vec=3 [action=NET_RX]
dnsmasq-31639 [001] 113159.966545: softirq_entry:     vec=3 [action=NET_RX]
dnsmasq-31639 [001] 113159.966549: softirq_exit:      vec=3 [action=NET_RX]
[...]
```

De même, pour enregistrer les événements `sched_wakeup` lors de l'exécution d'un programme, on pourra exécuter les commandes suivantes.

Enregistrement des événements sched_wakeup avec trace-cmd

```
# trace-cmd record -e sched_wakeup ./rt_square_gpio -p 5000000 -n
/sys/kernel/debug/tracing/events/sched_wakeup/filter
/sys/kernel/debug/tracing/events/*/sched_wakeup/filter
Dummy mode (timer only)
Period= 5000000 ns
Loop= 400 sec= 1330587041 nsec= 540117850 delta= 4926642 ns jitter= -73358 ns
Loop= 800 sec= 1330587043 nsec= 540200366 delta= 5076521 ns jitter= 76521 ns
Loop= 1200 sec= 1330587045 nsec= 540195859 delta= 5079454 ns jitter= 79454 ns
^CGot SIGINT, exiting
Kernel buffer statistics:
  Note: "entries" are the entries left in the kernel ring buffer and are not
        recorded in the trace data. They should all be zero.

CPU: 0
entries: 0
overrun: 0
commit overrun: 0

CPU: 1
entries: 0
overrun: 0
commit overrun: 0
```

```
CPU: 2
entries: 0
overrun: 0
commit overrun: 0

CPU: 3
entries: 0
overrun: 0
commit overrun: 0

offset=229000
offset=275000
offset=2de000
offset=331000
```

À l'issue de l'exécution, on obtient un fichier `trace.dat` qu'on peut exploiter avec `trace-cmd` ou bien `kernelshark`. Dans le premier cas, nous avons mis en évidence les dates des événements.

Exploitation du résultat avec trace-cmd report

```
# trace-cmd report | grep rt_ | grep idle > report.txt
# more report.txt
          <idle>-0      [000] 1017.625247: sched_wakeup:
rt_square_gpio:2845 [120] success=1 CPU:000
          <idle>-0      [000] 1017.630237: sched_wakeup:
rt_square_gpio:2845 [120] success=1 CPU:000
          <idle>-0      [000] 1017.635224: sched_wakeup:
rt_square_gpio:2845 [120] success=1 CPU:000
          <idle>-0      [000] 1017.640249: sched_wakeup:
rt_square_gpio:2845 [120] success=1 CPU:000
          <idle>-0      [000] 1017.645249: sched_wakeup:
rt_square_gpio:2845 [120] success=1 CPU:000
          <idle>-0      [000] 1017.650207: sched_wakeup:
rt_square_gpio:2845 [120] success=1 CPU:000
...
```

Le calcul des demi-périodes peut s'effectuer à l'aide d'un simple script.

Script de calcul des demi-périodes

```
$ cat get_timestamp.sh
#!/bin/sh
#set -x

extract_time ()
{
    echo $1 | cut -d" " -f3 | tr -d ":"
}
```

```
cat $1 | while read LINE
do
    X1=$(extract_time "${LINE}")
    read LINE
    X2=$(extract_time "${LINE}")
    echo "1000000 * ($X2-$X1)" | bc -l
done

$ ./get_timestamp.sh report.txt > report3.txt

4990.000000
5025.000000
4958.000000
4995.000000
5018.000000
5020.000000
5011.000000
4991.000000
5010.000000
...
```

On peut alors utiliser Gnuplot en sélectionnant la sortie PNG afin de créer directement un fichier d'image.

Production du résultat avec Gnuplot

```
gnuplot> set terminal png
Terminal type set to 'png'
gnuplot> set output 'report.png'
gnuplot> plot 'report3.txt'
gnuplot>
```

Figure 12–5
Nuage de points produit
par trace-cmd et Gnuplot
(système chargé)

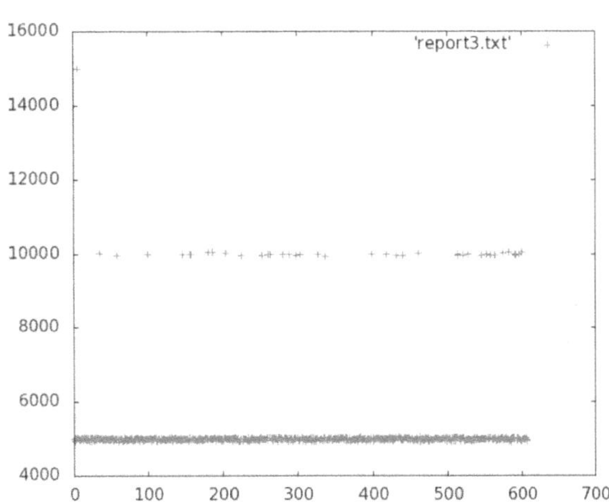

Pour `kernelshark`, il suffit d'exécuter la commande pour voir s'afficher les résultats sous forme graphique. L'outil charge automatiquement le fichier `trace.dat` si l'on est dans le répertoire utilisé pour le test. On peut tout d'abord filtrer les résultats en utilisant le menu *Filter>task* puis en cochant les programmes à afficher, soit dans notre cas `rt_square_gpio`.

Dans le cas présent, le programme s'exécute uniquement sur CPU0. On peut diminuer ou augmenter l'échelle en cliquant sur la zone supérieure tout en déplaçant la souris vers la droite ou la gauche. Si l'on clique sur un événement dans la zone inférieure, le curseur se positionne automatiquement sur le marqueur de temps correspondant, comme décrit sur la figure ci-dessous. Une documentation complète est disponible sur http://rostedt.homelinux.com/kernelshark.

Figure 12–6
Exemple d'utilisation
de kernelshark

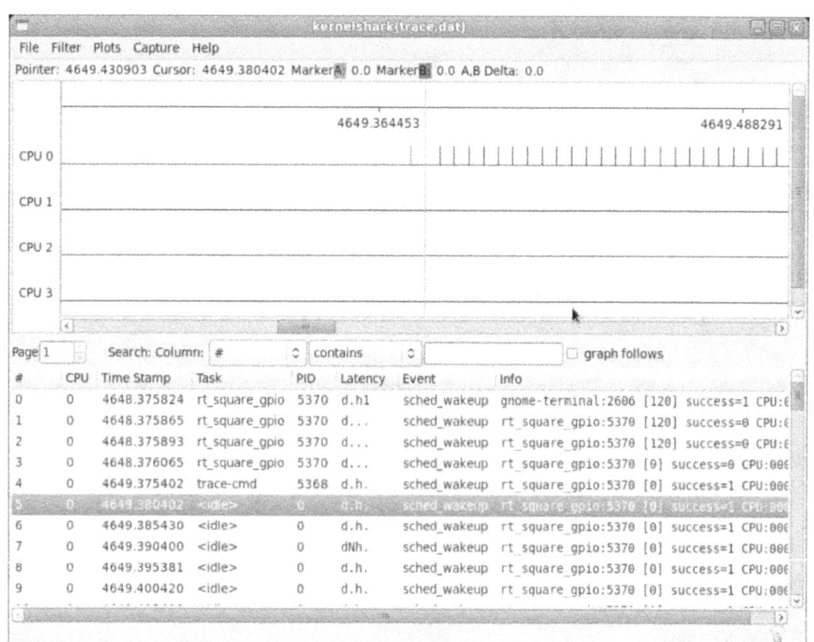

Conclusion

La mise au point d'un programme peut être une tâche ardue, sachant que Linux est un système complexe. Le débogueur GDB est un outil incontournable, éprouvé, et dont la portabilité est assurée sur la quasi-totalité des plates-formes supportées par le noyau Linux. Le choix d'outils de mise au point et de profiling est plus complexe, et il est souvent nécessaire d'utiliser plusieurs outils suivant les différents cas de figure, voire d'adapter ces outils à ses besoins.

13

Systèmes temps réel

La mise en place d'un système temps réel est fréquente dans le cas des systèmes embarqués. En effet, tous les systèmes d'exploitation embarqués propriétaires sont des RTOS, sigle pour *Real Time Operating System*. Nous avons déjà évoqué VxWorks, pSOS, LynxOS, VRTX ou QNX dans les chapitres d'introduction. Au contraire, Linux est un système Unix, ce dernier n'étant pas conçu pour respecter des contraintes temps réel. Il est donc nécessaire d'utiliser des extensions dédiées afin que Linux soit utilisable dans le cas où le déterminisme serait requis.

Dans ce chapitre, nous ferons tout d'abord un rappel de quelques définitions concernant les systèmes temps réel. Nous décrirons ensuite la mise en place des trois principales extensions temps réel pour l'environnement Linux, soit RTAI, Xenomai et PREEMPT-RT. Les tests présentés seront accompagnés de mesures réalisées lors d'expériences concrètes. En fin de chapitres, nous détaillerons la structure de Xenomai et des API de développement fournies.

Gestion du temps dans les systèmes d'exploitation

La gestion du temps est l'un des problèmes majeurs des systèmes d'exploitation. En effet, les systèmes d'exploitation modernes sont tous multitâche. Or, ils utilisent du matériel basé sur un nombre fini de processeurs, ce qui oblige le système à partager le temps du processeur entre les différentes tâches. Cette notion de partage implique une gestion du passage d'une tâche à l'autre qui est effectuée par un ensemble d'algorithmes appelé « ordonnanceur » (*scheduler* en anglais).

Système à temps partagé

Un système d'exploitation classique comme Unix, Linux ou Windows utilise la notion de temps partagé, par opposition au temps réel. Dans ce type de système, le but de l'ordonnanceur est d'assurer à tous les utilisateurs un temps de réponse moyen « acceptable ». Ce type d'approche entraîne une grande complexité dans la structure même de l'ordonnanceur, qui doit tenir compte de notions comme la régulation de la charge du système ou la date depuis laquelle une tâche donnée est en cours d'exécution. De ce fait, on peut noter plusieurs limitations par rapport à la gestion du temps.

Tout d'abord, la notion de priorité entre les tâches est mal prise en compte, car l'ordonnanceur a pour but premier le partage équitable du temps entre les différentes tâches du système et, de ce fait, la priorité de la tâche peut varier au cours du temps. On parle d'ailleurs de *priorité dynamique*, ce qui est le comportement par défaut de l'ordonnanceur du noyau Linux, et qui est à l'opposé du fonctionnement d'un ordonnanceur temps réel, pour lequel les tâches ont des priorités fixes.

> REMARQUE **Utilisation de la commande nice**
>
> Sur les différentes versions d'Unix dont Linux, la commande `nice` permet de modifier le calcul de la priorité. On parle en français de « gentillesse du processus ». Cependant, on ne peut pas modifier de manière statique la valeur de la priorité, sauf en modifiant la politique d'ordonnancement comme nous le verrons plus loin.

Ensuite, les différentes tâches doivent accéder à des ressources partagées, ce qui entraîne des incertitudes temporelles. Si une des tâches effectue une écriture sur le disque, celui-ci n'est plus disponible aux autres tâches à un instant donné, et le délai de disponibilité du périphérique n'est pas prévisible.

En outre, la gestion des entrées/sorties peut générer des temps morts, car une tâche peut être bloquée en attente d'accès à un élément d'entrée/sortie. La gestion des interruptions reçues par une tâche n'est pas optimisée, et le temps de *latence* – soit le temps écoulé entre la réception de l'interruption et son traitement – n'est pas garanti par le système. On dit alors que le système n'est pas « préemptif ». Notons également que l'utilisation du mécanisme de *mémoire virtuelle* peut entraîner des fluctuations importantes dans les temps d'exécution des tâches.

Système temps réel

Le cas des systèmes temps réel est différent. Il existe un grande nombre de définitions d'un système de ce type, mais une version simple pourrait être : « Un système temps réel est une association logiciel/matériel où le logiciel permet, entre autres, une gestion adéquate des ressources matérielles en vue de remplir certaines tâches ou fonctions dans des limites temporelles bien précises. »

Une autre définition pourrait être : « Un système est dit temps réel lorsque l'information après acquisition et traitement reste encore pertinente. »

Cela signifie que dans le cas d'une information arrivant de façon périodique (sous forme d'une interruption), les temps d'acquisition et de traitement doivent rester *inférieurs* à la période de rafraîchissement de cette information. Il est évident que la structure de ce système dépendra de ces fameuses contraintes, et l'on pourra diviser les systèmes en deux catégories.

- Les systèmes dits à contraintes *souples* ou *molles (soft real time)*. Ces systèmes acceptent en général des variations de l'ordre de quelques millisecondes (ms) dans le traitement des données. On peut citer l'exemple des systèmes multimédia : si quelques images ne sont pas affichées, cela ne met pas en péril le fonctionnement correct de l'ensemble du système. Ces systèmes se rapprochent fortement des systèmes d'exploitation classiques à temps partagé. Ils garantissent un temps moyen d'exécution correct pour chaque tâche. On a ici une répartition égalitaire du temps processeur aux tâches.

- Les systèmes dits à contraintes *dures (hard real time)*, pour lesquels une gestion stricte du temps est nécessaire pour conserver l'intégrité du service rendu. On citera comme exemple les contrôles de processus industriels sensibles, comme la régulation ou les systèmes embarqués utilisés dans le transport. Ces systèmes garantissent un temps maximum d'exécution pour chaque tâche. On a ici une répartition totalitaire du temps processeur aux tâches. Dans le cas d'un système temps réel, le comportement est dit « préemptif », c'est-à-dire qu'une tâche peut être interrompue à tout moment par l'ordonnanceur en fonction du niveau de priorité (fixe), afin de permettre l'exécution d'une tâche de plus haut niveau de priorité.

Les systèmes à contraintes dures doivent répondre à trois critères fondamentaux.

1 Le déterminisme logique : les mêmes entrées appliquées au système doivent produire les mêmes effets.

2 Le déterminisme temporel : une tâche donnée doit obligatoirement être exécutée dans les délais impartis, on parle d'« échéance temporelle ».

3 La fiabilité : le système doit être disponible ; cette contrainte est indépendante de la notion de temps réel, mais la fiabilité du système sera d'autant plus mise à l'épreuve dans le cas de contraintes dures.

Un système temps réel n'est pas forcément plus rapide qu'un système à temps partagé. Il doit par contre satisfaire à des contraintes temporelles strictes, prévues à l'avance et imposées par le processus extérieur à contrôler. Une confusion classique est de mélanger temps réel et rapidité de calcul du système, donc puissance du processeur. Être temps réel, c'est être capable d'acquitter l'interruption périodique (moyennant un temps de latence d'acquittement d'interruption imposé par le matériel), traiter l'information et le signaler au niveau utilisateur (réveil d'une tâche ou libération d'un sémaphore) dans un temps inférieur au temps entre deux interruptions périodiques consécutives. On est donc lié à la contrainte de durée entre deux interruptions générées par le processus extérieur à contrôler.

Si cette durée est de l'ordre de la seconde, il ne sert à rien d'avoir un système à base de x86 récent, car un simple processeur 8 bits du type microcontrôleur Motorola 68HC11 ou Microchip PIC ou même un processeur 4 bits fera amplement l'affaire, ce qui permettra de minimiser les coûts sur des volumes de production importants. Dans ce cas, il n'est bien évidemment pas nécessaire d'utiliser un système complexe comme Linux. Si ce temps est maintenant de quelques dizaines de microsecondes (µs), il vaut mieux choisir un processeur nettement plus performant (32 bits).

Il convient donc, avant de concevoir ledit système, de connaître la durée minimale entre deux interruptions, ce qui est assez difficile à estimer. C'est pour cela que l'on a tendance, dans ce cas, à concevoir des systèmes performants (en termes de puissance de processeur et de rapidité de traitement d'une interruption) et souvent surdimensionnés pour respecter des contraintes temps réel mal cernées a priori. Ceci induit un surcoût non négligeable.

Test d'une application temps réel sous Linux

Comme nous l'avons évoqué dans l'introduction de l'ouvrage, Linux est un système POSIX, il dispose donc des API nécessaires pour programmer des applications temps réel :

* une bibliothèque de gestion de processus léger ou thread (norme 1003.1c-1995) ; dans le cas d'un système POSIX, la notion de processus léger correspond à celle de tâche élémentaire, un processus (au sens Unix) pouvant être composé de plusieurs threads ;
* la prise en compte des API de programmation temps réel : ordonnancement, compteurs, sémaphores, etc. (norme 1003.1b-1993).

PRÉCISION **Qu'est-ce que POSIX ?**

L'acronyme POSIX signifie *Portable Operating System Interface*, avec un X final ajouté pour montrer qu'on est dans l'univers Unix. C'est un ensemble de standards pour les interfaces de programmation, publiés par l'IEEE depuis 1988. POSIX correspond à la normalisation IEEE 1003, d'où le préfixe 1003. De nos jours, POSIX est appliqué à la majorité des systèmes d'exploitation modernes comme Linux, Mac OS X ou Windows.

L'exemple présenté permet de mettre en place une tâche périodique qui écrit régulièrement sur le port parallèle d'un PC x86. Le port parallèle a un léger parfum de
suranné, mais c'est un excellent périphérique de test, peu coûteux et encore présent
sur bon nombre de PC de laboratoire, même s'il a effectivement disparu des PC multimédia au profit des interfaces USB. Le schéma ci-dessous décrit l'expérience mise
en place.

Figure 13–1
Test temps réel sur
port parallèle

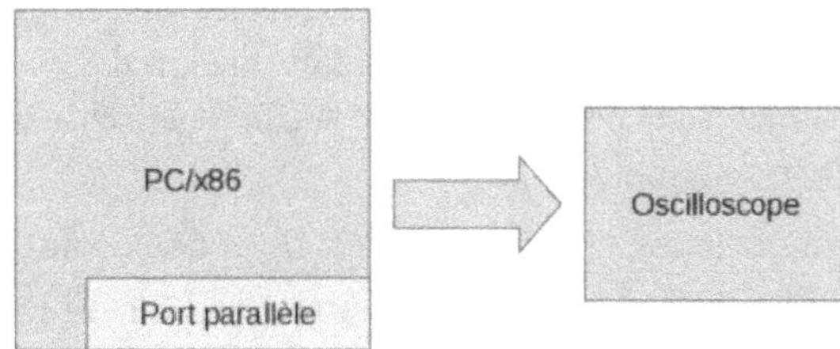

Description de l'expérience

Le principe de l'expérience est simple.

1 Un programme tournant sous Linux sollicite le port parallèle du PC en écrivant
périodiquement les valeurs 0 puis 0xFF dans le registre de données, situé en général à l'adresse 0x378. Cela a pour effet de faire varier le niveau des signaux D0
à D7 du port entre les niveaux logiques 0 et 1. L'adresse du registre de données
peut être vérifiée à l'aide du contenu du fichier virtuel `/proc/ioports`.

2 Le résultat est affiché sur un oscilloscope relié au signal D0 et à la masse du connecteur. En utilisant un oscilloscope disposant d'un affichage persistant, on peut
visualiser les performances des différents programmes de test développés.

Si le système respecte scrupuleusement la périodicité, l'affichage persistant montrera
une seule courbe. Dans le cas contraire, on pourra observer un délai entre la période
théorique de la courbe et la période réelle. On parle alors de « gigue » (ou *jitter*) ou
bien de « temps de latence », abusivement nommé « latence » ou *latency* en anglais.

PRÉCISION **Brochage du port parallèle**

Nous rappelons que le PC utilise pour le port parallèle un connecteur DB25 femelle, dont le brochage
est décrit ci-dessous. Dans notre cas, nous utiliserons
uniquement le signal D0 (broche 2) et la masse
(broche 25).

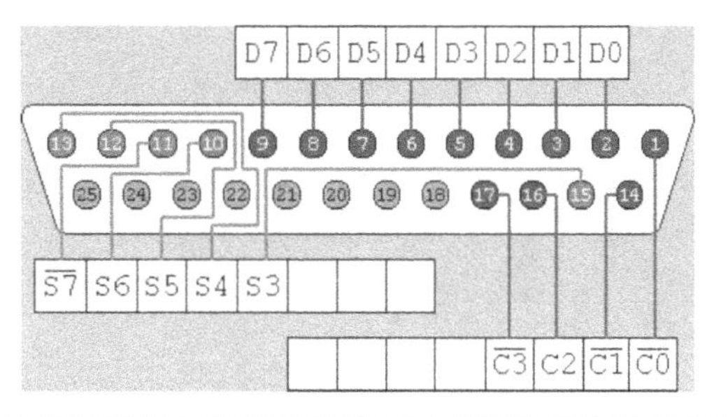

Figure 13–2
Brochage du connecteur DB25 du port parallèle

Développement du programme de test

Le programme de test à écrire est une tâche périodique et l'on doit donc programmer un compteur. Dès que ce compteur arrive à échéance, on procède à l'écriture de la valeur sur le port, puis à l'inversion logique de la valeur à écrire (0 ou 0xFF). Pour cela, le plus simple est d'utiliser l'API POSIX V.4 proposée par Linux.

- On crée le compteur avec la fonction timer_create.
- La période du compteur est initialisée par time_settime.
- À l'échéance du compteur, on reçoit un signal SIGALRM. La fonction de traitement de ce signal nous permet d'écrire sur le registre de données et de modifier la valeur pour la prochaine écriture.

Pour écrire sur le registre de données, il y a deux solutions.

- La solution la plus portable consiste à utiliser un pilote de périphérique. Le noyau Linux fournit un pilote du port parallèle, associé au fichier spécial /dev/parport0.
- Une autre solution est d'accéder directement au registre en utilisant la fonction outb, même si cette solution n'est pas portable, car liée à l'architecture x86. Notons que dans ce cas, il est nécessaire d'exécuter le programme de test en tant que superutilisateur et d'utiliser l'appel système ioperm pour obtenir le droit d'accès au registre de données. Nous reproduisons ci-après le code source du programme.

ATTENTION **Ce code source n'est pas à utiliser en l'état**

Par souci de clarté et de concision, nous n'avons pas testé le code de retour des fonctions, ce qui est formellement déconseillé dans un cas réel. Une version plus complète – et correcte – du programme est fournie avec les compléments de l'ouvrage.

Déclaration des en-têtes et paramètres globaux

```c
#include <stdio.h>
#include <stdlib.h>
#include <time.h>        // Nécessaire pour timer_create/timer_settime
#include <signal.h>
#include <sys/io.h>      // Nécessaire pour outb

// Adresse du port parallèle
#define LPT             0x378

// Déclaration du compteur
timer_t my_timer;

// Valeur à écrire sur le registre de données
int nibl;
```

Les fonctions suivantes sont associées aux signaux SIGALRM et SIGINT. Ce dernier est lié à l'interruption du programme par l'utilisateur (*Ctrl-C*) car le test est une boucle infinie.

Fonctions de traitement des signaux

```
// Prise en compte de l'arrêt par l'utilisateur (Ctrl-C)
void got_sigint (int sig)
{
  timer_delete (my_timer);
  exit (0);
}

// Fonction exécutée à l'échéance du compteur
void got_sigalrm (int sig)
{
  // Écriture de la valeur sur le registre de données
  outb (nibl, LPT);

  // Changement d'état de la valeur 0 <--> 0xFF
  nibl = ~nibl;
}
```

La partie principale se charge de l'initialisation des fonctions de traitement des signaux et du compteur. Elle se termine par une boucle infinie d'attente de signal (SIGINT ou SIGARLM).

Partie principale du programme

```
main (int ac, char **av)
{
  struct itimerspec new, old;

  // Affectation des "handlers" de signaux
  signal (SIGALRM, got_sigalrm);
  signal (SIGINT, got_sigint);

  // Demande l'accès au registre de données du port parallèle
  ioperm (LPT, 1, 1);

  // Création du compteur
  timer_create (CLOCK_REALTIME, NULL, &my_timer)

  // Programme une période de 50 ms pour le compteur (it_interval) la
  // valeur étant programmée en microsecondes
  // ATTENTION : ne pas mettre 0 dans it_value car cela correspond à
  // l'arrêt du compteur
```

```c
  new.it_value.tv_sec = 0;
  new.it_value.tv_nsec = 50000000; /* Démarrage dans 50 ms */
  new.it_interval.tv_sec = 0;
  new.it_interval.tv_nsec = 50000000;

  // Démarrage du compteur
  timer_settime (my_timer, 0, &new, &old);

  // Attente des signaux
  while (1)
    pause ();
}
```

Le programme doit être compilé en utilisant la bibliothèque librt. Nous rappelons qu'il doit être exécuté en tant que superutilisateur à cause de l'accès direct au registre de données.

Exécution et test du programme

```
$ gcc -O2 -o rt_square rt_square.o -lrt
# ./rt_square
```

Si l'on observe le signal à l'aide de l'oscilloscope et que le système n'est pas chargé, on constate comme prévu que la courbe est régulière, avec une périodicité de 50 ms.

Figure 13–3
Affichage de la courbe
avec un système non chargé

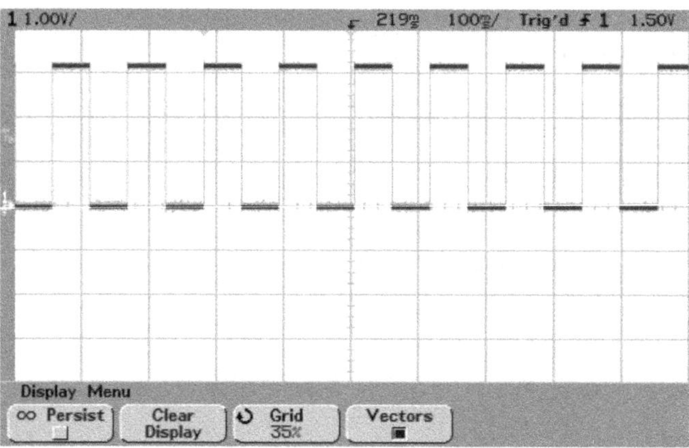

Par contre, si l'on charge le système, on observe des temps de latence qui dépendent de la charge et, bien entendu, de la puissance du système. Sur un système peu puissant, on peut arriver à une courbe totalement irrégulière. Sur un système plus puissant, on pourra observer la trace de la latence en mettant l'oscilloscope en mode persistant et en le synchronisant sur le front montant de la courbe.

> PRÉCISION **Comment charger un système Linux ?**
>
> Il existe diverses méthodes pour provoquer la charge d'un système Linux.
> On peut provoquer de nombreux accès matériels en utilisant un script de création répétée de fichiers de grande taille en utilisant le script qui suit.
>
> ```
> #!/bin/sh
> do
>         echo "Creating file..."
>         dd if=/dev/zero of=foo bs=1M count=500
>         sync
>         echo "Removing file..."
>         rm -f foo
>         sync
> done
> ```
>
> On peut solliciter l'interface réseau en utilisant l'option `-f` (flood) de la commande `ping`. Cette option correspond à une « inondation » de paquets de test ICMP qui a pour effet de saturer l'interface Ethernet du destinataire.
> On peut enfin provoquer un grand nombre d'appels système, ce qui augmente fortement la charge, vu que chaque appel système sollicite le noyau Linux qui passe alors en mode superviseur.
> La simple utilisation de la commande `top` avec l'option `-d 0` augmente la charge, puisque `top` permet d'afficher l'état des processus avec la périodicité indiquée par l'option `-d` (par défaut 3 secondes). La valeur 0 indique que l'on interroge en permanence le noyau sur l'état du système et des processus. L'utilisation du programme de test `hackbench` est également efficace, puisque ce test crée des processus qui communiquent de manière répétée par des tubes.
> Pour la mesure de performance dans un noyau Linux, on peut utiliser le programme `cyclictest` qui peut démarrer simultanément des *threads* à priorité statique, sur lesquels on effectue des mesures de latence. Pour plus de détails, on pourra consulter le lien suivant :
>
> ▸ https://rt.wiki.kernel.org/index.php/RT_PREEMPT_HOWTO
>
> Le code source de ces programmes de test est disponible sur le dépôt Git du noyau Linux. La compilation s'effectue par un simple `make` une fois que l'arbre Git est cloné. Bien entendu, il faudra ajouter ces programmes au système de fichiers racine de la cible. L'adresse du dépôt Git est donnée ci-dessous :
>
> ▸ git://git.kernel.org/pub/scm/linux/kernel/git/tglx/rt-tests.git
>
> 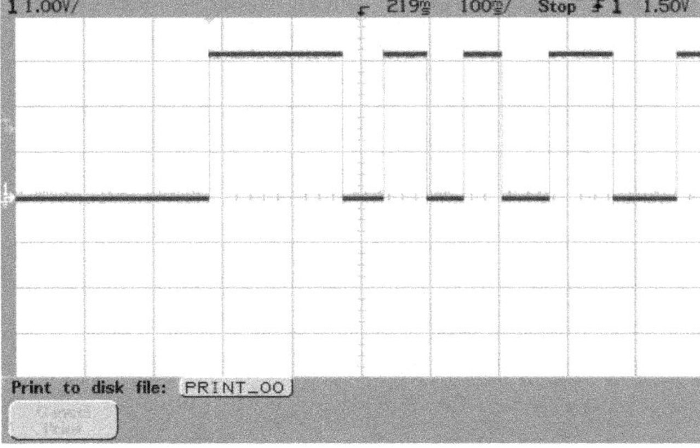
>
>
> **Figure 13–4** Courbe désynchronisée avec un système chargé

Configuration des options de préemption

Le noyau Linux 2.6 inclut des options de *préemption* héritées des patches publiés à l'époque du noyau 2.4 :

- le patch Preempt-Kernel de Robert M. Love (`CONFIG_PREEMPT`) ;
- le patch Low-Latency d'Andrew Morton (`CONFIG_PREMPT_VOLUNTARY`).

Les options sont accessibles dans la configuration du noyau Linux, dans le menu *Processor type and features>Preemption Model*.

Figure 13–5
Configuration des options
de préemption

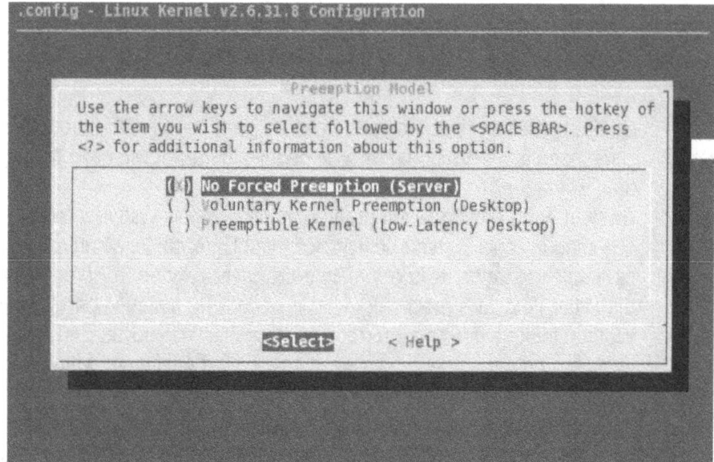

La principale différence entre les deux options est l'utilisation de points de préemption « explicites » dans le cas de `CONFIG_PREEMPT_VOLUNTARY`. Ces points sont placés à des endroits stratégiques du noyau afin de réduire le temps de latence de l'ordonnanceur (ou *rescheduling latency*). Dans le cas de `CONFIG_PREEMPT`, l'approche est plus globale en rendant le noyau plus préemptif, à l'exception des sections critiques. Cependant, la valeur de latence moyenne annoncée est de l'ordre de la milliseconde, ce qui est finalement peu différent du comportement du noyau standard. Concrètement, ces options réduisent les valeurs maximales de latence et améliorent de manière statistique le temps de réponse du noyau, mais ne rendent pas le système entièrement préemptif.

Modification de la politique d'ordonnancement

On peut également améliorer les performances en modifiant le comportement de l'ordonnanceur pour le programme de test. Par défaut, un processus sous Linux est traité avec un politique de « temps partagé » (ou *time-sharing*), ce qui signifie que toutes les tâches ont visiblement la même priorité, et surtout que celle-ci est dynamique. Cela explique le résultat observé, car en cas de charge du système, le programme de test n'est pas plus prioritaire qu'un accès disque ou réseau, ou bien qu'un affichage graphique. Ce mode par défaut correspond à la politique SCHED_OTHER de l'ordonnanceur et la valeur de priorité 0.

Il existe pour le noyau Linux deux autres politiques d'ordonnancement, proches du temps réel. Ces modes utilisent des priorités fixes comprises entre 1 et 99.

* La politique SCHED_FIFO utilise un système à priorité fixe basé sur le principe du « premier arrivé, premier servi ». Le processus sera exécuté jusqu'à ce qu'il soit bloqué par une entrée/sortie ou préempté par un processus de priorité supérieure.

* La politique SCHED_RR utilise un système à priorité fixe basé sur un algorithme de tourniquet (ou *round-robin*). C'est une amélioration du cas précédent et qui affecte une tranche temporelle limitée à chaque processus.

On peut donc améliorer le comportement de notre programme de test en indiquant qu'il fonctionne en SCHED_FIFO ou SCHED_RR, et en lui affectant la priorité maximale de 99. Pour cela, on peut utiliser la fonction ci-dessous.

Modification de la politique en SCHED_FIFO

```
int set_realtime_priority(void)
{
  struct sched_param schp;

  memset(&schp, 0, sizeof(schp));

  // Lecture de la priorité maximale disponible (en général 99)
  schp.sched_priority = sched_get_priority_max(SCHED_FIFO);

  // Affectation de la politique SCHED_FIFO + priorité
  if (sched_setscheduler(0, SCHED_FIFO, &schp) != 0) {
    perror("sched_setscheduler");
    exit(1);
  }

  return 0;
}
```

Si l'on ajoute l'appel à cette fonction au début de programme de test, on peut constater que l'affichage est stable malgré la charge du système. Cependant, cela ne change pas le fait que le noyau Linux n'est pas préemptif. En l'occurrence, on ne pourra pas gérer correctement un grand nombre de tâches concurrentes en utilisant SCHED_FIFO ou SCHED_RR. Notons également que notre exemple n'est pas si contraignant pour le système, sachant que la base de temps logicielle du noyau Linux, définie par la constante HZ, varie entre 1 et 10 ms pour le noyau 2.6.

> REMARQUE **Le comportement du noyau ne fait que suivre les lois de la physique !**
>
> On apprend en physique que l'on ne peut pas effectuer une mesure au dixième, voire au centième avec un instrument précis à l'unité. De même, on ne peut pas respecter des latences de quelques dizaines de microsecondes avec un noyau Linux dont la base de temps est au minimum de 1 ms.

Le noyau Linux n'est définitivement pas temps réel

L'expérience réalisée sur un noyau Linux standard démontre qu'il n'est pas utilisable dans un véritable contexte temps réel dur. Dans la suite du chapitre, nous allons donc étudier des extensions permettant d'améliorer ce comportement. Les plus utilisées à ce jour sont PREEMPT-RT, RTAI et Xenomai. Le cas de Xenomai sera le plus détaillé, car nous le considérons comme la meilleure extension temps réel à ce jour pour l'environnement Linux. De ce fait, le programme de test développé pour le noyau Linux standard sera adapté et testé sous Xenomai, mais pas pour les deux autres extensions.

> REMARQUE **Distribution Linux cible utilisée**
>
> Afin de simplifier la mise en place des exemples PREEMPT-RT, RTAI et Xenomai, nous effectuerons les tests sur un système cible Linux minimal, proche de celui étudié lors des chapitres précédents. Le système de test (x86) est donc basé sur Busybox et utilise une image `initrd`. Comme nous l'avons dit précédemment, il faudra ajouter à cette distribution les outils de test utilisés pour les mesures (`hackbench`, `cyclictest`...).
>
> Pour installer cette distribution, il suffira d'ajouter des nouvelles entrées à la configuration GRUB du PC de test, ainsi que nous l'avons décrit au chapitre 8. En fin de chapitre, nous décrirons également un test réalisé sur un système ARM9 avec l'extension Xenomai.

Le patch PREEMPT-RT

Contrairement à ce que l'on peut penser, l'extension PREEMPT-RT n'a rien à voir avec le patch Preempt-Kernel hérité du noyau 2.4. PREEMPT-RT est un patch expérimental (donc non inclus au noyau officiel) qui permet d'utiliser le noyau Linux 2.6 dans le cadre d'applications temps réel *dures*.

> ATTENTION **Le terme « temps réel dur » reste discutable pour PREEMPT-RT**
>
> Nous allons voir que les tests avec PREEMPT-RT donnent des résultats intéressants par rapport au noyau standard. Cependant il ne faut pas oublier que nous restons dans le cadre d'un noyau monolithique complexe. Une solution à double noyau est souvent un meilleur choix dans le cas d'une application nécessitant de faibles latences et du déterminisme sur une architecture moins performante qu'un x86. De telles solutions sont décrites plus loin dans ce chapitre.

Le développement fut démarré initialement par Ingo Molnar et Thomas Gleixner. La principale source d'information concernant PREEMPT-RT est le site RT Wiki sur https://rt.wiki.kernel.org/index.php/Main_Page.

> REMARQUE **Architectures supportées**
>
> Même si le patch concerne en théorie des architectures autres que x86, il est réellement fonctionnel sur x86 32 et 64 bits. On peut trouver des articles décrivant des résultats intéressants sur ARM9. Cependant, dans le cas d'architectures autres que x86, nous conseillons l'utilisation d'une technologie à double noyau, décrite plus loin dans ce chapitre.
> ▸ http://www.opentux.nl/artikelen/FOSDEM2006-RT_patches.pdf

Modifications effectuées

Nous pouvons résumer ci-après les modifications effectuées sur le noyau Linux. Grâce à ces améliorations, on obtient au final un noyau Linux préemptif dans sa quasi-totalité.

* Prise en compte des interruptions par des *threads* en espace noyau (on parle de *threaded interrupts model*), ce qui autorise la préemption des routines de traitement d'interruption (ISR) qui n'est pas possible dans le noyau standard.
* Prévention des inversions de priorité, en mettant en place un héritage de priorité basé sur des *mutex* ; ce point est fondamental pour un système temps réel dur, car le problème de l'inversion de priorité conduit fréquemment à des *dead locks*.
* Remplacement des *spinlocks* par des *mutex*.
* Mise en place de compteurs à haute précision, permettant d'exprimer les délais et les échéances en microsecondes.

> PRÉCISION **Terminologie utilisée**
>
> Un mutex (pour *MUTual EXclusion*) est un élément de synchronisation proche d'un sémaphore, mais pouvant prendre uniquement deux états (verrouillé ou non).
> Un *spinlock* est un mécanisme de synchronisation basé sur une attente active.
> L'inversion de priorité peut se produire lorsque deux tâches concurrentes partagent une même ressource. L'ordonnanceur doit alors inverser la priorité pour débloquer la situation.
> ▸ http://en.wikipedia.org/wiki/Priority_inversion

Installation

La procédure d'installation de PREEMPT-RT est très simple puisqu'il suffit d'appliquer le patch au noyau et de valider les options adéquates. Le développement reste compatible avec le noyau standard dans l'espace utilisateur et dans l'espace noyau (pour le développement des pilotes). Aucun composant, mis à part le noyau Linux, n'est modifié, et l'on peut donc utiliser la distribution créée au chapitre 8 avec ce nouveau noyau, en créant une nouvelle entrée GRUB.

Application du patch RT au noyau

```
$ cd linux-2.6.31.12
$ patch -p1 < ../patch-2.6.31.12-rt21
```

Un fois le patch appliqué, on doit activer l'option *Complete Preemption (Real-Time)* dans le menu *Processor type and features>Preemption Model*. De même, on doit vérifier la validation de l'option *Processor type and features>High Resolution Timer Support.*

Test de performances

Pour mesurer les performances de PREEMPT-RT, nous allons comparer la même version de noyau (2.6.31.12) sur laquelle on aura validé ou non l'option *Complete Preemption (Real-Time).* Pour chaque version, on effectuera une mesure avec un système non chargé, puis en chargeant fortement le système en utilisant le programme hackbench déjà cité. L'outil de mesure utilisé est cyclictest, décrit sur la page de PREEMPT-RT.

Notons également que la page https://rt.wiki.kernel.org/index.php/RT_PREEMPT_HOWTO décrit la mise en place d'un exemple de type *Hello World*. De même, la page https://rt.wiki.kernel.org/index.php/Squarewave-example décrit un exemple proche de notre test sur le port parallèle.

Ligne de commande utilisée pour cyclictest

```
# cyclictest -p 99 -t5 -n -q
```

Dans le cas du système utilisant le mode préemptif complet, les valeurs maximales des latences sont quasiment indépendantes de la charge du système, sachant que les *threads* démarrés par cyclictest ont des priorités hautes, entre 95 et 99. Les valeurs maximales sont sur la droite et exprimées en microsecondes.

Système non chargé

```
T: 0 ( 504) P:99 I:1000 C: 14259 Min: 7 Act:    11 Avg:    11 Max: 39
T: 1 ( 505) P:98 I:1500 C:  9506 Min: 6 Act:    12 Avg:    11 Max: 34
T: 2 ( 506) P:97 I:2000 C:  7130 Min: 6 Act:    14 Avg:    10 Max: 32
T: 3 ( 507) P:96 I:2500 C:  5704 Min: 6 Act:    11 Avg:    11 Max: 33
T: 4 ( 508) P:95 I:3000 C:  4754 Min: 6 Act:    15 Avg:    10 Max: 44
```

Exécution de 3 commandes « top -d 0 » simultanées

```
T: 0 (  514) P:99 I:1000 C:  16052 Min: 6 Act:      12 Avg:      12 Max: 67
T: 1 (  515) P:98 I:1500 C:  10702 Min: 6 Act:      13 Avg:      11 Max: 27
T: 2 (  516) P:97 I:2000 C:   8027 Min: 5 Act:      12 Avg:      10 Max: 33
T: 3 (  517) P:96 I:2500 C:   6422 Min: 7 Act:      13 Avg:      11 Max: 28
T: 4 (  518) P:95 I:3000 C:   5352 Min: 7 Act:      13 Avg:      10 Max: 33
```

Exécution de la commande « hackbench -p -g 200 »

```
T: 0 ( 8524) P:99 I:1000 C:  13733 Min: 6 Act:      14 Avg:      13 Max: 45
T: 1 ( 8525) P:98 I:1500 C:   9156 Min: 6 Act:      17 Avg:      12 Max: 35
T: 2 ( 8526) P:97 I:2000 C:   6867 Min: 6 Act:      12 Avg:      11 Max: 41
T: 3 ( 8527) P:96 I:2500 C:   5494 Min: 7 Act:      15 Avg:      12 Max: 29
T: 4 ( 8528) P:95 I:3000 C:   4579 Min: 7 Act:      16 Avg:      10 Max: 25
```

Pour le même noyau pour lequel nous avons désactivé l'option *Complete Preemption (Real-Time)*, nous obtenons des résultats très différents en cas de charge du système. L'utilisation des trois commandes top -d 0 amène des latences maximales entre 500 et presque 800 microsecondes, et le test basé sur hackbench conduit à des latences maximales de plus de 16 millisecondes, soit près de 500 fois la valeur obtenue avec le noyau préemptif.

Système non chargé

```
T: 0 ( 8523) P:99 I:1000 C:   3907 Min: 8 Act:       9 Avg:       9 Max: 28
T: 1 ( 8524) P:98 I:1500 C:   2605 Min: 6 Act:       6 Avg:       9 Max: 13
T: 2 ( 8525) P:97 I:2000 C:   1954 Min: 7 Act:      21 Avg:       8 Max: 21
T: 3 ( 8526) P:96 I:2500 C:   1564 Min: 7 Act:       7 Avg:       8 Max: 11
T: 4 ( 8527) P:95 I:3000 C:   1303 Min: 7 Act:       8 Avg:       8 Max: 10
```

Exécution de 3 commandes « top -d 0 » simultanées

```
T: 0 (16538) P:99 I:1000 C:  12075 Min: 7 Act:      13 Avg:      29 Max: 476
T: 1 (16539) P:98 I:1500 C:   8050 Min: 7 Act:      10 Avg:      23 Max: 464
T: 2 (16540) P:97 I:2000 C:   6038 Min: 6 Act:      11 Avg:      21 Max: 492
T: 3 (16541) P:96 I:2500 C:   4831 Min: 7 Act:      19 Avg:      23 Max: 664
T: 4 (16542) P:95 I:3000 C:   4026 Min: 7 Act:      10 Avg:      24 Max: 741
```

Exécution de la commande « hackbench -p -g 200 »

```
T: 0 (  485) P:99 I:1000 C:  23649 Min: 7 Act:      15 Avg: 3762 Max: 16170
T: 1 (  486) P:98 I:1500 C:  15766 Min: 6 Act:      14 Avg:   24 Max: 16654
T: 2 (  487) P:97 I:2000 C:  11825 Min: 7 Act:      16 Avg:   20 Max: 16133
T: 3 (  488) P:96 I:2500 C:   9460 Min: 7 Act:      16 Avg:   21 Max: 16601
T: 4 (  489) P:95 I:3000 C:   7884 Min: 7 Act:      14 Avg:   19 Max: 15072
```

Utilisation d'un co-noyau

L'idée d'utiliser un noyau auxiliaire part du principe que le noyau Linux n'est pas conçu pour fonctionner en temps réel dur. De ce fait, et malgré les améliorations apportées, le noyau Linux ne sera jamais entièrement préemptif, et les tâches temps réel seront toujours soumises aux aléas des tâches fonctionnant en mode temps partagé. Si l'on envisage l'ajout d'un noyau temps réel auxiliaire, l'ordonnanceur associé sera alors séparé de celui de Linux, et il n'y aura plus de dépendances sur les sections critiques du noyau Linux.

L'existence de deux noyaux n'a cependant pas que des avantages. Du fait de la cohabitation des tâches temps réel (gérées par le co-noyau) avec des tâches temps partagé gérées par Linux, il est nécessaire de « virtualiser » les interruptions matérielles, afin de savoir par quel noyau elles sont traitées. Le schéma ci-dessous donne l'architecture générale d'une telle solution dans le cas de RTLinux.

Figure 13–6
Architecture à co-noyau
(RTLinux)

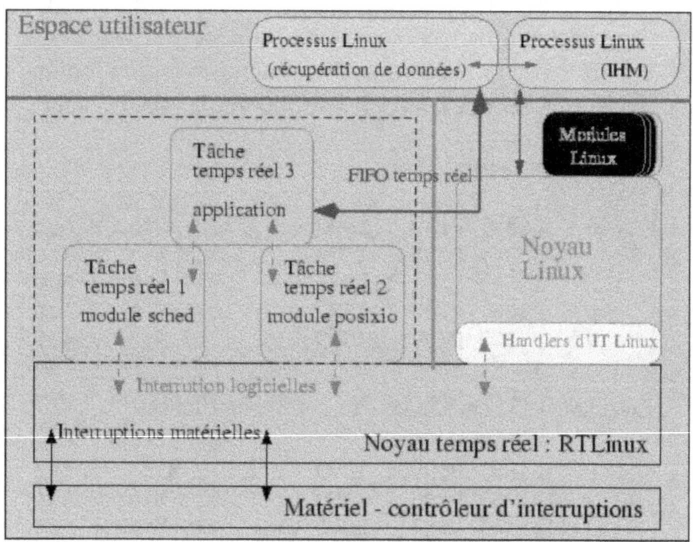

Actuellement, il y a trois projets utilisant cette technique dans l'environnement Linux : RTLinux, RTAI et Xenomai. Nous décrirons très rapidement RTLinux, car la version libre disponible (RTLinuxFree sur http://www.rtlinuxfree.com) n'est plus compatible avec les noyaux récents. La partie concernant l'adaptation au matériel est traitée différemment suivant les projets utilisés.

- Dans le cas de RTLinux, il y a des modifications importantes sur le noyau Linux. Ajoutons à cela que dès 1999, les auteurs de RTLinux déposèrent un brevet logiciel afin de verrouiller la technique de virtualisation des interruptions. Cela fit grand bruit dans la communauté Linux et conduisit à une longue négociation entre la société FSMLabs et la FSF *(Free Software Foundation)*. Un accord fut trouvé en octobre 2001, voir http://www.gnu.org/press/2001-09-18-RTLinux.html.

- RTAI utilise une couche HAL *(Hardware Abstraction Layer)* permettant l'adaptation au matériel en réduisant les modifications sur le noyau Linux. Le fait de savoir si RTAI tombait ou non sous le coup du brevet FSMLabs alimenta pendant longtemps les discussions. Il semblerait aujourd'hui que cela ne soit pas le cas, mais il est vrai que RTAI est plus fréquemment utilisé pour des applications universitaires. Un article intitulé *RTAI and the RTLinux patent* est disponible dans la section *Documentation/Articles* du site http://www.rtai.org.

- Xenomai utilise une technique différente, basée sur un micro-noyau ADEOS (http://home.gna.org/adeos) que nous décrirons en détail plus loin dans le chapitre. Xenomai est le plus récent des trois projets et son développement a été totalement repris dans le but d'être indépendant de l'historique de RTLinux.

> REMARQUE **Autre source d'informations pour RTAI et Xenomai**
>
> Outre les sites des projets, nous conseillons la page http://www.captain.at qui comporte de nombreux exemples et documentations sur RTAI et Xenomai, même si certains sont un peu anciens.

RTLinux

Ce projet fut développé à l'université du nouveau Mexique (UNM) entre 1996 et 1999 par Victor Yadaiken et Michael Barabanov. Il fut initialement diffusé sous licence GPL, mais les auteurs de RTLinux publièrent très rapidement une version commerciale éditée par la société FSMLabs (dont ils furent à l'origine). En 2007, la technologie RTLinux fut acquise par Wind River, éditeur de VxWorks reconverti dans les solutions embarquées à base de Linux.

Outre les problèmes de brevet logiciel et de compatibilité avec la licence GPL, RTLinux n'est plus considéré aujourd'hui comme un logiciel libre, et de ce fait n'a plus sa place dans cet ouvrage. Notons cependant que le développement des tâches temps réel sous RTLinuxFree doit s'effectuer dans l'espace noyau, ce qui pose des problèmes à la fois juridiques (le code source des modules en espace noyau doit en théorie être publié sous GPL) et techniques, car la communication avec l'espace utilisateur doit s'effectuer par des FIFO ou de la mémoire partagée. Dans les points positifs, il faut noter que RTLinux fournit une assez bonne compatibilité POSIX pour le développement des modules temps réel.

Bien entendu, il est possible que la version propriétaire éditée aujourd'hui par Wind River soit bien plus avancée que la version libre testée il y a quelques années, mais nous n'avons pas d'informations sur ce point.

RTAI

Le projet RTAI (pour *Real Time Application Interface,* http://www.rtai.org) fut développé sur la base de RTLinux au DIAPM *(Dipartimento di Ingegneria Aerospaziale Politecnico di Milano).* Le projet est toujours activement maintenu, même si de notre point de vue, il est moins avancé techniquement que le projet Xenomai. Tout comme RTLinux, RTAI privilégiait initialement le développement des tâches temps réel dans l'espace noyau. RTAI fournit désormais l'extension LXRT permettant de développer et d'exécuter des tâches temps réel dans l'espace utilisateur.

Compilation et installation du noyau Linux modifié

L'installation est assez simple à partir de l'archive de la dernière version 3.8 disponible sur http://www.rtai.org. Nous considérons qu'un répertoire `$HOME/rootfs_rtai` existe déjà et qu'il contient une distribution Linux basée sur Busybox, comme décrit aux chapitres précédents.

La première étape consiste à appliquer le patch RTAI sur le noyau utilisé. Dans notre cas, il s'agit de la version 2.6.28.9. La liste des noyaux supportés est visible dans le répertoire `rtai-3.8/base/arch/x86/patches`.

Liste des patches RTAI pour x86

```
$ ls -l base/arch/x86/patches/
total 2220
-rw-r--r-- 1 pierre users 319087 mai   23 2008 hal-linux-2.6.24-x86-2.0-07.patch
-rw-r--r-- 1 pierre users 316819 déc. 15 2008 hal-linux-2.6.25-x86-2.0-09.patch
-rw-r--r-- 1 pierre users 317057 avril 20 2009 hal-linux-2.6.28.9-x86-2.2-07.patch
-rw-r--r-- 1 pierre users 323151 juin 28 2009 hal-linux-2.6.29.5-x86-2.4-03.patch
-rw-r--r-- 1 pierre users 332282 sept. 2 2009 hal-linux-2.6.30.5-x86-2.4-05.patch
-rw-r--r-- 1 pierre users 329399 déc. 31 23:17 hal-linux-2.6.31.8-x86-2.4-09.patch
-rw-r--r-- 1 pierre users 323016 déc. 31 23:17 hal-linux-2.6.32.2-x86-2.5-00.patch
```

Pour appliquer le patch, on doit se placer dans le répertoire contenant les sources du noyau choisi, puis utiliser la commande `patch`.

Application du patch RTAI

```
$ cd linux-2.6.28.9
$ patch -p1 < ../rtai-3.8/base/arch/x86/patches/hal-linux-2.6.28.9-x86-2.2-07.patch
```

On peut alors mettre en place le fichier de configuration adapté. La configuration testée valide l'option `CONFIG_M586TSC`, nécessaire pour de bonnes performances sous RTAI. Le noyau est ensuite installé dans le répertoire `/boot` du PC de développement. Pour simplifier le test, nous utilisons uniquement un noyau statique, ce qui explique la commande `make bzImage`.

Configuration, compilation et installation du noyau

```
$ cp ../config_kernel_rtai_M586TSC .config
$ make oldconfig
$ make bzImage
...
# cp arch/x86/boot/bzImage /boot/vmlinuz_rtai
```

PRÉCISION **Qu'est-ce que TSC ?**

Le TSC (pour *Time Stamp Counter*) est un registre présent dans les processeurs x86 depuis le Pentium. Ce registre contient le nombre de *ticks* depuis le dernier *reset* du processeur. Ce registre 64 bits est utilisé par RTAI, comme décrit sur la page suivante :

▸ http://www.captain.at/programming/kernel

On pourra vérifier la présence de l'option dans la configuration du noyau modifié pour RTAI.

```
$ grep TSC .config
CONFIG_M586TSC=y
CONFIG_X86_TSC=y
```

À l'exécution, on peut également vérifier sa présence grâce au fichier virtuel `/proc/cpuinfo`.

```
$ cat /proc/cpuinfo | grep flags | grep tsc
flags:    fpu vme de pse tsc msr pae mce cx8 apic mtrr pge mca cmov
```

Compilation et installation de la distribution RTAI

Une fois le noyau Linux installé, nous devons modifier le système de fichiers racine de test afin d'y ajouter les composants RTAI. La distribution utilise le système Autotools, ce qui facilite la compilation. Nous considérons que le noyau compilé précédemment est situé directement dans le répertoire de l'utilisateur. L'option `--disable-leds` est nécessaire, car l'exemple basé sur les LEDs semble ne plus fonctionner depuis quelque temps et provoque une erreur à la compilation.

Compilation et installation de RTAI

```
$ cd rtai-3.8
$ ./configure --with-linux-dir=$HOME/linux-2.6.28.9 --disable-leds
$ make
$ make DESTDIR=$HOME/rootfs_rtai install
```

On crée ensuite le répertoire des bibliothèques partagées en utilisant l'outil `mklibs`, déjà cité au chapitre 6.

Création des bibliothèques

```
$ cd $HOME/rootfs_rtai
$ mklibs -v -L usr/realtime/lib -d lib bin/* usr/bin/* usr/realtime/
testsuite/user/latency/latency
```

Il reste à finaliser le système de fichiers racine produit en ajoutant quelques fichiers spéciaux au répertoire /dev. En effet, ces derniers ne peuvent pas être générés dynamiquement par mdev comme nous le faisons pour les autres entrées. Pour ce faire, nous utilisons le script makedevs.sh déduit de la documentation de RTAI.

Création des fichiers spéciaux avec makedevs.sh

```
$ cat makedevs.sh
#!/bin/sh
if test \! -c dev/rtai_shm; then
        mknod -m 666 dev/rtai_shm c 10 254
fi
for n in `seq 0 9`; do
        f=dev/rtf$n
        if test \! -c $f; then
                mknod -m 666 $f c 150 $n
        fi
done

$ cd $HOME/rootfs_rtai
# <path>/makedevs.sh
```

On peut alors créer l'image initrd comme nous l'avons fait précédemment. De même, on ajoute l'entrée de test RTAI au fichier grub.conf (ou menu.1st) du PC de développement.

Création et installation de l'image initrd

```
$ find . | cpio -o -H newc | gzip > ../initrd_rtai.gz
# cp ../initrd_rtai.gz /boot/initrd_rtai.gz
```

Entrée à ajouter à la configuration GRUB

```
title RTAI
        kernel /boot/vmlinuz_rtai        # ou bien /vmlinuz_rtai
        initrd /boot/initrd_rtai.gz      # ou bien /initrd_rtai.bz
```

Test de la distribution

Si l'on démarre le PC de développement sur la nouvelle entrée GRUB, on obtient l'interpréteur de commande `ash` de Busybox. On peut alors utiliser le programme de test `latency` situé dans le répertoire `/usr/realtime/testsuite`. Ce programme affiche les valeurs des temps de latence lors de l'utilisation d'un compteur de période 100 microsecondes. Le champ `overrun` doit rester à la valeur 0 ; dans le cas contraire, cela indique un dysfonctionnement du système, puisqu'une nouvelle échéance du compteur arrive avant la fin du traitement de l'interruption précédente.

Nous constatons que les valeurs de latence n'ont rien à voir avec celles obtenues dans le cas d'un noyau standard, même en chargeant le système par plusieurs instances de `top -d 0` dans des consoles virtuelles (accessibles par *Ctrl-Alt-F2*, *F3*…). Dans le cas d'un processeur Atom sur un PC bas de gamme, on obtient une valeur maximale de latence d'un peu moins de 12 microsecondes.

Test du programme latency

```
# cd /usr/realtime/testsuite/user/latency
# ./run
*
*
* Type ^C to stop this application.
*
*

## RTAI latency calibration tool ##
# period = 100000 (ns)
# average time = 1 (s)
# use the FPU
# start the timer
# timer_mode is oneshot

RTAI Testsuite - USER latency (all data in nanoseconds)
2010/06/21 10:27:01
RTH|     lat min|    ovl min|     lat avg|    lat max| ovl max|    overruns
RTD|      -648|      -648|       2001|       4976|    4976|           0
RTD|      -648|      -648|       1988|       5222|    5222|           0
RTD|      -642|      -648|       1983|       3017     5222|           0
...
RTD|      -650|      -650|       1988|       3112|    5222|           0
RTD|      -650|      -650|       1978|      10793|   10793|           0
RTD|      -648|      -650|       1991|       3027|   10793|           0
...
```

```
RTD|       -798|       -818|       2396|      11551|      11551|            0
RTD|       -772|       -818|       2358|       5900|      11551|            0
RTD|       -819|       -819|       2373|       5534|      11551|            0
RTD|       -779|       -819|       2374|       5868|      11551|            0
RTD|       -798|       -819|       2353|       5759|      11551|            0
```

Xenomai

Le projet Xenomai, initialement nommé Xenodaptor, a vu le jour en 2001. Le but n'était pas de créer un nouveau système temps réel, mais plutôt un outil facilitant la migration d'un RTOS propriétaire vers un environnement Linux. L'annonce initiale du projet par son auteur Philippe Gerum est disponible sur http://www.mail-archive.com/rtl@fsmlabs.com/msg01156.html. En janvier 2003, le projet Xenomai fusionne avec le projet RTAI. En avril 2004, la première version RTAI/Fusion est publiée. Elle est le résultat d'une année de travail pour l'amélioration du projet RTAI concernant la disponibilité sur le noyau 2.6 et l'utilisation d'ADEOS afin de s'éloigner de la technologie brevetée de RTLinux.

En 2005, le projet Xenomai reprend son indépendance, et la version 2.0 est publiée sur la base de RTAI/Fusion 0.9.1. À cela s'ajoute le portage sur de nombreuses architectures comme ARM, PowerPC 32 et 64 bits, Blackfin, IA64, AMD 64 et plus récemment Altera NIOS2 en 2009. En plus des sources du projet, le site http://www.xenomai.org rassemble un grand nombre de documents, et la documentation en ligne de l'API de développement Xenomai est disponible sur http://www.xenomai.org/documentation/xenomai-2.5/html/api. La dernière version disponible au moment de l'écriture de ces lignes est la 2.5.3.

Architecture de Xenomai

Comme nous l'avons dit dans l'introduction, Xenomai est avant tout un outil de migration. Sa particularité est la présence d'interfaces (appelées également « personnalités » ou *skins*) permettant d'adapter du code source provenant d'un autre RTOS à l'environnement Linux étendu avec Xenomai. L'autre particularité très intéressante est la possibilité de développer des applications temps réel dans l'espace utilisateur, et non plus seulement sous forme de modules en espace noyau. Pour Xenomai, le développement en espace noyau est désormais réservé aux pilotes temps réel RTDM *(Real Time Driver Model)* que nous évoquerons en fin de chapitre. Il est toujours possible de développer des tâches en espace noyau, mais n'oublions pas que cela amène des limitations techniques (peu de fonctions disponibles, mise au point difficile, etc.) ainsi que des problèmes juridiques (utilisation obligatoire de la licence GPL dans l'espace noyau). À ce jour, les « personnalités » disponibles sont les suivantes :

- Native (Xenomai / Nucleus) ;

- POSIX ;
- pSOS+ ;
- RTAI (espace noyau uniquement) ;
- uITRON ;
- VRTX ;
- VxWorks ;
- RTDM (espace noyau uniquement).

> REMARQUE **Développement d'interface**
>
> Il est toujours possible de développer une interface adaptée à une API qui aurait pu être développée en interne pour un RTOS « maison ». Cette démarche permet de tester rapidement les performances d'une application portée vers Linux. Dans le cas d'une nouvelle application, on privilégiera bien entendu l'API POSIX.

L'architecture générale de Xenomai est visible sur le schéma ci-dessous.

Figure 13–7
Architecture de Xenomai

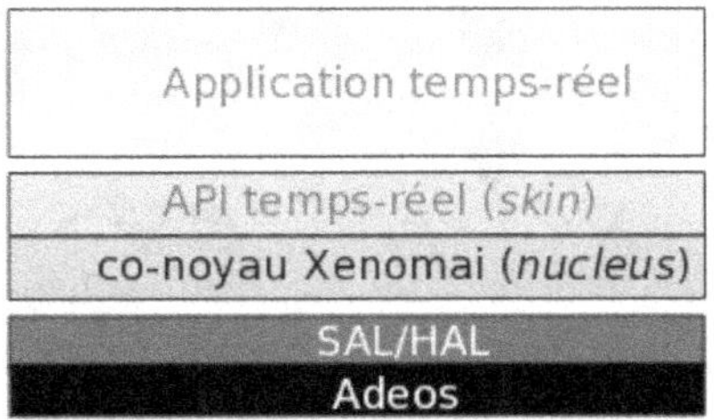

Les interfaces s'appuient sur le noyau temps réel de Xenomai, nommé *Nucleus,* mais il n'a rien à voir avec le RTOS Nucleus développé par Mentor Graphics (http://www.mentor.com/products/embedded_software/nucleus_rtos). Les couches SAL (pour *System Abstraction Layer*) et HAL (pour *Hardware Abstraction Layer*) fournissent l'abstraction de l'architecture hôte (la machine sur laquelle Xenomai est exécuté).

L'adaptation avec le matériel est réalisée par la couche ADEOS, le portage de Xenomai sur une nouvelle architecture correspond donc peu ou prou au portage d'ADEOS sur ce matériel. Le principe de fonctionnement est très proche de celui de RTLinux, comme nous le constatons sur le schéma suivant.

Figure 13–8
Fonctionnement de Xenomai

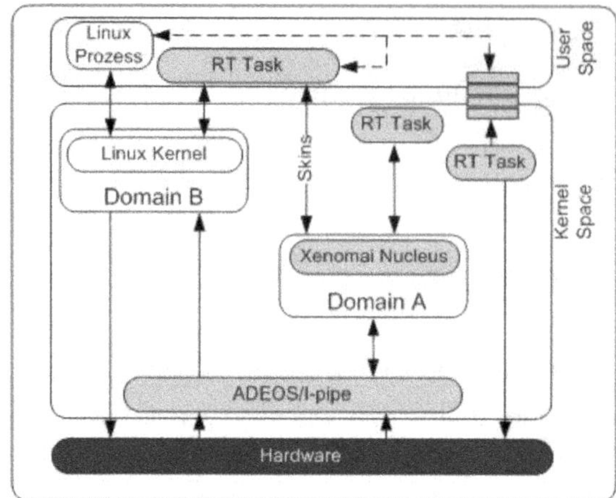

ADEOS

ADEOS (pour *Adaptative Domain Environment for Operating Systems*, voir http:// home.gna.org/adeos) est une couche de virtualisation des ressources matérielles développée par Philippe Gerum, sur une idée originale de Karim Yaghmour publiée dans un article technique datant de 2001 (voir http://www.opersys.com/adeos). Initialement développé pour le projet Xenomai en 2002, ADEOS fut introduit dans l'architecture RTAI dès 2003, afin de se libérer des incertitudes liées au brevet logiciel déposé par FSMLabs et concernant le principe de virtualisation des interruptions.

Le but d'ADEOS est de permettre la cohabitation sur la même machine physique d'un noyau Linux et d'un noyau temps réel. Pour ce faire, ADEOS crée des entités multiples appelées « domaines ». En première approximation, on peut considérer qu'un domaine correspond à un noyau de système d'exploitation (exemple : Linux et un RTOS). Les différents domaines sont concurrents vis-à-vis des événements externes comme les interruptions. Il réagissent en fonction des niveaux de priorité accordés à chacun d'eux.

La virtualisation des ressources affecte les interruptions ainsi que les exceptions processeur ou les appels système provenant des processus Linux. Les évènements circulent sur un *pipeline* virtuel, les notifications étant effectuées en fonction de la priorité. Dans le cas présent, le domaine déterministe (Xenomai) est toujours prioritaire par rapport au domaine racine (Linux). On dit que Linux est une tâche de plus faible priorité (ou *idle task*) pour Xenomai.

Figure 13–9
Principe du pipeline ADEOS

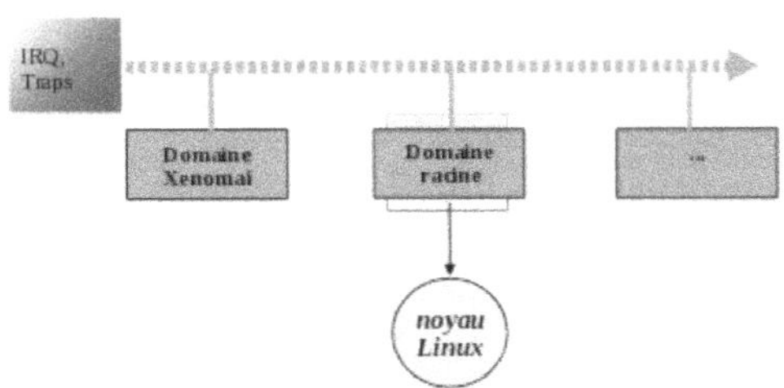

Une description détaillée des fonctionnalités actuelles d'ADEOS est disponible à l'adresse http://www.xenomai.org/documentation/trunk/pdf/Life-with-Adeos-rev-B.pdf.

> ATTENTION **Le portage ADEOS / I-pipe est complexe**
>
> Le fonctionnement de la couche ADEOS / I-pipe est très lié à l'architecture du processeur et de ses péri-
> phériques. On ne peut donc pas envisager une version générique du patch ADEOS pour le cœur ARM9, et
> l'on doit donc développer un patch différent pour chaque modèle de processeur intégrant ce cœur :
> Atmel AT91RM9200, Samsung S3C2410, Freescale iMX, etc. Une documentation décrivant la méthode
> de portage de I-pipe sur ARM est disponible ici :
>
> ▸ http://www.xenomai.org/index.php/I-pipe:ArmPorting

Structure et fonctionnement d'une application Xenomai

Nous avons vu qu'une application Xenomai était développée dans l'espace utilisateur de Linux. Vu du système, c'est donc un exécutable utilisant à la fois les bibliothèques standards comme la Glibc et les bibliothèques fournies par Xenomai. L'application est en fait répartie sur les deux domaines.

Figure 13–10
Répartition de l'application
sur les deux domaines

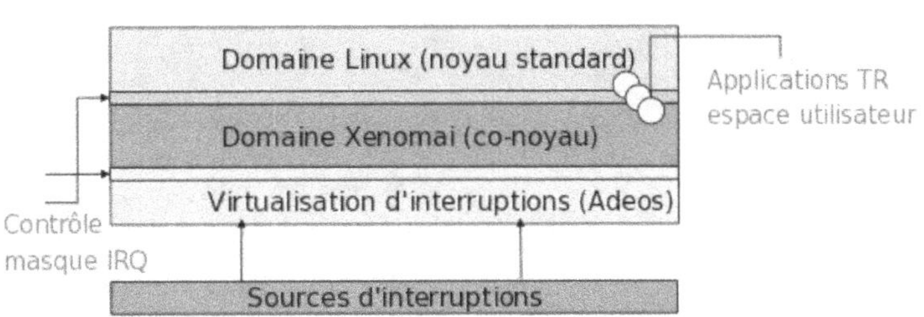

Le schéma suivant décrit de manière plus détaillée la structure d'une application. À droite, nous avons le cas d'une application utilisant la personnalité POSIX, et à gauche, une application basée sur la personnalité VxWorks.

Figure 13–11
Exemple d'applications
POSIX et VxWorks

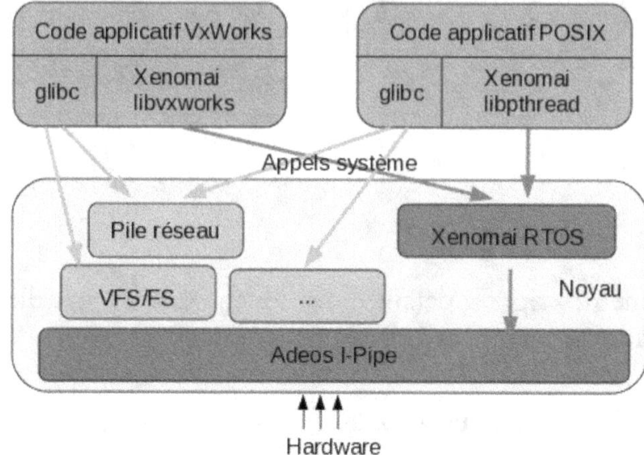

ATTENTION **Conception d'une application Xenomai**

Du fait de l'exécution de l'application sur les deux domaines déterministe et non-déterministe, il est indispensable de séparer les fonctions temps réel des autres fonctions si l'on ne veut pas subir des pertes de déterminisme. Cela n'est pas forcément possible, et dans le cas d'un appel système Linux effectué dans une portion de code déterministe, on constatera une « migration de domaine » (passage du domaine Xenomai vers le domaine Linux). À la fin de l'exécution de l'appel système, l'application migrera de nouveau vers le domaine Xenomai. Un guide de portage d'une application POSIX vers Xenomai est disponible à l'adresse suivante :

▶ http://www.xenomai.org/index.php/Porting_POSIX_applications_to_Xenomai

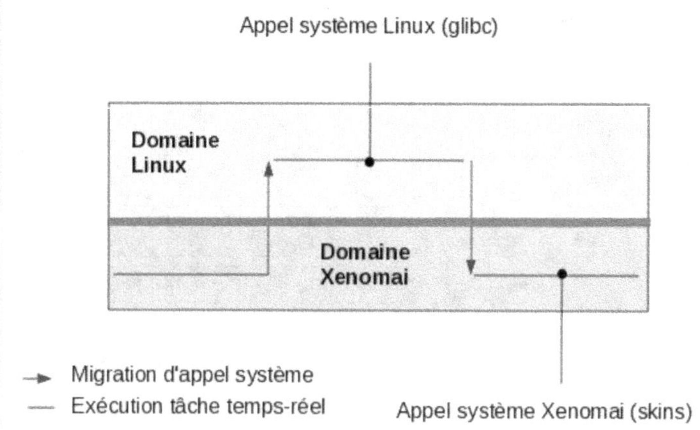

Figure 13–12 Migration de domaine Xenomai/Linux

D'après le schéma, on constate que les appels système non pris en compte par les bibliothèques Xenomai le seront par la Glibc. Il y a donc cohabitation au sein d'une même application entre des fonctions temps réel (déterministes, gérées par le noyau Xenomai) et les fonctions Linux issues de la Glibc (non déterministes, gérées par le noyau Linux). Dans le cas de la personnalité POSIX, les tâches temps réel sont créées par la fonction `pthread_create` fournie par Xenomai.

Plus généralement, si un appel système est fourni par les deux API, la version Xenomai sera utilisée en priorité à la compilation de l'application. Si l'on désire utiliser la version Glibc de l'appel système, on devra préfixer le nom par `__real_`, par exemple : `__real_pthread_create`.

Installation de Xenomai

La procédure d'installation de Xenomai est semblable à celle de RTAI. On applique tout d'abord le patch ADEOS/I-pipe au noyau Linux, puis on compile et installe l'environnement de développement constitué des bibliothèques, des fichiers d'entête, d'un certain nombre d'utilitaires et d'exemples, dont le programme `latency` similaire à celui fourni par RTAI.

Si l'on utilise une version donnée de la distribution Xenomai, celle-ci contiendra un certain nombre de patches pour les différentes architectures supportées (x86, ARM…), et ce pour un nombre limité de versions de noyaux Linux, correspondant aux dernières versions disponibles au moment de la publication de la distribution. À titre d'exemple, dans le cas de la version 2.5.2 de Xenomai, les patches suivants sont fournis pour l'architecture x86.

Liste des patches ADEOS / I-pipe pour x86

```
ksrc/arch/x86/patches/adeos-ipipe-2.6.30.8-x86-2.4-09.patch
ksrc/arch/x86/patches/adeos-ipipe-2.6.32.7-x86-2.6-01.patch
ksrc/arch/x86/patches/adeos-ipipe-2.6.31.8-x86-2.4-09.patch
```

Si l'on utilise une autre version (plus ancienne) de noyau, on pourra tout de même utiliser la version récente de Xenomai en obtenant le patch noyau correspondant sur le site du projet ADEOS.

Compilation et installation du noyau Linux modifié

Dans le cadre de notre test, nous utilisons un noyau 2.6.31.8, traité avec le script `prepare-kernel.sh` fourni avec la distribution Xenomai.

Application du patch ADEOS

```
$ cd xenomai-2.5.2
$ ./scripts/prepare-kernel.sh --linux=../linux-2.6.31.8 --default
```

> REMARQUE **Utilisation de --default**
>
> L'option `--default` indique que l'on tente de détecter automatiquement le patch à utiliser, ainsi que l'architecture de la cible. Si la détection échoue, on peut utiliser d'autres options pour forcer le nom du fichier patch et l'architecture (x86, arm…).
>
> ```
> $    ./scripts/prepare-kernel.sh    --linux=<Linux-kernel-path>    --adeos=<ADEOS-patch-path> --arch=<architecture>
> ```

Lorsque le patch est appliqué, on peut alors configurer le noyau, le compiler puis installer l'image statique dans le répertoire `/boot`.

Configuration, compilation et installation du noyau

```
$ cd linux-2.6.31.8
$ cp ../config_2.6.31.8_Xenomai_INITRD .config
$ make oldconfig
$ make bzImage
...
# cp arch/x86/boot/bzImage /boot/vmlinuz_xeno
```

> REMARQUE **Configuration du noyau**
>
> Si l'on désire modifier la configuration du noyau, on devra utiliser la commande classique `make menuconfig` (ou bien `xconfig`, `gconfig`) et entrer dans le menu *Real-time Sub-system* ajouté par le patch ADEOS. Il faut noter que le fonctionnement correct de Xenomai nécessite de désactiver certaines options du noyau comme *Power management and ACPI options>CPU Frequency scaling*. En général, une configuration incompatible avec Xenomai est indiquée par un message d'erreur lorsque l'on entre dans le menu *Real-time Sub-system*, par exemple :
>
> *** WARNING! You enabled APM, CPU Frequency scaling or ACPI 'processor'*

Compilation et installation de la distribution Xenomai

Dans le cas de RTAI, nous avions installé la distribution directement dans l'arborescence du système de fichiers racine `$HOME/rootfs_rtai`. Cela permet de faire un test rapide des programmes de démonstration, mais cela ne correspond pas au cas normal de développement d'applications, puisque tous les éléments sont installés sur la cible. La distribution Linux de test sera installée dans `$HOME/rootfs_xeno`, mais les biblio-

thèques de développement et autres fichiers d'en-tête seront installés dans le répertoire `$HOME/xeno_bin`.

Compilation et installation de Xenomai

```
$ cd xenomai-2.5.2
$ ./configure --prefix=$HOME/xeno_bin --enable-x86-sep
$ make
$ make install
```

> REMARQUE **Documentation Xenomai**
>
> La documentation Xenomai est installée dans le répertoire `$HOME/xeno_bin/share/doc/`
> `xenomai`. C'est d'ailleurs le répertoire le plus volumineux (18 Mo sur 21 au total) !

Pour l'instant, nous installons uniquement le programme de test `latency` sur la cible.
La commande `mklibs` nous permet de remplir le répertoire `$HOME/rootfs_xeno/lib`.

Installation du programme de test « latency »

```
$ cd $HOME/rootfs_xeno
$ mkdir -p usr/xenomai/bin
$ cp $HOME/xeno_bin/bin/latency usr/xenomai/bin
$ mklibs -v -L $HOME/xeno_bin/lib -d lib bin/busybox usr/bin/* usr/
xenomai/bin/*
```

Création et installation de l'image initrd

```
$ find . | cpio -o -H newc | gzip > ../initrd_xeno.gz
# cp ../initrd_xeno.gz /boot/initrd_xeno.gz
```

Entrée à ajouter à la configuration GRUB

```
title Xenomai
        kernel /boot/vmlinuz_xeno        # ou bien /vmlinuz_xeno
        initrd /boot/initrd_xeno.gz      # ou bien /initrd_xeno.bz
```

Test de la distribution

Le test est très similaire à celui de RTAI, sauf que le programme de test `latency` est
situé dans le répertoire `/usr/xenomai/bin`. Ce programme affiche les valeurs des
temps de latence lors de l'utilisation d'un compteur de période 100 microsecondes
par défaut. Comme pour RTAI, le programme de test gère le cas d'erreur avec la
variable `overrun`. Nous constatons de nouveau que les valeurs de latence n'ont rien à

voir avec celles obtenues dans le cas d'un noyau standard, même en chargeant le système par plusieurs instances de `top -d 0` dans des consoles virtuelles (accessibles par *Ctrl-Alt-F2*, *F3*, etc.) ou pire, en utilisant `hackbench -p -g 200`.

Test du programme « latency »

```
# /usr/xenomai/bin/latency
== Sampling period: 100 us
== Test mode: periodic user-mode task
== All results in microseconds
warming up...
RTT| 00:00:01 (periodic user-mode task, 100 usperiod, priority 99)
RTH|--lat min|--lat avg|--lat max|-overrun|---msw|---lat best|--lat
worst
RTD| 2.380|       2.445|    3.380|      0|     0|      2.380|    3.380
RTD| 2.395|       2.473|    3.839|      0|     0|      2.380|    3.839
RTD| 2.403|       2.489|    5.110|      0|     0|      2.380|    5.110
RTD| 2.403|       2.475|    3.651|      0|     0|      2.380|    5.110
...
RTD| 1.583|       2.489|    4.659|      0|     0|      1.583|    5.110
RTD| 2.380|       2.494|    4.944|      0|     0|      1.583|    5.110
```

On démarre alors le programme `hackbench -p -g 200`, la latence maximale atteint seulement 11 microsecondes, alors que l'on peut constater visuellement que les temps de réponse du domaine Linux sont dégradés. Un test avec `cyclictest` confirme cela en affichant des latences jusqu'à 18 millisecondes pour le domaine Linux, soit plus de 1600 fois plus que pour le domaine Xenomai.

Latences après le démarrage de « hackbench -p -g 200 »

```
RTD| 2.418|       5.234|   10.674|      0|     0|      1.583|   10.674
RTD| 3.027|       5.828|   10.704|      0|     0|      1.583|   10.704
RTD| 1.989|       5.594|   10.817|      0|     0|      1.583|   10.817
...
RTD| 2.922|       3.732|   11.080|      0|     0|      1.583|   11.080
RTD| 2.801|       3.763|    8.132|      0|     0|      1.583|   11.080
RTD| 2.914|       3.765|    9.283|      0|     0|      1.583|   11.080
```

Résultat de « cyclictest » pour le domaine Linux

```
T: 0 ( 8517) P:99 I:1000 C: 17613 Min: 10 Act: 26 Avg:   77 Max: 18119
T: 1 ( 8518) P:98 I:1500 C: 11742 Min:  9 Act: 17 Avg:   35 Max: 18509
T: 2 ( 8519) P:97 I:2000 C:  8807 Min: 10 Act: 16 Avg:   29 Max: 17941
T: 3 ( 8520) P:96 I:2500 C:  7046 Min: 10 Act: 18 Avg:   31 Max: 16943
T: 4 ( 8521) P:95 I:3000 C:  5872 Min: 10 Act: 17 Avg:   28 Max: 16869
```

Interface /proc

L'utilisation de Xenomai ajoute un certain nombre de fichiers et répertoires au système de fichiers virtuel `/proc`. Tout d'abord l'application du patch ADEOS est identifié par la présence du répertoire `/proc/ipipe` contenant les fichiers `Version`, `Linux` et `Xenomai`. Le premier contient simplement la version du patch ADEOS. Les deux autres contiennent des informations décrivant les domaines Linux et Xenomai. Outre ADEOS, Xenomai fournit également de nombreuses informations dans `/proc/xenomai`, comme décrit dans le tableau ci-dessous.

Tableau 13–1 Interface /proc/xenomai

Fichier ou répertoire	Description
`interfaces, registry, rtdm`	Activité des personnalités (*skins*)
`irq, apc, faults`	Comptabilité des événements système
`sched, stat`	Statut des tâches temps réel
`timer, latency`	Contrôle du compteur temps réel
`hal, version`	Identification du système

Prise en compte du multiprocessing (SMP)

Dans le cas de la présence de plusieurs processeurs (SMP), il est possible sous Linux de gérer l'affinité, c'est-à-dire la possibilité d'assigner une tâche à l'un ou l'autre des processeurs. Dans le cas de deux processeurs, un processus est démarré par défaut sur les deux CPU, mais la commande `taskset` permet de modifier l'affinité.

Test de l'affinité avec taskset, par défaut sur les deux processeurs

```
$ ./coucou &
$ taskset -p 6656
pid 6656's current affinity mask: 3
```

Démarrage sur le premier processeur

```
$ taskset 1 ./coucou &
[1] 6658
$ taskset -p 6658
pid 6658's current affinity mask: 1
```

Démarrage sur le deuxième processeur

```
$ taskset 2 ./coucou &
[1] 6664
$ taskset -p 6664
pid 6664's current affinity mask: 2
```

Passage sur les deux processeurs

```
$ taskset -p 3 6664
pid 6664's current affinity mask: 2
pid 6664's new affinity mask: 3
```

Ces manipulations sont normalisées dans POSIX. Certaines de ces fonctions sont disponibles dans la personnalité POSIX de Xenomai, et l'on peut donc gérer l'affinité d'un thread dans ce domaine.

> **ATTENTION** **Prise en compte de SMP par Xenomai**
>
> Pour la prise en compte de SMP, il est nécessaire d'ajouter l'option `--enable-smp` lors de la configuration de Xenomai par le script `configure`.

Fonction de traitement d'affinité dans Xenomai/POSIX

```
int pthread_attr_setaffinity_np (pthread_attr_t *attr,
xnarch_cpumask_t mask)
int pthread_attr_getaffinity_np (pthread_attr_t *attr,
xnarch_cpumask_t *mask)
```

Dans la personnalité native, on peut préciser l'affinité lors de la création de la tâche par `rt_task_create` au niveau du dernier paramètre `mode` en précisant `T_CPU(cpuid)`, la valeur de `cpuid` étant comprise entre 0 et `RTHAL_NR_CPUS-1`. Enfin, la valeur de l'affinité est disponible dans `/proc/xenomai/affinity` que l'on peut également forcer à la valeur de l'affinité avant le démarrage du programme.

Adaptation de l'exemple de test du port parallèle

Au début du chapitre, nous avons présenté un programme simple de test du port parallèle, basé sur un compteur POSIX. Nous nous proposons d'adapter ce programme en écrivant une version utilisable sous Xenomai, basée sur la personnalité POSIX.

L'API POSIX fournie par Xenomai est conforme à POSIX 1003.1b et 1003.1c. La configuration par défaut de l'extension Xenomai côté noyau Linux valide automatiquement le support POSIX, et la personnalité POSIX de Xenomai fournit les composants habituels de la norme :

- gestion des threads ;
- horloges et compteurs ;
- *mutexes,* variables de condition, sémaphores ;
- files de messages, mémoire partagée ;
- gestion des signaux (avec quelques limitations) ;
- extensions « non portables ».

REMARQUE **Programmation POSIX**

Le but du chapitre n'est pas de décrire la syntaxe de la programmation POSIX, mais de présenter les principes de programmation et les quelques appels POSIX utilisés pour l'adaptation de l'exemple. Il existe de nombreux documents et ouvrages sur POSIX, comme par exemple :

▸ https://computing.llnl.gov/tutorials/pthreads

Principe d'un programme POSIX sous Xenomai

L'approche utilisée sous Xenomai est assez différente de celle de Linux, car elle suit les règles de conception des systèmes temps réel. La majorité des applications temps réel utilisent des tâches périodiques, car la gestion des signaux n'est pas réellement déterministe.

1 On créé une tâche. Dans le cas de POSIX, on utilise simplement la fonction `pthread_create`.

2 On rend cette tâche périodique, ce qui signifie qu'elle sera réveillée à chaque fin de période par l'ordonnanceur. Pour cela, on utilise la fonction `pthread_make_periodic_np`.

3 Pour endormir la tâche, on utilise `pthread_wait_np`. Au réveil par l'ordonnanceur, la tâche exécute ses instructions et se rendort.

REMARQUE **Fonctions POSIX se terminant par "_np"**

Ces fonctions sont des extensions à la norme, d'où le suffixe « Non Portable ». On remarquera qu'elles n'existent pas dans la bibliothèque POSIX `libpthread` de Linux.

Pour les fonctions déjà existantes dans la Glibc (exemple : `pthread_create`), la substitution vers la version Xenomai des fonctions POSIX est faite automatiquement.

Description du code source

Comme pour la version Linux, nous allons présenter le code source du programme dans une version épurée, exempte des tests de retour des fonctions.

Déclaration des en-têtes et paramètres globaux

```
#include <sys/mman.h>
#include <sys/time.h>
#include <sys/io.h>
#include <unistd.h>
#include <stdlib.h>
#include <math.h>
#include <stdio.h>
#include <string.h>
#include <signal.h>
#include <getopt.h>
#include <time.h>
#include <pthread.h>

#define LPT                 0x378
#define PERIOD              50000000 /* 50 ms = 50 x 1000000 ns */
```

La fonction `thread_square` associée au thread temps réel est une boucle infinie périodique, réveillée par l'ordonnanceur toutes les 50 millisecondes. La fin de la fonction affiche le temps passé depuis la dernière itération.

Fonction thread_square exécutée dans le domaine Xenomai

```
void *thread_square (void *dummy)
{
  struct timespec start, period, t, told;
  int nibl = 0, test_loops = 0;

  // Lecture de l'horloge TR
  clock_gettime (CLOCK_REALTIME, &start);

  // On rend le thread périodique dans 1 s avec la période de 50 ms
  start.tv_sec += 1;
  period.tv_sec = 0;
  period.tv_nsec = PERIOD;

  pthread_make_periodic_np (pthread_self(), &start, &period);

  // Boucle infinie
  for (;;) {
```

```
        unsigned long overruns = 0;
        int err;

        test_loops++;
        // Attente ordonnanceur avec test d'overrun
        err = pthread_wait_np (&overruns);

        if (err || overruns) {
            fprintf(stderr,"wait_period failed: err %d, overruns: %lu\n",
err, overruns);
            exit(EXIT_FAILURE);
        }

        // Écriture sur le registre de données
        outb (nibl, LPT);
        nibl = ~nibl;

        // Mesure de latence: toutes les 100 boucles (5 s), on affiche
        // le temps passé depuis la dernière itération. En théorie on
        // doit obtenir la valeur de la période, à la latence près.
        told.tv_sec = t.tv_sec;
        told.tv_nsec = t.tv_nsec;

        // Lecture horloge
        clock_gettime (CLOCK_REALTIME, &t);

        // Affichage toutes les 5 s
        if ((test_loops % 100) == 0)
          printf ("Loop= %d dt= %ld %ld (%ld ns)\n", test_loops, t.tv_sec -
told.tv_sec, t.tv_nsec - told.tv_nsec, t.tv_nsec-told.tv_nsec-PERIOD);
    }
}
```

La partie principale se limite au paramétrage du thread et à sa création. Dans le cas d'une application sous Xenomai, il est indispensable de désactiver la pagination en utilisant l'appel système `mlockall`. En cas d'oubli, on obtiendra un message d'erreur au démarrage du programme.

Erreur obtenue en cas d'appel à mlockall manquant

```
Xenomai: process memory not locked (missing mlockall ?)
```

L'autre point important est le paramétrage de la politique d'ordonnancement et de la priorité pour le thread. Au début du chapitre, nous avons utilisé pour cela l'appel système `sched_setscheduler`. À présent, nous allons utiliser l'équivalent POSIX de cette fonction.

> **ATTENTION Utiliser PTHREAD_EXPLICIT_SCHED**
>
> Par défaut, un thread hérite de la politique d'ordonnancement de celui qui le crée. Il est donc indispensable d'utiliser l'appel `pthread_attr_setinheritsched` `(&thattr_square,` `PTHREAD_EXPLICIT_SCHED)` afin que les paramètres d'ordonnancement soient pris en compte (politiques `SCHED_FIFO` et priorité 99).

Partie principale du programme

```c
int main (int argc, char **argv)
{
  pthread_t thid_square;
  struct sched_param param_square = {.sched_priority = 99 };
  pthread_attr_t thattr_square;

// Accès direct au registre de données
  ioperm (LPT, 1, 1);

// Désactive la pagination pour le processus courant, INDISPENSABLE
  // pour Xenomai
  mlockall(MCL_CURRENT|MCL_FUTURE);

// Init des attributs du thread
  pthread_attr_init(&thattr_square);

  // Politique explicite SCHED_FIFO, priorité à 99
  pthread_attr_setinheritsched (&thattr_square,
PTHREAD_EXPLICIT_SCHED);
  pthread_attr_setschedpolicy (&thattr_square, SCHED_FIFO);
  pthread_attr_setschedparam (&thattr_square, &param_square);

  // Création du thread
  phread_create (&thid_square, &thattr_square, &thread_square, NULL);

  // Attente infinie de signal (Ctrl-C)
  pause();

  return 0;
}
```

Compilation de l'exemple

Pour compiler l'exemple, on doit utiliser un fichier `Makefile` spécial, qui utilise la commande `xeno-config` fournie par la distribution Xenomai. Cette commande permet de produire automatiquement les options de compilation en fonction des personnalités utilisées. Bien entendu il faut ajouter le chemin d'accès à ce nouvel utilitaire.

Test de xeno-config

```
$ export PATH=$PATH:$HOME/xeno_config/bin

$ xeno-config --skin=posix --cflags
-I/home/pierre/xeno_bin/include -D_GNU_SOURCE -D_REENTRANT -Wall -pipe
-D__XENO__ -I/home/pierre/xeno_bin/include/posix
```

On peut en déduire un exemple de fichier `Makefile` adapté à notre programme de test. Ce fichier est générique et donc utilisable pour n'importe quel programme Xenomai utilisant la personnalité POSIX. De même, on pourra l'adapter à une autre personnalité en modifiant le paramètre de l'option `--skin`.

Fichier Makefile

```
XENO_CONFIG=xeno-config
prefix := $(shell $(XENO_CONFIG) --prefix)
ifeq ($(prefix),)
$(error Please add <xenomai-install-path>/bin to your PATH variable)
endif

STD_CFLAGS := $(shell $(XENO_CONFIG) --skin=posix --cflags) -g
STD_LDFLAGS := $(shell $(XENO_CONFIG) --skin=posix --ldflags) -g

STD_TARGETS := xenomai_square

all: $(STD_TARGETS)

$(STD_TARGETS): $(STD_TARGETS:%=%.c)
    $(CC) -o $@ $< $(STD_CFLAGS) $(STD_LDFLAGS)

clean:
    $(RM) -f *.o *~ $(STD_TARGETS)
```

On peut alors compiler le programme avec `make`. On note que le programme utilise à la fois les bibliothèques du domaine Linux et celles du domaine Xenomai. Pour les bibliothèques Xenomai, on doit renseigner la variable `LD_LIBRARY_PATH` afin d'ajouter le chemin d'accès.

Bibliothèques utilisées par le programme de test

```
$ LD_LIBRARY_PATH=$HOME/xeno_bin/lib ldd xenomai_square
    linux-gate.so.1 => (0x00c63000)
    libpthread_rt.so.1 => /home/pierre/xeno_bin/lib/libpthread_rt.so.1
(0x00609000)
```

```
    libxenomai.so.0 => /home/pierre/xeno_bin/lib/libxenomai.so.0
(0x00c4a000)
    libpthread.so.0 => /lib/libpthread.so.0 (0x00110000)
    librt.so.1 => /lib/librt.so.1 (0x00629000)
    libc.so.6 => /lib/libc.so.6 (0x00454000)
    /lib/ld-linux.so.2 (0x00431000)
```

Test du programme

Le programme doit bien entendu être testé sur un système utilisant un noyau modifié pour Xenomai/ADEOS. Si l'on tente de l'exécuter sur l'environnement de développement, on obtient une erreur.

Test du programme sur le PC de développement

```
$ LD_LIBRARY_PATH=/home/pierre/xeno_bin/lib ./xenomai_square
Xenomai: POSIX skin or CONFIG_XENO_OPT_PERVASIVE disabled.
(modprobe xeno_posix?)
```

Pour effectuer un test, on doit copier le programme xenomai_square vers le répertoire $HOME/rootfs_xeno, puis générer de nouveau le contenu du répertoire lib, puisque le programme xenomai_square utilise de nouvelles bibliothèques.

Installation du programme de test

```
$ cd $HOME/rootfs_xeno
$ cp <path>/xenomai_square usr/xenomai/bin
$ rm -rf lib/*
$ mklibs -v -L $HOME/xeno_bin/lib -d lib bin/busybox usr/bin/* usr/
xenomai/bin/*

$ find . | cpio -o -H newc | gzip > ../initrd_xeno.gz
# cp ../initrd_xeno.gz /boot/initrd_xeno.gz
```

Lorsque l'on démarre le PC sur l'environnement cible Xenomai, on peut lancer le test en utilisant la commande /usr/xenomai/bin/xenomai_square. On constate une parfaite stabilité du tracé à l'oscilloscope. De même, les valeurs affichées indiquent des latences faibles (inférieures à 2 microsecondes), même lorsque le système est fortement chargé avec la commande hackbench -p -g 200.

Test du programme sous Xenomai

```
# /usr/xenomai/bin/xenomai_square
== Period: 50000 us
Loop= 100 dt= 0 49999980 (-20 ns)
```

```
Loop= 200 dt= 0 49999980 (-20 ns)
Loop= 300 dt= 0 49999987 (-13 ns)
Loop= 400 dt= 0 50000762 (762 ns)
Loop= 500 dt= 0 49998604 (-1396 ns)
Loop= 600 dt= 0 49999874 (-126 ns)
Loop= 700 dt= 0 49998439 (-1561 ns)
Loop= 800 dt= 0 50001506 (1506 ns)
Loop= 900 dt= 0 49999987 (-13 ns)
Loop= 1000 dt= 0 50000107 (107 ns)
Loop= 1100 dt= 0 50000107 (107 ns)
```

On peut également tester le programme sous QEMU, sans toutefois respecter des contraintes temps réel comme pour le PC réel, y compris dans le cas où le système émulé n'est pas chargé. Si le PC de test dispose d'un port parallèle, on peut utiliser l'option `-parallel`, afin que les données émises par le port parallèle émulé par QEMU soient dirigées vers le port parallèle du PC hôte.

Test du programme sous QEMU

```
$ sudo qemu -kernel linux-2.6.31.8/arch/x86/boot/bzImage -initrd
rootfs.gz -parallel /dev/parport0 -append "console=ttyS0" -nographic
...
Welcome to my embedded GNU/Linux system


Please press Enter to activate this console.

# /usr/xenomai/bin/xenomai_square
== Period: 50000 us
Loop= 100 dt= 0 50001985 (1985 ns)
Loop= 200 dt= 0 49977355 (-22645 ns)
Loop= 300 dt= 0 49997989 (-2011 ns)
Loop= 400 dt= 0 50006737 (6737 ns)
Loop= 500 dt= 0 49981967 (-18033 ns)
Loop= 600 dt= 0 50003303 (3303 ns)
Loop= 700 dt= 0 49961724 (-38276 ns)
...
```

Introduction à RTDM

Pour l'instant, nous avons réalisé des tests très simplement, sans mettre en œuvre de matériel, mis à part une interface rudimentaire comme le port parallèle. Comme nous l'avons fait remarquer au début du chapitre, l'utilisation de `ioperm` et `outb` pour l'accès au matériel est spécifique à l'architecture x86 dans quelques cas simples, en l'occurrence les périphériques historiques du PC.

Dans le cas général, on aura fréquemment à utiliser une carte fournie avec un pilote Linux (exemple : une carte contrôleur de bus ou une carte d'acquisition). Si nous reprenons l'exemple simpliste précédent, le fichier spécial associé au périphérique doit être ouvert dans la partie principale du programme.

Modification de l'exemple pour l'utilisation d'un pilote

```
int main (int ac, char **av)
{
  ...
  // Accès direct au registre de données
  fd = open ("/dev/parport0", O_WRONLY);
  ...
  // Création du thread, en passant le descripteur de fichier à la
  // fonction associée
  phread_create (&thid_square, &thattr_square, &thread_square,
(void*)fd);

  pause();

  return 0;
}
```

Dans la fonction liée au thread, on utilise l'appel système write pour écrire sur le port de données. La valeur du descripteur de fichier est obtenue dans l'argument abstrait passé à la fonction en dernier argument de pthread_create.

Modification de la fonction liée au thread

```
void *thread_square (void *arg)
{
  int fd = (int)arg;
  ...
  // Boucle infinie
  for (;;) {
    ...
    // Écriture sur le registre de données
    write (fd, &nibl, 1);
    nibl = ~nibl;

  }
}
```

En effectuant un nouveau test, on peut constater que l'exemple fonctionne toujours. Cependant, l'utilisation d'un pilote Linux dans le domaine Xenomai provoque une perte de déterminisme lors de la migration du domaine primaire Xenomai vers le domaine

Linux. Si l'on utilise un pilote Linux, cette migration s'effectuera à chaque accès au périphérique lors des appels système tels que `open`, `read`, `write`, `ioctl` ou `close`.

Pour éviter cela, Xenomai fournit l'API RTDM déjà citée, et qui est très proche de celle utilisée pour l'écriture de pilotes Linux, car elle fournit les mêmes types de fonctions, ces dernières étant exécutées en majorité dans le domaine Xenomai. Notons également que RTDM est utilisable sous RTAI.

> REMARQUE **Certaines fonctions sont exécutées dans le domaine Linux**
>
> Du fait du fonctionnement conjoint de Xenomai et du noyau Linux, les fonctions d'ouverture et de fermeture de périphérique d'un pilote RTDM sont exécutées dans le domaine Linux, donc non déterministe. Ce n'est pas réellement un problème puisque ces actions sont en général effectuées une fois, respectivement au début et à la fin de l'exécution.

RTDM, une API proche de celle du noyau Linux

RTDM est une API très proche de celle des pilotes Linux, dont la description dépasse largement les limites de cet ouvrage. Les principes généraux sont les suivants.

Un pilote est avant tout un module, autrement dit un programme exécuté en espace noyau. Dans le cas de Linux, la compilation d'un module produit un fichier `.ko` (pour *Kernel Object*) qui peut être chargé dynamiquement par les commandes `insmod` ou `modprobe` et déchargé par `rmmod`. Un module a obligatoirement deux points d'entrée, respectivement nommés `module_init` et `module_exit`. Le premier est appelé lors du chargement du module, alors que le deuxième est appelé lors du déchargement.

Un pilote contient en plus divers points d'entrée appelés lors de l'invocation des appels système dans l'application qui utilise le pilote. Si l'application utilise un module `helloworld.ko` contenant les points d'entrées `hello_open`, `hello_read`, `hello_write`, `hello_release`, un appel système `open ("/dev/hello", O_RDONLY)` exécutera la fonction `hello_open` du pilote. Le comportement sera le même pour l'appel système `close`, qui exécutera `hello_release`, et ainsi de suite.

> REMARQUE **Convention de codage**
>
> Il est conseillé d'utiliser le même nom pour le fichier source, les fonctions du pilote et même le fichier spécial créé dans `/dev` pour l'accès au pilote. Ce n'est pas une obligation, mais cela facilite le travail – déjà complexe – du développeur en espace noyau.

Les différents types de pilote RTDM

L'API RTDM est destinée à mettre en place dans le domaine Xenomai les mêmes services noyau que dans le domaine Linux :

- pilote de périphérique matériel (exemple : carte électronique) ; on parle alors d'un *named device*. Le pilote contiendra des entrées comme `open`, `read`, `write`, `ioctl`, etc. ;
- implémentation de protocole (exemple : protocole réseau) ; on parle alors d'un *protocol device*. Le pilote contiendra des entrées de type `socket`, `listen`, `send`, `recv`, etc.

Chaque pilote fait partie d'une classe (`SERIAL`, `CAN`, `EXPERIMENTAL`…) et d'une sous-classe (`PP`, `HELLOWORLD`…). On peut avoir plusieurs instances d'un même pilote chargées à un même instant.

Les fonctions _rt et _nrt

Ce point est très spécifique à l'API RTDM. En effet, contrairement au cas d'un pilote Linux, le code d'un pilote RTDM peut être exécuté dans le domaine Xenomai (déterministe ou `_rt`), mais aussi dans le domaine Linux (non déterministe ou `_nrt`). L'API prévoit d'implémenter les fonctions du pilote pour chaque domaine. On pourra donc avoir une fonction `hello_ioctl_rt` et une fonction `hello_ioctl_nrt` suivant le contexte d'exécution. Cependant, on connaît dans la pratique les fonctions typiquement non déterministes (`open` et `close`). Pour les autres fonctions, on devra théoriquement concevoir le système pour utiliser les versions `_rt`, sachant que le but est de développer un pilote déterministe.

Exemple du port parallèle

Nous allons reprendre notre exemple en écrivant un pilote RTDM pour le port parallèle, nommé `pp`. Le pilote est très simplifié puisqu'il permet uniquement d'écrire sur le registre de données, mais cela est suffisant pour notre démonstration.

La première partie concerne la déclaration des en-têtes et des constantes. Nous remarquons qu'outre le fichier `rdtm_driver.h` propre à RTDM, le pilote utilise les en-têtes du noyau Linux. Comme nous l'avons dit précédemment, nous devons utiliser une structure `pp_context` contenant les données à écrire et le nombre d'octets.

En-têtes, constantes du pilote et structure de contexte

```
#include <linux/module.h>
#include <rtdm/rtdm_driver.h>
#include <linux/types.h>

#define RTDM_SUBCLASS_PP        0
#define BUF_SIZE                64
#define LPT                     0x378
```

```
MODULE_DESCRIPTION("PP RTDM driver");
MODULE_LICENSE("GPL");
MODULE_AUTHOR("Pierre Ficheux");

// Données privées du pilote
struct pp_context {
  int datasize;
  char buffer[BUF_SIZE];
};
```

Nous décrivons à présent les fonctions du pilote, soit open, close et write.

Fonctions du pilote

```
int pp_open(struct rtdm_dev_context *context, rtdm_user_info_t
*user_info, int o
flags)
{
  struct pp_context *ctx = (struct pp_context *) context->dev_private;

  // Remise à zéro des données à écrire
  ctx->datasize=0;

  return 0;
}

int pp_close(struct rtdm_dev_context *context, rtdm_user_info_t
*user_info)
{
  return 0;
}

static ssize_t pp_write_rt(struct rtdm_dev_context *context,
rtdm_user_info_t * user_info, const void *buf, size_t nbyte)
{
  struct pp_context *ctx;
  register int i;
  ctx = (struct pp_context *) context->dev_private;

  // Vérification de la taille des données à écrire, majorée
  // par la taille du tampon local
  ctx->datasize = (nbyte > BUF_SIZE) ? BUF_SIZE : nbyte;

  // Copie des données de l'espace utilisateur vers
  // le tampon local (équivalent à copy_from_user pour Linux)
  if (rtdm_safe_copy_from_user(user_info, ctx->buffer, buf, ctx-
>datasize))
      rtdm_printk ("ERROR : can't copy\n");
```

```
  // Écriture sur le registre de données
  for (i = 0 ; i < ctx->datasize ; i++) {
    outb (ctx->buffer[i], LPT);
  }

  return ctx->datasize;
}
```

Nous poursuivons avec la structure définissant les paramètres du pilote. Cette structure identifie le type de pilote (RTDM_NAMED_DEVICE), la classe, la sous-classe et les pointeurs vers les différentes fonctions. Ces informations seront visibles dans le répertoire virtuel /proc/xenomai/rtdm.

Structure définissant le pilote

```
static struct rtdm_device device = {
  struct_version: RTDM_DEVICE_STRUCT_VER,

  device_flags:      RTDM_NAMED_DEVICE,
  context_size:      sizeof(struct pp_context),
  device_name:       "",

  open_rt:           NULL,     /* Pas de fonction déterministe pour open */
  open_nrt:          pp_open,

  ops:{
    close_rt:        NULL,     /* Idem pour close */
    close_nrt:       pp_close,

    ioctl_rt:        NULL,
    ioctl_nrt:       NULL,

    read_rt:         NULL,
    read_nrt:        NULL,

    write_rt:        pp_write_rt,
    write_nrt:       NULL,     /* Pas de NON-déterminisme pour write */
  },

  device_class:             RTDM_CLASS_EXPERIMENTAL,
  device_sub_class:         RTDM_SUBCLASS_PP,
  driver_name:              "pp_rtdm",
  driver_version:           RTDM_DRIVER_VER(0, 0, 0),
  peripheral_name:          "PP RTDM",
  provider_name:            "PF",
  proc_name:                device.device_name,
};
```

Le fichier `Makefile` est proche de celui utilisé pour un module Linux. On utilise les paramètres liés à la production de ce module.

On place dans la variable `KDIR` le chemin d'accès aux sources du noyau auquel on a appliqué le patch ADEOS.

On ajoute l'accès au répertoire contenant les fichiers d'en-têtes Xenomai à la variable `EXTRA_CFLAGS`.

La commande `make` permet de produire le fichier `pp_rtdm.ko`, que l'on copie dans le système de fichiers racine de la cible `$HOME/rootfs_xeno`.

Fichier Makefile pour le pilote RTDM

```
KDIR= $(HOME)/linux-2.6.31.8
PWD= $(shell pwd)

EXTRA_CFLAGS += -I $(HOME)/xeno_bin/include

obj-m := pp_rtdm.o

all:
    $(MAKE) -C $(KDIR) SUBDIRS=$(PWD) modules

clean:
    rm -f *~
    $(MAKE) -C $(KDIR) SUBDIRS=$(PWD) clean
```

Modification de l'application

La modification de l'application est simple. Tout d'abord, on modifie la partie principale en utilisant `rt_dev_open` pour ouvrir le périphérique. On utilise ensuite `rt_dev_write` dans le *thread* temps réel pour écrire sur le registre de données.

Ouverture du périphérique RTDM

```
// Open RTDM driver
if ((fd = rt_dev_open("pp0", 0)) < 0 ){
  perror("rt_open");
  exit(EXIT_FAILURE);
}
```

Écriture sur le registre de données

```
rt_dev_write(fd, (void *)&nibl, 1);
```

> REMARQUE **Il n'existe pas de fichier /dev/pp0**
>
> Le pilote étant chargé dans le domaine Xenomai, il n'existe pas de fichier spécial /dev/pp0. Dans le cas de la personnalité POSIX de Xenomai, on peut cependant utiliser l'appel système sur un fichier virtuel /dev/pp0.

Test du pilote avec la nouvelle application

Pour tester l'application, on charge tout d'abord le module `pp_rtdm.ko`. On peut ensuite lancer la nouvelle version du programme de test, puis charger le système avec la même commande `hackbench`. On remarque qu'en tant que module Linux, le pilote RTDM est visible par la commande `lsmod`.

Test du pilote RTDM

```
# insmod /usr/xenomai/modules/pp_rtdm.ko
PP RTDM, loading

# lsmod
pp_rtdm 1660 0 - Live 0xc887d000

# cat /proc/xenomai/rtdm/pp0/information
driver:         pp_rtdm
version:        0.0.0
peripheral:     PP RTDM
provider:       PF
class:          224
sub-class:      0
flags:          NAMED_DEVICE
lock count:     0

# /usr/xenomai/bin/xenomai_square

== Period: 50000 us
Loop= 100 dt= 0 50000003 (3 ns)
Loop= 200 dt= 0 49999957 (-43 ns)
Loop= 300 dt= 0 49999695 (-305 ns)
Loop= 400 dt= 0 50002883 (2883 ns)
Loop= 500 dt= 0 49998100 (-1900 ns)
Loop= 600 dt= 0 49999551 (-449 ns)
Loop= 700 dt= 0 50002672 (2672 ns)
Loop= 800 dt= 0 50000010 (10 ns)
```

Test de Xenomai/ADEOS sur une architecture ARM

Nous avons fait la démonstration de Xenomai sur une architecture x86, car c'est la plus simple à mettre en œuvre et à tester pour la majorité des lecteurs. Cependant, nous avons vu que Xenomai pouvait être utilisé sur d'autres architectures. Pour clore ce chapitre, nous allons mettre en place Xenomai sur une carte basée sur un processeur ARM (Atmel AT91RM9200) et proche de la carte d'évaluation Atmel AT91RM9200-DK. La distribution utilisée est similaire à celle développée au chapitre 6, mais on peut également utiliser une distribution produite avec Buildroot ou un outil équivalent, comme décrit au chapitre 10. La distribution sera installée dans le répertoire `$HOME/rootfs_xeno_arm`.

La procédure d'installation de Xenomai est très proche de celle utilisée sur x86. Si l'on part d'un noyau 2.6.30, on doit tout d'abord appliquer le patch spécifique à l'architecture AT91RM9200, disponible à l'adresse http://maxim.org.za/at91_26.html. On peut ensuite appliquer le patch Xenomai à partir de la même distribution que pour x86. Dans le cas présent, il faut préciser le fichier patch par `--adeos` et l'architecture cible par `--arch`.

Préparation du noyau 2.6.30 pour AT91RM9200

```
$ cd linux-2.6.30
$ patch -p1 < ../2.6.30-at91.patch
$ cd ../xenomai-2.5.2
$ ./scripts/prepare-kernel.sh --linux=../linux-2.6.30 --adeos=./ksrc/
arch/arm/patches/adeos-ipipe-2.6.30-arm-1.15-01.patch --arch=arm
```

Pour la configuration et la compilation du noyau, nous rappelons qu'il est nécessaire d'utiliser un compilateur croisé comme décrit au chapitre 6. Étant donné que la carte utilise U-Boot, nous produirons un fichier `uImage`.

Compilation du noyau

```
$ . ./set_env_ELDK42.sh
make at91rm9200dk_defconfig
make uImage
```

Lorsque le noyau est prêt, on peut compiler la distribution Xenomai. Comme pour le noyau, il faut préciser une option supplémentaire afin de spécifier l'architecture cible. Les cibles ARM supportées actuellement sont `at91rm9200`, `at91sam926x`, `imx`, `imx21`, `integrator`, `ixp4xx`, `mx2`, `mx3`, `pxa`, `pxa3xx`, `s3c2410`, `sa1100`. Si la cible ne fait pas partie de la liste, on peut tenter une configuration avec la cible `generic`.

Compilation de la distribution Xenomai

```
$ ./configure --prefix=$HOME/xeno_arm_bin --host=arm-linux-gnueabi --
enable-arm-mach=at91rm9200
$ make
$ make install
```

Comme précédemment, nous copions uniquement le programme `latency` sur la cible, ainsi que les bibliothèques nécessaires à l'aide de la commande `mklibs`.

Installation du programme latency et des bibliothèques

```
$ cd $HOME/rootfs_xeno_arm
$ mkdir -p usr/xenomai/bin
$ cp $HOME/xeno_arm_bin/bin/latency usr/xenomai/bin
$ mklibs -v --target arm-linux-gnueabi -D -L /home/pierre/ELDK42/arm/lib
-L $HOME/xeno_arm_bin/lib -d lib bin/busybox usr/xenomai/bin/latency
```

Si l'on démarre la carte avec le noyau Linux produit et la distribution, on peut tester la commande `latency`. Par défaut, le compteur a une période de 100 microsecondes, ce qui est trop faible pour les performances de cette carte, dont le processeur est cadencé à seulement 180 MHz. En passant la période à 300 microsecondes, le test fonctionne, mais on constate bien entendu des latences plus importantes que sur notre PC/x86.

Test de latence sur la carte

```
# /usr/xenomai/bin/latency -p 300
== Sampling period: 300 us
== Test mode: periodic user-mode task
== All results in microseconds
warming up...
RTT|  00:00:01 (periodic user-mode task, 300 us period, priority 99)
RTH|-----lat min|-----lat avg|--lat max|-overrun|---lat best|---lat
worst
RTD|       101.495|       127.136| 173.076|       0|       101.495|       173.076
RTD|         3.205|        45.940| 173.611|       0|         3.205|       173.611
RTD|         2.136|        44.337| 172.542|       0|         2.136|       173.611
RTD|         5.341|        43.803| 173.611|       0|         2.136|       173.611
```

Conclusion

Dans ce chapitre, nous avons vu de manière détaillée les méthodes permettant de rendre un système Linux compatible avec les contraintes temps réel. De par sa parfaite intégration au noyau Linux et la richesse des API disponibles, Xenomai nous semble l'extension la mieux adaptée au respect de contraintes temps réel dures. Dans le cas d'un processeur x86, PREEMPT-RT a cependant l'avantage de ne pas nécessiter de modification, hormis l'adaptation du noyau.

14

Interface homme-machine

L'interface homme-machine (IHM) est souvent un problème mineur dans le cas d'une application embarquée, car historiquement les systèmes embarqués n'en disposaient pas. On trouve fréquemment des entrées/sorties dédiées (boutons, molettes et autres claviers spéciaux ou afficheurs LCD), et il est coutumier de piloter un système par réseau, via un accès SSH, Telnet, HTTP ou SNMP.

Dans ce chapitre, nous évoquerons tout d'abord la configuration du mode texte (console et terminaux) dans le cas de l'utilisation de Busybox. Nous aborderons ensuite rapidement l'environnement graphique *X Window System* (X11) qui est traditionnellement le plus répandu dans le monde Unix, mais qui n'est pas réellement adapté aux applications embarquées.

Le reste du chapitre sera consacré au framebuffer, une API du noyau Linux permettant d'accéder directement au contrôleur graphique. Le framebuffer est aujourd'hui utilisé par la majorité des solutions d'IHM embarquées comme DirectFB ou Qt que nous évoquerons en détail avec son utilisation sur QEMU, puis sur une carte cible Eukréa à base de processeur ARM9 Freescale (i.MX25). Comme dans la précédente version de l'ouvrage, nous dirons quelques mots sur le pilotage d'afficheurs LCD avec LCDproc. Enfin, nous évoquerons les possibilités d'interfaces graphiques distantes s'appuyant sur CGI, Java, Ajax, HTML5 ou Adobe Flash.

La console et les terminaux

Un système Unix dispose systématiquement d'une console qui est l'interface de communication par défaut. Le nom est hérité de l'époque où la console était un véritable équipement externe (et sans écran) connecté au calculateur par une ligne RS-232. Le fichier spécial associé à la console est `/dev/console`. Dans la plupart des systèmes embarqués, la console est un port série, car les microcontrôleurs utilisés l'intègrent par défaut. Dans le cas de la carte Versatile PB émulée par QEMU, nous avons vu que le nom du fichier spécial associé au port série était `/dev/ttyAMA0`, mais le chapitre 10 consacré à Buildroot nous a montré que ce nom dépendait du type d'architecture matérielle (`ttyS0`, `ttySAC0`, etc.).

Si la carte dispose d'un mode framebuffer, la configuration est alors proche de celle d'un PC/x86. Dans ce cas, la console correspond au premier terminal « virtuel » du système, nommé `/dev/tty1`. Plusieurs terminaux virtuels sont potentiellement accessibles par les séquences *Ctrl-Alt-F1*, *Ctrl-Alt-F2*, etc. La configuration avancée des terminaux par le fichier `/etc/inittab` est décrite au chapitre 6.

Configuration d'une disposition clavier spécifique

La cas d'une disposition clavier spécifique se pose lorsque l'on utilise un terminal virtuel, car ce dernier est bien entendu prévu par défaut pour un clavier américain (QWERTY). Dans le cas d'une distribution Linux classique, on peut charger une disposition clavier alternative en utilisant la commande `loadkeys` qui fait partie du paquet `kbd`. Ce paquet contient également des fichiers de configuration pour la majorité des claviers internationaux. Dans le cas de Busybox, la configuration est simplifiée et l'on utilise les commandes `dumpkmap` et `loadkmap` disponibles dans le menu *Console Utilities* de la configuration de Busybox. Le programme `dumpkmap` permet de créer un fichier de configuration à partir d'un terminal fonctionnel sur le poste de développement. Il suffit d'utiliser la commande suivante pour créer le fichier.

Création d'un fichier de configuration du clavier

```
$ dumpkmap > fr.kmap
```

On doit ensuite installer ce fichier sur la cible, puis le charger au démarrage du système par la commande `loadkmap`. Dans le cas de notre exemple du chapitre 6, on peut effectuer cette opération dans le fichier `/etc/init.d/rcS` exécuté au démarrage.

Chargement du clavier français dans le fichier rcS

```
# Chargement du clavier
echo "Loading french keyboard."
loadkmap < /etc/fr.kmap
```

> REMARQUE **Disponibilité de l'exécutable dumpkmap**
>
> La création du fichier de configuration s'effectue sur le poste de développement PC/x86. Il est donc nécessaire de disposer de ce programme pour cet environnement, en compilant tout simplement Busybox pour la cible PC/x86.

X Window System

Une introduction à X

X Window System est traditionnellement l'environnement graphique de prédilection pour les systèmes de type Unix. Conçu dans les années 80 dans les laboratoires du MIT *(Massachusetts Institute of Technology)*, sa vocation initiale était de constituer un système graphique réparti, basé sur des terminaux graphiques banalisés (ou *display*) équipés d'un logiciel appelé *serveur X*. Le serveur X reçoit au travers du réseau les requêtes graphiques des *clients X* que sont les programmes applicatifs exécutés sur des systèmes distants. Le serveur X et les clients peuvent bien entendu être situés sur la même machine physique, ce qui est très souvent le cas de nos jours (exemple : PC/x86 sous Linux).

Figure 14–1
Fonctionnement de X Window
System (X11)

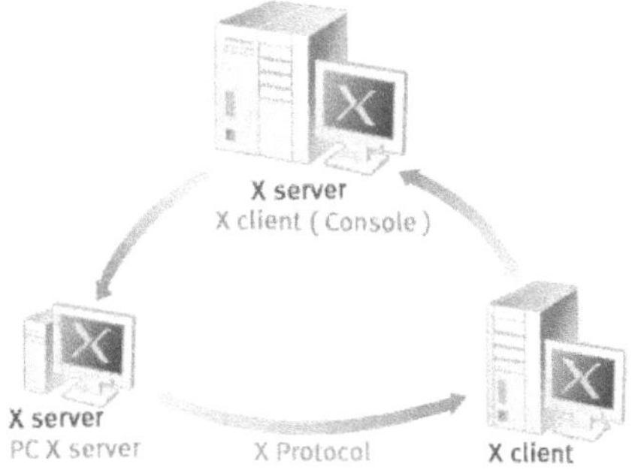

Le terminal est constitué d'un trio écran-clavier-souris. La conception du système était très novatrice à l'époque, car les architectures matérielles et logicielles – tant du terminal X recevant les requêtes graphiques que du serveur exécutant les applications – peuvent être très différentes. De même, le support de transport du protocole X est banalisé, bien qu'il soit souvent basé sur une connexion TCP/IP. Au niveau du client, l'accès aux différentes couches de X est assuré par un ensemble de bibliothèques organisées en couches, comme indiqué sur la figure ci-après :

Figure 14–2
Les bibliothèques/couches X11

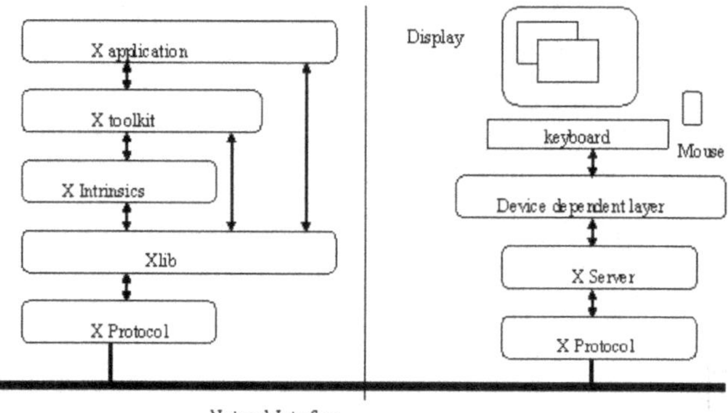

Le protocole X est défini par des codes hexadécimaux et il n'est bien entendu jamais utilisé directement par les développeurs. La *Xlib* est l'interface de ce protocole avec l'API de programmation X, mais elle permet d'effectuer uniquement des opérations élémentaires, telles que le tracé de polygones ou l'affichage d'une chaîne de caractères. La bibliothèque Xt (appelée aussi *Intrinsics*) définit des classes de base d'objets graphiques. Ces classes sont ensuite utilisées par les *toolkits* comme *Xaw* (*X Athena Widgets*, du nom du projet *Athena* associé au développement de X) ou *Motif*, développé par l'OSF (*Open Software Foundation*, http://www.opengroup.org). Ce *toolkit* était initialement à vocation commerciale, mais il est désormais diffusé en *open source* sur http://www.openmotif.org.

Le système X souffre cependant d'important défauts, car de par sa grande flexibilité et son indépendance par rapport au matériel, il est coûteux en ressources matérielles et a longtemps été réservé aux stations graphiques haut de gamme. Notons cependant que X est également un logiciel entièrement *open source*, dont la licence MIT/X11 est beaucoup moins restrictive que la GPL. Le fait est que bon nombre de systèmes X sont aujourd'hui constitués d'un serveur et de clients situés sur une seule machine physique. La complexité amenée par la gestion du système distant est donc peu utilisée, bien que celle-ci pénalise lourdement les performances.

Un portage de X pour les architectures Unix/x86 est depuis longtemps disponible avec le projet XFree86 (http://www.xfree86.org). La complexité d'une architecture de type x86 est due à la multitude de cartes graphiques disponibles, contrairement aux anciennes stations de travail propriétaires, pour lesquelles la carte graphique était fournie par le constructeur de la station. Un projet dérivé de XFree86 nommé X.org (http://www.x.org) est désormais la référence pour Linux. Il s'appuie sur la dernière version de X, soit X11R7. Le consortium X, formé par des grands industriels en 1993 pour poursuivre les travaux du MIT, a été dissous le 31 décembre 1996.

Adaptation du système X11

Un système graphique comme X11 est souvent en marge de la configuration d'un système embarqué, étant considéré comme externe au système d'exploitation lui-même. C'est le cas pour Linux, car l'architecture fait qu'il n'y a pas d'imbrication directe entre les couches graphiques et les couches système. L'avantage évident est la possibilité de disposer d'un système Linux fonctionnel sans aucune autre interface que le mode texte, donc de faible taille. Dans la précédente version de l'ouvrage en 2005, nous avions détaillé la réduction des composants de X11 afin de les utiliser pour une distribution embarquée. La majorité des composants graphiques pour Linux étaient alors basés sur X11, et l'ouvrage était très orienté x86, ce qui n'est plus le cas aujourd'hui.

Les choses ont bien évolué depuis, sachant qu'il existe une offre importante de bibliothèques basées sur le framebuffer du noyau Linux, donc permettant de s'affranchir de X11. De même, le serveur allégé Xkdrive, détaillé dans la précédente version, n'est pas disponible dans la distribution X.org, mais uniquement dans XFree86 (http://www.xfree86.org/4.2.0/Xkdrive.1.html).

> REMARQUE **Travaux en cours pour optimiser X11**
>
> Il reste cependant des travaux en cours autour de X11, particulièrement sur l'optimisation. Nous pouvons citer *MicroXWin*, jeune société qui développe une nouvelle version optimisée de la Xlib. Dans le même ordre d'idée, le projet XCB, démarré en 2001, a pour but de remplacer la Xlib actuelle par une version plus efficace.
>
> ▸ http://www.microxwin.com
> ▸ http://fr.wikipedia.org/wiki/XCB

Le framebuffer de Linux

Le framebuffer permet de piloter les modes graphiques haute résolution directement depuis le noyau Linux. Le principal avantage est l'indépendance par rapport au matériel vu de l'espace utilisateur, à partir du moment où le pilote existe pour le noyau. C'est une différence notoire avec une bibliothèque comme SVGALib (http://

www.svgalib.org) qui, elle, fonctionne sur un nombre limité de contrôleurs graphiques. La première application visible du framebuffer est l'affichage du logo du pingouin Tux lors du démarrage du noyau, mais nous allons voir que ce n'est pas la seule !

Configuration du framebuffer

Le support framebuffer doit être activé par la procédure standard de configuration du noyau Linux, en utilisant le menu *Device Drivers>Graphics support>Support for frame buffer devices*. Dans le cas d'une architecture x86, on obtient alors l'écran décrit ci-après.

Figure 14–3
Configuration
du framebuffer (x86)

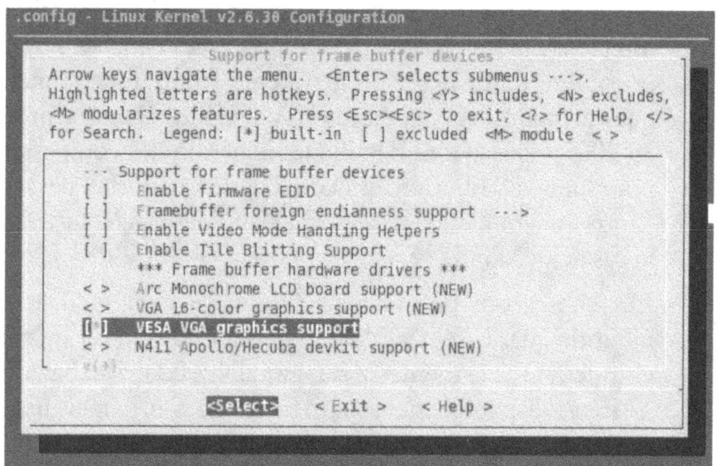

ATTENTION **La configuration est différente pour ARM**

Les cartes ARM ne disposent pas des mêmes contrôleurs que les PC/x86, et le menu de configuration du noyau est donc différent. Dans le cas de la carte Versatile PB émulée, il faut activer l'option *ARM PrimeCell PL110 support* dans le menu *Support for frame buffer devices*.

Le mode par défaut VESA (*Video Electronics Standards Association*, http://www.vesa.org) est disponible, à condition que le contrôleur graphique soit compatible VBE 2.0 ou supérieur. L'association VESA a publié un standard de BIOS graphique (VBE pour *VESA BIOS Extension*) permettant d'utiliser toutes les cartes graphiques compatibles VBE avec un jeu d'instructions commun. La version courante est la 3.0, le standard étant disponible en téléchargement sur http://en.wikipedia.org/wiki/VESA_BIOS_Extensions. Certaines cartes disposent de pilotes accélérés et d'autres pilotes peuvent être fournis par le projet *DirectFB* que nous évoquerons plus loin dans ce chapitre. La description des différents modes graphiques accessibles en mode VESA est disponible dans le fichier `Documentation/fb/vesafb.txt` des sources du noyau.

Le document `vesafb.txt` donne la liste des codes à utiliser en fonction des résolutions graphiques et des nombres de couleurs, de 256 à 16 millions. Ces valeurs sont à utiliser avec la variable `vga` des paramètres du noyau Linux.

Tableau 14–1 Codes VESA pour *framebuffer*

Résolution/nombre de couleurs	640 × 480	800 × 600	1 024 × 768	1 280 × 1 024
256	0×301	0×303	0×305	0×307
32K	0×310	0×313	0×316	0×319
64K	0×311	0×314	0×317	0×31A
16M	0×312	0×315	0×318	0×31B

Il est prudent de passer la valeur en décimal (exemple : `vga=788` pour 0x314). Si tout se passe bien, le système doit afficher le logo du pingouin Tux, puis poursuivre le démarrage en mode graphique.

Utilisation du framebuffer

Vu de l'espace utilisateur, le framebuffer est accessible par le fichier spécial `/dev/fb0`. La notion de fichier spécial permet d'effectuer une copie d'écran en opérant une simple copie sur un fichier réel.

Copie du contenu du framebuffer (copie d'écran)

```
cp /dev/fb0 copie_ecran.raw
```

Quelques programmes simples uniquement basés sur l'API noyau du framebuffer sont disponibles. Dans le chapitre 10, nous avons donné l'exemple de `fbv`, qui permet d'afficher une image sur le framebuffer. D'autres commandes comme `fbset` (affichage/configuration du framebuffer) ou `fbdump` (copie d'écran) sont facilement adaptables à toutes les cibles et sont intégrées au menu *Package Selection for the target>Graphic libraries and applications* de Buildroot. Il faut noter que la configuration du framebuffer en mode VESA est statique et ne peut pas être modifiée ultérieurement. En particulier, la modification dynamique de la résolution de l'écran n'est pas possible en VESA.

Utilisation de fbset en lecture

```
# fbset

mode "1920x1080-0"
    # D: 0.000 MHz, H: 0.000 kHz, V: 0.000 Hz
    geometry 1920 1080 1920 1080 32
    timings -1 0 0 0 0 0 0
    rgba 8/16,8/8,8/0,0/0
endmode
```

L'utilisation directe du framebuffer n'est cependant pas envisageable dans le cas du développement, car l'accès s'effectue par des requêtes `ioctl` au pilote associé à `/dev/fb0`. Il faut donc systématiquement utiliser une ou plusieurs bibliothèques intermédiaires comme DirectFB ou SDL, que nous détaillerons dans la suite du chapitre.

> ATTENTION **Ces bibliothèques ne sont pas des « toolkits »**
>
> Les bibliothèques DirectFB et SDL n'ont rien à voir avec les *toolkits* graphiques (Qt, GTK+ WxWidgets, etc.) fournissant des objets tels que des boutons, menus, boîtes de dialogue, etc.

L'exemple qui suit est extrait du code source du programme d'affichage d'images `fbv`.

Lecture de la résolution de l'écran dans fbv

```
void getVarScreenInfo(int fh, struct fb_var_screeninfo *var)
{
    if (ioctl(fh, FBIOGET_VSCREENINFO, var)){
        fprintf(stderr, "ioctl FBIOGET_VSCREENINFO: %s\n", strerror(errno));
        exit(1);
    }
}

void getCurrentRes(int *x, int *y)
{
    struct fb_var_screeninfo var;
    int fh = -1;
    fh = openFB(NULL);
    getVarScreenInfo(fh, &var);
    *x = var.xres;
    *y = var.yres;
    closeFB(fh);
}
```

Utilisation de DirectFB

Le projet DirectFB a pour objet de fournir des modules d'accélération pour certains contrôleurs graphiques. DirectFB fournit également un système de gestion de fenêtres avec supports de transparence et de calques. La bibliothèque gère en plus les périphériques d'entrée et des polices d'affichage vectorielles. Le cas général d'utilisation de DirectFB est typiquement celui d'un système embarqué utilisant le framebuffer du noyau Linux, mais elle peut également fonctionner sur X11, ce qui permet d'écrire des programmes portables.

Options de DirectFB pour la compilation

```
$ ./configure --help | grep x11
  --enable-x11            build with X11 support [default=auto]
$ ./configure --help | grep fb
  --enable-fbdev          build with linux fbdev support [default=auto]
$ ./configure --help | grep sdl
  --enable-sdl            build with SDL support [default=no]
```

Figure 14–4
Sélection des options DirectFB

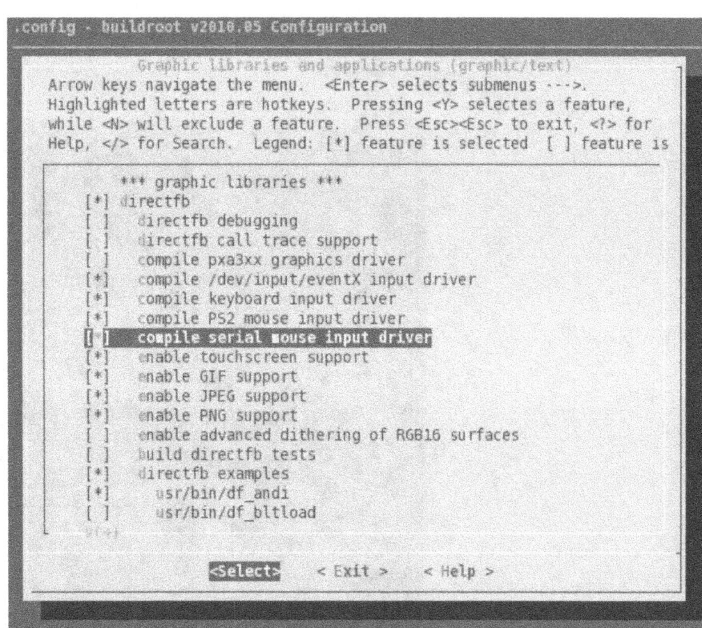

La bibliothèque DirectFB est bien intégrée à Buildroot. Le plus simple est donc de l'ajouter au système de fichiers racine cible en validant les options correspondantes dans le menu *Package Selection for the target>Graphic libraries and applications*. On sélectionne les options de l'entrée *directfb*, puis la liste des exemples DirectFB dans l'entrée *directfb examples*. Dans notre cas, nous sélectionnons df_andi (multiplication des pingouins Tux), df_input (test des périphériques d'entrée) et df_window (test de multifenêtrage).

On peut alors lancer la compilation pour créer un nouveau système de fichiers racine que l'on charge dans QEMU. Bien entendu, il faut utiliser la console graphique et non plus l'émulation du port série. Le noyau, quant à lui, n'est pas modifié par rapport aux exemples des chapitres précédents, puisqu'il contenait déjà le support du framebuffer. Nous rappelons que l'image du système de fichiers est située dans le répertoire output/images des sources de Buildroot. Les bibliothèques de développement ainsi que les fichiers d'en-tête sont installés dans le sous-répertoire output/staging des sources de Buildroot.

Test du nouveau système de fichiers racine avec DirectFB

```
$ qemu-system-arm -M versatilepb -m 64 -kernel zImage -append "mem=64M"
-initrd rootfs.arm.cpio
```

Suite à cette commande, on peut exécuter la commande df_input et l'on obtient l'affichage suivant.

Figure 14–5
Exécution de l'exemple
df_input

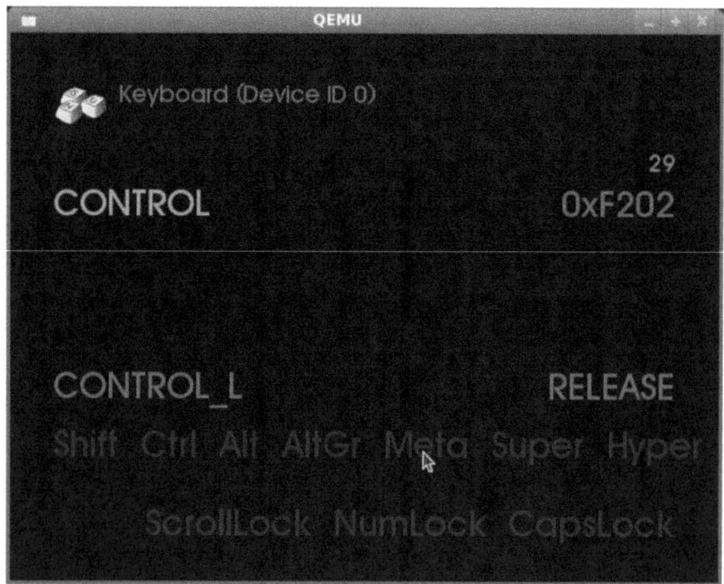

Lorsque le module `fusion.ko` est chargé, on peut ouvrir plusieurs applications simultanément. Dans l'exemple ci-dessous, on utilise l'émulateur de terminal `dfbterm` pour lancer plusieurs applications comme `df_window` ou `fbgrab`.

Figure 14–6
Applications multiples
sous DirectFB

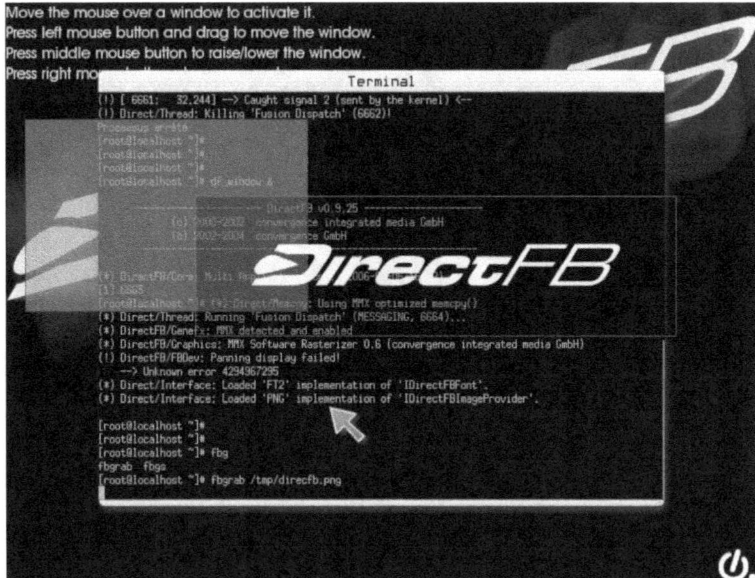

Utilisation de SDL

Dans le même ordre d'idées, SDL (pour *Simple Directmedia Layer*, http://www.libsdl.org) est une bibliothèque ultraportable (y compris sur d'autres systèmes comme Windows, Mac OS X, QNX, WinCE, OS/2, etc.) fournissant des primitives graphiques. SDL peut s'appuyer directement sur le framebuffer de Linux ou bien utiliser DirectFB, tout comme DirectFB peut utiliser SDL, qui peut aussi utiliser X11 !

Options de SDL pour la compilation

```
$ ./configure --help | grep fb
  --enable-video-fbcon use framebuffer console video driver [default=yes]
  --enable-video-directfb use DirectFB video driver [default=yes]

$ ./configure --help | grep X11
  --enable-video-x11       use X11 video driver [default=yes]
```

La bibliothèque SDL est également intégrée à Buildroot, dans le même menu que DirectFB. Contrairement à DirectFB, SDL est livrée sur plusieurs composants (SDL, SDL_image, SDL_mixer, SDL_sound, etc.) correspondant chacun à un ensemble de fonctionnalités. Cela complique un peu la mise en place puisqu'il faut sélectionner les archives installées sur la cible. Chaque composant correspond à une entrée dans le menu de configuration.

Figure 14–7
Configuration de SDL

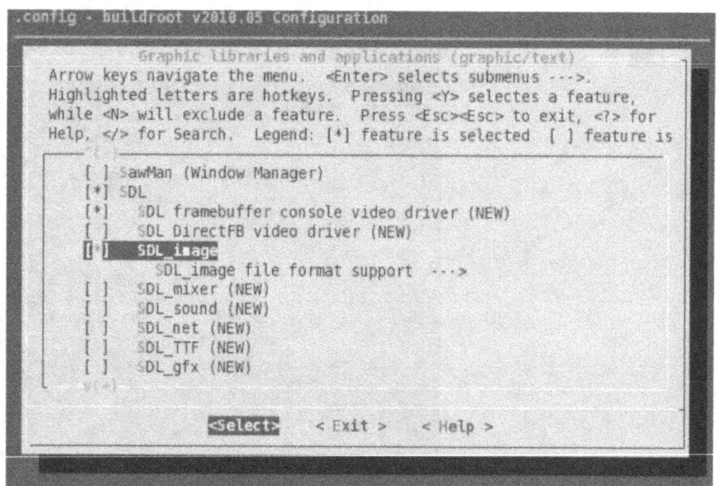

Pour notre test, nous sélectionnons l'entrée *SDL framebuffer console video driver* qui correspond à l'accès direct au framebuffer Linux. À l'issue de la compilation, les bibliothèques sont installées à la fois dans `output/target/usr/lib` et dans `output/staging/usr/lib`. Contrairement à DirectFB, SDL ne fournit pas directement d'exemples avec les sources, et nous allons donc compiler un programme ludique de pingouin Tux bondissant. Cette petite application est disponible à l'adresse http://gpwiki.org/index.php/Files:SDL_bouncing.zip.

Le système de compilation de SDL utilise un script `sdl-config` permettant de produire automatiquement les options à utiliser. Ce principe est assez fréquemment utilisé pour les composants open source, et nous l'avons déjà rencontré au chapitre 13, avec l'utilitaire `xeno-config` de Xenomai. Si nous compilons le programme sur le PC/x86, nous obtenons le résultat suivant, en supposant bien sûr que SDL est installé sur le PC.

Compilation du programme bouncing pour PC/x86

```
$ type sdl-config
sdl-config est /usr/bin/sdl-config

$ make
gcc -Wall `sdl-config --cflags`  -c -o bouncing.o bouncing.c
gcc `sdl-config --libs` -lSDL -lSDL_mixer -lpthread -o bouncing
bouncing.o
```

Si l'on change le chemin d'accès à `sdl-config` en pointant sur la version produite avec Buildroot, on peut alors générer une version ARM utilisable sur la cible.

Compilation du programme bouncing pour ARM

```
$ export PATH=/home/pierre/chap13/buildroot-2010.05/output/staging/usr/
bin:$PATH

$ type sdl-config
sdl-config est /home/pierre/chap13/buildroot-2010.02/output/staging/
usr/bin/sdl-config

$ make CC=arm-linux-gcc
arm-linux-gcc -Wall `sdl-config --cflags`  -c -o bouncing.o bouncing.c
arm-linux-gcc `sdl-config --libs` -lSDL -lSDL_mixer -lpthread -o
bouncing bouncing.o
```

On peut alors ajouter cet exécutable (et les fichiers des données `bouncing.bmp` et `bouncing.wav`) au système de fichiers racine produit par Buildroot. Après démarrage dans QEMU, l'exécution du programme conduit comme pour x86 à l'affichage du Tux sautillant, même s'il sautille moins vite que sur le PC !

Figure 14–8
Exécution du programme
bouncing

> **ATTENTION La compilation croisée des exemples SDL peut poser des problèmes**
>
> Lors de tests de compilation croisée de plusieurs exemples SDL, nous avons noté des problèmes lors de l'édition de liens ou la détection des bibliothèques (si le script `configure` est utilisé, cas d'Autotools). Pour compiler `bouncing` sur ARM, nous avons dû ajouter la référence à la bibliothèque `libts` au fichier `Makefile` (option `-lts`).

Les toolkits graphiques

Contrairement aux bibliothèques évoquées précédemment, un *toolkit* fournit un ensemble d'objets graphiques utilisables dans les IHM classiques (boutons, boîtes de dialogues, curseurs, etc.). Au début du chapitre, nous avons cité les toolkits Athena et OSF-Motif, largement utilisés à l'époque dans les applications sous Unix et X11. Les critères d'une application embarquée sont cependant très différents, et nous voyons apparaître de plus en plus d'outils dédiés à un environnement embarqué, même s'ils furent initialement créés pour X11.

La caractéristique commune à tous ces toolkits est d'être multi-plates-formes (en général Linux, Windows et Mac OS X). Dans le cadre de ce chapitre, nous évoquerons les toolkits suivants :

- Qt, créé par la société Trolltech et repris depuis par Nokia. Ce toolkit étant le plus abouti pour les applications embarquées, il sera étudié plus en détail dans sa version Qt/Embedded ;
- GTK+, initialement créé pour l'éditeur graphique GIMP – d'où le nom *Gimp ToolKit* – et utilisé par le bureau GNOME ;
- wxWidgets, un autre toolkit multi-plate-forme créé à l'université d'Edimbourg ;
- *EFL* (pour *Enlightenment Foundation Library*), un toolkit basé sur la bibliothèque Enlightenment.

Qt/Embedded

La société norvégienne Trolltech (http://www.trolltech.com) publie la première version du toolkit Qt fin 1996 (Qt1). Ce toolkit, écrit en C++, est le résultat de travaux démarrés en 1990 par Haavard Nord et Eirik Chambe-Eng, futurs fondateurs de Trolltech. Initialement développé pour Unix et l'environnement X11, Qt est un toolkit multi-plate-forme qui permet de réaliser des applications graphiques portables entre des environnements Unix, Windows et Mac OS X. Qt est à la base du bureau KDE (http://www.kde.org), très utilisé sous Linux. C'est d'ailleurs au travers de KDE que la bibliothèque Qt fut rendue célèbre au début de son existence.

De par la concurrence entre KDE et GNOME pour la conquête du bureau graphique de Linux, Qt se positionne depuis longtemps comme la principale alternative à GTK+ (http://www.gtk.org), à la base du bureau GNOME (http://www.gnome.org). Ce problème de rivalité est plus ou moins résolu de nos jours dans le monde PC/x86, puisque la majorité des distributions Linux offrent la possibilité d'installer KDE ou GNOME.

À partir de 2000, la société Trolltech étend son développement en réalisant une version Qt/Embedded, basée sur Qt2 et adaptée aux systèmes embarqués sous le nom de Qtopia. Ce produit est célèbre pour avoir équipé un des premiers PDA sous Linux, le Zaurus de Sharp. Cependant, la petite société Trolltech a du mal à s'imposer et frôle parfois la faillite.

Jusqu'en 2008, Qt était basé sur le principe de la « double licence ». On pouvait utiliser la version GPL de Qt pour des applications publiées sous GPL (la licence GPL interdisant d'effectuer une édition de liens entre du code sous GPL et du code propriétaire). Si l'on désirait utiliser l'application sous une licence propriétaire, il fallait alors acquérir une licence commerciale.

En janvier 2008, la société Trolltech est acquise par Nokia et devient une filiale sous le nom de Qt Software. Qt est diffusé depuis sous licence LGPL, ce qui permet de l'utiliser dans un contexte propriétaire sans acquérir de licence. Profitant de la renommée et de la position dominante de Nokia, la bibliothèque s'est très bien implantée dans le monde des systèmes embarqués. Qt existe aujourd'hui pour Linux, Windows CE, Symbian et Maemo (voir http://fr.wikipedia.org/wiki/Maemo). Désormais, Qt est certainement le meilleur toolkit graphique pour les applications embarquées sous Linux, car outre la bibliothèque, Nokia fournit un environnement de développement complet (EDI) nommé Qt Creator.

Architecture de Qt/Embedded

Qt/Embedded utilise une architecture client/serveur, et au moins une application exécutée dans le système doit se comporter comme un serveur (QWS). Les autres applications se connectent au serveur et sont considérées comme des clients. Le serveur gère les périphériques d'entrée et les sorties sur l'écran (soit le framebuffer dans le cas de Linux). Cependant, pour des raisons de performance, le client peut également gérer directement l'affichage. Les détails de l'architecture sont disponibles sur http://doc.qt.nokia.com/4.6/qt-embedded-architecture.html.

Mise en place de Qt/Embedded

Fidèle à notre tradition d'approche concrète, nous allons maintenant mettre en place la bibliothèque Qt dans l'environnement ARM9, testé jusqu'à présent. Au niveau matériel, il n'y a rien à modifier puisque la carte Versatile PB émulée dispose d'un framebuffer (sans accélération). Nous verrons également un exemple d'utilisation sur une carte ARM9 basée sur un processeur i.MX25 de chez Freescale. La carte en question est produite par la société Eukréa (http://www.eukrea.com).

REMARQUE **Intégration de Qt dans Buildroot**

La bibliothèque Qt est intégrée à la version courante de Buildroot, dans le menu *Package Selection for the target>Graphic libraries and applications*. Comme nous l'avons vu au chapitre 10, le compilateur, produit par défaut avec Buildroot, utilise uClibc. La compatibilité de Qt avec uClibc n'est pas parfaite à ce jour et il est donc nécessaire d'utiliser des options spéciales pour désactiver certaines fonctionnalités (exemple : option `-no-script` dans le fichier `package/qt/qt.mk`). Le fichier `qt.mk` fourni désactive la production des exemples (options `-fast -nomake examples -nomake demos`), mais il est possible de modifier ce comportement en retirant ces options.

Dans ce chapitre nous utiliserons la procédure standard décrite dans la documentation Nokia à l'adresse suivante :

> http://doc.qt.nokia.com/4.6/qt-embedded-install.html

Préparation de la distribution

La distribution est construite avec Buildroot, comme décrit au chapitre 10. Afin de pouvoir effectuer des mesures de consommation, nous avons ajouté le serveur SSH *dropbear* à la distribution. Pour cela, il suffit d'activer l'option *Package Selection for the target>Networking applications>dropbear*.

Sachant que la bibliothèque Qt est écrite en C++, il est nécessaire de produire le compilateur C++ s'il est basé sur uClibc. Pour cela, on doit activer l'option *Toolchain>Build/install c++ compiler and libstdc++*. Cette option correspond à la production et la copie de la bibliothèque `libstdc++.so.6` sur le système de fichiers racine cible, cette dernière étant utilisée par tous les programmes écrits en C++. Si l'on utilise une chaîne de compilation externe, l'option doit également être validée pour que Buildroot copie la bibliothèque fournie par la chaîne externe sur le système de fichiers.

Pour notre test, nous avons utilisé un compilateur basé sur Glibc et produit en utilisant la procédure décrite au chapitre 5 sur la base de Crosstool-NG. La figure suivante indique la configuration de Buildroot dans le menu *Toolchain* pour l'utilisation de la chaîne externe produite.

Extraction des sources

Le site de Nokia propose de nombreuses archives à télécharger sur http://qt.nokia.com/downloads. Il convient de sélectionner le titre *Qt librairies 4.6.3 for embedded Linux*, ce qui correspond au lien http://qt.nokia.com/downloads/embedded-linux-cpp. Lorsque l'on extrait l'archive de la distribution Qt 4.6.3 avec la commande `tar xzvf`, on obtient le répertoire `qt-everywhere-opensource-src-4.6.3`.

Figure 14–9
Configuration de la chaîne
externe

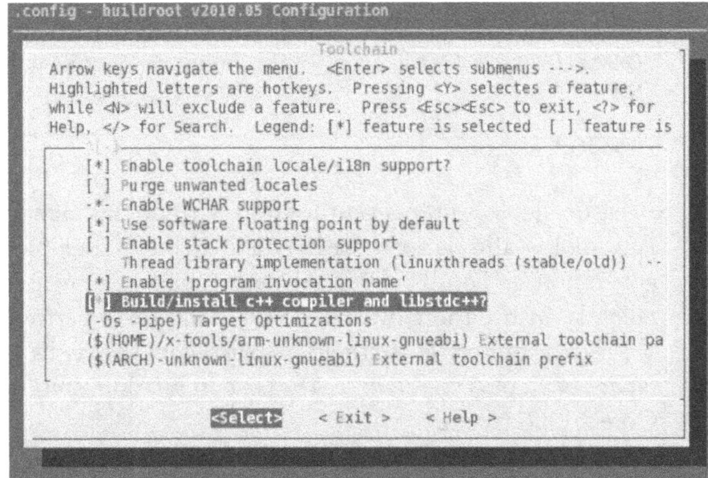

> **REMARQUE Prérequis pour la compilation**
>
> Les prérequis pour la compilation de Qt/Embedded sont décrits à la page http://doc.trolltech.com/4.6/requirements-embedded-linux.html.

Configuration du processus de compilation

La compilation de Qt n'utilise pas Autotools, mais un outil dédié appelé qmake. Dans le cas de la compilation croisée vers ARM et Linux, le compilateur prévu par Qt utilise le préfixe arm-linux. Il faut donc modifier la configuration pour l'adapter à notre compilateur, dont le préfixe est arm-unknown-linux-gnueabi. Pour cela, on doit éditer le fichier mkspecs/qws/linux-arm-g++/qmake.conf comme décrit ci-dessous.

Modification du fichier qmake.conf

```
#
# qmake configuration for building with arm-linux-g++
#

include(../../common/g++.conf)
include(../../common/linux.conf)
include(../../common/qws.conf)

# modifications to g++.conf
QMAKE_CC                = arm-unknown-linux-gnueabi-gcc
QMAKE_CXX               = arm-unknown-linux-gnueabi-g++
QMAKE_LINK              = arm-unknown-linux-gnueabi-g++
QMAKE_LINK_SHLIB        = arm-unknown-linux-gnueabi-g++
```

```
# modifications to linux.conf
QMAKE_AR                    = arm-unknown-linux-gnueabi-ar cqs
QMAKE_OBJCOPY               = arm-unknown-linux-gnueabi-objcopy
QMAKE_STRIP                 = arm-unknown-linux-gnueabi-strip

load(qt_config)
```

À partir de là, on peut utiliser le script `configure` – qui n'a rien à voir avec Autotools – afin de spécifier le type d'architecture à produire, ce qui correspond à la génération de l'outil `qmake`. On peut également préciser l'option `-prefix` pour installer la distribution binaire de Qt dans un répertoire différent de `/usr/local/Trolltech` qui est la destination par défaut. À l'issue de la configuration, on peut taper `make`, puis `make install`. La compilation prend plus d'une heure sur un PC Core 2 Duo récent.

Configuration de qmake, compilation et installation

```
$ ./configure -embedded arm
...
Building on:   qws/linux-x86-g++
Building for: qws/linux-arm-g++
Architecture: arm
Host architecture: i386
...
Qt is now configured for building. Just run 'gmake'.
Once everything is built, you must run 'gmake install'.
Qt will be installed into /usr/local/Trolltech/QtEmbedded-4.6.3-arm

To reconfigure, run 'gmake confclean' and 'configure'.

$ make
...
$ make install
```

Test sur la cible QEMU

Lorsque la compilation est terminée, le répertoire cible contient environ 100 Mo de données avec les bibliothèques de développement, ainsi que de nombreux exemples. Le plus simple pour un test rapide est de monter la distribution par NFS depuis la cible. Pour ce faire, il faut exporter le répertoire sur le PC de développement en ajoutant la ligne correspondante dans le fichier `/etc/exports`, puis valider la nouvelle configuration par la commande `exportfs -a`.

Export NFS du répertoire /usr/local/Trolltech

```
/usr/local/Trolltech    *(rw,sync)
```

Du coté de la cible, on exécute la distribution dans QEMU en utilisant un pont réseau (ou *bridge*), comme nous l'avons fait au chapitre 8.

Exécution de QEMU

```
$ sudo qemu-system-arm -M versatilepb -m 128 -kernel zImage -initrd
rootfs.cpio -append "mem=128M" -net nic -net tap
```

On peut se connecter au système par la console graphique ou bien par un client SSH (`ssh`), vu que le serveur est activé sur la cible. Cette deuxième console permettra d'effectuer des mesures de consommation de mémoire et de CPU. Par défaut, le réseau n'est pas démarré, ce que l'on peut faire simplement en utilisant `udhcpc` sur la console.

Pour tester les applications Qt, on monte tout d'abord le répertoire `/usr/local/Trolltech` distant par NFS, ce qui permet de tester les exemples sous réserve d'avoir renseigné la variable `LD_LIBRARY_PATH` avec le chemin d'accès aux bibliothèques Qt.

> ATTENTION **L'application doit fonctionner en mode serveur**
>
> L'option `-qws` est indispensable puisqu'il y a une seule application Qt chargée et qu'elle doit donc être serveur QWS. Si l'on omet cette option, on obtient le message d'erreur suivant :
> ```
> QWSSocket::connectToLocalFile could not connect:: Connection refused
> ```

L'exemple `browser` est intéressant à tester puisque c'est un portage sous Qt du moteur *WebKit* développé par Apple Inc. et utilisé dans l'iPhone et l'iPad. Les performances sont inférieures à ce que l'on peut obtenir sur une carte réelle, car bien entendu, la cible émulée par QEMU ne dispose pas d'accélération graphique.

Test des exemples Qt

```
# udhcpc
udhcpc (v1.15.3) started
Sending discover...
eth0: link up
Lease of 192.168.3.146 obtained, lease time 86400

# mkdir -p /usr/local/Trolltech
# mount -o nolock -t nfs 192.168.3.109:/usr/local/Trolltech /usr/local/Trolltech
#
# export LD_LIBRARY_PATH=/usr/local/Trolltech/QtEmbedded-4.6.3-arm/lib
#
# /usr/local/Trolltech/QtEmbedded-4.6.3-arm/examples/widgets/analockclock/
analogclock -qws
#
# /usr/local/Trolltech/QtEmbedded-4.6.3-arm/demos/browser/browser -qws
```

Figure 14–10
Test du navigateur WebKit
sous Qt/Embedded

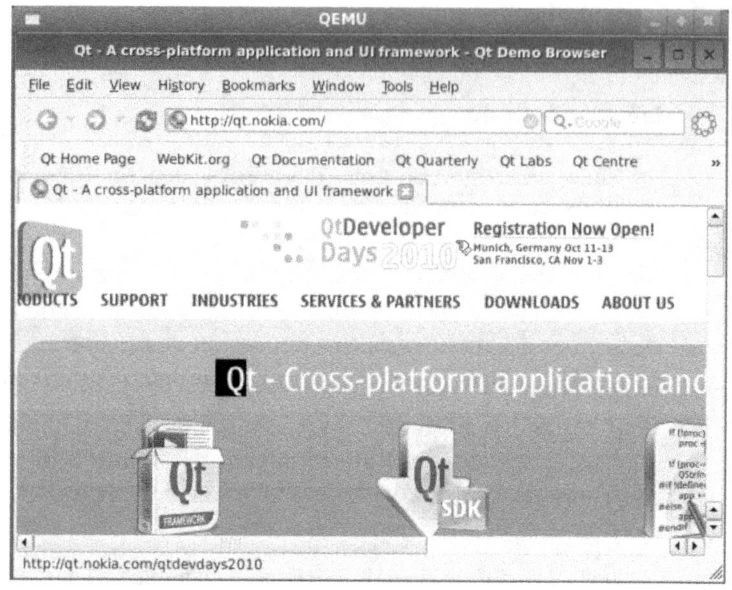

Sur le terminal connecté en SSH, on utilise la commande `free` pour obtenir la mémoire vive disponible au fur et à mesure de l'utilisation du système : aucune application lancée, test de l'application simple `analogclock`, test du navigateur WebKit `browser`. On constate que l'application simple consomme environ 20 Mo contre 50 Mo pour le navigateur. En comparaison, une application DirectFB simple comme `df_andi` consomme environ 2 Mo, mais bien entendu, la complexité n'a rien à voir avec celle de Qt.

Utilisation de la mémoire vive

```
# free
            total        used        free      shared     buffers
Mem:       126944       12168      114776           0           0

# free
            total        used        free      shared     buffers
Mem:       126944       32212       94732           0           0

# free
            total        used        free      shared     buffers
Mem:       126944       65408       61536           0           0
```

Par contre, un test avec la commande `top` indique une faible consommation de CPU, même lors de l'utilisation du navigateur.

Utilisation du processeur

```
CPU:    0% usr    0% sys    0% nic 98% idle  0% io    0% irq    0% sirq
...
PID PPID USER      STAT     VSZ %MEM %CPU COMMAND
...
368    329 root      S      97176 77%    0% /usr/local/Trolltech/QtEmbedded-4.6.3-
```

Test sur la carte réelle Eukréa i.MX25

Cette carte est fabriquée par la société bordelaise Eukréa. Elle est basée sur un processeur i.MX25 de chez Freescale et dispose d'un écran couleur tactile 320x240 pixels. La carte utilise U-Boot et un noyau Linux 2.6.31. La distribution *Ångström* est créée avec OpenEmbedded (http://www.angstrom-distribution.org).

Démarrage de la carte Eukréa i.MX25

```
...
Starting syslogd/klogd: done
Starting qtdemo
.-------.
|       |                            .-.
|   |   |------.-----.-----.| |   .----..------.-----.
|   |   |      |  _  | ---'| '--.| .-'|      |      |
|   |   |  |  ||  ---  | --- || --'| | | | ' | | | |
'---'---'--'--'--. |-----''----''--' '-----'-'-'-'
              -' |
        '___'
The Angstrom Distribution eukrea-cpuimx25 ttymxc0
Angstrom 2010.4-test-20100611 eukrea-cpuimx25 ttymxc0
eukrea-cpuimx25 login:
```

Le programme de démonstration `qtdemo` est lancé automatiquement sur l'écran graphique de la carte. Cette application permet de démarrer les autres démonstrations depuis un menu. Bien entendu, les performances d'affichage sont largement supérieures à celles de QEMU, et on peut admirer l'élégance des effets graphiques dans Qt.

On peut démarrer le programme `browser` par le premier menu *Demonstrations>Browser*, ce qui conduit à l'affichage suivant.

On constate comme pour QEMU une consommation d'environ 50 Mo lorsque le navigateur est lancé.

Figure 14–11
Application de test qtdemo

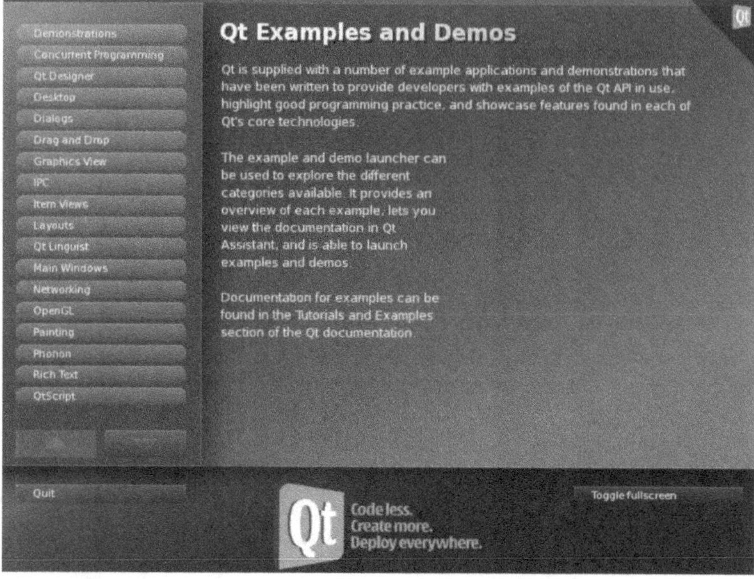

Figure 14–12
Test du navigateur WebKit
sur la carte Eukréa

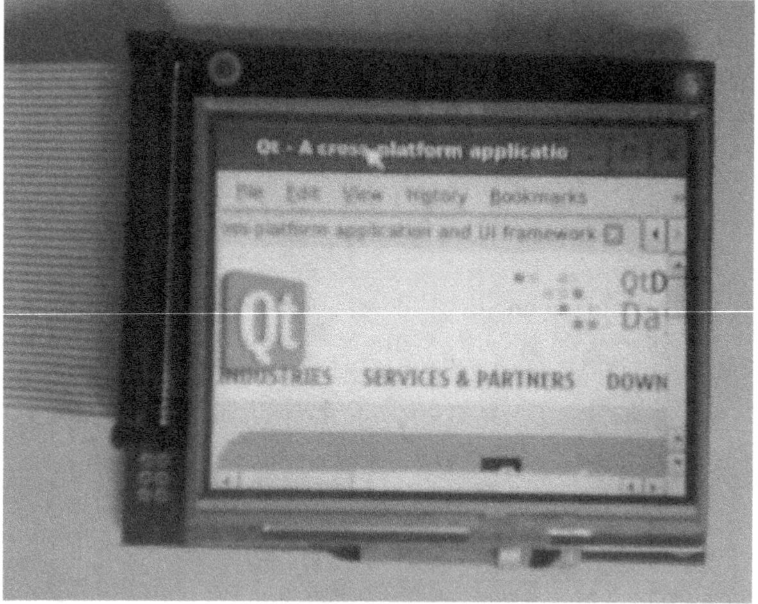

Utilisation de la mémoire vive

```
# free
              total        used        free       shared       buffers
   Mem:       60192       49412       10780            0            0
```

GTK+ sur framebuffer (GTK-DFB)

Dans la version précédente de l'ouvrage, nous avions décrit la compilation de GTK+ pour l'utilisation du framebuffer en remplacement de X11. À l'époque, la compilation était plus complexe pour Qt, et il fallait appliquer un certain nombre de correctifs plus ou moins officieux pour arriver à un résultat exploitable. Le principal argument pour GTK+ était la disponibilité sous licence *LGPL* – et non GPL – alors que la version libre de Qt était diffusée sous GPL, ce qui interdisait l'utilisation – gratuite – autre que dans un environnement GPL. Depuis la reprise de Qt par Nokia, cet argument est caduc puisque Qt est désormais diffusé sous LGPL. L'intérêt de GTK+ dans un environnement embarqué est donc limité, et il est loin d'avoir le niveau de qualité de Qt dans ce domaine.

Il existe cependant un wiki décrivant la compilation de GTK+ avec DirectFB sur http://www.directfb.org/wiki/index.php/Projects:GTK_on_DirectFB.

La bibliothèque wxWidgets

La bibliothèque wxWidgets (http://www.wxwidgets.org) est un toolkit C++ multi-plate-forme fonctionnant sous Unix/Linux, Windows et Mac OS X. Il existe également des portages de wxWidgets sur DirectFB, GTK+, etc. La liste est disponible sur http://www.wxwidgets.org/docs/embedded.htm.

Le toolkit EFL

Ce toolkit est célèbre dans l'hexagone pour être utilisé par la Freebox-HD du fournisseur d'accès Free. Il est également utilisé pour des projets comme la GeeXbox (http://www.geexbox.org). Outre l'esthétique, le principal intérêt de ce toolkit est la faible empreinte mémoire occupée si l'on compare à Qt. Le site de référence est http://enlightenment.org. Un site francophone est également disponible sur http://www.enlightenment.fr. Enfin, on peut consulter les pages de Freebox SA concernant la Freebox-HD sur http://elixir.freebox.fr.

LCDproc, une bibliothèque d'affichage LCD

Même si les systèmes embarqués deviennent de plus en plus puissants, les applications industrielles ne nécessitent pas forcément un affichage complexe. Certains systèmes se contentent d'un afficheur à cristaux liquides type LCD. Pour ce faire, le projet LCDproc (http://lcdproc.omnipotent.net) fournit une bibliothèque puissante, simple et utilisable sur de nombreux afficheurs du commerce. En plus de cela, la bibliothèque fournit un pilote de test utilisant la bibliothèque Unix *curses* qui permet de mettre au point l'application sans disposer d'un afficheur réel.

LCDproc est basée sur une architecture client/serveur. Le serveur est chargé d'effectuer l'affichage sur l'écran LCD et reçoit pour cela les requêtes des clients par connexion TCP sur le port 13666. Par défaut, le serveur et les clients sont exécutés sur une même machine (`localhost`), mais rien n'empêche d'effectuer l'affichage à travers un réseau plus complexe. La compilation de LCDproc ne présente pas de difficulté. Après extraction de l'archive, le mieux est de compiler le paquetage en incluant tous les pilotes d'écran disponibles.

Compilation de LCDproc

```
$ ./configure --enable-drivers=all
$ make
```

Pour tester le système, il faut tout d'abord sélectionner un pilote dans le fichier de configuration du serveur, soit `LCDd.conf`. Par défaut, seul le pilote de test `curses` est activé. On peut démarrer le serveur dans un terminal en tapant la commande `LCDd`.

Figure 14–13
Affichage du serveur
LCDproc sous curses

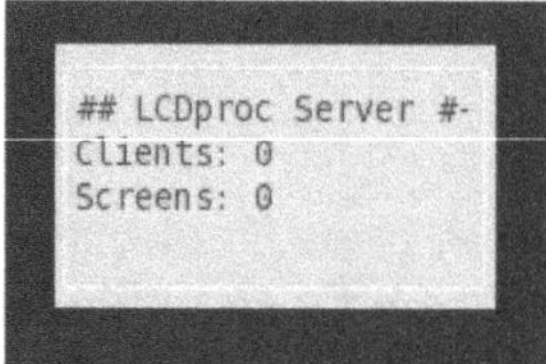

On peut ensuite utiliser le client `lcdproc` fourni pour effectuer un test. Ce client affiche l'état du système en temps réel.

Il est bien entendu possible de piloter directement le serveur depuis un simple client `telnet`, puisque nous utilisons le protocole TCP. Les différentes commandes disponibles sont décrites dans le fichier `docs/netstuff.txt` de la distribution. Dans notre exemple, nous démarrons une session Telnet dans laquelle nous effectuons une suite de commandes :

Figure 14–14
Test du client lcdproc

- initialisation du protocole (hello) et déclaration du client (client_set) ;
- création d'un widget de type string ;
- création d'un widget de type scroller.

Le texte en gras représente les commandes saisies par l'utilisateur, le reste du texte représente les réponses du serveur.

Exemple d'utilisation du protocole LCDproc

```
$ telnet localhost 13666
Trying 127.0.0.1...
Connected to localhost.
Escape character is '^]'.
hello
connect LCDproc 0.5.2 protocol 0.3 lcd wid 20 hgt 4 cellwid 5 cellhgt 8
client_set name telnet
success
screen_add s
success
listen s
widget_add s w1 string
success
listen s
widget_set s w1 1 1 Essai
widget_add s w2 scroller
success
listen s
widget_set s w2 2 3 18 3 h 1 "Une ligne défilante"
```

La fenêtre du serveur LCDproc présente alors l'allure suivante :

Figure 14–15
Test du protocole LCDproc

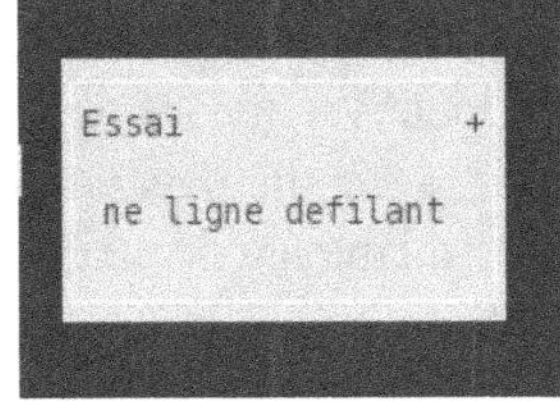

Pilotage à distance

Le pilotage à distance est une solution fréquemment envisagée pour les systèmes embarqués. Dans le cas de Linux, on peut utiliser les connexions traditionnelles Telnet ou SSH, qui permettent de prendre la main par une interface dite « CLI » (pour *Command Line Interface*).

Le protocole SNMP (pour *Simple Network Management Protocol*) est également utilisé pour les systèmes industriels, mais sa complexité de mise en œuvre et d'utilisation ainsi que le choix et la mise en place d'un client SNMP font qu'il a tendance à être remplacé par des protocoles plus récents et « grand public » comme HTTP, sachant que tout poste client dispose d'un navigateur web.

Serveur et navigateur web

Le navigateur web est de plus en plus utilisé dans les applications industrielles, car il permet d'accéder à des équipements de manière simple et conviviale, et indépendamment de l'architecture. Nombre de systèmes embarqués sont donc équipés d'un serveur HTTP comme le programme Apache (http://www.apache.org) ou d'autres versions plus réduites. Parmi ces versions, on peut citer Boa, qui est intégré à Busybox, ou bien Lighttpd, présent dans Buildroot. Ces deux serveurs supportent les scripts *CGI* (pour *Common Gateway Interface*).

> PRÉCISION **Qu'est-ce qu'un script CGI ?**
>
> Un script CGI est exécuté par le serveur HTTP dans le cas d'une page web utilisant un formulaire. L'utilisateur peut saisir plusieurs valeurs (texte, sélection dans une liste, etc.), puis valider l'exécution du script par l'action sur un bouton. Le dialogue entre le navigateur et le serveur est donc « semi duplex », même si l'on peut agrémenter la saisie avec du JavaScript permettant de donner un côté plus animé à la page, ou bien de vérifier la saisie en temps réel. Autre défaut, la totalité de la page doit être chargée à chaque validation du formulaire.
>
> ▸ http://www.commentcamarche.net/contents/cgi/cgiintro.php3
> ▸ http://pficheux.free.fr/articles/lmf/cgi/cgi.html

Même si cette solution est désuète pour les sites web actuels, elle peut se révéler suffisante pour la configuration de quelques paramètres du système. Une bonne partie des équipements d'accès à Internet (IAD) et des routeurs utilisent cette technique. À titre d'exemple, le projet libre OpenWrt (http://openwrt.org) fournit désormais une interface de configuration utilisable avec un navigateur. Cette interface nommée LuCI (http://luci.subsignal.org) est écrite en langage de script Lua (http://www.lua.org), et elle est très extensible.

Figure 14–16
Outil de configuration
LuCI pour OpenWrt

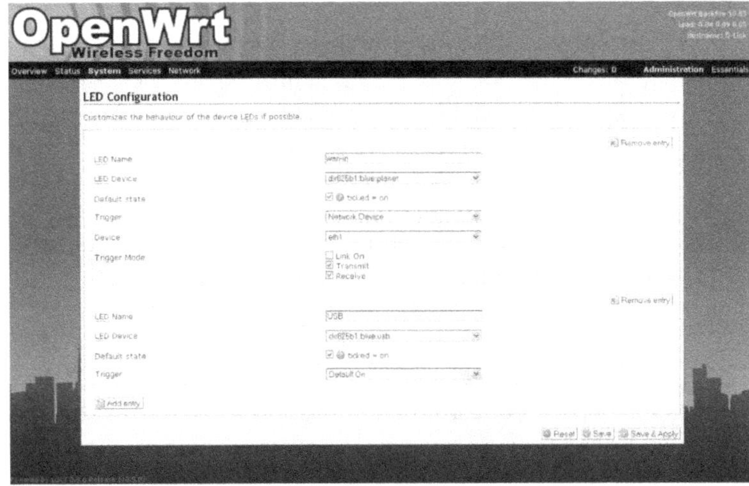

Dans le cas d'un équipement nécessitant une interface graphique, il peut être intéressant d'utiliser un navigateur web embarqué, soit parce que le système est destiné à ce type de tâche (*set-top box* ou terminal léger), soit parce qu'il sera plus simple de concevoir une interface basée sur des pages HTML, du JavaScript et des CGI que de développer une interface dédiée. Dans ce cas, la même interface sera disponible en local ou bien en mode distant, ce qui est très intéressant sous plusieurs aspects. Concernant le choix du navigateur embarqué, nous avons vu dans ce chapitre que Qt fournissait un portage du moteur WebKit. D'autres solutions, comme le navigateur Opera (http://www.opera.com/products), équipent de nombreux équipements.

Nouvelles techniques du Web

Les techniques décrites précédemment sont assez limitées si l'interface graphique doit être un peu évoluée. De ce fait, des techniques utilisées pour les pages web récentes (on parle de « Web 2.0 ») sont de plus en plus intégrées à des systèmes légers. La tendance est au report de la complexité du côté du client (navigateur), alors que les scripts CGI sont exécutés sur le serveur (donc sur le système embarqué).

Les principales technologies utilisées ou en cours d'adoption sont :

- Java
- Ajax
- Adobe Flash
- HTML5

Java

On ne présente plus le langage Java, créé par Sun. Nous avons brièvement évoqué Java au début de l'ouvrage (chapitre 2), car c'est un élément fondamental du système d'exploitation Android, basé sur un noyau Linux et disposant d'une machine virtuelle Java embarquée. L'intégration de Java dans l'industrie n'est pas récente, et de nombreuses applications embarquées l'utilisent. La JVM fournie par Sun (désormais Oracle) est par défaut très gourmande en ressources, et il existe des versions dédiées comme J2ME (http://www.oracle.com/technetwork/java/javame/overview/index.html), adaptées à l'informatique mobile.

Ajax

Le terme Ajax correspond à l'acronyme *Asynchronous JavaScript And XML*. C'est une association de technologies permettant de mettre en place des pages web dynamiques. Le principal apport d'Ajax est l'ajout de l'objet XMLHttpRequest permettant d'effectuer des requêtes asynchrones au serveur HTTP. La création de l'objet passe par le langage JavaScript, et l'avantage par rapport à l'utilisation unique de scripts CGI est la possibilité de mettre à jour des données affichées sans recharger la totalité de la page.

Un exemple d'utilisation d'Ajax sur une carte embarquée fabriquée par la société allemande SSV Embedded est disponible sur http://www.dilnetpc.com/mHTA9200-14.pdf. Cet exemple décrit comment on peut visualiser efficacement des données transmises en temps réel, via un réseau Wi-Fi par une carte embarquée. Les données sont visualisées sur un navigateur en utilisant une page web intégrant de l'Ajax.

Adobe Flash

La technologie Adobe Flash fut initialement créée par la société Macromedia, ensuite absorbée par Adobe. Les animations Flash sont très – voire trop – présentes sur les pages web d'aujourd'hui. Le Flash est une technologie totalement propriétaire, et son hégémonie sur la toile a provoqué la colère de certains industriels comme Apple Inc. De ce fait, les iPhone et autres iPad ne sont pas compatibles avec Flash. L'argument souvent invoqué contre cette technologie est la consommation en ressources matérielles.

Le principe est d'exécuter, dans le navigateur équipé d'un greffon, un programme (`.swf`) installé sur le serveur et transmis par le protocole HTTP. Le programme en question est écrit en langage ActionScript. Le langage dispose de l'objet XMLSocket qui permet d'ouvrir une connexion vers un serveur externe.

Dans le cas d'une interface locale au système, on peut également utiliser un lecteur Flash indépendant du navigateur, ce qui permet de réduire la consommation de mémoire. En contrepartie, l'interface doit alors être écrite entièrement en Flash. Des lecteurs de ce type – qui n'ont rien à voir avec du logiciel libre – sont disponibles sur http://www.bluestreaktech.com.

L'utilisation de Flash est assez répandue pour les applications multimédias. De nombreuses *set-top box* incluent un lecteur Flash, ce qui a des effets néfastes sur la consommation mémoire – et donc parfois sur l'interactivité – mais cela permet de développer l'interface utilisateur avec des outils « standards ». L'article disponible sur http://industrial-embedded.com/creating-dynamic-hmis-adobe-flash décrit les possibilités d'utilisation de Flash pour des environnements industriels embarqués. Un autre exemple disponible sur http://foxlx.acmesystems.it/?id=39 décrit l'utilisation du Flash pour le pilotage à distance d'une carte industrielle par un navigateur.

HTML5

La version 5 est la dernière révision du langage HTML définie par le consortium W3C. Les spécifications sont fournies sous forme de *draft* (ébauche) sur http://dev.w3.org/html5/spec/Overview.html. Tout comme Flash, HTML5 dispose de la notion de WebSocket (voir http://dev.w3.org/html5/websockets) permettant la connexion à un serveur externe, ce qui autorise le développement de véritables applications. Du côté graphique, la notion de *canvas* et de *drag and drop* permet de réaliser des interfaces très évoluées. HTML5 est déjà utilisé par des fabricants de *set-top box* pour des fonctionnalités similaires à celles que l'on obtient avec Adobe Flash.

Conclusion

Une bonne partie des applications embarquées sous Linux utilisent le mode texte. *X Window System* (X11) fut longtemps le système graphique de prédilection d'Unix et de Linux, mais de par sa complexité, il n'est pas toujours adapté aux environnements embarqués.

L'utilisation du framebuffer permet d'accéder directement à des modes graphiques haute résolution à travers le noyau Linux et sans utiliser X11, d'autant que des projets comme DirectFB fournissent des pilotes accélérés. Aujourd'hui, la bibliothèque Qt développée par Nokia est la plus aboutie pour des applications industrielles, mais son empreinte mémoire est assez importante. D'autres solutions comme EFL sont déjà utilisées dans l'industrie *(set-top box)*, mais nécessitent de bonnes compétences pour le développement et la maintenance.

Des composants comme LCDproc sont disponibles dans le cas où l'interface se réduit à la gestion d'un afficheur de petite taille.

La technologie web basée sur le protocole HTTP, le langage HTML et ses extensions peut être très intéressants pour un système embarqué configurable à distance. Lorsque l'interface graphique doit être élégante (produits grand public), il est possible d'utiliser des techniques comme Adobe Flash ou HTML5 pour développer plus facilement des interfaces homme-machine soignées.

15

Étude de cas

Comment développer un produit en intégrant Linux embarqué ?

Les chapitres précédents fournissent de nombreuses informations sur chaque étape et composante d'un projet Linux embarqué.

Nous allons donc résumer le passage de la réception de la carte électronique fraîchement assemblée à la diffusion du produit au travers d'une étude de cas : réaliser une interface homme-machine affichant une courbes représentant des données (par exemple, résultant d'une acquisition au moyen d'un convertisseur analogique numérique).

Description du projet

Le projet consiste à développer une interface homme-machine pour un équipement industriel.

Le système utilisé dans cet exemple est basé sur un *System On Module* (SOM), intégrant un processeur i.MX257 de Freescale (architecturé autour d'un cœur ARM926EJ-S) qui intègre de nombreux périphériques intéressants pour des applications industrielles tels que :

- contrôleur graphique permettant l'interfaçage direct d'écrans TFT ou de convertisseurs DVI, HDMI ou RGB/VGA ;
- nombreux UART ;
- contrôleurs SPI, I2C, 1-Wire, CAN 2.0B, SDCard ;

- convertisseur analogique numérique (ADC) 12 bits avec support d'écrans tactiles résistifs ;
- contrôleur Ethernet 10/100 ;
- contrôleurs USB 2.0 offrant deux ports dont un OTG ;
- interface audio I2S ;
- périphériques PWM et timer counter ;
- nombreuses GPIO.

L'écran associé est un afficheur TFT 7" de résolution 800 × 480 intégrant un écran tactile résistif.

Éléments composant le système

Le bootloader

Lors de la réception de la carte électronique fraîchement assemblée, son démarrage est souvent un moment critique, surtout lorsqu'il s'agit d'une nouvelle électronique : il va donc falloir la valider tant du point de vue électronique que du point de vue logiciel.

> REMARQUE **Monocarte ou SOM**
>
> L'utilisation d'un *System On Module* réduit ce risque puisque le cœur critique constitué du processeur, de ses alimentations et de ses mémoires est fonctionnel. Seule la carte d'accueil est nouvelle et peut donc poser problème.

Une fois les alimentations validées, la première étape consiste à démarrer le « cœur » du système.

Le concepteur a alors plusieurs choix à effectuer.

- Choix de la méthode de démarrage et test de la carte : avec un outil JTAG ou directement avec le bootloader. L'utilisation du JTAG est à privilégier dans le cas d'un nouveau cœur (i.e. : une première implémentation électronique de l'ensemble processeur, horloges, mémoires, alimentations). En effet, cela permet de valider l'initialisation du processeur (et notamment la configuration des PLL), le bon fonctionnement du bus mémoire (et donc de déterminer la séquence et les paramètres d'initialisation du contrôleur de mémoire vive) et l'accès au périphérique de stockage (flash NOR, NAND, SPI).
- Choix de la méthode de programmation du bootloader : avec un outil JTAG ou avec un mécanisme intégré au processeur. La solution JTAG est relativement

directe (sous réserve que l'adaptateur JTAG utilisé supporte le contrôleur flash du processeur) surtout quand le JTAG a aussi été utilisé pour démarrer le processeur. Toutefois, les processeurs intègrent de plus en plus souvent un « bootROM » qui offre un mécanisme de démarrage annexe permettant de charger un bootloader soit en mémoire vive, soit directement en flash. Le seul inconvénient de cette dernière méthode est que les outils fournis par les fondeurs sont en général propriétaires, fonctionnant sous Windows.

- Choix du bootloader : soit l'utilisation de la version du bootloader fournie par le fabricant du processeur (souvent basée sur une version ancienne et parfois difficile à adapter à une carte très différente de la plate-forme de référence du fabricant), soit l'utilisation d'un bootloader maintenu par sa communauté tel que U-Boot ou Barebox. Les critères à prendre en compte sont, la validation du support du processeur par le bootloader, le support des périphériques utiles au niveau du bootloader et l'activité de la communauté du bootloader autour de ce processeur (qui peut par exemple s'évaluer en analysant l'historique des patches appliqués dans Git et l'activité de la liste de diffusion autour de ce processeur).

Ici, le SOM utilisé est directement supporté par Barebox, ce choix s'impose donc naturellement. Dans le cas du démarrage d'une nouvelle plate-forme, la méthode la plus simple consiste à démarrer à partir du code de la plate-forme la plus proche (souvent la carte d'évaluation du fabricant).

Nous pouvons télécharger les sources de Barebox en utilisant Git et nous utiliserons pour la suite la dernière version stable que nous allons extraire dans une branche dédiée.

Téléchargement de Barebox et création de la branche de travail

```
$ git clone git://git.pengutronix.de/git/barebox.git
Cloning into 'barebox'...
remote: Counting objects: 69050, done.
remote: Compressing objects: 100% (17472/17472), done.
remote: Total 69050 (delta 53773), reused 65544 (delta 50509)
Receiving objects: 100% (69050/69050), 21.99 MiB | 54 KiB/s, done.
Resolving deltas: 100% (53773/53773), done.
$ cd barebox/
$ git tag
.../...
v2012.01.0
v2012.02.0
v2012.03.0
v2012.04.0
$ git checkout v2012.04.0 -b 2012040
Switched to a new branch '2012040'
```

Les fichiers concernés par l'ajout de la plate-forme à Barebox sont les suivants :

```
barebox
|-- arch
|   |-- arm
|   |   |-- boards
|   |   |   |-- eukrea_cpuimx25 ❶
|   |   |   |   |-- config.h
|   |   |   |   |-- env
|   |   |   |   |   |-- bin
|   |   |   |   |   |   `-- init_board
|   |   |   |   |   `-- config
|   |   |   |   |-- eukrea_cpuimx25.c
|   |   |   |   |-- lowlevel.c
|   |   |   |   `-- Makefile
|   |   |-- configs
|   |   |   |-- eukrea_cpuimx25_defconfig ❷
|   |   |-- mach-imx
|   |   |   |-- include
|   |   |   |   `-- mach
|   |   |   |       |-- iomux-mx25.h ❸
|   |   |   |-- Kconfig ❹
|   |   |-- Makefile ❺
|   |   `-- tools
|   |       |-- mach-types ❻
```

❶ Le répertoire `arch/arm/boards/nom_de_la_carte` comporte tout le code spécifique à la plate-forme. Dans le cas présent, ce code est constitué d'un fichier `lowlevel.c` qui concerne l'initialisation bas niveau du processeur (PLL, bus, initialisation RAM...), et d'un fichier `eukrea_cpuimx25.c` qui décrit la carte (utilisation des GPIO, enregistrement des périphériques...). Nous constatons, de plus, la présence d'un répertoire `env` qui contient un script `bin/init_board` qui sera exécuté à chaque démarrage de la carte et le fichier `config` qui correspond à la configuration par défaut de la carte. Enfin, un classique fichier `Makefile` indique à `make` les fichiers qui seront à compiler.

❷ Le fichier `arch/arm/configs/nom_de_la_carte_defconfig` contient le fichier de configuration par défaut de Barebox pour la carte. Il est généré en utilisant l'interface Kconfig (obtenue par `make menuconfig`) qui créera le fichier `.config`. Un rapide examen de ce fichier montre qu'il contient les options activées mais aussi les options non activées, c'est-à-dire commentées. Afin de ne pas surcharger les fichiers de configuration par défaut, ceux-ci sont créés à partir du fichier `.config` en cours par la commande `make savedefconfig`, qui a pour objectif la réduction de la taille du fichier de configuration par défaut principalement en retirant les options commentées et les options activées automatiquement en tant que dépendance d'autres options sélectionnées.

❸ Le fichier `arch/arm/mach-imx/include/mach/iomux-mx25.h` contient les définitions des multiplexages possibles pour les GPIO. En effet, dans la majorité des processeurs modernes, les périphériques voient leurs entrées/sorties multiplexées avec des GPIO et avec d'autres périphériques. Ainsi, dans le cas du processeur i.MX257, chaque *pin* peut avoir jusqu'à 6 fonctions différentes. La compréhension de ces multiplexages nécessite la consultation du schéma électrique et du manuel de référence du processeur disponible sur le site Internet du fabricant : http://freescale.com/imx25.

Exemple de définition de multiplexage d'une pin de l'i.MX257

```
#define MX25_PAD_KPP_COL2__KPP_COL2  IOMUX_PAD(0x3b8, 0x1c0, 0x00, 0, 0,
KPP_CTL_COL)
#define MX25_PAD_KPP_COL2__UART4_RTS  IOMUX_PAD(0x3b8, 0x1c0, 0x01, 0,
0, NO_PAD_CTRL)
#define MX25_PAD_KPP_COL2__AUD5_TXC  IOMUX_PAD(0x3b8, 0x1c0, 0x02, 0, 0,
PAD_CTL_PKE | PAD_CTL_PUS_100K_UP)
#define MX25_PAD_KPP_COL2__GPIO_3_3  IOMUX_PAD(0x3b8, 0x1c0, 0x05, 0, 0,
NO_PAD_CTRL)
```

Dans cet exemple, nous voyons que pour le PAD nommé `KPP_COL2`, quatre fonctions sont définies dans le fichier en-tête : `KPP_COL2` (colonne 2 du contrôleur de clavier matricé), `UART4_RTS` (pin RTS de l'UART4), `AUD5_TXC` (pin horloge émission du contrôleur audio 5), `GPIO_3_3` (pin 3 du contrôleur GPIO 3).

❹ Le fichier `arch/arm/mach-imx/Kconfig` permet d'enregistrer la carte dans le système de configuration Kconfig et donc d'avoir une entrée dans le menu (et éventuellement des options de configuration associées).

Contenu du fichier Kconfig concernant notre plate-forme

```
config ARCH_TEXT_BASE
  hex
  default 0x83f00000 if MACH_EUKREA_CPUIMX25
.../...
config BOARDINFO
  default "Eukrea CPUIMX25" if MACH_EUKREA_CPUIMX25
.../...
if ARCH_IMX25

choice

  prompt "i.MX25 Board Type"

config MACH_EUKREA_CPUIMX25
  bool "Eukrea CPUIMX25"
  select MACH_HAS_LOWLEVEL_INIT
```

```
help
Say Y here if you are using the Eukrea Electromatique's CPUIMX25
equipped with a Freescale i.MX25 Processor
.../...

endchoice

endif
```

Les deux premières définitions concernent la variable ARCH_TEXT_BASE qui est l'adresse de base à laquelle Barebox s'exécutera en RAM et la variable BOARDINFO qui est le nom de la plate-forme.

Ensuite, le support de la carte dépend du support du processeur i.MX25, sélectionné par la variable ARCH_IMX25. Il est à noter que la sélection de notre plate-forme entraînera la sélection automatique de l'option MACH_HAS_LOWLEVEL_INIT (qui a pour effet d'ajouter à Barebox le code nécessaire à l'initialisation bas niveau de la plate-forme).

Les deux captures d'écran suivantes permettent de visualiser le résultat de ces déclarations.

Figure 15–1
Menu de configuration obtenu, une fois le processeur i.MX25 sélectionné

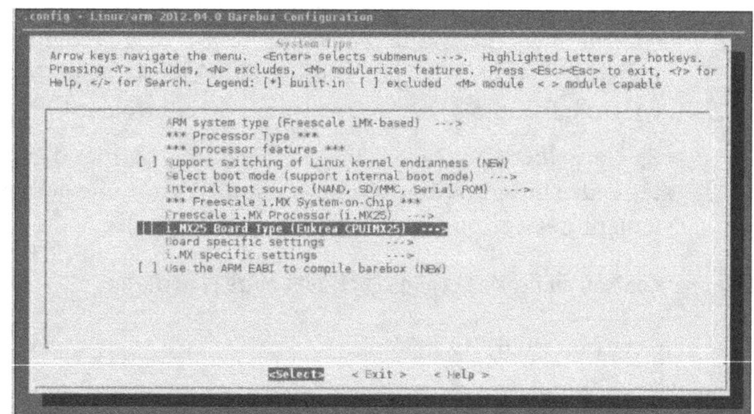

Figure 15–2
Choix de la carte

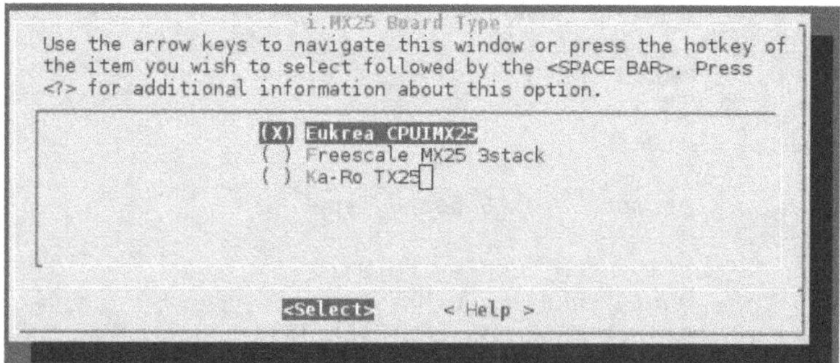

⑤ Il est nécessaire d'ajouter au fichier `arch/arm/Makefile` le nom du répertoire décrivant notre plate-forme afin que `make` le prenne en compte lorsque la plate-forme est sélectionnée.

Contenu du fichier Makefile concernant notre plate-forme

```
board-$(CONFIG_MACH_EUKREA_CPUIMX25)      := eukrea_cpuimx25
```

⑥ Enfin, il faudra s'assurer que le fichier `arch/arm/tools/mach-types` contienne bien l'enregistrement concernant notre plate-forme. En effet, ce fichier est géré par le responsable de l'architecture ARM du noyau Linux et il est indispensable que le bootloader et le noyau aient connaissance de notre plate-forme, sinon le bootloader ne pourra pas indiquer au noyau la plate-forme sur laquelle il s'exécute.

> REMARQUE **À propos de l'enregistrement d'une nouvelle plate-forme ARM**
>
> L'enregistrement d'une nouvelle plate-forme ARM s'effectue sur le site du responsable de l'architecture ARM dans le noyau Linux à l'adresse http://www.arm.linux.org.uk/developer/machines/?action=new. Le fichier `mach-types` peut ensuite être téléchargé depuis ce même site et ajouté au noyau Linux et au bootloader (que ce soit U-Boot ou Barebox) pour un développement en local. Ce fichier est régulièrement mis à jour dans les sources officielles du noyau et des bootloaders.

Le fichier `arch/arm/boards/eukrea_cpuimx25/eukrea_cpuimx25.c` décrit la plate-forme électronique. Nous présenterons ci-dessous les fonctions principales.

Fonction core_init

```c
static int eukrea_cpuimx25_core_init(void) {
  /* enable UART1, FEC, SDHC, USB & I2C clock */
  writel(readl(IMX_CCM_BASE + CCM_CGCR0) | (1 << 6) | (1 << 23)
    | (1 << 15) | (1 << 21) | (1 << 3) | (1 << 28),
    IMX_CCM_BASE + CCM_CGCR0);
  writel(readl(IMX_CCM_BASE + CCM_CGCR1) | (1 << 23) | (1 << 15)
    | (1 << 13), IMX_CCM_BASE + CCM_CGCR1);
  writel(readl(IMX_CCM_BASE + CCM_CGCR2) | (1 << 14),
    IMX_CCM_BASE + CCM_CGCR2);

  return 0;
}

core_initcall(eukrea_cpuimx25_core_init);
```

Cette fonction initialise les horloges des périphériques que Barebox peut utiliser. Elle sera appelée très tôt dans le processus d'initialisation de Barebox.

Fonction console_init

```
static int eukrea_cpuimx25_console_init(void)
{
  imx25_add_uart0();
  return 0;
}

console_initcall(eukrea_cpuimx25_console_init);
```

Cette fonction enregistre la console série. Elle sera appelée une fois que les horloges seront initialisées, permettant ainsi l'utilisation du port série. Cela permet de disposer assez tôt de la console série afin d'émettre des messages pouvant être utiles lors de la mise au point (en utilisant la fonction `printf()`).

Fonction devices_init

```
static int eukrea_cpuimx25_devices_init(void)
{
  mxc_iomux_v3_setup_multiple_pads(eukrea_cpuimx25_pads,
    ARRAY_SIZE(eukrea_cpuimx25_pads));  ❶

  led_gpio_register(&led0);

  imx25_iim_register_fec_ethaddr();
  imx25_add_fec(&fec_info);  ❷

  nand_info.width = 1;
  imx25_add_nand(&nand_info);

  devfs_add_partition("nand0", 0x00000, 0x40000,
    PARTITION_FIXED, "self_raw");
  dev_add_bb_dev("self_raw", "self0");

  devfs_add_partition("nand0", 0x40000, 0x20000,
    PARTITION_FIXED, "env_raw");
  dev_add_bb_dev("env_raw", "env0");  ❸

  /* enable LCD */
  gpio_direction_output(26, 1);  ❹
  gpio_set_value(26, 1);

  /* LED : default OFF */
  gpio_direction_output(2 * 32 + 19, 1);

  imx25_add_fb(&eukrea_cpuimx25_fb_data);  ❺
```

```
  imx25_add_i2c0(NULL);
  imx25_add_mmc0(NULL);

#ifdef CONFIG_USB
  imx25_usb_init();
  add_generic_usb_ehci_device(-1, IMX_OTG_BASE + 0x400, NULL);
#endif
  add_generic_device("fsl-udc", -1, NULL, IMX_OTG_BASE, 0x200,
          IORESOURCE_MEM, &usb_pdata);

  armlinux_set_bootparams((void *)0x80000100);  ❻
  armlinux_set_architecture(MACH_TYPE_EUKREA_CPUIMX25SD);

  return 0;
}

device_initcall(eukrea_cpuimx25_devices_init);
```

Cette fonction initialise les périphériques que Barebox mettra à disposition de l'utilisateur sur notre plate-forme.

❶ Il est d'abord important de configurer les fonctions des différentes pins du processeur. Une structure contenant la définition de la fonction de chaque pin à configurer est ainsi définie.

Structure définissant les fonctions des pins

```
static struct pad_desc eukrea_cpuimx25_pads[] = {
  MX25_PAD_FEC_MDC__FEC_MDC,
  MX25_PAD_FEC_MDIO__FEC_MDIO,
.../...
  /* UART1 */
  MX25_PAD_UART1_RXD__UART1_RXD,
  MX25_PAD_UART1_TXD__UART1_TXD,
  MX25_PAD_UART1_RTS__UART1_RTS,
  MX25_PAD_UART1_CTS__UART1_CTS,
.../...
  /* BACKLIGHT CONTROL */
  MX25_PAD_PWM__GPIO_1_26,
  /* I2C */
  MX25_PAD_I2C1_CLK__I2C1_CLK,
  MX25_PAD_I2C1_DAT__I2C1_DAT,
.../...
  /* LED */
  MX25_PAD_POWER_FAIL__GPIO_3_19,
};
```

Nous constatons que les pins FEC *(Fast Ethernet Controler)* sont utilisées dans leur fonction principale (afin de communiquer avec le PHY Ethernet). Il en est de même pour les pins UART1 et I2C1. En revanche, les pins PWM et POWER_FAIL sont configurées en mode GPIO (respectivement pour piloter le rétro-éclairage de l'écran et une LED).

❷ La déclaration d'un périphérique se fait en appelant une fonction qui enregistre une structure définissant ce périphérique et ainsi créer une liste des périphériques que Barebox pourra associer aux drivers lors du démarrage. Ainsi, l'enregistrement du contrôleur Ethernet se fait par `imx25_add_fec(&fec_info)`, la structure `fec_info` décrivant le type de connexion entre le processeur et le PHY Ethernet.

Structure fec_info

```
static struct fec_platform_data fec_info = {
  .xcv_type  = RMII,
  .phy_addr  = 1,
};
```

❸ Deux partitions sont créées par défaut : une nommée `self_raw` qui représente le bootloader, l'autre nommée `env_raw` qui représente son environnement. On notera que des partitions correspondent à une zone de flash NAND (`nand0`).

❹ Des GPIO sont configurées en sortie et leur niveau est positionné (par exemple, pour allumer le rétro-éclairage et éteindre une LED).

❺ Le contrôleur graphique est déclaré et une structure définissant l'écran est passée en paramètre. Cette structure est à adapter en fonction de l'écran connecté à la carte.

Structure de configuration de l'écran

```
static struct imx_fb_videomode imxfb_mode = {
  .mode = {
    .name            = "CMO-QVGA",
    .refresh         = 60,
    .xres            = 320,
    .yres            = 240,
    .pixclock        = KHZ2PICOS(6500),
    .hsync_len       = 30,
    .left_margin     = 38,
    .right_margin    = 20,
    .vsync_len       = 3,
    .upper_margin    = 15,
    .lower_margin    = 4,
  },
  .pcr     = 0xCAD08B80,
  .bpp     = 16,
};
```

Ces paramètres correspondent aux valeurs définies par le fabricant de l'écran. Le schéma suivant permet de mieux comprendre la correspondance de chaque valeur avec la zone affichée (ou masquée) de l'écran.

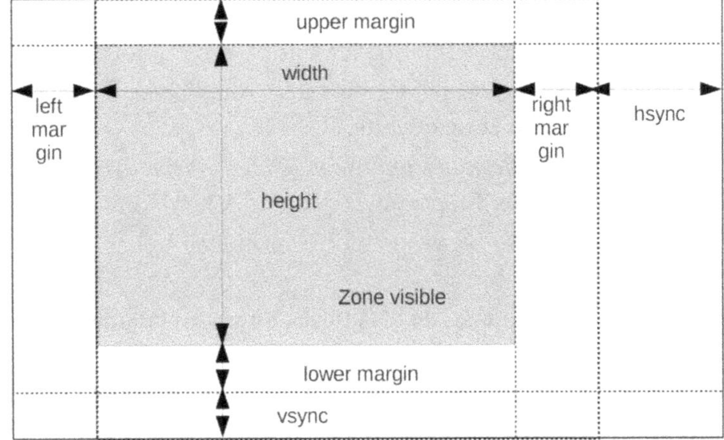

Figure 15–3
Différents paramètres d'un écran TFT

En outre, il est nécessaire de préciser les polarités de chaque signal (niveau actif, front sur lequel le signal est échantillonné par l'écran). Dans le cas du contrôleur graphique de ce processeur, ce paramétrage s'effectue en définissant la valeur du registre PCR (identifié par l'appellation LPCR – LCDC *Panel Configuration Register* – dans le manuel de référence de l'i.MX257).

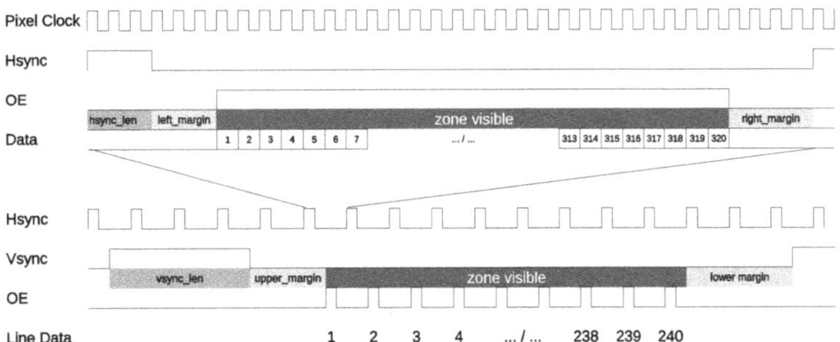

Figure 15–4
Diagramme des signaux pilotant un écran TFT

⑥ Enfin, les deux dernières fonctions permettent d'indiquer à Barebox deux paramètres essentiels pour le démarrage d'un noyau Linux :

- l'emplacement des paramètres de boot : cette valeur est placée par le bootloader dans le registre R2 du cœur ARM. Elle indique au noyau l'adresse à laquelle il trouvera une liste de structures contenant des informations telles que l'adresse de base et la taille de la mémoire vive, informations sur la présence d'un *ramdisk* ou d'un `initrd`, informations propres à la carte telles qu'un numéro de série et/ou de révision, ligne de commande du noyau, etc. ;

- le numéro de l'architecture correspond à notre plate-forme dans le fichier `arch/arm/tools/mach-types`. L'objectif de ce paramètre et de permettre à un même noyau de fonctionner sur plusieurs cartes électroniques différentes.

Afin d'adapter le bootloader à notre projet, nous devons identifier :

- les différences par rapport à la plate-forme de départ : dans le cas présent, il s'agit de l'écran et de quelques GPIO ;
- les périphériques que nous souhaitons activer au niveau du bootloader. Ici, nous souhaitons supporter le protocole DFU qui permet une reprogrammation aisée de la mémoire flash au travers du port USB.

> REMARQUE **À propos du DFU, Device Firmware Upgrade**
>
> DFU est une classe de périphériques USB décrite dans le document disponible à l'adresse http://www.usb.org/developers/devclass_docs/usbdfu10.pdf qui offre un moyen générique de mise à jour d'un périphérique par son port USB.

L'écran du projet a une résolution de 800 × 480, la lecture de sa documentation nous renseigne sur les polarités des signaux, sur la fréquence de l'horloge pixel et sur les durées des diverses marges et impulsions représentées dans le chronogramme précédent.

Nous aboutissons donc à la structure suivante.

Structure de configuration de l'écran 7 pouces

```
static struct imx_fb_videomode imxfb_mode = {
  .mode = {
    .name           = "URT-7",
    .refresh        = 60,
    .xres           = 800,
    .yres           = 480,
    .pixclock       = KHZ2PICOS(33260),
    .hsync_len      = 10,
    .left_margin    = 90,
    .right_margin   = 156,
    .vsync_len      = 5,
    .upper_margin   = 20,
    .lower_margin   = 20,
  },
  .pcr    = 0xCAC08B80,
  .bpp    = 16,
};
```

Afin de donner un signe de vie le plus tôt possible à l'utilisateur, nous souhaitons utiliser l'écran pour afficher un logo dès la mise sous tension. Barebox intègre une fonction qui permet d'afficher des images BMP. Nous devons donc générer une image BMP codée sur 24 bits, qui aura donc une taille de 800 × 480 × 24 bits, soit 1 152 000 octets auxquels il faut ajouter la taille de l'en-tête du format BMP. Par chance, Barebox intègre le support pour différents algorithmes de compression (`lzo`, `gzip2`, `bzip2`) par le biais de la commande `uncompress`. Nous pouvons donc compresser notre image, par exemple en utilisant les outils lzop disponibles sur le PC, et ainsi réduire considérablement la taille de notre image.

Compression du logo de démarrage

```
$ lzop logo.bmp
$ ls -alh logo.*
-rw-rw-r-- 1 ebenard ebenard 1,1M 17 avril 23:28 logo.bmp
-rw-rw-r-- 1 ebenard ebenard 16K 17 avril 23:28 logo.bmp.lzo
-rw-rw-r-- 1 ebenard ebenard 15K 17 avril 23:16 logo.png
```

Enfin, nous copions le fichier ainsi généré dans le répertoire qui contient l'environnement du bootloader pour notre carte.

Copie du logo dans l'environnement du bootloader

```
$ cp logo.bmp.lzo barebox/arch/arm/boards/eukrea_cpuimx25/env/
```

Lors du démarrage de la carte, le script `/bin/init` est exécuté. Ce script fait partie de l'environnement par défaut (situé dans le répertoire `defaultenv/bin/`). En étudiant ce script, nous constatons qu'il teste la présence d'un script `/env/bin/init_board` pour l'exécuter.

Extrait du script defaultenv/bin/init

```
if [ -f /env/bin/init_board ]; then
  . /env/bin/init_board
fi
```

Nous pouvons donc créer un script `env/bin/init_board` dans le répertoire de notre carte afin de décompresser le logo et de l'afficher lors de la mise sous tension de la carte.

Script env/bin/init_board spécifique à notre carte

```
$ cat arch/arm/boards/eukrea_cpuimx25/env/bin/init_board
#!/bin/sh
```

```
if [ -f /env/logo.bmp ]; then
  bmp /env/logo.bmp
  fb0.enable=1
elif [ -f /env/logo.bmp.lzo ]; then
  uncompress /env/logo.bmp.lzo /logo.bmp
  bmp /logo.bmp
  fb0.enable=1
fi
```

Notre carte est équipée d'un bouton poussoir relié à la GPIO 3_18 du processeur. Si le bouton est pressé pendant au moins trois secondes durant le démarrage, le bootloader basculera en mode DFU afin de reprogrammer la mémoire flash. Il est donc nécessaire de configurer la GPIO correspondante en mode GPIO et en entrée.

La configuration en mode GPIO s'effectue en ajoutant la ligne suivante à la structure décrivant les modes d'utilisation des pins du processeur.

```
/* Switch */
MX25_PAD_VSTBY_ACK__GPIO_3_18,
```

La configuration en entrée s'effectue par le biais de la fonction `gpio_direction_input` qui prend en argument le numéro de la GPIO.

```
/* Switch */
gpio_direction_input(82);
```

> **REMARQUE** **À propos du numéro de GPIO**
>
> Le numéro de GPIO est généralement calculé par la formule suivante : numéro de contrôleur GPIO × nombre de GPIO gérées par le contrôleur + numéro de la GPIO courante dans le contrôleur (en partant du principe que les numérotations des contrôleurs et des GPIO commencent à zéro). Ce qui pour l'exemple présent (GPIO 3_18) nous donne : (3 - 1) × 32 + 18 = 82 (1 est soustrait au numéro du contrôleur GPIO car la numérotation commence à 1 sur ce processeur).

Afin d'utiliser le mode DFU, notre bootloader doit intégrer le support du contrôleur USB en mode périphérique (d'un PC et non en mode hôte).

Cela se fait assez simplement en déclarant le contrôleur USB, avec une particularité dans le cas présent, puisque nous devons modifier (par les fonctions `readl` et `writel`) une valeur dans un registre du périphérique afin de contourner un erratum du processeur.

Déclaration du support du contrôleur USB périphérique

```
#ifdef CONFIG_USB_GADGET
  /* Workaround ENGcm09152 */
  tmp = readl(IMX_OTG_BASE + 0x608);
  writel(tmp | (1 << 23), IMX_OTG_BASE + 0x608);
  add_generic_device("fsl-udc", -1, NULL, IMX_OTG_BASE, 0x200,
        IORESOURCE_MEM, &usb_pdata);
#endif
```

Enfin, nous devons relier la lecture du niveau du bouton à l'activation du mode DFU. Là encore, nous pouvons réaliser cette fonctionnalité en ajoutant les lignes suivantes au script `init_board`.

Ajout de l'activation du mode DFU en fonction de l'état du bouton

```
gpio_get_value 82
if [ $? = 0 ]; then
  timeout -s 3
fi
gpio_get_value 82
if [ $? = 0 ]; then
  dfu /dev/nand0.barebox.bb(barebox)sr,/dev/nand0.kernel.bb(kernel)r,/
dev/nand0.rootfs.bb(rootfs)r -P 0x1234 -V 0x1234
fi
```

Ainsi, lors du démarrage, si le bouton est pressé, une attente de trois secondes est déclenchée, puis si le bouton est toujours pressé, la commande `dfu` est exécutée. Cette commande a la syntaxe suivante.

Syntaxe de la commande dfu

```
Usage: dfu [OPTIONS] <description>
Start firmware update with the Device Firmware Update (DFU) protocol.
-m <str>  Manufacturer string (barebox)
-p <str>  product string (Eukrea CPUIMX25)
-V <id>   vendor id
-P <id>   product id
<description>  device1(name1)[sr],device2(name2)[sr]
's' means 'safe mode' (download the complete image before flashing) and
'r' that readback of the firmware is allowed.
```

Nous décrivons donc les différentes partitions et précisons, au moyen des options `-P` et `-V`, les identifiants produit et vendeur du périphérique USB qui sera présenté lors de la connexion USB.

Notre bootloader est désormais modifié pour notre application, nous pouvons donc le configurer, le compiler afin de le tester.

Nous avons besoin d'une chaîne de compilation croisée. Il est, à ce stade, possible (et recommandé) d'utiliser une chaîne réputée validée telle que celles fournies par Linaro et disponibles à l'adresse http://www.linaro.org/downloads (dans le tableau « Toolchain »).

Nous chargeons tout d'abord la configuration par défaut de la carte de référence, puis nous la modifions pour activer les commandes bmp, dfu et uncompress, le support du périphérique USB Gadget et le driver *Device Firmware Update Gadget*, ainsi que le support de l'algorithme de compression lzo.

Configuration de Barebox

```
$ ARCH=arm CROSS_COMPILE=arm-linux-gnueabi- make
eukrea_cpuimx25_defconfig
$ ARCH=arm CROSS_COMPILE=arm-linux-gnueabi- make menuconfig
```

Figure 15–5
Configuration du périphérique
USB dans Barebox

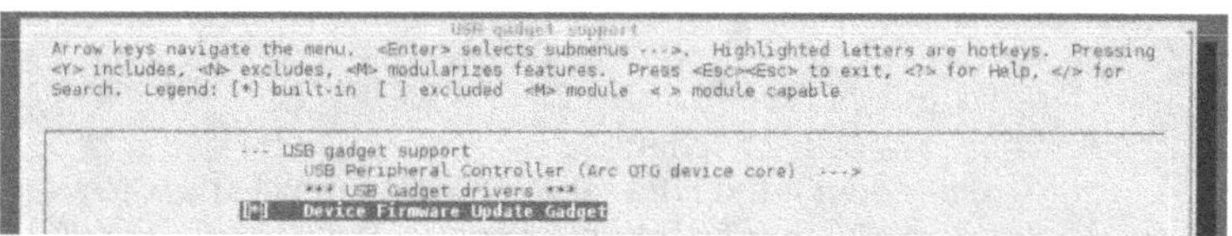

Une fois la configuration éditée et sauvegardée, nous pouvons compiler Barebox.

Compilation de Barebox

```
$ ARCH=arm CROSS_COMPILE=arm-linux-gnueabi- make -j2
.../...
  GZIP    barebox_default_env.gz
  CC      common/env.o
  CC      common/startup.o
  LD      common/built-in.o
  LD      barebox
  SYSMAP  System.map
  OBJCOPY barebox.bin
  CHKSIZE barebox.bin
```

Nous constatons au passage que l'environnement est généré et compressé afin d'être embarqué dans le binaire.

Vient le moment du test. Il est important de se rappeler que nous allons reprogrammer le code qui fait démarrer la carte et qu'en cas d'erreur (dans le code ou dans la procédure de programmation), notre carte ne pourra plus démarrer. Ainsi, il faut toujours disposer d'une procédure de restauration soit par l'intermédiaire d'un adaptateur JTAG, soit par un mécanisme propre au processeur.

Une fois Barebox programmé en flash, nous pouvons effectuer un reset de la carte et constater la trace de démarrage et surtout la présence du logo sur l'écran.

Trace de démarrage

```
NAND device: Manufacturer ID: 0x2c, Chip ID: 0xda (Micron NAND 256MiB
3,3V 8-bit)
Scanning device for bad blocks
Bad eraseblock 2046 at 0x0ffc0000
Bad eraseblock 2047 at 0x0ffe0000
imxfb@imxfb0: i.MX Framebuffer driver
imx-esdhc@mci0: registered as mci0
ehci@ehci0: USB EHCI 1.00
Malloc space: 0x83700000 -> 0x83efffff (size 8 MB)
Stack space : 0x836f8000 -> 0x83700000 (size 32 kB)
running /env/bin/init...

Hit any key to stop autoboot: 1
```

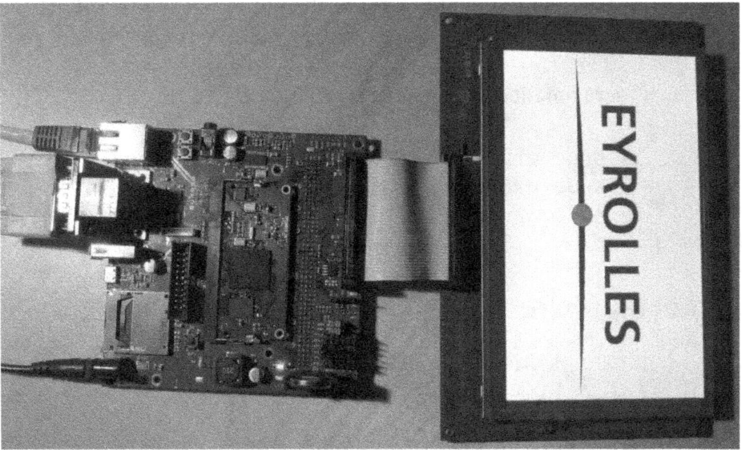

Figure 15–6
Logo affiché par le bootloader

En démarrant la carte et en maintenant le bouton poussoir pressé pendant plus de trois secondes, nous constatons que la commande dfu est bien exécutée.

Trace d'activation du mode DFU

```
running /env/bin/init...
dfu: register alt0(barebox) with device /dev/nand0.barebox.bb
dfu: register alt1(kernel) with device /dev/nand0.kernel.bb
dfu: register alt2(rootfs) with device /dev/nand0.rootfs.bb
```

En reliant le port USB périphérique de notre carte à un PC, nous remarquons que le périphérique est bien détecté par l'outil `dfu-util` (disponible dans le paquet `dfu-util` sur une distribution Fedora et exécuté avec les droits root pour qu'il puisse accéder au port USB).

Détection de la carte avec l'outil dfu-util

```
$ sudo dfu-util -l
dfu-util 0.5

(C) 2005-2008 by Weston Schmidt, Harald Welte and OpenMoko Inc.
(C) 2010-2011 Tormod Volden (DfuSe support)
This program is Free Software and has ABSOLUTELY NO WARRANTY

dfu-util does currently only support DFU version 1.0

Found Runtime: [1234:1234] devnum=0, cfg=1, intf=0, alt=0,
name="barebox"
Found Runtime: [1234:1234] devnum=0, cfg=1, intf=0, alt=1, name="kernel"
Found Runtime: [1234:1234] devnum=0, cfg=1, intf=0, alt=2, name="rootfs"
```

À partir du moment où nous disposons des binaires du noyau et du système de fichiers, la programmation des trois partitions s'effectue de la manière suivante.

Programmation des binaires en utilisant DFU

```
$ sudo dfu-util -d 1234:1234 -D barebox.bin -a 0
$ sudo dfu-util -d 1234:1234 -D uImage -a 1
$ sudo dfu-util -d 1234:1234 -D rootfs.ubi -a 2
```

Le noyau

Notre bootloader est donc fonctionnel, il est temps de passer à l'adaptation du noyau Linux aux spécificités de notre carte.

Nous pouvons télécharger les sources de Linux en utilisant Git et nous utiliserons pour la suite la dernière version stable que nous allons extraire dans une branche dédiée.

Téléchargement de Linux et création de la branche de travail

```
$ git clone git://git.kernel.org/pub/scm/linux/kernel/git/stable/linux-
stable.git
Cloning into 'linux-stable'...
remote: Counting objects: 2557614, done.
$ git checkout -b 332 v3.3.2
```

> REMARQUE **Quelle version des sources utiliser ?**
>
> En général, le choix sera à faire entre le noyau du fabricant du processeur (souvent basé sur une version relativement ancienne, mais intégrant le support de tous les périphériques du processeur, y compris ceux nécessitant des drivers et/ou des bibliothèques propriétaires) et des sources maintenues par les communautés de développeurs soit sur le site kernel.org, soit sur des sites plus spécialisés selon les architectures visées (exemple : linaro.org pour ARM...). Les deux dépôts de sources principaux à suivre sont toutefois celui géré par Linus Torvalds (qui est donc le noyau en cours de développement), situé sur http://git.kernel.org/?p=linux/kernel/git/torvalds/linux-2.6.git et celui géré par Greg Kroah-Hartman (qui regroupe les versions stables du noyau), situé sur http://git.kernel.org/?p=linux/kernel/git/stable/linux-stable.git.

Notre plate-forme est basée sur une architecture ARM et un processeur i.MX de Freescale, nous retrouverons donc logiquement les sources dans les répertoires : arch/arm/mach-imx et arch/arm/plat-mxc.

Les fichiers concernés par l'ajout de la plate-forme à Linux sont les suivants :

```
arch/arm/mach-imx/
|-- Kconfig
|-- mach-eyrolles.c (à créer)
|-- Makefile
```

Nous commençons donc par ajouter le support de notre carte au fichier Kconfig, ce qui créera une entrée dans le menu.

Contenu du fichier Kconfig concernant notre plate-forme

```
config MACH_EYROLLES ❶
  bool "Support Eyrolles Demo Platform" ❷
  select SOC_IMX25 ❸
  select IMX_HAVE_PLATFORM_FLEXCAN
  select IMX_HAVE_PLATFORM_FSL_USB2_UDC
  select IMX_HAVE_PLATFORM_IMXDI_RTC
  select IMX_HAVE_PLATFORM_IMX_FB
  select IMX_HAVE_PLATFORM_IMX_I2C
  select IMX_HAVE_PLATFORM_IMX_UART
  select IMX_HAVE_PLATFORM_MXC_EHCI
  select IMX_HAVE_PLATFORM_MXC_NAND
  select IMX_HAVE_PLATFORM_SDHCI_ESDHC_IMX
  select MXC_ULPI if USB_ULPI
  select IMX_HAVE_PLATFORM_GPIO_KEYS
  select IMX_HAVE_PLATFORM_IMX_SSI
  select LEDS_GPIO_REGISTER
```

❶ MACH_EYROLLES correspond à la définition du numéro de notre machine, telle qu'elle a été enregistrée dans la base de données des plates-formes ARM. Le système de configuration génèrera une définition CONFIG_MACH_EYROLLES qui pourra être utilisée dans le code.

❷ Ce texte sera affiché dans le menu de configuration du noyau.

❸ Ces options seront automatiquement sélectionnées en dépendance de notre plate-forme. Nous retrouvons ici des options faisant référence à certains périphériques du processeur.

Cette modification du fichier Kconfig donne le résultat suivant.

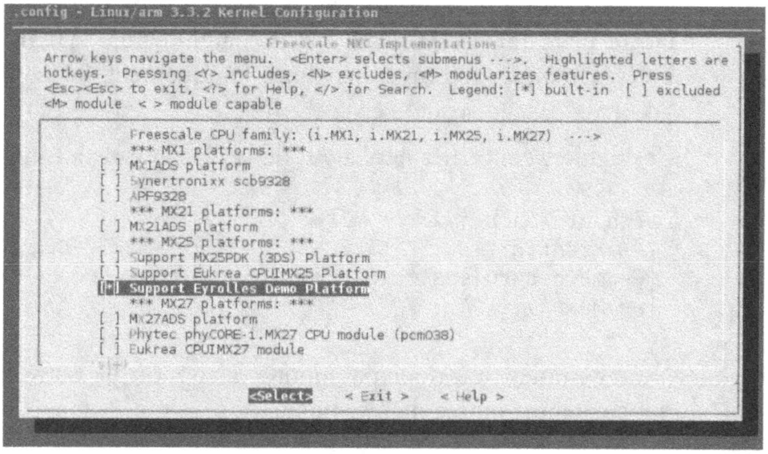

Figure 15–7
Menu de sélection de notre plate-forme

Sélectionner notre plate-forme dans le menu signifie que nous souhaitons intégrer son support dans le noyau Linux. Il est donc nécessaire d'intégrer cette option dans le fichier Makefile afin de compiler les sources liées à notre plate-forme.

Contenu du fichier Makefile concernant notre plate-forme

```
# i.MX25 based machines
obj-$(CONFIG_MACH_MX25_3DS) += mach-mx25_3ds.o
obj-$(CONFIG_MACH_EUKREA_CPUIMX25SD) += mach-eukrea_cpuimx25.o
obj-$(CONFIG_MACH_EUKREA_MBIMXSD25_BASEBOARD) += eukrea_mbimxsd25-
baseboard.o
obj-$(CONFIG_MACH_EYROLLES) += mach-eyrolles.o

# i.MX27 based machines
obj-$(CONFIG_MACH_MX27ADS) += mach-mx27ads.o
```

Ainsi, le fichier mach-eyrolles.c sera compilé et l'objet généré sera intégré au noyau.

Étudions plus en détail ce fichier qui décrit notre plate-forme et fournit aux drivers
des structures contenant des paramètres liés à notre électronique.

Extraits du fichier mach-eyrolles.c

```
#include <linux/types.h> ❶
.../...
#include "devices-imx25.h"

.../...

static iomux_v3_cfg_t eyrolles_pads[] = {
  /* FEC - RMII */
  MX25_PAD_FEC_MDC__FEC_MDC, ❷
.../...
  MX25_PAD_GPIO_C__CAN2_TX,
};

#define GPIO_LED1     IMX_GPIO_NR(3, 19) ❸
#define GPIO_SWITCH1  IMX_GPIO_NR(3, 18)
#define GPIO_SD1CD    IMX_GPIO_NR(2, 20)
#define GPIO_LCDPWR   IMX_GPIO_NR(1, 26)

static struct imx_fb_videomode eukrea_mximxsd_modes[] = {
  {
    .mode = {
      .name           = "URT-7", ❹
      .refresh        = 60,
      .xres           = 800,
      .yres           = 480,
      .pixclock       = KHZ2PICOS(33260),
      .hsync_len      = 10,
      .left_margin    = 90,
      .right_margin   = 156,
      .vsync_len      = 5,
      .upper_margin   = 20,
      .lower_margin   = 20,
    },
    .pcr    = 0xCAC08B80,
    .bpp    = 16,
  },
};
.../...
static const struct gpio_led eyrolles_leds[] __initconst = {
  {
    .name           = "led1",
    .default_trigger = "heartbeat", ❺
    .active_low     = 1,
    .gpio           = GPIO_LED1,
```

```
    },
};

static const struct gpio_led_platform_data
    eyrolles_led_info __initconst = {
  .leds     = eyrolles_leds,
  .num_leds = ARRAY_SIZE(eyrolles_leds),
};

static struct gpio_keys_button eyrolles_gpio_buttons[] = {
  {
    .gpio       = GPIO_SWITCH1, ❻
    .code       = BTN_0,
    .desc       = "BP1",
    .active_low = 1,
    .wakeup     = 1,
  },
};

static const struct gpio_keys_platform_data
    eyrolles_button_data __initconst = {
  .buttons  = eyrolles_gpio_buttons,
  .nbuttons = ARRAY_SIZE(eyrolles_gpio_buttons),
};
.../...
static struct esdhc_platform_data sd1_pdata = { ❼
  .cd_gpio = GPIO_SD1CD,
  .cd_type = ESDHC_CD_GPIO,
  .wp_type = ESDHC_WP_NONE,
};

static const struct fec_platform_data mx25_fec_pdata __initconst = { ❼
  .phy  = PHY_INTERFACE_MODE_RMII,
};

static const struct mxc_nand_platform_data ❼
eyrolles_nand_board_info __initconst = {
  .width     = 1,
  .hw_ecc    = 1,
  .flash_bbt = 1,
};
.../...
static struct i2c_board_info eyrolles_i2c_devices[] = { ❽
  {
    I2C_BOARD_INFO("pcf8563", 0x51),
  },
  {
    I2C_BOARD_INFO("tlv320aic23", 0x1a),
  },
};
```

```
.../...
static int otg_mode_host;

static int __init eyrolles_otg_mode(char *options)
{
  if (!strcmp(options, "host"))
    otg_mode_host = 1;
  else if (!strcmp(options, "device"))
    otg_mode_host = 0;
  else
    pr_info("otg_mode neither \"host\" nor \"device\". "
      "Defaulting to device\n");
  return 0;
}
__setup("otg_mode=", eyrolles_otg_mode);  ❾

static void __init eyrolles_init(void)  ❿
{
  imx25_soc_init();

  if (mxc_iomux_v3_setup_multiple_pads(eyrolles_pads,
      ARRAY_SIZE(eyrolles_pads)))
    printk(KERN_ERR "error setting pads !\n");

  imx25_add_imx_uart0(&uart_pdata);
  imx25_add_mxc_nand(&eyrolles_nand_board_info);
  imx25_add_imxdi_rtc(NULL);
  imx25_add_fec(&mx25_fec_pdata);

  i2c_register_board_info(0, eyrolles_i2c_devices,
        ARRAY_SIZE(eyrolles_i2c_devices));
  imx25_add_imx_i2c0(&eyrolles_i2c0_data);

  if (otg_mode_host)
    imx25_add_mxc_ehci_otg(&otg_pdata);
  else
    imx25_add_fsl_usb2_udc(&otg_device_pdata);

  imx25_add_mxc_ehci_hs(&usbh2_pdata);


#if defined(CONFIG_SND_SOC_EUKREA_TLV320)
  /* SSI unit master I2S codec connected to SSI_AUD5*/
  mxc_audmux_v2_configure_port(0,
      MXC_AUDMUX_V2_PTCR_SYN |
      MXC_AUDMUX_V2_PTCR_TFSDIR |
      MXC_AUDMUX_V2_PTCR_TFSEL(4) |
      MXC_AUDMUX_V2_PTCR_TCLKDIR |
      MXC_AUDMUX_V2_PTCR_TCSEL(4),
      MXC_AUDMUX_V2_PDCR_RXDSEL(4)
```

```c
  );
  mxc_audmux_v2_configure_port(4,
      MXC_AUDMUX_V2_PTCR_SYN,
      MXC_AUDMUX_V2_PDCR_RXDSEL(0)
  );
#endif

  imx25_add_imx_uart1(NULL);
  imx25_add_imx_fb(&eukrea_mximxsd_fb_pdata);
  imx25_add_imx_ssi(0, &eyrolles_ssi_pdata);

  imx25_add_flexcan1(NULL);
  imx25_add_sdhci_esdhc_imx(0, &sd1_pdata);

  gpio_request(GPIO_LED1, "LED1");
  gpio_direction_output(GPIO_LED1, 1);
  gpio_free(GPIO_LED1);

  gpio_request(GPIO_SWITCH1, "SWITCH1");
  gpio_direction_input(GPIO_SWITCH1);
  gpio_free(GPIO_SWITCH1);

  gpio_request(GPIO_LCDPWR, "LCDPWR");
  gpio_direction_output(GPIO_LCDPWR, 1);

  platform_add_devices(platform_devices, ARRAY_SIZE(platform_devices));
  gpio_led_register_device(-1, &eyrolles_led_info);
  imx_add_gpio_keys(&eyrolles_button_data);
}

static void __init eyrolles_timer_init(void)    ⑪
{
  mx25_clocks_init();
}

static struct sys_timer eyrolles_timer = {
  .init    = eyrolles_timer_init,
};

MACHINE_START(EYROLLES, "Eyrolles Demo")    ⑫
  /* Maintainer: Eyrolles */
  .atag_offset = 0x100,
  .map_io = mx25_map_io,
  .init_early = imx25_init_early,
  .init_irq = mx25_init_irq,
  .handle_irq = imx25_handle_irq,
  .timer = &eyrolles_timer,
  .init_machine = eyrolles_init,
  .restart  = mxc_restart,
MACHINE_END
```

❶ Nous trouvons, en premier lieu, un certain nombre de fichiers en-tête. Ils se situent principalement dans les répertoires `include`, `arch/arm/include` et `arch/arm/plat-mxc/include`.

❷ Comme dans Barebox, nous trouvons ensuite la liste des définitions configurant le mode de chaque pin du processeur. La syntaxe est identique à celle de Barebox et le fichier contenant toutes les définitions est `arch/arch/plat-mxc/include/mach/iomux-mx25.h`.

❸ Le calcul du numéro des GPIO s'effectue de la même manière que dans Barebox. Des macros peuvent améliorer la lisibilité comme ici.

❹ Vient ensuite la structure configurant le contrôleur graphique, encore une fois identique à celle de Barebox.

❺ Notre plate-forme dispose d'une LED que nous piloterons avec l'infrastructure de gestion des LED de Linux. Ainsi, nous enregistrons une structure qui configurera le driver plate-forme nommé `gpio-led` (qui pilote une LED par l'intermédiaire d'une GPIO). Nous indiquons que notre LED est active à l'état bas et qu'elle sera pilotée par défaut par le trigger `heartbeat` qui représente de manière visuelle la charge du processeur.

❻ Notre plate-forme intègre un bouton poussoir, nous utiliserons ici le driver plate-forme nommé `gpio-keys` qui crée un périphérique de saisie remontant des événements clavier au moyen de la couche `input` du noyau. Le code clavier remonté est précisé dans la structure ainsi que le niveau actif. On indique aussi que cette touche est une source de réveil lorsque le processeur est dans un mode de veille.

❼ Les trois structures suivantes configurent le contrôleur SDCard (en indiquant la GPIO utilisée pour détecter l'insertion et le retrait de la carte), le contrôleur Ethernet (en indiquant le mode de câblage entre le MAC et le PHY) et le contrôleur de mémoire flash NAND (en indiquant que la flash a une largeur de bus de un octet, que nous utiliserons le périphérique de détection et correction d'erreur intégré au contrôleur de flash et que nous stockerons une table des mauvais secteurs dans la flash – ceci afin d'accélérer le démarrage de la carte, puisque le système n'a plus à systématiquement parcourir tous les secteurs pour valider leur intégrité).

❽ Notre plate-forme intègre deux périphériques sur le bus I2C : une horloge temps réel NXP PCF8563 à l'adresse `0x51` et un codec Audio Texas Instruments TLV320AIC23 à l'adresse `0x1a`. Tous deux sont supportés par des pilotes intégrés au noyau. Il suffit donc de fournir, au moyen de la macro `I2C_BOARD_INFO`, une structure qui permettra à la couche I2C du noyau de faire le lien entre une adresse de périphérique et un driver.

❾ Un des ports USB de notre carte est OTG. Ce port permet théoriquement un changement de rôle (hôte ou périphérique) à chaud. Le changement à chaud n'étant pas géré à ce jour, nous indiquons que la configuration sera effectuée par la valeur du paramètre `otg_mode` que le bootloader pourra transmettre au noyau dans sa ligne de commande. Si la chaîne de caractères `otg_mode=` est trouvée dans la ligne de commande du noyau lors du démarrage, la fonction `eyrolles_otg_mode` sera appelée avec comme paramètre la chaîne de caractères suivant le `=`.

⑩ Vient enfin la fonction enregistrant toutes les structures et les périphériques supportés. Nous constatons que la première étape est d'initialiser les périphériques génériques du SOC *(System On Chip)* i.MX25 tels que les contrôleurs de GPIO ou de DMA, puis que la suite de l'initialisation consiste essentiellement en l'appel de fonctions qui ajoutent un périphérique en lui passant éventuellement un paramètre.

⑪ La dernière fonction est celle qui initialise le timer système. En l'occurrence, il s'agit uniquement d'appeler l'initialisation des horloges de l'i.MX25 mais nous aurions pu ajouter des initialisations spécifiques à effectuer lors de la configuration des horloges à cet endroit.

⑫ Le fichier se termine par la définition de notre machine. Ces informations sont celles utilisées lors du démarrage du noyau. Nous trouvons ainsi le numéro de la plate-forme (`EYROLLES`), son descriptif, l'offset depuis la base de la mémoire vive (pour contourner le cas d'anciens bootloaders qui plaçaient pas cette adresse dans le registre R2) auquel le noyau trouvera la structure passée par le bootloader, et enfin les diverses fonctions propres à notre plate-forme pour l'initialisation des IRQ, des timers ou de la machine.

Il reste un dernier détail à personnaliser : le logo de démarrage du noyau. Par défaut, celui-ci sera le Tux habituel situé dans l'angle supérieur gauche de l'écran. Pour le personnaliser, il faut générer un fichier image en 224 couleurs au format `ppm`, ce qui peut s'effectuer grâce aux outils contenus dans le paquet `netpbm`. La taille maximale de l'image sera bien entendu la résolution de l'écran.

Conversion d'une image png au format ppm 224 couleurs

```
$ pngtopnm logo.png > logo.pnm
$ pnmcolormap 224 logo.pnm >colormap224.pnm
$ pnmremap -map=colormap224.pnm logo.pnm | pnmtoplainpnm > logo.ppm
```

Enfin, il est nécessaire de copier ce fichier dans le répertoire `drivers/video/logo`, en lieu et place du fichier `logo_linux_clut224.ppm` existant.

Dans le cas où l'on souhaite gérer plusieurs logos et avoir la possibilité d'en sélectionner un lors de la configuration du noyau, il sera nécessaire d'ajouter ces images dans ce même répertoire et de modifier, toujours dans ce répertoire, les fichiers `Kconfig`, `Makefile`, `logo.c`, ainsi que `include/linux/linux_logo.h`.

Nous pouvons désormais configurer notre noyau afin de sélectionner le type de plate-forme et les drivers, protocoles et systèmes de fichiers que nous intégrerons dans le noyau ou en tant que module.

Configuration de Linux

```
$ ARCH=arm CROSS_COMPILE=arm-linux-gnueabi- make
eukrea_cpuimx25_defconfig
$ ARCH=arm CROSS_COMPILE=arm-linux-gnueabi- make menuconfig
```

Il est important de commencer par la sélection de l'architecture (i.MX dans notre cas) et de la plate-forme (i.MX25 sur la plate-forme Eyrolles), car ce choix peut influencer d'autres options.

Une fois la configuration éditée et sauvegardée, nous pouvons compiler le noyau Linux.

Compilation de Linux

```
$ ARCH=arm CROSS_COMPILE=arm-linux-gnueabi- make -j2
.../...
  LD      vmlinux
  SYSMAP System.map
  SYSMAP .tmp_System.map
  OBJCOPY arch/arm/boot/Image
  Kernel: arch/arm/boot/Image is ready
  GZIP    arch/arm/boot/compressed/piggy.gzip
  AS      arch/arm/boot/compressed/piggy.gzip.o
  LD      arch/arm/boot/compressed/vmlinux
  OBJCOPY arch/arm/boot/zImage
  Kernel: arch/arm/boot/zImage is ready
  UIMAGE arch/arm/boot/uImage
Image Name:    Linux-3.3.2+
Created:       Thu Apr 19 01:51:41 2012
Image Type:    ARM Linux Kernel Image (uncompressed)
Data Size:     2385560 Bytes = 2329.65 kB = 2.28 MB
Load Address: 80008000
Entry Point: 80008000
  Image arch/arm/boot/uImage is ready
```

Notre noyau a été généré au format `uImage` (compatible avec U-Boot et Barebox). Nous pouvons donc le tester sur notre plate-forme. Nous utilisons le protocole DFU pour programmer le noyau en flash ou utiliser l'interface réseau présente sur la plate-forme. Dans ce cas, la première étape est de copier le fichier dans le répertoire du serveur TFTP de notre poste de développement. Puis, nous pourrons le télécharger depuis la plate-forme et soit le programmer en flash, soit l'exécuter directement depuis la mémoire vive. Cette dernière option est intéressante durant les phases de mise au point.

Configuration de Barebox pour automatiser le chargement du noyau par TFTP

```
barebox@Eukrea CPUIMX25:/ edit /env/config
.../...
machine=eyrolles
.../...
ip=dhcp
.../...
eth0.serverip=192.168.2.15
.../...
kernel_loc=tftp
.../...
CTRL+D
barebox@Eukrea CPUIMX25:/ saveenv
```

Nous avons modifié le fichier de configuration afin d'indiquer :

- que la variable machine vaut `eyrolles` ;
- que Barebox et le noyau Linux obtiendront leur adresse IP depuis un serveur DHCP ;
- que l'adresse IP du serveur TFTP est 192.168.2.15 ;
- que la localisation du noyau est sur le serveur TFTP.

En parcourant ce fichier de configuration, nous avons noté que la variable `kernelimage` vaut `$machine/uImage-${machine}.bin`, nous copions donc notre fichier `uImage` dans `/var/lib/tftpboot/eyrolles/uImage-eyrolles.bin`, puis nous exécutons la commande `boot` (en fait le script `/env/bin/boot`) sous Barebox.

Trace de démarrage du noyau

```
barebox@Eukrea CPUIMX25:/ boot
phy0: Link is up - 100/Full
DHCP client bound to address 192.168.2.12 ❶
TFTP from server 192.168.2.15 ('eyrolles/uImage-eyrolles.bin' -> '/image') ❷
   ###############################################################
   .../...
   ##########
booting kernel from /image
   Image Name:   Linux-3.3.2+
   Created:      2012-04-18 23:51:41 UTC
   OS:           Linux
   Architecture: ARM
   Type:         Kernel Image
   Compression: uncompressed
```

```
    Data Size:     2385560 Bytes = 2.3 MB
    Load Address: 80008000
    Entry Point: 80008000
commandline: console=ttymxc0,115200 otg_mode=device ip=dhcp root=ubi0:eyrolles-
rootfs ubi.mtd=3 rootfstype=ubifs noinitrd
mtdparts=mxc_nand:256k(barebox)ro,128k(bareboxenv),3M(kernel),-(root)
arch_number: 2820 ❸
Booting Linux on physical CPU 0
Linux version 3.3.2+ (ebenard@eb-e6520) (gcc version 4.6.3) #9 PREEMPT Thu Apr
19 01:51:38 CEST 2012
CPU: ARM926EJ-S [41069264] revision 4 (ARMv5TEJ), cr=00053177
CPU: VIVT data cache, VIVT instruction cache
Machine: Eyrolles Demo
.../...
imx21-uart.0: ttymxc0 at MMIO 0x43f90000 (irq = 45) is a IMX
console [ttymxc0] enabled ❹
NAND device: Manufacturer ID: 0x2c, Chip ID: 0xda (Micron NAND 256MiB 3,3V 8-
bit)
Bad block table found at page 131008, version 0x01
Bad block table found at page 130944, version 0x01
4 cmdlinepart partitions found on MTD device mxc_nand ❺
Creating 4 MTD partitions on "mxc_nand":
0x000000000000-0x000000040000 : "barebox"
0x000000040000-0x000000060000 : "bareboxenv"
0x000000060000-0x000000360000 : "kernel"
0x000000360000-0x000010000000 : "root"
.../...
rtc-pcf8563 0-0051: chip found, driver version 0.4.3 ❻
rtc-pcf8563 0-0051: low voltage detected, date/time is not reliable.
rtc-pcf8563 0-0051: retrieved date/time is not valid.
rtc-pcf8563 0-0051: rtc core: registered rtc-pcf8563 as rtc0
.../...
eth0: Freescale FEC PHY driver [SMSC LAN8710/LAN8720] (mii_bus:phy_addr=imx25-
fec-1:00, irq=-1) ❼
PHY: imx25-fec-1:00 - Link is Up - 100/Full
Sending DHCP requests ., OK
IP-Config: Got DHCP answer from 0.0.0.0, my address is 192.168.2.12
IP-Config: Complete:
     device=eth0, addr=192.168.2.12, mask=255.255.255.0, gw=192.168.2.254,
     host=192.168.2.12, domain=, nis-domain=(none),
     bootserver=0.0.0.0, rootserver=0.0.0.0, rootpath=
VFS: Cannot open root device "ubi0:eyrolles-rootfs" or unknown-block(0,0) ❽
Please append a correct "root=" boot option; here are the available partitions:
1f00            256 mtdblock0 (driver?)
1f01            128 mtdblock1 (driver?)
1f02           3072 mtdblock2 (driver?)
1f03         258688 mtdblock3 (driver?)
Kernel panic - not syncing: VFS: Unable to mount root fs on unknown-block(0,0)
```

❶ Barebox effectue d'abord une requête DHCP afin d'obtenir une adresse IP.

❷ Il télécharge ensuite le fichier (variable `kernelimage`), en mémoire vive, avant de l'exécuter.

❸ Il affiche les informations du fichier `uImage`, ainsi que la ligne de commande et le numéro de plate-forme qu'il va passer en paramètre au noyau.

❹ Le noyau s'exécute bien sur un ARM926EJ-S, et a bien démarré sur la machine « Eyrolles Demo ». Il initialise ensuite les périphériques, tel que l'UART qui est utilisé pour la console série.

❺ La flash NAND est détectée et partitionnée à partir des informations transmises par le bootloader.

❻ L'horloge temps réel PCF8563 est bien détectée. Son driver nous informe que le fanion indiquant une perte d'alimentation est positionné, ce qui est normal car l'heure n'a pour l'instant jamais été réglée.

❼ L'interface Ethernet est initialisée, le PHY SMSC LAN8710 est correctement détecté, le lien Ethernet est négocié et une adresse IP est obtenue par DHCP.

❽ Enfin, le noyau cherche à accéder à un système de fichiers stocké en flash, mais échoue car nous n'avons pas encore généré ce système de fichiers.

Ainsi, notre noyau a correctement démarré sur la plate-forme. Les périphériques que nous avons décrits ont été détectés. Cette phase de mise au point peut demander plusieurs itérations, qui sont facilitées par le téléchargement automatique du noyau par TFTP.

Le processeur intègre un contrôleur d'écran tactile résistif qui est, à ce jour, supporté uniquement par le noyau du fabricant. Nous devrons donc extraire et adapter ce driver à notre noyau, ce qui fera l'objet de patch spécifique.

Une fois que le noyau sera complètement validé, nous pourrons envisager de le programmer en flash et de le démarrer depuis la flash. Cette opération consiste en une reconfiguration de Barebox.

Programmation du noyau en flash

```
barebox@Eukrea CPUIMX25:/ update -t kernel
phy0: Link is up - 100/Full
T DHCP client bound to address 192.168.2.12
host 192.168.2.15 is alive

erasing partition /dev/nand0.kernel.bb


flashing eyrolles/uImage-eyrolles.bin to /dev/nand0.kernel.bb
```

```
TFTP from server 192.168.2.15 ('eyrolles/uImage-eyrolles.bin' -> '/dev/
nand0.kernel.bb')
  ##################################################################
  .../...
  ##########
```

Le script update permet de simplifier la programmation des divers éléments en flash
(update -h précise sa syntaxe complète).

Reconfiguration de Barebox pour démarrer le noyau depuis la flash

```
barebox@Eukrea CPUIMX25:/ edit /env/config
.../...
kernel_loc=nand
.../...
CTRL+D
barebox@Eukrea CPUIMX25:/ saveenv
```

Enfin, nous pouvons générer le patch ajoutant le support de notre plate-forme, ce
qui permettra de l'intégrer dans notre BSP plus facilement.

Cette opération s'effectue avec l'outil Git. La commande git status nous indique les
fichiers modifiés, nous sélectionnons ceux que nous souhaitons intégrer au commit,
grâce à la commande git add fichier. Une fois tous les fichiers sélectionnés, la commande git commit permet d'enregistrer les modifications en ajoutant un commentaire.
Enfin, la commande git format-patch permet de générer le patch.

Le système de fichiers racine

Nous pouvons désormais créer notre système de fichiers. Pour cela, nous utiliserons
OpenEmbedded et créons une couche spécifique à notre plate-forme. Nous partons de
la base de travail préparée pour qemuarm au chapitre 11. Nous travaillerons donc au
même niveau que les répertoires openembedded-core et build créés précédemment.

Nous créons donc l'arborescence suivante.

Arborescence de la couche du BSP de notre carte

```
meta-eyrolles/
`-- conf
    |-- layer.conf
    `-- machine
        `-- eyrolles.conf
```

Deux fichiers de configuration importants sont à créer :

- le fichier de configuration de la couche (`conf/layer.conf`) ;
- le fichier de configuration de la machine (`conf/machine/eyrolles.conf`).

Fichier conf/layer.conf

```
BBPATH .= ":${LAYERDIR}"
BBFILES += "${LAYERDIR}/recipes-*/*/*.bb ${LAYERDIR}/recipes-*/*/
*.bbappend"

BBFILE_COLLECTIONS += "meta-eyrolles"
BBFILE_PATTERN_meta-eyrolles := "^${LAYERDIR}/"
BBFILE_PRIORITY_meta-eyrolles = "10"
```

Fichier conf/machine/eyrolles.conf

```
#@TYPE: Machine
#@Name: Eyrolles Demo
#@DESCRIPTION: Machine configuration for Eyrolles Demo board

MACHINE_FEATURES = "kernel26 apm alsa ext2 ext3 usbhost usbgadget screen
can touchscreen"

GUI_MACHINE_CLASS = "bigscreen"

PREFERRED_PROVIDER_virtual/kernel = "linux"

require conf/machine/include/tune-arm926ejs.inc

SERIAL_CONSOLE ?= "115200 ttymxc0"

ROOT_FLASH_SIZE = "256"
IMAGE_FSTYPES += "ubi"

# NAND
MKUBIFS_ARGS = "-m 2048 -e 129024 -c 2030"
UBINIZE_ARGS = "-m 2048 -p 128KiB -s 512"

KERNEL_IMAGETYPE = "uImage"
BAREBOX_MACHINE = "eukrea_cpuimx25"
UBOOT_ENTRYPOINT = "0x80008000"
```

Par rapport au fichier étudié au chapitre 11, nous avons ajouté le support de la génération d'une image au format UBI. Il est donc nécessaire de fournir les paramètres dans les deux variables `MKUBIFS_ARGS` et `UBINIZE_ARGS` (valeurs dépendant de la flash NAND et du contrôleur associé).

Nous pouvons alors commencer à ajouter des recettes à notre BSP.

La première recette à ajouter est celle du noyau. Cela nous permettra de générer le noyau avec OpenEmbedded et d'intégrer automatiquement les éventuels modules à notre système de fichiers.

Pour faciliter la tâche, nous utiliserons le fichiers en-tête `recipes-kernel/linux/linux.inc` fourni par la couche `meta-oe`. Il est donc nécessaire de télécharger les sources de cette couche.

Téléchargement des sources de meta-oe

```
$ git clone git://git.openembedded.org/meta-openembedded meta-oe
$ git checkout -b stable origin/denzil
```

Recette permettant la compilation du noyau

```
require recipes-kernel/linux/linux.inc

COMPATIBLE_MACHINE = "(eyrolles)"

FILES_kernel-image = ""
ALLOW_EMPTY_kernel_image = "1"

SRC_URI = "${KERNELORG_MIRROR}/linux/kernel/v3.x/linux-
${PV}.tar.bz2;name=kernel \
            file://defconfig "

SRC_URI_append_eyrolles = " \
    file://0001-add-eyrolles.patch \
    file://0002-import-FSL-s-ADC-TS-driver.patch \
    file://0003-eyrolles-add-touch-support.patch \
    file://logo_linux_clut224.ppm \
    file://sdma-imx25.bin"

SRC_URI[kernel.md5sum] = "cb5f959dfb3009bcc2a6e4ebf162174e"
SRC_URI[kernel.sha256sum] =
"4527f29d8a08ae57e9e73d4d1bd61192e36dbaabfe007c25152a7d74648bef01"
```

L'arborescence sera donc :

```
meta-eyrolles/recipes-kernel/
`-- linux
    |-- linux-3.3.2
    |   `-- eyrolles
    |       |-- 0001-add-eyrolles.patch
    |       |-- 0002-import-FSL-s-ADC-TS-driver.patch
    |       |-- 0003-eyrolles-add-touch-support.patch
```

```
|           |-- defconfig
|           |-- logo_linux_clut224.ppm
|           `-- sdma-imx25.bin
`- linux_3.3.2.bb
```

Notons la présence de fichiers dans le répertoire `linux/linux-3.2.2/eyrolles` :

- les patches (suffixe `.patch`), dont celui ajoutant le support du contrôleur d'écran tactile ;
- le fichier de configuration du noyau (le `.config` renommé en `defconfig`) ;
- le logo au format `ppm` (renommé en `logo_linux_clut224.ppm`) ;
- un firmware binaire pour un périphérique de notre processeur.

Nous pouvons désormais générer le noyau en utilisant OpenEmbedded. La première étape est d'indiquer au système qu'il doit maintenant utiliser deux nouvelles couches : `meta-oe` et `meta-eyrolles`, et qu'il construit maintenant des binaires pour la nouvelle machine eyrolles.

Préparation de l'environnement pour utiliser OpenEmbedded

```
$ source openembedded-core/oe-init-build-env
```

La modification de la machine pour laquelle le système génère les binaires s'effectue en éditant le fichier `conf/local.conf` et en affectant la variable `MACHINE` en début de ce fichier.

Configuration de la machine par défaut

```
MACHINE = "eyrolles"
```

L'ajout des nouvelles couches s'effectue en éditant le fichier `conf/bblayers.conf` et en complétant la variable `BBLAYERS` comme suit.

Ajout de nouvelles couches

```
BBLAYERS ?= " \
  /chemin_complet_vers/meta-oe/meta-oe \
  /chemin_complet_vers/meta-eyrolles \
  /chemin_complet_vers/openembedded-core/meta \
  "
```

Enfin, nous recommandons d'utiliser la classe `rm_work` qui permet de libérer l'espace disque en supprimant les fichiers intermédiaires de construction des paquets (sources et objets principalement).

Ajout au fichier conf/local.conf

```
INHERIT += "rm_work"
```

Nous pouvons alors utiliser bitbake pour générer le noyau.

Compilation du noyau

```
$ bitbake linux
```

Nous obtenons le résultat dans : `tmp-eglibc/deploy/images/uImage-eyrolles.bin`.

Nous pouvons maintenant générer une image pour notre plate-forme en incluant les applications et bibliothèques dont nous aurons besoin.

Nous créons d'abord une image en mode console qui nous servira de base de travail. Cette recette sera créée dans le répertoire `meta-eyrolles/recipes-eyrolles/images` et se nomme `base-image.bb`.

Recette base-image.bb

```
LICENSE = "MIT"
LIC_FILES_CHKSUM = "file://${COREBASE}/
LICENSE;md5=3f40d7994397109285ec7b81fdeb3b58"

EYROLLES_DEV = " \
  gdbserver strace \
  "

IMAGE_INSTALL = " \
    base-files base-passwd \
    dropbear tinylogin \
    netbase module-init-tools \
    busybox psplash \
    sysvinit sysvinit-pidof initscripts \
    tslib tslib-calibrate \
    ${EYROLLES_DEV}"
IMAGE_LINGUAS = ""

inherit image
```

Nous avons intégré dans l'image les paquets de base (`base-files`, `base-passwd`, `busybox`, `tinylogin`, `sysvinit` et `sysvinit-pidof`) auxquels nous avons ajouté `psplash` pour avoir une barre de progression lors du démarrage, `dropbear` pour avoir un serveur SSH, `gdbserver` et `strace` pour la mise au point d'applications.

La génération de l'image s'effectue simplement en passant en paramètre à bitbake le nom de la recette.

Génération de l'image

```
$ bitbake base-image
```

Le résultat est disponible dans : `tmp-eglibc/deploy/images/base-image-eyrolles.ubi`.

La procédure d'installation de l'image sur la cible est similaire à celle du noyau. Nous pouvons utiliser le protocole DFU ou l'interface réseau, auquel cas le fichier devra se situer dans le répertoire `$machine` sur le serveur TFTP et se nommer `rootfs.ubifs`.

Copie de l'image dans le répertoire du serveur TFTP

```
$ cp tmp-eglibc/deploy/images/base-image-eyrolles.ubi /var/lib/
tftpboot/eyrolles/rootfs.ubifs
```

Installation du rootfs en flash

```
barebox@Eukrea CPUIMX25:/ update -t rootfs
```

Nous pouvons maintenant démarrer depuis notre nouveau système fraîchement installé.

Démarrage en utilisant le rootfs en flash

```
barebox@Eukrea CPUIMX25:/ boot
```

Nous constatons que le système démarre correctement mais que nous obtenons un logo OpenEmbedded lors du démarrage. Nous devons donc personnaliser l'image de démarrage afin de la rendre cohérente avec les logos affichés sous Barebox et Linux.

Il est intéressant de noter que l'image ainsi générée n'occupe que 3 Mo en flash, sans aucun effort particulier pour optimiser sa taille.

Taille occupée par le système de fichiers minimal ainsi créé

```
root@eyrolles:~# df -h
Filesystem              Size      Used Available Use% Mounted on
ubi0:eyrolles-rootfs    228.7M    3.1M    225.6M   1%
```

Pour cela, nous devons installer le paquet `gdk-pixbuf2` (afin de disposer de l'outil `gdk-pixbuf-csource`), puis télécharger les sources `psplash` qui contiennent le script `make-image-header.sh` qui convertira notre image `.png` en un fichier `.h`. Ce dernier sera compilé dans le binaire de `psplash`.

Génération de l'image au format header pour psplash

```
$ git clone git://git.yoctoproject.org/psplash
$ ./psplash/make-image-header.sh logo.png POKY
```

Le résultat est obtenu dans le fichier `logo-img.h`.

Afin de prendre en compte le nouveau logo, nous allons créer un fichier `.bbappend` qui permet de modifier une recette présente dans une autre couche (en l'occurrence la recette `psplash` de OpenEmbedded-Core).

Nous créons donc le répertoire `meta-eyrolles/recipes-core/psplash/` dans lequel nous éditons un fichier `psplash_git.bbappend`.

Contenu du fichier psplash_git.bbappend

```
FILESEXTRAPATHS_prepend_eyrolles := "${THISDIR}/files:"
PACKAGE_ARCH_eyrolles = "${MACHINE_ARCH}"
PRINC_eyrolles := "${@int(PRINC) + 1}"
```

Nous indiquons donc à bitbake :
* qu'il trouvera des fichiers dans le répertoire `files` situé dans le répertoire de la recette (donc `psplash/files`) ;
* que le paquet qu'il va générer sera spécifique à la machine (afin de ne pas mélanger les logos entre plusieurs machines) ;
* qu'il doit incrémenter de 1 la variable `PR` du paquet.

Nous créons le répertoire `files` dans lequel nous plaçons le fichier `logo-img.h` en le renommant `psplash-poky-img.h`. Nous obtenons donc l'arborescence suivante.

Arborescence du répertoire psplash

```
meta-eyrolles
|-- recipes-core
|    `-- psplash
|        |-- files
|        |    `-- psplash-poky-img.h
|        `-- psplash_git.bbappend
     `-- psplash_git.bbappend
```

Ce mécanisme est utilisable à chaque fois que l'on souhaite personnaliser une recette existante disponible dans une autre couche.

Nous pouvons dès lors générer à nouveau l'image et la programmer en flash. Nous disposons dès à présent d'une base de travail qui va pouvoir accueillir notre application graphique.

Celle-ci utilisera les bibliothèques Qt et QWT (offrant des extensions de tracé de courbes et d'éléments d'interface graphique à destination d'applications techniques). Nous allons donc générer une image de base qui contiendra cette bibliothèque.

La recette de cette image s'appuiera sur la recette de l'image de base et ajoutera simplement les paquets correspondant aux bibliothèques Qt et QWT.

Recette de l'image qtbase-image

```
LICENSE = "MIT"
LIC_FILES_CHKSUM = "file://${COREBASE}/
LICENSE;md5=3f40d7994397109285ec7b81fdeb3b58"

require base-image.bb

RDEPENDS_append += " \
  qt4-embedded \
  "

QT_INSTALL = " \
  libqt-embedded3support4 libqt-embeddedclucene4 libqt-embeddedcore4 \
  libqt-embeddedgui4 libqt-embeddednetwork4    libqt-embeddedsvg4 \
  libqt-embeddedsql4 libqt-embeddedxml4    libqt-embeddedxmlpatterns4 \
  libqt-embeddedwebkit4 libqt-embeddedscripttools4 \
  libqt-embeddedtest4 libqt-embeddedmultimedia4 \
  libqt-embeddedhelp4 libqt-embeddeddeclarative4 \
  libqt-embeddeddbus4    libqt-embeddedphonon4 \
  qt4-embedded-fonts-ttf-vera qt4-embedded-fonts-ttf-dejavu \
  qt4-embedded-plugin-mousedriver-tslib    qt4-embedded-plugin-sqldriver-sqlite2 \
  qt4-embedded-plugin-sqldriver-sqlite qt4-embedded-plugin-phonon-backend-gstreamer \
  qt4-embedded-plugin-iconengine-svgicon qt4-embedded-plugin-imageformat-gif \
  qt4-embedded-plugin-imageformat-ico qt4-embedded-plugin-imageformat-jpeg \
  qt4-embedded-plugin-imageformat-mng qt4-embedded-plugin-imageformat-svg \
  qt4-embedded-plugin-imageformat-tiff "

QWT_INSTALL = " \
  qwt-e \
  "

IMAGE_INSTALL += "\
  ${QT_INSTALL} \
  ${QWT_INSTALL} \
  "
```

Nous notons que cette image inclura toutes les bibliothèques de Qt et leurs dépendances (notamment les couches multimédias `gstreamer` et les bases de données SQL), ce qui est très pratique dans le cadre du développement mais pas forcément nécessaire pour le déploiement final.

L'image est générée par la commande `bitbake qtbase-image` puis sera disponible dans `tmp-eglibc/deploy/images`.

Géénration de l'image qtbase-image

```
$ bitbake qtbase-image
$ cp tmp-eglibc/deploy/images/qtbase-image-eyrolles.ubi /var/lib/
tftpboot/eyrolles/rootfs.ubifs
```

Il suffit alors de la programmer en flash en utilisant la commande `update -t rootfs` sous Barebox.

Nous constatons que suite à l'inclusion de toutes ces bibliothèques, la taille occupée en flash est désormais de 41 Mo (la bibliothèque QtWebkit occupant à elle seule près de 20 Mo).

Taille occupée par l'image qtbase-image

```
root@eyrolles:~# df -h
Filesystem              Size      Used Available Use% Mounted on
ubi0:eyrolles-rootfs    228.7M    40.9M    187.8M 18% /
```

Le SDK

Afin de mettre au point notre application, nous allons utiliser OpenEmbedded pour générer un SDK qui contiendra les bibliothèques dont nous aurons besoin. Dans le cas présent, le but étant de concevoir une IHM, nous souhaitons utiliser la bibliothèque Qt.

La génération du SDK intégrant Qt embedded s'effectue comme suit.

Génération du SDK Qt Embedded

```
$ bitbake meta-toolchain-qte
```

Nous obtenons une archive qui contient les outils de compilation croisée et l'ensemble des bibliothèques Qt pour notre cible.

Nous pouvons extraire ce SDK sur un poste de développement et s'en servir pour travailler sur le développement de l'application en dehors du contexte d'OpenEmbedded.

> **REMARQUE   Ajout de bibliothèques au SDK**
>
> Il est possible d'ajouter des bibliothèques au SDK simplement en ajoutant les paquets de développement de ces bibliothèques en tant que dépendances de la tâche utilisée pour générer le SDK. Un bon exemple est l'ajout de la bibliothèques QWT au SDK Qt Embedded de base qui est effectué par le `bbappend` : `meta-oe/meta-oe/recipes-qt/tasks/task-qte-toolchain-target.bbappend` qui contient la ligne suivante : `RDEPENDS_${PN} += "qwt-e-dev"`

Installation du SDK

```
$ sudo tar -C / -xjf tmp-eglibc/deploy/sdk/oecore-x86_64-arm-toolchain-
qte-oe-core.0.tar.bz2
```

L'utilisation du SDK s'effectue simplement en chargeant dans le shell le script de configuration mis à disposition à la racine du SDK.

Chargement de l'environnement du SDK

```
$ source /usr/local/oecore-x86_64/environment-setup-armv5te-oe-linux-
gnueabi
```

Nous avons ensuite accès aux outils de compilation croisée qui sont préfixés par : `arm-oe-linux-gnueabi-`.

L'application

Nous disposons désormais d'un SDK qui va nous permettre de développer une application utilisant la bibliothèques Qt Embarqué.

L'objectif de notre application est d'afficher des courbes issues de capteurs, nous utiliserons donc l'exemple `oscilloscope` fourni dans les sources de QWT qui est parfait pour créer rapidement un démonstrateur.

Nous devons donc télécharger les sources de QWT afin d'extraire cet exemple.

Téléchargement des sources de QWT et extraction de l'exemple oscilloscope

```
$ svn co https://qwt.svn.sourceforge.net/svnroot/qwt qwt
$ cp -a qwt/tags/qwt-6.0.1/examples/oscilloscope/ .
$ rm -rf oscilloscope/.svn
$ cd oscilloscope
$ patch -p1 < ../fix_oscilloscope.patch
```

Le patch que nous appliquons met à jour le fichier `oscilloscope.pro` afin de pouvoir compiler correctement l'application hors des sources de QWT.

Fichier oscilloscope.pro

```
TARGET   = oscilloscope

TEMPLATE=app

qtAddLibrary(qwt)

HEADERS = \
    .../... \
    mainwindow.h

SOURCES = \
    .../... \
    main.cpp

target.path = $$PREFIX/bin

INSTALLS += target
```

La compilation de l'application s'effectue de manière classique pour les applications Qt.

Compilation croisée de l'application Qt

```
$ source /usr/local/oecore-x86_64/environment-setup-armv5te-oe-linux-
gnueabi
$ qmake
$ make
$ ls -al oscilloscope
-rwxrwxr-x 1 ebenard ebenard 111533 19 avril 14:49 oscilloscope
$ arm-oe-linux-gnueabi-strip oscilloscope
$ ls -al oscilloscope
-rwxrwxr-x 1 ebenard ebenard 68456 19 avril 14:51 oscilloscope
```

Nous remarquons qu'à aucun moment nous ne nous préoccupons des paramètres de compilation croisée : le script de configuration de l'environnement a tout paramétré pour que cette étape ne soit plus qu'une formalité.

Nous pouvons alors copier l'application sur la cible et l'exécuter.

Transfert de l'application sur la cible et exécution

```
$ scp oscilloscope root@192.168.1.161:~/
root@192.168.1.161's password:
oscilloscope                          100%   67KB 66.9KB/s   00:00
$ ssh root@192.168.1.161
root@192.168.1.161's password:
root@eyrolles:~# ./oscilloscope -qws
```

L'application est alors exécutée en utilisant le serveur d'affichage intégré à la bibliothèque Qt.

Figure 15–8
Copie d'écran de l'application oscilloscope en cours d'exécution sur la cible

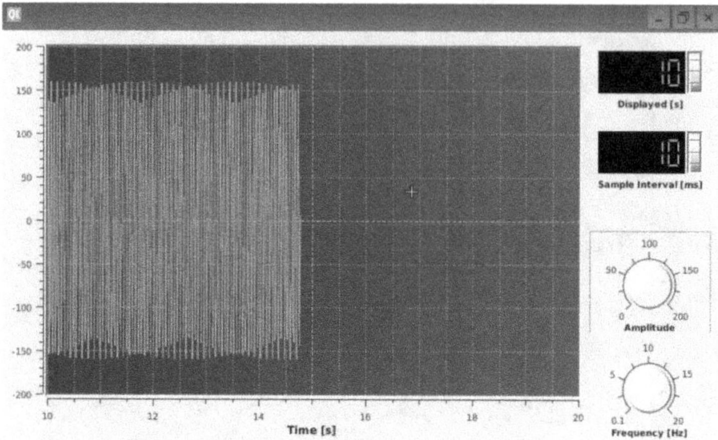

Notre cible dispose d'un contrôleur d'écran tactile que nous souhaiterions pouvoir utiliser pour interagir avec l'application. Cette opération est facilitée par l'utilisation de la bibliothèque tslib qui gère les aspects de calibrage, filtrage et correction des données brutes issues du contrôleur de dalle tactile.

Après avoir quitté l'application oscilloscope, nous devons tout d'abord calibrer la dalle avec l'outil `ts_calibrate` ce qui nécessite de connaître le nœud de périphérique associé au contrôleur d'écran tactile.

Nous pouvons obtenir cette information en examinant le contenu de `/proc/bus/input/devices`.

Détermination du noeud de périphérique associé à l'écran tactile

```
# cat /proc/bus/input/devices
I: Bus=0019 Vendor=0001 Product=0001 Version=0100
N: Name="gpio-keys"
P: Phys=gpio-keys/input0
S: Sysfs=/devices/platform/gpio-keys/input/input0
.../...

I: Bus=0000 Vendor=0000 Product=0000 Version=0000
N: Name="imx_adc_ts"
P: Phys=imx_adc/input0
S: Sysfs=/devices/virtual/input/input1
.../...
```

Nous constatons que notre contrôleur d'écran tactile est associé au périphérique input1 de la couche input (qui fait l'interface entres les périphériques d'entrée de type clavier, souris, joystick, tablette ou tactile et les couches applicatives).

Nous pouvons donc exécuter ts_calibrate en lui indiquant le nœud de périphérique à utiliser par l'intermédiaire de la variable d'environnement TSLIB_TSDEVICE.

Calibrage de l'écran tactile

```
root@eyrolles:~# TSLIB_TSDEVICE=/dev/input/event1 ts_calibrate
xres = 800, yres = 480
Took 127 samples...
Top left : X = 3731 Y = 3563
Took 127 samples...
Top right : X = 323 Y = 3633
Took 127 samples...
Bot right : X = 350 Y = 547
Took 127 samples...
Bot left : X = 3754 Y = 644
Took 127 samples...
Center : X = 2043 Y = 2094
822.879578 -0.205513 -0.001714
504.063507 0.000500 -0.126459
Calibration constants: 53928236 -13468 -112 33034306 32 -8287 65536
```

L'outil ts_calibrate crée un fichier /etc/pointercal qui sera ensuite utilisé par la bibliothèque tslib pour transformer les données brutes en données calibrées directement utilisables par les applications.

Qt intègre un greffon d'entrée capable d'interagir avec la tslib : il s'agit du paquet qt4-embedded-plugin-mousedriver-tslib que nous avons installé dans notre image qtbase-image.

Nous pouvons donc relancer l'application oscilloscope en indiquant à Qt d'utiliser ce greffon pour interagir avec l'application.

Exécution de l'application en utilisant l'écran tactile

```
root@eyrolles:~# QWS_MOUSE_PROTO=tslib:/dev/input/event1 ./oscilloscope
-qws
```

La mise au point de l'application peut se faire au moyen de gdbserver ou par l'intermédiaire d'éditeurs de code intégrés tels que QtCreator. En lançant QrCreator depuis le shell dans lequel l'environnement du SDK a été chargé, QtCreator pourra automatiquement détecter le SDK et l'utiliser.

Téléchargement et installation de QtCreator

```
$ wget http://download.qt.nokia.com/qtcreator/qt-creator-linux-x86-
opensource-2.0.0.bin
$ chmod +x qt-creator-linux-x86-opensource-2.0.0.bin
$ ./qt-creator-linux-x86-opensource-2.0.0.bin
```

Exemple de session avec QtCreator

```
$ source /usr/local/oecore-x86_64/environment-setup-armv5te-oe-linux-
gnueabi
$ ~/qtcreator-2.0.0/bin/qtcreator oscilloscope.pro
```

QtCreator détecte bien le SDK qui est présent dans la variable PATH.

Figure 15–9
Fenêtre de détection du SDK
par QtCreator

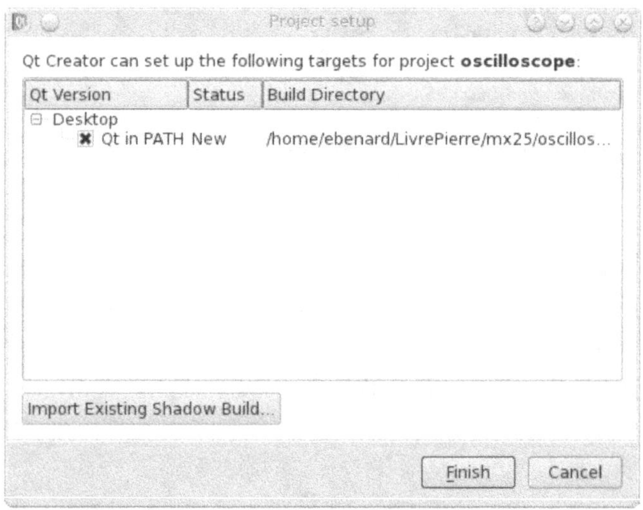

La génération des binaires s'effectue simplement depuis le menu *Build*. Il faut d'abord exécuter *Run qmake*, puis *Build project oscilloscope*.

Il est relativement facile de créer plusieurs configurations dans QtCreator afin de générer l'application pour le PC et ainsi la tester sans la cible. Il est aussi possible d'utiliser les fonctionnalités de mise au point, notamment le menu *Debug>Attach to running external application* et *Start and Attach to Remote Application*, qui permettent de se connecter à la cible en exécutant l'application au travers de gdbserver et ainsi de la mettre au point depuis l'interface graphique de QtCreator. Il faut toutefois se souvenir que QtCreator n'est qu'une surcouche graphique au-dessus des outils présentés dans les chapitres précédents et que l'analyse des traces renvoyées dans les onglets situés en bas de l'écran est importante pour comprendre et résoudre les problèmes éventuels.

Figure 15–10
Interface de QtCreator après
une compilation réussie

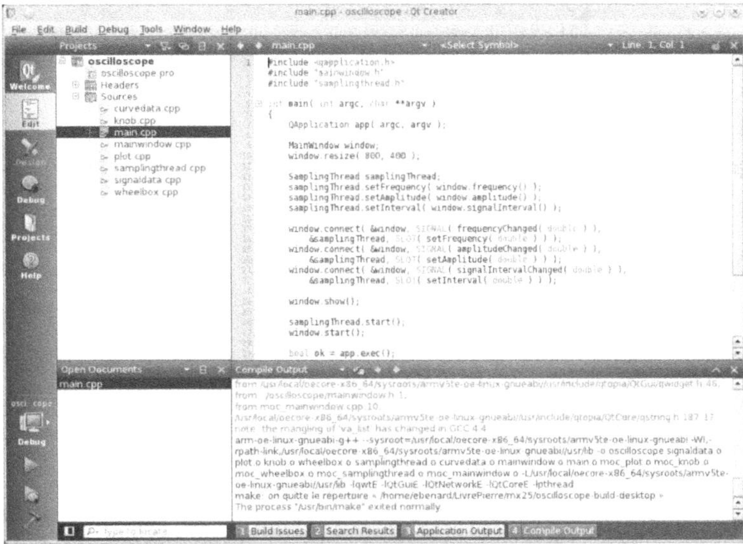

Le déploiement

Une fois l'application mise au point, nous pouvons créer une recette pour l'intégrer
dans OpenEmbedded. Nous développons donc l'arborescence suivante.

Arborescence de la recette oscilloscope

```
recipes-eyrolles/
`-- oscilloscope
    |-- files
    |   |-- fix_oscilloscope.patch
    |   |-- oscilloscope-init
    |   `-- oscilloscope.tar.bz2
    `-- oscilloscope_1.0.bb
```

La recette `oscilloscope_1.0.bb` est relativement classique.

Recette de l'application oscilloscope

```
DESCRIPTION = "Application Oscilloscope"
SECTION = "Apps"

inherit qt4e

DEPENDS += "qwt-e"
```

```
LICENSE = "QWTv1.0"
LIC_FILES_CHKSUM = "file://
oscilloscope.pro;beginline=1;endline=8;md5=4e6836956f96583a989f114bbff52599"

SRC_URI = " \
  file://oscilloscope.tar.bz2 \
  file://fix_oscilloscope.patch \
  file://oscilloscope-init \
  "

S = "${WORKDIR}/oscilloscope"

EXTRA_QMAKEVARS_PRE += "PREFIX=/usr"
EXTRA_OEMAKE += "INSTALL_ROOT=${D}"

do_install() {
  oe_runmake install INSTALL_ROOT=${D}
  install -d ${D}${sysconfdir}/init.d/
  install -m 0755 ${WORKDIR}/oscilloscope-init ${D}${sysconfdir}/init.d/
oscilloscope
}

inherit update-rc.d

INITSCRIPT_NAME = "oscilloscope"
INITSCRIPT_PARAMS = "start 99 5 2 . stop 19 0 1 6 ."
```

Nous remarquons certaines particularités par rapport à la recette présentée au chapitre 11.

- La licence ne prend en compte que les huit premières lignes du fichier `oscilloscope.pro`.
- L'ajout de `qwt-e` aux dépendances de l'application (`qwt-e` étant la version de la bibliothèque QWT pour Qt Embedded).
- L'appel de la classe `update-rc.d` va nous permettre d'intégrer un script de démarrage qui lancera automatiquement notre application. Il est important de noter les deux variables `INITSCRIPT_NAME` et `INITSCRIPT_PARAMS` qui indiquent respectivement le nom du script de démarrage (installé dans `/etc/init.d`) et les niveaux et priorité d'exécution lors des phases de démarrage et d'arrêt.

Le script de démarrage de l'application est relativement simple.

Script de démarrage de l'application

```
#!/bin/sh

set -e
```

```
export TSLIB_TSDEVICE=/dev/input/event1

case "$1" in
  start)
  source /etc/profile.d/tslib.sh
  while [ ! -z $TSLIB_TSDEVICE ] && [ ! -f /etc/pointercal ]; do
    /usr/bin/ts_calibrate
  done
  echo "Starting Oscilloscope"
  LANG=fr QWS_MOUSE_PROTO=tslib:$TSLIB_TSDEVICE oscilloscope -qws &
  ;;

  stop)
  echo "Stopping Oscilloscope"
  killall oscilloscope
  ;;

  *)
  echo "usage: $0 { start | stop }"
  ;;
esac

exit 0
```

Ce script va lancer le calibrage de l'écran s'il ne trouve pas le fichier `/etc/pointercal`, puis il démarrera l'application. Il faut noter que dans le cadre d'une application réelle, ce script devra être amélioré pour détecter automatiquement le nœud de périphériques à utiliser pour l'interface tactile.

Nous pouvons valider la bonne génération de notre application par l'environnement OpenEmbedded en exécutant la commande `bitbake oscilloscope`.

Il nous reste désormais à générer l'image définitive qui intégrera notre application. Pour cela, nous créons la recette `oscillo-image.bb` dont le contenu est très simple.

Recette de l'image oscillo-image

```
LICENSE = "MIT"
LIC_FILES_CHKSUM = "file://${COREBASE}/
LICENSE;md5=3f40d7994397109285ec7b81fdeb3b58"

require base-image.bb

RDEPENDS_append += " \
  qt4-embedded \
  "

EYROLLES_DEV = ""
```

```
IMAGE_INSTALL += "\
  qt4-embedded-plugin-mousedriver-tslib \
  qt4-embedded-fonts-ttf-vera \
  oscilloscope \
"
```

Nous basons notre recette sur l'image `base-image` : notre application n'utilise pas toutes les bibliothèques de Qt, nous allons donc laisser au système de génération la responsabilité de la gestion des dépendances. Ainsi, nous devons uniquement installer :

- le pilote d'interfaçage de Qt avec tslib ;
- une police de caractères TrueType ;
- notre application.

Nous notons aussi que nous venons écraser la variable `EYROLLES_DEV` afin que les outils de développement initialement installés soient absents de l'image déployée.

La génération de l'image s'effectue par la commande `bitbake oscillo-image`. Une fois programmée, nous constatons que l'image occupe moins de 14 Mo sur la flash.

Taille occupée par le système de fichiers intégrant l'application oscilloscope

```
root@eyrolles:~# df -h
Filesystem                 Size       Used Available Use% Mounted on
ubi0:eyrolles-rootfs      228.7M     13.8M    214.9M   6% /
```

Afin de respecter les licences des logiciels intégrés dans l'image, il est important de consulter le document `tmp-eglibc/deploy/licenses/oscillo-image-eyrolles-DATECODE/license.manifest`.

Enfin, il est aussi important de valider le contenu de l'image en consultant le document `tmp-eglibc/deploy/licenses/oscillo-image-eyrolles-DATECODE/package.manifest`.

Afin de pouvoir générer à nouveau le noyau, le système de fichiers et le SDK à l'identique, il est indispensable de sauvegarder les éléments suivants :

- bitbake et les couches de recettes : `meta-eyrolles`, `meta-oe`, `openembedded-core` ;
- toutes les archives des sources téléchargées depuis Internet et stockées dans le répertoire `build/downloads` ;
- les fichiers de configuration de l'environnement : `build/conf/local.conf` et `build/conf/bblayers.conf`.

En résumé

Dans ce dernier chapitre, nous avons montré les différentes étapes de construction d'une application embarquée. Nous constatons que l'utilisation de composants open source permet d'obtenir relativement rapidement un résultat exploitable et de se concentrer sur son application et sur les spécificités de son projet, sans réinventer l'existant.

Index

Dépôt légal : mai 2017

Imprimé en Allemagne par BoD

www.ingramcontent.com/pod-product-compliance
Lightning Source LLC
LaVergne TN
LVHW060118060726
842526LV00009B/2691